KB135785

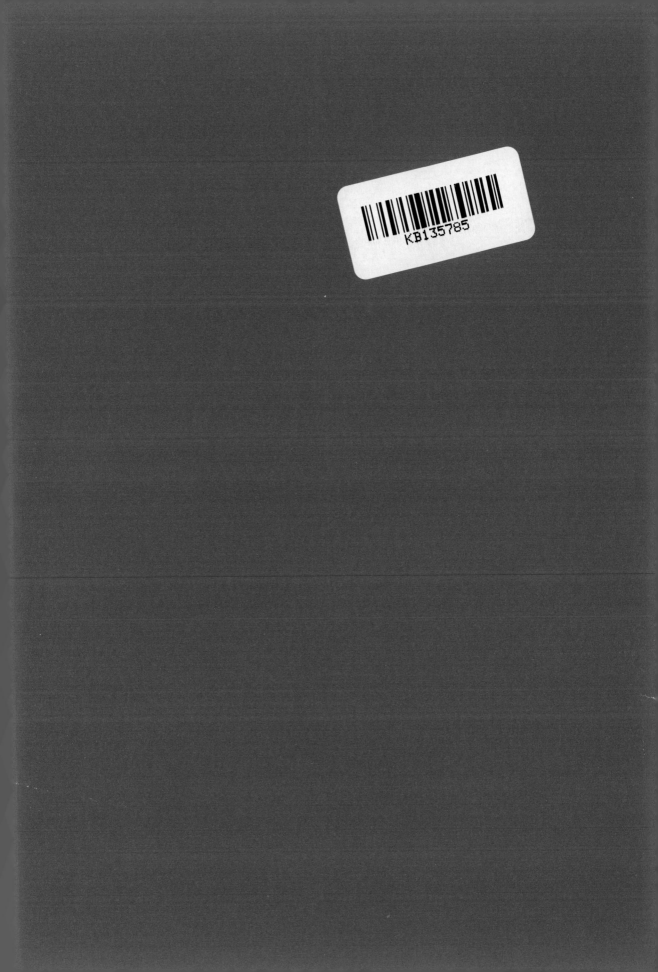

어서와
Java는 처음이지!

국립중앙도서관 출판시도서목록(CIP)

어서와 JAVA는 처음이지!/저자: 천인국.--고양: INFINITYBOOKS, 2015
p.; cm

ISBN 979-11-85578-21-7 93000 : ₩33000

자바[Java]
프로그래밍 언어[--言語]

005.138-KDC6
005.133-DDC23 CIP2015030650

JDK8로 배우는 자바 프로그래밍

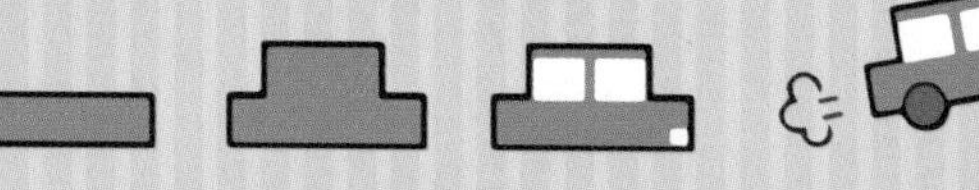

어서와 Java는 처음이지!

천인국 지음

머리말

자바는 현재 가장 많이 사용되는 언어라고 감히 말할 수 있다. 최근에 자바는 모바일 운영체제인 안드로이드에서 기본 개발 언어로도 사용되고 있다. 최근에 자바의 최신 버전인 JDK8이 발표된 바 있다. JDK8에서는 람다식을 비롯하여 상당히 많은 기능이 추가되었다.

자바는 개발자들이 마스터하여야 할 필수적인 언어이지만 그 복잡도로 인하여 입문자들은 상당한 어려움을 느끼고 있다. 이 책의 가장 큰 목적은 프로그래밍 입문자들이 이 책을 통하여, 보다 쉽게, 그리고 재미있게 자바 프로그래밍의 세계로 들어올 수 있도록 하자는 것이었다.

이 책을 저술하면서 역점을 두었던 몇 가지는 다음과 같다.

- 최신 버전인 JDK8 중에서 필수적으로 알아야할 부분을 포함시켰다. 람다식과 같은 기능은 코드를 간결하게 하는데 상당한 도움을 준다.
- 독자들이 흥미를 가질만한 예제를 간추려서 LAB으로 제공하였다. 필자도 예전에 흥미로운 인공지능 문제로 인하여 프로그래밍에 몰두한 적이 있었다. 독자들도 마찬가지라고 생각하고 싶다. 독자들이 재미를 느끼는 LAB이 하나라도 있다면 이 책은 일단 성공한 셈이다.
- 적절한 그림을 가능한 많이 사용하여 보다 친숙하고, 지루하지 않으며 독자들이 이해하기 쉬운 교재를 만들려고 노력하였다. 입문자들은 그림을 통하여, 보다 쉽게, 관련 개념들을 보다 빠르게 이해할 수 있다.
- 각각의 주제에 대하여 개념과 원리를 자세하게 설명하였으며 설명은 문답식으로 친숙하게 만들려고 노력하였다. 특히 객체 지향의 핵심 개념들에 대해서는 페이지를 아끼지 않고 철저하게 설명하였다. 저자는 "캡슐화", "정보 은닉", "다형성"과 같은 객체 지향의 핵심적인 개념들을 완벽하게 이해하는 것이 무엇보다도 중요하다고 생각하고 있다.
- 입문자들이 이론에 지쳐서 자바를 포기하는 일이 없도록 목차를 신중하게 구성하였다. 클래스와 상속의 개념을 학습한 후에 그래픽 사용자 인터페이스를 작성하는 부분에서 이러한 개념들을 실습하도록 하였다. 또 인터페이스를 학습한 후에 이벤트 처리 부분을 통하여 인터페이스의 개념을 체득하도록 하였다.
- 안드로이드 개발자들을 위하여 안드로이드에서 많이 사용되는 부분을 특별히 강조하였다. 안드로이드 개발자들은 이 부분을 중점적으로 학습해야 할 것이다.

이 책이 만들어지기까지 많은 도움이 있었다. 특히 적극적으로 지원해주신 인피니티북스 여러분께 깊은 감사를 표한다. 또 책이 발간될 때마다 오류를 지적해주시고 격려해주시는 많은 분들께 감사드린다. 아무쪼록 이 책이 자바를 시작하는 많은 이들에게 조금이라도 도움이 될 수 있다면 필자에게는 큰 보람이 될 것이다.

저자 천인국

책의 구성

이 책은 자바 입문자들을 위하여 기술되었다. 입문자들이 쉽게 개념을 이해하고 실력을 기를 수 있도록 다양한 학습 장치들을 배치하였다.

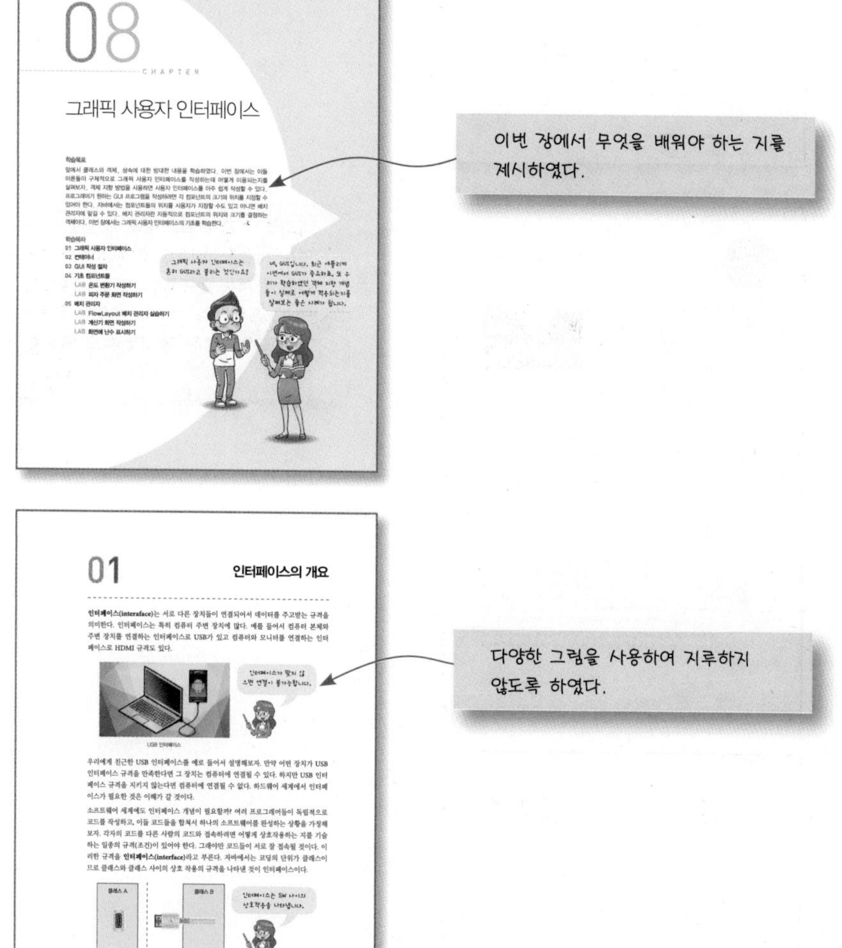

08
CHAPTER
그래픽 사용자 인터페이스
이번 장에서 무엇을 배워야 하는 지를 계시하였다.
01
인터페이스의 개요
다양한 그림을 사용하여 지루하지 않도록 하였다.

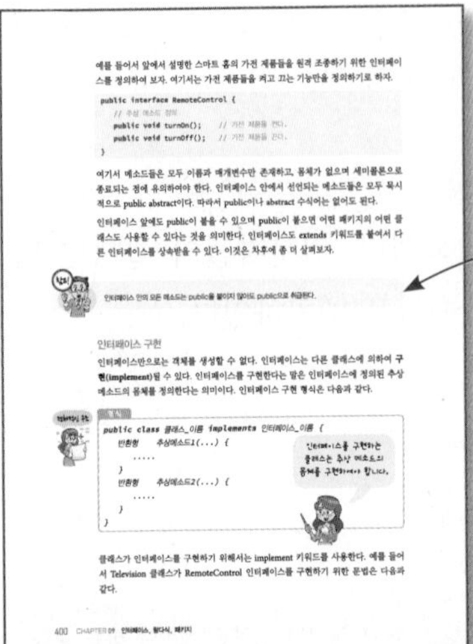

본문에 대한 보충 설명이나 참고 사항, 경고 사항을 박스로 정리하였다.

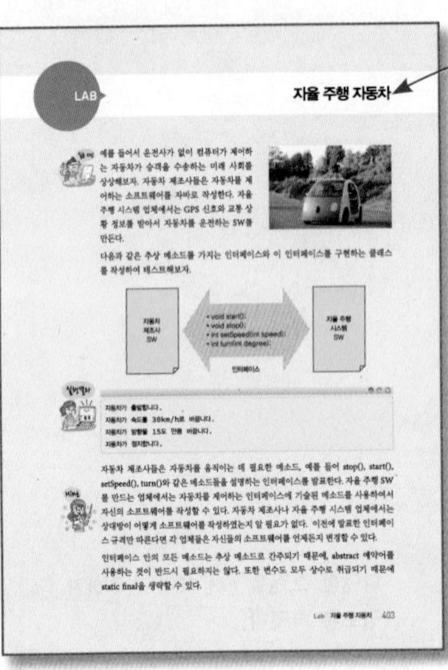

결과를 보고 프로그램을 작성할 수 있는 실습을 최대한 많이 수록하였다. 실습 문제는 흥미로운 것만을 엄선하였고, 본문에서 학습한 내용을 응용하여 프로그램을 작성할 수도 있도록 하였다.

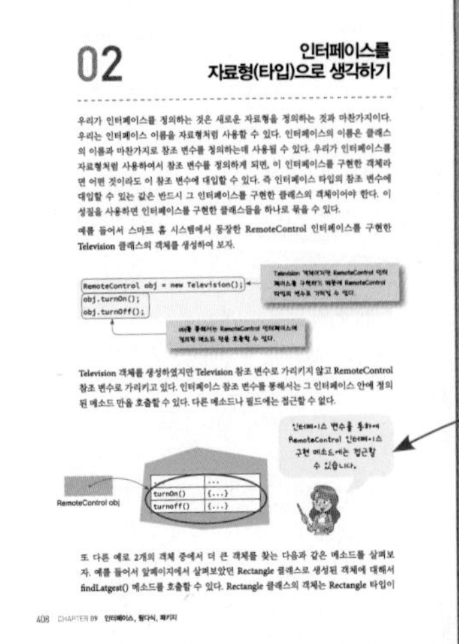

클래스와 객체, 변수를 일관된 그림으로 표시하여서 이해가 쉽도록 하였다.

차례

01 CHAPTER

기초 사항

학습목표

자바는 최근 가장 많이 사용되는 언어로서 서버에서 스마트폰까지 널리 사용되고 있다. 이는 자바가 가지는 여러 가지 강력한 특징 때문이다. 자바는 모든 기종의 컴퓨터에서 일관된 모습으로 실행될 수 있다. 이번 장에서는 프로그래밍 세계의 기본적인 개념들, 자바 언어의 역사과 특징, 자바 프로그램이 작성되고 실행되는 과정, 자바 가상 기계에 대하여 학습한다. 자바 설치 과정, 자바의 명령어행 도구 사용 방법, 이클립스에 대해서도 살펴보자.

학습목차

자바는 실제 현장에서 많이 사용되나요? 제가 취직하는데 도움이 될까요?
네, 자바는 스마트폰 중에서도 안드로이드 운영체제에서 개발용 언어로 사용되고 있습니다. 자바는 또 서버에서도 JSP와 함께 활발하게 사용되지요. 자바는 감히 모든 언어 중에서 가장 많이 사용된다고 할 수 있습니다.

01 자바란 무엇인가?

현재 컴퓨터 업계에서 가장 많이 사용되는 프로그래밍 언어가 무엇이냐고 전문가에게 물어본다면 아마 **자바(Java)**라고 대답할 것이다. 자바가 많이 사용되는 이유는 단순히 좋은 프로그래밍 언어라서 그런 것만 아니다. 그동안 수많은 좋은 언어들이 빛을 보지 못하고 사라져 갔다.

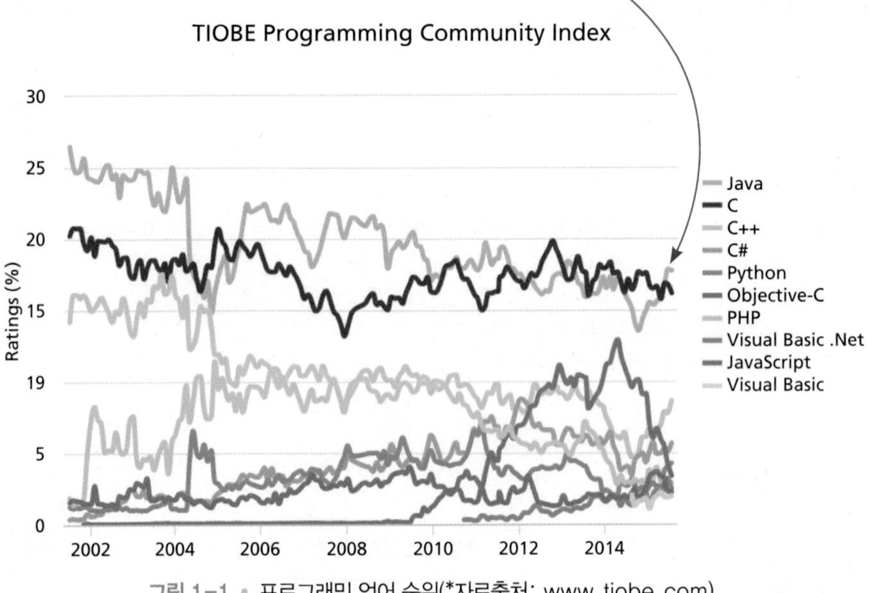

그림 1-1 • 프로그래밍 언어 순위(*자료출처: www.tiobe.com)

자바는 단순한 언어가 아니다. 자바는 방대한 라이브러리, 재사용이 가능한 코드, 다양한 실행 환경을 가지고 있는 하나의 거대한 플랫폼이다. 자바를 사용하면 현대적이고 쾌적한 문법 구조를 사용할 수 있고, 방대한 자체 라이브러리를 통하여 그래픽이나 네트워킹, 데이터베이스를 쉽게 사용할 수 있다. 한번만 작성해놓으면 코드를 변경하지 않고서도 다양한 종류의 컴퓨터에서 실행이 가능한 점도 장점이다. 이 모든 이유들 때문에 자바는 현재 프로그래머들이 선호하는 첫 번째 언어가 되었다. 자바는 안드로이드 플랫폼에서 애플리케이션을 개발하는 기본 언어이기도 하다.

일반적으로 자바를 사용하면 C나 C++보다 더 적은 노력으로 프로그램을 작성할 수 있다고 한다. 자바 언어는 강력한 객체 지향 언어이지만 비교적 배우기 쉽고 특히 C언어를 미리 학습하였다면 더욱 쉽다. 어떤 조사에 의하면 자바로 작성된 프로그램은 C++로 작성된 프로그램보다 크기가 최대 1/4로 줄어들면서 개발 기간은 두 배 정도 빨라진다고 한다. 자바는 좋은 코딩 습관을 권장하며 자동 쓰레기 수집 기능은 메모리 누출을 막는다. 자바는 기존의 잘 테스트된 코드를 재사용하게 만들고 이것은 버그의 감소로 이어진다.

자바의 역사

자바의 개발 역사를 간략히 알아보자. 1991년에 **제임스 고슬링**(James Gosling)을 비롯한 썬 마이크로시스템 사의 Green 프로젝트팀에서는 가정용 전자 제품에 사용할 수 있는 작은 컴퓨터 언어를 설계하기를 원했다. Green 프로젝트는 가정용 전자제품을 더 똑똑하게 만들고 다른 가전 제품과 통신을 할 수 있는 기능을 내장하는 프로젝트였다. 가정용 전자 제품은 일반 컴퓨터에 비하여 컴퓨팅 파워와 메모리가 부족하였기 때문에 언어는 간결하여야 했다. 또한 전자 제품은 많은 종류의 CPU로 만들어지기 때문에 특정한 CPU에 의존하면 안 되었다. 따라서 연구팀에서는 일종의 가상적인 컴퓨터인 가상 기계(virtual machine) 개념을 가져오게 된다.

맨 처음에 C++를 사용하여 운영 체제를 만들려고 시도하였는데 C++의 복잡도로 인하여 실패하게 된다. 이후 고슬링은 Green 프로젝트를 위한 더 나은 언어를 직접 만들게 되는데 이것이 바로 자바이다. 처음부터 고슬링은 간단하고 버그가 없으며 네트워크 기능을 내장한 언어를 목표로 하였다. 또한 자바는 처음부터 객체 지향 프로그래밍 언어로 설계되었으며 다른 객체 지향 언어보다 쉽게 배울 수 있도록 설계되었다.

이후에 Green 프로젝트는 Time Warner의 주문형 비디오 시스템을 개발하다가 Time Warner가 경쟁사인 실리콘 그래픽스 사를 선택하는 바람에 결국 실패하게 된다. 그러던 1993년, 그래픽 기반의 월드 와이드 웹(world wide web)이 발표되고 자바의 개발자들은 곧 이러한 웹 기반의 응용 프로그램에는 자바와 같은 기계 중립적인 언어가 이상적이라는 것을 발견하였다. 이후 자바 팀은 자바와 월드 와이드 웹과의 연동을 고려하게 된다. 이후 여러분이 알다시피 자바는 폭발적인 인기를 끌게 되었다.

자바의 버전

자바는 지속적으로 업그레이드되고 있다. 이것은 세월이 흘러가도 별 다른 변경이 없는 다른 언어들과 아주 다른 점이다. 자바의 내부 버전은 1.0부터 1.8이지만 Sun사는 1.2부터 “Java 2”라는 이름을 사용했다. 1.3은 “Java 2 version 1.3”이라고 불리었고 1.5버전은 “Java 5.0”으로 불리었다. 1.6버전은 “Java 6”으로 부르기 시작했다. 1.8버전은 “Java 8”로 불리고 있다.

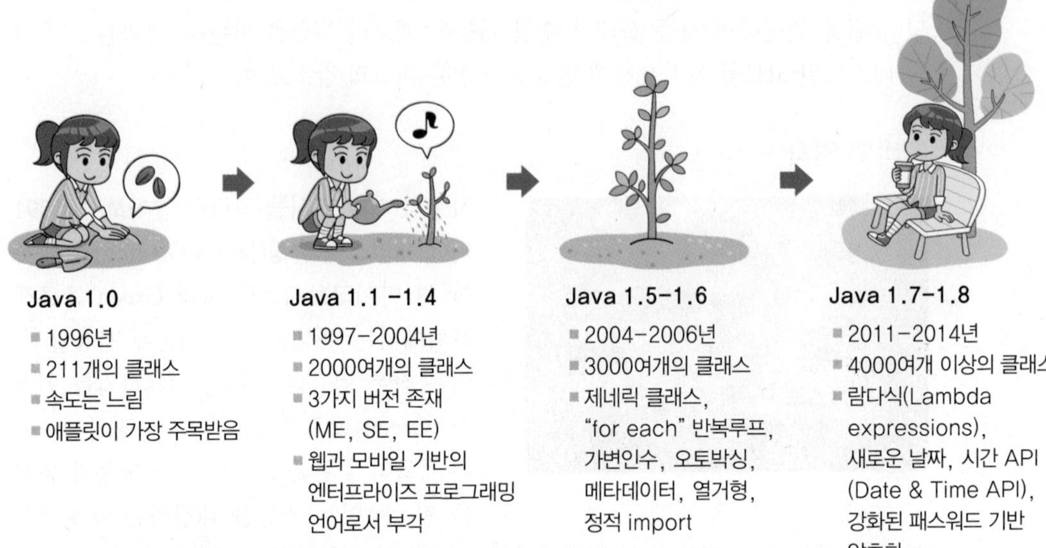

그림 1-2 • 자바 버전 요약

자바 언어의 변경과는 별도로 자바 클래스 라이브러리도 세월에 따라 많은 변천이 있었으며 JDK 1.0에는 수백 개에 불과하던 라이브러리가 현재는 4000개 이상으로 증가되었다. 완전히 새로운 라이브러리인 Swing이나 Java2D와 같은 라이브러리들이 추가되었으며 많은 오리지널 JDK 1.0 라이브러리들은 사용 중단이 권고되고 있다. 다음 표는 자바 버전의 변천사를 보여 준다. 표에 등장하는 수많은 용어는 앞으로 차근차근 학습할 것이다.

내부 버전	연도	추가된 특징	클래스의 개수
1.0	1996	애플릿	200 이상
1.1	1997	내부 클래스, AWT, 자바빈즈, JDBC	470 이상
1.2	1998	리플렉션(reflection), 컬렉션(Collection), 정교한 스윙(Swing)	1,500 이상
1.3	2000	핫자바 JVM, JavaSound, JNDI(Java Naming and Directory Interface)	1,800 이상
1.4	2002	단언(assertion), 정규식(regular expression), 통합된 XML 파서, 자바 웹 스타트	2,700 이상
1.5	2004	제네릭 클래스, "for each"반복 루프, 가변 인수, 오토 박싱, 메타 데이터, 열거형, 정적 import	3,200 이상
1.6	2006	Collection 인터페이스 추가, 향상된 캘린더 지원	3,700 이상
1.7	2011	switch 문에서 문자열 허용, 다이아몬드 연산자, 이진 상수, 예외 처리 향상	4,000 이상
1.8	2014	람다식(Lambda expressions), 새로운 날짜, 시간 API(Date & Time API), 강화된 패스워드기반 암호화	4,240 정도

JDK 8

자바 JDK 8이 2014년도에 출시되었다. JDK 8이 유독 관심을 받는 이유는 JDK 8에 상당한 기능들이 추가되었기 때문이다. JDK 8에 추가된 중요한 특징들은 다음과 같다.

- 람다식(Lambda expressions)
- 작은 가상기계(VM)
- 병렬 배열 정렬(Parallel Array Sorting)
- 컬럭션을 위한 대용량 데이터 처리
- Base64 엔코딩과 디코딩을 위한 표준 API
- 새로운 날짜, 시간 API(Date & Time API)
- 강화된 패스워드기반 암호화(Password-Based-Encryption (PBE))

람다식(Lambda Expressions)은 아마도 가장 흥미로운 자바 언어의 변화일 것 같다. 람다식은 그동안 소외되었던 함수를 객체로 취급한다. 람다식은 기본적으로 함수를 표현하는 방법인 수학의 lambda calculus에서 유래되었다. 예를 들어서 두 개의 정수를 받아서 그 합을 반환하는 함수를 (a, b) → a + b;로 표기하는 것이다. 람다식은 자바 언어에 새로운 연산자인 화살표 연산자(→), 메소드 참조 등을 추가하게 된다. 람다식으로 자바 코드는 보다 간결해지고 병렬 처리 기능과 안정성이 향상될 것으로 보인다.

02 자바의 특징

자바의 개발진이 공개한 자바 언어 설계 목표는 다음과 같은 단어들로 요약된다.

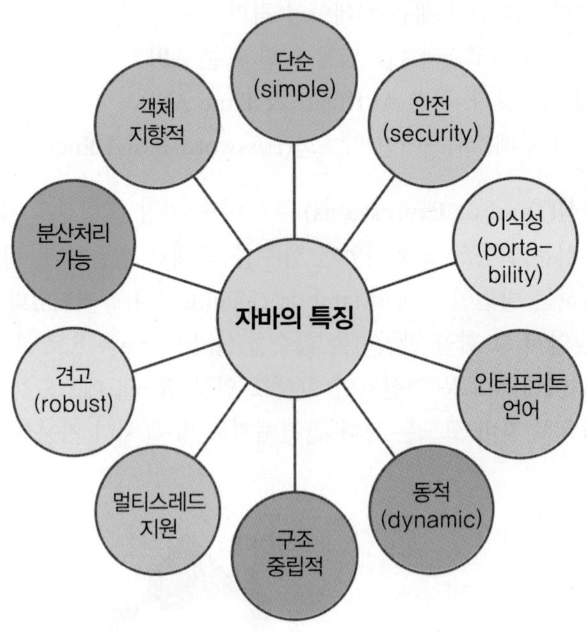

그림 1-3 • 자바 특징

단순하지만 강력하다.

자바는 C++에서 출발했지만 꼭 필요로 하는 기능만을 포함시키고 복잡하고 많이 쓰이지 않는 기능은 삭제했다. 예를 들어, 강력하지만 까다로운 포인터 연산을 제거하였으며, 유지 보수를 힘들게 하였던 연산자 중복, 다중 상속 등의 복잡한 기능을 삭제했다.

자바는 이러한 단순함을 가지면서도 C++에서 제공되지 않는 자동 메모리 관리 기능, 멀티 스레드, 객체 지향적인 방법으로 제작된 방대하고 풍부한 라이브러리를 무료로 제공한다. 따라서 프로그래머는 이러한 라이브러리를 사용하여 원하는 프로그램을 힘들이지 않고 작성할 수 있다.

객체 지향적이다.

객체 지향(object-oriented)은 객체별로 코드를 작성하고 객체들을 조합하여 전체 프로그램을 완성하는 프로그램 설계 방법론이다. 객체 지향 기법을 사용하면 작성된 코드를 재사용하기가 쉬워서, 보다 빠르게 신뢰성 있는 프로그램을 만들 수 있다. 객체 지향은 지난 40년간의 연구를 통하여 그 가치를 입증한, 프로그램을 설계하는 방법론이다.

자바에서는 기본 자료형(int, float, long) 등을 제외한 거의 모든 것이 객체로 표현된다. 반면에 C++와 같은 언어는 기존의 설계 방법인 절차 지향적인 특성도 여전히 가지고 있어서 사용자가 객체 지향 방법을 전혀 사용하지 않고서도 프로그램을 작성할 수 있다.

분산처리 지원

자바는 네트워크상에서 동작되는 것을 기본으로 설계된 언어로 TCP/IP, HTTP, FTP 같은 프로토콜을 처리할 수 있는 라이브러리를 가지고 있다. 따라서 다른 언어보다 쉽게 네트워크 관련 프로그램을 개발할 수 있으며 프로그래머는 로컬 파일 시스템에서 파일에 접근하는 것과 마찬가지로 네트워크에서 URL을 이용하여 네트워크의 자원에 접근하여 사용할 수 있다.

견고하다.

자바 컴파일러는 실행 시에 문제를 일으키는 많은 오류들을 잡아낸다. 또 포인터 오류로 인한 메모리 누수 문제도 자바에서는 일어나지 않는다. 연결 리스트와 같은 복잡한 자료 구조를 구현하려면 포인터는 필수이다. 하지만 포인터로 인하여 많은 메모리 오염 문제들이 발생한다. 자바는 포인터 개념을 사용하면서도 안전하게 처리한다.

안전하다.

자바는 네트워크 환경에서 운영되는 언어이므로 다른 언어보다 안전성이 요구된다. 자바는 처음부터 다음과 같은 작업들이 불가능하게끔 설계되었다.

- 실행 스택을 벗어난 접근
- 자신의 프로세스 밖의 메모리 공간 접근
- 파일을 허락없이 읽거나 쓰는 것

자바 버전 1.1부터는 클래스에 디지털 서명 개념을 도입하였다. 따라서 클래스의 작성자를 신뢰하면 클래스에게 더욱 많은 권한을 부여하도록 설계하였다.

컴퓨터 구조에 중립적이다.

이 특징이 가장 중요하다 할 수 있다. 사실 이 아이디어는 자바가 처음이 아니다. 하지만 실제로 이 아이디어를 성공시킨 언어가 바로 자바이다. 자바에서는 컴파일된 실행 코드가 플랫폼 독립적이다. 자바 컴파일러는 자바 언어로 작성된 프로그램을 **바이트 코드(byte code)**라는 특수한 이진 파일로 변환한다. 바이트 코드를 실행하기 위해서는 **자바 가상 기계(JVM: Java Virtual Machine)**라는 특수한 가상 컴퓨터 S/W가 필요한데, 이것이 바이트 코드를 한 줄씩 읽어서 해석한 후에 실행한다. 따라서 자바로 개발된 프로그램은 CPU나 운영 체제의 종류에 관계없이 자바 가상 기계를 설치할 수 있는 시스템에서는 어디서나 실행할 수 있다. 이러한 특징 때문에 자바는 인터넷 시대에 가장 잘 맞는 언어라고 할 수 있는데 인터넷은 다양한 종류의 컴퓨터가 연결된 네트워크이기 때문이다.

이식성이 있다.

C나 C++와는 다르게 자바는 구현에 따라서 달라지는 언어 스펙이 없다. 예를 들면 자바에서 int형은 항상 32비트이다. C/C++에서는 int형이 16비트도 될 수 있고 32비트일수도 있다. 이것은 프로그램을 다른 컴퓨터 기종으로 이식하는 경우에 많은 문제를 야기할 수 있다. 또 이진 데이터들은 고정된 형식으로 저장되고 전송된다. 따라서 Big-Endian 이나 Little-Endian과 같은 바이트 순서(byte ordering) 문제가 발생하지 않는다. 문자열은 항상 유니코드 형식으로 저장된다.

멀티스레딩 지원

자바는 프로그래밍 언어안에서 멀티스레딩(multithreading)을 지원한다. 따라서 다른 언어와는 다르게 아주 쉽게 멀티스레딩 프로그램을 작성할 수 있다. 멀티스레딩이란 여러 가지 작업을 동시에 실행하는 것을 의미한다. 특히 자바는 멀티 프로세서 하드웨어를 지원하도록 설계되었으므로 멀티 프로세서 시스템에서 높은 효율을 낼 수 있다.

동적이다(Dynamic)

자바는 동적으로 변화하는 환경에 적응하도록 설계되었다. 라이브러리들은 실행 파일에 영향을 끼치지 않고 자유롭게 새로운 기능들을 추가할 수 있다. 기존의 C나 C++ 프로그램들은 라이브러리들이 변경되면 소스 파일들을 다시 컴파일, 링크하여 새로운 실행 파일을 생성하여야 했다. 하지만 자바는 실행되기 직전에 라이브러리를 동적으로 링크하므로 실행할 때 변경된 라이브러리가 자동적으로 참조된다.

03 자바 가상 기계

자바를 다른 프로그래밍 언어와 비교했을 때, 자바를 특색 있게 만드는 것은 하나의 자바 프로그램이 어떤 컴퓨터 기종에서도 실행이 가능하다는 점이다. 실행 파일을 전혀 변경하지 않아도 된다. 즉 다시 컴파일할 필요가 없다는 이야기이다. 이것은 인터넷에서 애플릿을 다운로드하여서 실행하여 보면 알 수 있다. 자신이 사용하는 컴퓨터가 매킨토시이거나 윈도우이거나 상관없이 애플릿의 실행이 가능함을 알 수 있다.

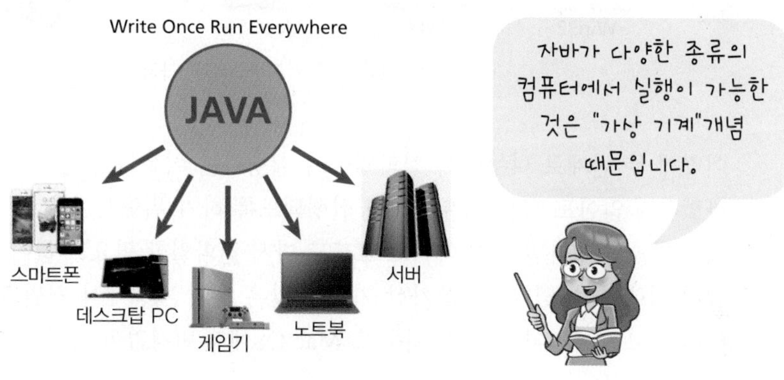

그림 1-4 • 자바 가상 기계

프로그램을 완성하고 나면 하드웨어나 운영 체제의 종류에 관계없이 동일한 모습으로 실행할 수 있다는 것이 자바의 가장 큰 장점이다. 이것을 잘 설명하는 문장이 "**한 번만 작성하고 어디서나 실행하세요(Write Once, Run Everywhere).**"라는 자바의 슬로건이다.

자바 가상 기계

자바는 어떤 방법으로 다양한 종류의 컴퓨터에서 변경없이 실행될까? 다른 프로그래밍 언어의 경우, 소스 코드가 컴파일러에 의하여 특정한 컴퓨터의 기계어로 변환되어서 특정 컴퓨터에서 실행된다. 그러나 자바 컴파일러는 특정한 컴퓨터를 위한 코드를 바로 생성하지 않는다. 대신에 가상적인 컴퓨터의 기계어인 **바이트 코드(byte code)**를 생성한다. 이 바이트 코드는 **자바 가상 기계(Java virtual machine)**라고 하는 소프트웨어에 의하여 한 줄씩 해석되면서 특정한 컴퓨터에서 실행된다.

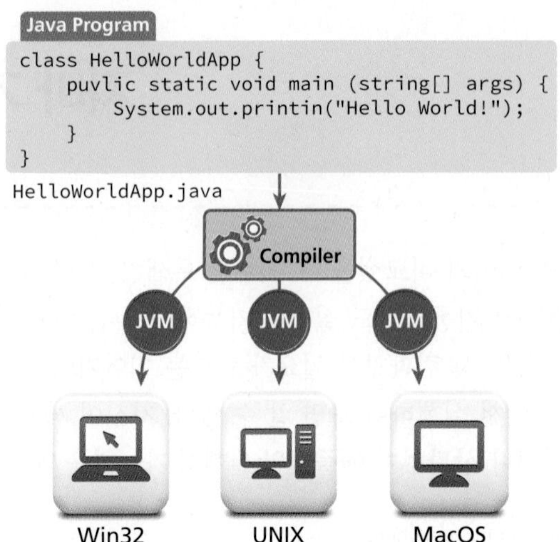

"가상 기계"는 가상의 컴퓨터를 의미하는 것으로 실제 컴퓨터에 소프트웨어를 씌워서 가상의 컴퓨터로 만드는 것입니다.

그림 1-5 • 자바의 실행 과정

이렇게 두 단계로 나누어서 컴파일하고 실행하는 이유는 응용 프로그램들을 다시 컴파일하지 않아도 모든 컴퓨터에서 실행되도록 하기 위해서이다. 우리가 자바 가상 기계만 가지고 있다면 어떤 바이트 코드도 다시 컴파일할 필요가 없이 자바 가상 기계 위에서 실행할 수 있다. 자바 가상 기계는 많은 운영 체제에서 지원되기 때문에 동일한 바이트 코드 파일이 윈도우, 리눅스, Mac OS에서 변경없이 실행될 수 있는 것이다.

자바 플랫폼

플랫폼(platform)이란 프로그램이 실행되는 하드웨어와 소프트웨어 환경이다. 자바 플랫폼은 두 가지의 요소로 이루어져 있다. 플랫폼만 같으면 바이트 코드를 변경 없이 실행할 수 있다.

- 자바 가상 기계(JVM: Java Virtual Machine)
- 자바 응용 프로그래밍 인터페이스(API: Application Programming Interface)

일반적으로 API란 많은 유용한 기능을 제공하는 라이브러리들의 모임이다. API는 자바 프로그래밍 언어의 핵심 기능을 제공한다. API에는 네트워킹, 보안, XML 생성, 데이터베이스 접근에 필요한 기능들이 포함되어 있다.

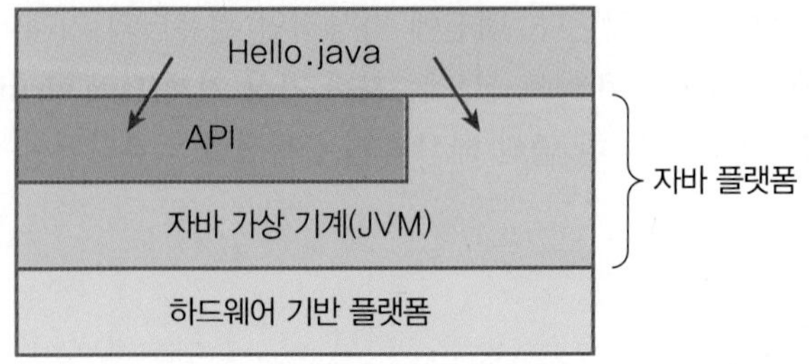

그림 1-6 • 자바 플랫폼

자바 플랫폼은 프로그램과 하드웨어를 분리하는 역할을 한다. 따라서 자바 프로그램은 자바 플랫폼 덕분에 하드웨어의 종류에 상관없이 어디서나 실행될 수 있다. 반면에 실제 기계의 명령어로만 구성된 **네이티브 코드(native code)**보다 속도는 느리다. 그러나 최근에는 컴파일러와 가상 기계 기술의 진보로 인하여 자바 코드의 속도가 네이티브 코드에 근접하는 정도로 빨라졌다.

바이트 코드

바이트 코드는 가상 기계의 기계어라고 생각할 수 있다. 바이트 코드가 어떤 모습인지 궁금할 수도 있다. 다음과 같은 자바 프로그램을 컴파일한다고 하자.

```
public class Hello {
   public static void main(String[] args) {
      System.out.println("Hello");
   }
}
```

생성된 클래스 파일을 다시 디어셈블하면 다음과 같은 바이트 코드가 생성됨을 알 수 있다.
C 〉 javap -c Hello 〉 Hello.m과 같은 명령어를 사용하면 된다.

```
Compiled from "Hello.java"
public class Hello extends java.lang.Object{
public Hello();
  Code:
   0:   aload_0
   1:   invokespecial   #1; //Method java/lang/Object."<init>":()V
   4:   return

public static void main(java.lang.String[]);
  Code:
   0:   getstatic   #2; //Field java/lang/System.out:Ljava/io
        /PrintStream;
   3:   ldc   #3; //String Hello World!
   5:   invokevirtual   #4; //Method java/io
        /PrintStream.println:(Ljava/lang/String;)V
   8:   return
}
```

가상 기계

가상 기계는 버츄얼 머신, 가상 머신, 가상 컴퓨터라고도 번역되고 있다. 여기서 **기계(machine)**는 컴퓨터를 의미한다. 자바 가상 기계는 실제로 존재하는 컴퓨터가 아니라 가상 컴퓨터를 시뮬레이션하는 소프트웨어이다. 자바 가상 기계를 이용하여서 운영 체제와 하드웨어를 프로그램으로부터 숨길 수 있다. 자바 가상기계는 추상적인 기계의 명세서를 바탕으로 소프트웨어로 작성된다.

.NET의 CLR

자바의 가상 기계 개념은 서로 다른 기종의 컴퓨터들이 연결되어 있는 인터넷 환경에서는 상당히 매력적인 개념이다. 마이크로소프트에서도 .NET 프레임워크에서 가상 기계 개념을 도입하였다. .NET 프레임워크의 프로그램들은 **CLR(Common Language Runtime)**이라고 하는 일종의 소프트웨어 가상 기계에서 실행된다.

04 자바의 종류

자바는 개발 분야에 따라 Java SE, Java ME, Java EE, Java FX 등으로 나누어서 제공된다.

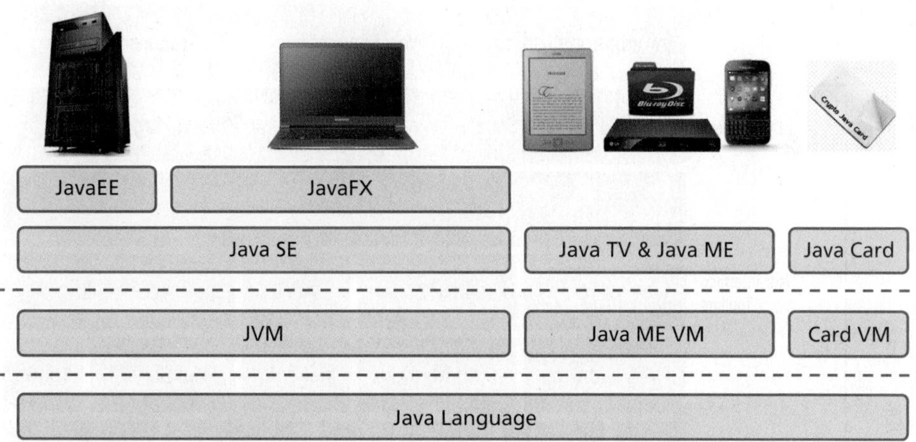

Java SE(Standard Edition)

Java SE는 자바 언어의 핵심 기능을 제공한다. Java SE API는 자바 언어의 기본적인 자료형과 객체에서부터 네트워킹, 보안, 데이터베이스 접근, 그래픽 사용자 인터페이스, XML 파싱에 사용되는 고수준의 클래스까지를 모두 정의한다. Java SE API에 추가하여서 Java SE 플랫폼은 자바 가상 기계, 컴파일러와 같은 개발 도구, 자바 웹 스타트와 같은 배포 기술 등을 포함하고 있다. 다음은 Java SE 1.8에서 제공하는 기술들을 요약한 그림이다.

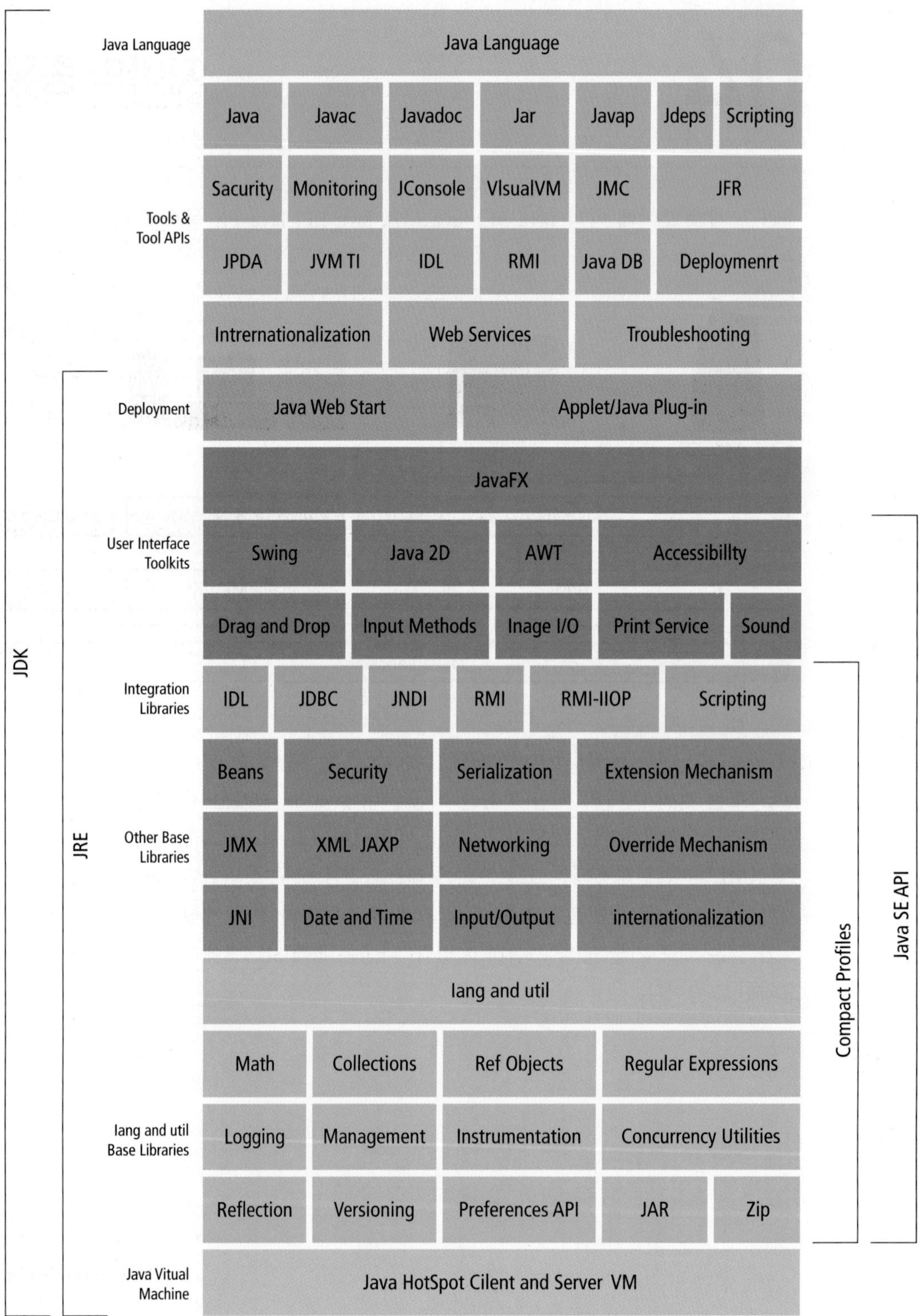

그림 1-7 • 자바 SE의 구성(출처: 자바 웹사이트)

Java EE(Enterprise Edition)

Java EE는 Java SE 플랫폼 상에 구축된다. Java EE는 기업용 애플리케이션을 개발하는 데 필요한 여러 가지 도구 및 라이브러리들을 모아 놓은 것이다. 이 패키지는 응용 서버, 웹서버, J2EE API, 엔터프라이즈 자바 빈즈(JavaBeans) 지원, 자바 서블릿 API와 JSP 등을 포함한다. 또한 Sun GlassFish 엔터프라이즈 서버도 포함하고 있으며 이것은 이전에 Sun Java System Application Server라고 불리던 것이다. Java EE는 엔터프라이즈급의 서버 지향 구조(SOA)나 차세대 웹 애플리케이션을 구현하는 업계 표준이 되어가고 있다.

Java ME(Micro Edition)

Java ME 플랫폼은 핸드폰, PDA, TV 셉톱박스, 프린터와 같은 모바일 기기나 다른 임베디드 장치들에서 실행되는 애플리케이션을 위한 강인하고 유연한 환경을 제공한다. Java ME는 Java SE의 부분 집합에, 모바일 장치를 위한 특수한 클래스 라이브러리가 추가된 것으로 볼 수 있다. Java ME에 기반을 둔 애플리케이션은 많은 장치 간에 이식이 가능하며 성능이 저하되지 않는다. 현재 안드로이드에 상당히 밀리고 있다.

JavaFX

JavaFX 플랫폼은 애플리케이션 개발자들이 더 쉽게 리치-인터넷-애플리케이션(RIA: Rich Internet Application)을 생성하고 배포하기 위한 자바 클라이언트 플랫폼이다. RIA는 인터넷 상의 다양한 플랫폼에서도 동일한 외관으로 실행된다. 자바 기술에 기반을 두는 JavaFX 플랫폼은 고성능의 하드웨어 가속 그래픽과 미디어 엔진 API를 제공하여 엔터프라이즈 클라이언트의 개발을 쉽게 한다. JavaFX 애플리케이션은 Java EE 플랫폼 서비스의 클라이언트가 될 수 있다.

RIA

RIA(Rich Internet Application)는 웹브라우저나 웹플러그인, 샌드박스, 자바스크립트, 가상 기계 등의 기술을 통하여 사용자에게 제공되는 웹기반의 애플리케이션이다. RIA는 단조로운 웹페이지를 화려하게 꾸미는데 이용되고 있다. 어도비 플래시, Java FX, 마이크로소프트의 실버라이트(Silverlight)가 가장 많이 사용되는 플랫폼이다. 최근에는 모든 웹브라우저가 외부 플러그인을 제한하는 추세여서 예전보다 이들 RIA의 중요도가 줄어들고 있다. 대안은 HTML5를 사용하는 것이다.

05 자바로 만들 수 있는 것

자바 애플리케이션(Java application)

자바 애플리케이션은 독립적으로 실행될 수 있는 일반 응용 프로그램이다. 일반 응용 프로그램도 자바를 사용하여 얼마든지 작성할 수 있다. 자바에는 다른 언어보다 상대적으로 풍부한 클래스 라이브러리가 존재한다. 따라서 일반 응용 프로그램을 작성하는 데도 장점이 될 수 있다. 문자 기반이나 그래픽 사용자 인터페이스 형태로 작성할 수 있다. 가장 대표적인 예는 바로 우리가 사용하려고 하는 개발 도구인 이클립스(eclipse)이다. 이클립스와 같은 정교한 프로그램이 자바로 작성되었다. 이클립스에 대한 내용은 3장을 참조하라.

자바 애플릿(Java applet)

애플릿(applet)은 application과 let("작다"라는 의미이다.)을 조합한 합성어라고 할 수 있다. 자바 애플릿은 단독으로 실행되지 않고 웹 브라우저 안에서 실행되는 작은 자바 프로그램이다. 일반적으로 애플릿은 크기가 작아서 월드와이드웹을 통하여 쉽게 배포할 수 있다.

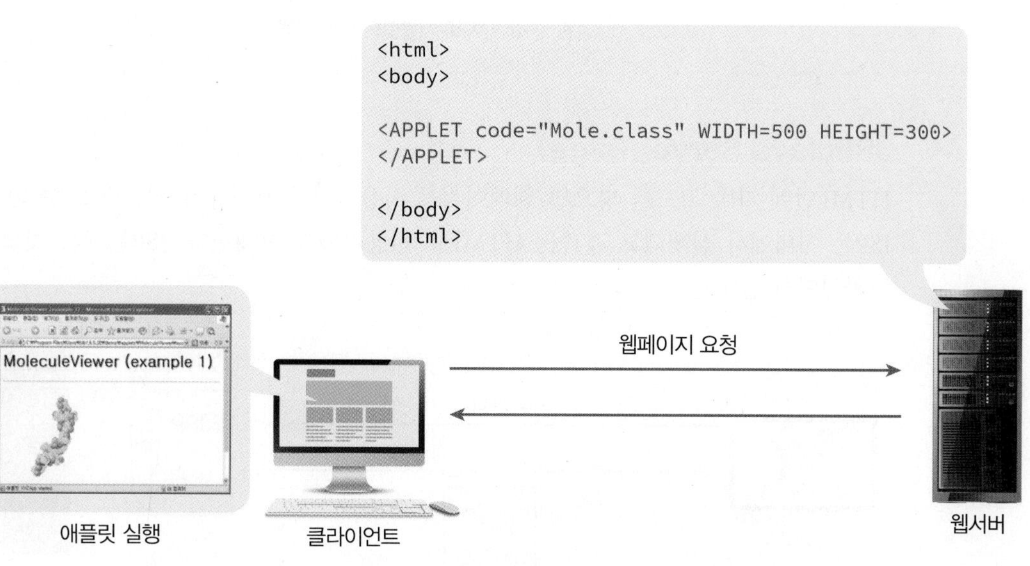

그림 1-8 • 자바 애플릿의 실행 과정

자바 애플릿은 사용하기 전에 미리 컴파일하여 웹 서버에 저장한다. 웹에서 사용하는 표준적인 언어인 HTML로 작성한 문서에 <APPLET>이라는 태그를 사용하여 자바 애플릿을 지정한다(그림 1-8을 참조하라). 자바 애플릿을 실행하려면 자바 가상 머신이 내장된 웹 브라우저가 필요하다. 웹 브라우저는 다운로드된 HTML 문서 안에 <APPLET>이라는 태그가 있으면, 지정된 애플릿을 웹 서버로부터 다운로드하여서 실행한다.

애플릿은 웹 브라우저 상에서 손쉽게 애니메이션이나 비디오를 재생할 수 있었기 때문에 초기에 많은 인기를 끌었다. 하지만 애플릿의 보안 단점을 이용한 악성 코드의 증가 때문에 최근에는 웹 브라우저에서 애플릿의 실행을 차단하는 실정이다.

자바 서블릿(Java servlet)

서블릿은 웹서버에서 동작하는 서버 모듈로서 클라이언트의 요구를 받아서 그에 대한 처리를 한 후에, 실행 결과를 HTML 문서 형태로 클라이언트 컴퓨터로 전송한다. CGI와 유사한 역할을 하지만 CGI보다 효율적이다. 서블릿은 자바로 작성되기 때문에 자바가 제공하는 수많은 장점 및 기능을 제한없이 사용할 수 있다.

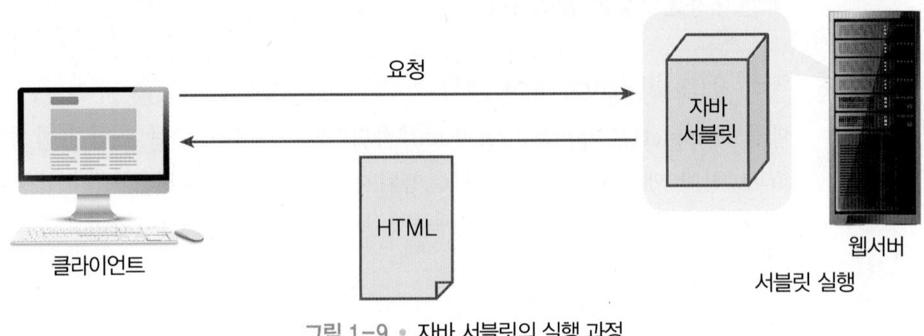

그림 1-9 • 자바 서블릿의 실행 과정

JSP(Java Server Page)

HTML안에 자바 코드를 넣으면 웹페이지를 사용자와 상호작용하도록 만들 수 있다. JSP는 서버에서 실행되고 결과는 HTML로 사용자에게 보내진다. JSP는 서블릿으로 변환되어서 실행된다.

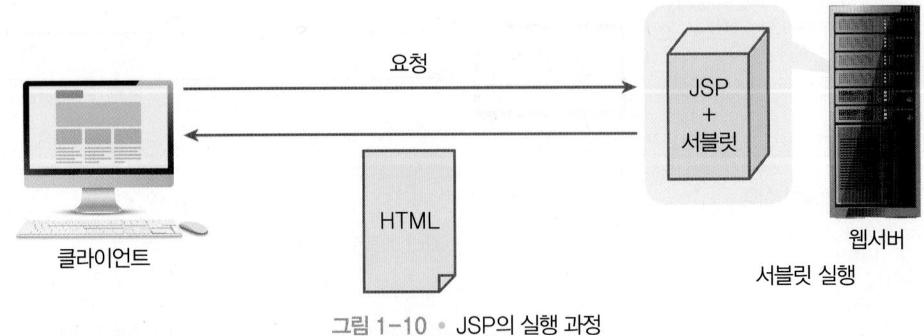

그림 1-10 • JSP의 실행 과정

자바 빈즈(Java beans)

자바로 작성된 컴포넌트를 자바 빈즈(Java beans)라고 한다. 객체 지향 프로그래밍에서, 컴포넌트는 애플리케이션을 형성하기 위한 프로그램 빌딩 블록이다. 컴포넌트는 같은 컴퓨터 또는 분산 네트워 내의 다른 컴퓨터 내에 있는 다른 컴포넌트들과 결합될 수 있고, 재사용이 가능하다. 컴포넌트를 조립하면 애플리케이션을 빠르게 만들 수 있다.

그림 1-11 • 자바 빈즈의 개념

안드로이드 애플리케이션

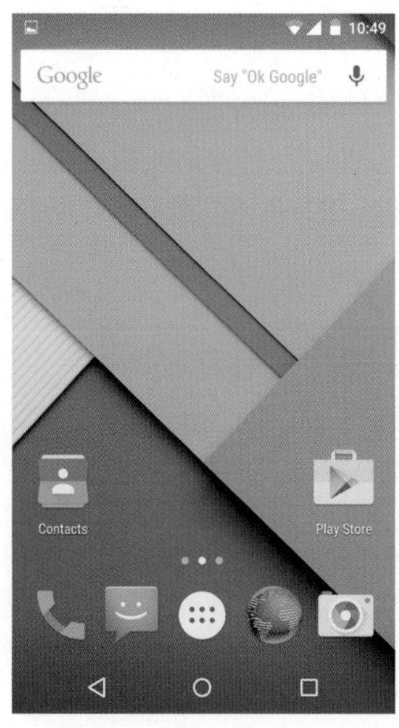

스마트폰의 운영체제 중의 하나인 안드로이드는 운영 체제로는 리눅스(linux)를 사용하지만, 운영 체제를 제외한 안드로이드 SDK의 나머지 부분은 모두 자바로 작성되어 있다. 안드로이드 애플리케이션도 물론 자바로 작성된다. 안드로이드 개발자들은 자바의 SE 버전 중에서 AWT와 스윙(swing)을 제외한 거의 모든 패키지를 사용할 수 있다. 안드로이드에서는 자바를 지원하기 위하여 자체적인 가상 머신을 구현하였다. 자바의 표준 JVM을 사용하지 않는 이유는 스마트폰이 데스크탑에 비하여 처리 속도와 메모리 측면에서 한참 뒤처지기 때문이다. 모바일 장치에서는 모든 것을 최적화시키는 것이 중요하다. 안드로이드에서는 가상 머신에서 JIT 컴파일러를 없애버리고 가비지 콜렉터를 다시 작성했으며 클래스 파일에서 중복된 정보를 제거한 새로운 실행 파일 형식인 달빅 실행 파일(.dex)을 사용한다. 이러한 자체적인 자바 가상 머신을 **달빅(Dalvik) 가상 머신**이라고 부른다. 여기서 한 가지 주의할 점은 안드로이드에서는 달빅 가상 머신을 사용하므로 일반적인 자바의 클래스 파일에 들어 있는 바이트 코드는 직접 실행이 불가능하다. 반드시 바이트 코드를 달빅 실행 파일(.dex) 형식으로 변환하여야 실행이 가능하다.

06 JDK의 설치

우리가 자바 프로그램을 개발하기 위해서는 자바 컴파일러가 있어야 한다. 일반적으로 자바 컴파일러와 디버깅 도구, 각종 유틸리티 등의 프로그램 개발 도구들을 JDK(Java Development Kit)라 부른다. JDK는 java.sun.com에서 무료로 다운로드받을 수 있다.

JDK와 JRE

자바를 다운로드받는 홈페이지를 가보면 JDK와 JRE라는 용어가 자주 등장한다. JDK와 JRE의 차이점을 살펴보자.

● JRE(JAVA RUNTIME ENVIRONMENT)

JRE는 자바 프로그램을 실행하기 위한 라이브러리, 자바 가상 기계, 기타 컴포넌트들을 제공한다. 자바 프로그램을 실행만 하고 개발은 하지 않는 일반인들을 위한 환경이다.

● JDK(JAVA DEVELOPMENT KIT)

JDK는 JRE에 자바 프로그램을 개발하는데 필요한 컴파일러, 디버거와 같은 도구들을 추가한 것이다. JDK 안에 JRE가 포함되어 있음을 유의하자. 우리는 개발자이므로 JDK를 다운로드받아야 한다.

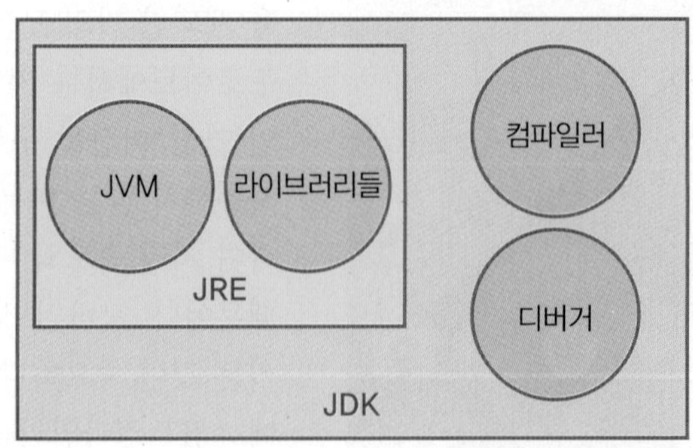

JDK 설치

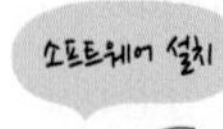

오라클이 자바를 인수하면서 사이트 주소가 복잡해졌지만 가장 간단한 방법은 java.sun.com에 가서 Java SE 다운로드 버튼을 클릭하는 것이다.

다음 화면에서 JDK download 버튼을 클릭한다.

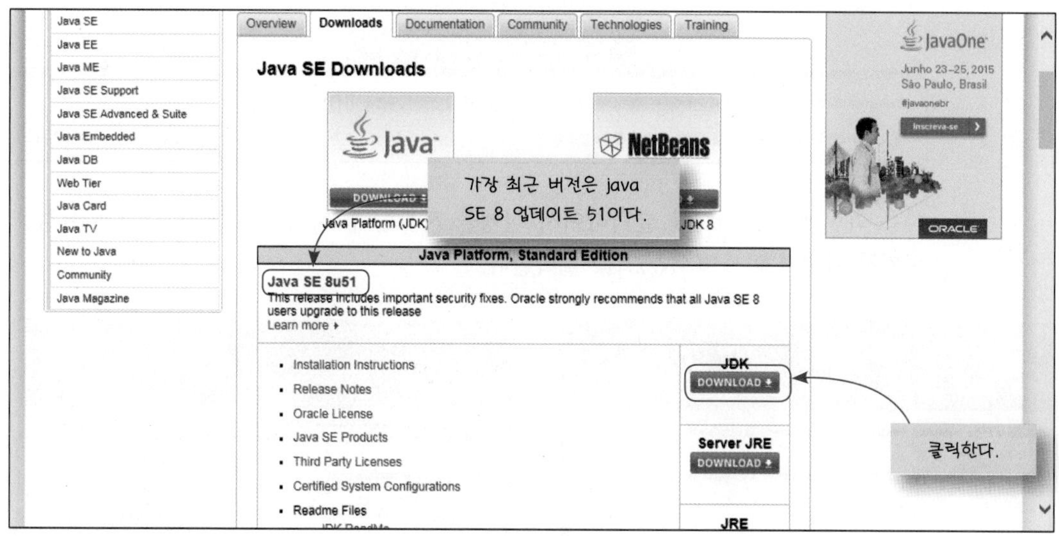

다음 화면에서 라이선스에 동의한 후에, 자신이 사용하는 컴퓨터의 플랫폼에 맞추어 다운로드받을 실행 파일을 선택한다.

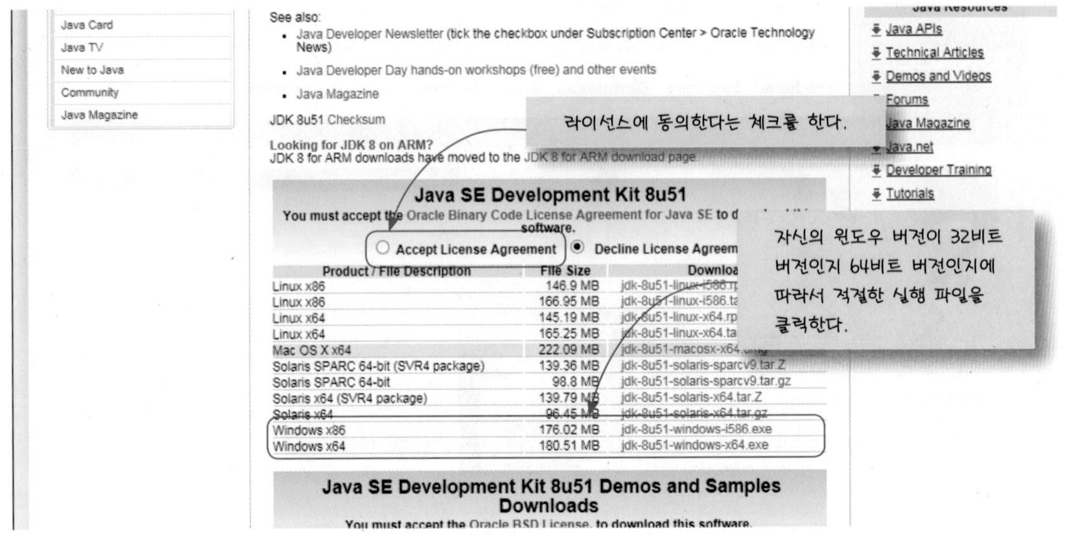

실행 파일을 다운로드받아서 실행한다.

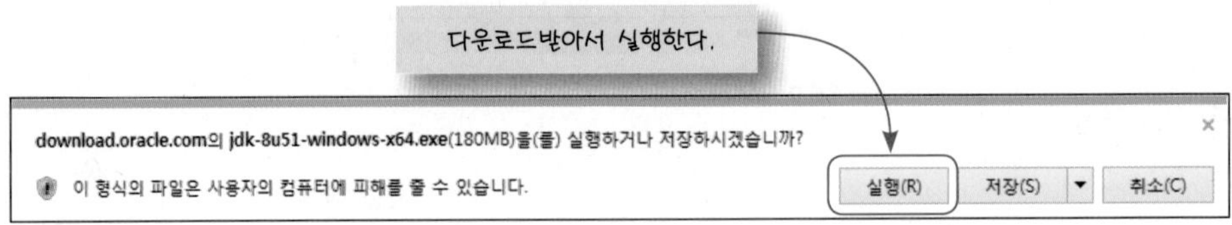

다음 화면에서 [Next]를 클릭하여서 실행을 시작한다. 다음 화면에서도 기본 설정을 변경할 필요가 없으면 [Next]를 클릭한다.

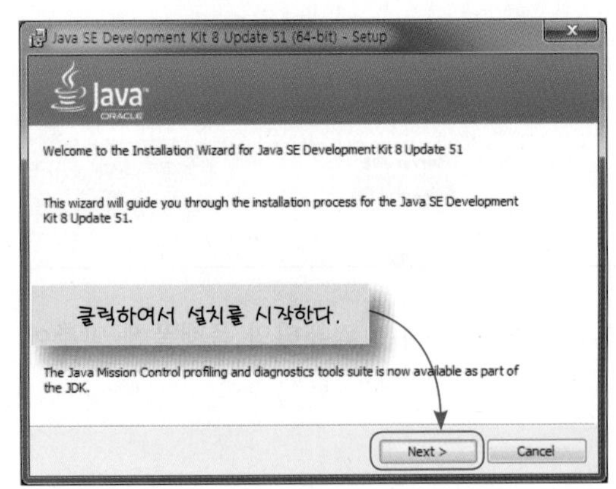

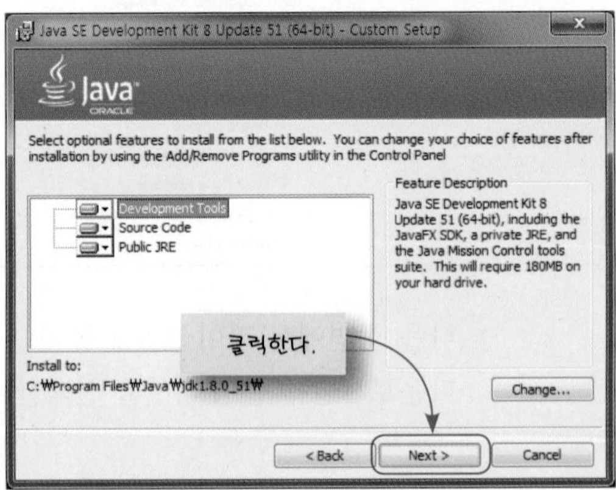

혹시 설치 과정에서 선택해야할 사항이 나오면 주어진 값으로 선택하고 설치를 진행하면 된다. 설치가 완료되었다는 대화 상자가 나오면 [Close] 버튼을 누르도록 하자.

JDK의 폴더

JDK는 컴퓨터 안에 몇 개의 폴더를 생성한다. JDK의 기본 설치 폴더는 c:\Program Files\Java가 된다. 이 안에 JDK와 JRE 폴더가 있다. 자세한 이름은 버전과 업데이트 번호에 따라 달라진다. 현재 1.8버전의 경우 JDK1.8.0_51으로 되어 있다(자바 버전은 계속하여 바뀌고 있으니 숫자에 대하여 너무 신경쓰지 말자). 그 아래에 다음과 같은 폴더들이 존재한다.

표 1.1 • JDK의 디렉토리

폴더	설명
bin	컴파일러, 디버거 등의 도구가 들어 있다.
db	Java DB, 아파치 Derby 데이터베이스 기술의 선 마이크로 시스템의 배포판 포함.
include	네이티브 코드 프로그래밍을 지원하는 헤더 파일들이다. 이들 파일들은 자바와 C를 동시에 사용하는 프로그램 개발시에 쓰인다.
jre	자바 실행 환경. 자바 가상 기계, 클래스 라이브러리들, 기타 자바 프로그램의 실행을 지원하는 파일들로 이루어져 있다.
lib	개발 도구들이 필요로 하는 추가적인 클래스 라이브러리와 지원 파일들이다.

JDK가 설치된 폴더를 외부 프로그램에 알려줄 때는 JAVA_HOME이라는 환경 변수를 사용한다. 따라서 어떤 프로그램이 자바를 찾을 수 없다고 하면 JAVA_HOME 환경 변수를 적절하게 설정하도록 하자.

데모와 샘플 파일

데모 파일과 샘플 파일도 다운로드받아서 컴퓨터에 저장해두는 것이 좋다. 다운로드 화면의 하단에서 적절한 압축 파일을 찾아서 클릭한다.

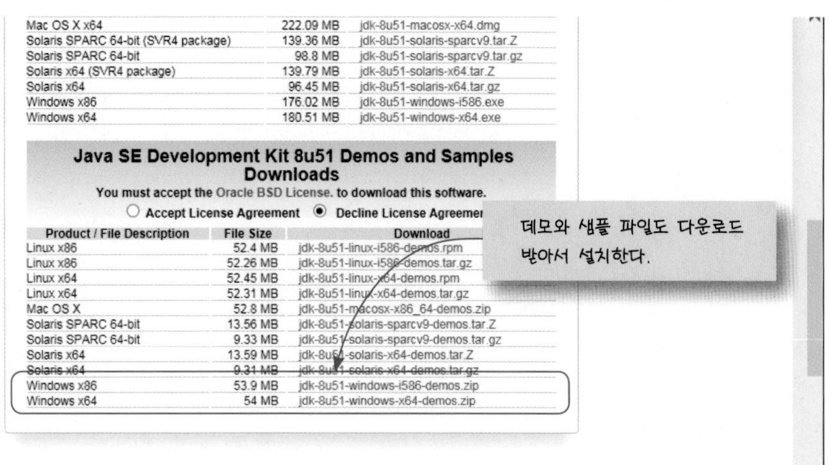

다운로드받아서 저장한다.
download.oracle.com의 jdk-8u51-windows-x64-demos.zip(54.0MB)을(를) 열거나 저장하시겠습니까?
열기(O)
저장(S)
취소(C)

다운로드된 파일의 압축을 풀어서 적절한 디렉토리에 저장한다. 예를 들어서 c:\java 에 저장해보자. 앞으로 여기에서 많은 부분을 참조할 것이다.

폴더	설명
demo	데모 애플릿와 애플리케이션이 소스와 함께 제공. Swing, Java Foundation Classes, Java Platform Debugger Architecture 등이 포함되어 있다.
sample	특정한 자바 API를 사용하는 프로그램 소스 샘플

07 자바 프로그램 개발 단계

구체적인 예제를 살펴보기 전에 대략적인 자바 프로그램 개발 단계를 살펴보자. 자바 프로그램은 그림 1-12와 같은 단계를 거쳐서 개발되고 실행된다.

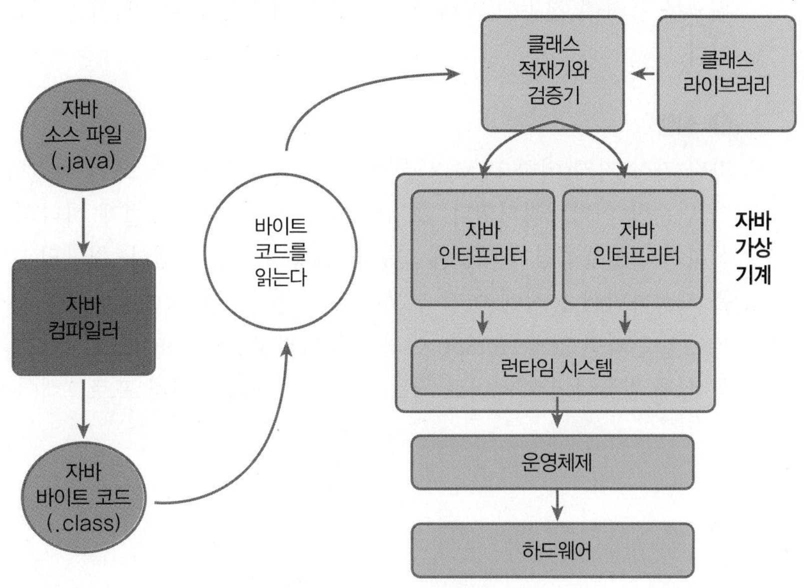

그림 1-12 • 자바 프로그램 개발 단계

❶ 소스 파일의 생성

먼저 에디터를 사용하여서 소스 코드를 입력한 후에 파일에 저장한다. 파일은 .java 확장자를 가져야 한다. 메모장과 같은 간단한 에디터를 사용할 수도 있고 이클립스와 같은 통합 개발 환경을 사용할 수도 있다. 통합 개발 환경은 에디터, 디버거와 같이 소프트웨어 개발 프로세스를 지원하는 많은 도구들을 묶어서 제공한다. 통합 개발 환경의 대표적인 것들로 이클립스(www.eclipse.org), 넷빈(www.netbeans.org), IntelliJ IDEA(www.jetbrains.com/idea) 등을 들 수 있다.

❷ 컴파일

소스 파일이 작성되면 자바 컴파일러로 컴파일한다. 자바 컴파일러는 자바 소스 코드를 바이트 코드로 변환한다. 바이트 코드는 확장자가 .class로 끝나는 파일에 저장되는데 이를 클래스 파일이라고 한다.

❸ 클래스 적재와 바이트 코드 검증

클래스 적재기(class loader)는 프로그램의 바이트 코드가 들어 있는 클래스 파일을 메모리로 적재한다. 또한 실행에 필요한 다른 클래스 파일도 함께 적재한다. 클래스 파일은 로컬 컴퓨터의 디스크에서 적재될 수도 있지만 네트워크를 통하여 적재될 수도 있다.

바이트 코드 검증기는 바이트 코드들이 이상이 없으며 자바의 보안 규칙을 위배하지 않는지를 검사한다. 자바는 상당히 엄격한 보안 규칙을 가지고 있는데 이것은 네트워크를 통하여 전송된 자바 프로그램이 컴퓨터를 훼손시키는 것을 방지하기 위해서이다.

❹ 실행

자바 가상 기계(이하 JVM)가 바이트 코드를 실행한다. 초기 버전의 자바에서는 JVM가 단순한 인터프리터였다. 초기의 JVM은 단순히 한 번에 하나의 바이트 코드를 해석하여서 실행하였기 때문에 상당히 실행 속도가 느렸다. 최근의 JVM은 바이트 코드를 해석하면서 동시에 어떤 부분이 가장 빈번하게 실행되는지를 분석한다. 이러한 부분이 발견되면 Java HotSpot이라고 알려진 JIT(just-in-time) 컴파일러가 바이트 코드를 실제 컴퓨터의 기계어로 직접 변환하기 때문에 자바 프로그램이 빠르게 실행된다.

08 JDK 사용하기

JDK 설치를 마쳤으면 한번 사용하여 보자. JDK는 명령어 프롬프트에서 직접 사용이 가능한 몇 가지의 명령어 도구들을 가지고 있다. 자바 컴파일러인 javac, 자바 프로그램을 실행시키는데 사용되는 자바 가상 기계를 구현한 java 등이 포함되어 있다. 명령어 도구는 불편하지만 자바 프로그램이 실행되는 원리를 알기 위해서 반드시 한번은 해보아야 한다. 조금 귀찮더라도 따라서 해보자.

이제부터 실제 자바 애플리케이션을 만들어보자. 프로그램 언어를 배울 때 가장 먼저 작성하는 프로그램인 화면에 인사말을 출력하는 프로그램을 작성해본다. 애플리케이션을 작성하는 단계는 다음과 같다.

소스 파일 작성
- 자바 코드를 포함하는 소스파일을 생성한다.
- 필요한 도구: 메모장

➡

소스 파일 컴파일
- 소스 파일을 컴파일하여 바이트 코드로 만든다.
- 필요한 도구: javac

➡

프로그램 실행
- 자바 가상 기계를 이용하여 프로그램을 실행한다.
- 필요한 도구: java

체크 리스트

- **JDK - 앞에서 설치하였다.**
- **텍스트 에디터 - 여기서는 메모장을 사용하여 소스 파일을 편집한다.**

- **경로 설정하기**

JDK에 포함된 명령어 도구를 사용하기 위해서는 먼저 어떤 디렉토리에서도 JDK 명령어들을 찾을 수 있도록 운영 체제에게 JDK가 설치된 위치를 알려주는 것이 필요하다. 다음과 같이 Path라는 환경 변수를 적절하게 설정하여 주면 된다.

(1) 제어판을 열고 "시스템"아이콘을 더블클릭한다.
(2) "고급 시스템 설정"을 클릭한다.
(3) "고급"탭을 선택하고 하단의 "환경 변수"버튼을 클릭한다.
(4) "시스템 변수" 중에서 "Path"변수를 선택하고 "편집"버튼을 누른다.
(5) Path 변수의 값의 첫 부분에 JDK의 bin 폴더를 추가한다. 이때에 세미콜론(;)을 이용하여 폴더와 폴더를 구분한다. 예를 들면 다음과 같다. 주의할 점은 시스템에 따라서 정확한 위치가 달라진다.

```
C:\Program Files\Java\jdk1.8.0_51\bin;...
```

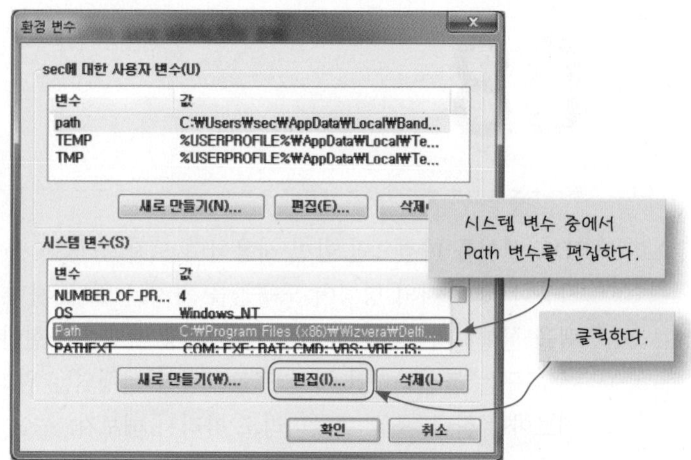

올바르게 설정되었는지 확인하려면 명령 프롬프트를 실행하여서 다음과 같이 타이핑해본다.

```
c:₩java₩src>javac -version
javac 1.8.0_51

c:₩java₩src>
```

● **소스 파일 작성**

윈도우의 메모장을 이용하여 아래그림과 같이 소스 프로그램을 작성한다. 소스 프로그램을 파일로 저장하면 소스 파일이 된다. 소스 파일를 저장할 때 확장자는 .java로 하여야 자바 소스 파일이 된다. 소스 파일의 이름은 반드시 Hello.java로 하여야 한다. 자바에서는 소스 파일의 이름이 클래스 이름과 동일하여야 한다. 소스를 입력할 때에 특히 대소문자에 주의하기 바란다. 만약 class를 Class로 입력하면 프로그램은 동작하지 않는다. 또한 단어와 단어 사이의 공백도 있어야 한다.

Hello - 메모장

파일(F) 편집(E) 서식(O) 보기(V) 도움말(H)

```
public class Hello {
   public static void main(String args[]) {
      System.out.println("안녕하세요, 자바 프로그래머 여러분!");
   }
}
```

메모장에서 파일로 저장할 때는 반드시 파일 이름을 Hello.java로 정확히 지정하여야 한다. 파일 이름으로 단순히 Hello만 입력하면 Hello.txt로 저장된다. 파일이 올바르게 저장되었는지 확인하자.

● **컴파일**

소스 파일을 자바 컴파일러를 이용하여 컴파일한다. 컴파일러의 명령어 버전 이름은 javac이다. 앞의 소스 코드를 c:\java\src폴더에 저장하였다고 가정하면 "시작 → 프로그램 → 보조 프로그램 → 명령 프롬프트"를 실행하여 다음과 같이 Hello.java를 컴파일한다.

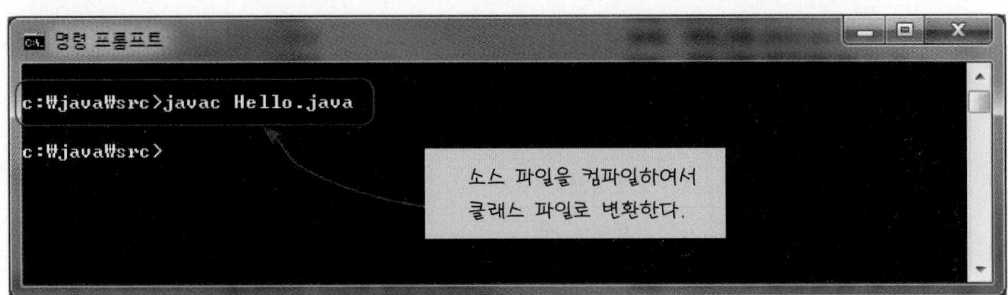

여러분이 앞의 소스를 완벽하게 입력하였다면 아무것도 나타나지 않지만 만약 오류가 있는 경우에는 오류 메시지가 화면에 보이게 된다. 우리는 명령어 버전보다는 이클립스(eclipse)를 사용할 예정이므로 javac의 자세한 옵션 설명은 생략하기로 하자. 컴파일러가 생성하는 파일을 클래스 파일이라고 한다. 보통 클래스 파일은 소스 파일과 동일한 디렉토리에 만들어 진다.

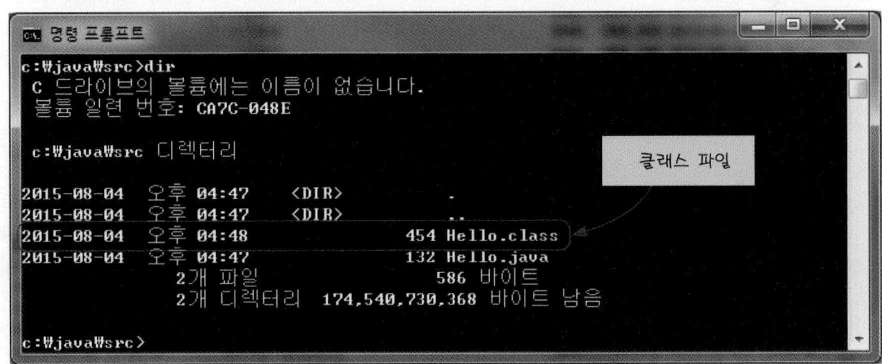

● **실행**

자바 프로그램을 성공적으로 컴파일하였다면, 다음 단계는 가상 기계인 java를 이용하여 클래스 파일을 실행하는 것이다. 자바 프로그램을 실행시키려면 다음과 같이 하면 된다.

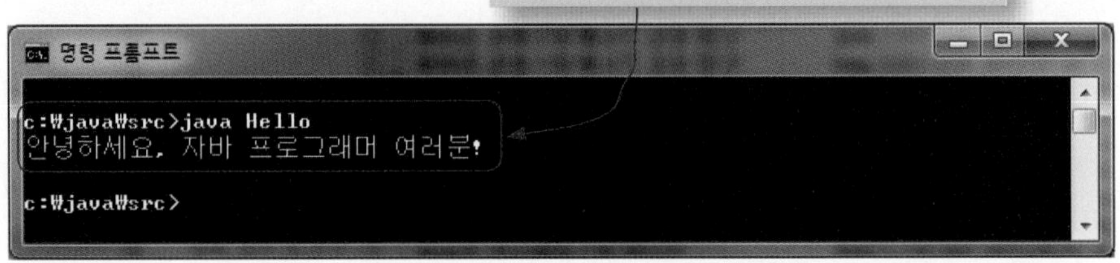

명령어 도구들의 간단한 설명

c:\Program Files\Java\jdk1.8.0_51\bin 폴더에 보면 상당한 양의 실행 파일들이 들어 있다. 이것들은 모두 프로그램 개발에 사용되는 도구이다. 많이 사용되는 것들은 다음 표와 같다.

도구	설명
appletviewer	웹 브라우저 없이 애플릿을 실행하고 디버그하는 도구
apt	어노테이션 처리 도구이다.
extcheck	jar 파일을 체크하는 도구
jar	자바 압축 파일(Java Archive)을 생성하고 관리하는 도구
java	가상 기계 프로그램
javac	자바 컴파일러
javadoc	도큐먼트 생성기, 자바 소스 파일 안에 /** */로 주석을 만들면 이 주석을 추출하여서 문서로 만들어 준다.
javah	C언어로 된 네이티브 메소드를 작성할 때 사용되는 C 헤더 파일과 스터브 생성기
javap	클래스 파일 디어셈블러
jdb	자바 디버거

통합 개발 환경

명령어 버전을 사용하다보면 편집, 컴파일, 실행이 별도로 이루어져 상당히 불편하다는 것을 느낄 것이다. 그래서 개발된 것이 통합 개발 환경(integrated development environment)이다. 통합 개발 환경에서는 소스 에디터, 컴파일러, 디버거가 결합되어 있으며 특히 비주얼 컴포넌트를 마우스로 드래그하고 드롭하여 응용 프로그램을 생성할 수 있는 비주얼 개발 도구를 포함하는 것도 있다. 자바의 통합 개발 환경에는 공개 소프트웨어인 이클립스(Eclipse)나 오라클에서 제공되는 넷빈(NetBeans), IntelliJ IDEA(www.jetbrains.com/idea) 등이 있다. 이클립스는 다음 장에서 자세하게 살펴볼 예정이다.

여기서 중요한 것은 이클립스(Eclipse)와 같은 통합 개발 환경도 내부적으로는 명령어 도구들을 이용한다는 것이다. 통합 개발 환경은 명령어 버전 도구들을 편리하게 사용할 수 있도록 해줄 뿐이다. 따라서 이클립스를 사용하더라도 명령어 도구들은 설치되어 있어야 하고 명령어 도구들의 기본적인 사용 방법은 알고 있어야 한다.

09 자바 문서 참조하기

자바는 상당한 분량의 기술 문서를 제공한다. http://docs.oracle.com/javase/8에 가보면 다음과 같은 화면을 볼 수 있다.

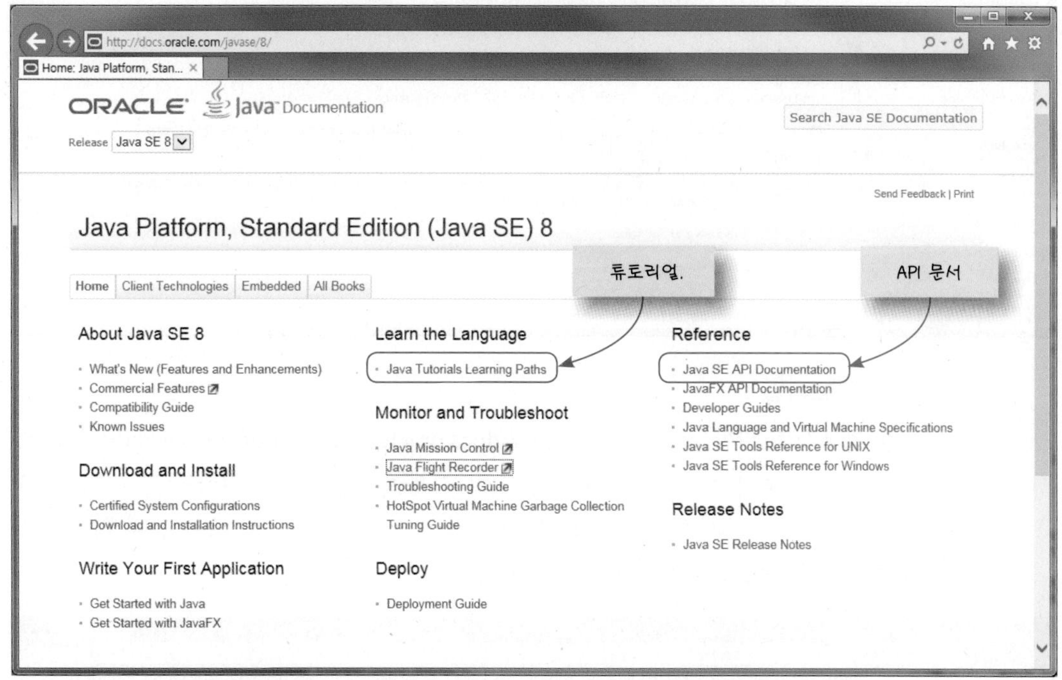

Java API 문서

자바는 방대한 라이브러리를 자랑한다. 이들 라이브러리 덕분에 강력하고 복잡한 기능의 프로그램을 손쉽게 작성할 수 있다. 하지만 교과서에 나와 있지 않은 라이브러리는 어떻게 사용할 것인가? 이때는 자바가 제공하는 도움말 페이지를 참조하여야 한다.

자바 API에 대한 문서는 http://docs.oracle.com/javase/8/docs/api/index.html에서 찾을 수 있다. 여기에는 자바에서 지원되는 모든 자바 API에 대한 문서 및 정보가 실려 있다. 이 페이지를 이용하면 API에 포함된 어떤 클래스에 대한 정보도 완벽하게 찾을 수 있다. 이 페이지는 세 개의 프레임으로 나누어져 있다. 먼저 패키지를 선택하고 패키지 안의 클래스를 선택한다. 패키지란 관련있는 클래스들을 모아 놓은 것이다.

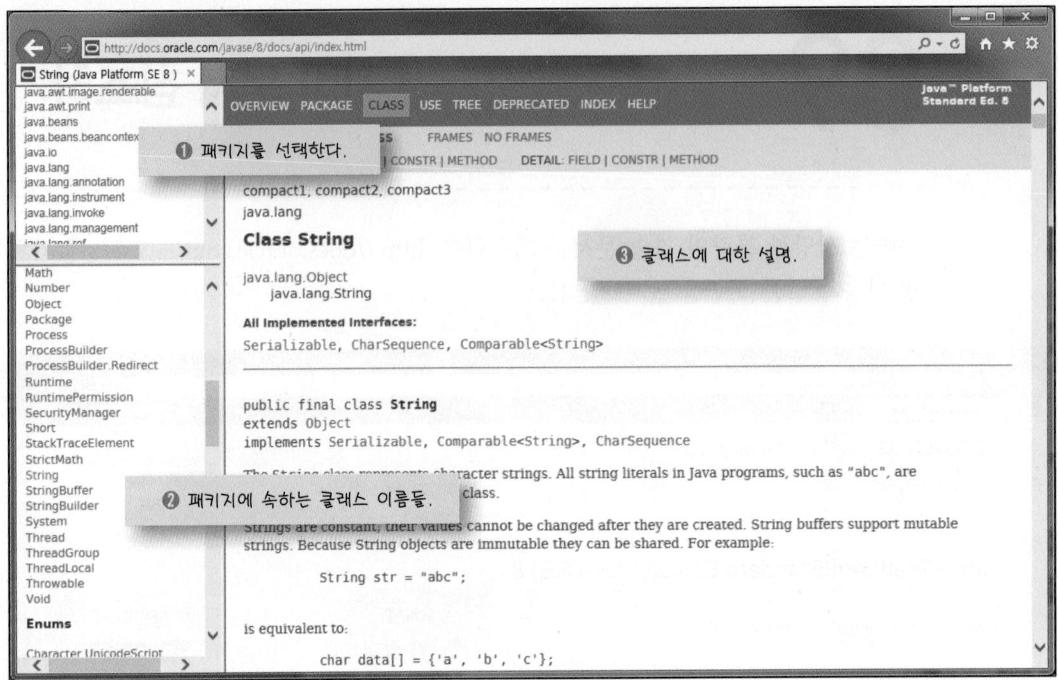

자바 튜토리얼

자바 초보자를 위한 튜토리얼은 http://docs.oracle.com/javase/tutorial/index.html에 있다. 자바 튜토리얼은 초보자를 위하여 각 주제를 상세하고 친절하게 설명하는 문서이다. 자바 기초, 컬렉션, 스윙, JDBC, 네트워크 프로그래밍, Java 2D 등의 많은 주제에 대하여 자세한 설명과 소스가 포함되어 있다.

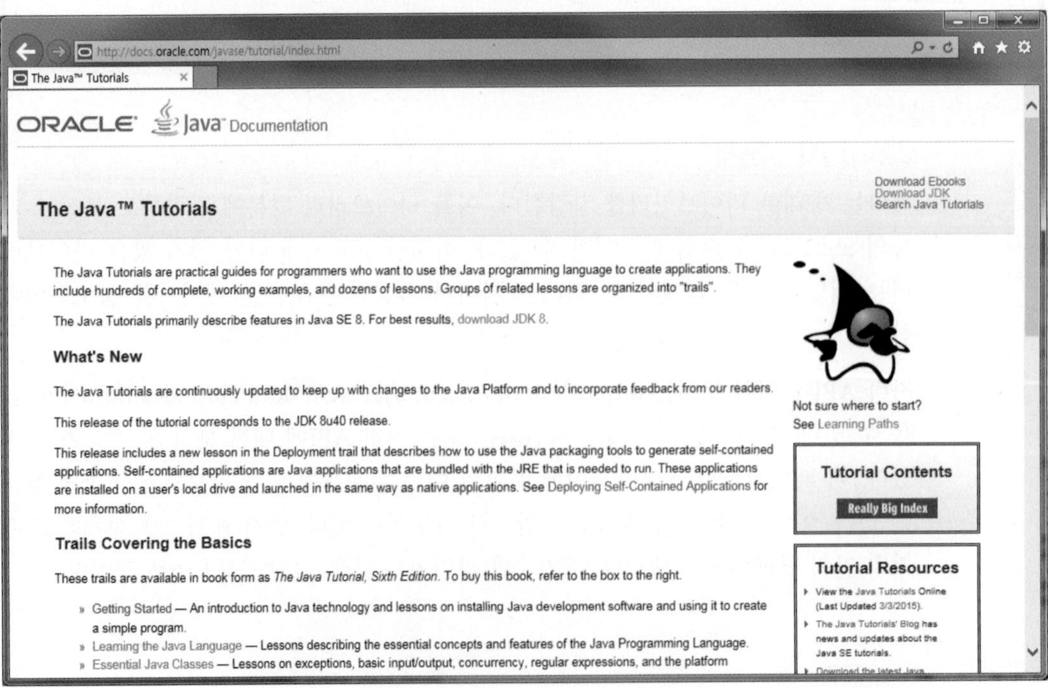

LAB

JDK1.8 데모 프로그램 실행하기

JDK1.8의 데모 프로그램을 실행하여 보자. <데모와 샘플이 설치된 폴더>\demo 디렉토리로 가면 여러 개의 데모 프로그램들이 있다. 자바의 능력에 대하여 살펴보기 위하여 이 중에서 몇 가지의 데모 프로그램들을 실행시켜보자. 자바의 버전에 따라서 디렉토리의 이름은 약간씩 달라질 수 있다.

(1) demo 디렉토리의 서브 디렉토리 applets\Animator폴더로 이동하라. 명령 프롬프트에서 다음과 같은 명령어를 실행한다. 원래는 HTML 파일을 더블클릭하면 실행되어야 하지만 요즘 애플릿에 대한 규제가 강화되어서 실행이 되지 않을 수도 있기 때문에 우리는 appletviewer 도구를 사용하도록 하자.

```
C> appletviewer example1.html
```

다음과 같은 화면이 나타나는지 확인한다.

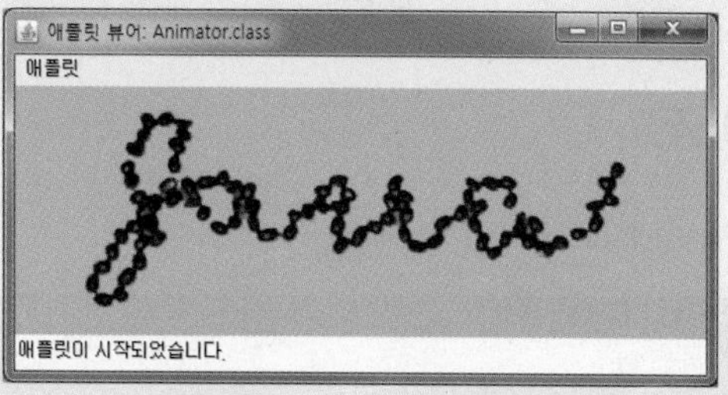

(2) demo 디렉토리의 서브 디렉토리 jfc\java2D로 이동하라. 명령 프롬프트에서 다음과 같은 명령어를 실행한다. 여러 가지 메뉴를 선택하여 본다.

```
C> appletviewer Java2Demo.html
```

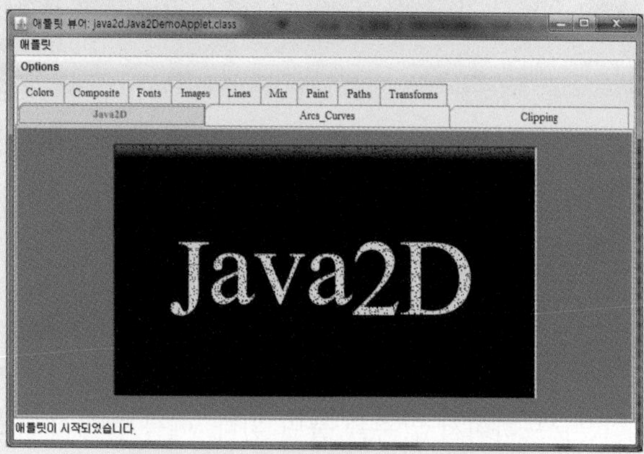

10 이클립스 소개와 설치

이클립스란?

이클립스(eclipse)는 자바 프로그램을 쉽게 개발하기 위한 **통합 개발 환경**(IDE)의 하나이다. 명령어 기반의 JDK만을 가지고서도 프로그램을 개발할 수 있지만 생산성이 매우 떨어진다. 이클립스는 무료로 제공되고 빠르면서 강력한 기능을 가지고 있기 때문에 자바 개발자 사이에서는 인기가 많다.

이클립스는 오픈 소스 프로젝트로 개발되었으며 비영리단체인 이클립스 재단(www.eclipse.org)에서 배포한다. 이클립스 자체도 자바로 작성되었다. 하지만 비표준 윈도우 라이브러리를 사용한다. 따라서 자바처럼 이식성이 완벽하지는 않다. 하지만 거의 모든 운영체제 버전이 제공된다.

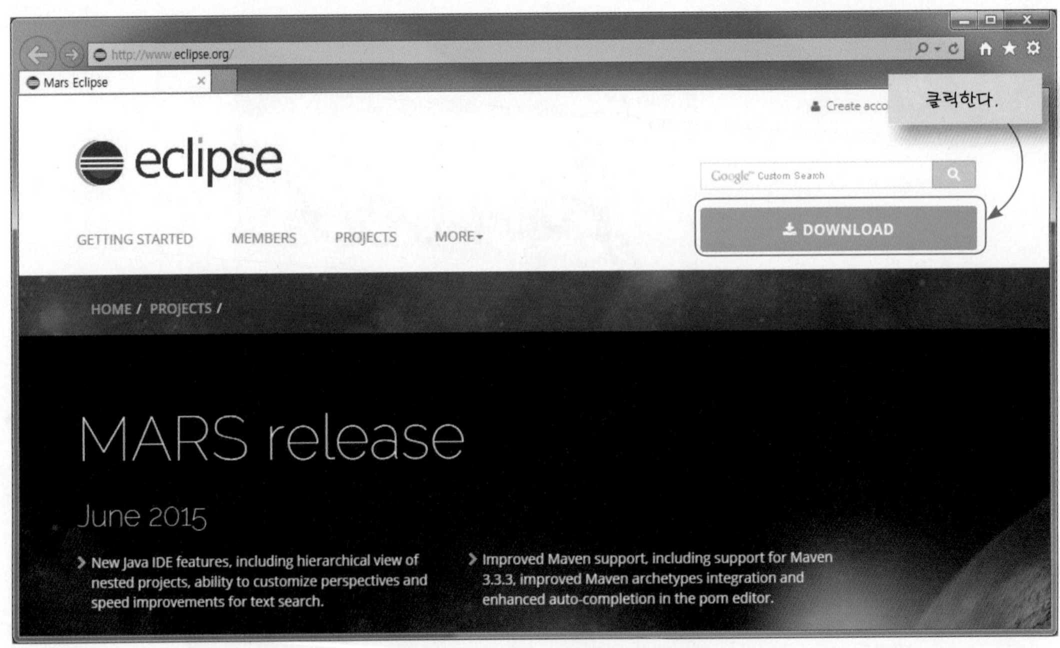

그림 1-13 • 이클립스 재단의 홈페이지

이클립스의 설치

이클립스는 **www.eclipse.org**에서 다운로드받을 수 있다. 다른 대부분의 프로그램과는 달리 이클립스는 복잡한 설치 과정을 거치지 않는다. 단순히 압축된 형태의 zip 파일을 다운로드하여서 압축을 풀면 된다. 예를 들어서 c: 드라이브에 압축을 풀었다고 가정하자. c:\eclipse 디렉토리가 생성된다.

이클립스를 실행할 때는 c:\eclipse에 있는 eclipse.exe를 실행하면 된다. 만약 윈도우 사용자라면 데스크탑 단축 아이콘을 만들어두는 편이 쉽다. eclipse.exe가 들어있는 폴더로 가서 오른쪽 마우스 버튼을 누르고 바로 가기 만들기를 선택하면 "바로가기" 아이콘이 생성된다. 이 아이콘을 마우스로 바탕 화면으로 끌고 오면 된다. 차후에 이 아이콘을 더블 클릭하면 이클립스가 바로 실행된다.

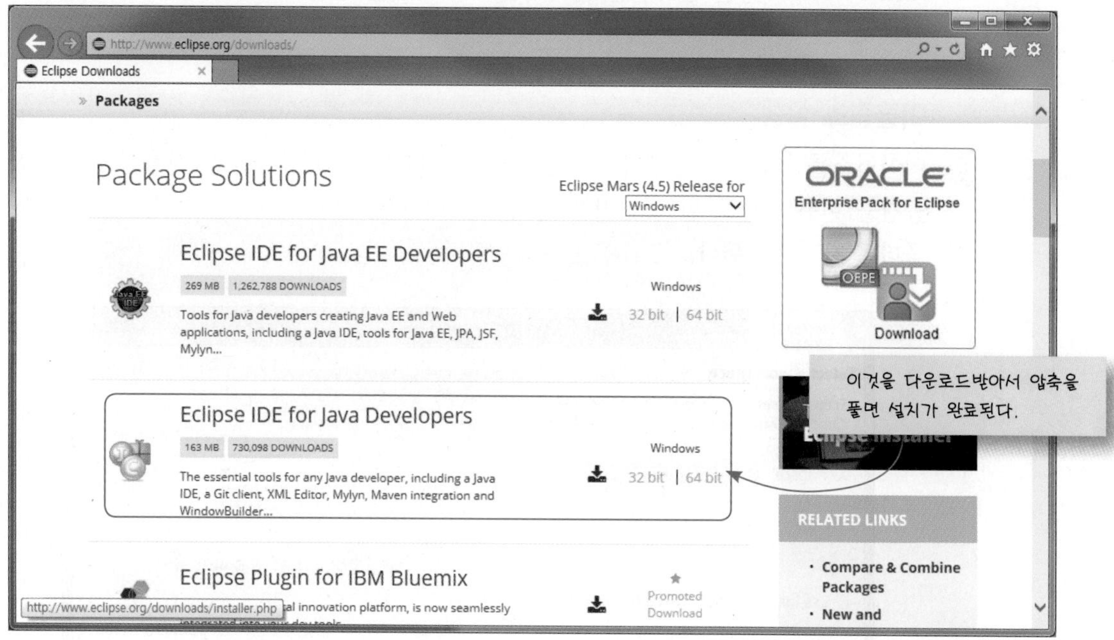

11 이클립스로 첫 번째 프로그램 작성

이 절에서는 이클립스를 이용하여 간단한 예제 프로그램을 작성하여 본다. 콘솔에 "Hello World!"라는 문자열을 출력하는 프로그램을 편집하고 컴파일한 후에 실행시켜보자.

이클립스 실행

이클립스를 처음으로 실행하면 다음과 같은 대화 상자가 등장한다. 사용자에게 작업 공간을 어떤 폴더로 할 것인지를 물어보는 대화 상자이다. 자신이 작업하고자 하는 폴더로 지정하면 된다.

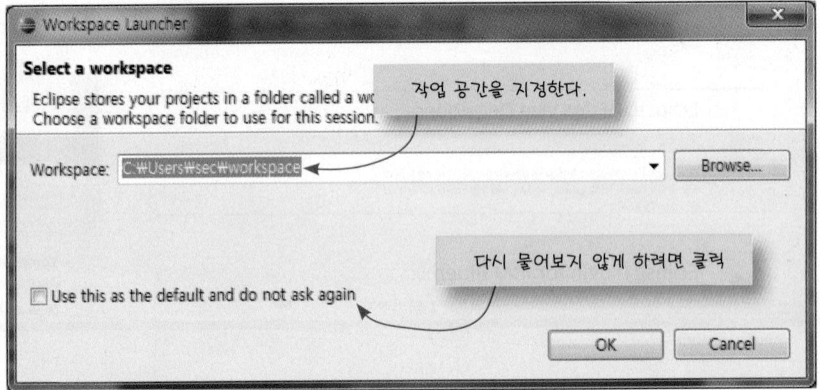

위의 화면에서 OK 버튼을 누르면 다음과 같은 화면이 등장한다. "워크벤치"아이콘을 클릭한다.

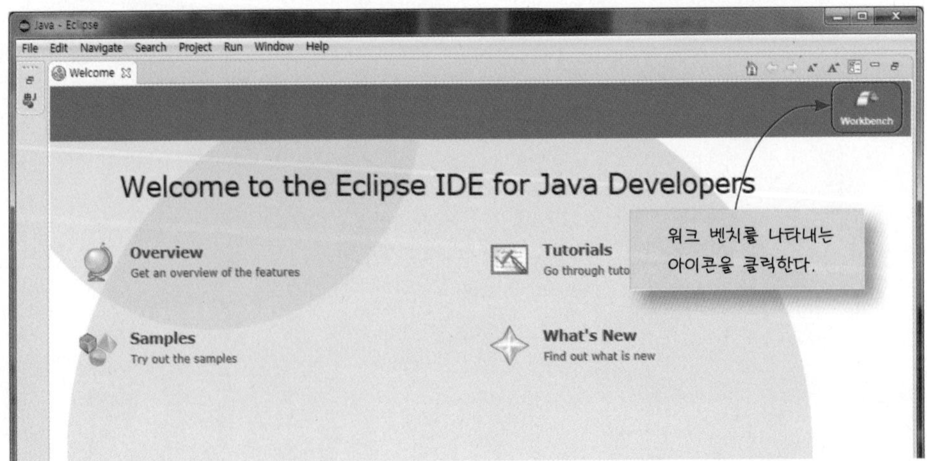

프로젝트 생성

가장 먼저 해야 할 작업은 새로운 프로젝트를 생성하는 것이다. **프로젝트(project)**는 하나의 프로그램을 생성하기 위하여 필요한 모든 파일들이 모인 것이다. 메뉴에서 [File] → [New] → [Java Project]를 선택한다. 프로젝트 이름으로 "hello"를 입력하고 [Finish] 버튼을 누르면 새로운 프로젝트가 생성된다.

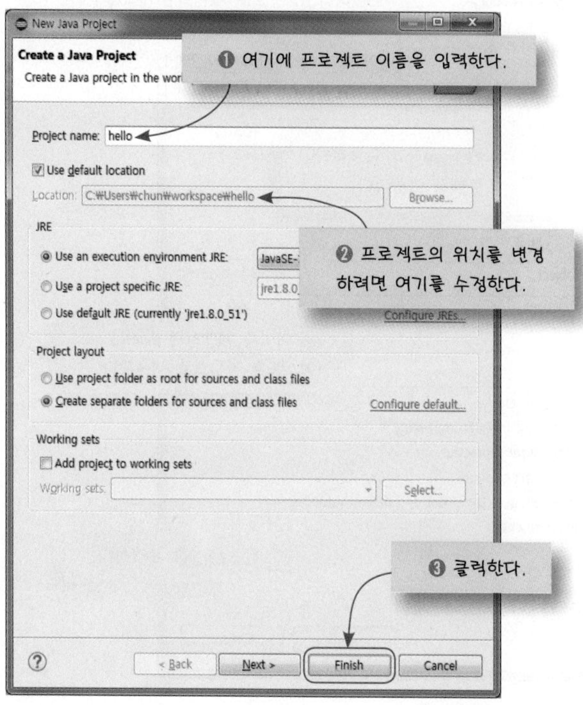

화면 왼쪽의 패키지 탐색기(Package Explorer)를 보면 새로 생성된 프로젝트 hello를 볼 수 있다.

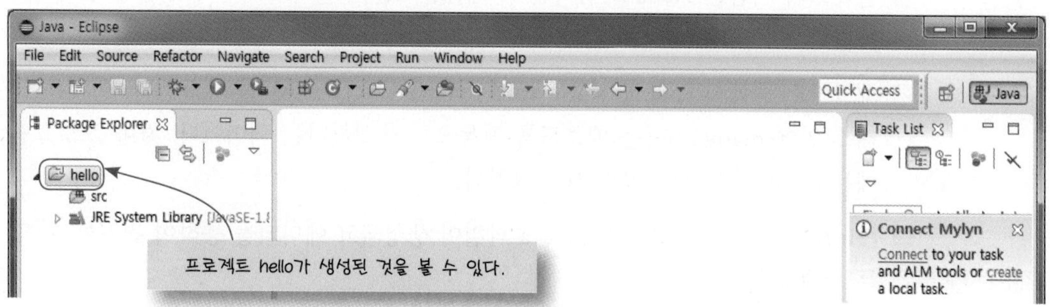

클래스 생성

클래스에 대해서는 아직 학습하지 않았지만 자바 프로그램은 클래스들의 모임으로 이루어진다. 따라서 프로젝트가 생성되면, 다음 절차는 프로젝트 안에 클래스를 작성하는 것이다. 화면 왼쪽의 패키지 탐색기에서 프로젝트 hello의 src 폴더 위에서 마우스 오른쪽 버튼을 누르고 [New] → [Class]를 선택하면 다음과 같은 클래스 마법사가 화면에 등장한다.

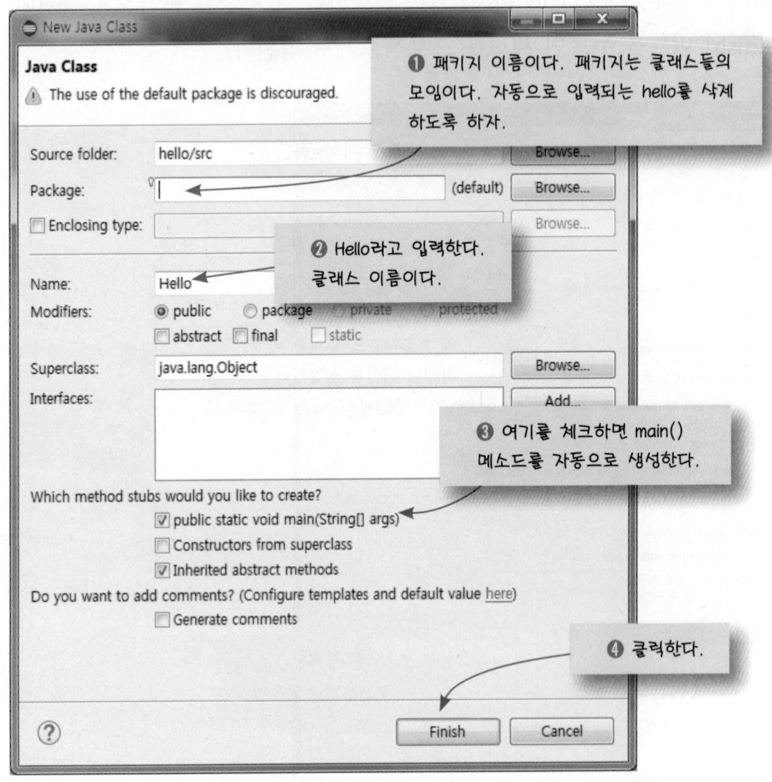

❶ 제일 처음에 패키지(package) 이름을 입력하는 칸이 있는데 자동으로 입력되는 패키지 이름을 지우도록 하자. 당분간은 패키지를 사용하지 않는 편이 편하다.

❷ 클래스의 이름은 Hello로 입력한다. 대소문자를 구별하므로 조심스럽게 입력하기 바란다.

❸ 체크박스 중에서 "public static void main(String[] args)"를 체크한다. 이것은 클래스 안에 main()이라는 메소드를 자동으로 생성하라는 의미이다. 자바 프로그램에는 main() 메소드가 반드시 필요하다.

❹ [Finish] 버튼을 누르면 Hello.java 파일이 생성되고 에디터를 통하여 편집할 수 있는 상태가 된다.

소스 코드 입력

앞에서 생성된 소스 파일에는 이미 어느 정도의 코드가 들어가 있다. 우리는 다음 그림과 같이 한 줄만 추가하여 보자.

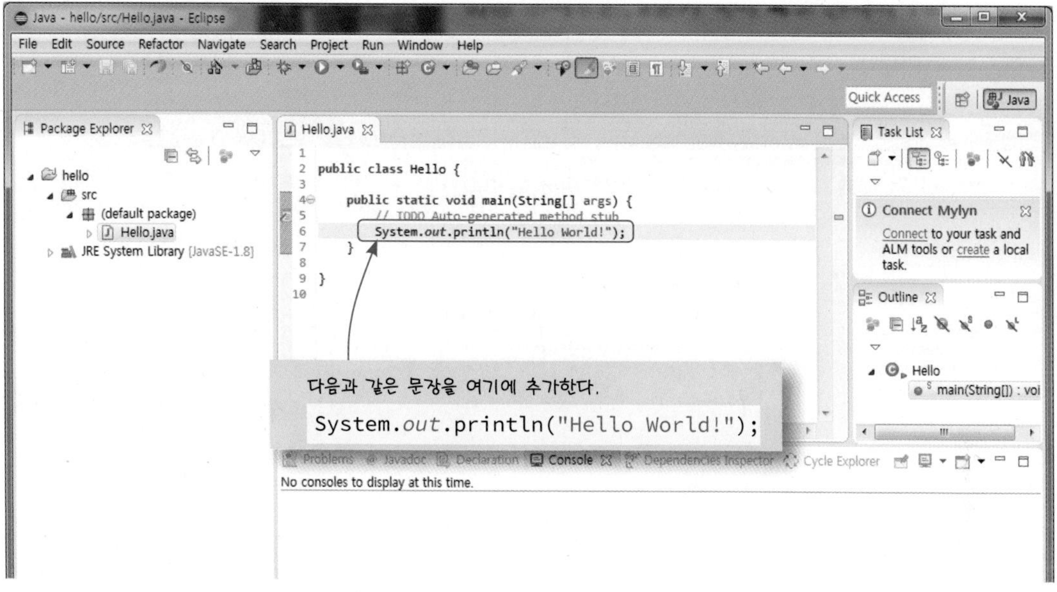

소스를 입력할 때는 대소문자에 유의하여야 한다. System을 system으로 입력하면 안 된다. 또 문장의 끝에는 반드시 세미콜론(;)이 있어야 한다. 만약 소스에 컴파일 오류가 있는 경우에는 빨간 밑줄이 그어진다. 따라서 이러한 빨간 밑줄이 있는 경우에는 소스를 제대로 입력하였는지 다시 한 번 검토하여 보기 바란다.

소스를 입력하면 자동적으로 컴파일이 수행된다. 이것은 초보자한테 무척 편리한 기능으로 다른 통합 개발 환경처럼 따로 컴파일 버튼을 누르지 않아도 된다.

프로그램 실행

프로젝트 이름(hello) 위에서 마우스 오른쪽 버튼을 눌러서 [Run As] → [Java Application]을 선택하면 프로그램이 실행된다. 만약 다음과 같은 화면이 나오면 이것은 실행하기 전에 파일을 저장하겠느냐고 물어보는 것이므로 [OK] 버튼을 클릭한다.

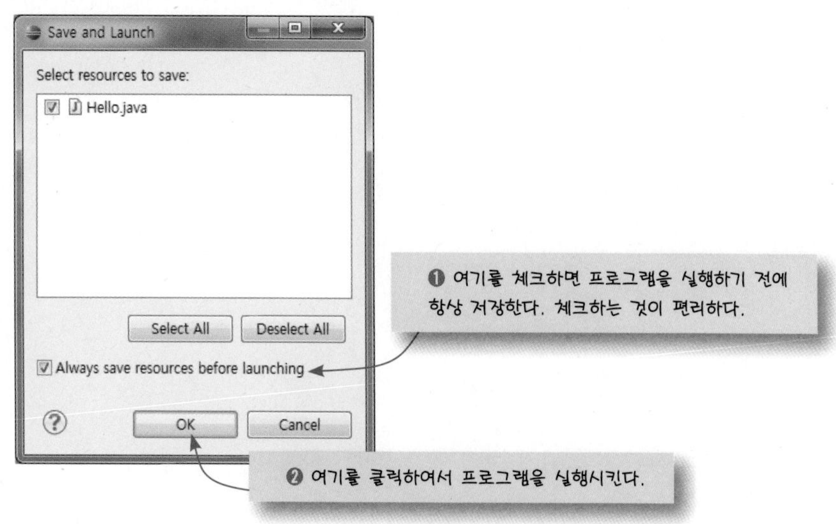

이어서 화면의 아래쪽에 있는 콘솔에 "Hello World!"가 출력되면 올바르게 실행된 것이다.

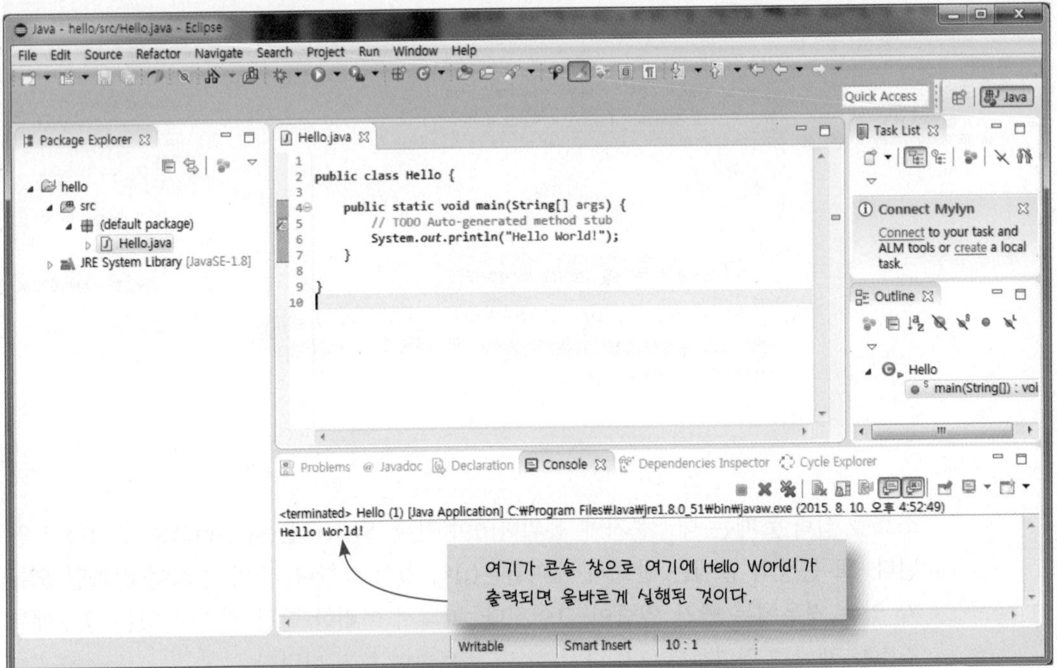

프로그램을 실행할 때, 메뉴바에서 [Run] → [Run As] → [Java Application]을 선택하여도 된다. 그리고 아이콘 을 눌러도 된다. 단축키 Ctrl+F11을 눌러도 된다.

12 컴파일 오류

자바 소스를 컴파일하다 보면 많은 오류들이 발생한다. 어떻게 대처할 것인가? 이클립스는 매우 훌륭한 오류 수정 방법들을 자동으로 제시한다. 만약 앞의 소스를 입력하는 과정에서 다음과 같이 System으로 하여야 할 것을 system으로 잘못 입력하였다고 가정하자.

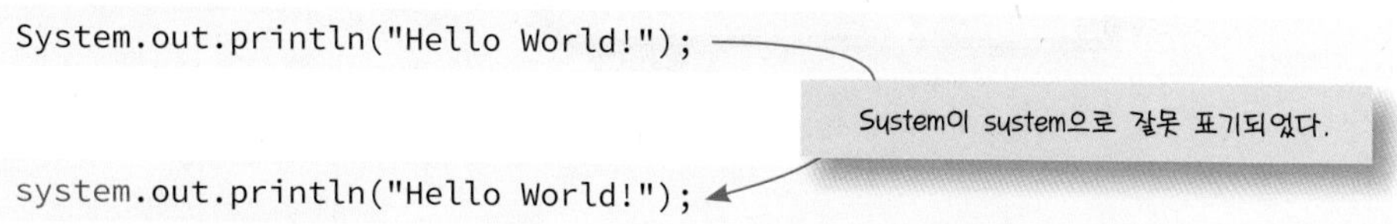

프로그램을 실행하려고 시도해보자. 컴파일 오류가 발생하게 되고 커서는 오류가 발생한 위치로 자동으로 이동한다. 컴파일러는 system이 알려지지 않은 클래스라고 불평할 것이다. "system cannot be resolved"라는 메시지는 system이라는 토큰을 처리할 수 없다는 의미이다.

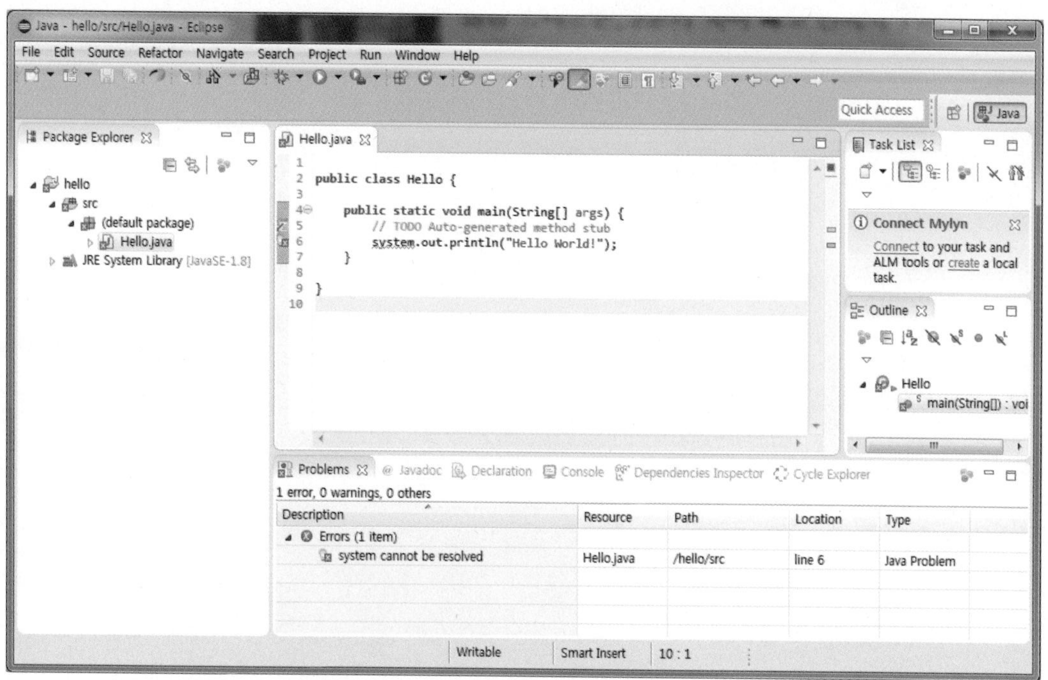

이클립스의 뛰어난 기능 중의 하나는 오류가 발생했을 경우에 처리 방법을 제시하고 개발자가 처리 방법 중에서 하나를 선택할 수 있도록 한다는 점이다. 빨간색 밑줄이

그려진 단어 위로 커서를 올리면 “quick fix”창이 등장하고 프로그래머는 여러 가지 처리 방법 중에서 하나를 선택할 수 있다.

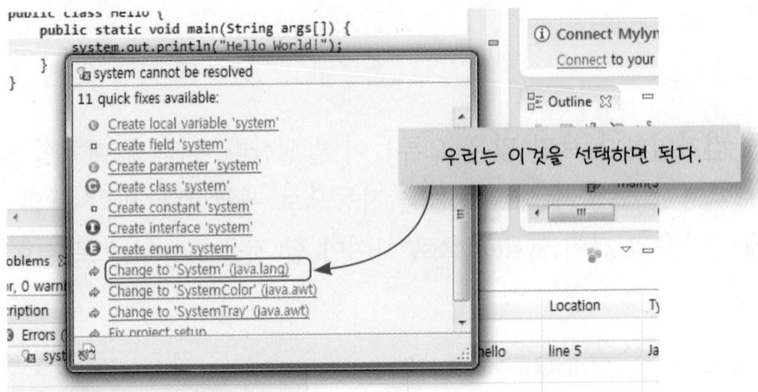

13 이클립스로 프로젝트 내보내기 & 읽기

작성한 이클립스 프로젝트를 다른 컴퓨터로 이동한다고 가정하자. 가장 일반적인 방법은 이클립스에서 [File] → [Export] 메뉴를 사용하여 프로젝트 전체를 외부로 내보내고 이것을 외부 컴퓨터에서 [File] → [Import] 메뉴를 사용하여서 읽으면 된다. 이 책의 소스도 출판사 홈페이지에서 다운로드 받아서 이런 방법으로 불러들일 수 있다. 예를 들어서 작성된 프로젝트를 USB로 내보내는 방법을 살펴보자.

프로젝트를 외부로 내보낼 때

❶ 앞에서 작성한 hello 프로젝트를 USB에 저장하려면 hello 프로젝트를 선택한 상태에서 [File] → [Export] 메뉴를 선택한다.

❷ 대화 상자에서 [General] → [File System]을 선택한다.

❸ 대화 상자에서 USB의 디렉토리를 선택하고 [Finish]를 누른다.

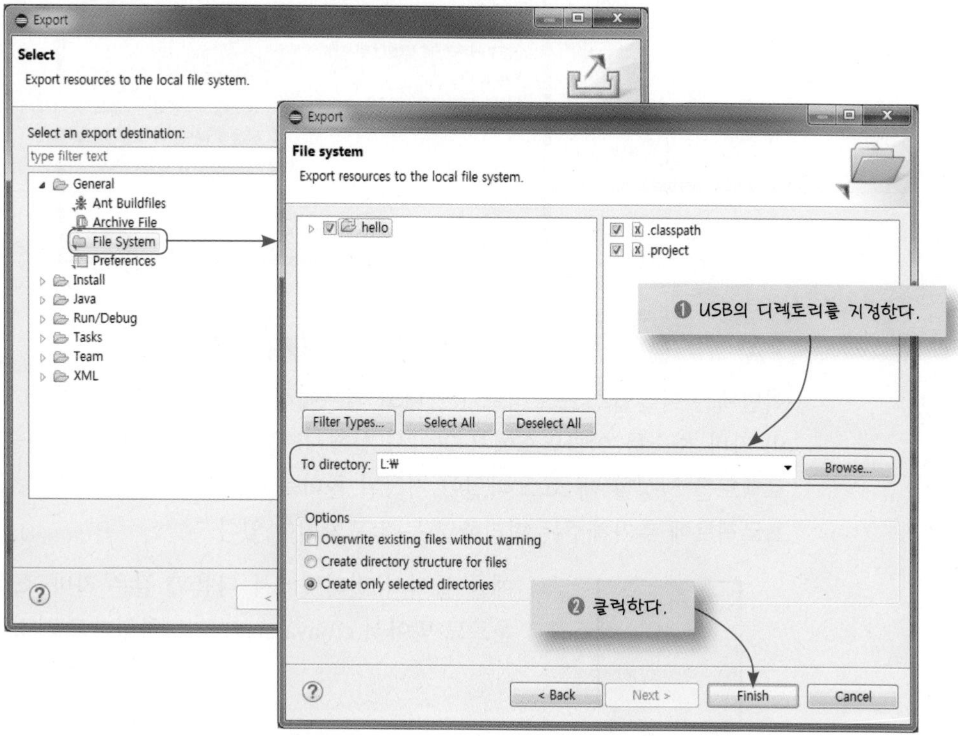

외부 프로젝트를 읽을 때

외부에서 가져온 프로젝트를 읽을 때는 반대 순서로 하면 된다.

❶ USB에 저장한 hello 프로젝트를 읽으려면 [File] → [Import] 메뉴를 선택한다.

❷ 대화 상자에서 [General] → [Existing Projects into Workspace]를 선택한다.

❸ 대화 상자에서 USB의 디렉토리를 선택하고 [Finish]를 누른다.

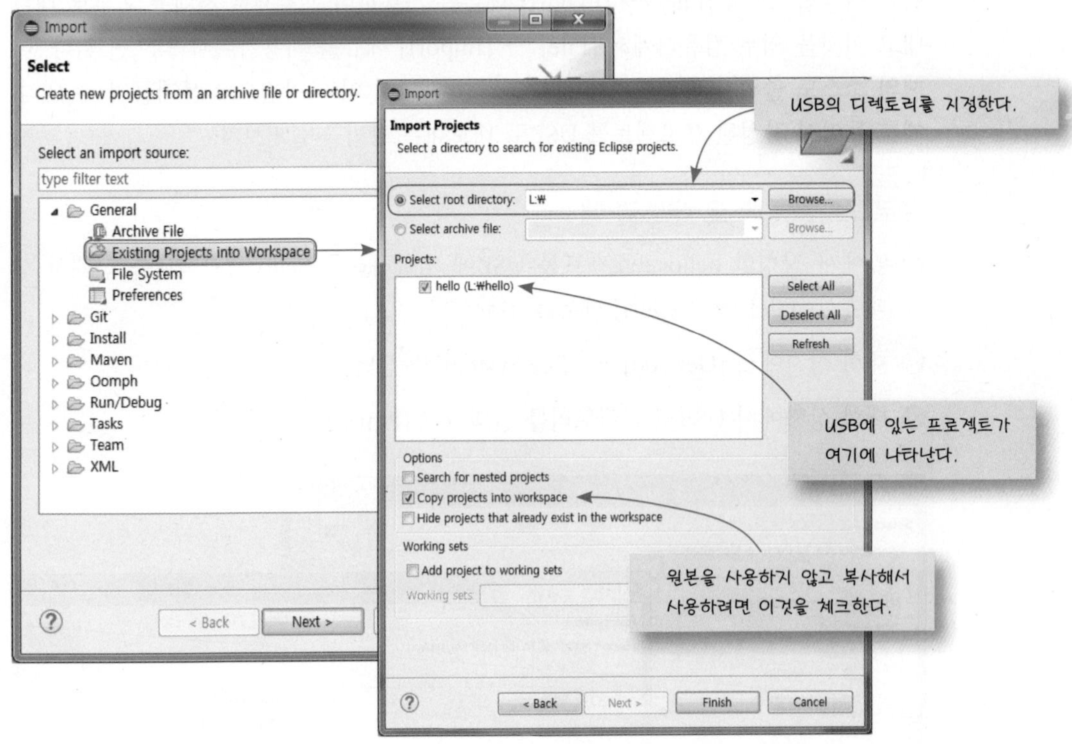

외부 소스를 자동으로 프로젝트에 포함시키는 방법

이번에는 이클립스 프로젝트가 아니고 외부에서 자바 소스만을 가져왔다고 가정하자. 이 자바 소스를 이클립스에서 읽어서 실행시키는 절차를 살펴보자. 이클립스에는 프로젝트를 생성할 때 소스 파일이 저장된 폴더를 선택하면 폴더에 있는 소스 파일들을 프로젝트에 추가해주는 편리한 기능이 포함되어 있다.

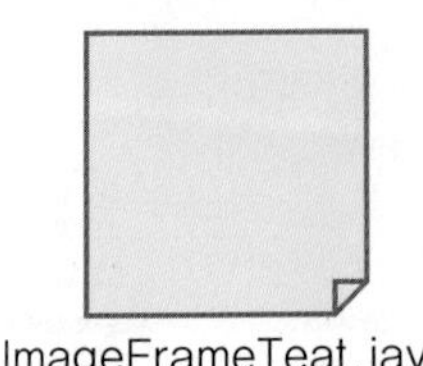
ImageFrameTeat.java

예를 들어서 인터넷에서 다음과 같은 자바 소스 파일을 다운로드 받아서 c:\java\src에 저장하였다고 가정하자.

❶ 메뉴에서 [File] → [New] → [Java Project]를 선택한 후에 "☐ Use default location"버튼을 체크 해제하고 다음과 같이 소스가 저장된 폴더를 직접 지정한다.

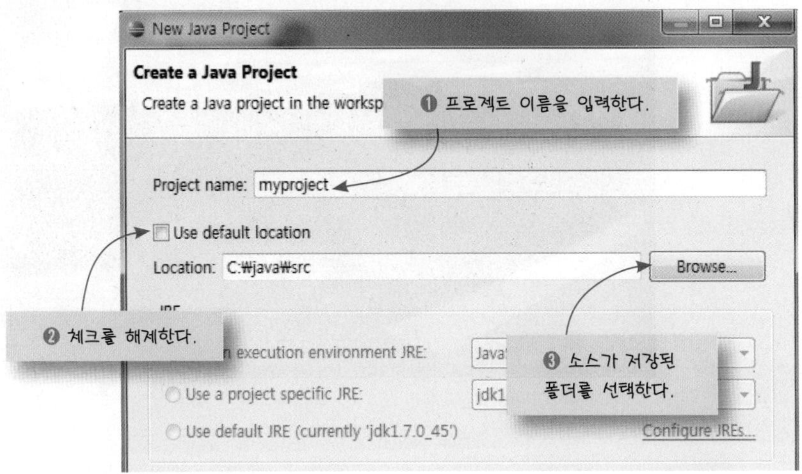

❷ 대화 상자에서 [Finish] 버튼을 누르면 자동으로 프로젝트가 생성되고 지정된 폴더에 있던 소스가 자동으로 추가되어서 다음과 같은 화면이 등장한다.

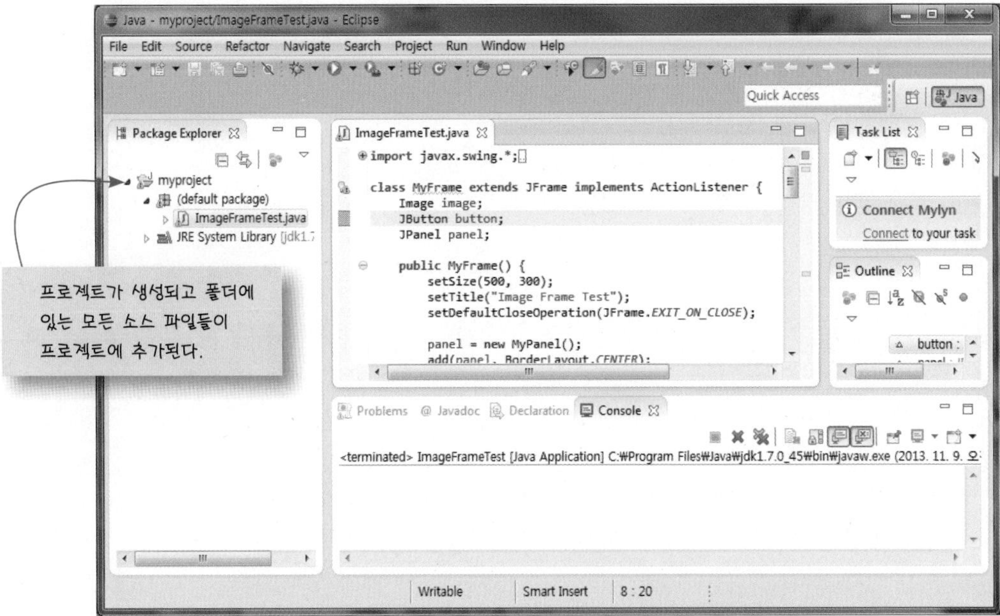

❸ 프로젝트 위에서 마우스 오른쪽 버튼을 누르고 [Run As] → [Java Application]을 선택하면 프로그램이 실행된다. 이 프로그램은 버튼을 클릭하여 적절한 이미지를 선택하면 화면에 이미지가 표시되는 애플리케이션이다.

Image Frame Test
그림 선택 및 표시

LAB 이클립스를 이용하여 프로그램 작성하기

다음 프로그램을 이클립스를 이용하여 컴파일, 실행하여 보자.

```
public class Hello2 {
    public static void main(String args[]) {
        System.out.println("안녕하세요?");        // ①
        System.out.println("자바를 처음 공부합니다.");
        System.out.println("자바는 재미있나요?");
    }
}
```

❶ hello2라는 이름으로 프로젝트를 생성한 후에 Hello2라는 이름의 클래스를 추가하고 위의 코드를 클래스 안의 main() 메소드 안에 입력한다.

❷ 화면 왼쪽의 패키지 탐색기에서 hello2 아래에 어떤 파일들이 존재하는지 살펴본다.

❸ ①번 문장을 입력할 때 System.을 입력하면 아래와 같은 콤보 박스가 나타난다. 여기서 out을 선택하여 보자.

```
public class Hello {
        public static void main(String args[]) {
                System.
        }
}
```

```
class : Class<java.lang.System>
err : PrintStream - System
in : InputStream - System
out : PrintStream - System
arraycopy(Object src, int srcPos, Object
clearProperty(String key) : String - Syste
console() : Console - System
currentTimeMillis() : long - System
exit(int status) : void - System
Press 'Ctrl+Space' to show Template Proposals
```

❹ 프로젝트 위에서 마우스 오른쪽 버튼을 누르고 [Run As] → [Java Application]을 선택하여 프로그램을 실행하여 본다.

도전

자신의 이름, 주소, 전화 번호, 직장 등의 정보를 화면에 별도의 줄에 출력하는 프로그램을 작성하시오.

이클립스를 이용하여 프로그램 작성하기

❶ 다음과 같이 화면이 나타나면 된다. 프로젝트를 생성하고 소스를 입력하는 절차가 생각이 나지 않으면 1장 11절을 참조한다.

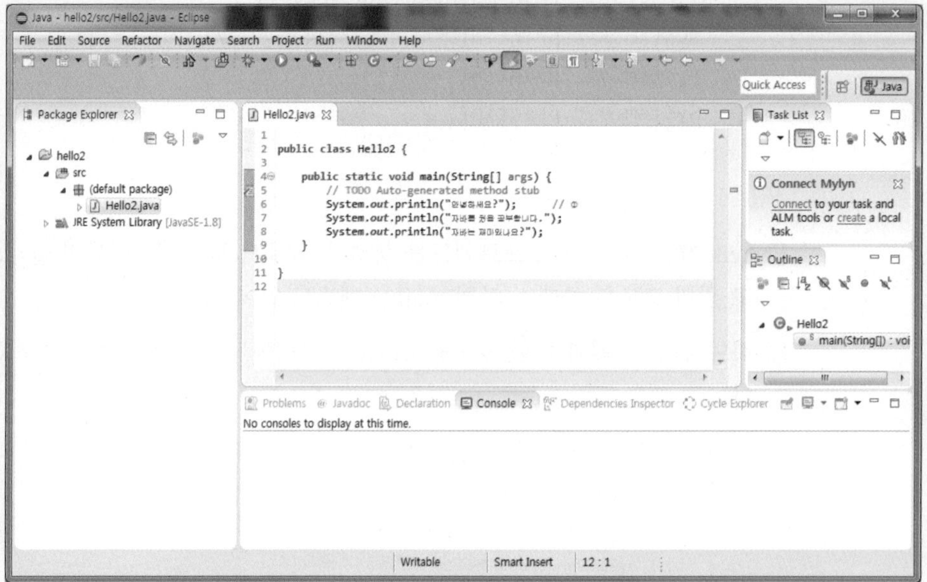

❷ 다음과 같은 파일들이 패키지 탐색기에서 hello2 아래에 존재한다.

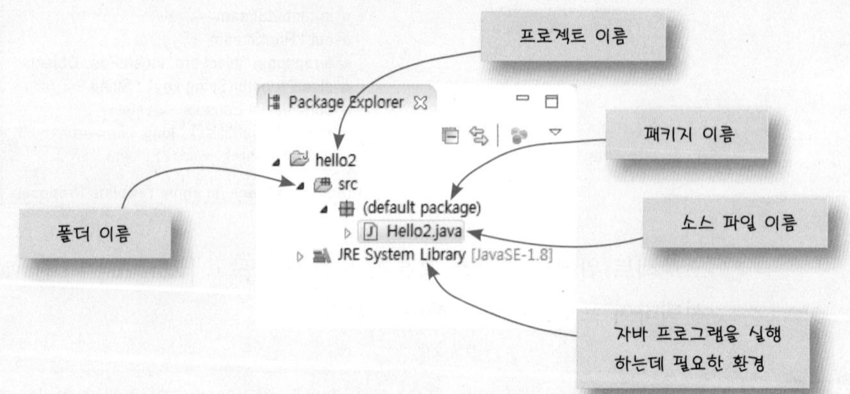

❸ 이것도 이클립스의 큰 장점 중의 하나이다. 문자열이 아직 완결되지 않은 상태에서 그 문자열로 시작하는 메소드나 필드들을 보여준다. 대개 자동적으로 나타나게 되나 Ctrl+Space를 누르거나 [Edit] → [Content Assist]를 선택하여도 된다.

❹ 다음과 같이 화면 콘솔 창이 나타나면 성공이다.

```
Problems  @ Javadoc  Declaration  Console  Dependencies Inspector  Cycle Explorer
<terminated> Hello2 [Java Application] C:₩Program Files₩Java₩jre1.8.0_51₩bin₩javaw.exe (2015. 8. 10. 오후 4:56:47)
안녕하세요?
자바를 처음 공부합니다.
자바는 재미있나요?
```

Introduction to **JAVA PROGRAMMING**

02

CHAPTER

자바 프로그래밍 기초

학습목표

우리는 앞 장에서 JDK와 이클립스를 설치하였다. 그리고 간단한 예제 프로그램도 컴파일하여 실행해보았다. 이제는 진짜 프로그래밍을 시작할 때이다. 이 장에서는 자료형이나 변수, 연산과 같은 기본적인 프로그래밍 개념에 대하여 학습한다. 여러분들은 아마도 그래픽 사용자 인터페이스를 사용하는 화려한 외관의 프로그램을 작성하고 싶을 것이다. 하지만 그러기 위해서는 객체 지향을 비롯한 상당한 양의 기초 지식이 필요하다. 따라서 이번 장의 예제들은 모두 입출력 장치로 콘솔창을 사용한다. 콘솔창에서는 텍스트 입력과 텍스트 출력만이 허용된다.

학습목차

이제 본격적으로
프로그래밍이 시작되나요?

네, 이번 장에서는 변수나
함수와 같은 프로그래밍 기초
개념들을 학습합니다. 이것들은
프로그래밍의 토대가 됩니다.

01 "Hello World!" 예제 분석

이번 장에서는 앞장에서 이클립스로 작성하여서 실행시켰던 우리의 첫 번째 프로그램인 "Hello World!"예제 프로그램을 분석하여 보자. 이 예제는 화면에 "Hello World!"를 출력하는 간단한 프로그램이다.

Hello.java

```
01 public class Hello {
02
03     public static void main(String[] args) {
04         System.out.println("Hello World!");
05     }
06 }
```

클래스를 정의하는 문장이다.

메소드를 정의하는 문장이다.

```
Hello World!
```

위 소스의 각 문장들을 간단하게 살펴보고 지나가자.

① public class Hello {

이 문장은 클래스 Hello가 시작되는 문장이다. **클래스(class)**는 자바 프로그램의 빌딩 블록이다. 다음 절에서 자세히 설명된다. 클래스는 { 에서 시작하여 } 에서 종료된다.

③ public static void main(String[] args) {

이 문장은 메소드 main()이 시작되는 문장이다. **메소드(method)**는 어떤 특정한 기능을 수행하는 코드들의 집합이다. 메소드는 { 에서 시작하여 } 에서 종료된다.

④ System.out.println("Hello World!");

이 문장은 "Hello World!"라는 텍스트를 콘솔 창에 출력하는 문장이다. System.out은 객체(object)이다. 이 객체는 println(), print(), ...라는 많은 메소드를 가지고 있고 여기서는 이 객체의 println() 메소드를 호출한다. 뒤에서 자세히 설명될 것이다.

⑤ }

이 기호에 의하여 메소드가 종료된다.

⑥ }

이 기호에 의하여 클래스가 종료된다.

지금까지의 내용을 정리하면 다음과 같다.

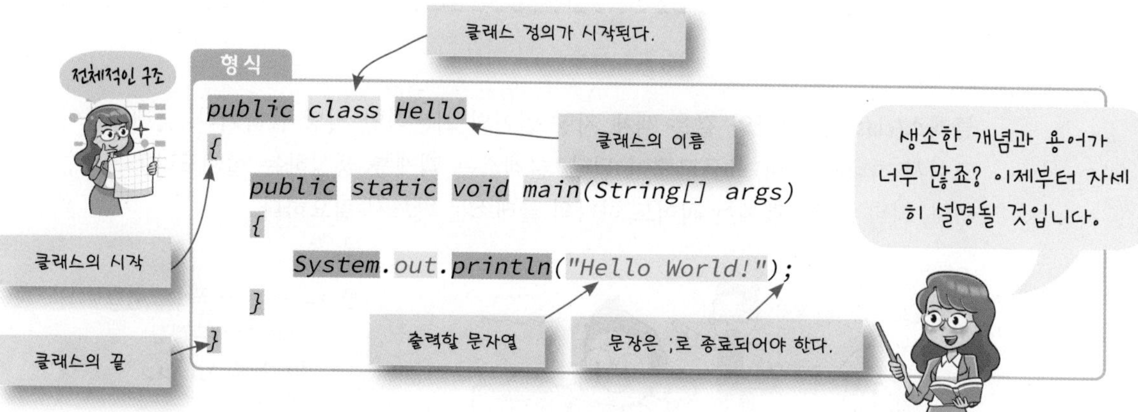

혹시 여러분들이 이클립스에서 클래스를 생성할 때 대화 상자에서 패키지를 정의하는 필드를 지우지 않았다면 다음과 같은 문장이 소스에 있을 수 있다.

```
package hello;
```

이 문장은 hello라는 패키지를 정의하는 문장이다. 패키지(package)는 클래스들을 모아 놓은 곳으로 현재의 클래스가 hello라는 패키지에 속한다는 것을 알려준다. 위의 문장이 소스에 있더라도 실행 결과는 같다. 패키지는 7장에서 살펴본다.

02 기초 개념들

클래스

클래스(class)는 자바와 같은 객체 지향 언어의 기본적인 빌딩 블록이다. 클래스들이 모여서 하나의 자바 프로그램이 된다. 클래스는 객체를 생성하는 설계도라고 할 수 있다. 자바 프로그램에는 적어도 하나의 클래스는 반드시 필요하다.

클래스를 작성하는 방법은 간단하다. 키워드 class 다음에 클래스 이름을 적어주고, { 와 } 안에 필요한 문장들을 넣으면 된다. { 와 } 는 각각 클래스의 시작과 끝을 나타낸다. 항상 { 이 있으면 대응되는 } 도 있어야 한다.

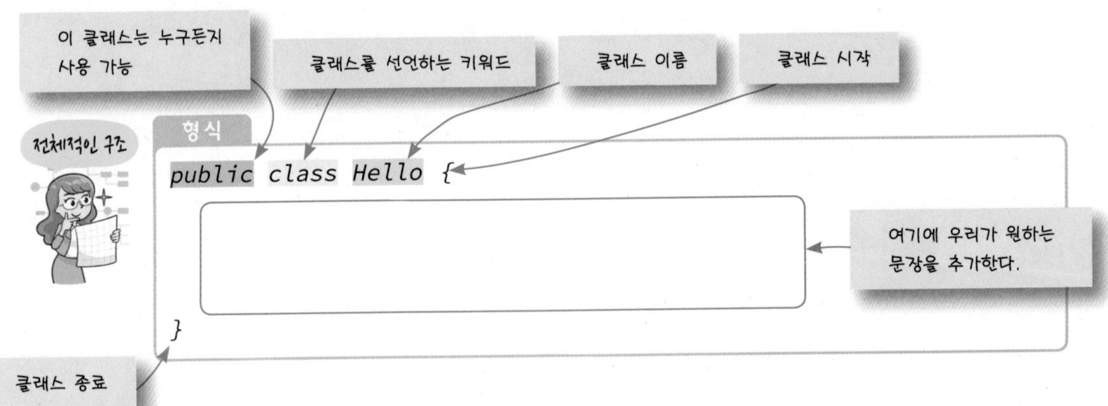

클래스 이름을 이루는 단어의 첫 번째 글자는 항상 대문자로 하는 것이 좋다. 예를 들어서 MyFirstProgram과 같다. 이것을 낙타체(CamelCase)라고 한다.

자바에서 소스 파일 이름은 항상 public이 붙은 클래스의 이름과 동일하여야 한다. 위의 소스 파일 이름은 반드시 Hello.java이어야 한다. 다른 파일 이름은 사용할 수 없다.

소스파일과 클래스 이름

자바에서는 소스 파일 이름과 클래스 이름이 상당한 관련이 있다. 일단 하나의 소스 파일 안에는 하나의 클래스만 있는 것이 바람직하지만 하나의 소스 파일 안에 둘 이상의 클래스를 정의하여도 컴파일 오류는 발생하지 않는다.

- 소스 안에 public 클래스가 있다면 반드시 소스 파일의 이름은 public 클래스의 이름과 일치하여야 한다.
- 만약 하나의 소스 파일 안에 public 클래스가 없다면, 소스 파일 안에 포함된 어떤 클래스의 이름으로 하여도 상관없다.
- 하나의 소스 파일 안에 public 클래스가 2개 이상 있으면 컴파일 오류가 발생한다.

메소드

메소드(method)는 특정한 작업을 수행하는 코드의 묶음이다. 메소드는 외부로부터 입력을 받아서 특정한 작업을 수행하고 작업의 결과를 반환하는 블랙 박스로 생각할 수 있다. 우리는 여기에 원하는 작업을 수행하는 문장을 적는다.

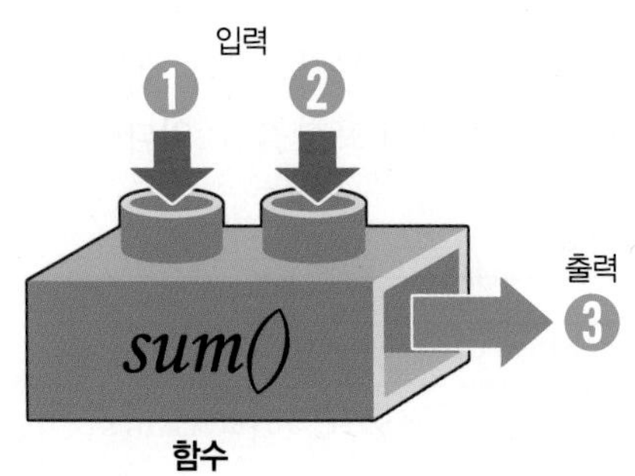

메소드는 입력을 받아서 어떤 처리를 하고 처리의 결과를 돌려주는 코드들의 모임입니다. 클래스 안에 정의됩니다.

예제 프로그램에서 이 부분이 메소드이다. 메소드는 반드시 클래스 안에서 정의되어야 한다.

Hello.java

```
public class Hello {

    public static void main(String[] args) {
        System.out.println("Hello World!");
    }
}
```

위의 코드에서 "public static void main(String[] args)"는 메소드의 선언부로서 그대로 적어주어야 한다. 각 단어의 내용을 아래 그림에서 간단하게 설명하였으며, 차후에 자세히 설명된다.

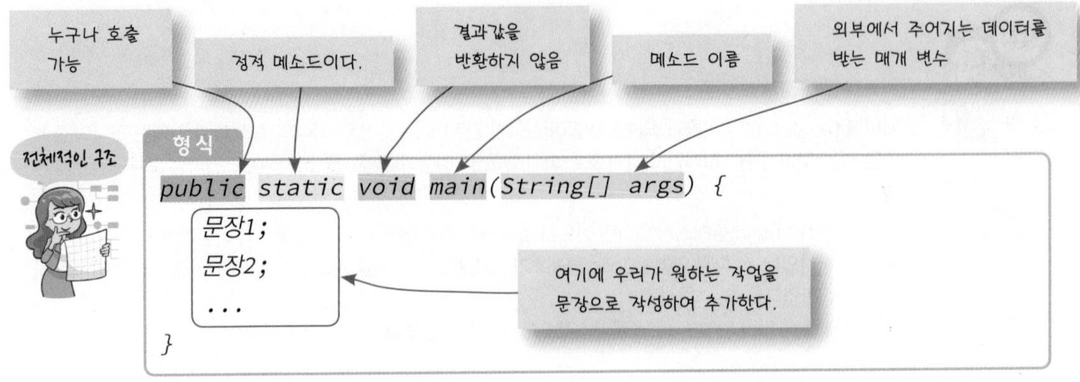

메소드 선언부 다음에 나오는 { 와 }는 메소드의 시작과 끝을 의미한다. { 와 } 사이에 우리가 원하는 문장을 추가한다. 메소드 안에 포함된 문장들은 차례대로 실행된다.

자바 프로그램의 일반적인 구조

자바의 일반적인 프로그램의 구조는 다음과 같다. 일반적으로 하나의 소스 파일은 하나의 클래스를 포함하고 있다. 하나의 클래스 안에는 여러 개의 메소드가 포함될 수 있으며 하나의 메소드 안에는 여러 개의 문장이 포함될 수 있다.

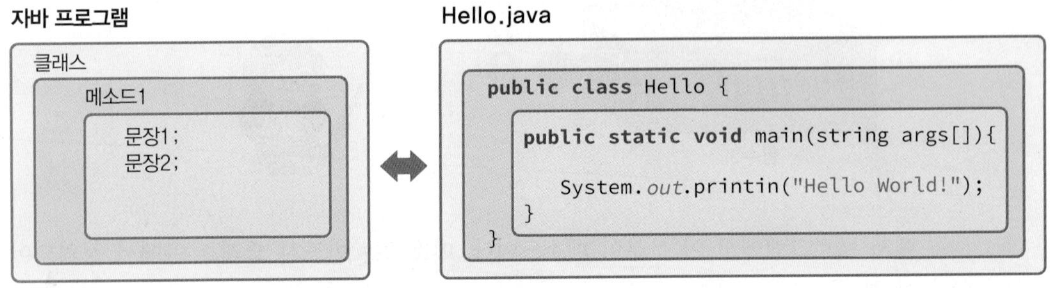

모든 클래스가 main() 메소드를 가지고 있는 것은 아니다. 하지만 하나의 자바 프로그램에는 main() 메소드를 가지고 있는 클래스가 반드시 하나는 있어야 한다. 여러 메소드 중에서도 main()은 특별한데 그 이유는 바로 main() 메소드에서 자바 프로그램의 실행이 시작되기 때문이다. 자바 프로그램은 main()의 첫 번째 문장부터 시작하여서 순차적으로 실행되다가 main()의 마지막 문장을 실행한 후에는 종료된다.

문장

문장(statement)은 사용자가 컴퓨터에게 작업을 지시하는 단위이다. 문장은 프로그램을 이루는 가장 기초적인 단위가 된다. 문장들은 메소드 안에 들어 있다. 보통 프로그램의 한 줄이 하나의 문장이 된다.

Hello.java

```
public class Hello {

   public static void main(String[] args) {
      System.out.println("Hello World!");
   }
}
```

이것이 작업의 내용을 기술하는 문장이다.

문장의 끝은 항상 세미콜론(;)으로 끝나게 된다.

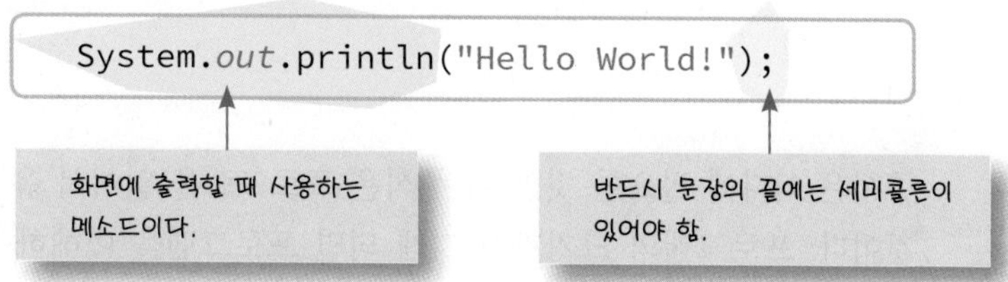
System.out.println("Hello World!");
화면에 출력할 때 사용하는 메소드이다.
반드시 문장의 끝에는 세미콜론이 있어야 함.

위의 문장에서 System.out.println()은 화면에 텍스트를 출력할 때 사용하는 메소드이다. 이 메소드는 " . . . "안에 들어 있는 텍스트를 콘솔 화면에 출력한다.

주석

주석(comment)은 소스 코드가 하는 일을 설명하는 설명글로서 프로그램의 실행 결과에 영향을 끼치지 않는다. 자바에서는 다음과 같이 주석을 붙일 수 있다.

- **/* TEXT */**

주석의 시작과 끝을 /*와 */로 표시한다. 여러 줄을 주석 처리할 때는 이 방법을 사용한다.

- **// TEXT**

//에서 줄의 끝까지가 주석이다. 한 줄짜리 주석만 가능하다.

- **/** DOCUMENTATION */**

/**에서 */까지가 주석이 된다. JDK에 포함된 javadoc 프로그램이 /**에서 */까지의 내용을 가지고 주석을 추출하여 자동적으로 소스를 설명하는 HTML 문서를 만들어 준다.

예제 프로그램에 간단하게 주석을 붙여보면 다음과 같다. 독자들도 나름대로의 주석을 붙여보자. 좋은 주석은 소스를 다시 한 번 설명하는 것보다 작성자의 의도를 기술하는 것이라고 한다.

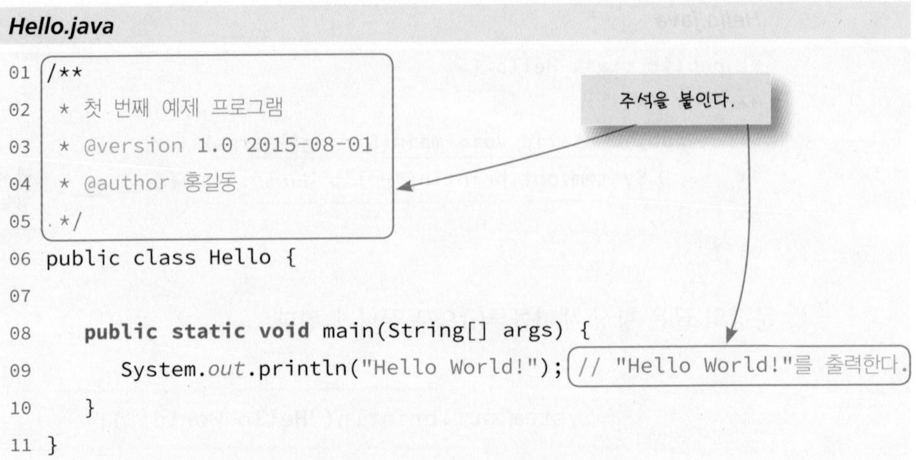

Hello.java

```
/**
 * 첫 번째 예제 프로그램
 * @version 1.0 2015-08-01
 * @author 홍길동
 */
public class Hello {

   public static void main(String[] args) {
      System.out.println("Hello World!"); // "Hello World!"를 출력한다.
   }
}
```


주석은 어디에 필요한 것인가? 주석은 프로그램을 읽어서 유지 보수하는 사람을 위한 것이다. 프로그램의 크기가 커지게 되면 프로그램을 이해하여서 수정하는 일이 점점 힘들어 진다. 심지어 원 개발자라고 하더라도 시간이 많이 흐르면 도저히 기억할 수 없다. 다른개발자가 작성한 프로그램을 고쳐야 하는데 주석도 없다면 악몽이나 마찬가지이다. 만약 원 개발자가 소스에 적절하게 설명을 붙여 놓았다면 프로그램을 이해하고 수정할 때 많은 도움이 될 것이다.

순차적인 프로그램 작성하기

자 여기서 잠깐 실습을 하고 지나가자. 메소드 안의 문장들은 순차적으로 실행된다. 이점을 이해하기 위하여 다음과 같은 콘솔 화면이 나오도록 예제 프로그램을 작성하여 보자. "Hello World!"를 먼저 출력하고 줄을 바꾼 후에 "I'm a new Java programmer."를 다음 줄에 출력하는 프로그램이다.

```
Hello World!
I'm a new Java programmer.
```

너무 어렵게 생각하지 말고 일단 다음과 같은 틀을 생성하고 이 틀 안에 필요한 문장을 추가한다. 이번에는 2개의 문장을 추가하여야 한다.

Hello1.java

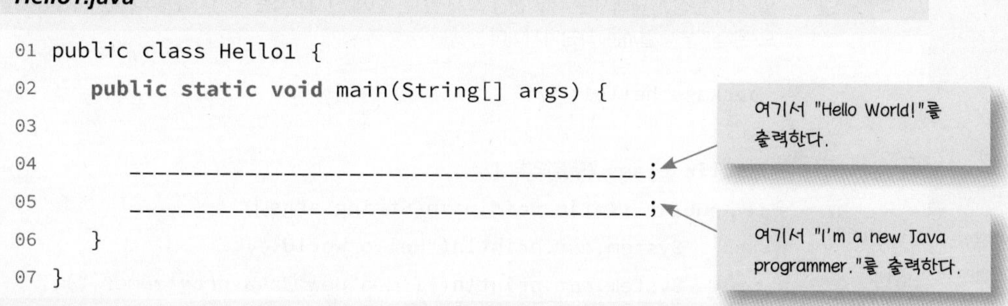

```
public class Hello1 {
    public static void main(String[] args) {

        ________________________________________;
        ________________________________________;
    }
}
```


콘솔에 출력을 어떻게 해야 하는가? 그것은 바로 System.out.println(" . . . "); 문장을 사용하면 된다.

Solution

순차적인 프로그램 작성하기

메소드 안의 문장들은 순차적으로 실행된다는 사실을 이용하여서 다음과 같이 작성할 수 있다.

Hello.java

문장들은 순차적으로 실행된다.

```
public class Hello1 {
   public static void main(String args[]) {
      System.out.println("Hello World!");
      System.out.println("I'm a new Java programmer.");
   }
}
```

이클립스에서 프로젝트와 클래스를 생성하면 아마도 패키지를 정의하는 문장이 자동으로 삽입될 수도 있다. 일단 이 문장에 대해서는 너무 신경 쓰지 말자. 현재 단계에서는 패키지를 정의하는 문장이 있어도 되고 없어도 된다. 실행 결과는 마찬가지이다.

```
package hello1;

public class Hello1 {
   public static void main(String args[]) {
      System.out.println("Hello World!");
      System.out.println("I'm a new Java programmer.");
   }
}
```

자바의 특징 중에서 3개를 콘솔 창에 출력하도록 위의 프로그램을 변경하여 보자.

03 변수와 자료형

변수

변수(variable)는 데이터를 담아두는 상자로 생각할 수 있다. 컴퓨터의 메모리(memory)는 물건을 넣을 수 있는 박스들로 채워진 방과 같다. 일부 박스들은 할당되어서 값으로 채워질 수 있으며 나머지 박스들은 아직 사용되지 않은 채로 남아 있다.

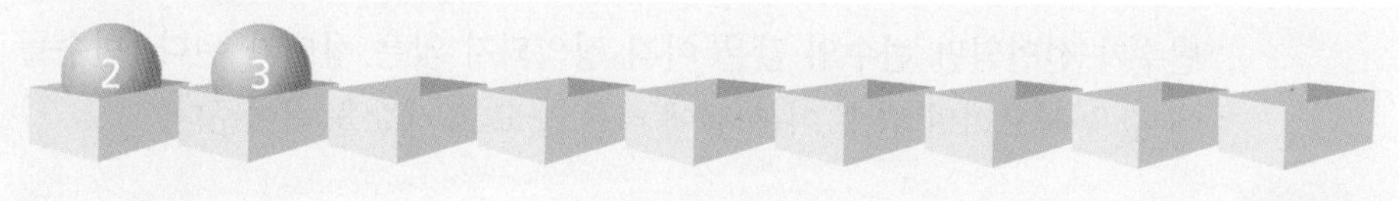

변수는 어디에 필요할까? 사용자가 입력한 값을 저장할 때도 필요하고 계산 도중에 중간 결과를 저장할 때도 필요하다.

프로그램은 요리와 많이 비슷하다. 요리는 음식 재료들을 받아서 조리 과정을 거쳐 음식을 만든다. 프로그램은 데이터를 받아서 처리 과정을 거쳐서 결과를 출력한다. 요리를 하려면 음식 재료들을 담는 그릇이 필요하다. 프로그램에서도 데이터를 저장하는 변수가 필요하다.

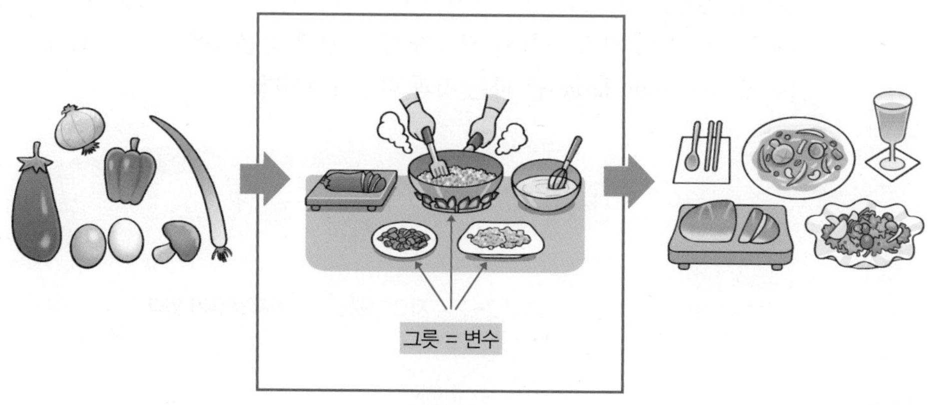

프로그램

변수는 사용하기 전에 반드시 미리 선언하여야 한다. 변수 선언이란 컴파일러에게 어떤 변수를 사용하겠다고 미리 알리는 것이다. 이것은 요리를 하기 전에 어떤 크기의 그릇들이 얼마나 필요한 지를 미리 예상하여 준비해놓는 것과 같다. 선언을 하게 되면 컴파일러는 변수의 자료형에 맞는 기억 공간을 미리 확보한다. 만일 변수를 선언하지 않고 사용하게 되면 컴파일 오류가 발생한다. 변수를 선언하는 방법은 원하는 자료형을 쓰고 이어서 변수 이름을 쓰면 된다. 변수 선언도 하나의 문장이므로 반드시 세미콜론으로 종료하여야 한다.

위의 문장에서 int는 자료형이다. int형은 변수가 저장하는 데이터의 타입이 정수(integer)라는 것을 의미한다. value는 변수의 이름이다. 상자에도 라벨을 붙일 수 있듯이 변수에는 이름이 있어야 다른 변수와 구별할 수 있다.

변수가 선언되면 변수의 값은 아직 정의되지 않은 상태가 된다. 변수를 선언과 동시에 값을 넣으려면 변수 이름 뒤에 =를 놓고 초기값을 적어준다.

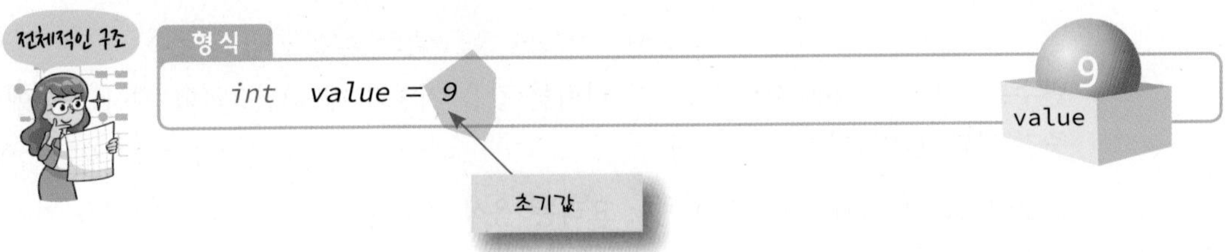

자료형

자료형(data type)은 변수에 저장되는 데이터의 타입을 의미한다. 변수를 상자라고 가정했을 경우, 자료형은 상자의 종류와 크기를 나타낸다고 할 수 있다. 물건을 정리하는 상자도 여러 가지 종류와 크기가 있고 커피 전문점에서도 여러 가지 크기의 커피(small, medium, large)를 파는 것과 마찬가지이다.

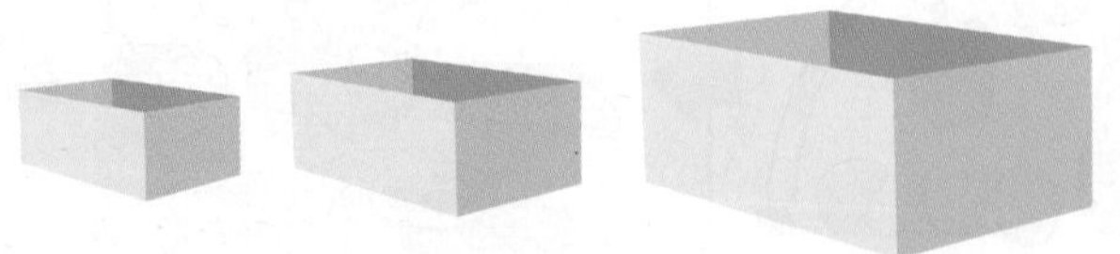

그림 2-1 • 자료형에는 여러 가지 종류가 있다.

자료형은 변수에 저장이 되는 값들의 형태와 허용 연산 등을 결정한다. 즉 int 자료형은 정수만을 저장할 수 있고 정수 사칙 연산만을 허용한다. 자바는 변수의 자료형을 강력하게 규제하는 언어이다. 자바에서는 반드시 타입을 지정하여야 하고 타입이 다른 데이터는 변수에 저장할 수 없다. 자바의 안전성과 강건함은 바로 강력한 자료형 규제에서 나온다.

자료형의 종류

자바에는 크게 나누어서 **기초형**(**primitive type**)과 **참조형**(**reference type**)의 자료형이 있다. 기초형은 다시 정수형, 실수형, 문자형, 논리형으로 분류할 수 있고 참조형에는 클래스, 배열 , 인터페이스가 있다. 기초형의 변수에는 변수의 값이 저장되어 있으나 참조형의 변수에서는 객체의 위치(참조 또는 주소)가 들어가 있다. 일단 참조형에는 값이 아니라 화살표가 저장되어 있다고 생각하자. 참조형은 클래스와 객체를 학습할 때 자세히 살펴보자.

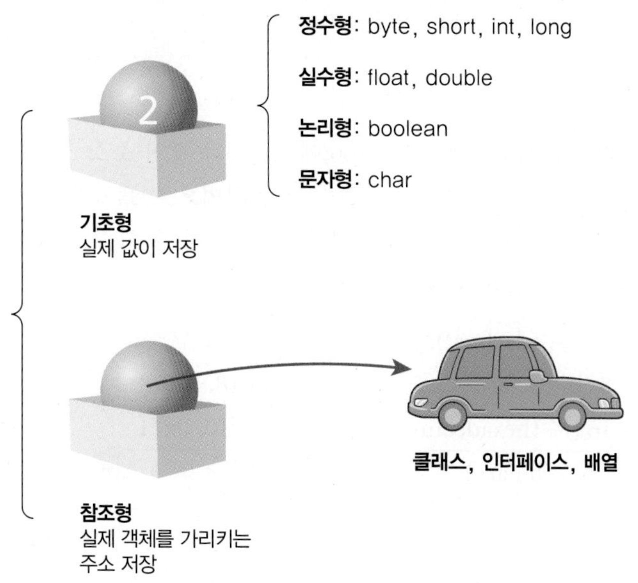

정수형

정수형은 정수를 표현하는데 사용된다. 음수가 허용된다. 자바는 다음과 같은 4가지의 정수형을 제공한다.

자료형	크기 (바이트)	최소값	최대값
byte	1바이트	−128	127
short	2바이트	−32768	32767
int	4바이트	−2147483648	2147483647(20억 정도)
long	8바이트	−9223372036854775808	9223372036854775807

정수형 중에서 가장 많이 사용되는 형은 int이다. int는 32비트를 이용하여 약 −21억에서 21억 정도의 정수를 표현할 수 있다. 하지만 세계 인구를 계산하는 프로그램에서는 int가 충분히 크지 않을 수 있다. 이런 경우에는 64비트의 long을 사용하면 된다. long은 상당히 넓은 범위의 정수를 나타낼 수 있어서 물리학에 사용되는 큰 수를 표현하는데 사용될 수 있다. short와 byte는 메모리가 부족한 상황에서만 사용한다.

상수 Integer.MIN_VALUE와 Integer.MAX_VALUE는 각각 가장 작은 int형값과 가장 큰 int형값을 가지고 있다. Long, Short, Byte 들도 마찬가지이다.

long으로도 안되는 큰 정수는 어떻게 처리해야 할까? 암호화 애플리케이션에서는 아주 큰 정수가 필요하다. 이때는 BigInteger 클래스를 사용해야한다.

정수형 리터럴

리터럴(literal)이란, x = 100;에서 100과 같이 소스 코드에 쓰여 있는 값을 의미한다. 정수형 리터럴은 다음과 같이 여러 진법으로 표시가 가능하다. 16진수는 앞에 0x를 붙인다. 8진수의 경우에는 앞에 0을 붙인다. 특히 JDK 7부터는 이진수도 표현이 가능하다. 이진수의 경우에는 앞에 0b를 붙인다.

- 10진수(decimal): 14, 16, 17
- 8진수(octal): 016, 018, 019
- 16진수(hexadecimal): 0xe, 0x10, 0x11
- 2진수(binary): 0b1100 ← JDK 7부터 가능

정수형 리터럴은 부호 있는 int형으로 저장되는 것이 기본이다. 만약 아주 큰 수를 다루고 있다면, 76L처럼 숫자의 끝에 l이나 L을 붙여서 long형으로 저장되도록 할 수 있다. 0b1100은 2진수 1100을 나타낸 것으로 10진수 12와 같다.

16진수도 가끔 사용된다. 16진수는 아래 그림과 같이 0-9, A-F까지의 기호를 사용하여 표시된다. 자바에서는 16진수 앞에 0x를 붙인다. 0xA2F7은 10진수로 41719이다.

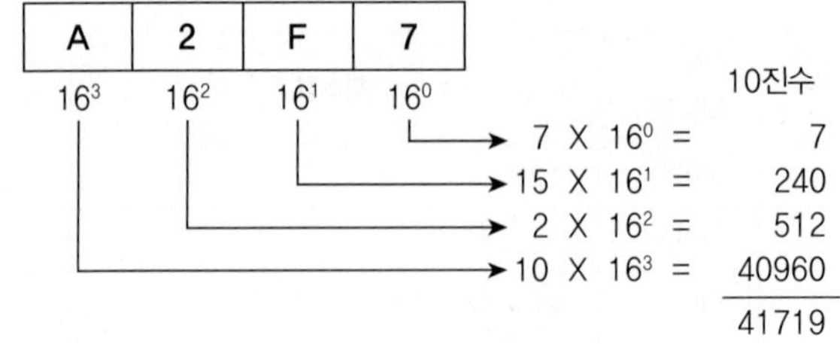

또한 JDK 7부터는 정수형 리터럴 안에 밑줄 기호(_)가 포함될 수 있다. 아래 문장을 실행하면 변수 x에는 123456이 대입된다. 즉 컴파일러는 밑줄 기호를 무시한다.

```
int x = 123_456;
```

하나의 예로 빛이 1년 동안 진행하는 거리를 계산하여 보자. long형의 정수 변수를 사용하여야 한다.

Light.java

```java
public class Light {
    public static void main(String args[]) {
        long lightspeed;
        long distance;

        lightspeed = 300000;
        distance = lightspeed * 365L * 24 * 60 * 60;

        System.out.println("빛이 1년 동안 가는 거리 : " + distance +
                           " km.");
    }
}
```

```
빛이 1년 동안 가는 거리 : 9460800000000 km.
```

부동소수점형

부동소수점(floating point)형은 실수를 나타내는 데 사용된다. 부동소수점형에는 float와 double이 있다.

데이터형	크기(비트)	범위
float	32	약 $\pm 3.40282347 \times 10^{+38}$(유효숫자 6-7개 정도)
double	64	약 $\pm 1.7976931 \times 10^{+308}$(유효숫자 15개 정도)

double이라는 이름이 붙은 이유는 float형보다 2배의 정밀도를 가지기 때문이다. 정밀도(precision)는 변수가 얼마나 많은 유효 숫자를 가질 수 있느냐이다. float의 정밀도는 6-7개 정도의 유효 숫자를 갖는다. 이것은 물리학이나 천문학 분야를 비롯한 대부분의 계산에 있어서 충분하지 않다. double은 약 15개 정도의 유효 숫자를 가진다. 따라서 대부분의 경우에는 double을 사용하는 것이 좋다. float는 메모리 용량이 제한된 장치에서만 사용하도록 하자.

반지름이 5.0인 원의 면적을 계산하는 프로그램을 작성해보자. 모든 변수는 부동소수점형으로 정의된다.

AreaTest.java

```java
public class AreaTest {
    public static void main(String args[]) {
        double radius, area;

```

```
        radius = 5.0;
        area = 3.141592 * radius * radius;
        System.out.println("원의 면적은 " + area);
    }
}
```

```
원의 면적은 78.5398
```

long으로도 안되는 큰 정수는 어떻게 처리해야 할까? 암호화 애플리케이션에서는 아주 큰 정수가 필요하다. 이때는 BigInteger 클래스를 사용해야한다.

부동소수점형 리터럴

부동소수점형 리터럴은 일반 표기법이나 지수 표기법으로 표현될 수 있다. 예를 들어서 123.45는 1.2345E+2와 같이 지수를 사용하여서 표기해도 된다. 1.2345E+2는 1.2345×10^2을 나타낸다.

일반 표기법	지수 표기법
146.91	1.4691E + 2
0.00081	8.1E – 4
1800000	1.8E + 6

부동소수점형 리터럴은 double형이 기본이다. 따라서 다음과 같이 부동소수점형 리터럴을 float형 변수에 저장하면 오류가 된다.

```
float temperature = 12.3;          // 12.3은 double형이므로 오류!
```

12.3F와 같이 숫자의 끝에 f나 F를 붙이면 float형 리터럴이 된다.

```
float temperature = 12.3F;         // OK!
```

JDK 7부터 부동소수점형 리터럴에도 밑줄 기호를 사용할 수 있다.

```
double number = 123_456_789.0;     // 밑줄 기호 사용 가능
```

문자형

문자형인 char는 하나의 문자를 저장할 수 있다. 자바에서는 유니코드(unicode)를 지원하기 위해 문자 하나가 16비트로 표현된다. 유니코드 규격 중에서 UTF-16 코딩 규

격을 사용한다. 유니코드를 사용하기 위해서는 한글의 경우, 그대로 입력하여도 되고, 16진수를 이용하여서 '\u0000'(0)에서 '\uffff'(65536)과 같이 표현하여도 된다.

```
char ch1 = '가';
char ch2 = '\uac00';                    // '가'를 나타낸다.
```

char형을 완벽하게 이해하려면 유니코드에 대하여 알아야 한다. 유니코드는 전통적인 문자 엔코딩 방법의 문제점을 해결하기 위하여 개발되었다. 유니코드가 사용되기 전에는 국가마다 서로 다른 표준을 사용하였다. 예를 들어 미국에서는 ASCII, 유럽에서는 ISO 8859-1, 중국에서는 GB18030을 사용하였다. 이것은 많은 문제점을 일으켰는데, 글자 당 한 바이트면 충분한 국가도 있었고 글자 수가 많아서 글자 당 2 바이트를 사용하여야 하는 국가도 있었다. 유니코드는 이러한 문제점을 해결하기 위하여 개발되었다. 1991년에 고정된 2바이트 방식의 유니코드 1.0 규격이 발표되었다. 현재의 유니코드 버전은 6.0이다.

유니코드 안에는 UCS-2와 UCS-4, UTF-7, UTF-8, UTF-16, UTF-32 인코딩 등의 많은 인코딩 방식이 사용되고 있다. 이 중 ASCII와 호환이 가능하면서 유니코드를 표현할 수 있는 UTF-8 인코딩이 가장 많이 사용된다. 하지만 현재 자바의 String(문자열을 나타내는 클래스) 객체 내부에서는 UTF-16 인코딩으로 문자열을 저장하고, 문자열을 입/출력할 때에는 사용자가 인코딩을 지정할 수 있다.

자세한 내용은 www.unicode.org를 참조하여야 한다.

자바에서는 char와 byte가 완전히 다르다. char는 16비트 유니코드 문자를 나타내고 byte는 8비트의 정수를 나타낸다.

자바 프로그램으로 한글 입출력을 많이 하는 사용자라면 http://helloworld.naver.com/helloworld/textyle/76650에 실린 내용이 도움이 될 것이다.

문자형 리터럴

```
'a', 'b', '가', '나', ...
```

문자형 리터럴은 하나의 유니코드(unicode) 문자를 표현하며 단일 따옴표를 사용하여 표시한다. C/C++와 비슷하게 특수 문자들(제어 문자들과 출력되지 않는 문자들)은 문자 앞에 역슬래쉬(\)를 사용하여 나타낸다. 특수문자의 흔한 예는 화면에 출력할 때 새로운 줄을 삽입하는 \n이다. 다음 표는 자바에 의해서 지원되는 특수문자를 보여준다.

특수문자 표기	의미
\\	역슬래시
\b	백스페이스
\r	캐리지 리턴
\f	폼피드
\t	수평 탭
\n	새 라인
\'	단일 따옴표
\"	이중 따옴표
\udddd	16진수 dddd에 해당하는 유니코드 문자

논리형

논리형(boolean type)은 참과 거짓을 나타내는 데 사용된다. 논리형은 true 또는 false 만을 가질 수 있다. 논리형은 논리 연산을 수행하는데 사용된다.

BooleanTest.java

```java
public class BooleanTest {
   public static void main(String args[]) {
      boolean b;

      b = true;
      System.out.println("b : " + b);
      b = ( 1 > 2 );
      System.out.println("b : " + b);

   }
}
```

boolean형은 true 또는 false만을 가질 수 있습니다.

```
b : true
b : false
```

C나 C++ 언어에서는 정수값이 논리형으로 사용된다. 0은 false에 해당되고 0이 아닌 값은 true에 해당된다. 그러나 자바에서는 그렇지 않다. 자바에서는 정수값을 논리형으로 사용할 수 없다.

변수 초기화

변수를 정의한 후에 초기화하지 않고 사용하면 오류가 발생한다. 따라서 모든 변수를 사용하기 전에 반드시 초기화하여야 한다. 다음과 같은 코드는 오류를 발생한다.

VarInitTest.java

```java
public class VarInitTest {
    public static void main(String args[]) {
        int index;

        index = index + 1;
        System.out.println("index : " + index);
    }
}
```

초기화 하지 않고 변수를 사용하였다.

```
컴파일 오류: The local variable index may not have been initialized
```

변수 이름 짓기

변수의 이름은 식별자(identifier)의 일종으로 다음과 같은 규칙을 따른다.

- 식별자는 유니코드 문자와 숫자의 조합으로 만들어진다. 한글도 가능하다.
- 식별자의 첫 문자는 일반적으로 유니코드 문자이어야 한다. 첫 문자가 _, $로 시작될 수도 있으나 이는 특별한 경우로 제한하는 것이 좋다.
- 두 번째 문자부터는 문자, 숫자, _, $ 등이 가능하다.
- 대문자와 소문자는 구별된다.
- 식별자의 이름으로 키워드(keyword)를 사용해서는 안 된다. 자바에서의 키워드는 다음과 같다.

abstract	continue	for	new	switch
assert	default	goto*	package	synchronized
boolean	do	if	private	this
break	double	implements	protected	throw
byte	else	import	public	throws
case	enum	instanceof	return	transient
catch	extends	int	short	try
char	final	interface	static	void
class	finally	long	strictfp	volatile
const*	float	native	super	while

그림 2-9 • 자바에서의 키워드

여기서 주의할 점은 true, false, null 등은 키워드는 아니지만 역시 변수의 이름으로 사용할 수 없다. assert는 1.4버전부터, enum은 1.5버전부터 사용되는 키워드이다.

잘못된 변수 선언의 예는 다음과 같다.

```
int    1stPrizeMoney;      (×)     // 첫 글자가 숫자
double super;              (×)     // 키워드
int    #ofComputer;        (×)     // 허용되지 않는 기호
```

변수의 이름이나 메소드의 이름을 식별자라고 한다. 일반적으로 다음과 같은 관례에 따라 식별자를 만든다.

표 2-1 • 식별자의 관례

종 류	사용 방법	예
클래스명	각 단어의 첫글자는 대문자로 한다.	StaffMember, ItemProducer
변수명, 메소드명	첫번째 단어는 소문자로 시작되어 2번째 단어부터 첫글자는 대문자로 한다.	width, payRate, acctNumber, getMonthDays(), fillRect(),
상수	상수는 모든 글자를 대문자로 한다.	MAX_NUMBER

상수

상수(constant)란 프로그램이 실행하는 동안, 값이 변하지 않는 수 또는 변경 불가능한 수를 의미한다. 3, 123, 3.141592 등과 같은 리터럴이 바로 상수의 일종이다. 상수가 왜 필요한지 생각하여 보자. 연봉을 계산하는 프로그램을 작성한다고 생각하여 보자. 연봉을 계산하려면 1년은 12달로 되어 있으므로 월급에 12를 곱하여야 한다. 이 12라고 하는 수치 데이터는 절대 변하지 않는다. 따라서 12와 같은 것들이 상수가 된다.

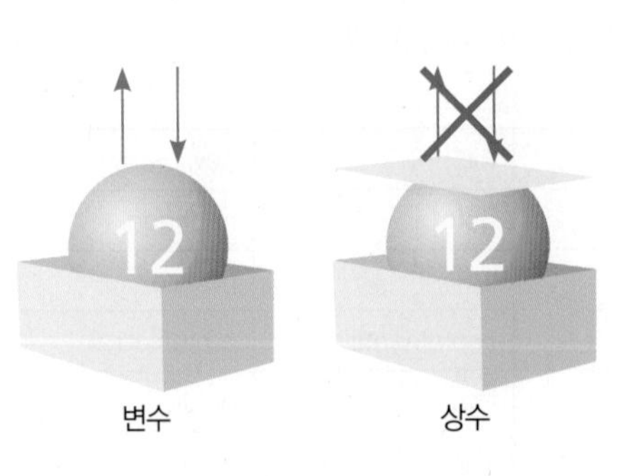
12
12
변수
상수

변수는 실행도중에
값을 변경할수 있으나
상수는 한번 값이
정해지면 변경이
불가능 합니다.

상수는 변수와 반대되는 개념이다. 변수는 프로그램 도중에 변경될 수 있는 수이다. 반면 상수는 처음부터 끝까지 그 값이 변하지 않는다. 상수는 변수들의 초기값을 설정할 때도 필요하고 각종 산술적인 연산에서도 필요하다.

자바에서는 final 키워드를 이용하여서 리터럴을 기호상수로 나타낼 수 있다. 변수를 선언할 때 앞에 final을 붙이면, 기호상수가 된다. final 키워드는 변수에 값이 대입되고 나면 변수의 값이 더 이상 변경되지 않는다는 것을 의미한다.

예를 들어서 마일을 킬로미터로 변환하는 프로그램을 작성하면 다음과 같다. 마일당 킬로미터를 나타내기 위하여 기호 상수를 사용하고 있다.

Constant.java

```
public class Constant {
   public static void main(String[] args) {
      final double KM_PER_MILE = 1.609344;
      double km;
      double mile = 60.0;
      km = KM_PER_MILE * mile;

      System.out.println("60마일은 " + km + "킬로미터입니다.");
   }
}
```

final을 붙여서 부동소수점형 기호상수를 정의하고 있다.

```
60마일은 96.56064킬로미터입니다.
```

상수를 메소드 외부에 정의하면 클래스 안의 모든 메소드가 사용할 수 있다. 이때에는 static 키워드를 사용하여서 상수를 정적 상수로 만들어 주는 것이 좋다. static으로 선언하면 상수가 하나만 만들어져서 메모리 공간이 절약된다.

```
public class ConstantTest {

   public static final double KM_PER_MILE = 1.609344;
   ...
}
```

LAB 지구에서 가장 가까운 별까지의 거리 계산하기

지구에서 가장 가까운 별은 어디일까? 정답은 태양이다. 태양 다음으로 가까운 별은 프록시마 센타우리(Proxima Centauri) 별이라고 한다. 프록시마 센타우리는 지구로부터 40×10^{12} km 떨어져 있다고 한다. 빛의 속도로 프록시마 센타우리까지 간다면 시간이 얼마나 걸리는지 직접 계산해보기로 하자. 물론 빛의 속도는 300000 km/sec 이다.

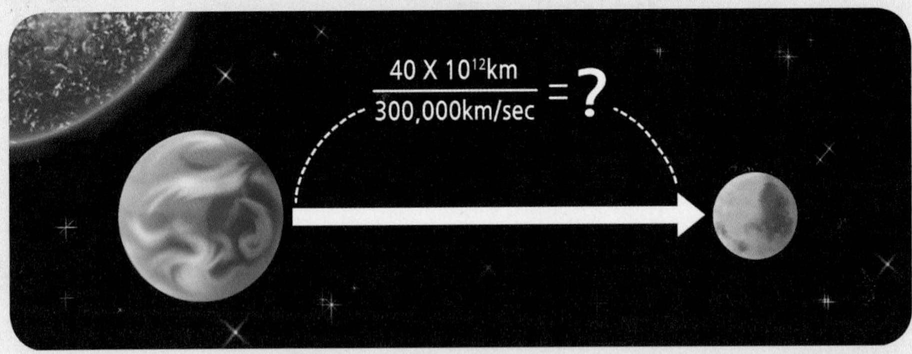

```
걸리는 시간은 4.227972264501945광년입니다.
```

천문학에서 사용하는 숫자들은 아주 크다. 따라서 double형을 사용하여야 한다. 또 거리 단위를 빛이 1년에 진행하는 거리인 광년을 사용하여 나타내보자. 그리고 40×10^{12} km 는 다음과 같이 표기하는 편이 편리하다.

```
double distance=40e12;
```

지구에서 가장 가까운 별까지의 거리 계산하기

메소드 안의 문장들은 순차적으로 실행된다는 사실을 이용하여서 다음과 같이 작성할 수 있다.

CalTime.java

```
public class CalTime {

    public static void main(String[] args) {
        final double light_speed = 30e4;
        double distance = 40e12;

        double secs;

        secs = distance/light_speed;

        double light_year = secs/(60.0*60.0*24.0*365.0);
        System.out.println("걸리는 시간은 " + light_year + "광년입니다.");
    }
}
```

final을 붙여서 빛의 속도를 부동소수점형 기호상수로 정의하고 있다.

```
걸리는 시간은 4.227972264501945광년입니다.
```

인간이 만든 우주선인 보이저 1호의 속도는 약 시속 6만 km라고 한다. 보이저로 가면 얼마나 시간이 걸리는지 계산해보자.

04 수식과 연산자

수식

프로그램에서 계산을 하기 위해서는 수학에서 사용하는 것과 거의 같은 형태의 수식을 사용한다. 다음은 전형적인 수식의 하나의 예이다.

그림 2-2 • 수식의 예

x + y와 같이 변수, 상수, 연산자 등으로 구성된 식을 **수식(expression)**이라고 한다. 수식은 일반적으로 상수나 변수와 연산자의 조합으로 이루어진다. 하지만 상수나 변수만도 수식이라고 한다. 수식은 항상 결과값을 가진다. 10 + 20의 결과값은 당연히 30이다. 다음 문장들은 모두 수식이다.

```
x = 10;
y = 20;
sum = x + y;
```

연산자와 피연산자

연산자(operator)는 특정한 연산을 나타내는 기호를 의미한다. **피연산자(operand)**는 연산의 대상이다. 수식 3.14 * radius에서 3.14와 radius는 피연산자이고 *는 연산자이다.

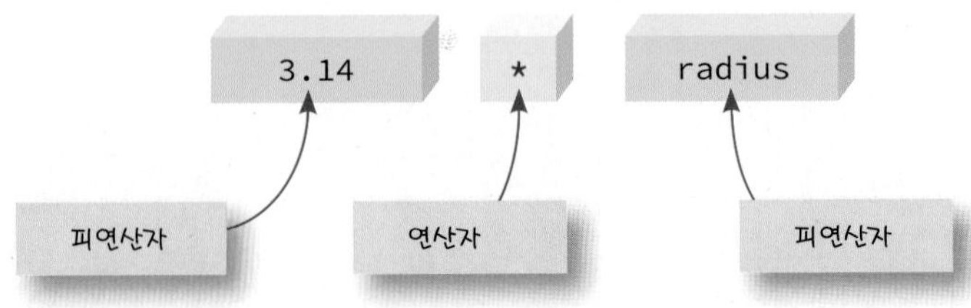

연산자

연산자(operator)는 피연산자들에 대하여 지정된 연산을 수행하고 결과를 반환한다. +, -, *, /와 같은 사칙 연산자가 대표적인 예이다. 자바에는 사칙 연산자이외에도 여러 가지 연산자가 존재한다.

대입 연산

대입 연산자(=)는 왼쪽에 있는 변수에 오른쪽에 있는 수식의 값을 계산하여 저장한다. 대입 연산자는 할당 연산자, 또는 배정 연산자라고도 한다. 대입 연산자의 왼쪽에는 값을 저장할 수 있는 변수가 위치하고 대입 연산자의 오른쪽에는 변수에 저장할 값이 위치한다.

```
x = 100;            // 상수 10을 변수 x에 대입한다.
```

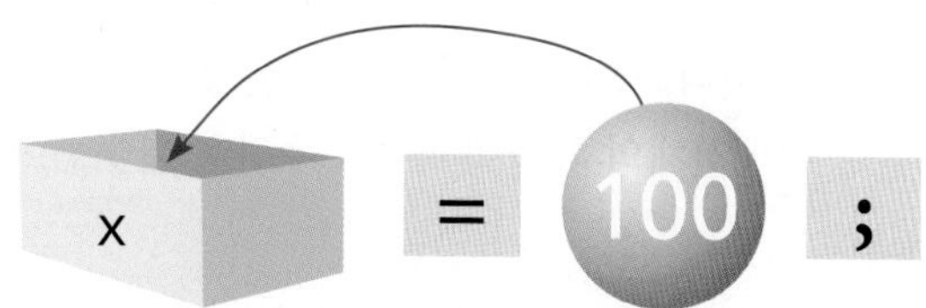

그림 2-3 • 대입 연산자는 변수에 값을 저장하는 연산자이다.

산술 연산

컴퓨터는 기본적으로 계산을 하는 기계이다. 따라서 프로그램 안에서 산술 연산을 할 수 있다는 것은 아주 당연한 일이다. 산술 연산을 하려면 산술 연산을 수행하는 연산자들을 사용하여야 한다. 다음 표에서 산술 연산자들을 요약하였다.

표 2-2 • 산술 연산자

연산자	기호	의미	예
덧셈	+	x와 y를 더한다	x+y
뺄셈	-	x에서 y를 뺀다.	x-y
곱셈	*	x와 y를 곱한다.	x*y
나눗셈	/	x를 y로 나눈다.	x/y
나머지	%	x를 y로 나눌 때의 나머지값	x%y

사칙 연산자들은 이항 연산자라고 불리는데 두 개의 피연산자를 가지기 때문이다.

```
sum = x + y;
```

위의 문장에서는 변수 x에 들어있는 정수와 변수 y에 들어있는 정수를 더해서 변수 sum에 대입하였다. 여기서 +가 연산자이고 피연산자는 x와 y이다. 덧셈의 결과는 대입 연산자인 =을 통하여 변수 sum에 저장된다. = 기호는 앞에서 설명한 바와 같이 수학에서의 의미인 좌변과 우변이 같다는 의미가 아니라 우변을 좌변에 대입하는 대입 연산자이다.

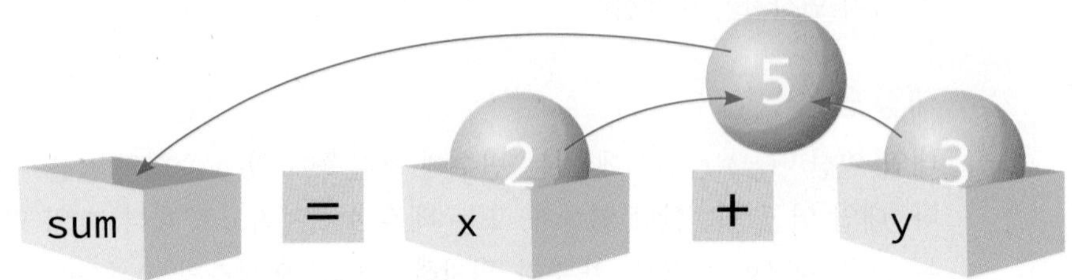

그림 2-4 • 산술 연산의 과정: 먼저 x와 y에서 값을 가져와서 덧셈연산이 수행되고 그 결과값이 sum에 저장된다.

나눗셈 연산자 /을 사용할 때는 주의하여야 한다. 피연산자가 모두 정수형이면 정수 나눗셈 연산을 한다. 예를 들어서 12 / 5는 2이다. 하지만 피연산자 중에 하나라도 부동소수점형이면 전체의 계산이 부동소수점형 나눗셈이 된다. 예를 들어서 12.0 / 5는 2.4가 된다.

정수를 0으로 나누면 오류가 발생하여서 프로그램의 실행이 중지된다. 부동소수점형을 0으로 나누면 무한대값을 나타내는 NaN이 발생한다

% 연산자는 나머지 연산을 한다. 예를 들어서 12 % 5는 2가 된다. 12를 5로 나누면 나머지가 2가 되기 때문이다. 수식 x % y의 값이 0이면 y는 x의 약수가 된다. 예를 들어서 x % 2가 0이면 x는 2의 배수가 된다. 즉 짝수가 된다. 홀수는 어떻게 검사하면 좋을까? x % 2가 1이면 x는 홀수가 된다.

아주 간단하게 윤년을 검사하는 프로그램을 작성하여 보면 다음과 같다. 윤년은 연도를 4로 나누어서 나머지가 0이면 일단 윤년의 후보가 된다. 정확한 윤년을 계산하려면 2가지의 추가 조건을 더 고려하여야 하지만 일단 이것을 무시하고 프로그램을 작성하면 다음과 같다.

LeapYear.java

```java
public class LeapYear {
    public static void main(String[] args) {

        int year = 2012;
        boolean isLeapYear;

        isLeapYear = (year % 4 == 0);
        System.out.println(isLeapYear);
    }
}
```

4로 나누어지는 연도는 윤년 후보이다.

```
true
```

여기서 주의해야 할 사항은 곱셈의 경우 반드시 *기호를 사용하여야 한다. 만약 수학에서처럼 x와 y를 곱하는 것을 xy로 쓰게 되면 컴파일러는 이것을 새로운 변수 이름 xy로 생각할 것이다.

증감 연산자

증감 연산자는 ++기호나 --기호를 사용하여 변수의 값을 증가시키거나 감소시키는 연산자이다. 증감 연산자는 피연산자의 앞이나 뒤에 올 수 있다. 증감 연산자가 앞에 오느냐 뒤에 오느냐에 따라 수식의 해석에 상당한 차이가 있다.

연산자	의미
++x	x값을 먼저 증가한 후에 다른 연산에 사용한다. 이 수식의 값은 증가된 x값이다.
x++	x값을 먼저 사용한 후에, 증가한다. 이 수식의 값은 증가되지 않은 원래의 x값이다.
--x	x값을 먼저 감소한 후에 다른 연산에 사용한다. 이 수식의 값은 감소된 x값이다.
x--	x값을 먼저 사용한 후에, 감소한다. 이 수식의 값은 감소되지 않은 원래의 x값이다.

UnaryOperator.java

```
public class UnaryOperator {
    public static void main(String[] args) {
        int x = 1;
        int y = 1;

        int nextx = ++x; // x의 값이 사용되기 전에 증가된다. nextx는 2가 된다.
        int nexty = y++; // y의 값이 사용된 후에 증가된다. nexty는 1이 된다.
        System.out.println(nextx);
        System.out.println(nexty);
    }
}
```

```
2
1
```

관계 연산자

관계 연산자(relational operator)는 두 개의 피연산자를 비교하는데 사용된다. 예를 들면 "변수 x가 0과 같은가", "변수 y가 10보다 더 작은가"등을 따지는데 사용된다. 관계 연산자의 결과는 true(참) 아니면 false(거짓)으로 계산된다.

표 2-3 • 관계 연산자

연산자 기호	의미	사용예
==	x와 y가 같은가?	x == y
!=	x와 y가 다른가?	x != y
>	x가 y보다 큰가?	x > y
<	x가 y보다 작은가?	x < y
>=	x가 y보다 크거나 같은가?	x >= y
<=	x가 y보다 작거나 같은가?	x <= y

예를 들어서 3 == 6은 false이고 3 != 6은 true이다.

ComparisonOperator.java

```
public class ComparisonOperator {

    public static void main(String[] args){
        int x = 3;
        int y = 4;
        System.out.print((x == y) +" ");
        System.out.print((x != y) +" ");
        System.out.print((x > y) +" ");
        System.out.print((x < y) +" ");
        System.out.print((x <= y) +" ");
    }
}
```

```
false true false true true
```

논리 연산자

논리 연산자는 여러 개의 조건을 조합하여 참인지 거짓인지를 따질 때 사용한다. 예를 들어 "비가 오지 않고 휴일이면 테니스를 친다"라는 문장에는 "비가 오지 않는다"라는 조건과 "휴일이다"라는 조건이 동시에 만족이 되면 테니스를 친다는 의미가 포함되어 있다.

연산자 기호	사용예	의미
&&	x && y	AND 연산, x와 y가 모두 참이면 참, 그렇지 않으면 거짓
||	x || y	OR 연산, x나 y중에서 하나만 참이면 참, 모두 거짓이면 거짓
!	!x	NOT 연산, x가 참이면 거짓, x가 거짓이면 참

LogicalOperator.java

```
public class LogicalOperator {

    public static void main(String[] args){
        int x = 3;
        int y = 4;
        System.out.println((x == 3) && (y == 7)) ;
        System.out.println((x == 3 || y == 4)) ;
    }
}
```

AND 연산

OR 연산

```
false
true
```

비트 연산자

자바에서는 정수를 이루고 있는 각각의 비트를 가지고 작업할 수 있는 연산자가 제공된다. 예를 들어서 정수값에서 특정한 위치에 있는 비트를 마스크하여 추출할 수 있다. 비트 연산자에는 다음과 같은 것들이 있다.

연산자	의미	예
~	비트 NOT	~(0x0FFF)은 0xF000이 된다.
&	비트 AND	(0x0FFF & 0xFFF0)은 0x0FF0이 된다.
^	비트 XOR	(0x0FFF ^ 0xFFF0)은 0xF00F이 된다.
|	비트 OR	(0x0FFF | 0xFFF0)은 0xFFFF이 된다.
<<	비트 왼쪽 이동	0xFFF << 4는 0xFFF0이 된다.
>>	비트 오른쪽 이동	0xFFFFFFF0 >> 4는 0xFFFFFFFF이 된다. 왼쪽비트가 부호비트로 채워진다.
>>>	비트 오른쪽 이동 (unsigned)	왼쪽비트가 부호비트로 채워지지 않고 0으로 채워진다. 0xFFFFFFF0 >>> 4는 0x0FFFFFFF이 된다.

~ 연산자는 비트 패턴을 반전한다. 즉 ~ 연산자는 0은 1로 만들고 1은 0으로 만든다. 예를 들어서 byte 타입의 변수 x가 이진수로 00001111의 값을 가지고 있었다면 ~x는 11110000이 된다. 또한 비트 OR, AND, XOR 연산을 제공한다. 위의 표를 참조하라.

부호 이동 연산자인 << 연산자는 비트를 왼쪽으로 이동한다. >> 연산자는 반대로 비트를 오른쪽으로 이동한다. 부호가 없는 이동 연산자인 >>>은 왼쪽 자리에 0을 채워 넣는다. 반면에 >> 연산자는 부호 비트가 왼쪽에 채워진다.

BitOperator.java

```
public class BitOperator
    public static void main(String[] args)
        int x = 0x0fff;
        int y = 0xfff0;
        System.out.printf("%x", (x & y));
        System.out.printf("%x", (x | y));
        System.out.printf("%x", (x ^ y));
        System.out.printf("%x", ~x);
        System.out.printf("%x", (x << 4));
        System.out.printf("%x", (x >> 4));
        System.out.printf("%x", (-1 >>> 4));
    }
}
```

부호 비트로 채우지 않고 0으로 채워서 오른쪽으로 4비트를 이동한다. 따라서 음수가 양수가 된다.

```
ff0
ffff
f00f
fffff000
fff0
ff
fffffff
```

정수를 이루는 비트중에서 가장 왼쪽에 있는 비트를 부호 비트라고 한다. 부호 비트가 0이면 양수이고, 부호 비트가 1이면 음수이다. 즉 부호 비트는 정수의 부호를 나타낸다.

printf( )는 어떤 형식으로 출력할 때 사용한다. System.out.printf("%x", x);는 변수 x값을 16진수로 출력하라는 의미이다.

05 형변환

때로는 하나의 자료형을 다른 자료형으로 변환하는 것이 필요하다. 이것을 **형변환(type conversion)**이라고 한다. 형변환은 자동적으로 발생하기도 하고 개발자가 강제적으로 형변환할 수도 있다.

자동적인 형변환

컴퓨터에서는 산술적인 연산을 하기 전에 피연산자의 타입을 통일하여야 한다. 컴퓨터에서 정수 계산 하드웨어와 실수 계산 하드웨어는 완전히 다르다. 피연산자의 타입은 다음과 같은 알고리즘에 의하여 변환된다.

- 피연산자 중 하나가 double형이면 다른 피연산자도 double형으로 변환된다.
- 피연산자 중 하나가 float형이면 다른 피연산자도 float형으로 변환된다.
- 피연산자 중 하나가 long형이면 다른 피연산자도 long형으로 변환된다.
- 그렇지 않으면 모든 피연산자는 int형으로 변환된다.

예를 들어서 1.3 + 12와 같은 수식에서는 12가 12.0으로 변환되어서 1.3에 합쳐진다. 따라서 1.3 + 12.0이 되고 수식의 결과는 13.3이 된다. 또 다른 예로 'A'+ 1과 같은 수식에서는 'A'가 정수값인 65으로 변환되고 65 + 1이 되어서 66이 수식의 결과값이 된다.

위의 변환은 모두 확대 변환이다. 확대 변환은 더 큰 크기의 변수로 값을 이동하는 변환이다. 일반적으로 확대 변환은 안전한 변환이다.

```
double d = 23;
```

위의 문장에서는 23이 23.0으로 변환되어서 변수 d에 저장된다. 아무런 정보도 손실되지 않는다. 다음 그림의 화살표 방향으로 형변환이 이루어지면 정보의 손실은 없다.

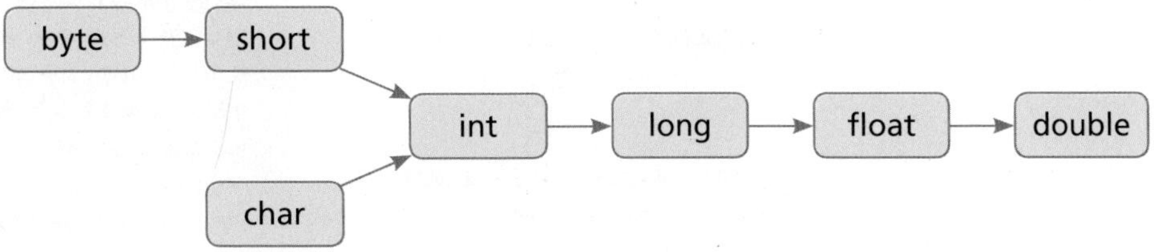

하지만 형변환을 하게 되면 정밀도를 잃을 수도 있다. 예를 들어서 정수 123456789는 float 형이 표현할 수 있는 유효숫자를 넘어선다. 이 정수가 float형으로 변환되면 정밀도를 잃을 수 있다.

```
int n = 123456789;
float f = n;          // f is 1.23456792E8
```

강제적인 형변환

강제적인 형변환을 하려면 형변환 연산자를 사용한다. 변환하려는 값의 앞에 원하는 자료형을 적어주면 된다.

형식

(새로운 자료형) 수식;

예를 들어서 int형 변수 x가 가지고 있는 값을 double로 형변환하여서 y에 대입하려면 다음과 같이 한다.

```
y = (double) x;
```

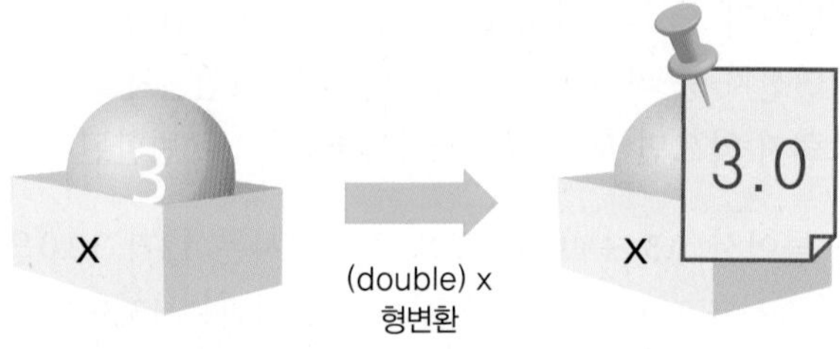

TypeConversion.java

```
public class TypeConversion {
    public static void main(String args[]) {
        int i;
        double f;

        f = 5 / 4;
        System.out.println(f);

        f = (double) 5 / 4;
        System.out.println(f);

        i = (int) 1.3 + (int) 1.8;
        System.out.println(i);
    }
}
```

5 / 4는 피연산자가 정수이므로 정수 연산으로 계산되어서 1이 된다. 이것이 double형 변수로 대입되므로 올림 변환이 발생하여 1.0이 f에 저장된다.

(double)5 / 4에서는 먼저 형변환 연산자가 우선순위가 높기 때문에 먼저 실행되어서 정수 5가 부동소수점수 5.0으로 변환된다. 5.0 / 4는 피연산자중 하나가 double형이므로 4도 double형으로 자동 형변환되고 5.0 / 4.0 으로 계산되어서 1.25가 수식의 결과값이 된다.

수식 (int)1.3 + (int)1.8에서는 1.3과 1.8이 모두 1로 변환되므로 변수 i에는 1 + 1하여 2가 저장된다.

```
1.0
1.25
2
```

더 작은 크기의 자료형에 값을 저장하는 형변환은 정보를 잃을 수 있다. 이러한 변환을 축소 변환이라고 한다. 예를 들어서 실수형 변수를 정수형 변수에 저장하면 소수점 이하가 없어진다.

```
i = (int) 12.5;    // i에는 12만 저장
```

위의 문장이 실행되면 소수점 이하는 사라진다. 따라서 축소변환을 할 때는 자료를 잃을 가능성 때문에 항상 주의해야 할 것이다.

06 우선 순위와 결합 규칙

우선 순위

만약 아래와 같이 하나의 수식이 2개 이상의 연산자를 가지고 있는 경우에는 어떤 연산자가 먼저 수행될 것인가? 예를 들면 다음과 같은 문장에서 가장 먼저 수행되는 연산은 무엇인가?

$$\underbrace{x + \underbrace{y * z}_{❶}}_{❷}$$

우리는 수학에서 배웠듯이 곱셈과 나눗셈이 덧셈과 뺄셈보다 먼저 수행되어야 한다. 우선 순위(precedence)는 많은 연산들 중에서 어떤 연산을 먼저 수행할지를 결정하는 규칙이다. 각 연산자들은 서열이 매겨져 있다. 즉 곱셈과 나눗셈은 덧셈이나 뺄셈보다 우선 순위가 높다. 산술 연산자들의 우선 순위를 높은 것부터 나열하면 그림 2.5와 같다.

그림 2-5 • 산술 연산자의 우선 순위

만약 사용자가 이러한 우선 순위대로 연산을 하지 않고 다른 순서로 하고 싶은 경우는 어떻게 하면 되는가? 수학에서도 배웠듯이 이 경우에는 괄호를 사용하면 된다.

$$\underbrace{x + \underbrace{y * z}_{❶}}_{❷} \qquad \underbrace{\underbrace{(x + y)}_{❶} * z}_{❷}$$

자바에서 사용되는 모든 연산자에 대한 우선 순위를 아래 표에 정리하였다.

<table>
<tr><th>연산자</th><th>결합규칙(우선순위가 같은 경우에 식을 계산하는 방향)</th></tr>
<tr><td>() [] -> .</td><td>→(좌에서 우)</td></tr>
<tr><td>sizeof &(주소) ++(전위) --(전위) ~ ! *(역참조) +(부호) -(부호), 형변환</td><td>←(우에서 좌)</td></tr>
<tr><td>*(곱셈) / %</td><td>→(좌에서 우)</td></tr>
<tr><td>+(덧셈) -(뺄셈)</td><td>→(좌에서 우)</td></tr>
<tr><td><< >> >>></td><td>→(좌에서 우)</td></tr>
<tr><td>< <= >= > instanceof</td><td>→(좌에서 우)</td></tr>
<tr><td>== !=</td><td>→(좌에서 우)</td></tr>
<tr><td>&(비트연산)</td><td>→(좌에서 우)</td></tr>
<tr><td>^</td><td>→(좌에서 우)</td></tr>
<tr><td>|</td><td>→(좌에서 우)</td></tr>
<tr><td>&&</td><td>→(좌에서 우)</td></tr>
<tr><td>||</td><td>→(좌에서 우)</td></tr>
<tr><td>?(3항 연산자)</td><td>←(우에서 좌)</td></tr>
<tr><td>= += *= /= %= &= ^= |= <<= >>= >>>=</td><td>←(우에서 좌)</td></tr>
<tr><td>,(콤마)</td><td>→(좌에서 우)</td></tr>
</table>

위의 표에서 같은 칸에 있는 연산자들의 우선 순위는 같다. 우선 순위를 모두 암기하기는 상당히 어렵기 때문에 우선 순위를 기억할 수 없으면 먼저 계산되어야 되는 부분을 괄호로 감싸는 것도 좋은 방법이다.

```
( (a > b) && (c < d) ) || (e < f)
```

하나의 예로 &&은 || 보다 우선 순위가 높다. 따라서 수식 x && y || z 은 (x && y) || z와 같다.

결합 규칙

만약 아래의 수식과 같이 동일한 우선 순위를 가지는 연산들이 여러 개가 있으면 어떤 것을 먼저 수행하여야 하는가? 즉 x*y을 먼저 수행하는가 아니면 y*z을 먼저 수행하는가?

```
x * y * z
```

이것도 연산자마다 달라진다. 산술 연산자의 경우에는 왼쪽에서 오른쪽으로 연산이 수행된다. 즉 x*y가 먼저 수행된다. 이것이 연산자의 **결합 규칙(association)**이다. 결합 규칙이란 동일한 우선 순위의 연산이 있는 경우에 무엇을 먼저 수행하느냐에 대한 규칙이다. 결합 규칙에는 왼쪽 우선 결합 규칙과 오른쪽 우선 결합 규칙이 있다.

왼쪽 우선 결합 규칙(left-to-right)이란 같은 우선 순위를 가지는 연산자들을 왼쪽에서 오른쪽으로 수행하는 것을 말한다. 왼쪽 우선 결합 규칙을 따르는 연산자들은 문장에서 나타나는 순서대로 실행된다. 산술 연산자와 같은 대부분의 이항 연산자들은 왼쪽 우선 결합 규칙에 따른다.

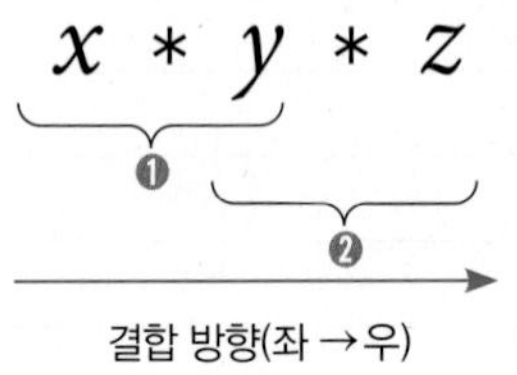

$$x * y * z$$

❶ ❷

결합 방향(좌 → 우)

오른쪽 우선 결합 규칙(right-to-left)이란 반대로 오른쪽의 연산자부터 먼저 수행하는 것을 말한다. 대부분의 단항 연산자들과 대입 연산자는 오른쪽 우선 결합 규칙을 따른다.

왼쪽 우선 결합 규칙은 앞에서 살펴봤으므로 오른쪽 우선 결합 규칙을 살펴보자. 다음의 수식은 어떻게 계산될까?

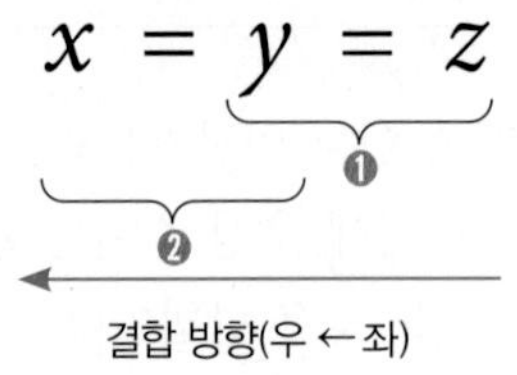

$$x = y = z$$

❶ ❷

결합 방향(우 ← 좌)

대입 연산자는 오른쪽 우선 결합 규칙을 따르므로 가장 오른쪽에 위치한 y = 5가 먼저 수행되고 차례대로 x = y가 수행된다.

단항 연산자들은 대부분 오른쪽 우선이다. 예를 들어서 다음과 같은 수식을 살펴보자.

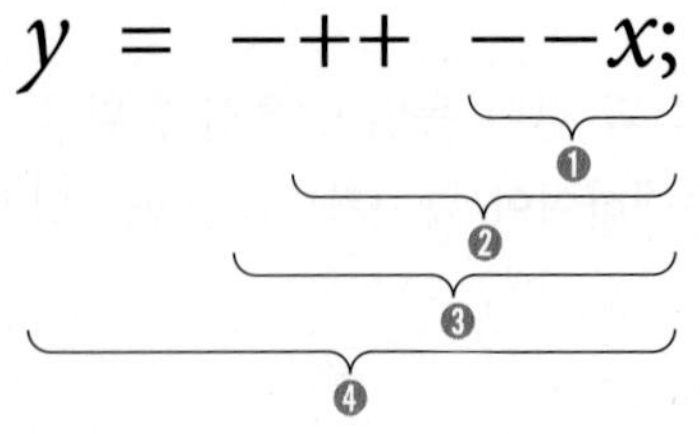

$$y = -++ --x;$$

❶ ❷ ❸ ❹

여기서는 −(부호) 연산자와 ++, −− 연산자는 모두 단항 연산자로서 오른쪽 우선 결합 규칙을 따른다. 따라서 −−x가 가장 먼저 수행되고 ++, − 연산자가 차례대로 수행된다. 마지막으로 대입 연산자가 수행된다.

LAB 2차 방정식의 근을 계산하여 보자

2차 방정식의 근을 구하는 프로그램을 작성하여 보자. 즉 b와 c의 값이 주어진 상태에서 x*x + b*x + c 식의 근을 계산하는 것이다. 단 근은 모두 실수라고 가정하자. 예를 들어서 b = −3.0, c = 2.0인 경우에는 2.0과 1.0이 근이 된다.

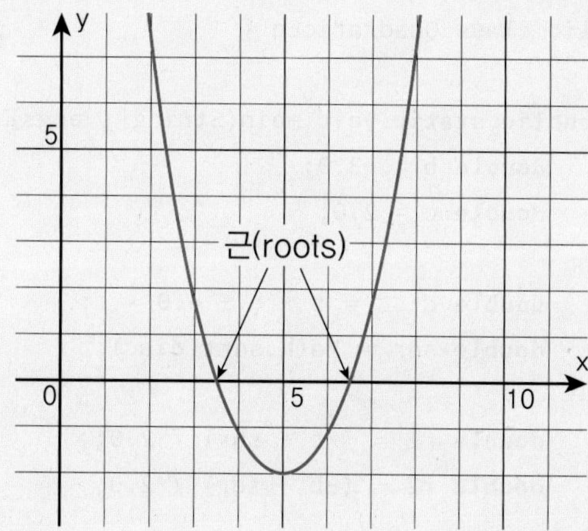

```
근은 2.0
근은 1.0
```

2차 방정식 $ax^2 + bx + c = 0$의 근을 구하는 공식은 다음과 같다.

$$x = \frac{-b \pm \sqrt{b^2 - 4ac}}{2a}$$

우리의 문제에서는 a가 1.0이 된다. 위의 공식을 수식으로 변환하면 된다. 하지만 문제는 어떻게 제곱근을 계산할 것인가이다. 제곱근은 외부 라이브러리를 사용해야 한다. 이때 Math.sqrt() 메소드를 호출하면 된다. 예를 들어서 9.0의 제곱근은 다음과 같은 문장으로 계산할 수 있다.

```
Math.sqrt(9.0);
```

2차 방정식의 근을 계산하여 보자

메소드 안의 문장들은 순차적으로 실행된다는 사실을 이용하여서 다음과 같이 작성할 수 있다.

QuadraticEq.java

```
public class QuadraticEq {

   public static void main(String[] args) {
      double b = -3.0;
      double c = 2.0;

      double disc = b * b - 4.0 * c;
      double sqr = Math.sqrt(disc);

      double r1 = (-b + sqr) / 2.0;
      double r2 = (-b - sqr) / 2.0;

      System.out.println("근은 " + r1);
      System.out.println("근은 " + r2);
   }
}
```

```
근은 2.0
근은 1.0
```

$ax^2 + bx + c = 0$에서 a까지 넣어서 2차 방정식의 근을 계산해보자. 위의 수식들을 어떻게 변경하여야 하는가?

07 문자열

자바에서 **문자열(string)**은 문자들의 모임이다. 예를 들어서 문자열 "Hello"는 H, e, l, l, o 등의 5개의 유니코드 문자로 구성되어 있다. 하지만 자바 언어에는 내장된 문자열 자료형이 없다. 대신에 String 클래스가 제공된다. 아직 클래스에 대해서는 학습하지 않았지만 일단 다음과 같이 알아두자. String 클래스는 문자열을 나타내는 자료형이라고 생각해도 좋다. 우리가 int를 사용해서 정수형 변수를 생성하는 것처럼 String을 사용하여서 문자열 변수를 생성하고 여기에 문자열을 저장할 수 있다.

```
String s1 = "";          // 공백 문자열이다.
String s2 = "Hello World!";
```

위의 코드에서 s1과 s2가 바로 String 타입의 객체이다. String 객체들을 + 연산자를 이용하여 서로 더하면 문자열이 합쳐진다.

StringTest.java

```
public class StringTest {
    public static void main(String args[]) {
        String s1 = "Hello World!";
        String s2 = "I'm a new Java programmer!";

        System.out.println(s1 + "\n" + s2);
    }
}
```

```
Hello World!
I'm a new Java programmer!
```

+를 이용하여서 변수의 값과 문자열을 합칠 수도 있다.

```
System.out.println("내년이면 " + age + "살이 됩니다.");
```

간단한 예제로 + 연산자로 문자열을 결합하여서 화면에 제도용 자를 출력해보자.

DrawingRuler.java

```
public class DrawingRuler {
    public static void main(String[] args) {
```

```
        String s1 = " ......... ";
        String s2 = s1 + "|" + s1;
        String s3 = s2 + "|" + s2;

        System.out.println(s1);
        System.out.println(s2);
        System.out.println(s3);
    }
}
```

```
 .........
 ......... | .........
 ......... | ......... | ......... | .........
```

08 입력과 출력

프로그램을 흥미롭게 만들려면 사용자로부터 입력을 받아서 처리한 후에 그 결과를 출력할 수 있어야 한다. 현대적인 프로그램은 그래픽 사용자 인터페이스(GUI: Graphic User Interface)를 통하여 사용자 입력을 받는다. 하지만 GUI를 사용하려면 상당한 지식과 도구들을 필요로 한다. 따라서 당분간은 콘솔을 통한 입력과 출력만을 사용하도록 하자. GUI 프로그래밍은 8장부터 본격적으로 다루어진다.

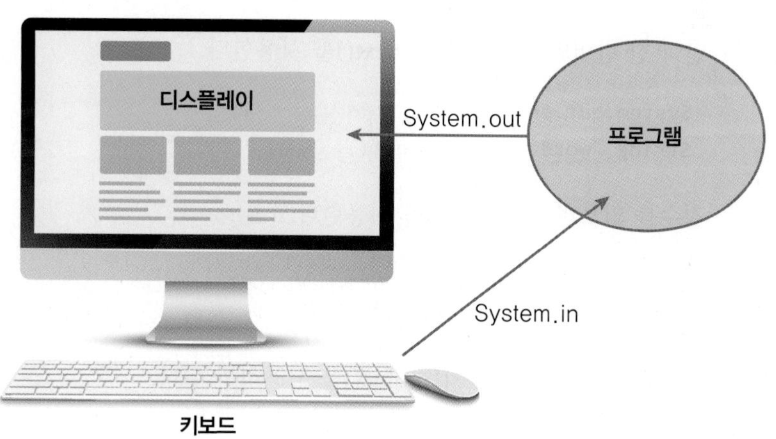

입력하기

우리는 System.out.println()을 호출하여서 콘솔에 무언가를 출력할 수 있었다. 콘솔에서 읽는 것도 역시 System.in을 사용한다. 하지만 절차가 약간은 복잡하다.

① 프로그램의 첫줄에 다음과 같은 문장을 추가한다.

```
import java.util.*;        // Scanner 클래스 포함
```

먼저 위의 문장은 입력 기능을 가지고 있는 클래스를 포함시키는 문장이다. 자바의 아주 큰 장점은 다양한 기능을 가지는 클래스들을 제공한다는 점이다. 따라서 프로그래머들은 이것들을 사용하여서 불필요한 코딩을 하지 않아도 된다. 이들 클래스들은 패키지라는 단위로 그룹핑되어 있다. 이러한 패키지들을 **자바 클래스 라이브러리(Java Class Library)**라고 부른다. 이 클래스 라이브러리를 사용하려면 먼저 import 문장을 이용하여 원하는 클래스를 프로그램 안으로 포함시켜야 한다. 이 예제에서는 java.util 패키지에 포함된 모든 클래스를 포함시키고 있다. * 표시는 "모든"이라는 의미이다.

② System.in에 연결된 Scanner 객체를 다음과 같은 문장으로 생성한다.

```
Scanner input = new Scanner(System.in);
```

new 연산자는 객체를 생성하는 연산자로서 4장에서 설명된다. 이 문장에 대한 상세한 설명은 뒤로 미뤄야만 한다. 지금은 사용자로부터 입력을 받기 위해서는 이 문장이 반드시 있어야 한다고만 알아두자.

③ Scanner가 제공하는 다양한 메소드를 이용하여서 입력을 받으면 된다.
예를 들어서 한 줄을 읽고 싶으면 nextLine() 메소드를 호출한다.

```
System.out.print("문장을 입력하시오:  ");
String line = input.nextLine();             // 한 줄을 읽는다.
```

만약 한 단어만 읽고 싶으면 next()를 사용한다.

```
System.out.print("단어를 입력하시오:  ");
String  word = input.next();            // 한 단어를 읽는다.
```

정수를 읽으려면 nextInt()를 사용한다.

```
System.out.print("나이를 입력하시오:  ");
int age = input.nextInt();              // 정수를 읽는다.
```

실수를 읽고 싶으면 nextDouble()을 사용하면 된다.

예제: 사용자로부터 받은 2개의 정수 더하기

사용자로부터 2개의 정수를 받아서 더해보자. 입력 단계에서 사용자로부터 2개의 정수를 받아서 변수에 저장한다. 처리 단계에서는 2개의 정수를 서로 합하여 변수에 저장한다. 출력 단계에서는 변수에 저장된 합을 화면에 출력한다.

```
첫번째 숫자를 입력하시오: 10
두번째 숫자를 입력하시오: 20
30
```

Add2.java

```
// 사용자가 입력한 두 개의 숫자를 더해서 출력한다.
import java.util.Scanner; // Scanner 클래스 포함

public class Add2 {
   // 메인 메소드에서부터 실행이 시작된다.
   public static void main(String args[]) {
```

```java

        Scanner input = new Scanner(System.in);
        int x; // 첫 번째 숫자 저장
        int y; // 두 번째 숫자 저장
        int sum; // 합을 저장

        System.out.print("첫번째 숫자를 입력하시오: "); // 입력 안내 출력
        x = input.nextInt(); // 사용자로부터 첫 번째 숫자를 읽는다.

        System.out.print("두번째 숫자를 입력하시오: "); // 입력 안내 출력
        y = input.nextInt(); // 사용자로부터 두 번째 숫자를 읽는다.

        sum = x + y; // 두 개의 숫자를 더한다.

        System.out.println(sum); // 합을 출력한다.

    }
}
```

출력할 때, 사용하는 메소드 이름이 println()에서 print()로 변경되었다. println()은 문자열을 출력한 후에 줄을 바꾸는 메소드이고 print()는 문자열 출력 후에 줄을 바꾸지 않는다. 여기서는 사용자가 같은 줄에 숫자를 입력하기를 원하기 때문에 print()를 사용하였다.

예제: 사용자의 이름과 나이 출력하기

사용자로부터 이름과 나이를 입력받아서 화면에 출력하는 프로그램을 작성하여 보자.

```
이름을 입력하시오: 홍길동
나이를 입력하시오: 24
홍길동님 안녕하세요! 24살이시네요.
```

InputString.java

```java
import java.util.*;

public class InputString
{
    public static void main(String[] args)
    {
        String name;
        int age;
```

```java

        Scanner input = new Scanner(System.in);

        System.out.print("이름을 입력하시오: ");
        name = input.nextLine();

        System.out.print("나이를 입력하시오: ");
        age = input.nextInt();

        System.out.println(name + "님 안녕하세요! " + (age) + "살이시네요.");
    }
}
```

실수 출력하기

이제까지 우리는 println()만을 사용하여서 콘솔에 출력하였다. println()은 좋은 메소드이지만 한 가지 문제점이 있다! 우리가 출력의 형식을 전혀 제어할 수 없다는 점이다. 구체적인 예를 들어보자.

PrintfTest.java

```java
public class PrintfTest {
    public static void main(String args[]) {

        double value = 1.0 / 3.0;
        System.out.print(value);

    }
}
```

```
0.3333333333333333
```

위 프로그램의 출력은 당연한 것이지만 만약 우리가 소수점 2번째 자리까지만 출력시키기를 원할 때는 어떻게 할 것인가? println()에는 포매팅 기능이 없다. 자바의 초기 버전에서는 숫자를 포매팅하여서 출력하는 것은 지원되지 않았다. 다행히도 Java 5부터는 C언어에서 사용하였던 printf() 메소드를 사용할 수 있다. 그래서 다음과 같은 호출이 가능하다.

```java
System.out.printf("%6.2f", value);
```

위의 소스는 변수 value의 값을 소수점 2번째 자리까지만 출력한다.

```
0.33
```

다음과 같은 형식 지정자가 가능하다.

형식 지정자	의미	예
%d	정수를 출력한다.	System.out.printf("%d", 10);
%f	실수를 표시한다.	System.out.printf("%f", 3.14);
%c	문자를 표시한다.	System.out.printf("%c", 'a');
%s	문자열을 표시한다.	System.out.printf("%s", "Hello");

"%6.2f"의 의미는 다음과 같다.

- 실수를 6개의 칸에 표시한다.
- 소수점 이하는 2자리로 한다.

원의 면적 계산하기

앞에서 배운 프로그램의 구성 요소들을 이용하여 새로운 프로그램을 작성하여 보자. 사용자로부터 원의 반지름을 입력받고 이 원의 면적을 구한 다음, 화면에 출력한다. 입력 단계, 처리 단계, 출력 단계로 구성되어 있다. 원의 면적을 구하려면 실수형 계산을 하여야 한다. 따라서 실수형 변수를 선언하여 사용한다.

```
반지름을  입력하시오: 5
78.5
```

- 실수형 변수는 double로 생성한다.
- 사용자로부터 실수값을 읽으려면 다음과 같은 문장을 사용한다.

```
Scanner input = new Scanner(System.in);
radius = input.nextDouble();
```

원의 면적 계산하기

CircleArea.java

```
import java.util.*;     // Scanner 클래스를 포함한다.

public class CircleArea {
   public static void main(String args[]) {

      double radius; // 원의 반지름
      double area; // 원의 면적
      Scanner input = new Scanner(System.in);
      System.out.print("반지름을  입력하시오: "); // 입력 안내 출력
      radius = input.nextDouble();
      area = 3.14 * radius * radius;

      System.out.println(area);
   }
}
```

```
반지름을  입력하시오: 5
78.5
```

Q 문장들은 반드시 클래스 안에 위치하여야 하는가? 만약 클래스 외부에 문장이 있으면 어떻게 되는가?

A 자바는 객체 지향 언어이므로 객체가 중심이 되고 클래스는 객체의 설계도로서 모든 문장은 클래스 안에 있어야 한다. 클래스 외부에 문장을 작성하면 컴파일 오류가 된다.

Q 하나의 소스 파일에는 하나의 클래스만 있어야 하는가?

A 하나의 소스 파일에는 여러 개의 클래스가 있어도 된다. 하지만 public이 붙은 클래스는 하나만 있어야 한다.

Q 모든 클래스에는 main() 메소드가 있어야 하는가?

A 아니다. 그러나 적어도 하나의 클래스에는 main()이 있어야 한다. 모든 자바 프로그램은 main()에서 시작한다.

LAB 직사각형의 둘레와 면적 계산하기

사용자로부터 직사각형의 가로와 세로를 받아서 둘레와 면적을 구하는 프로그램을 작성하여 보자. 직사각형의 가로와 세로를 각각 w와 h라고 하면 직사각형의 면적은 w*h가 되고 둘레는 2*(l + w)가 된다.

- 필요한 변수는 w, h, area, perimeter라고 하자.
- 변수의 자료형은 실수를 저장할 수 있는 double형으로 하자.
- area = w*h;
- perimeter = 2*(w + h);

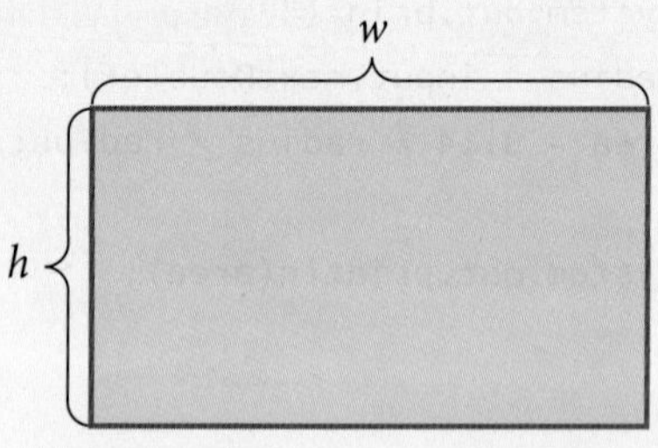

```
사각형의 가로를 입력하시오: 10
사각형의 세로를 입력하시오: 5
사각형의 넓이는 50.0
사각형의 둘레는 30.0
```

직사각형의 둘레와 면적 계산하기

Box.java

```
import java.util.*;

public class Box {
    public static void main(String[] args) {
        double w;
        double h;
        double area;
        double perimeter;

        Scanner input = new Scanner(System.in);

        System.out.print("사각형의 가로를 입력하시오: ");
        w = input.nextInt();
        System.out.print("사각형의 세로를 입력하시오: ");
        h = input.nextInt();
        area = w * h;
        perimeter = 2.0 * (w + h);

        System.out.println("사각형의 넓이는 " + area);
        System.out.println("사각형의 둘레는 " + perimeter);
    }
}
```

❶ 클래스의 이름을 Box에서 Rectangle로 변경하면 어떤 일이 발생하는가?
❷ 한번의 println() 호출로 변수 perimeter와 area의 값이 동시에 출력되도록 변경하라.
❸ println()과 print()의 차이점은 무엇인지 실험하여 보라.

Introduction to **JAVA PROGRAMMING**

03 CHAPTER

선택과 반복

학습목표

선택과 반복은 프로그래밍에서 가장 기초적인 부분이다. 선택은 조건에 따라서 서로 다른 문장을 실행하게 하는 구조이다. 반복은 조건에 따라서 동일한 문장을 여러 번 반복시키는 구조이다. 순차 구조, 선택 구조, 반복 구조들이 프로그램의 기본구조라고 할 수 있다.

학습목차

자바에서는 조건을 따져서 문장을 수행시키나봐요.
네, 조건은 프로그래밍에서는 무척 중요합니다. 조건을 따져서 문장을 수행시키기 때문에 컴퓨터가 스마트한 것이죠.

01 제어문

일반적으로 프로그램의 각 문장들은 위에서 아래로 순차적인 실행이 이루어진다. 예를 들어서 자동차의 연비를 계산하는 프로그램은 자동차의 주행거리와 사용한 연료의 양을 입력받아서(주행거리/연료) 계산 결과를 화면에 출력하면 된다. 하지만 복잡한 문제는 순차적인 실행만으로 해결할 수 없다. 예를 들어서 자동차의 자동 에어컨 프로그램은 무한 반복하면서 실내 온도와 설정 온도를 비교하여 에어컨을 ON 또는 OFF하여야 한다.

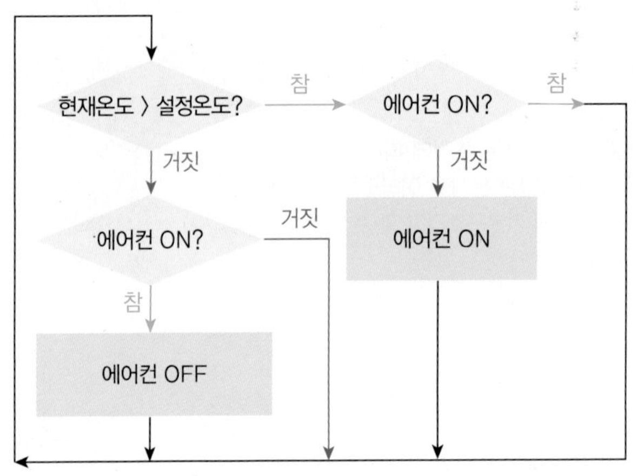

프로그램에서 문장은 기본 적으로 순차적으로 실행됩니다. 하지만 복잡한 문제는 순차 실행만으로는 안 되고 조건문이나 반복문을 사용하여야 합니다.

제어문(control statement)을 사용하게 되면 조건에 의하여 문장들의 실행 순서를 변경할 수 있다. 제어문은 크게 2가지로 나누어진다.

- **조건문**: 조건에 따라서 여러 개의 실행 경로 가운데 하나를 선택해야 하는 경우에 사용되는 문장으로 if-else 문장과 switch 문장이 여기에 해당된다.
- **반복문**: 조건이 유지되는 한 또는 정해진 횟수만큼 처리를 되풀이하는 문장인데 for 문장과 while 문장이 반복문에 속한다.

오른쪽 페이지의 그림은 프로그램에서 나타나는 3가지의 기본 제어 구조인 순차 구조, 선택 구조, 반복 구조를 나타낸다.

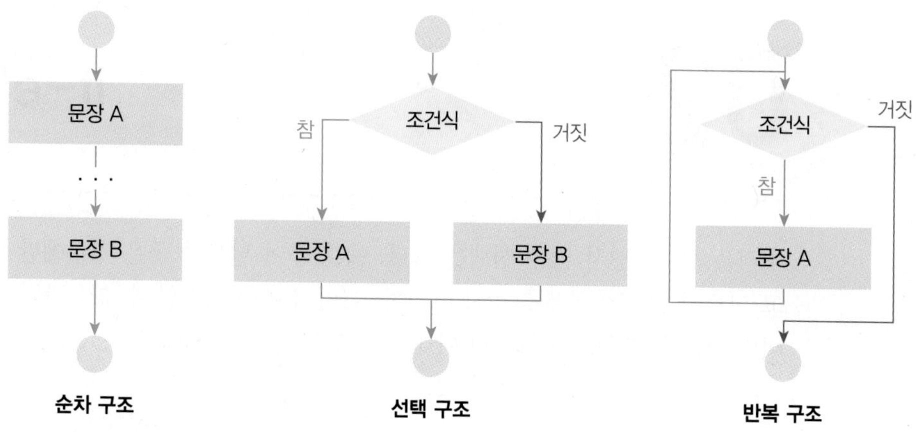
문장 A
. . .
문장 B
순차 구조
조건식
참
거짓
문장 A
문장 B
선택 구조
조건식
거짓
참
문장 A
반복 구조

02 if-else 문

우리는 살아가면서 많은 선택을 한다. 예를 들어 날씨가 좋은 경우에만 테니스를 치고 그렇지 않으면 공부를 한다고 하자. 이런 경우에 사용할 수 있는 문장이 if-else 문이다. 이것을 흐름도로 그리면 아래 그림과 같다.

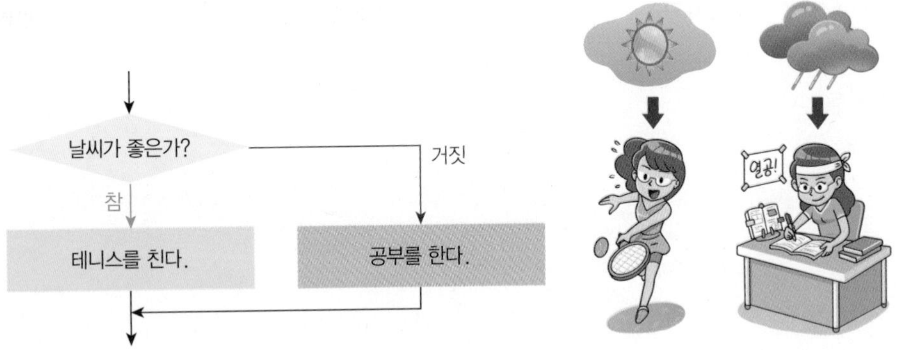

프로그램도 마찬가지이다. 외부에서 들어오는 정보에 따라서 많은 선택을 하게 된다. if-else 문은 조건에 따라서 2개 중에서 하나를 선택해야 하는 경우에 사용되는 문장이다. if-else 문은 다음과 같은 형식을 가진다.

형식

```
if( number > 0 )
{
    System.out.println("양수입니다.");
}
else
{
    System.out.println("0이거나 음수입니다.");
}
```

조건식

조건식이 참일 때 실행되는 문장, then 절이라고 한다.

조건식이 참이 아닐 때 실행되는 문장, else 절이라고 한다.

if 문에서는 조건을 수식으로 표현하고, 그 수식을 바로 '조건식'이라고 한다. if 문은 주어진 조건식을 계산하여 그 결과값이 참이면 문장을 실행한다. 조건식이 거짓으로 계산되면 else 이하의 문장이 실행된다. 일반적으로 조건식에는 연산의 결과값이 참이나 거짓으로 생성되는 수식이 사용된다. 따라서 조건식은 일반적으로 관계 수식이나 논리 수식이 된다. 실행되는 문장이 하나이면 중괄호는 생략될 수 있다. if-else 문에서 else는 생략될 수도 있다.

만약 if-else 문에서 중괄호가 없으면 바로 아래의 한 문장만 조건에 따라 실행된다. 예를 들어서 다음과 같은 프로그램에서 "음수가 아닙니다"를 출력하는 문장은 항상 실행된다.

```
if( number > 0 )
   System.out.println("양수입니다.");
   System.out.println("음수가 아닙니다.");
```

이 문장만 조건에 따라 실행된다.

무조건 실행된다.

조건연산자

간단한 if-else 문은 조건 연산자를 사용하여 표현할 수도 있다. 즉 60점 이상이면 합격을, 60점 미만이면 불합격을 출력하는 if-else 문은 다음과 같이 조건 연산자를 사용하여 작성할 수도 있다.

```
System.out.println( grade >= 60 ? "합격" : "불합격" );
```

그러나 조건 연산자는 if-else 문에 비하여 이해하기 어렵기 때문에 아주 간단한 경우에만 사용되어야 한다.

예제: 짝수, 홀수 구별하기

키보드에서 입력받은 정수가 홀수인지 짝수인지를 말해주는 프로그램을 작성하여 보자. 홀수와 짝수는 어떻게 구별할 수 있는가? 홀수는 2로 나누었을 때 나머지가 1이다. 짝수는 2로 나누었을 때 나머지가 0이다. 따라서 나머지 연산자 %를 이용하여 구별할 수 있다.

```
정수를 입력하시오: 2
입력된 정수는 짝수입니다.
프로그램이 종료되었습니다.
```

EvenOdd.java

```
import java.util.Scanner;

public class EvenOdd {
   public static void main(String[] args) {
      // if 문을 사용하여 홀수와 짝수를 구별하는 프로그램
      int number;
      Scanner input = new Scanner(System.in);
      System.out.print("정수를 입력하시오: ");
      number = input.nextInt();
```

```java
        if (number % 2 == 0) {
            System.out.println("입력된 정수는 짝수입니다.");
        } else {
            System.out.println("입력된 정수는 홀수입니다.");
        }

        System.out.println("프로그램이 종료되었습니다. ");
    }
}
```

number를 2로 나누어서 0이면 짝수이다.

예제: 두수 중 큰 수 출력하기

사용자로부터 두개의 정수를 입력받아서 둘 중에 큰 수를 출력하는 프로그램을 작성하여 보자.

```
첫번째 정수: 10
두번째 정수: 20
큰 수는 20
```

직접 입력하여 확인

Larger.java

```java
import java.util.Scanner;

public class Larger {
    public static void main(String[] args) {
        int x, y, max;

        Scanner input = new Scanner(System.in);
        System.out.print("첫번째 정수: ");
        x = input.nextInt();

        System.out.print("두번째 정수: ");
        y = input.nextInt();

        if (x > y)
            max = x;
        else
            max = y;

        System.out.println("큰 수는 " + max);
    }
}
```

조건에 따라 실행하는 문장이 하나이면 중괄호를 생략할 수 있다.

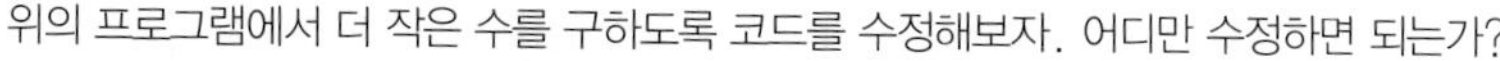

위의 프로그램에서 더 작은 수를 구하도록 코드를 수정해보자. 어디만 수정하면 되는가?

예제: 성과급 계산

하나의 예로 사원이 실적 목표를 달성하였을 경우에는 실적 목표를 초과한 금액의 10%를 성과급으로 받는 프로그램을 작성하여 보자.

```
실적을 입력하시오(단위: 만원): 1200
실적 달성
보너스: 20
```

실적 목표가 상수로 정의되었다.

Bonus.java

```
import java.util.Scanner;

public class Bonus {
    public static void main(String args[]) {
        final int targetSales = 1000;
        int mySales;
        int bonus;
        String result;

        Scanner input = new Scanner(System.in);
        System.out.print("실적을 입력하시오(단위: 만원): ");
        mySales = input.nextInt();

        if (mySales >= targetSales) {
            result = "실적 달성";
            bonus = (mySales - targetSales) / 10;
        } else {
            result = "실적 달성 못함";
            bonus = 0;
        }

        System.out.println(result + "\n" + "보너스: " + bonus);
    }
}
```

실적 목표가 상수로 정의되었다.

if 문도 하나의 문장이다. 따라서 if-else 문의 문장1 이나 문장2 자리에 다른 if 문이 들어가는 경우도 있다. 이것을 중첩 if 문이라고 한다. 성적을 학점으로 변환하는 코드의 일부를 살펴보자.

```
if( grade >= 80 )        // ①
  if( grade >= 90 )      // ②
    System.out.println("당신의 학점은 A입니다.");
  else                   // ③
    System.out.println("당신의 학점은 B입니다.");
```

가장 가까운 if와 매치된다.

여기서 약간의 혼란이 있을 수 있다. ③의 else절은 ①의 if와 매치되는 것인가, 아니면 ②의 if와 매치되는 것인가? 이것을 해결하기 위하여 하나의 규칙이 존재한다. else절은 가장 가까운 if와 매치된다.

LAB 성적에 따라 학점 결정하기

종종 우리는 조건에 따라서 다중으로 분기되는 결정을 내려야 하는 경우가 있다. 학생들의 성적을 받아서 학점을 출력하는 프로그램을 작성하여 실행하여 보자. 성적이 90점 이상이면 A학점, 80점 이상이고 90점 미만이면 B학점, 70점 이상이고 80점 미만이면 C학점과 같이 결정하는 것이다.

```
성적을 입력하시오: 92
학점 A
```

이 경우 가장 자연스러운 방법은 if 문 다음에 else if 문을 연속적으로 사용하는 것이다. 만일 이중 하나의 조건식이 참이면 관련된 문장이나 블록이 수행되고 더 이상의 비교는 이루어지지 않는다. 예제에서 시험 성적에 따라서 학점을 부여하는 것을 이러한 구조를 사용하여 코딩하면 된다. 즉 90 이상이면 A학점, 80에서 89은 B학점, 70에서 79까지는 C학점, 60에서 69까지는 D학점, 60점 미만이면 F학점을 부여하는 순서도는 다음과 같다.

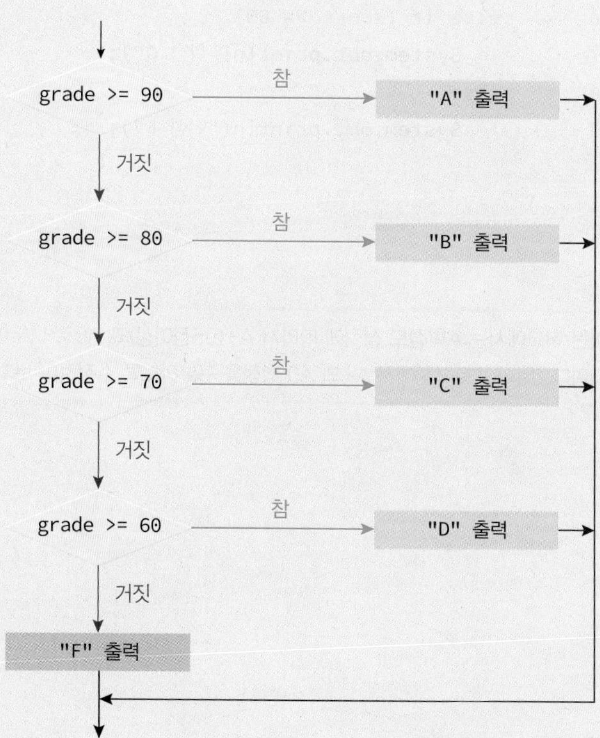

성적에 따라 학점 결정하기

Grading.java

```
import java.util.Scanner;

public class Grading {
   public static void main(String[] args) {
      int score;

      Scanner input = new Scanner(System.in);
      System.out.print("성적을 입력하시오: ");
      score = input.nextInt();
      if (score >= 90)            // ①
         System.out.println("학점 A");
      else if (score >= 80)       // ②
         System.out.println("학점 B");
      else if (score >= 70)
         System.out.println("학점 C");
      else if (score >= 60)
         System.out.println("학점 D");
      else
         System.out.println("학점 F");

   }
}
```

> 문장 ②에서 if(grade >= 80 && grade < 90)이라고 할 필요가 없음에 유의하라. grade가 90보다 크거나 같은 경우에는 앞의 문장 ①에서 이미 걸렸기 때문이다.

어떤 학교에서는 A학점도 성적에 따라서 A+(95점이상)와 A0로 나누어진다. B, C, D 학점도 마찬가지이다. 위의 프로그램에서 A+와 A0 학점을 구분하도록 수정하여 보자.

LAB 인사말 출력하기

간단한 예제로 시스템으로부터 현재 시각을 받아서 적절한 인사를 출력하는 프로그램을 작성하여 보자. 현재 시각에 따라서 연속적인 if 문을 사용하여서 프로그램을 작성하였다.

```
현재시간은 Thu Aug 06 10:15:27 KST 2015
Good morning
```

```
현재시간은 Thu Aug 06 22:15:27 KST 2015
Good evening
```

자바에서 현재 시각을 얻어오려면 많은 방법이 있으나 다음과 같은 방법이 비교적 간단하다. 즉 Date 객체를 생성하고(아직 이해하지 않아도 된다) getHours()를 호출하는 방법이다.

```
Date date = new Date();
int currentHour = date.getHours();
```

JDK 8부터는 완전히 새로운 Time & Date API가 제공된다. 예를 들면 LocalDate와 LocalTime 클래스이다. 2개의 클래스를 합쳐놓은 LocalDateTime 클래스도 제공된다. 간단한 예제는 다음과 같다.

```
LocalDateTime timePoint = LocalDateTime.now();      // 현재 날짜와 시각
LocalDate theDate = timePoint.toLocalDate();
Month month = timePoint.getMonth();
int day = timePoint.getDayOfMonth();
int currentHour= timePoint.getHour();
```

여기서는 어떤 코드를 사용해도 좋다.

인사말 출력하기

Welcome.java

```
import java.util.Date;

public class Welcome {
   public static void main(String args[]) {

      Date date = new Date();
      int currentHour = date.getHours();

      System.out.println("현재시간은 "+ date);
      if (currentHour < 11) {
         System.out.println("Good morning");
      } else if (currentHour < 15) {
         System.out.println("Good afternoon");
      } else if (currentHour < 20) {
         System.out.println("Good evening");
      } else {
         System.out.println("Good night");
      }
   }
}
```

시스템으로부터 현재 시각을 얻어온다.

```
현재시간은 Thu Aug 06 10:15:27 KST 2015
Good morning
```

date.getMonth()을 호출하여서 현재 날짜로부터 월을 추출한 후에 계절에 맞는 인사말을 출력하도록 소스를 변경하여 보자. 예를 들어서 10월이라면 "청명한 가을이네요!"와 같이 출력하도록 하라.

03 switch 문

if 문에서는 조건식이 참이냐 거짓이냐에 따라서 실행할 문장이 둘 중에서 하나로 결정된다. 따라서 if 문에서 가능한 실행 경로는 두 개이다. 만약 가능한 실행 경로가 여러 개인 경우에는 switch 문을 사용하는 것이 좋다.

예를 들어서 변수의 값이 c1이면 처리 1을 수행하고 변수의 값이 c2이면 처리 2, 변수의 값이 c3이면 처리 3을 수행한다고 가정하자. 그리고 일치되는 값이 없으면 처리d를 수행한다. 이런 경우에 switch 문을 사용하면 좋다.

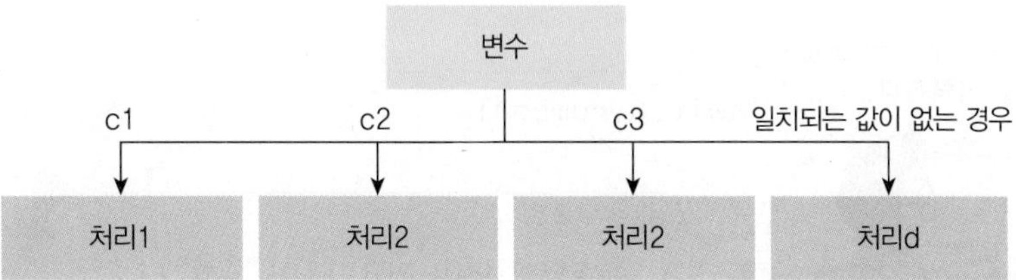

switch 문에서는 변수의 값을 계산하여 case 뒤의 c1, c2, ... 등과 비교한다. 만약 변수의 값과 일치하는 값이 있으면 관련된 case 아래의 문장들이 차례로 실행된다. break 문에 도달하면 switch 문을 빠져나간다. 만약 어느 것에도 해당되지 않으면 default 아래의 문장들이 실행된다. 여기서 c1, c2, ...은 정수이어야 한다.

전체적인 구조
형식
switch(변수)
{
case c1:
처리문장1;
break;
case c2:
처리문장2;
break;
...
default:
처리문장d;
break;
}
변수와 일치하는 값을
가진 case 절이 실행됩니다.

여기서 설명을 간단하게 하기 위하여 변수라고 하였지만 switch 문의 변수 자리에는 어떤 정수 수식도 들어 갈 수 있다. 문자열도 가능하다. 하지만 실수 변수나 수식은 적을 수 없다. 각 case 절에도 정수 값만을 적을 수 있다.

switch 문의 예

간단한 예를 가지고 좀 더 자세히 설명하여 보자. 아프리카의 어떤 부족은 하나 둘 까지만 셀 수 있다고 한다. 사용자가 값을 입력하면 화면에 "하나", "둘"과 같이 출력하는 코드를 작성하여 보자.

실행결과
결과

```
숫자를 입력하시오: 1
하나
```

switch 문을 사용하여서 값들을 분리하여 처리하였다. 만약 사용자가 1을 입력하였다면 다음과 같은 순서를 거쳐서 실행된다.

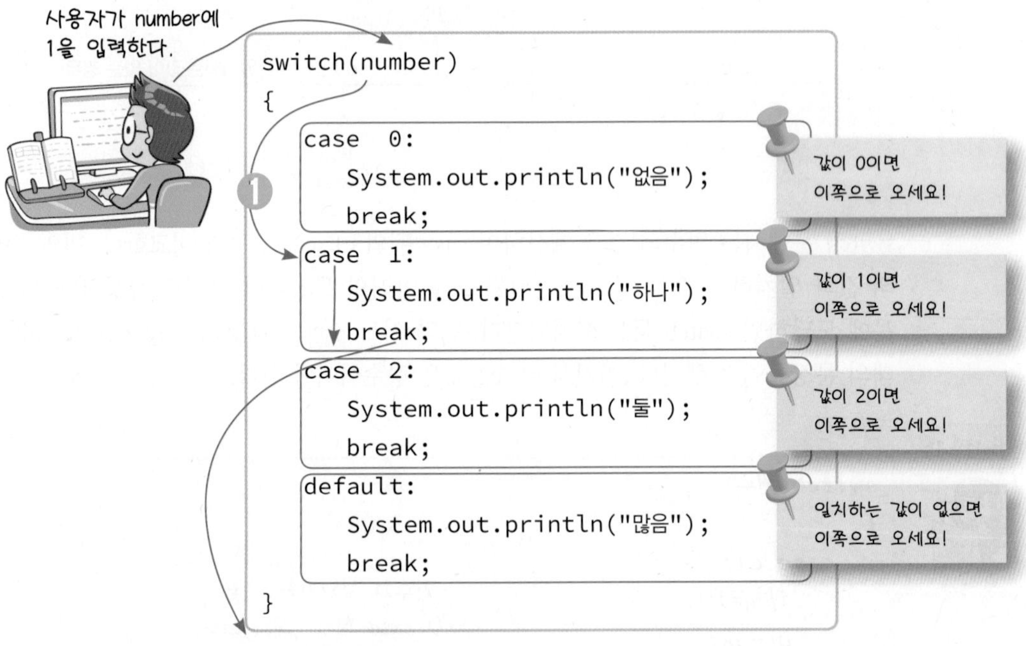
사용자가 number에
1을 입력한다.
switch(number)
{
case 0:
System.out.println("없음");
break;
case 1:
System.out.println("하나");
break;
case 2:
System.out.println("둘");
break;
default:
System.out.println("많음");
break;
}
1
값이 0이면
이쪽으로 오세요!
값이 1이면
이쪽으로 오세요!
값이 2이면
이쪽으로 오세요!
일치하는 값이 없으면
이쪽으로 오세요!

만약 break 문이 없다면

여기서 주의해야 할 점은 break 문이 없으면 선택된 case 절 안의 문장들을 실행한 다음, 계속해서 다음 case절의 문장들을 실행하게 된다. 따라서 break 문을 생략하면 중대한 오류가 발생할 수 있다. 따라서 모든 case 문은 일반적으로는 break 문으로 끝내야 한다. 만약 case 1에 break 문이 없다면 어떻게 될까?

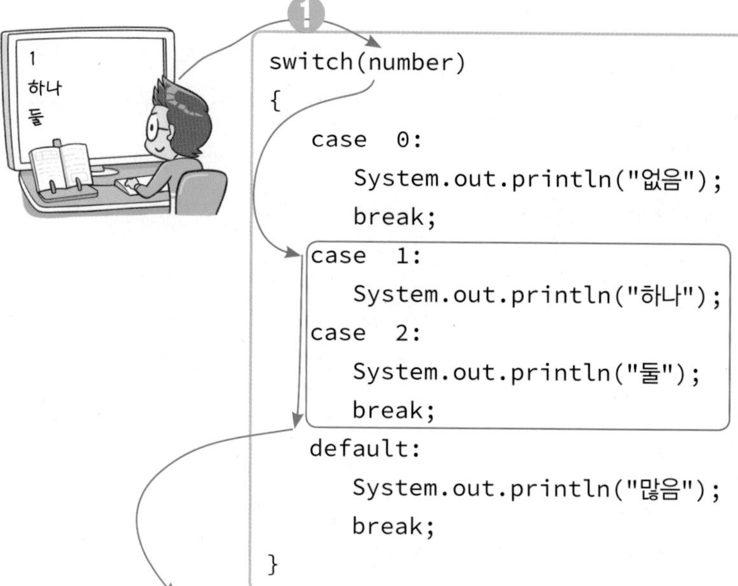

case 1에 break문이 없으므로 case 2의 문장들이 이어서 실행됩니다.

이러한 특징을 유용하게 사용하는 예로는 다음과 같은 프로그램을 들 수 있다. case 2와 case 3의 경우, 의도적으로 break 문을 생략하여 같은 처리를 수행하도록 한 것이다.

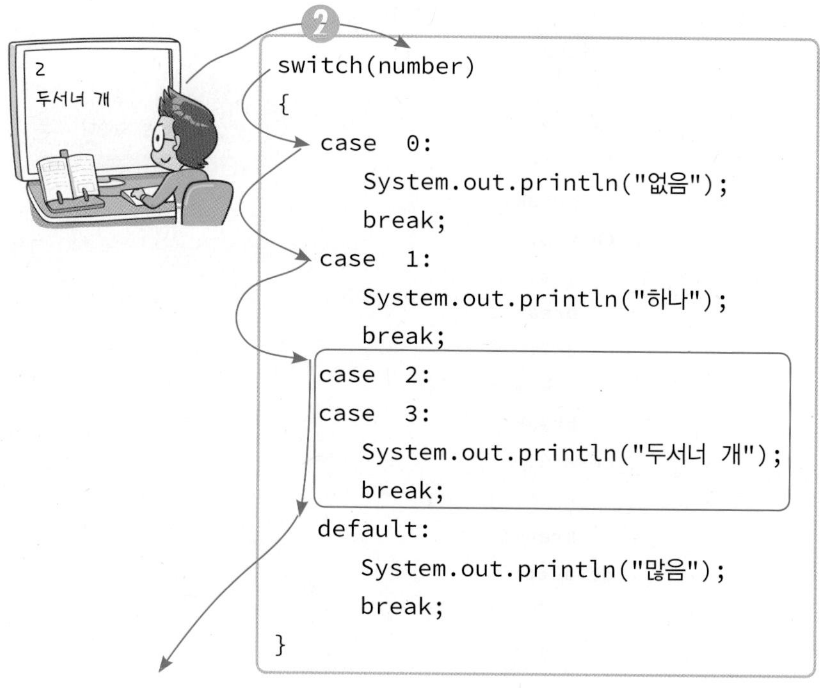

예제: 성적을 학점으로 변환하기

사용자가 자신의 성적을 입력하면 성적을 학점으로 변환하여 출력해주는 프로그램을 작성하여 보자. 이것은 앞에서 if-else 문장으로도 작성한 바 있다. if-else 문장을 사용하는 방법과 비교하여 보자.

```
성적을 입력하시오: 92
학점: A
```

Score2Grade.java

```java
import java.util.*;

public class Score2Grade {
  public static void main(String[] args) {
     int score, number;
     char grade;

     Scanner scan = new Scanner(System.in);
     System.out.print("성적을 입력하시오: ");
     score = scan.nextInt();
     number = score / 10;
     switch (number) {
     case 10:
     case 9:
        grade = 'A';
        break;
     case 8:
        grade = 'B';
        break;
     case 7:
        grade = 'C';
        break;
     case 6:
        grade = 'D';
        break;
     default:
        grade = 'F';
        break;
     }
     System.out.print("학점: " + grade);
  }
}
```

정수 10으로 나누어서 소수점 이하를 없앤다.

여기서 주의해야 할 점은 break 문이 없으면 선택된 case 절 안의 문장들을 실행한 다음, 계속해서 다음 case절의 문장들을 실행하게 된다.

default 문은 어떤 case 문과도 일치되지 않는 경우에 선택되어 실행된다. default 문은 없을 수도 있다. 만약 default 문이 없고 일치하는 case 문도 없다면 아무 것도 실행되지 않고 switch 문 다음 문장으로 이어진다. 미처 예상하지 못한 값을 알아내기 위하여 가급적 default 문을 포함시키는 것이 좋다.

switch 문에 문자열 사용

JDK 7부터는 switch 문의 제어식으로 String 객체를 사용할 수 있다. 다음 예제는 월의 이름을 영어로 받아서, 월을 반환하는 프로그램을 작성해본 것이다.

```
월의 이름을 입력하시오: january
1
```

StringSwitch.java

```java
import java.util.Scanner;

public class StringSwitch {
   public static void main(String[] args) {
      String month;

      Scanner scan = new Scanner(System.in);
      System.out.print("월의 이름을 입력하시오: ");
      month = scan.next();

      int monthNumber;
      switch (month)
      case "january":
         monthNumber = 1;
         break;
      case "february":
         monthNumber = 2;
         break;
      case "march":
         monthNumber = 3;
         break;
      default:
         monthNumber = 0;
         break;
```

```
        }
        System.out.println(monthNumber);
    }
}
```

위의 프로그램에서 모든 월 이름을 처리할 수 있도록 코드를 추가하여 보자.

LAB

월의 일수 출력하기

1년의 각 월의 일수를 출력하는 프로그램을 작성하여보자. 즉 특정 월이 입력되면 그 월의 일수를 출력한다. 여러 가지 방법으로 작성할 수 있겠으나 여기서는 switch 문을 사용하여 보자. 대부분의 월이 31일 또는 30일인 점을 고려하여 break를 생략하는 기법을 사용하여 보자.

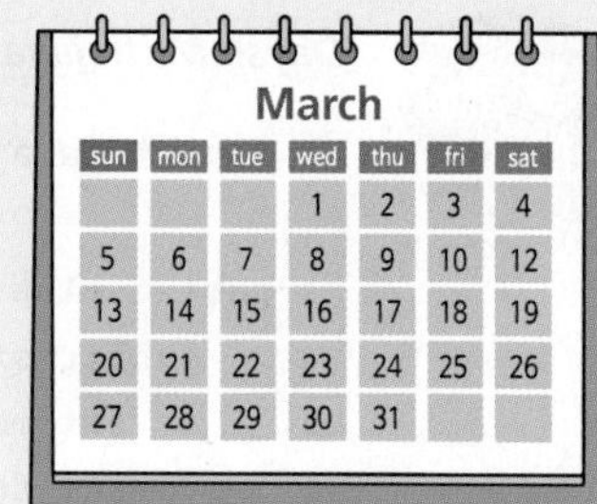

```
일수를 알고 싶은 월을 입력하시오:12
월의 날수는 31
```

```
일수를 알고 싶은 월을 입력하시오:6
월의 날수는 30
```

사용자로부터 월을 입력받은 후에 switch 선택 구조를 사용하여서 각 월의 일수를 출력한다. 월의 일수는 일반적으로 30일 또는 31일이므로 고의적으로 break 문을 생략하여서 코드를 간략하게 하여 보자.

월의 일수 출력하기

DaysInMoth.java

```
import java.util.*;

public class DaysInMonth {
   public static void main(String[] args) {
      int month;
      int days = 0;

      System.out.print("일수를 알고 싶은 월을 입력하시오:");
      Scanner scan = new Scanner(System.in);

      month = scan.nextInt();
      switch (month) {
      case 4:
      case 6:
      case 9:
      case 11:
         days = 30;
         break;
      case 2:
         days = 28;
         break;
      default:
         days = 31;
         break;
      }
      System.out.println("월의 날수는 " + days);
   }
}
```

고의적으로 break문을 생략하여서 여러 가지 경우를 동일한 문장으로 처리하고 있다.

```
일수를 알고 싶은 월을 입력하시오:12
월의 날수는 31
```

위의 코드에서 2월달의 일수는 정확하지 않다. 윤년도 고려하여 보다 정확한 일수를 제공하도록 코드를 수정하여 보자. 윤년은 다음과 같은 조건을 사용하여 검사하면 된다.

* 4로 나누어지며 100으로 나누어지지 않으면 윤년이다.
* 400으로 나누어지면 윤년이다.

04 while 문

인간은 항상 새롭고 흥미로운 것들을 좋아한다. 하지만 우리들의 생활에서는 반복적인 작업들이 필요하다. 예를 들어서 컨베이어 시스템에서 여러 부품을 모아 완제품을 조립하는 어셈블리 라인의 경우, 각 작업자는 똑같은 작업을 반복하여야 한다. 어떻게 하면 좋을까? 컴퓨터를 사용하면 된다. 컴퓨터가 자주 사용되는 분야 중의 하나가 바로 반복적이고 지루한 작업의 자동화이다. 동일한 작업을 오류없이 반복하는 것은 컴퓨터가 아주 잘 할 수 있는 일이다.

반복 처리는 같은 처리 과정을 여러 번 되풀이하는 것이다. 반복 처리는 왜 필요한가? 학생들의 국어, 영어, 수학 성적의 평균을 구하는 작업을 생각하여 보자. 학생수가 30명이라면 각 학생들의 국어, 영어, 수학 성적을 합하여 3으로 나누는 처리 과정을 30번 반복하여야 할 것이다. 만약 학생 수가 10000명이라면 10000번을 반복하여야 하고, 이러한 반복적인 작업을 사람이 하는 것은 아주 비효율적이다. 여기에 컴퓨터의 강점이 있다. 컴퓨터는 인간이 수행할 경우 막대한 시간이 소요되는 반복 작업을 빠르고 정확하게 처리할 수 있다. 이와 같이 어떤 대상에 대하여 같은 처리 과정을 반복하는 것은 프로그래밍에 있어서 자주 발생한다.

반복문의 종류

자바에서 지원하는 반복문에는 크게 나누어 while 문과 for 문이 있다. while 문은 조건이 만족되면 반복을 계속하는 구조이다. while 문은 미리 반복 횟수를 알 수 없고 조건에 따라서 반복하는 경우에 사용한다. for 문은 정해진 회수만큼 반복하는 경우에 사용된다.

while 문

while 문은 어떤 조건을 정해놓고 반복을 하는 구조이다. 예를 들어서 자동차 경주에서 경주용 자동차는 반드시 서킷을 10번 돌아야 한다면 반복하는 조건은 "횟수가 10번 미만인가요?"가 될 것이다. 이것을 순차 다이어그램으로 그리면 오른쪽과 같다. 반복을 결정하는 조건이 있고 조건이 참이면 반복을 하고 그렇지 않으면 반복 루프를 빠져나가게 된다.

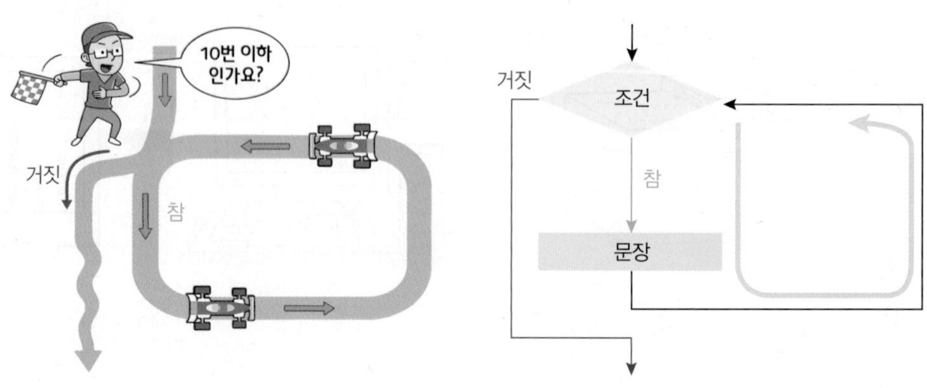

while 문의 구조는 다음과 같다. while 문의 (...) 안에 반복의 조건을 기술한다. 조건이 만족되는 동안, 중괄호 안의 문장은 반복 실행된다. 반복되는 문장이 하나이면 중괄호는 생략하여도 된다.

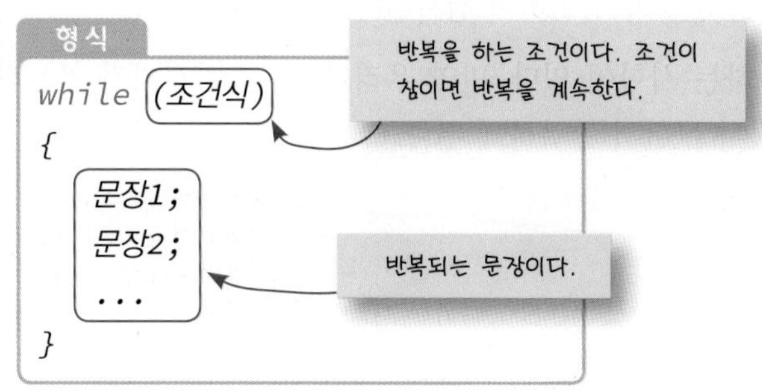

형식
while (조건식)
{
문장1;
문장2;
...
}
반복을 하는 조건이다. 조건이 참이면 반복을 계속한다.
반복되는 문장이다.

조건식을 계산하면 부울값을 반환하게 된다. 만약 조건식이 참(true)으로 계산되면 반복문장을 실행한다. 조건식이 거짓으로 계산될 때까지 조건식의 계산과 반복 문장의 실행을 계속한다.

예를 들어서 "환영합니다."를 화면에 5번 출력하는 예제를 while 문을 이용하여 작성하면 다음과 같다.

WelcomeLoop.java

```java
public class WelcomeLoop {
    public static void main(String[] args) {
        int i = 0;
        while (i < 5) {
            System.out.println("환영합니다. ");
            i++;
        }
        System.out.println("반복이 종료되었습니다.");
    }
}
```

```
환영합니다.
환영합니다.
환영합니다.
환영합니다.
환영합니다.
반복이 종료되었습니다.
```

위의 코드에서 반복 조건에 해당하는 것은 수식 "i < 5"이다. 위의 코드가 의미하는 것은 i가 5보다 작은 동안에는 중괄호 안에 있는 2개의 문장을 실행하라는 것이다.

i의 초기값은 0이고 i는 한번 반복될 때마다 1씩 증가된다. 따라서 i는 0 → 1 → 2 → 3 → 4와 같이 증가하게 되고 i가 5가 되면 수식 "i < 5"은 거짓이 되어 반복이 종료된다. 반복 조건은 while 문에 처음으로 진입할 때 검사되고 한 번씩 반복할 때마다 반복을 계속할 것인지를 결정하기 위하여 검사된다.

여기서 주의하여야 하는 사항이 있다. 만약 우리가 i를 증가시키지 않는다면 반복 조건이 항상 참이 되어서 무한히 반복하게 된다.

```
int i = 0;
while (i < 5) {
   System.out.println("환영합니다. ");
}
```

반복 조건이 항상 참이기 때문에 블록이 무한히 반복된다. 이것을 무한 반복이라고 한다.

위의 코드에서 변수 i의 값을 증가시키는 문장이 없기 때문에 while 문의 조건은 몇 번을 반복하더라도 거짓이 되지 않는다. 이것을 무한 반복이라고 하며 이러한 결과가 나오지 않도록 주의하여야 한다.

어떤 경우에는 무한히 반복되는 루프가 필요한 경우가 있다. 예를 들어서 통신 채널로부터 데이터를 받는 기기의 경우에는 전원이 켜있는 한 무한히 반복하여야 한다. 무한 루프는 다음과 같이 조건식을 true로 적으면 된다.

```
while (true){
   ...
   // 반복되는 코드를 적는다.
}
```

예제: 0부터 9까지 출력하기

예를 들어서 다음과 같이 0부터 까지의 정수값을 출력하려면 다음과 같이 한다.

```
0 1 2 3 4 5 6 7 8 9
```

LoopExample1.java

```
public class LoopExample1 {
   public static void main(String[] args) {
      int i = 0;
      while (i < 10) {
         System.out.print(i+" ");
         i++;
      }
   }
}
```

0에서 시작하여 사용자가 입력한 값까지 출력하는 프로그램으로 수정해보자. 사용자가 20을 입력하면 0 → 1 → 2... → 19까지 출력한다.

예제: 구구단 출력

반복문을 사용하여 다음과 같이 구구단을 출력하여 보자.

```
구구단 중에서 출력하고 싶은 단을 입력하시오: 9
9*1 = 9
9*2 = 18
9*3 = 27
...
```

LoopExample2.java

```
// while 문을 이용한 구구단 출력 프로그램
import java.util.*;

public class LoopExample2 {
    public static void main(String[] args) {
        int n;
        int i = 1;
        System.out.print("구구단 중에서 출력하고 싶은 단을 입력하시오: ");
        Scanner scan = new Scanner(System.in);
        n = scan.nextInt();
        while (i <= 9) {
            System.out.println(n + "*"+ i + "=" + n * i);
            i++;
        }
    }
}
```

여기서는 먼저 사용자로부터 출력하고 싶은 구구단의 단수를 받아서 변수 n에 저장한다. 여기서의 루프 제어 변수는 i이다. i의 초기값이 0이 아니고 1인 것에 유의하라. 구구단은 1부터 곱해야 하기 때문에 0이 아니고 1로 초기화를 하였다. 그리고 반복 루프도 9보다 작거나 같을 때까지 반복하도록 하였다.

예제: (1+2+3+...+9+10) 계산하기

(1+2+3+...+9+10)의 값을 계산하는 프로그램을 작성하여 보자. 이것은 공식으로도 계산할 수 있으나 우리는 반복 구조를 사용해보자.

```
합계=55
```

CalSum.java

```
public class CalSum {
    public static void main(String[] args) {

        int i = 1;
        int sum = 0;
        while (i <= 10) {
            sum = sum + i;
            i++;
        }
        System.out.println("합계=" + sum);

    }
}
```

sum은 0으로 초기화되어야 한다.

i는 1부터 시작한다.

i가 10이하이면 i의 값을 sum에 더한다.

도전

사용자로부터 정수를 받아서 1부터 그 정수까지의 합을 계산하여 보자.

do-while 문

do-while 문은 while 문과 비슷하나 반복 조건을 루프의 처음이 아니라 루프의 끝에서 검사한다는 것이 다르다.

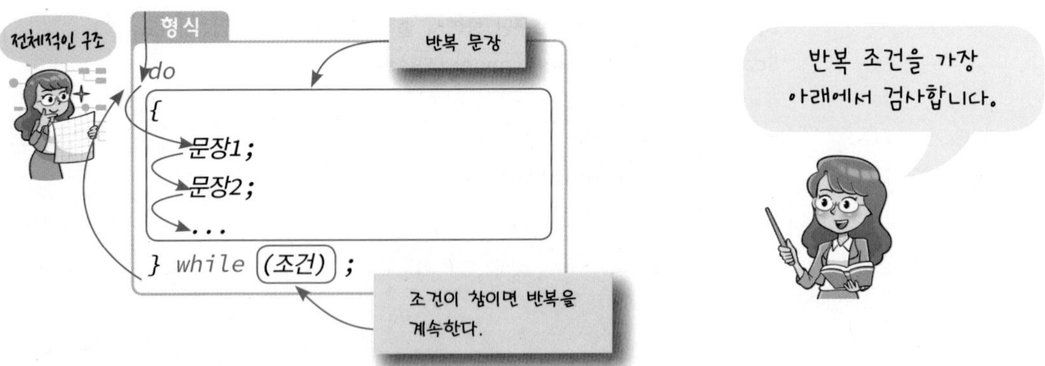
전체적인 구조
형식
do
{
문장1;
문장2;
...
} while (조건) ;
반복 문장
조건이 참이면 반복을 계속한다.
반복 조건을 가장 아래에서 검사합니다.

do-while 문이 while 문과 다른 점은 조건을 검사하기 전에 블록 안의 문장을 실행한다는 점이다. while 문에서는 조건이 거짓이면 블록 안의 문장을 한 번도 실행하지 않는다. do-while 문에서는 먼저 블록 안의 문장을 실행하고 나서 조건을 검사하기 때문에 블록 안의 문장이 적어도 한번은 실행된다. 따라서 do-while 문은 블록 안의 문장이 적어도 한번은 실행되어야 하는 경우에 사용하는 것이 가장 바람직하다.

아래의 예에서 i의 값은 10으로 명백히 3보다 작지 않다. 하지만 먼저 문장을 실행한 후에 조건식을 검사하기 때문에 한번은 실행된다.

DoWhile1.java

```java
public class DoWhile1 {
   public static void main(String[] args){
      int i = 10;
      do {
         System.out.println("i의 값: " + i);
         i++;
      } while (i <3);
   }
}
```

```
i의 값: 10
```

do-while문은 데이터를 처리하기 전에 사용자로부터 메뉴나 데이터를 입력을 받아야 하는 경우에 많이 사용된다.

예제: 정확한 입력받기

사용자로부터 월의 번호를 입력받는 프로그램을 작성하여 보자. 사용자가 올바른 월 번호를 입력할 때까지 반복을 계속한다. 사용자가 올바른 월 번호를 입력해야만 다음 문장으로 넘어간다.

```
올바른 월을 입력하시오 [1-12]: 13
올바른 월을 입력하시오 [1-12]: 14
올바른 월을 입력하시오 [1-12]: 0
올바른 월을 입력하시오 [1-12]: 1
사용자가 입력한 월은 1
```

CheckInput.java

```java
import java.util.Scanner;

public class CheckInput {
   public static void main(String args[]) {
      Scanner input = new Scanner(System.in);
      int month;
      do {
         System.out.print("올바른 월을 입력하시오 [1-12]: ");
         month = input.nextInt();
```

```
        } while (month < 1 || month > 12);
    }
        System.out.println("사용자가 입력한 월은 " + month);
}
```

LAB 최대 공약수 찾기

이번 실습에서는 while 루프를 이용하여 두개의 정수의 최대 공약수를 구해보자. 최대 공약수란 두개의 정수의 공통 약수 중에서 가장 큰 수를 의미한다. 예를 들어서 8과 12의 최대 공약수는 4가 된다. 왜냐하면 4는 8의 약수이면서 12의 약수이고 공통 약수 중에서 가장 크기 때문이다.

실행결과

```
두개의 정수를 입력하시오(큰수, 작은수): 24 36
최대 공약수는 12
```

최대 공약수를 구하려면 아무래도 정교한 알고리즘이 필요하다. 최대 공약수(gcd)를 구하는 알고리즘은 기원전 300년 전에 이미 유클리드에 의하여 개발되었다. 따라서 여기서는 그 알고리즘을 구현하는 데만 초점을 맞추어보자.

❶ 두 수 가운데 큰 수를 x, 작은 수를 y라 한다.

❷ y가 0이면 공약수는 x와 같다.

❸ r ← x % y

❹ x ← y

❺ y ← r

❻ 단계 ❷로 되돌아간다.

위의 의사 코드에서 변수에 값을 대입하는 연산을 ←로 표기하였다. 의사 코드에서는 화살표가 대입 연산을 나타낸다. 위의 알고리즘의 원리에 대해서는 신경 쓰지 말자. 중요한 것은 위의 알고리즘을 프로그램으로 변환하는 것이다. 알고리즘을 자세히 살펴보면 반복 구조가 있음을 알 수 있다. 반복 횟수가 결정되어 있지 않으므로 while 루프를 사용하도록 하자. y가 0이 아니면 단계 ❸, ❹, ❺를 반복하면 된다.

최대 공약수 찾기

Gcd.java

```
import java.util.*;

public class Gcd {
    public static void main(String[] args) {
        int x, y, r;
        System.out.print("두개의 정수를 입력하시오(큰수, 작은수): ");
        Scanner scan = new Scanner(System.in);
        x = scan.nextInt();
        y = scan.nextInt();

        while (y != 0) {
            r = x % y;
            x = y;
            y = r;
        }
        System.out.println("최대 공약수는 " + x);
    }
}
```

사용자로부터 정수들이 입력되어 x와 y로 저장된 다음에, 최대 공약수를 계산하는 while 루프로 들어간다. while 루프가 종료되면 x의 값은 최대 공약수가 되고 이 값이 화면에 출력된다.

```
두개의 정수를 입력하시오(큰수, 작은수): 24 36
최대 공약수는 12
```

최대 공약수는 위의 프로그램으로 찾을 수 있다. 최소 공배수는 어떻게 찾을 수 있을까? 두 수를 곱한 값을 최대 공약수로 나누면 최소공배수가 된다(A · B/G). 최소공배수를 출력하는 부분을 위의 코드에 추가하여 보자.

05 for 문

for 문은 정해진 횟수만큼 반복할 때 사용하는 반복 구조이다. for 루프(loop)라고도 한다. for 문은 반복 구조 중에서 가장 많이 사용되는데 장점이 많기 때문이다.

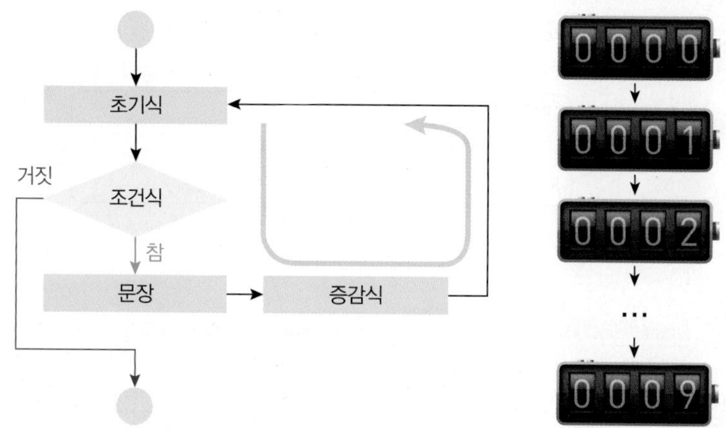

for 문의 일반적인 형식은 다음과 같다.

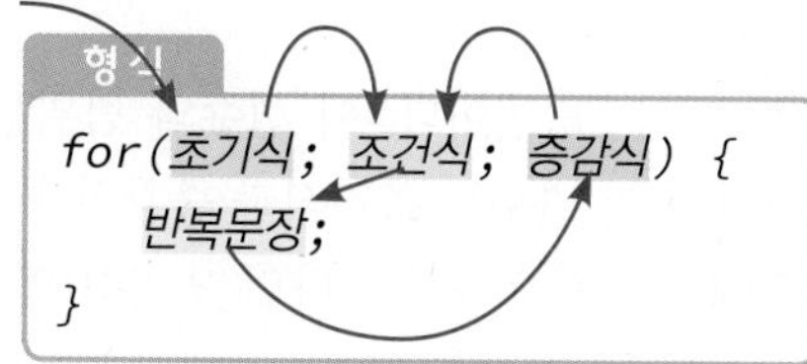


```
for(초기식; 조건식; 증감식) {
   반복문장;
}
```

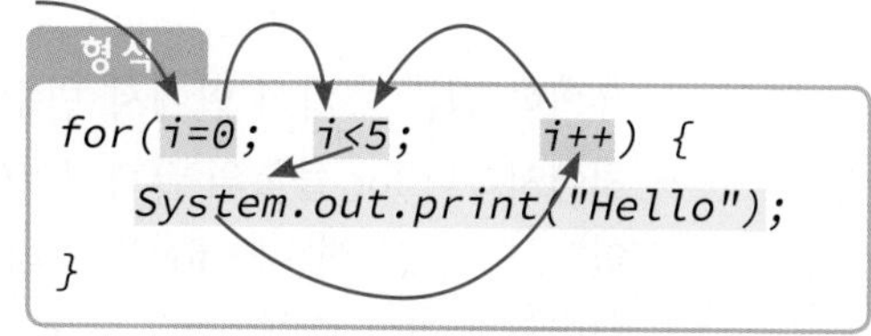


```
for(i=0;  i<5;     i++) {
   System.out.print("Hello");
}
```

- **초기식**

초기식은 반복 루프를 시작하기 전에 한번만 실행된다. 주로 변수 값을 초기화하는 용도로 사용된다. 위의 예에서는 변수 i의 값을 0으로 초기화하였다.

- **조건식**

반복의 조건을 검사하는 수식이다. 이 수식의 값이 거짓이 되면 반복이 중단된다. 이 수식은 반복을 하기 전에 계산한다. 따라서 만약 조건식의 값이 거짓이면 한 번도 반복이 일어나지 않는다. 위의 예제에서는 "i < 5"이 여기에 해당한다. i의 값이 5보다 작으면 반복이 계속된다. 만약 i의 값이 증가되어서 5가 되면 "i < 5"이 거짓이 되고 따라서 반복은 종료된다.

● **증감식**

한 번의 루프 실행이 끝나면 증감식이 실행된다. 위의 예제에서는 i++;가 여기에 해당하고 변수 i의 값을 증가시키는 역할을 한다.

예제: 0부터 4까지 출력하기

다음 프로그램은 for를 사용하여 0부터 4까지의 숫자를 화면에 출력한다.

ForExample1

```
public class ForExample1 {
    public static void main(String[] args) {
        for (int i = 0; i <5; i++) {
            System.out.println("i의 값은: " + i);
        }
    }
}
```

for 문 안에서 제어 변수를 선언할 수 있다.

```
i의 값은: 0
i의 값은: 1
i의 값은: 2
i의 값은: 3
i의 값은: 4
```

유의할 점은 초기식 안에서 변수를 선언하는 방법이다. 이 변수의 범위는 선언된 위치에서부터 for 블록의 끝까지이다. 따라서 이 변수는 조건식과 증감식에서 사용될 수 있다. 만약 이 변수가 for 블록의 외부에서는 필요하지 않다면 초기식 안에서 변수를 선언하는 것이 좋다.

```
for (int  i = 1; i <= 10; i++) {
    . . .
}
```

변수 i는 여기서만 사용이 가능하다.

통상적으로 i, j, k와 같은 이름들이 루프를 제어하는데 많이 사용된다. 이들 변수를 초기식 안에 선언하는 것은 변수의 생존 범위를 제한하고 따라서 오류를 줄이게 된다.

카운트 다운하는 루프는 어떻게 만들까? 다음과 같이 만들면 된다.

```
for (int i = 10; i > 0; i--)
    System.out.println("카운트 다운 " + i);
System.out.println("발사!");
```

for 루프에서 초기식이나 조건식, 증감식은 생략이 가능하다. 따라서 조건 없이 무한히 반복하는 루프는 다음과 같이 생성될 수 있다.

```
for ( ; ; ) {     // 무한루프
...
}
```

반복 루프를 종료하기 위하여 실수를 다른 실수와 비교하는 것은 아주 위험하다. 다음과 같은 반복 루프는 무한 루프가 된다.

```
for (double x = 0; x != 10; x += 0.1) {
   ...
}
```

이것은 실수를 부동소수점 형식으로 표현할 때의 오류 때문이다. 변수 x는 절대로 정확히 10.0이 되지 못한다.

예제: 정수의 합 계산하기

간단한 예로 1부터 10까지의 정수를 더하여 합을 구하는 프로그램을 살펴보자.

```
1부터 10까지의 정수의 합 = 55
```

Sum.java

```
public class Sum {
    public static void main(String[] args) {
        int sum = 0;

        for (int i = 1; i<= 10; i++)
            sum += i;

        System.out.printf("1부터 10까지의 정수의 합 = %d", sum);

    }
}
```

for 문 안의 초기식에서 제어 변수를 선언할 수 있다.

예제: 팩토리얼 계산하기

이번 예제에서는 팩토리얼 값을 계산하여 보자. 팩토리얼이란 다음과 같이 정의된다.

$$n! = 1 \times 2 \times 3 \times \ldots \times n$$

Factorial.java

```
import java.util.*;

public class Factorial {
   public static void main(String[] args) {
      long fact = 1;
      int n;

      System.out.printf("정수를 입력하시오:");
      Scanner scan = new Scanner(System.in);
      n = scan.nextInt();

      for (int i = 1; i <= n; i++)
         fact = fact * i;

      System.out.printf("%d!은 %d입니다.", n, fact);

   }
}
```

먼저 변수 fact를 long형으로 정의한다. 팩토리얼의 값은 생각보다 아주 커질 수 있다. 여기서 fact의 초기값은 반드시 1이어야 한다. 0이면 안 된다. 왜냐하면 팩토리얼은 정수를 전부 곱해서 계산하는 것이므로 초기값이 0이면 결과는 0이 되어 버린다. 따라서 반드시 1로 초기화를 시켜야 한다.

```
정수를 입력하시오:20
20!은 2432902008176640000입니다.
```

사용자로부터 계산하고자 하는 팩토리얼의 값을 입력받도록 위의 프로그램을 수정하라. 즉 사용자가 10을 입력하면 10!을 계산하여 출력한다. 10!부터 계산을 시작하여서 11!, 12!, 13!, . . .와 같이 계산해보자. 어떤 팩토리얼 값부터 오버플로우가 발생하는가?

다양한 for문의 형태

❶ 주로 증가식이 사용되지만 감소식도 사용할 수 있다. “Hello World!”를 5번 출력하는 반복문은 다음과 같이 작성할 수도 있다.

```
for (int i = 5; i > 0; i-- )
   System.out.println("Hello World!");
```

감소식을 사용한다. i값이 5에서 1까지 변경되면서, 5번 반복한다.

❷ 증가나 감소시킬 때 1이 아닌 다른 값을 사용할 수도 있다. 아래 코드에서 println() 함수는 i가 0, 2, 4, 6, 8일 때만 호출되어서 화면에는 5개의 Hello World!가 출력되게 된다.

```
for (int i = 0; i < 10; i += 2 )
   System.out.println("Hello World!");
```

제어변수가 2씩 증가한다. i값이 0→2→4→6→8과 같이 증가되면서, 5번 반복한다.

❸ 초기식, 조건식, 증감식 중에서 필요없는 부분은 비워놓아도 된다. 때로는 이들 3 부분이 전부 비어 있는 for 문도 사용된다. 이 경우에는 무한히 반복되는 무한 루프가 된다.

```
for(   ;   ;   )
{
   System.out.println("Hello World!");
}
```

무한 반복 루프가 된다. 화면에 Hello World! 가 무한히 반복된다.

❹ 초기식에서는 콤마 연산자를 사용하여 2개 이상의 변수를 초기화시킬 수도 있다. 이것도 많이 사용되는 기법이다.

```
for (int i = 0, sum = 0; i < 100; i++ )
   sum += i;
```

콤마 연산자를 사용하면 여러 변수를 초기화할 수 있다.

❺ while 문이나 for 문에서 만약 반복처리할 내용이 없다면 NULL 문장(NULL statement)을 사용하는 것도 가능하다.

```
for ( i=0 ; i<10 ; i++ )
   ;
```

NULL 문장으로, 처리할 작업이 없이 세미콜론만 존재하는 문장이다.

무한 루프

무한 루프는 어디에 사용될까? 무한 루프는 네트워크 서버와 같이 동일한 작업을 반복적으로 해야 하는 프로그램에 사용된다.

LAB 약수 계산하기

사용자로부터 양의 정수를 입력받아서 그 정수의 모든 약수를 출력하는 프로그램을 작성하여 보자.

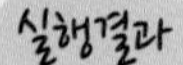

```
양의 정수를 입력하시오: 100
100의 약수는 다음과 같습니다.
1 2 4 5 10 20 25 50 100
```

분석적인 방법으로 약수를 구하려면 아주 어렵다. 하지만 컴퓨터를 사용하면 아주 쉽게 가능하다. 사용자가 입력한 정수가 100이라고 가정하자. 100의 약수는 1부터 100 사이의 값이다. 따라서 반복 구조를 사용하여서 1부터 1씩 증가시키면서 100을 나누어보면 된다. 나누어서 나머지가 0이 나오면 약수라고 판단하면 된다.

개략적인 알고리즘은 다음과 같다.

```
i를 1부터 n까지 1씩 증가시키면서 반복한다.
   만약 n을 i로 나누어서 나머지가 0이면
      i를 약수로 출력한다.
```

Divisor.java

```java
import java.util.Scanner;

public class Divisor {
   public static void main(String[] args) {
      Scanner scan = new Scanner(System.in);
      System.out.print("양의 정수를 입력하시오: ");
      int n = scan.nextInt();

      System.out.println(n + "의 약수는 다음과 같습니다.");
      for (int i = 1; i <= n; ++i) {
         if (n % i == 0)
            System.out.print(" " + i);
      }
   }
}
```

LAB 난수의 합 계산하기

이번 실습에서는 for 루프를 이용하여 0부터 99사이의 난수의 합을 계산하는 프로그램을 작성해보자. 난수의 개수는 사용자가 입력한다.

```
난수의 개수: 10000
난수 10000개의 합은 496353
```

자바에서 난수(random number)는 어떻게 생성할까? java.util 패키지 안에 있는 Random 클래스를 사용하면 된다. 다음과 같은 문장으로 0부터 99 사이의 난수를 원하는 만큼 생성할 수 있다.

```
Random generator = new Random();
int number = generator.nextInt(100);
```

난수는 다양한 애플리케이션에 사용된다. 예를 들어서 시뮬레이션이나 게임 등에 이용된다.

난수의 합 계산하기

RandomNumber.java

```
import java.util.Random;
import java.util.Scanner;

public class RandomNumber {
    public static void main(String args[]) {

        Random generator = new Random();

        System.out.print("난수의 개수: ");
        Scanner scan = new Scanner(System.in);
        int count = scan.nextInt();
        int sum = 0;

        for (int i = 0; i < count; i++) {
            int number = generator.nextInt(100);
            sum += number;
        }
        System.out.print("난수 " + count + "개의 합은 " + sum);
    }
}
```

```
난수의 개수: 10000
난수 10000개의 합은 496353
```

난수를 이용하여서 간단한 주사위 게임을 작성할 수 있는가? 어떤 주사위 게임이라도 좋다.

중첩 반복문

반복문은 중첩되어 사용될 수 있다. 즉 반복문 안에 다른 반복문이 실행될 수 있다. 이러한 형태를 **중첩 반복문(nested loop)**이라고 한다. 외부에 위치하는 반복문을 외부 반복문(outer loop)이라고 하고 안쪽의 반복문을 내부 반복문(inner loop)라고 한다. 내부 반복문은 외부 반복문이 한번 반복할 때마다 새로 실행된다.

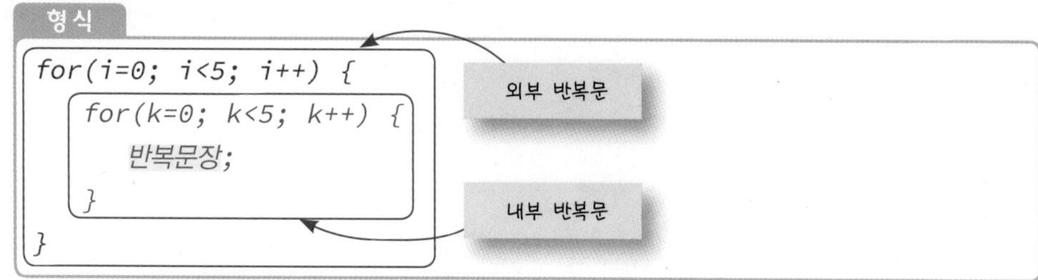

반복문에서 가장 주의할 점은 각각의 반복문을 제어하는 변수가 달라야 한다는 점이다. 예제에서는 바깥쪽 반복문을 제어하는 변수는 i이고 안쪽 반복문을 제어하는 변수는 k로 서로 다르다. 만약 같은 변수가 사용되면 논리적인 오류가 발생할 가능성이 높다.

예제 : 사각형 모양 출력하기

중첩 반복문은 실제 프로그래밍에서 많이 나오는 형태로 특히 사각형과 비슷한 데이터를 처리하는데 유용하다. 다음 예제는 *기호를 사각형 모양으로 출력한다.

```
**********
**********
**********
**********
**********
```

여기서는 반복문으로 for 루프를 사용하여 보자. 주의할 점은 외부의 for 루프가 반복시키는 문장이 2개 이상이기 때문에 반드시 이들을 중괄호로 묶어서 블록으로 만들어 주어야 한다. 그렇지 않으면 외부 for 문은 바로 아래에 위치한 문장만 반복할 것이다.

NestedLoop.java

```
import java.util.*;

public class NestedLoop {
    public static void main(String[] args) {

```

```
        for (int y = 0; y <5; y++) {
            for (int x = 0; x <10; x++)
                System.out.print("*");

            System.out.println("");
        }

    }
}
```

위의 프로그램을 실행하면 50개의 *가 화면에 5X10의 정사각형 모양으로 출력된다. *를 출력하는 문장의 외부에는 두개의 for 루프가 중첩되어 있다. 외부의 for 루프는 변수 y를 0에서 4까지 증가시키면서 내부의 for 루프를 실행시킨다. 내부의 for 루프는 변수 x를 0에서 9까지 증가시키면서 print() 메소드를 호출한다. 내부 for 루프가 한번 실행될 때마다 화면에는 한 줄의 *가 그려진다. 내부 for 루프가 한 번씩 종료될 때마다 줄바꿈 문자가 화면에 출력되어 다음 줄로 넘어가게 된다.

Q 3가지의 반복문 for, while, do...while 중에서 어떤 것을 사용해야 하는가?

A 부분적으로는 개인적인 취향의 문제이다. 일반적인 선택 기준은 루프의 반복 횟수를 아는 경우에는 for 루프가 while 루프에 비하여 약간 더 편리하다고 할 수 있다. 즉 루프 제어 변수를 증가하는 것을 잊어버린다거나 하는 일이 while 루프에 비하여 덜 발생한다. 만약 조건만 존재하고 정확한 반복 회수는 모르는 경우에는 while 구조가 좋다. 만약 반드시 한번은 수행되어야 하는 문장들이 있다면 do...while 구조가 제격이다.

또한 while과 for는 반복하기 전에 조건을 검사하는 구조이고 do...while은 먼저 실행한 후에 반복 조건을 검사한다. 특별한 경우가 아닌 일반적인 경우에는 반복을 하기 전에 조건 검사를 하는 것이 좋다. 뭐든지 실행하기 전에 면밀하게 사전 조사를 하는 것이 좋은 것과 마찬가지이다.

중첩 반복문을 이용하여서 구구단을 2단부터 9단까지 출력하여 보자.

06 break와 continue

반복문에서 제어의 흐름을 변경할 수 있는 두 가지의 방법이 있다. 하나는 break로서 반복 루프를 종료시킨다. 또 하나는 continue로서 현재의 반복을 종료하고 다음 반복을 다시 시작하게 한다. break와 continue는 어떤 자바 반복 루프에서도 사용할 수 있다. 다만 break와 continue는 가급적 사용하지 않는 편이 좋다는 의견들도 있다. 따라서 꼭 필요한 경우에만 사용하도록 하자.

break 문

break 문은 레이블이 있을 수도 있고 없을 수도 있다. 레이블이 없는 break는 가장 안쪽의 반복 루프를 종료하는데 사용된다. 아래의 소스는 사용자가 입력한 점수의 평균을 내는 프로그램이다. 만약 사용자가 음수를 입력하면 break에 의하여 반복 루프를 종료한다.

Averager.java

```
import java.util.*;

public class Averager {
    public static void main(String[] args) {
        int total = 0;
        int count = 0;
        Scanner scan = new Scanner(System.in);
        while (true) {
            System.out.print("점수를 입력하시오: ");
            int grade =scan.nextInt();
            if (grade < 0)
                break;

            total += grade;
            count++;
        }
        System.out.println("평균은 " + total / count);
    }
}
```

```
점수를 입력하시오: 10
점수를 입력하시오: 20
점수를 입력하시오: -1
평균은 15
```

만약 중첩된 루프 전체를 종료하고자 한다면 다음과 같이 레이블이 있는 break를 사용하여야 한다.

```
outer_loop:    // ①
while( true )
{
   while( true )
   {
      grade = scan.nextInt();
      if( grade < 0 )
         break outer_loop;
   }
      ...
}
// ②
```

여기서 주의할 점은 레이블이 붙여진 문장을 종료시키는 것이지, 제어의 흐름이 레이블로 이동하는 것은 아니다. 제어 흐름은 레이블이 붙여진 문장의 다음 문장으로 이동된다. 즉 위의 소스에서 제어의 흐름은 ①로 이동하는 것이 아니라 ①번 반복문을 종료시킨 후에 ②위치로 옮겨진다.

continue 문

continue 문은 반복문에서 현재의 반복을 건너뛰게 한다. 레이블이 없으면 가장 안쪽 루프 몸체의 끝으로 점프하여서 루프를 제어하는 조건식을 다시 계산하게 된다.

다음 프로그램은 문자열을 대상으로 반복하며 문자 'n'이 나타나는 횟수를 카운팅한다. 만약 현재의 문자가 n이 아니면 continue 문에 의하여 루프의 나머지 부분을 생략하고 다음 문자를 처리한다. 만약 문자가 'n'이면 문자 카운트를 증가한다.

ContinueTest.java

```
public class ContinueTest {
   public static void main(String[] args) {

      String s = "no news is good news";
      int n = 0;

```

```
        for (int i = 0; i < s.length(); i++) {
            // n 이 나오는 회수를 센다.
            if(s.charAt(i) != 'n')
                continue;

            // n의 개수를 하나 증가한다.
            n++;
        }
        System.out.println("문장에서 발견된 n의 개수 " + n);
    }
}
```

```
문장에서 발견된 n의 개수 3
```

continue 문의 효과를 보다 직접적으로 체험하려면 continue 문을 제거하고 실행하여 보라. 아마 3대신에 20이 출력될 것이다. 만약 continue에 레이블이 붙어 있으면 레이블이 붙은 루프의 현재 반복을 생략하고 다음 번 반복을 시작한다.

LAB

숫자 추측 게임

이 예제는 프로그램이 가지고 있는 정수를 사용자가 알아맞히는 게임이다. 사용자가 답을 제시하면 프로그램은 자신이 저장한 정수와 비교하여 제시된 정수가 더 높은지 낮은지 만을 알려준다. 정수의 범위를 1부터 100까지로 한정하면 최대 7번이면 누구나 알아맞힐 수 있다. 정수의 범위를 1부터 1,000,000까지 확대하더라도 최대 20번이면 맞출 수 있다. 왜 그럴까? 이진 탐색의 원리 때문이다. 정렬되어 있는 숫자 중에서 중간값과 한 번씩 비교할 때마다 탐색의 범위는 1/2로 줄어든다. 예를 들어서 1부터 100사이에서 50과 비교하여서 50보다 작다는 답변을 들었다면, 다음 탐색 범위는 1부터 50이 된다. 그렇지만 물론 게임이기 때문에 운도 따른다. 게임이 끝나면 몇 번 만에 맞추었는지도 함께 출력하자.

```
정답을 추측하여 보시오: 10
제시한 정수가 낮습니다.
정답을 추측하여 보시오: 30
제시한 정수가 낮습니다.
정답을 추측하여 보시오: 60
제시한 정수가 높습니다.
정답을 추측하여 보시오: 59
축하합니다. 시도횟수=4
```

프로그램은 반복 루프를 사용하여 사용자가 정확하게 정수를 알아맞힐 때까지 반복한다. 반복 루프 중에서 do-while 루프가 적당한데 그 이유는 일단 사용자로부터 숫자를 입력받아야 하기 때문이다. 사용자가 정답을 알아맞히면 몇 번 만에 알아맞혔는지를 화면에 출력한다. 사용자가 제시한 정수와 정답을 비교하는데 if 문이 사용된다.

```
do
    사용자로부터 숫자를 guess로 입력받는다.
    시도횟수를 증가한다.
    if( guess < answer )
        숫자가 낮다고 출력한다.
    if( guess > answer )
        숫자가 높다고 출력한다.
while(guess != answer);
"축하합니다"와 시도횟수를 출력한다.
```

Solution

숫자 추측 게임

NumberGame.java

```
import java.util.Scanner;

public class NumberGame {
   public static void main(String args[]) {
      int answer =59;      // 정답
      int guess;
      Scanner sc=new Scanner(System.in);
      int tries = 0;
      // 반복 구조
      do {
         System.out.print("정답을 추측하여 보시오: ");
         guess = sc.nextInt();
         tries++;

         if (guess >answer)  // 사용자가 입력한 정수가 정답보다 높으면
            System.out.println("제시한 정수가 높습니다.");
         if (guess <answer)  // 사용자가 입력한 정수가 정답보다 낮으면
            System.out.println("제시한 정수가 낮습니다.");
      } while (guess !=answer);

      System.out.println("축하합니다. 시도횟수=" + tries);
   }
}
```

if 문을 사용하여 guess가 answer보다 작은지 큰지를 검사하여 적당한 메시지를 출력한다. do...while 루프의 마지막 조건 검사 부분에서 guess가 answer와 같은지를 검사한다. 만약 guess가 answer와 같으면 반복을 중단한다.

3개의 변수가 선언되어서 사용된다. 변수 answer는 정답을 저장하고 있다. 현재 정답은 59로 고정되어 있어서 변경이 안 되지만 변수 guess에는 사용자가 입력한 정수가 저장된다. 만약 answer와 guess가 일치하면 반복이 종료된다. tries는 사용자의 시도 회수를 기록한다.

반복 루프는 do...while 루프를 이용하여 구현되었다. 먼저 사용자로부터 정수를 받아야 하기 때문이다. 정수를 nextInt()를 통하여 받은 후에, 이것을 answer에 저장된 정수와 비교한다. if 문을 사용하여 guess가 answer보다 작은지 큰지를 검사하여 적당한 메시지를 출력한다. do...while 루프의 마지막 조건 검사 부분에서 guess가 answer와 같은지를 검사한다. 만약 guess가 answer와 같으면 반복을 중단하고 시도 횟수를 출력한 다음에 종료한다.

위의 프로그램이 게임이 되려면 난수를 발생시키는 것이 좋다. 0부터 100사이의 난수는 (int) (Math.random()*100)으로 발생이 가능하다. 난수를 정답으로 하도록 위의 프로그램을 업그레이드하여 보자.

LAB

로또 확률 계산

이번 실습에서는 로또에서 1등에 당첨될 확률을 계산하여 보자. 우리나라 로또는 1부터 45까지의 숫자 중에서 6개의 숫자를 선택하게 된다. 1등 당첨 확률은 약 8백만분의 1이라고 한다. 로또 1등 당첨 확률을 반복 루프를 사용하여서 계산하여 보자.

실행결과

```
로또 1등 확률: 1/8145060
```

고등학교 때 학습하였던 확률 문제를 다시 생각하려면 상당히 머리 아플수도 있겠다. 필자도 마찬가지이다. 단순하게 생각해보자. 우리가 당첨되려면 확률이 얼마나 될까? 먼저 45개의 로또 볼들이 가방에 들어 있다고 가정하자. 우리가 가지고 있는 로또의 번호와 일치하게 첫 번째 볼을 선택하는 경우의 가짓수는 45가 된다. 이제 가방에는 44개의 볼이 남아 있으므로 두 번째 볼을 정확하게 맞출 경우의 가짓수는 44이다. 이런 식으로 생각해보면 다음과 같은 경우의 수가 존재한다.

```
경우의 수 = 45*44*43*42*41*40
```

이것을 계산해보면 5864443200이 나온다. 어마어마한 숫자이다. 그런데 8백만이 아니다! 무엇이 잘못되었는가?

한 가지 우리가 생각하지 않은 부분이 있다. 로또 번호는 순서가 없다. 예를 들어서 1, 2, 3, 4, 5, 6이나 6, 5, 4, 3, 2, 1은 모두 당첨된다. 따라서 순서만 바뀐 번호들은 모두 당첨이라고 하여야 한다. 번호는 동일한데 순서만 다른 번호들은 모두 몇 개가 있을까? $6 \times 5 \times 4 \times 3 \times 2 \times 1 = 6!$ 즉 720개의 번호가 있다. 따라서 우리의 당첨 확률은 약간 높아진다. 최종적인 경우의 수는 위의 식을 720으로 나눈 값이다.

```
경우의 수 = (45*44*43*42*41*40*39)/720 = 8145060
```

이것은 서로 다른 45개에서 순서를 생각하지 않고 6개를 뽑는 것의 가짓수를 구하는 것으로 수학적으로는 45개에서 6개를 택하는 조합(combination)이라고 부른다. 수식으로는 다음과 같이 된다.

$$\binom{n}{k} = \frac{n!}{k!(n-k)!} = \frac{(n)^*(n-1)^* \ldots ^*(n-k+1)}{1^*2^* \ldots ^*k}$$

Solution

로또 확률 계산

Lottery.java

```java
import java.util.*;

public class Lottery
{
   public static void main(String[] args)
   {
      int odds = 1;
      final int n = 45;
      final int k = 6;

      for (int i = 1; i <= k; i++)
          odds = odds * (n - i + 1) / i;

      System.out.println("로또 1등 확률: 1/" + odds);
   }
}
```

로또 5등 확률도 계산할 수 있는가? 5등은 당첨 번호 중에서 3개의 숫자만 일치하면 된다. 로또 5등이 나올 경우의 수는 당첨번호 볼 6개 중 3개가 나오고, 당첨번호가 아닌 볼 39개 중 3개가 나오는 수이다.

$$\binom{6}{3} \times \binom{39}{3} = (6 \times 5 \times 4)/(3 \times 2 \times 1) \times (39 \times 38 \times 37)/(3 \times 2 \times 1)$$

로 계산하면 된다.

04 CHAPTER

배열

학습목표

어떤 프로그램은 아주 많은 데이터를 처리한다. 예를 들어서 1000명의 성적을 처리하는 프로그램은 1000명의 성적을 저장할 수 있는 변수를 필요로 한다. 자바는 동일한 자료형의 변수를 한 번에 여러 개 생성할 수 있는 **배열(array)**이라는 기능을 제공한다. 배열을 사용하면 대용량의 데이터를 사용하는 프로그램을 쉽게 작성할 수 있다. 이번 장에서는 배열의 기초 개념에 대하여 살펴보자.

학습목차

변수 1000개가 필요한데 어떻게 해야 하나요?
배열을 이용하면 한 번에 전부 만들 수 있습니다. 메모리만 충분하다면 더 큰 배열도 얼마든지 가능합니다.

01 배열의 필요성

배열(array)은 여러 개의 변수를 하나로 묶어 넣은 것이다. 먼저 왜 배열이 필요한지에 대하여 살펴보자. 예를 들어서 학생이 10명이 있고 이들의 성적의 평균을 계산한다고 가정하자. 평균을 계산하려면 먼저 각 학생들의 성적을 읽어서 어딘가에 저장하여야 한다. 데이터를 저장할 수 있는 곳은 변수이다. 학생이 10명이므로 10개의 변수가 필요하다.

```
int s0, s1, s2, s3, s4, s5, s6, s7, s8, s9;
```

만약 학생이 30명이라면 어떻게 해야 할까? 위의 방법대로라면 30개의 변수를 선언하여야 한다. 만약 100명이라면, 아니 10000명이라면 어떻게 할 것인가? 이런 식으로 변수를 일일이 선언하다가는 프로그래머의 생활이 아주 힘들어질 것이다. 따라서 다른 방법이 필요하다. 보다 손쉽게 대량의 데이터를 저장할 수 있는 방법이 있어야 한다. 그래서 탄생하게 된 것이 **배열(array)**이다. 배열을 사용하면 같은 종류의 대량의 데이터를 한 번에 선언할 수 있다.

```
int[]  s = new int[10];
```

배열은 동일한 타입의 데이터를 여러 개 저장할 수 있는 저장 장소입니다.

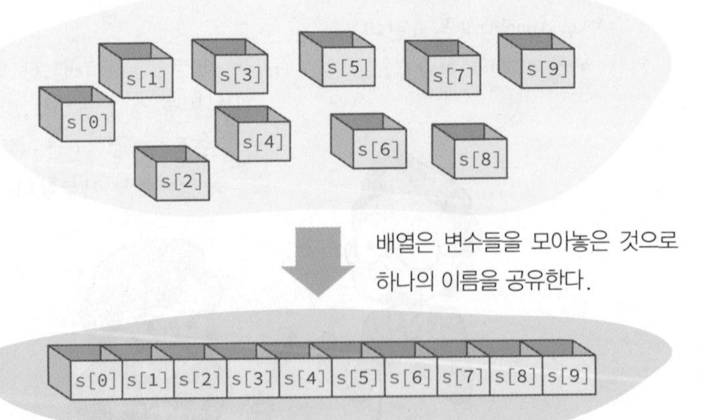

배열의 요소들은 **인덱스(index)**라 불리는 번호가 붙어 있고 이 번호를 통하여 배열 요소에 접근할 수 있다. 예를 들어서 s가 정수 배열이라면 s[i]는 배열 안에 있는 i번째 정수이다.

02 배열의 선언과 사용

자바에서 배열은 **객체(object)**이다. 우리는 아직 객체를 학습하지 않았다. 따라서 배열의 완전한 학습은 객체에 대하여 학습한 이후에 가능하다. 일단 다음과 같이 알아두자. 배열을 생성하려면 다음과 같은 2단계의 절차를 거친다.

자바에서 배열을 생성하려면 먼저 배열 참조 변수를 생성하고 이후에 실제 배열을 생성하여 변수에 대입하여야 합니다.

전체적인 구조

❶ 먼저 배열 참조 변수부터 다음과 같이 선언한다. 정수형 배열을 만든다면 배열 참조 변수는 int[] 타입으로 선언하면 된다.

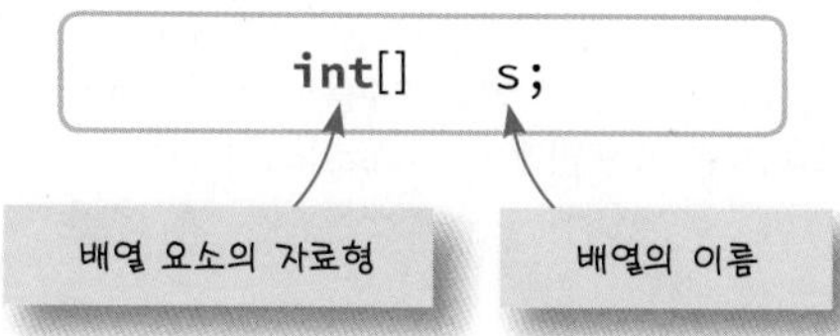

❷ 배열 참조 변수를 선언했다고 해서 배열이 생성된 것은 아니다. 변수만 생성되었다. 실제 배열은 new 연산자를 사용하여서 생성하여야 한다. 대괄호 안의 숫자가 배열의 크기이다. 이 문장이 실행되면 10개의 원소를 가지는 배열이 생성되고 이 배열을 s가 가리키게 된다.

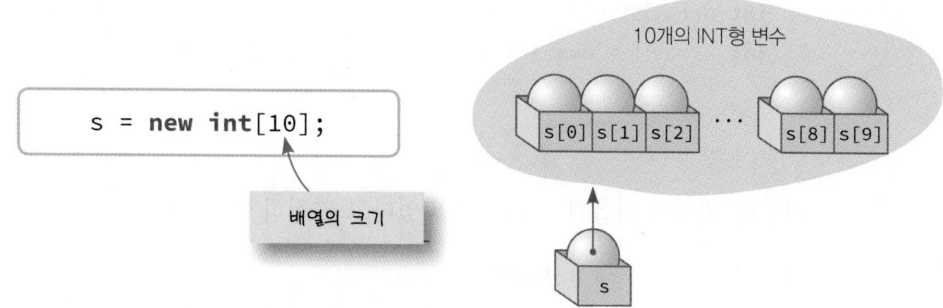

배열의 초기값은 어떻게 될까? 만약 숫자들의 배열을 생성하면 모든 요소들은 0으로 초기화된다. boolean 배열은 false로 초기화된다. 문자열 배열은 null로 초기화된다.

①과 ② 과정을 하나의 문장에서 하여도 된다. 즉 배열 선언과 동시에 배열을 생성하는 것도 가능하다.

```
int[]   s = new int[10];
```

배열을 생성할 때 배열의 크기를 변수로 하여도 된다. 자바에서 배열의 크기는 반드시 상수일 필요는 없다. 다음과 같이 변수도 가능하다.

```
int  size = 10;
int[]   s = new int[size];
```

참조 변수 선언 방법

자바에서는 C언어와 유사하게 배열 참조 변수를 선언할 수도 있다.

```
int[]  values;              // ① 자바 방식
int values[];               // ② C언어 유사 방식
```

위의 두 가지는 100% 동일하며 모두 values라고 하는 배열 참조 변수를 선언하는 것이다. 대부분의 자바 프로그래머들은 첫 번째 방법을 선호한다. 왜냐하면 이 방법이 자료형(int[])과 변수(values)를 명확하게 분리하기 때문이다.

자바에서는 자료형을 선언할 때 배열 크기를 지정할 수 없다. 다음은 잘못된 배열 선언의 예이다. 만약 C언어의 배열에 익숙한 독자라면 배열을 구성하는 원소의 수가 대괄호 사이에서 빠진 것을 보고 혼란을 느낄지도 모른다. 자바는 배열을 선언할 때 배열의 크기를 지정하는 것을 금한다.

```
int array[5];                       // 오류!
int array[] = new int[5];           // 올바른 방법
```

인덱스를 사용한 배열 요소 접근

정수형 배열이 다음과 같이 생성되었다고 가정하자.

```
int[]   s = new int[10];
```

배열은 하나의 이름을 공유한다.

s[0]	s[1]	s[2]	s[3]	s[4]	s[5]	s[6]	s[7]	s[8]	s[9]

배열을 이루고 있는 각각의 상자를 **배열 요소(array element)**라고 한다. 배열 요소에는 번호가 붙어 있는데 이것을 **인덱스(index)**라고 부른다. 배열 요소들은 0부터 시작하는 번호가 매겨져 있다. 배열 s[]에서 첫 번째 요소의 번호는 0이고 두 번째 요소는 1, 마지막 요소의 번호는 9가 된다. 배열의 이름을 쓰고 괄호 [] 안에 번호를 표시하면 배열 요소가 된다. 예를 들어서 배열의 이름이 s라면 배열 요소는 s[0], s[1], s[2], s[3], ..., s[9]로 표시된다. 크기가 10인 배열에서 배열 요소는 0에서 9까지의 번호를 가진다. 1부터 10이 아니다. 주의하여야 한다.

이제부터는 어떻게 배열에 값을 저장하고 추출할 수 있는지를 살펴보자. 배열은 변수들이 모인 것이니, 배열을 이루고 있는 배열 요소는 하나의 변수로 생각하면 된다. 배열의 첫 번째 요소에 80을 저장하려면 다음과 같이 한다.

```
s[0] = 80;
```

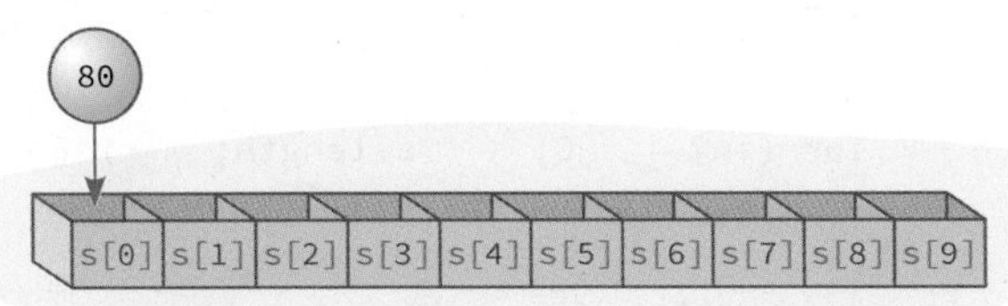

각각의 배열 요소는 변수와 100% 동일하다. 배열 요소에 값을 저장할 수 있고 배열 요소에 저장된 값을 꺼낼 수도 있다. 배열 요소에 값을 저장하는 예를 몇 개 더 들어보면 다음과 같다.

```
s[0] = 80;          // 첫 번째 요소에 80을 저장
s[1] = 90;          // 두 번째 요소에 90을 저장
s[2] = 100;         // 세 번째 요소에 100을 저장
```

여기서 여러분들이 반드시 기억해야 할 아주 중요한 사실이 있다. 이것 때문에 이제까지 수많은 버그들이 발생되어 왔다.

배열의 요소에 접근할 때, 인덱스는 0부터 시작합니다. 잊지 마세요!

"배열의 인덱스는 0부터 시작한다."

배열에서 유효한 인덱스의 범위는 0에서 (배열크기 – 1)까지이다. 크기가 10인 배열 s에서 첫 번째 배열 요소는 s[0]이다. 마지막 배열 요소는 s[9]가 된다.

반복문과 배열

배열이 생성되면 반복 루프를 이용하여서 배열 요소에 값들을 채울 수 있다. 크기가 10인 정수형 배열을 생성하고 여기에 0부터 9까지의 값으로 배열을 채우는 프로그램을 완전하게 살펴보자.

ArrayTest1.java

```
public class ArrayTest1 {
   public static void main(String[] args) {

      int[] s = new int[10];

      for (int i = 0; i < s.length; i++) {
         s[i] = i;
      }

      for (int i = 0; i < s.length; i++) {
         System.out.print(s[i] + " ");
      }
   }
}
```

크기가 10인 배열 생성

i번째 원소에 i를 저장

반복문을 이용하여서 배열의 요소를 출력한다. 배열의 크기는 s.length로 알 수 있다.

```
0 1 2 3 4 5 6 7 8 9
```

배열이 편리한 이유는 반복 구조를 이용하여 배열 요소에 차례로 접근할 수 있기 때문이다. 배열을 사용하면, 관련된 데이터를 차례로 접근하여서 쉽게 처리할 수 있다. 만약 관련된 데이터들이 서로 다른 이름의 변수에 저장되어 있다면 이들 이름을 일일이 기억해야 할 것이다.

배열은 한번 생성되면 크기를 변경할 수 없다. 만약 프로그램이 실행되고 있을 때 배열의 크기를 동적으로 변경하여야 한다면 ArrayList라는 클래스를 사용하여야 한다. ArrayList는 이번 장 끝에서 간단하게 소개된다.

배열의 인덱스가 0부터 시작하는이유

배열의 인덱스가 0부터 시작하지 않으면 배열을 사용하는 코드가 조금 복잡해진다. 예를 들어 해싱에서 키값을 가지고 해당되는 버킷을 찾는 코드는 다음과 같다(코드가 조금 길어진다는 것만 이해하자).

```
Bucket = key % size;
```

만약 배열의 인덱스가 1부터 시작한다면 다음과 같이 변경하여야 한다.

```
Bucket = key % size + 1;
```

LAB

성적 평균 계산하기

사용자로부터 5명의 성적을 입력받아서 평균을 구하는 프로그램을 배열을 이용하여 작성하여 보자. 배열의 원소들은 scores[0], scores[1], ...과 같이 접근할 수 있다.

```
성적을 입력하시오:10
성적을 입력하시오:20
성적을 입력하시오:30
성적을 입력하시오:40
성적을 입력하시오:50
평균 성적은 30입니다
```

Solution

ArrayTest2.java

```java
import java.util.Scanner;

public class ArrayTest2 {
   public static void main(String[] args) {
      final int STUDENTS = 5;
      int total = 0;
      Scanner scan = new Scanner(System.in);

      int[] scores = new int[STUDENTS];

      for (int i = 0; i < scores.length; i++) {
         System.out.print("성적을 입력하시오:");
         scores[i] = scan.nextInt();
      }

      for (int i = 0; i < scores.length; i++)
         total += scores[i];

      System.out.println("평균 성적은" + total / STUDENTS + "입니다");
   }
}
```

크기가 STUDENTS인 배열 생성

i번째 원소에 성적을 저장

학생의 수를 사용자로부터 받고 학생의 수만큼의 크기를 가지는 배열을 생성하여 성적 평균을 계산해보자. 자바에서 배열의 크기는 변수로 지정할 수 있다. 이것이 자바의 큰 장점이다.

배열에서의 인덱스 범위

배열을 사용할 때 아주 조심하여야 하는 부분이 인덱스의 범위이다. 인덱스가 배열의 크기를 벗어나게 되면 프로그램에 치명적인 오류를 발생시킨다. 컴파일러는 프로그래머가 범위 안에 있는 인덱스를 사용하고 있는지를 확인하여 주지 않는다. 프로그래머가 인덱스가 범위를 벗어나지 않았는지를 확인하고 책임을 져야 한다.

예를 들어서 아래와 같은 배열 선언이 있다고 하자. 이 배열에서 사용할 수 있는 인덱스의 범위는 0에서 4까지이다. 만약 이 범위를 넘어서는 인덱스를 사용하면 어떻게 될까? 예를 들어서 다음과 같은 문장을 작성하여 실행한다고 가정하자.

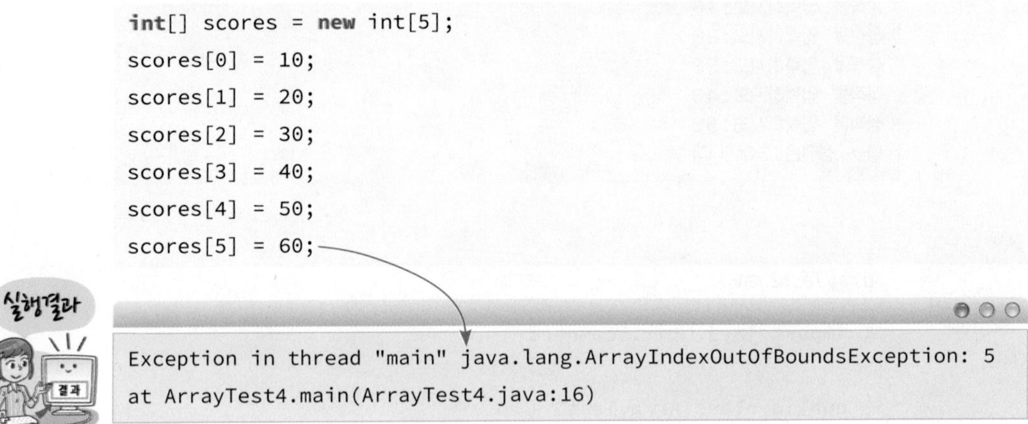


```
int[] scores = new int[5];
scores[0] = 10;
scores[1] = 20;
scores[2] = 30;
scores[3] = 40;
scores[4] = 50;
scores[5] = 60;
```

```
Exception in thread "main" java.lang.ArrayIndexOutOfBoundsException: 5
at ArrayTest4.main(ArrayTest4.java:16)
```

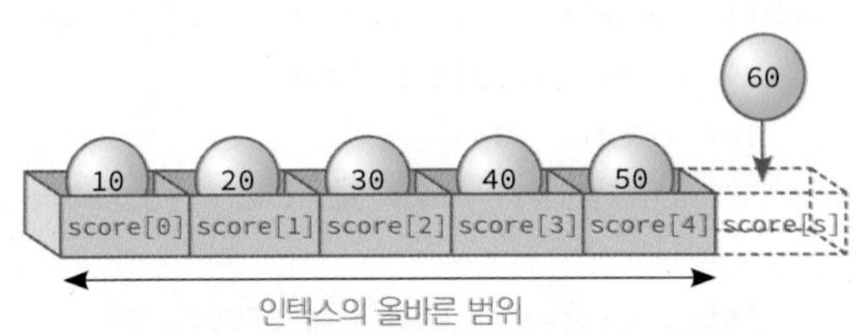

인덱스의 올바른 범위

위의 문장은 컴파일 오류가 아니다. 따라서 컴파일도 되고 실행도 된다. 그러나 배열 score[]는 크기가 5이므로 인덱스는 0에서 4사이의 수이어야 한다. 인덱스가 5이면 잘못된 메모리 위치를 접근하고 있는 것이다. 따라서 score[5]의 값을 출력하면 실행 도중에 오류가 발생한다.

배열의 초기화

배열을 선언과 동시에 초기화하려면 배열을 선언한 다음에 중괄호를 사용하여 배열 원소의 초기값을 적어 넣는다. 이때에는 연산자 new를 사용하지 않아도 배열이 생성된다. 또 배열의 크기를 지정할 필요도 없다. 이 방법은 배열에 저장되는 수를 미리 알고 있는 경우에 사용된다.

ArrayTest3.java

```
public class ArrayTest3 {
   public static void main(String[] args) {
      int[] scores = { 10, 20, 30, 40, 50 };
      for (int i = 0; i < scores.length; i++)
         System.out.print(scores[i]+" ");
   }
}
```

각 배열은 length라는 필드를 가지고 있다. length 필드는 배열의 크기를 나타낸다. 따라서 이것을 이용하면 배열의 크기만큼 반복을 시킬 수 있다.

실행결과

```
10 20 30 40 50
```

```
int[] scores = { 10, 20, 30, 40, 50 };
```

위의 문장은 상당히 많은 작업을 하는데 먼저 배열 참조 변수를 선언하고 배열을 생성하며 주어진 초기값을 배열 원소에 저장한다. 이 경우 new를 사용하여 생성하지 않아도 주어진 초기값 개수만큼의 배열이 자동적으로 생성됨을 유의하라.

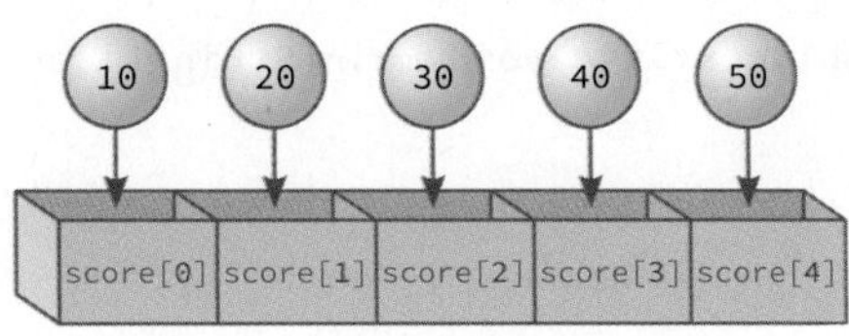

배열 참조 변수를 선언한 후에 다음과 같이 초기화를 하는 것은 오류이다.

```
int[] scores;
sources = { 10, 20, 30, 40, 50 };    // 오류!
```

하지만 이런 경우도 방법이 있는 데, 바로 무명 배열을 사용하는 방법이다. 무명 배열은 이름이 없는 배열로 int[] {10, 20, 30, 40, 50}과 같이 생성할 수 있다. 따라서 다음과 같이 작성할 수 있다.

```
int[] scores;
sources = new int[] { 10, 20, 30, 40, 50 };    // OK!
```

LAB

문자열 배열

앞에서는 정수 배열만을 살펴보았는데 실수 배열이나 문자열의 배열도 얼마든지 생성하여 사용할 수 있다. 여기서는 5가지의 피자 토핑의 종류를 문자열 배열에 저장하고 배열에 저장된 문자열을 꺼내서 화면에 출력하여 보자.

```
Pepperoni Mushrooms Onions Sausage Bacon
```

Solution

PizzaTopping.java

```
public class PizzaTopping {
   public static void main(String[] args) {

      String[] toppings = { "Pepperoni", "Mushrooms", "Onions",
            "Sausage", "Bacon" };

      for (int i = 0; i < toppings.length; i++) {
         System.out.print(toppings[i] + " ");
      }
   }
}
```

10개의 실수를 저장할 수 있는 배열을 생성한다. 여기에 0.0, 0.1 ,… 0.9를 저장하고 저장된 값들을 배열에서 꺼내어 화면에 출력해보자.

LAB 최대값과 최소값 구하기

여기서는 배열에 저장된 값들의 최대값이나 최소값을 어떻게 계산하는 지를 생각해보자. 이것은 실제 프로그래밍에서도 상당히 많이 등장하는 문제이므로 정확하게 알고 있어야 한다.

예를 들어 보자. 우리는 인터넷에서 특정한 상품(예를 들어서 TV)을 구입하고자 한다. 여러 인터넷 사이트에서 판매되는 가격이 1차원 배열 prices[]에 저장되어 있다고 가정했을때, 어떻게 하면 최소가격으로 상품을 구입할 수 있을까? 당연히 배열 요소 중에서 최소값을 구하면 된다. 최소값을 구하는 알고리즘을 생각해보자.

```
최소값은 1입니다.
```

최소값을 구할 때는 일단 배열의 첫 번째 요소를 최소값으로 가정한다. 배열의 두 번째 요소부터 마지막 요소까지 이 최소값과 비교한다. 만약 어떤 요소가 현재의 최소값보다 작다면 이것을 새로운 최소값으로 변경하면 된다. 모든 요소들의 검사가 종료되면 최소값을 찾을 수 있다.

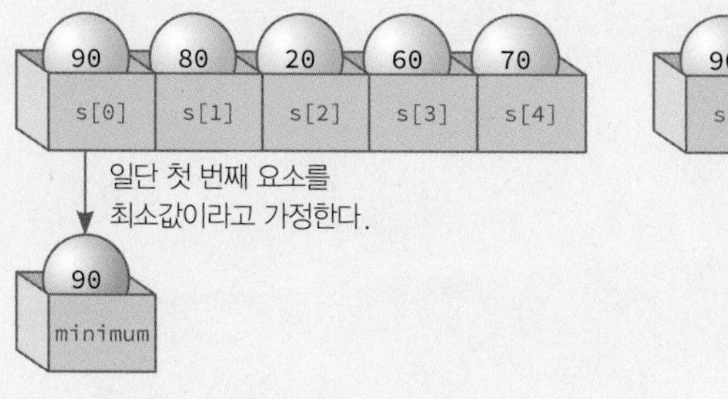

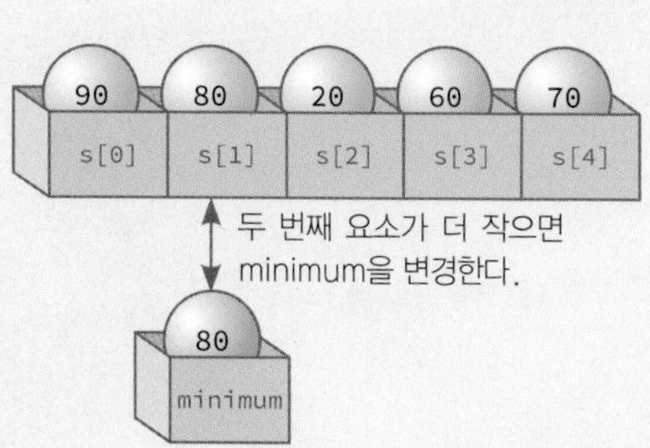

최대값과 최소값 구하기

GetMin.java

```java
public class GetMin {
    public static void main(String[] args) {
        int s[] = { 12, 3, 19, 6, 18, 8, 12, 4, 1, 19 };
        int minimum;

        minimum = s[0];

        for (int i = 1; i < s.length; i++) {
            if (s[i] < minimum)
                minimum = s[i];
        }

        System.out.print("최소값은 " + minimum + "입니다");

    }
}
```

첫 번째 배열 요소를 최소값으로 가정

배열의 두 번째 요소부터 비교한다.

현재의 최소값보다 배열 요소가 작으면, 배열 요소를 최소값으로 복사한다.

위의 프로그램에서 최대값을 구하도록 코드를 수정해보자. 어디만 수정하면 되는가?

LAB 특정한 값 찾기

이러한 유형의 문제도 실제 프로그래밍에서 아주 많이 등장한다. 이러한 문제를 **탐색(search)**이라고 한다. 가장 간단한 알고리즘인 순차 탐색만 살펴보자. **순차 탐색(sequential search)**은 탐색 방법 중에서 가장 간단하고 직접적인 탐색 방법이다. 순차 탐색은 배열의 원소를 순서대로 하나씩 꺼내서 탐색키와 비교하여 원하는 값을 찾아가는 방법이다. 순차 탐색은 일치하는 항목을 찾을 때까지 비교를 계속한다. 순차 탐색은 첫 번째 원소에서 성공할 수도 있고 마지막 원소까지 가야되는 경우도 있다. 평균적으로는 절반 정도의 배열 원소와 비교하여야 할 것이다.

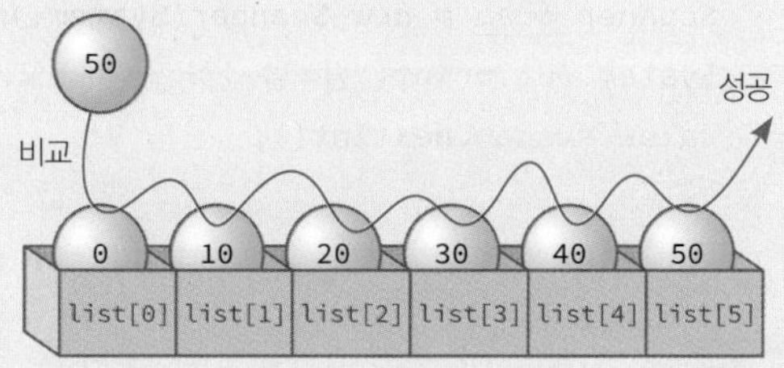

```
탐색할 값을 입력하시오: 50
50값은 5위치에 있습니다.
```

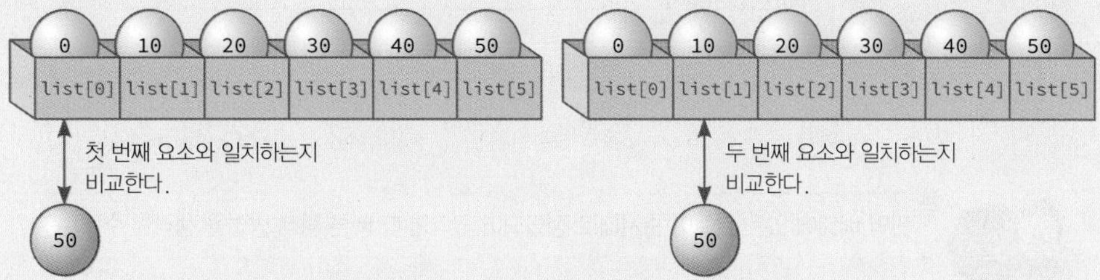

Solution

특정한 값 찾기

SeqSearch.java

```
import java.util.Scanner;

public class SeqSearch {
    public static void main(String[] args) {
        int s[] = { 0, 10, 20, 30, 40, 50, 60, 70, 80, 90, 100 };
        int value, index = -1;

        Scanner scan = new Scanner(System.in);
        System.out.print("탐색할 값을 입력하시오: ");
        value = scan.nextInt();

        for (int i = 0; i < s.length; i++) {
            if (s[i] == value)
                index = i;
        }

        if (index < s.length && index >= 0)
            System.out.println("" + value + "값은 " + index +
                    "위치에 있습니다.");

    }
}
```

탐색이 성공하였으면 위치를 출력한다.

만약 배열에 있는 값들이 순서대로 정렬되어 있다면 더 빠른 탐색 방법을 생각할 수 있는가?

LAB 주사위 던지기

주사위를 던져서 각 면이 나오는 횟수를 출력하여 보자. 주사위를 던지는 동작은 난수 발생기가 대신한다. 즉 난수 발생 함수인 rand()를 호출하여 반환되는 값을 6으로 나눈 나머지가 주사위의 면을 나타낸다. 난수 발생기를 10000번 호출하여 각 면이 등장하는 횟수를 계산하여 배열에 저장한다. 확률 이론에 의하면 주사위의 각각의 면들이 거의 동일한 횟수로 나와야 한다.

```
====================
면   빈도
====================
1   1690
2   1729
3   1634
4   1649
5   1614
6   1684
```

Solution

RollDice.java

```java
public class RollDice {
    public static void main(String[] args) {

        final int SIZE = 6;
        int freq[] = new int[SIZE];

        for (int i = 0; i < 10000; i++)
            ++freq[(int) (Math.random() * SIZE)];

        System.out.println("====================");
        System.out.println("면   빈도");
        System.out.println("====================");

        for (int i = 0; i < SIZE; i++)
            System.out.println("" + (i + 1) + "" + freq[i]);

    }
}
```

주사위를 10000번 던진다. 난수의 값에 6을곱하여 주사위의 면으로 간주하고 해당 면의 빈도를 하나 증가시킨다.

각 배열 요소는 해당 주사위 면이 나온 횟수를 저장한다.

95	98	89	97	96	93
freq[0]	freq[1]	freq[2]	freq[3]	freq[4]	freq[5]

LAB 극장 예약 시스템

배열을 이용하여 간단한 극장 예약 시스템을 작성하여 보자. 아주 작은 극장이라서 좌석이 10개밖에 안 된다. 사용자가 예약을 하려고 하면 먼저 좌석 배치표를 보여준다. 즉 예약이 끝난 좌석은 1로, 예약이 안 된 좌석은 0으로 나타낸다.

```
-------------------------------
  1  2  3  4  5  6  7  8  9  10
-------------------------------
  0  0  0  0  0  0  0  0  0  0
원하시는 좌석번호를 입력하세요(종료는 -1): 1
예약되었습니다.
-------------------------------
  1  2  3  4  5  6  7  8  9  10
-------------------------------
  1  0  0  0  0  0  0  0  0  0
원하시는 좌석번호를 입력하세요(종료는 -1): 1
이미 예약된 자리입니다.
```

배열은 이런 종류의 애플리케이션에 적합하다. 좌석 예약 여부는 1차원 배열 seats[]에 저장하면 된다. seats[i]가 1이면 (i+1)번 좌석이 예약된 것이고 0이면 예약되지 않은 것이다. 처음에는 모든 좌석이 예약되지 않았으므로 0으로 초기화하여야 한다. 좌석이 예약되면 seats[i]의 값을 1로 변경하면 된다. 사용자가 예약 번호를 올바르게 입력하였는지도 반드시 체크하여야 한다. 즉 좌석 번호는 1부터 10 사이여야 하므로 1보다 작거나 10보다 큰 번호를 입력하였으면 잘못된 것이다.

사용자가 좌석번호로 음수를 입력하면 전체 프로그램을 종료하도록 하자. 또 배열요소는 0부터 시작하고 좌석번호는 1부터 시작한다. 따라서 (i+1)번째 좌석을 seat[i]가 나타낸다고 가정한다.

극장 예약 시스템

TheaterReserve.java

```
import java.util.Scanner;

public class TheaterReserve {
   public static void main(String args[]) {
      final int size = 10;
      int[] seats = new int[size];

      while (true) {
         System.out.println("----------------------------");
         for (int i = 0; i < size; i++)
            System.out.print(i+1 + " ");
         System.out.println("\n----------------------------");
         for (int i = 0; i < size; i++)
            System.out.print(seats[i] + " ");
         System.out.println("\n----------------------------");

         System.out.print("원하시는 좌석번호를 입력하세요(종료는 -1): ");
         Scanner scan = new Scanner(System.in);
         int s = scan.nextInt();
         if (s == -1)
            break;
         if (seats[s-1] == 0) {
            seats[s-1] = 1;
            System.out.println("예약되었습니다.");
         }
         else {
            System.out.println("이미 예약된 자리입니다.");
         }
      }
   }
}
```

03 고급 배열

무명 배열

자바에서는 배열의 이름을 지정하지 않고 단순히 초기값만으로 배열을 생성시킬 수 있다. **무명 배열(anonymous arrays)**은 즉시 배열을 만들어서 함수의 인수로 전달하고자 할 때 많이 사용된다. 특히 안드로이드 프로그래밍에서도 상당히 사용되므로 반드시 알아두자.

무명 배열을 생성하는 방법은 다음과 같다.

배열의 이름이 없다. 주어진 초기값을 가지는 배열이 생성된다.

전체적인 구조

형식

```
new  int[]  { 1, 2, 3, 4, 5, 6, 7, 8, 9, 10 }
```

위의 수식은 새로운 배열을 할당하고 중괄호 안의 값들로 배열을 채운다. 초기값들의 개수에 따라서 배열의 크기가 결정된다. 무명 배열은 배열이 딱 한번만 필요하고 다시는 참조할 일이 없는 곳에서 사용된다. 이것에 대한 완전한 설명은 여러분들이 메소드를 학습한 후에 하여야 하지만 여기서 간단히 개념만 살펴보자. 배열을 필요로 하는 메소드가 있다고 하자. 우리는 이 메소드에 배열을 전달하려고 한다. 이 배열은 메소드에만 전달하면 되고 다른 곳에서는 일체 사용되지 않는다. 이런 경우에 무명 배열이 사용된다.

```
obj.needArray(new int[] { 1, 2, 3, 4, 5, 6, 7, 8, 9, 10 });
```

아직 메소드를 학습하지 않았지만 억지로 예제를 작성하여 보면 다음과 같다.

AnonymousArray.java

```
public class AnonymousArray {

   public static void main(String[] args) {
      System.out.println("숫자들의 합 : " +
                     sum(new int[] { 1, 2, 3, 4 }));
   }

```

무명 배열이 생성되어 sum()으로 전달된다.

```java
    public static int sum(int[] numbers) {
        int total = 0;
        for (int i = 0; i < numbers.length; i++) {
            total = total + numbers[i];
        }
        return total;
    }
}
```

실행결과

```
숫자들의 합 : 10
```

for-each 루프

JDK 1.5 버전부터는 배열에 대하여 다음과 같은 형식의 for-each 루프라고 불리는 향상된 루프를 사용할 수 있다. 이 루프 구조에서는 인덱스 값을 생각할 필요가 없이 배열 안의 모든 요소들을 방문할 수 있다.

전체적인 구조

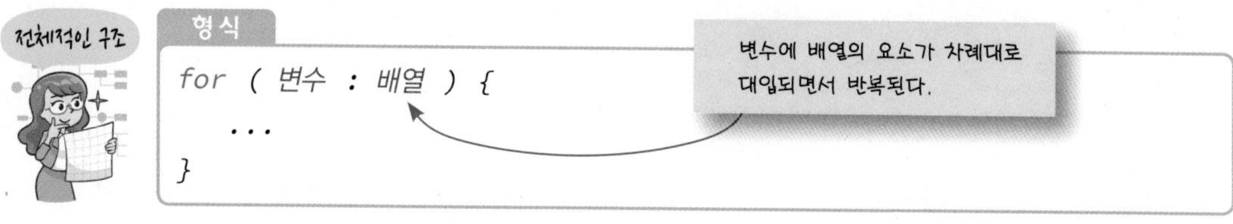

형식
for (변수 : 배열) {
...
}
변수에 배열의 요소가 차례대로 대입되면서 반복된다.

간단한 예제로 정수형 배열을 작성하고 for-each 루프로 배열에서 정수를 하나씩 꺼내서 화면에 출력하여 보자.

직접 입력하여 확인

ArrayTest4.java

```java
public class ArrayTest4 {
    public static void main(String[] args) {
        int[] numbers = { 10, 20, 30 };
        for (int value : numbers)
            System.out.print(value+" ");
    }
}
```

변수 value에는 첫 번째 원소부터 마지막 배열 원소까지 차례대로 대입된다.

실행결과

```
10 20 30
```

반복이 진행되면서 변수 value에는 numbers 배열의 첫 번째 원소부터 마지막 배열 원소까지 차례대로 대입된다. 이 for-each 루프는 다음과 같은 전통적인 for 루프와 똑같은 효과를 낸다.

```
for (int i = 0; i < numbers.length; i++) {
   System.out.print(numbers[i]+" ");
}
```

for-each 루프는 전통적인 for 루프보다 사용하기 쉽다. foe-each 루프에서는 배열의 크게에 신경 쓰지 않아도 되고 인덱스 값을 저장하는 변수를 생성할 필요도 없다. 또 사용법이 간결하여서 오류가 발생 할 가능성이 적다. 따라서 배열에서 요소를 하나씩 꺼내어 처리하는 경우라면 for-each 루프를 사용하는 것이 권장된다.

하지만 경우에 따라서는 for-each 루프를 사용할 수 없는 경우가 있다. 가장 대표적인 경우가 배열 요소의 값을 변경하는 경우이다. 또한 역순으로 배열 요소를 처리하는 경우, 전체가 아니고 일부 요소만을 처리하는 경우, 하나의 반복 루프에서 두 개 이상의 배열을 처리하는 경우에는 for-each 루프가 부적합하다. 이런 경우에는 전통적인 for 루프를 사용하여야 한다.

배열의 모든 요소를 출력하는 방법

배열의 모든 요소의 값을 출력하려면 더 간단한 방법도 있다. Arrays 클래스의 toString() 메소드를 사용하는 것이다.

```
System.out.println(Arrays.toString(numbers));
```

```
10 20 30
```

배열 복사

하나의 배열 변수를 다른 배열 변수로 복사할 수 있다. 이런 경우에 2개의 변수가 동일한 배열을 참조하게 된다.

```
int [] list = { 10, 20, 30, 40, 50 };
int [] numbers = list;
```

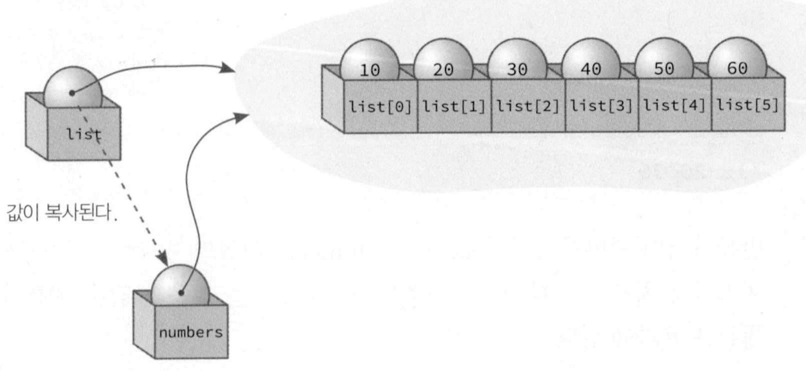

위의 코드가 실행되면 list 변수와 numbers 변수는 모두 동일한 배열 객체를 가리킨다. 배열 변수의 경우, 배열의 참조값(주소)이 저장되어 있음을 명심하여야 한다. 배열이 저장되어 있는 것이 아니다. 만약 아래와 같이 number를 통하여 배열 요소를 변경하면 list[2]도 90이 된다.

```
numbers[2] = 90;
```

만약 한 배열의 모든 값을 다른 배열로 복사하고 싶다면 Arrays 클래스의 copyOf() 메소드를 사용하는 것이 좋다.

```
int [] list_copy = Arrays.copyOf(list, list.length);
```

copyOf()의 두 번째 매개 변수는 새로 생성되는 배열의 크기이다. copyOf()는 특히 배열의 크기를 증가하는데 많이 사용된다. 예를 들어서 현재 배열의 크기를 2배로 변경하려면 다음과 같은 문장을 사용하면 된다.

```
list = Arrays.copyOf(list, 2 * list.length);
```

main() 매개 변수

자바 프로그램에는 main() 메소드가 있고 main()은 String[] args 매개 변수를 가지고 있다. 이 매개 변수는 바로 문자열 배열이다. 이 문자열 배열에는 우리가 명령어 프롬프트에서 프로그램을 실행시킬 때 주는 인수들이 저장된다. 예를 들어서 다음과 같은 프로그램을 생각해보자.

CommandLine.java

```
public class CommandLine {
   public static void main(String[] args) {

      if (args.length > 0) {
         for (int i = 0; i < args.length; i++)
            System.out.print(" " + args[i]);

         if (args[0].equals("-h"))
            System.out.print("HELP ");
      }
   }
}
```

```
one two three
```

위의 프로그램은 우리가 명령어 프롬프트에서 주는 인수들을 출력한다. 이클립스에서는 [Run] → [Run Configuration]에서 [Argument] 탭을 이용하여서 인수들을 설정할 수 있다.

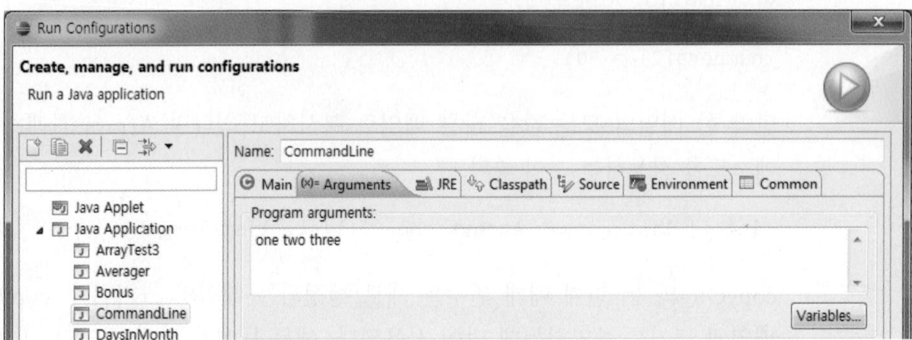

04 배열 정렬

여기서 배열에 많이 나오는 실용적인 문제를 생각해보자. 바로 배열에 저장된 숫자를 크기 순으로 정렬하는 문제이다.

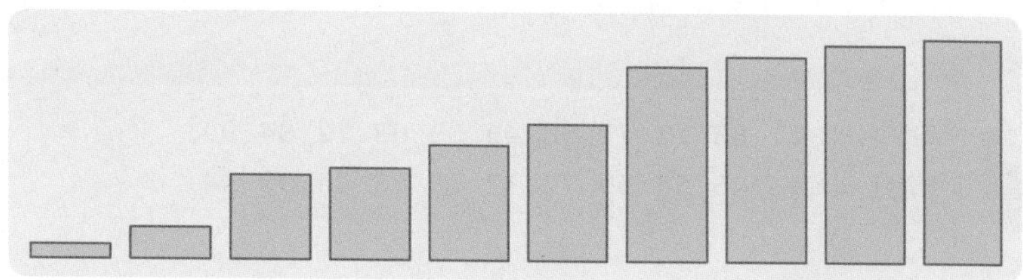

가장 손쉬운 방법은 Arrays 클래스의 sort() 메소드를 사용하는 방법이다. sort() 메소드는 퀵정렬(QuickSort) 알고리즘을 사용한다. 퀵정렬은 일반적인 경우에 가장 빠르고 효율적인 정렬 알고리즘이다.

```
int[] a = new int[100];
a[0] = 32;
a[1] = 21;
...
Arrays.sort(a);
```

간단한 예제를 작성하여 보자. 10개의 난수를 생성하여 배열에 저장한 후에 크기순으로 정렬하여 보자.

SortExample.java

```
import java.util.Arrays;

public class SortExample {
   public static void main(String[] args) {
      final int SIZE = 10;
      int[] numbers = new int[SIZE];

      for (int i = 0; i < SIZE; i++) {
         int r = (int) (Math.random() * 100);
         numbers[i] = r;
      }

      System.out.print("최초의 리스트: ");
```

```
        for (int r : numbers)
            System.out.print(r + " ");
        Arrays.sort(numbers);

        System.out.print("\n정렬된 리스트: ");
        for (int r : numbers)
            System.out.print(r + " ");
    }
}
```

```
최초의 리스트: 83 72 73 58 45 59 93 72 84 94
정렬된 리스트: 45 58 59 72 72 73 83 84 93 94
```

05 2차원 배열

배열은 많은 데이터들을 하나로 묶어서 처리할 때 유용한 자료 구조이다. 데이터는 1차원이 아니라 2차원이 될 수도 있다. 만약 한 학생의 5과목의 성적을 1차원 배열로 저장했다고 하자. 만약 3명 학생의 성적을 저장하여야 한다면 3개의 1차원 배열 보다 하나의 2차원 배열이 편리하다.

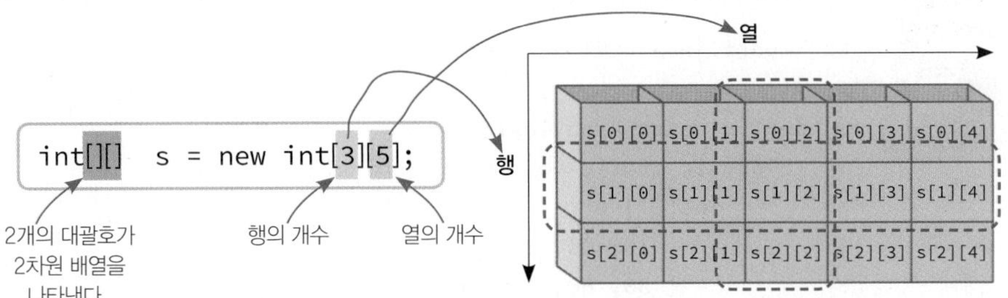

자바에서도 다른 언어들과 마찬가지로 2차원 배열을 만들고 사용할 수 있다. 예를 들어 int 타입의 2차원 배열을 선언, 생성하여 보자.

```
int[][]  s = new int[3][5];
```

위의 문장은 3행 × 5열의 요소를 가지는 2차원 배열을 선언한 것이다. 2차원 배열을 사용할 때도 인덱스를 사용한다. 첫 번째 인덱스는 행의 번호이고 두 번째 인덱스는 열의 번호이다. 예를 들어서 1행의 3열의 요소는 s[1][3]이다.

2차원 배열을 처리하는 프로그램은 일반적으로 중첩된 루프를 사용한다. 다음의 코드는 2차원 배열에 저장된 성적을 화면에 출력한다.

```
for(int i=0; i <3; i++)
   for(int j=0; j<5; i++)
      System.out.println(s[i][j]);
```

2차원 배열의 초기화

2차원 배열의 초기화도 중괄호를 이용한다. 2차원 배열에서는 같은 행의 요소를 중괄호로 묶으면 된다.

```
int[][]  testArray = {
   {10, 20, 30},
   {40, 50, 60},
   {70, 80, 90}
};
```

1차원 배열의 경우와 마찬가지로 초기화 리스트가 존재하는 경우에는 new 연산자를 사용할 필요가 없다. 위의 예제에서 첫 번째 행의 요소는 {10, 20, 30}이고 두 번째 행은 {40, 50, 60}, 세 번째 행은 {70, 80, 90}이다.

2차원 배열에서의 length 필드

1차원 배열의 경우에는 하나의 length 필드가 존재하였다. 하지만 2차원 배열에서는 약간 복잡해진다. 전체적으로 하나의 length 필드가 있고 이것은 행의 개수를 나타낸다. 각 행마다 별도의 length 필드가 있고 이것은 각 행이 가지고 있는 열의 개수를 나타낸다.

ArrayTest6.java

```java
import java.util.Scanner;

public class ArrayTest6 {
    public static void main(String[] args) {
        int[][] array =  {
            { 10, 20, 30, 40 },
            { 50, 60, 70, 80 },
            { 90, 100, 110, 120 }
        };

        for (int r = 0; r < array.length; r++) {
            for (int c = 0; c < array[r].length; c++) {
                System.out.println(r + "행" + c + "열:" + array[r][c]);
            }
        }
    }
}
```

```
0행0열:10
0행1열:20
...
2행2열:110
2행3열:120
```

다차원 배열

다른 언어와 마찬가지로 자바에서도 얼마든지 다차원 배열을 생성할 수 있다. 예를 들어서 다음 문장은 3차원 배열을 생성한다.

```java
double[][][]  sales = new double[3][2][12]
```

위의 배열은 회사의 매출액을 지역별, 부서별, 월별로 분류하여 저장하는데 사용될 수 있다.

LAB TIC-TAC-TOE 게임

우리나라의 오목과 유사한 외국의 게임이 Tic-Tac-Toe이다. Tic-Tac-Toe 게임은 유아들을 위한 게임으로 잘 알려져 있다. Tic-Tac-Toe는 3×3칸을 가지는 게임판을 만들고, 경기자 2명이 동그라미 심볼(O)와 가위표 심볼(X)을 고른다. 경기자는 번갈아 가며 게임판에 동그라미나 가위표를 놓는다. 가로, 세로, 대각선으로 동일한 심볼을 먼저 만들면 승리하게 된다. 다음과 같이 텍스트 모드에서 컴퓨터와 사람이 Tic-Tac-Toe 게임을 할 수 있는 프로그램을 작성하여 보자.

```
   |   |
---|---|---
   |   |
---|---|---
   |   |
다음 수의 좌표를 입력하시오: 1 1
  O|   |
---|---|---
   |  X|
---|---|---
   |   |
다음 수의 좌표를 입력하시오: 0 2
  O|  O|  X
---|---|---
   |  X|
---|---|---
   |   |
다음 수의 좌표를 입력하시오:
```

컴퓨터는 단순히 비어 있는 첫 번째 칸에 놓는다고 가정한다. 좌표는 (0, 0)에서 (2, 2) 사이이다.

Solution

TIC-TAC-TOE 게임

해답

Tic_Tac_Toe.java

```java
import java.util.Scanner;

public class Tic_Tac_Toe {
    public static void main(String[] args) {
        char[][] board = new char[3][3];
        int x, y;

        Scanner scan = new Scanner(System.in);

        for (int i = 0; i < 3; i++)
            for (int j = 0; j < 3; j++)
                board[i][j] = ' ';

        do {
            for (int i = 0; i < 3; i++) {
                System.out.println("  " + board[i][0] + "|  "
                            + board[i][1] + "|  " + board[i][2]);
                if (i != 2)
                    System.out.println("---|---|---");

            }

            System.out.print("다음 수의 좌표를 입력하시오: ");
            x = scan.nextInt();
            y = scan.nextInt();

            if (board[x][y] != ' ') {
                System.out.println("잘못된 위치입니다. ");
                continue;
            } else
                board[x][y] = 'X';

            int i = 0, j = 0;
            for (i = 0; i < 3; i++) {
                for (j = 0; j < 3; j++)
```

게임판을 나타내는 2차원 배열을 생성한다.

게임판을 나타내는 2차원 배열을 초기화한다.

게임판을 그린다.

사용자가 놓은 위치를 검사 한다.

컴퓨터가 놓을 위치를 결정한다.

```
                if (board[i][j] == ' ')
                    break;
            if (board[i][j] == ' ')
                break;
        }
        if (i < 3 && j < 3)
            board[i][j] = 'O';

    } while (true);

  }
}
```

이중 반복 루프를 빠져 나오려면 이 문장이 필요하다.

컴퓨터가 좀 더 지능적으로 다음 수를 생각하도록 코드를 추가하여 보자.

LAB 지뢰찾기 게임

지뢰찾기는 예전에 윈도우에 무조건 포함되어 있어서 상당히 많은 사람들이 즐겼던 프로그램이다. 윈도우 7에서도 제어판에서 추가할 수 있다. 2차원의 게임판 안에 지뢰가 숨겨져 있고 이 지뢰를 모두 찾아내는 게임이다. 지뢰가 없는 곳을 클릭했을 때 숫자가 나오면 주변칸에 지뢰가 숨겨져 있다는 것을 의미한다. 예를 들어서 숫자가 2이면 주변칸에 지뢰가 두개 있다는 의미가 된다.

지뢰찾기 게임을 위한 기초 작업을 하여 보자. 10×10 크기의 2차원 배열을 만들고 여기에 지뢰를 숨긴다. 지뢰가 아닌 곳은 .으로 표시하고 지뢰인 곳은 #로 표시하여 보자. 어떤 칸이 지뢰일 확률은 난수를 발생시켜서 결정한다. 전체의 30%를 지뢰로 하고 싶으면 발생된 난수가 0.3보다 적은 경우에 현재 칸에 지뢰를 놓으면 된다.

```
. . . . . . . . . #
. . # . # . . . # .
. . . . . . . . . .
. # # . # # . # . #
. . # # # . # # # .
. . . . . . . . . #
. . . # . # . . . .
. . . . # . . . # .
# . # . # . # . . .
# . # . . . . # . .
```

지뢰찾기 게임

MineSweeper.java

```
public class MineSweeper {
    public static void main(String[] args) {

        boolean[][] board = new boolean[10][10];

        for (int i = 0; i < 10; i++)
            for (int j = 0; j < 10; j++)
                if( Math.random() < 0.3 )
                    board[i][j] = true;

        for (int i = 0; i < 10; i++) {
            for (int j = 0; j < 10; j++)
                if (board[i][j])
                    System.out.print("# ");
                else
                    System.out.print(". ");
            System.out.println();
        }
    }
}
```

게임판을 나타내는 부울형의 2차원 배열을 생성한다.

난수를 발생하여서 30% 확률로 지뢰를 저장한다.

게임판을 출력한다.

이 실습의 목적은 사실 단순히 게임판을 표시하는 것이 아니다. "지뢰찾기" 게임을 작성해보는 것이다. 다음과 같은 순서로 "지뢰찾기" 게임을 작성해보자.

❶ 지뢰가 숨겨진 칸의 이웃칸에 지뢰의 개수를 나타내는 숫자를 저장하여 보자. 지뢰와 숫자를 동시에 화면에 출력해본다.

❷ 사용자가 "지뢰찾기" 게임을 할 수 있도록 프로그램을 변경하여 보자. 사용자에게만 보여주는 배열을 하나 더 생성한다.

LAB

랜덤 워크

수학에서의 "random walk"라 불리는 문제를 배열을 이용하여 프로그래밍하여 보자. 문제는 다음과 같다. 술에 취한 딱정벌레가 10 × 10 크기의 타일로 구성된 방안에 있다. 딱정벌레는 임의의(랜덤) 위치를 선택하여 여기저기 걸어 다닌다. 현재의 위치에서 상하좌우의 4개의 타일로 걸어가는 확률은 동일하다고 가정하자. 딱정 벌레가 지나간 경로를 화면에 표시하여 보자.

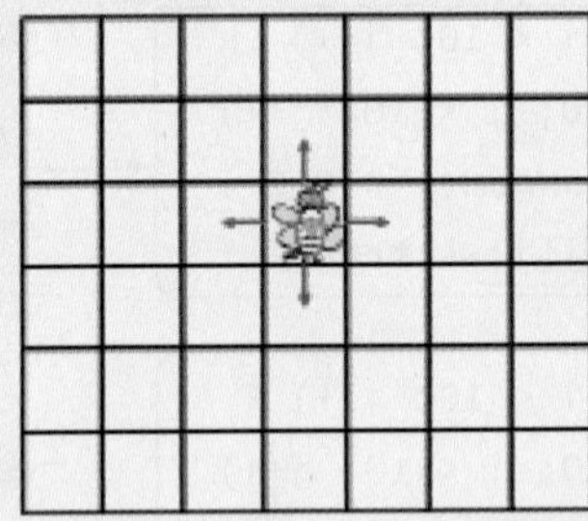

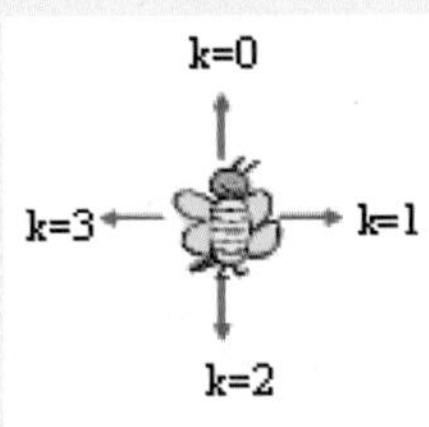

```
--------------------------
. . . . . . . . . .
. . . . . . . . . .
. . . . . . . . . .
. . . . . . . . . .
. . . . . . . . . .
. . . . . # . . . .
. . . . . # . . . .
. . . . . . . . . .
. . . . . . . . . .
. . . . . . . . . .
--------------------------
--------------------------
. . . . . . . . . .
. . . . . . . . . .
. . . . . . . . . .
. . . . . . . . . .
. . . . . . . . . .
. . . . . # . . . .
. . . . . # # . . .
. . . . . . . . . .
. . . . . . . . . .
. . . . . . . . . .
--------------------------
```

방 전체를 2차원 배열 tile[10][10]로 모델링을 하고 처음에는 딱정벌레가 배열의 중앙에 있다고 가정하라. tile[][]의 초기값은 false이다. 딱정벌레가 타일을 지나갈 때마다 2차원 배열의 값을 true로 만들어서 딱정벌레가 지나갔음을 나타낸다. 0부터 3까지의 랜덤한 숫자를 생성하여 다음과 같이 움직인다. 즉 0이면 북쪽으로 이동하고 2이면 남쪽으로 이동한다. 0부터 3까지의 랜덤한 숫자는 다음과 같이 생성할 수 있다.

```
int direction = (int)(Math.random()*4);
```

Solution

랜덤 워크

RandomWalk.java

```
public class RandomWalk {

   public static void main(String[] args) {

      int x = 5, y = 5;
      boolean tile[][] = new boolean[10][10];
      int steps;

      tile[5][5] = true;
      for (steps = 0; steps < 10; steps++) {
         int direction = (int) (Math.random() * 4);
         if (direction == 0 && x > 0)
            x--;
         else if (direction == 1 && x < 9)
            x++;
         else if (direction == 2 && y > 0)
            y--;
         else if (y < 9)
            y++;
         tile[y][x] = true;

         System.out.println("--------------------------");
         for (int i = 0; i < 10; i++) {
            for (int j = 0; j < 10; j++) {
               if (tile[i][j] == true)
                  System.out.print("# ");
               else
                  System.out.print(". ");
            }
            System.out.println();
         }
         System.out.println("--------------------------");
      }
      System.out.println("전체 이동 수는 = " + steps);
   }
}
```

게임판을 나타내는 부울형의 2차원 배열을 생성한다.

난수를 생성하여서 다음에 갈 곳을 결정한다. 게임판의 범위를 넘어가지 않도록 검사한다.

게임판을 화면에 그린다.

06 ArrayList

자바에는 전통적인 배열보다 훨씬 사용이 편리한 배열이 있다. 바로 ArrayList이다. 전통적인 배열의 가장 큰 약점은 바로 배열의 크기이다. 전통적인 배열의 경우, 크기가 한번 결정되면 절대 변경할 수 없다. 이것은 실제 프로그래밍에서 상당히 불편하다. 자바에서는 ArrayList 라는 클래스를 제공하는데 이 클래스를 사용하면 배열의 크기를 자동으로 변경하면서 사용할 수 있다. 즉 우리가 요소를 추가하면 배열은 자동으로 커지게 된다.

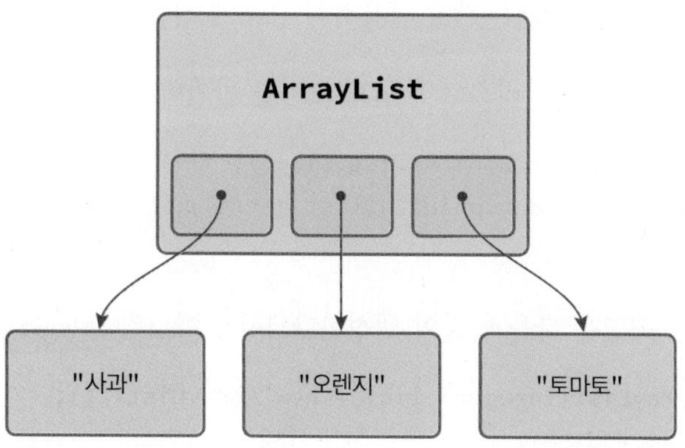

ArrayList에 대한 완전한 설명은 15장에서 하여야 하지만 우리는 다음 장부터 가끔씩 ArrayList를 사용하여야 한다. 따라서 ArrayList를 사용하는 간단한 방법만 학습하도록 하자. 다음과 같은 문장으로 ArrayList가 생성된다.

형식

```
ArrayList <자료형> list = new ArrayList<>();
```

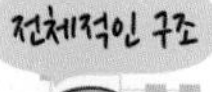

ArrayList는 실행 도중에 배열의 크기를 변경할 수 있는 동적 배열입니다. 많이 사용하도록 하세요!

예를 들어서 친구들의 리스트를 ArrayList로 생성하여 보자. 친구들의 이름을 저장하여야 하므로 String을 자료형으로 주어서 ArrayList를 생성하면 된다.

```
ArrayList<String> list = new ArrayList<>();
```

위의 문장이 실행되면 비어있는 리스트가 생성된다. 여러분들은 add() 메소드를 호출하여서 요소들을 리스트에 추가할 수 있다.

```
list.add("철수");
list.add("영희");
```

리스트에서 요소를 삭제할 때는 다음과 같이 하면 된다.

```
list.remove(1);    // 1번째 요소 삭제
```

ArrayList가 배열하고 다른 점은 다음과 같다.

- 배열에서는 []을 사용하여 요소에 접근한다.
- ArrayList에서는 ()을 사용하여 요소에 접근한다.

size() 메소드는 리스트의 현재 크기를 반환한다.

```
for (int i = 0; i < list.size(); i++) {
    System.out.println(list.get(i));
}
```

정수 배열은 다음과 같이 생성한다. int가 아니라 Integer를 적어주어야 한다.

```
ArrayList<Integer> list = new ArrayList<>();
list.add(98);
int firstNumber = list.get(0);
```

07 래그드 배열

자바에서 다차원 배열은 "배열의 배열"을 이용하여서 구현된다. 자바에는 실제로는 다차원 배열은 없고 1차원 배열밖에 없다. 다차원 배열은 1차원 배열 요소에 배열을 저장하는 방식으로 생성된다.

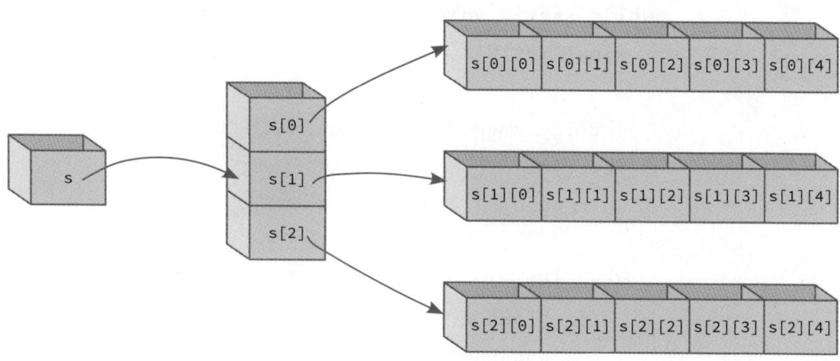

2차원 배열 s[][]에서 s[i]는 배열 s의 i번째 요소이고 이것은 다시 배열이 된다. s[i][j]는 이 배열의 j번째 요소가 된다. 이 성질을 이용하면 행마다 길이가 틀린 **래그드 배열 (ragged array)**을 만들 수 있다.

예제로 다음과 같은 값들을 저장하고 있는 래그드 배열을 작성해보자. i번째 행의 길이는 (i+1)이 된다.

```
0
0 1
0 1 2
0 1 2 3
0 1 2 3 4
0 1 2 3 4 5
```

먼저 행을 저장하고 있는 배열을 다음과 같은 문장으로 생성한다.

```java
int[][] ragged = new int[MAX_ROWS+1][];
```

각 행을 생성하여 ragged[]에 저장한다.

```java
for(int r=0; r<=MAX_ROWS; r++)
    ragged[r] = new int[r+1];
```

이제는 2차원 배열이 생성되었으므로 값을 저장하여 본다.

```
for(int r=0; r<ragged.length ; r++)
   for(int c=0; r<ragged[r].length ; c++)
      ragged[r][c] = c;
```

전체 프로그램은 다음과 같다.

RaggedArray.java

```
public class RaggedArray {
   public static void main(String[] args) {
      final int MAX_ROWS = 5;

      int[][] ragged = new int[MAX_ROWS + 1][];
      for (int r = 0; r <= MAX_ROWS; r++)
         ragged[r] = new int[r + 1];

      for (int r = 0; r < ragged.length; r++)
         for (int c = 0; c < ragged[r].length; c++) {
            ragged[r][c] = c;
         }

      for (int r = 0; r < ragged.length; r++) {
         for (int c = 0; c < ragged[r].length; c++)
            System.out.print(ragged[r][c] + " ");
         System.out.println();
      }
   }
}
```

```
0
0 1
0 1 2
0 1 2 3
0 1 2 3 4
0 1 2 3 4 5
```

05 CHAPTER

클래스, 객체, 메소드

학습목표

이번 장에서는 객체 지향 프로그램의 기초 개념에 대하여 학습한다. 클래스의 개념, 객체가 생성되는 방법, 참조 변수에 대한 이해, 메소드 작성 방법, 메소드의 반환값, 메소드의 매개변수, 생성자 등 아주 중요한 기초적인 개념들이 다루어진다. 단언컨대 이번 장이 이 책의 모든 장 중에서 가장 중요하다고 할 수 있다.

학습목차

이번 장에서부터 드디어 객체 지향 프로그래밍이 시작되는 건가요?

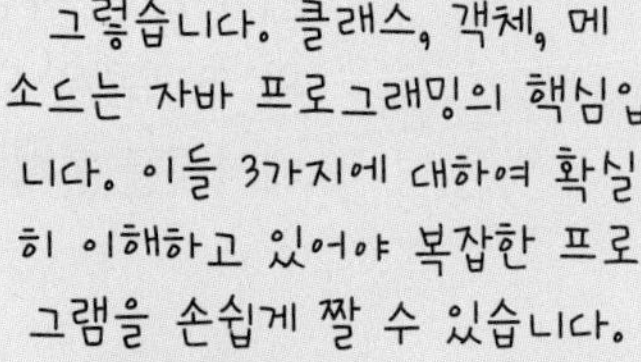
그렇습니다. 클래스, 객체, 메소드는 자바 프로그래밍의 핵심입니다. 이들 3가지에 대하여 확실히 이해하고 있어야 복잡한 프로그램을 손쉽게 짤 수 있습니다.

01 객체 지향 프로그래밍이란?

객체 지향 프로그래밍(OOP: object-oriented programming)은 우리가 살고 있는 실제 세계가 객체(object)들로 구성되어 있는 것과 비슷하게, 소프트웨어도 객체로 구성하는 방법이다. 실제 세계에는 사람, 텔레비전, 세탁기, 냉장고 등의 많은 객체가 존재한다. 객체들은 객체 나름대로의 고유한 기능을 수행하면서 다른 객체들과 상호 작용한다.

예를 들면, 사람이 리모콘을 이용하여서 텔레비전을 조작하는 상황을 생각해보자. TV와 리모콘은 모두 특정한 기능을 수행하는 객체라고 생각할 수 있고 TV와 리모콘은 메시지를 통하여 서로 상호 작용하고 있다.

소프트웨어 개발도 이와 같이 하는 방식을 객체 지향이라고 한다. 다양한 기능을 하는 소프트웨어 객체들이 존재하고 이러한 객체들을 조합하여 자기가 원하는 기능을 구현하는 기법이다. 위의 그림에서 TV와 리모콘은 소프트웨어 객체로 표현되며 이들 소프트웨어 객체들이 메시지를 전달하여 서로 상호 작용하면서 원하는 작업을 수행하게 된다. 프로그램에서는 현실 세계에서 볼 수 있는 물리적인 객체도 사용하지만 소프트웨어 세계에서만 존재하는 객체도 사용한다. 예를 들면 화면의 윈도우나 버튼도 하나의 객체로 취급된다.

객체

객체(Object)는 그 이름에서 볼 수 있듯이, 객체 지향 기술의 핵심 개념이다. 객체는 상태와 동작을 가지고 있다. **객체의 상태(state)**는 객체의 속성이다. 예를 들어, 텔레비전 객체의 경우, 상태는 채널번호, 볼륨, 전원상태 등이다. **객체의 동작(behavior)**은 객체가 취할 수 있는 동작(기능)이다. 텔레비전을 예로 들면, 켜기, 끄기, 채널 변경하기, 볼륨 변경하기 등이 여기에 해당된다.

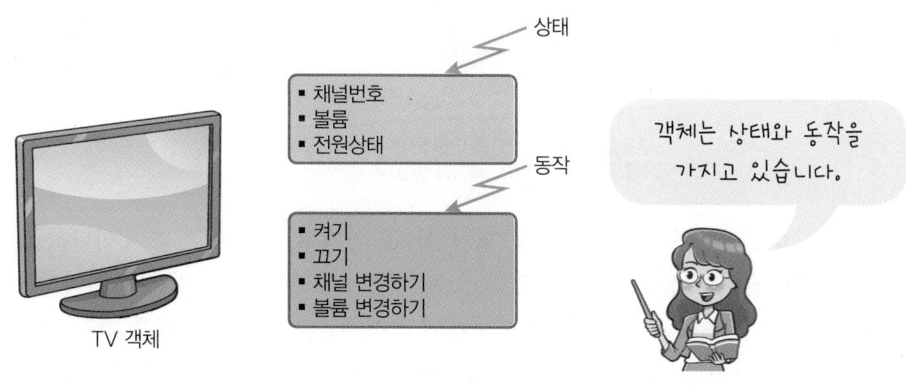

그림 5-1 • 텔레비전 객체의 예

객체의 상태와 동작은 소프트웨어에서는 각각 필드와 메소드로 표현할 수 있다. 객체 안의 변수를 **필드(field)**라고 하고 객체의 동작을 나타내는 부분을 **메소드(method)**라고 부른다. 즉 객체는 필드와 메소드로 이루어져 있는 소프트웨어의 묶음이라 할 수 있다. 필드에 객체의 상태를 저장한다. 메소드는 특정한 작업을 수행한다. 텔레비전 객체의 경우에는 다음 그림과 같은 필드와 메소드를 생각할 수 있다.

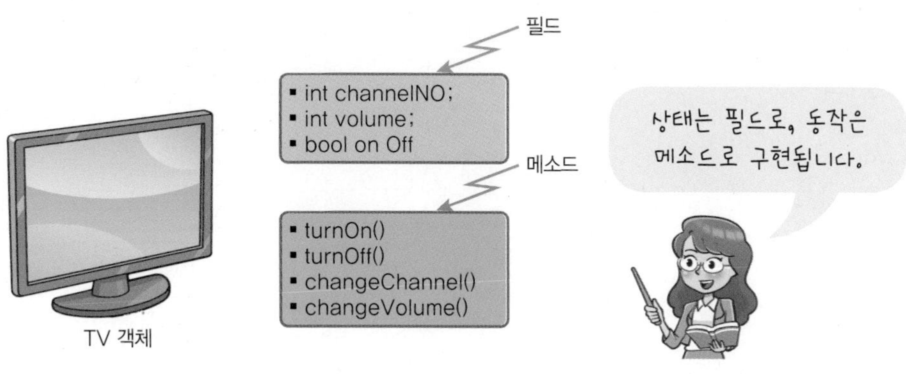

객체 지향으로 소프트웨어 작성하기

객체 지향으로 소프트웨어를 작성하는 것은 컴퓨터 하드웨어 부품을 구입하여서 컴퓨터를 조립하는 것과 비슷하다. 컴퓨터 업체들이 아주 빠른 시간에서 새로운 모델의 컴퓨터를 시장에 내어 놓을 수 있는 이유는 부품 하나하나를 자신들이 만들지 않고 다른 업체의 부품을 구입하여 조립만 하기 때문이다. 예를 들어서 그래픽 카드나 파워 서플라이, 디스크 드라이브 등은 외부에서 공급받아서 사용한다.

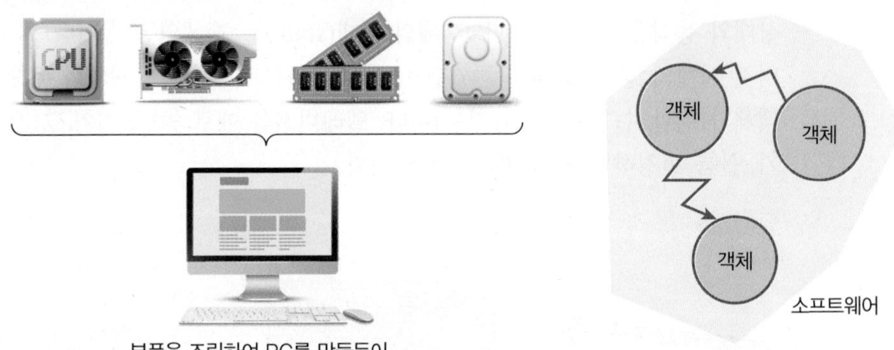

부품을 조립하여 PC를 만들듯이
객체를 조합하여 소프트웨어를 만든다

이들 부품들은 속성(크기, 모양 등)을 가지고 있으며 기능(데이터를 읽는다, 전원을 공급한다 등)도 가지고 있다. 객체 지향 소프트웨어도 같은 아이디어를 사용하는 것이다. 프로그램은 객체들로 구성되고 객체들은 속성과 기능을 가지고 있다. 객체를 직접 작성할 것이냐 아니면 외부에서 사올 것이냐는 예산과 시간에 따라 달라진다. 하지만 기본적으로 객체가 사양을 만족하기만 하면 그 기능이 어떤 식으로 구현되었느냐는 중요하지 않다. 즉 디스크 드라이브가 디스크를 읽고 쓰기만 한다면 디스크 드라이브의 내부 구조에 대해서는 신경 쓰지 않는 것과 같다.

02 객체 지향 프로그래밍의 특징

캡슐화

객체 지향 기술은 소프트웨어 개발자에게 많은 이득을 줄 수 있다. 지금까지 소프트웨어 개발이 힘들었던 이유는 이전의 사람들이 작성하였던 수많은 코드가 있음에도 불구하고 새로운 소프트웨어를 개발하기 위해서는 다시 처음부터 모든 것을 개발하여야 한다는 점이다. 따라서 이전의 코드들을 재사용할 수 있는 방법이 필요하다는 것을 인식하게 되었는데 다른 사람이 작성한 코드를 쓰기 위해서는 코드 자체가 잘 정리되어 있어야만 할 것이다. 즉 관련된 데이터와 알고리즘이 하나의 묶음으로 정리되어 있어야 한다. 객체 지향 프로그래밍에서는 이것을 **캡슐화(encapsulation)**라고 부른다. 캡슐화는 용어 그대로 서로 관련된 데이터와 알고리즘을 캡슐에 넣어서 포장하는 것을 의미한다.

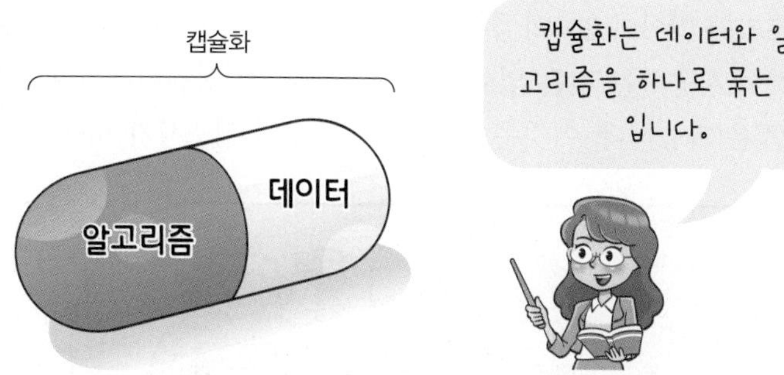

여러분이 앞에서 학습한 내용을 기억한다면 **객체(object)가 바로 하나의 캡슐**임을 알 수 있을 것이다. 객체는 필드와 메소드를 가진다고 하였는데 필드는 데이터에 해당되고 메소드는 알고리즘에 해당된다. 캡슐화에는 2가지의 목적이 있다.

캡슐화의 첫 번째 목적은 서로 관련되어 있는 데이터와 알고리즘을 묶는 것이다. 관련 있는 데이터와 알고리즘이 묶여 있으면 사용하기가 매우 편리하다. 캡슐로 된 약을 생각해보자. 캡슐로 싸여 있지 않으면 안의 내용물들이 흩어지게 되고 복용하기 힘들 것이다. 자바는 그래픽, 네트워크, 데이터베이스 등의 많은 기능들을 객체 형태로 제공한다. 따라서 개발자들은 이들 객체를 이용하여 자신이 원하는 애플리케이션을 쉽게 제작할 수 있다.

캡슐화 되어 있지 않은
데이터와 코드는 사용하기
어렵겠죠!

캡슐화의 두 번째 목적은 객체를 캡슐로 싸서 객체의 내부를 보호하는 하는 것이다. 즉 객체의 실제 구현 내용을 외부에 감추는 것이다. 이것을 **정보 은닉(information hiding)**이라고 한다. 역시 캡슐로 된 약을 생각해보자. 캡슐이 없으면 안의 내용물들이 보호되지 않을 것이다. 객체에서도 내부의 구현 내용을 보호하는 것이 필요하다.

외부에서 객체의 세부 사항을 너무 많이 알아도 문제가 된다. 왜 그럴까? 예를 들어서 어떤 사람이 특정회사의 TV에 대하여 너무 잘 알아서 내부 회로들을 마구 변경하면서 사용하고 있었다. 갑자기 TV가 고장 났다고 가정해보자. TV 제조사의 서비스 기사가 와서 이 TV을 고칠 수 있을까? 아마 고칠 수 없을 것이다. 사용자가 TV 내부를 건드리지 않아야 TV의 수리가 가능한 것이다. 단 사용자도 TV의 외부 인터페이스를 통하여 사용하는 것은 얼마든지 가능하다. 즉 전원버튼이나 채널 변경 버튼을 이용하는 것은 가능하다. 이것은 공식적으로 TV의 제조사가 허용한 부분이기 때문이다.

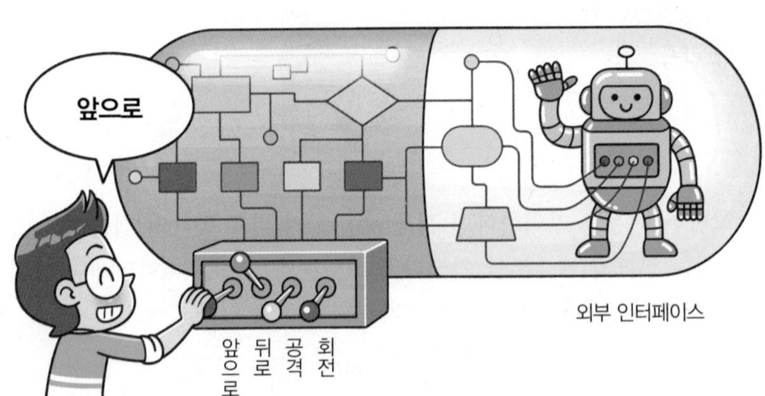
앞으로
외부 인터페이스
앞으로
뒤로
공격
회전

객체는 공개된
인터페이스를
통하여 사용
하여야 합니다.

소프트웨어에서도 똑같은 일이 발생한다. 어떤 프로그래머가 객체를 구입하여서 잘 사용하고 있었다. 그런데 시간이 지나서 객체의 업그레이드가 필요해졌다. 만약 사용자가 객체의 내부 데이터를 마구 변경하여 사용하였다면 그 객체는 업그레이드 될 수 없다. 객체의 내부를 건드리지 않아야 객체의 업그레이드가 가능한 것이다. TV의 외부 인터페이스와 마찬가지로 객체에서도 외부와의 접속을 위하여 몇 가지의 메소드는 외부에 공개한다. 외부에서는 이들 메소드만을 이용하여서 객체를 사용하여야 한다.

다음 그림은 라디오를 객체로 표시한 것이다. 라디오에 필수적인 데이터들은 모두 안에 감싸여져서 보호되고 있다. 외부와의 통신을 위하여 turnOn()이나 changeChannel()과 같은 메소드가 외부로 공개되어 있다.

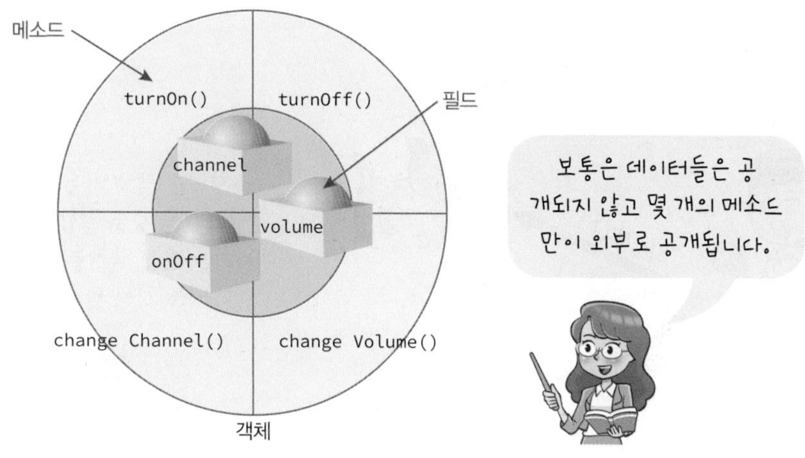
메소드
turnOn()
turnOff()
필드
channel
volume
onOff
change Channel()
change Volume()
객체
보통은 데이터들은 공개되지 않고 몇 개의 메소드만이 외부로 공개됩니다.

상속

상속은 기존의 코드를 재활용하기 위한 기법으로 이미 작성된 클래스(부모 클래스)를 이어받아서 새로운 클래스(자식 클래스)를 생성하는 기법이다. 자식 클래스는 부모 클래스의 모든 속성과 동작을 물려받는다. 추가로 만약 자식 클래스에만 필요한 기능이 있다면 추가 또는 변경할 수 있다. 다른 사람이 제공한 클래스는 아무래도 자신의 문제에 맞지 않는 경우가 종종 있다. 이런 경우에 상속을 사용하여서 다른 사람의 클래스를 상속받은 후에 자신이 필요한 부분을 변경하여서 사용할 수 있다. 상속은 기존의 코드를 재사용하는 강력한 기법이다.

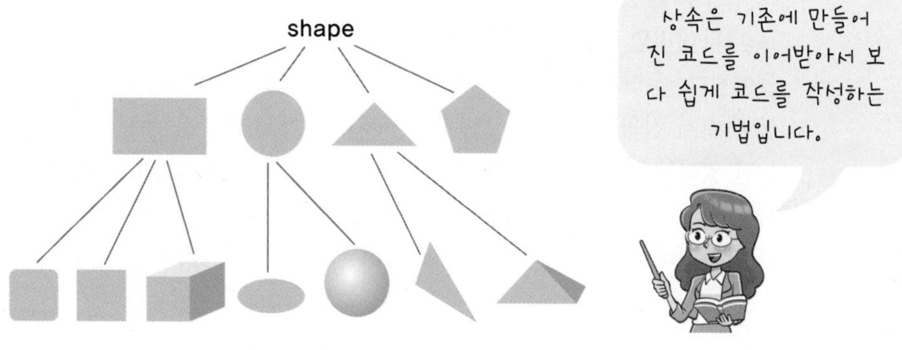
shape
상속은 기존에 만들어진 코드를 이어받아서 보다 쉽게 코드를 작성하는 기법입니다.

다형성

다형성이란 객체가 취하는 동작이 상황에 따라서 달라지는 것을 의미한다. 자바에서는 서로 다른 타입에 속하는 객체들이 같은 이름의 멤버 함수에 응답하여서 서로 다른 동작을 보여주는 것이 가능하다. 프로그래머는 객체의 타입을 미리 알 필요가 없고 객체의 정확한 동작은 실행 시간에야 결정된다. 다형성을 사용하게 되면 실제 동작은 다르더라도 개념적으로 동일한 작업을 하는 멤버 함수들에 똑같은 이름을 부여할 수 있으므로 코드가 더 간단해진다.

다형성은 객체의 동작이 상황에 따라서 달라지는 것을 말합니다. "speak"라는 메시지를 받은 객체들이 모두 다르게 소리를 내는 것이 바로 다형성입니다.

예를 들어서 speak()라는 멤버 함수는 모든 객체 타입 마다 정의되어 있어서 호출하면 객체가 소리를 발생한다고 가정하자. speak() 메소드 호출을 받은 객체는 자신의 상황에 따라서 서로 다른 소리를 내게 된다. 즉 강아지면 "멍멍", 고양이이면 "야옹", 오리면 "꽥꽥"이라고 서로 다른 소리를 내는 것이다.

추상화

추상화(abstraction)는 불필요한 정보는 숨기고 중요한 정보만을 표현함으로써 프로그램을 간단히 만드는 기법이다. 예를 들어서 TV를 객체로 나타내는 작업을 생각해 보자. TV에는 지금까지 우리가 축적한 엄청난 기술이 들어 있다. 따라서 TV를 객체로 나타내려면 객체가 엄청나게 커져야 할 것이다. 하지만 이래서는 프로그램하기 힘들어진다. 우리가 필요한 몇 개만을 남기고 불필요한 것들은 삭제해야 할 것이다. 예를 들어서 전원 버튼을 누르면 TV가 켜지고 채널 버튼을 누르면 채널이 변경되는 기능만 있다고 가정할 수 있다. 이것이 바로 추상화이다. 추상화는 복잡성을 관리하는데 사용된다. 추상화를 사용하지 않으면 객체들이 너무 복잡해진다. 추상화는 개발자마다 달라진다. 개발자마다 객체에 대하여 관심사가 다르기 때문이다.

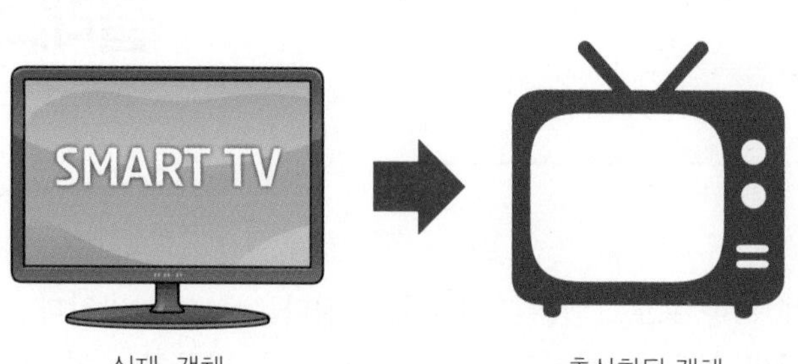
SMART TV

실제 객체 추상화된 객체

추상화는 필요한 것만
을 남겨놓는 것입니다. 추
상화 과정이 없다면 사소
한 것도 신경써야 합니다.

03 클래스 기초

클래스란?

우리는 앞에서 객체 지향 프로그램은 객체로 구성된다는 사실을 알았다. 그런데 같은 종류의 객체는 하나만 있을까? 자동차를 예를 들어보자. 자동차는 하나만 있는 것이 아니다. 철수네도 같은 브랜드의 자동차를 가질 수 있고, 영희네도 같은 브랜드의 자동차를 가질 수 있다. 그렇다면 자동차는 어떻게 만들어질까? 엔지니어가 설계하여서 자동차 설계도를 만들고 이 설계도에 의하여 각각의 자동차가 만들어진다.

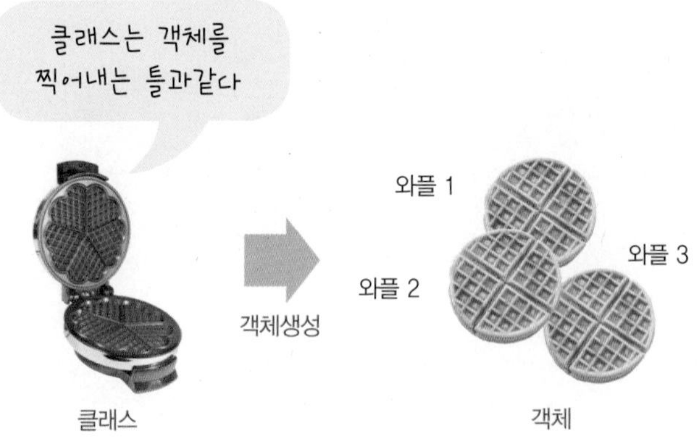

객체 지향 소프트웨어에서도 객체들이 동일한 방법으로 생성된다. 즉 설계도에 의하여 객체들이 생성된다. 객체에 대한 설계도를 **클래스(class)**라고 한다. 클래스란 특정한 종류의 객체들을 찍어내는 형틀(template) 또는 청사진(blueprint)이라고도 할 수 있다. 클래스로부터 만들어지는 각각의 객체를 그 클래스의 **인스턴스(instance)**라고 한다.

왜 클래스를 통하여 객체를 생성하는 것일까? 일반적으로 프로그램에서는 같은 종류의 객체가 많이 필요하기 때문이다. 예를 들어서 슈팅 게임 프로그램에서 미사일을 나타내는 객체는 아주 많이 필요하다. 이럴 때는 클래스를 만들어두고 필요할 때마다 객체를 찍어내는 것이 편리하다.

객체 지향에서는 소프트웨어의 기본 단위가 클래스가 된다. 소프트웨어를 만들어간다고 하는 것은 클래스를 하나씩 추가해나가는 과정이다. 물론 다른 사람이 만들어놓은 클래스를 사용할 수도 있다. 예를 들어서 JDK는 우리를 위하여 많은 유용한 클래스들을 제공하고 있다. 따라서 이들 클래스들을 이용하여서 우리가 원하는 프로그램을 아주 빠르게 작성할 수 있다. 예를 들어서 네트워킹 프로그램을 작성할 때, JDK가 제공하는 클래스들을 이용하여 몇 가지 객체만 생성하면 바로 네트워킹 기능을 구현할 수 있다.

인스턴스(instance)는 사례라는 의미이다. 객체라는 용어가 있는데 인스턴스라는 새로운 용어를 사용하는 이유는 무엇일가? 그것은 객체가 너무 광범위한 의미를 가지고 있기 때문이다. 특정한 클래스로부터 생성된 객체를 그 클래스의 인스턴스라고 한다.

클래스 구조

클래스는 객체의 형태를 정의하는 **틀(template)**과 같은 것이다. 클래스는 데이터와 코드를 동시에 가지고 있다. 클래스는 다음과 같은 구조를 이용하여서 정의된다.

형식

```
class 클래스이름 {
    자료형 필드1;
    자료형 필드2;
    ....

    반환형 메소드1()      ... }
    반환형 메소드2()      ... }
    ...
}
```

메소드 정의
객체의 동작을 나타낸다.

필드 정의
객체의 속성을 나타낸다.

클래스 안에는 필드와 메소드들이 정의된다. 이들은 클래스의 **멤버(member)**라고 불린다. 필드는 객체의 상태를 나타내고 메소드는 객체의 동작을 나타낸다. 필드는 객체 안에 정의된 변수이다. 따라서 변수를 정의하듯이 자료형과 변수 이름을 적어주면 된다.

잘 설계된 클래스는 오직 하나의 논리적인 개념만을 정의하여야 한다. 즉 서로 관련 있는 정보들만 클래스 안에 정의되어야 한다. 예를 들어서 자동차를 나타내는 클래스에서 갑자기 주식시장 정보나 강수량과 같은 전혀 관련이 없는 정보를 저장하는 것은 올바른 설계가 아니다.

이제까지 우리가 사용해온 클래스는 main() 메소드만을 가지고 있었다. 일반적인 클래스라면 main()을 반드시 가질 필요가 없다. 특정한 클래스가 프로그램의 시작점이 되는 경우에만 클래스 안에 main() 메소드가 필요하다.

클래스 정의

하나의 예제로 텔레비전을 나타내는 Television 클래스를 정의하여 보자. 클래스 이름의 첫 글자는 일반적으로 대문자로 한다. Television 클래스는 텔레비전에 관련된 속성과 동작을 묶은 것이다. 텔레비전의 수많은 속성 중에서 채널번호, 볼륨, 전원상태만을 기술하기로 하자. 이렇게 불필요한 속성을 제거하는 과정을 **추상화(abstraction)**라고 하였다.

Television 클래스를 이클립스를 사용하여 생성하려면 새로운 프로젝트 test를 만들고 패키지 이름 위에서 마우스 오른쪽 버튼을 누르고 [New] → [Class] 메뉴를 선택하여 클래스 이름으로 Television을 입력한다.

Television.java

```
public class Television {
    int channel;          // 채널 번호
    int volume;           // 볼륨
    boolean onOff;        // 전원 상태
}
```

필드 정의
객체의 속성을 나타낸다.

클래스

텔레비전을 나타내는 클래스 Television은 3개의 필드로 이루어진다. channel은 현재 설정된 채널 번호를 저장한다. volume은 현재 설정된 음량을 나타내고 onOff는 텔레비전이 켜 있는지 꺼져 있는지를 나타내는 부울형 변수이다. 현재는 복잡도를 줄이기 위하여 속성만을 정의하였다. 메소드는 뒤에 추가될 예정이다.

컴파일러의 입장에서 보면, 새로운 클래스를 정의하는 것은 프로그램에서 사용할 수 있는 새로운 자료형(type)을 하나 추가하는 것과 같다. 컴파일러는 Television 클래스도 int처럼 하나의 자료형으로 간주한다. 앞에서도 이야기하였지만 클래스 정의는 단순히 객체를 찍어내기 위한 틀을 생성한 것이다. 아직 실제 객체는 생성되지 않았다.

객체 생성

우리는 앞에서 클래스를 정의하여 보았다. 앞에서 말했듯이 클래스는 객체가 아니다. 클래스는 객체를 만들기 위한 설계도에 해당된다. 설계도를 가지고 어떤 작업을 할 수는 없다. 예를 들어서 자동차 설계도를 운전하고 집에 갈 수는 없는 일이다. 실제로 어떤 작업을 하려면 객체를 생성하여야 한다.

Television 클래스의 객체를 생성하고 필드에 접근하는 문장은 어디에 입력하여야 하는가? 자바에서는 클래스의 외부에 문장을 입력할 수 없다. 모든 문장은 반드시 어떤 클래스 안에 들어가야 한다. 따라서 우리는 Television 클래스를 테스트하기 위하여 별도의 클래스인 TelevisionTest 클래스를 작성한다. 이 클래스는 Television 클래스를 테스트하는 목적으로 생성되는 클래스이다. TelevisionTest 클래스에는 main() 메소드가 작성되고 여기서 Television 클래스 객체를 생성한다. TelevisionTest 클래스는 사물을 모델링하기 위하여 작성된 클래스가 아니라는 점에 유의한다. TelevisionTest 클래스는 public으로 선언된다.

자 이제 TelevisionTest 클래스를 만들어보자. 이클립스를 사용한다면 패키지 이름 위에서 마우스 오른쪽 버튼을 누르고 [New] → [Class] 메뉴를 선택하여 클래스 이름으로 TelevisionTest를 입력한다. 다음과 같은 상태이어야 한다.

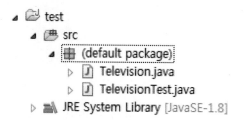

```
▲ test
  ▲ src
    ▲ (default package)
      ▷ Television.java
      ▷ TelevisionTest.java
  ▷ JRE System Library [JavaSE-1.8]
```

TelevisionTest.java 파일에 아래와 같은 코드를 입력해보자.

TelevisionTest.java

```java
public class TelevisionTest {
    public static void main(String[] args) {
        Television  tv = new Television();
        tv.channel = 7;
        tv.volume = 9;
        tv.onOff = true;
        System.out.println("텔레비전의 채널은 " + tv.channel + "이고 볼륨은 "
            + tv.volume + "입니다.");
    }
}
```

객체를 생성한다.

객체의 멤버에 접근할 때는 멤버 연산자(.)를 사용한다.

위의 파일을 실행하여 보면 다음과 같은 출력이 표시된다.

```
텔레비전의 채널은 7이고 볼륨은 9입니다.
```

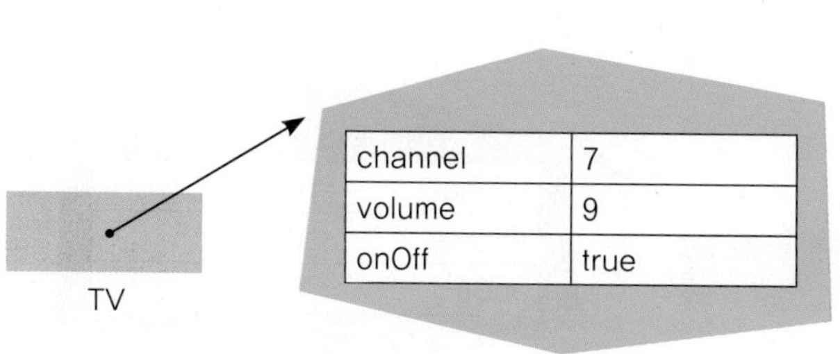

당분간 소스 코드 다음에는 소스 코드를 설명하는 그림이 등장할 것입니다!

자바에서 객체를 생성하려면 단 한 가지 방법만 있을 뿐이다. 바로 new 연산자를 사용하는 것이다. 다음과 같은 문장이 객체를 생성한다. 이 문장을 좀 더 자세히 분석하여 보자.

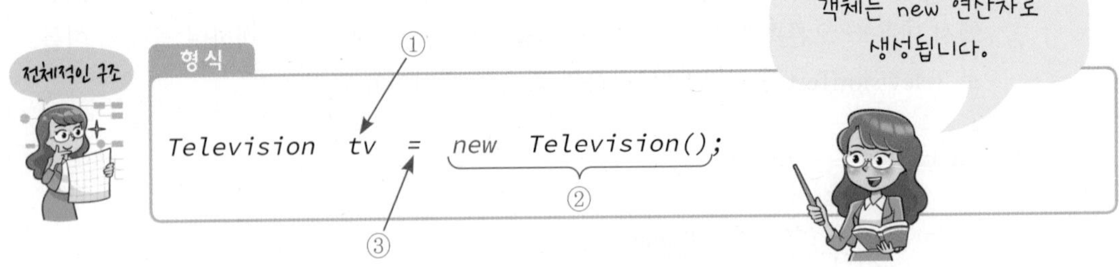

① 참조 변수 선언

Television 클래스의 객체를 참조할 수 있는 변수 tv를 선언한다.

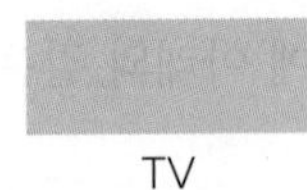

② 객체 생성

new 연산자를 이용하여 Television 클래스의 객체를 생성하고 객체의 참조값을 반환한다. new 연산자는 동적 메모리 할당을 이용하여서 객체를 생성한다. 즉 실행 시간에 메모리에 객체를 생성한다는 의미이다. new 연산자는 객체의 참조값을 반환한다. 참조값은 결국 객체가 생성된 메모리의 주소가 된다. 자바에서는 모든 객체가 동적으로 생성된다.

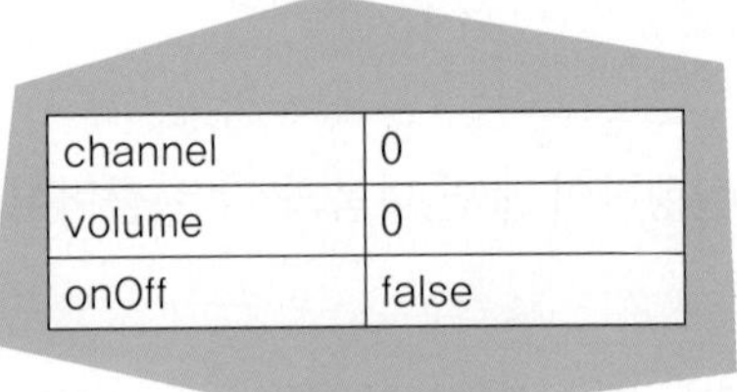

③ 참조 변수와 객체의 연결

생성된 새로운 객체의 참조값(주소)을 참조 변수 tv에 저장한다.

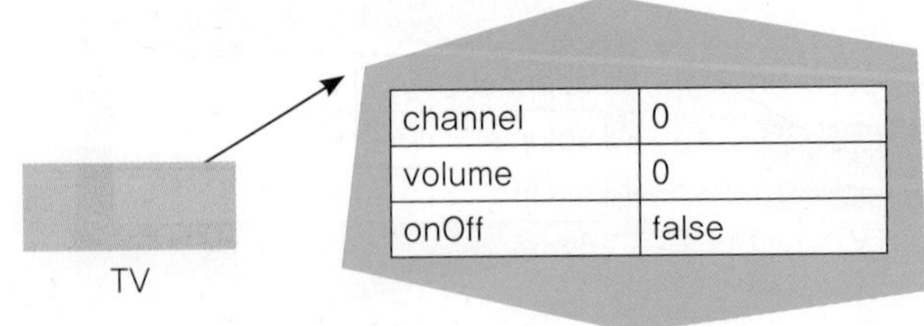

위의 문장은 다음과 같은 2개의 문장으로 분리되어서 작성될 수 있다.

```
Television tv;              // 객체 참조 변수를 선언한다.
tv = new Television();      // Television 객체를 생성하고 tv에 참조값을 저장한다.
```

여기서 혼동을 많이 일으키는 부분은, 다음과 같이 선언하면 객체가 생성된다고 생각하는 것이다.

```
Television   tv;
```

위의 문장은 단순히 객체를 참조하는 변수 tv를 선언해놓은 것이다. 객체의 이름만 정해놓은 것이라고 생각해도 좋다. 아직 객체는 생성되지 않았다. 상자만 생성된 것이다. 자바에서 모든 객체는 new 연산자를 이용해야만 비로소 생성된다. 그 이유는 다음과 같다. 자바에서는 객체마다 다양한 크기를 가지고 있어서, 크기가 고정된 상자에 모든 객체를 담을 수는 없다. 즉 모든 객체를 담을 수 있는 마법의 상자는 존재하지 않는다. 다만 객체를 가리킬 수 있는 화살표, 즉 참조값은 담을 수 있다.

tv는 C 언어의 포인터와 유사한 기능을 한다. tv 안에는 객체의 참조값이 저장된다. 다만 C 언어의 포인터와 다른 점은 참조 변수 tv에 아무 값이나 대입할 수는 없다는 점이다. 오직 Television 클래스의 객체 참조값만 저장할 수 있다.

참조 변수

자바에서는 변수를 **기초 변수(primitive variable)**와 **참조 변수(reference variable)**로 나눌 수 있다. 기초 변수는 int, float, char 등의 기초 자료형의 값을 저장하는 변수이다. 이들 기초 변수에는 실제 데이터값이 저장된다. 반면에 참조 변수는 객체를 참조할 때 사용되는 변수로서 여기에는 객체의 참조값이 저장된다. 참조값은 일반적으로 객체의 주소이다. 주의하여야 한다. 참조 변수에 객체가 직접 저장되는 것은 아니다!

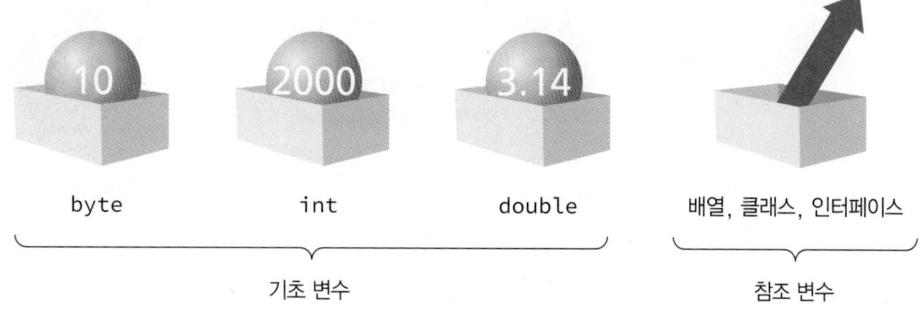

객체를 참조하는 변수가 없다면 우리는 객체를 사용할 수가 없다. 참조 변수를 객체를 제어하는 리모콘이라고 생각해도 좋다. 아니면 참조 변수에는 화살표만 들어 있다고 생각하면 된다.

자바에서 모든 것이 객체로 되어 있지 않는 이유는 효율성 때문이다. 정수나 실수 같은 데이터도 객체로 처리하는 경우에는 실행 속도가 크게 저하된다. 자바에서는 기초적인 값들은 기초 변수 안에 저장한다.

참조 변수를 객체의 이름으로 생각해도 좋다. 메모리에 생성된 객체는 이름이 없다. 우리는 참조 변수를 객체의 이름이라고 생각할 수 있다.

객체 멤버 접근하기

일단 객체가 생성되고 나면 객체를 이용하여 무언가를 하여야 할 것이다. 객체의 필드나 메소드를 참조하려면 참조 변수에 멤버 연산자(.)를 사용하면 된다.

위의 문장은 tv가 가리키는 객체 안의 channel 이라는 필드에 접근하여 7을 저장한 것이다.

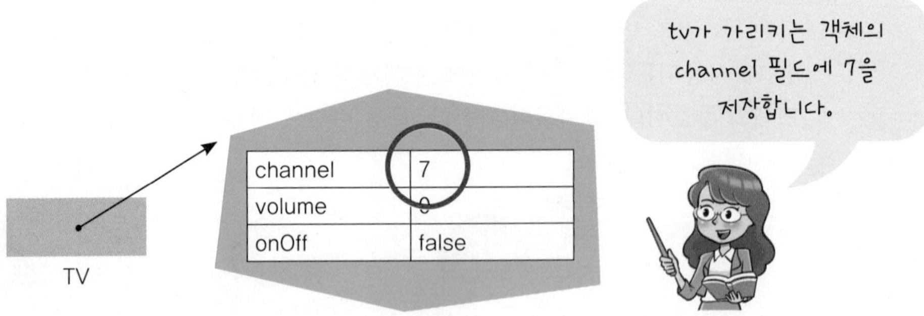

최근에는 필드라는 이름 대신에 **인스턴스 변수(instance variable)**라는 용어도 많이 사용된다. 각 인스턴스(객체)가 자체적으로 가지고 있는 변수라는 의미이다.

객체 지향의 개념에서 보면 필드를 외부에서 직접 접근하는 것은 바람직하지 않다. 객체내의 필드는 메소드를 통해서 간접적으로 접근하는 것이 바람직하다. 접근 제어를 학습한 후에는 반드시 메소드를 통하여 필드에 접근하도록 하자.

TelevisionTest 클래스

우리는 Television 클래스를 테스트하기 위하여 TelevisionTest 클래스를 생성하였다. 하지만 다음 코드와 같이 Television 클래스 안에 main() 메소드를 넣어도 된다. 이렇게 하면 파일의 개수가 줄어들어서 간단해 보인다. 하지만 초보자들은 이해하기 더 힘들기 때문에 이 책에서는 TelevisionTest 클래스를 별도로 작성하는 것이다. 만약 아래 코드가 쉽게 이해가 되는 독자라면 이렇게 하는 것을 권장한다. 왜냐하면 이런 식으로 우리가 만드는 클래스마다 main()을 넣어두면 독립적으로 클래스를 테스트하기가 편리하기 때문이다.

Television.java

```java
public class Television {
    int channel;        // 채널 번호
    int volume;         // 볼륨
    boolean onOff;      // 전원 상태

    public static void main(String[] args) {
        Television  tv = new Television();
        tv.channel = 7;
        tv.volume = 9;
        tv.onOff = true;
        System.out.println("텔레비전의 채널은" + tv.channel + "이고 볼륨은 "+
            tv.volume + "입니다.");
    }
}
```

main() 메소드를 Television 클래스 안에 넣어도 된다.

main() 메소드는 Television 클래스와는 전혀 상관없다고 생각하면 된다. 그냥 Television 클래스 안에 main()이 들어 있을 뿐이다.

객체는 여러 개 생성될 수 있다.

우리는 객체를 여러 개 생성할 수 있다. 각 객체는 클래스에 정의된 필드의 자체 복사본을 가지고 있다. 따라서 하나의 객체에 들어 있는 변수의 내용은 다른 객체에 들어 있는 변수의 내용과 다르다. 각 객체들은 같은 타입의 객체라는 사실을 제외하면 서로 간에 연결이 없다. 예를 들어, 두 개의 텔레비전 객체가 있다고 가정하자. 각 텔레비전 객체의 채널, 볼륨, 전원상태는 서로 다르다. 다음 프로그램이 이 사실을 보여준다.

Television.java

클래스

```java
public class Television {
    int channel;        // 채널 번호
    int volume;         // 볼륨
    boolean onOff;      // 전원 상태
}
```

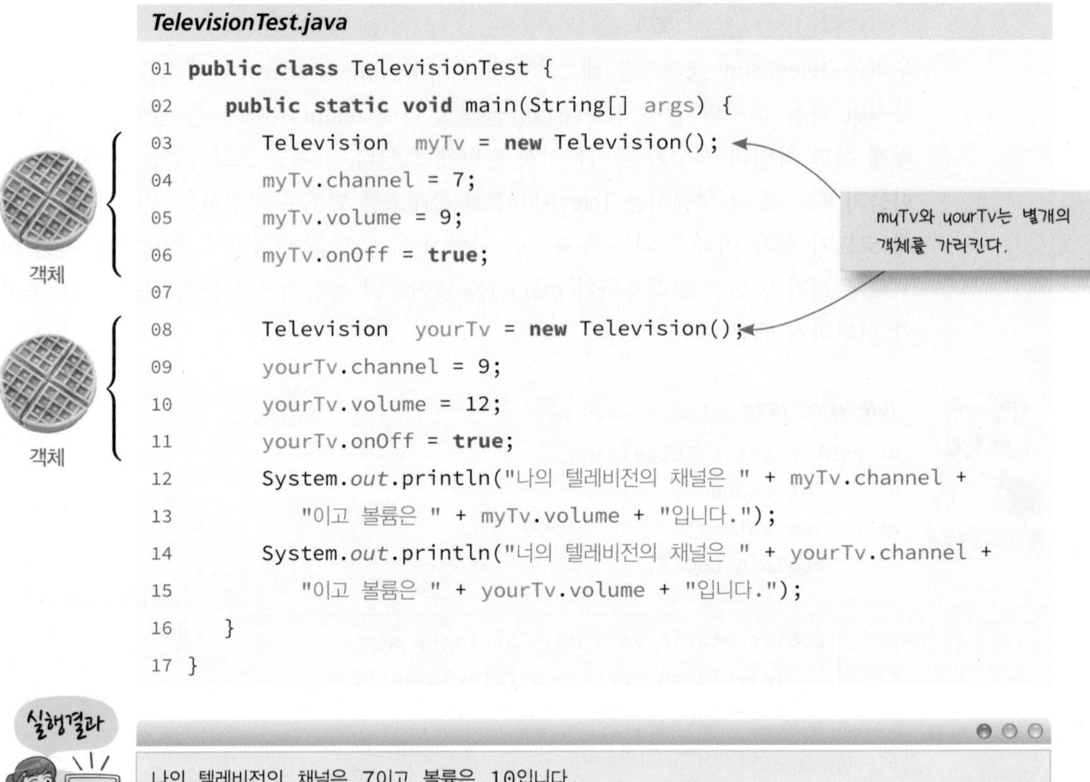

TelevisionTest.java

```java
public class TelevisionTest {
    public static void main(String[] args) {
        Television  myTv = new Television();
        myTv.channel = 7;
        myTv.volume = 9;
        myTv.onOff = true;

        Television  yourTv = new Television();
        yourTv.channel = 9;
        yourTv.volume = 12;
        yourTv.onOff = true;
        System.out.println("나의 텔레비전의 채널은 " + myTv.channel +
            "이고 볼륨은 " + myTv.volume + "입니다.");
        System.out.println("너의 텔레비전의 채널은 " + yourTv.channel +
            "이고 볼륨은 " + yourTv.volume + "입니다.");
    }
}
```


실행결과

```
나의 텔레비전의 채널은 7이고 볼륨은 10입니다.
너의 텔레비전의 채널은 9이고 볼륨은 12입니다.
```

아래 그림에서 보듯이 myTv의 데이터는 yourTv의 데이터와 완전히 분리되어 있다.

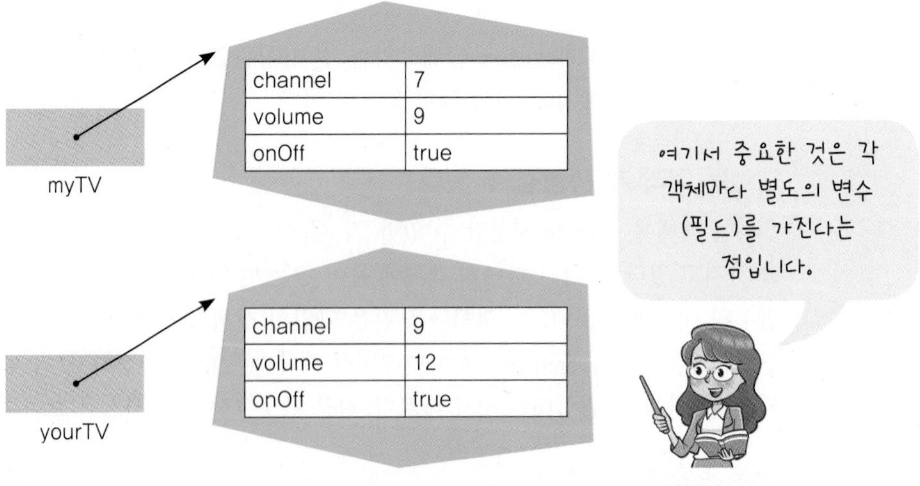

main() 메소드는 Television 클래스 안에 들어갈 수도 있다. 하지만 그렇게 되면 Television 클래스 안에서 Television 객체가 생성되기 때문에 초보자의 경우, 이해하기가 더 힘들다. 따라서 이 책에서는 가급적 테스트하는 클래스를 별도로 작성하였다.

참조 변수와 대입 연산

기초 변수와 참조 변수는 대입 연산에서 상당히 다르게 동작한다. 기초 변수의 값을 다른 변수에 대입하게 되면 변수의 값이 복사되어서 전달된다. 즉 등호의 오른쪽 변수의 값이 복사되어서 왼쪽 변수로 대입된다.

```
int x = 10, y = 20;
y = x;          // x의 값이 y로 대입된다.
```

참조 변수의 경우에는 상황이 약간 복잡해진다. 예를 들어서 다음과 같은 문장을 생각해보자.

```
Television tv1 = new Television();
Television tv2 = tv1;
```

참조 변수를 복사하면 참조값이 복사되어서 동일한 객체를 참조하게 됩니다.

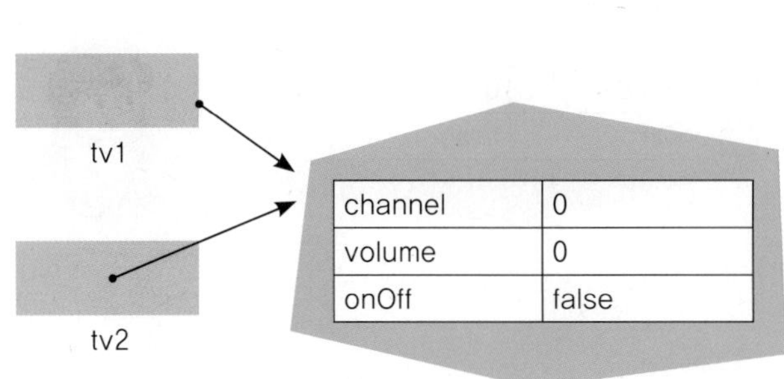

언뜻 보기에 tv1과 tv2는 서로 다른 객체를 참조하는 거 같지만 실제로는 동일한 객체를 참조하게 된다. tv2에 tv1을 대입하면 tv1에 저장된 참조값이 tv2로 복사된다. 따라서 동일한 참조값이 tv2로 복사된다. 예를 들어서 위와 같은 문장을 실행한 후에 다음과 같은 문장을 실행한다고 하자.

```
tv1.channel = 11;
System.out.println(tv1.channel);
System.out.println(tv2.channel);
```

화면에는 동일한 값인 11이 출력된다.

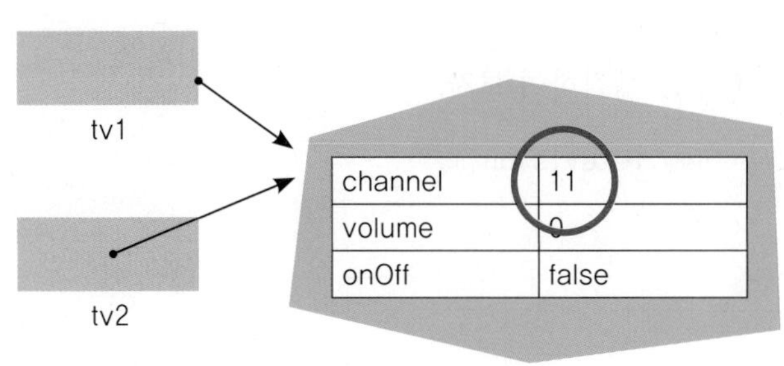

만약 다음과 같은 문장을 작성하여서 실행하면 어떻게 될까?

```
Television tv1 = new Television();
Television tv2 = tv1;
Television tv3 = new Television();
tv2 = tv3;
```

이들 문장의 실행이 완료되면 tv2는 tv3가 가리키는 객체를 가리키게 된다.

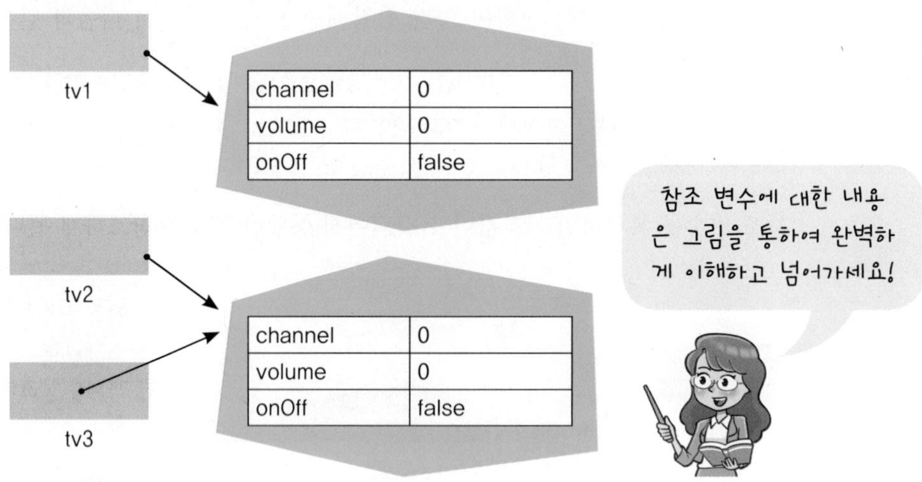

쓰레기 수집기

자바에서 객체들은 new 연산자에 의하여 **히프 메모리(heap memory)**에서 할당된다. 히프 메모리는 컴퓨터에서 사용 가능한 메모리를 모아 놓은 곳이다. 메모리는 무한하지 않기 때문에 이들 히프 메모리는 언제든지 고갈될 수 있다. 따라서 자바 시스템에서 사용되지 않는 객체들을 삭제하여 메모리를 확보하는 것이 필요하다. 다른 언어에서는 프로그래머가 직접 객체의 삭제를 책임져야 하지만 자바에서는 자동 메모리 수거 시스템을 사용하는데 이것을 **쓰레기 수집(garbage collection)**이라고 한다.

자바의 쓰레기 수집은 자동으로 이루어진다. 그러면 어떻게 쓰레기 수집기는 객체가 사용되는지 사용되지 않는지를 파악하는 것일까? 모든 객체는 참조 변수를 통해야만이 사용할 수 있다. 만약 객체에 대한 참조가 전혀 없다면 객체는 사용 자체가 불가능하다. 따라서 어떤 객체를 참조하는 변수가 전혀 없다면 그 객체는 없애도 좋은 것이다.

예를 들어서 다음의 문장을 생각하여 보자.

```
Television myTV = new Television();
```

이 객체는 myTV라고 하는 참조 변수가 가리키고 있다. 하지만 다음과 같은 문장을 실행하면 어떻게 될까?

```
myTV = null;
```

참조 변수에 null이 대입되었기 때문에 생성된 객체를 가리키는 참조 변수는 하나도 남아 있지 않다. 이런 경우에는 자바의 쓰레기 수집기가 메모리에서 객체를 제거한다.

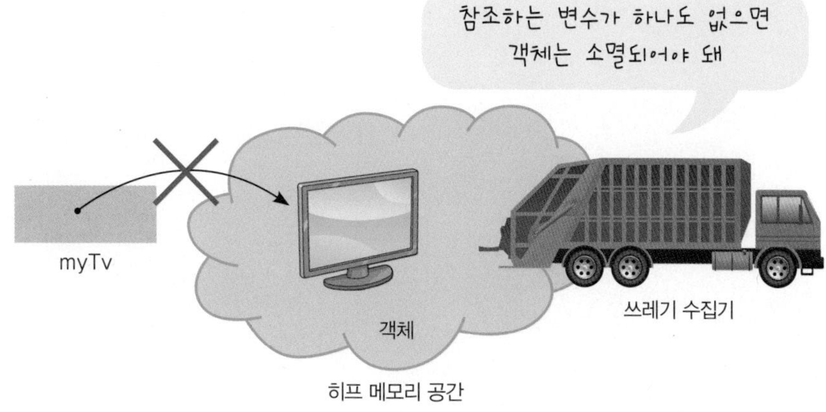

클래스와 소스 파일

여기서 클래스와 소스 파일 이름과의 관계를 확실하게 정리하고 지나가자. 자바에서는 일반적으로 하나의 소스 파일에는 하나의 클래스만을 담는 것이 원칙이다. 즉 Television 클래스는 Television.java에 저장되고 TelevisionTest 클래스는 TelevisionTest.java에 저장되어야 한다. 컴파일러는 2개의 파일을 컴파일하여서 2개의 클래스 파일 Television.class와 TelevisionTest.class를 생성한다.

하지만 하나의 소스 파일에 여러 개의 클래스도 넣을 수 있다(단지 소스 파일을 하나 더 만드는 것이 귀찮아서). 이 경우에는 소스 파일에 포함된 여러 개의 클래스들 중에서 public이 앞에 붙어 있는 클래스의 이름과 소스 파일의 이름이 일치하여야 한다. 예제에서 TelevisionTest 클래스 앞에 public이 붙어 있었다. 따라서 소스 파일 이름을 TelevisionTest.java로 하여야 한다.

public이 붙은 클래스 이름이 파일 이름이 되어야 합니다.

또 main() 메소드는 여러 클래스에 포함될 수도 있다. 그러한 경우에는 어떤 main()을 실행시킬 것인지를 이클립스에 알려주어야 한다. 실행시키고 싶은 main()이 들어 있는 파일 위에서 마우스 오른쪽 버튼을 누르고 "Run as ..." 메뉴를 선택하면 된다.

LAB 객체 생성과 사용

상자를 나타내는 Box 클래스를 작성하여 보자. Box 클래스는 가로, 세로, 높이를 나타내는 필드를 가진다.

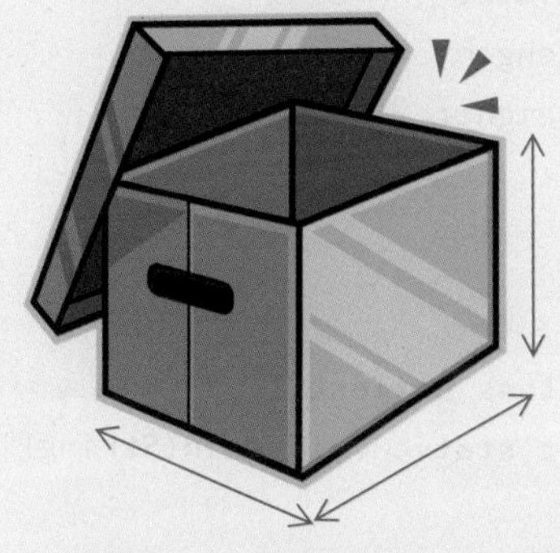

Box 클래스를 정의하고 Box 객체를 하나 생성한다. Box 객체 안의 가로, 세로, 높이를 20, 20, 30으로 설정하여 보자. 상자에 대한 정보를 출력하여 본다.

```
상자의 가로, 세로, 높이는 20, 20, 30입니다.
```

가로, 세로, 높이를 나타내는 필드를 다음과 같은 이름의 변수로 구현하자.

```
int width;        // 상자의 가로
int length;       // 상자의 세로
int height;       // 상자의 높이
```

객체를 생성하려면 new 연산자를 사용한다. 생성된 객체의 필드에 접근하려면 멤버 연산자 .을 사용한다.

객체 생성과 사용

Box.java

```java
public class Box {
    int width;
    int length;
    int height;
}
```

BoxTest.java

```java
public class BoxTest {
    public static void main(String[] args) {

        Box  b;
        b = new Box();
        b.width = 20;
        b.length = 20;
        b.height = 30;
        System.out.println("상자의 가로, 세로, 높이는 " + b.width + ", " +
           b.length+", " + b.height + "입니다.");
    }
}
```

```
상자의 가로, 세로, 높이는 20, 20, 30입니다.
```

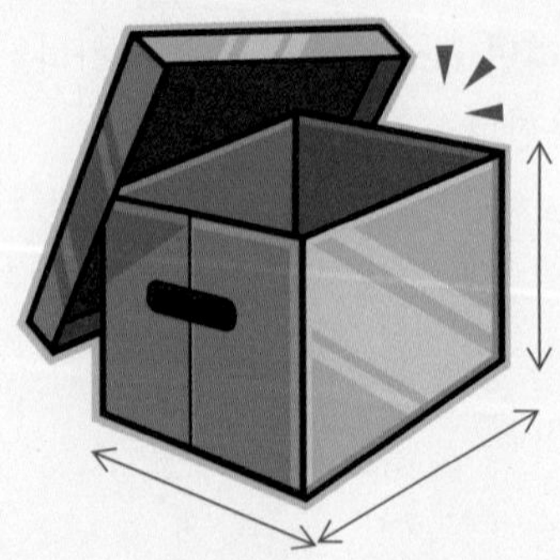

04 메소드

앞에서 클래스는 필드와 메소드로 구성된다고 이야기 하였다. 앞의 Television 클래스는 필드만을 가지고 있다. 물론 필드만을 가지고 있어도 합법적이고 유효한 클래스이다. 하지만 대부분의 클래스는 메소드도 가지고 있다. 만약 독자가 다른 언어로 프로그램을 작성해본 적이 있다면 **"메소드는 클래스 안에 정의된 함수"**라는 말만 가지고도 메소드를 이해할 수 있을 것이다. 하지만 자바가 첫 번째 언어라면 메소드(멤버함수라고도 한다.)에 대한 자세한 설명이 필요하다.

메소드(method)는 클래스 안에 선언된 **"특정한 작업을 수행하는 문장들의 모임"**이다. 메소드는 하나 이상의 문장들을 포함하고 있다. 각 메소드는 오직 하나의 작업만을 하도록 작성하는 것이 좋다. 각 메소드는 이름을 가지고 있으며 메소드를 호출할 때 이름을 사용한다. 우리는 어떠한 이름도 메소드에 할당할 수 있지만 main()이라는 이름은 프로그램의 실행이 시작되는 중요한 메소드이므로 사용하지 않아야 한다. 자바의 키워드도 메소드의 이름으로 사용하면 안 된다.

메소드의 일반적인 형태는 다음과 같다.

형식

```
반환형 메소드이름(매개변수1, 매개변수2, 매개변수3, ...)
{
    // 메소드의 몸체
}
```

메소드는 작업에 필요한 데이터를 전달받을 수 있으며, 작업이 완료된 후에는 작업의 결과를 호출자에게 반환할 수 있다. 메소드는 입력을 받아서 처리한 후에 결과를 반환하는 상자로 생각할 수 있다.

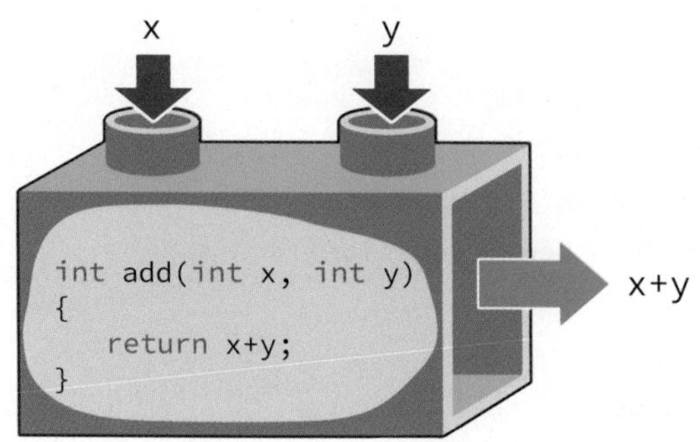

메소드는 입력을 받아서 처리결과를 반환하는 상자로 생각하세요!

예를 들어서 아래 그림의 add()는 2개의 정수를 받아서 합을 계산한 후에 반환한다.

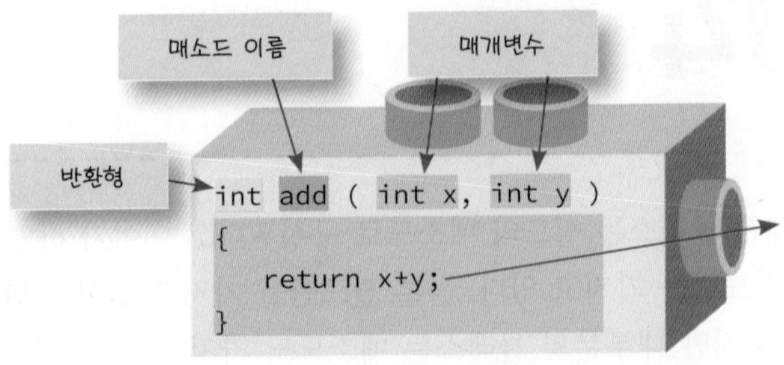

반환형은 메소드가 반환하는 데이터의 타입을 지정한다. 어떤 타입도 가능하다. 만약 반환값이 없으면 void라고 지정한다. 메소드는 외부에서 매개 변수를 통하여 값을 전달할 수 있다.

Television 클래스에 메소드 추가하기

메소드는 일반적으로 클래스가 가지고 있는 데이터를 변경하거나 데이터의 값을 외부로 보내는 데 사용한다. 앞의 예제에서는 Television 객체가 가지고 있는 필드값을 main()에서 접근하여서 화면에 출력하였지만 이 방법은 좋은 방법이 아니다. Televsion이 가지고 있는 데이터는 Television 객체 안에서 출력하는 것이 가장 자연스럽다. 따라서 Television 클래스 안에 print()라는 메소드를 추가하고 여기서 현재 상태를 출력하도록 하자.

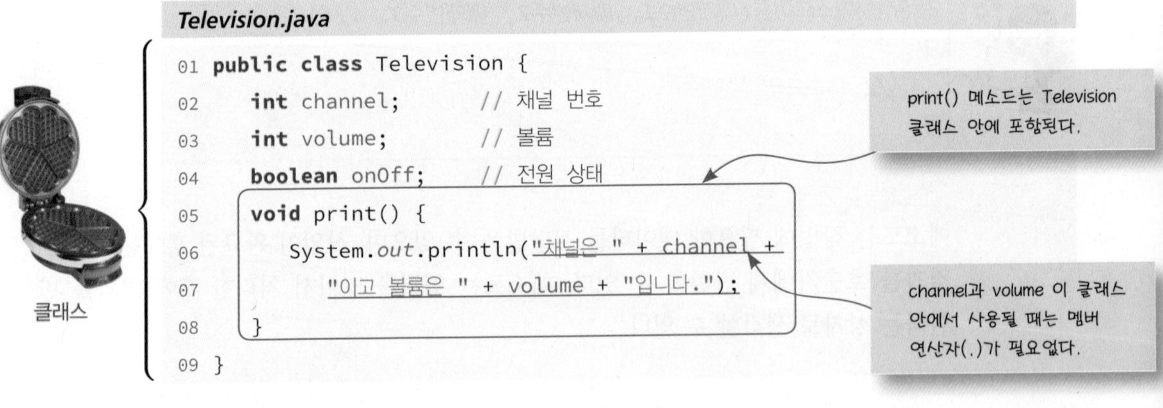

Television.java

```
public class Television {
   int channel;        // 채널 번호
   int volume;         // 볼륨
   boolean onOff;      // 전원 상태
   void print() {
      System.out.println("채널은 " + channel +
      "이고 볼륨은 " + volume + "입니다.");
   }
}
```

클래스
print() 메소드는 Television 클래스 안에 포함된다.
channel과 volume 이 클래스 안에서 사용될 때는 멤버 연산자(.)가 필요없다.

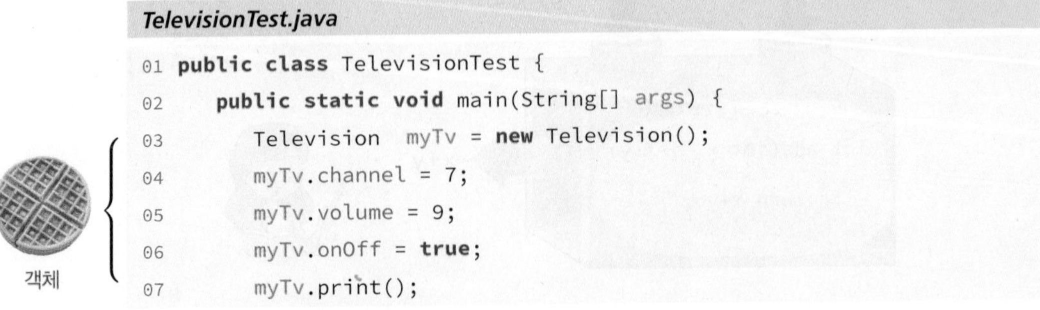

TelevisionTest.java

```
public class TelevisionTest {
   public static void main(String[] args) {
      Television  myTv = new Television();
      myTv.channel = 7;
      myTv.volume = 9;
      myTv.onOff = true;
      myTv.print();
```

```java

        Television  yourTv = new Television();
        yourTv.channel = 9;
        yourTv.volume = 12;
        yourTv.onOff = true;
        yourTv.print();

    }
}
```

```
채널은 7이고 볼륨은 10입니다.
채널은 9이고 볼륨은 12입니다.
```

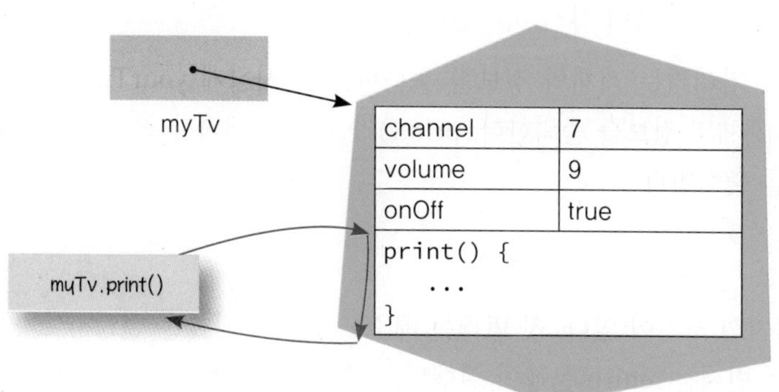

myTv.print() 문장이 실행되면 myTv 안의 print() 메소드가 실행되고 실행이 끝나면 myTv.print() 문장으로 되돌아옵니다.

이 프로그램에서 가장 중요한 부분인 메소드 정의를 자세히 살펴보자. print() 메소드의 첫 번째 부분은 다음과 같이 시작한다.

```java
void print() {
```

이 문장은 매개 변수가 없는 print()라는 메소드를 선언한다. 반환형은 void이므로 print()는 호출한 곳으로 값을 반환하지 않는다. 문장의 끝에 있는 {은 메소드 몸체의 시작을 의미한다.

print()의 몸체는 하나의 문장만을 가지고 있다.

```java
System.out.println("채널은 " + channel + "이고 볼륨은 " + volume +
"입니다.");
```

이 문장은 Television 객체의 채널 정보와 볼륨 정보를 화면에 출력한다. 모든 Television 객체는 channel과 volume 변수를 별도로 가지고 있기 때문에 print()가 호출될 때 print()는 호출된 객체의 필드들을 사용한다. print() 메소드는 }를 만나면 종료된다. 메소드가 종료되면 메소드를 호출한 곳으로 되돌아간다.

여기서 한 가지 우리가 유의해야할 점이 있다. print() 안에서 필드 channel과 volume을 사용할 때는 멤버 연산자를 붙이지 않는다. 메소드가 필드를 사용할 때는 객체의 이름을 지정하고 않고 직접 사용이 가능하다. 메소드는 객체가 있어야만 객체를 통하여 호출할 수 있다. 따라서 메소드 호출이 이루어지면 호출한 객체는 항상 알려져 있기 때문에 메소드 안에서는 객체를 지정할 필요가 없다. 따라서 print() 안에서 channel과 volume이라고 사용하면 이것은 print()를 호출한 객체의 변수라고 암묵적으로 간주된다.

이번에는 main() 안의 문장들을 자세히 살펴보자.

```
myTv.print();
```

이 문장은 myTv에 대하여 print()를 호출한다. 즉 객체 참조 변수 다음에 멤버 연산자를 붙이고 메소드 이름을 적으면 객체가 가지고 있는 메소드가 호출된다. 메소드가 호출되면 프로그램 제어는 메소드로 옮겨진다. 메소드가 끝나면 프로그램 제어는 다시 호출한 곳으로 되돌아오고 실행이 다시 시작된다.

myTv.print()는 myTv가 가리키는 객체의 정보를 출력한다. 유사하게 yourTv.print()는 yourTv가 가리키는 객체의 정보를 출력한다. print()가 출력될 때마다 참조 변수가 가리키는 객체의 정보를 출력한다.

메소드의 종료

메소드가 종료되는 2가지의 조건이 있다. 첫 번째는 메소드 안의 문장들을 실행하다가 }를 만나면 종료된다. 두 번째는 return 문장이 실행되면 종료된다. return 문장은 어떤 값을 반환할 수도 있고 아니면 반환값 없이 종료할 때도 사용된다. 하나씩 살펴보자.

반환값이 없이 종료하려면 다음과 같이 메소드 중간에서 return; 이라고 적어주면 된다. 예를 들어서 다음과 같은 메소드를 보자.

```
void myMethod() {
    for( int i=0; i<10; i++ ) {
        if( i == 7 )
            return;
    }
}
```

return은 메소드를 종료시킵니다.

위의 메소드에서는 변수 i가 7이 되면 return 문장이 실행되고 메소드가 종료된다.

메소드의 반환값

메소드는 자신을 호출한 코드에 값을 반환할 수 있다. 메소드는 return 문장을 사용하여서 값을 반환한다. void로 선언된 메소드는 값을 반환하지 않는다. 메소드는 반드시 return 문장을 가져야 하는 것은 아니지만 일반적으로는 return 문장을 가진다.

return 문장이 실행되면 값을 반환하면서 메소드를 빠져나간다. 메소드가 값을 반환하려면 키워드 return 다음에 반환하려는 값을 적어주면 된다.

형식

```
return 반환값;
```

return 뒤에 수식을 적으면 수식의 값이 반환됩니다.

만약 void로 선언된 메소드에서 값을 반환하면 컴파일 오류가 발생한다. 반환값의 자료형은 메소드 선언시 지정하였던 반환형과 동일하여야 한다. 예를 들어서 부울값을 반환하는 메소드에서 정수를 반환할 수 없다.

예를 들어서 Television 클래스에 현재 채널을 반환하는 메소드를 작성하여 보면 다음과 같다.

Television.java

```java
public class Television {
    int channel;        // 채널 번호
    int volume;         // 볼륨
    boolean onOff;      // 전원 상태

    void print() {
        System.out.println("채널은 " + channel + "이고 볼륨은 " +
            volume + "입니다.");
    }

    int getChannel() {
        return channel;
    }
}
```

channel의 값을 반환하는 메소드

TelevisionTest.java

```java
public class TelevisionTest {
    public static void main(String[] args) {
        Television myTv = new Television();
        myTv.channel = 7;
        myTv.volume = 9;
        myTv.onOff = true;
        int ch = myTv.getChannel();
        System.out.println("현재 채널은 " + ch + "입니다.");
    }
}
```

```
현재 채널은 7입니다.
```

위의 소스에서 getChannel() 앞에 붙은 int는 바로 int형 데이터를 반환한다는 것을 의미한다. 값이 반환되면 이 값을 변수에 저장하여 여러 가지 용도로 사용할 수 있다.

```
int ch = myTv.getChannel();
```

위의 문장에서는 myTv가 가리키는 객체의 getChannel()이 호출되고 getChannel()은 return 문장을 이용하여서 객체가 가지고 있는 변수 channel 값을 반환한다. 이 값은 변수 ch에 저장된다.

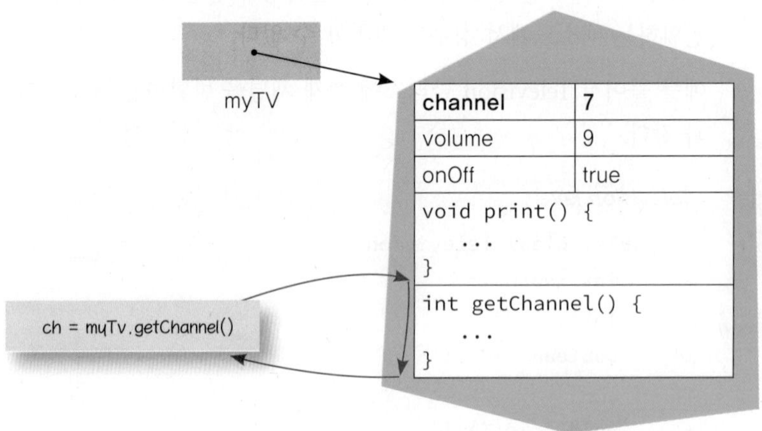

인수와 매개 변수

이제까지는 값을 전달하지 않는 메소드 만을 살펴보았지만 메소드를 호출할 때는 값을 전달할 수 있다. 호출하는 곳에서 메소드 호출시 전달하는 값을 **인수(argument)**라고 하고 메소드에서 값을 받을 때 사용하는 변수를 **매개 변수(parameter)**라고 한다. 매개 변수는 콤마로 분리된 변수 선언이다.

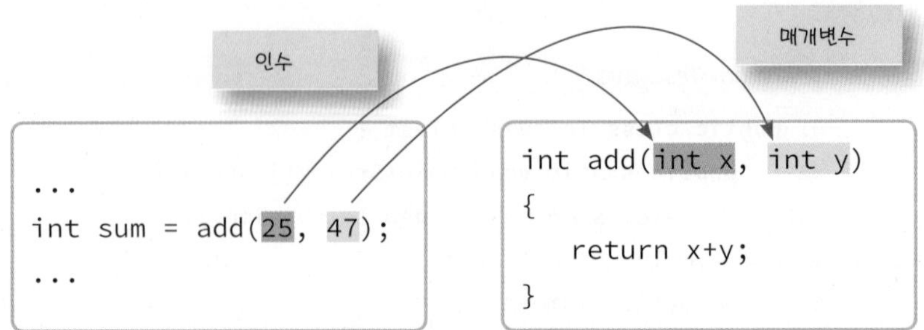

매개변수를 사용하는 간단한 예제를 살펴보자. Math 클래스 안에는 add() 메소드가 정의되어 있다. add()는 전달된 값들의 합을 계산하여 반환한다.

Math.java

```
public class Math {
    int add(int x, int y) {
        return x + y;
    }
}
```

x와 y는 add()의 매개변수이다.

MathTest.java

```
public class MathTest {
    public static void main(String[] args) {
        int sum;
        Math obj = new Math();
        sum = obj.add(2, 3);
        System.out.println("2와 3의 합은 " + sum);
        sum = obj.add(7, 8);
        System.out.println("7와 8의 합은 " + sum);
    }
}
```

2와 3은 인수로서 add()로 전달된다.

```
2와 3의 합은 5
7와 8의 합은 15
```

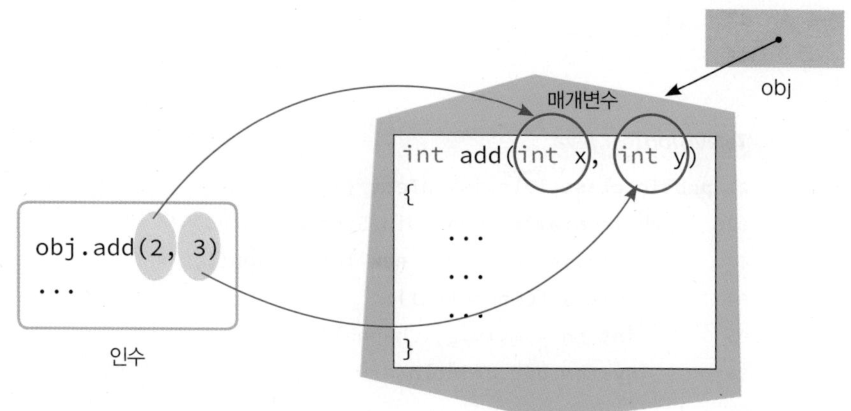

이 프로그램에서 add()는 2번 호출되고 그때마다 다른 값이 add()로 전달된다. add()가 첫 번째로 호출될 때는 2와 3이 add()로 전달되고 매개변수 x는 2를 받고 매개 변수 y는 3을 받는다. 두 번째로 호출될 때는 인수가 7과 8이 된다. 이번에는 매개변수 x는 7을 받고 매개 변수 y는 8을 받는다.

우리의 Television 클래스에 매개변수가 있는 메소드를 추가하여 보자. 채널을 설정하는 메소드 setChannel(int ch)을 추가하여 보자.

```java
void setChannel(int ch) {
    channel = ch;
}
```

setChannel() 메소드는 채널 번호를 전달받아서 필드 channel에 저장한다. 전체 소스는 다음과 같이 된다.

Television.java

```java
public class Television {
    int channel;        // 채널 번호
    int volume;         // 볼륨
    boolean onOff;      // 전원 상태

    void print() {
        System.out.println("채널은 " + channel + "이고 볼륨은 " +
            volume + "입니다.");
    }

    int getChannel() {
        return channel;
    }

    void setChannel(int ch) {
        channel = ch;
    }
}
```

매개변수를 가지는 메소드

TelevisionTest.java

```java
public class TelevisionTest {
    public static void main(String[] args) {
        Television myTv = new Television();
        myTv.setChannel(11);
        int ch = myTv.getChannel();
        System.out.println("현재 채널은 " + ch + "입니다.");
    }
}
```

```
현재 채널은 11입니다.
```

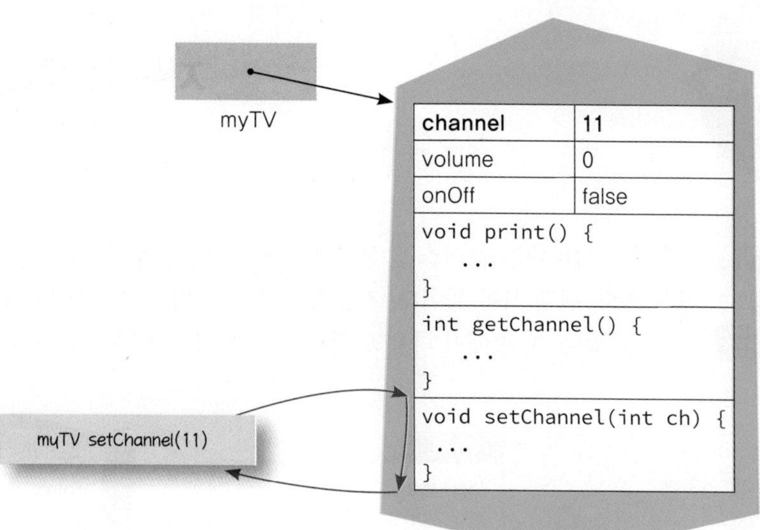

메소드의 이름짓기

메소드는 어떤 이름이라도 가질 수 있지만 자바에는 예전부터 내려온 약속은 있다. 관습적으로 메소드의 첫 글자는 소문자로 한다. 그리고 동사로 시작한다. 동사 다음에는 명사나 형용사가 올 수 있다. 만약 여러 단어로 된 이름이라면 두 번째 단어부터 단어의 첫 글자는 대문자가 된다. 자바 튜토리얼에서 추천한 메소드 이름들은 다음과 같다.

- run()
- runFast()
- getBackground()
- getFinalData()
- compareTo()
- setX()
- isEmpty()

LAB 자동차 클래스 작성하기

자동차를 나타내는 클래스를 정의하여 보자. 예를 들어, 자동차의 경우, 속성은 색상, 현재 속도, 현재 기어 등이다. 자동차의 동작은 기아 변속하기, 가속하기, 감속하기 등을 들 수 있다. 이 중에서 다음 그림과 같은 속성과 동작만을 추려서 구현해보자.

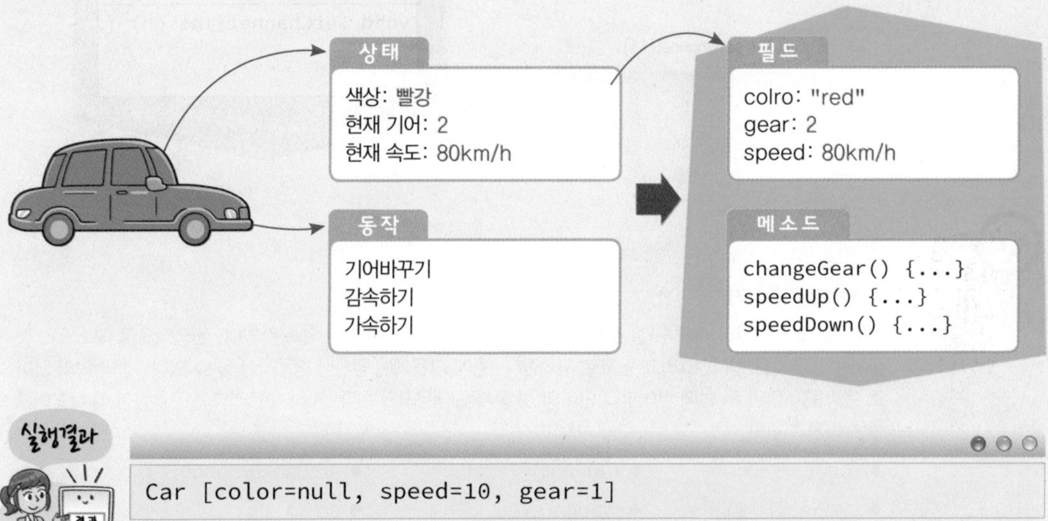

```
Car [color=null, speed=10, gear=1]
```

Hint

추가적으로 toString() 메소드를 Car 클래스에 추가하여 보자. toString()에서는 필드의 값을 하나의 문자열로 만들어서 반환한다. 클래스가 toString()을 가지고 있으면 다음과 같은 문장으로 객체의 상태를 화면에 출력할 수 있다.

```
System.out.println(obj);
```

자동차 클래스 작성하기

Car.java

```
public class Car {
    String color;  // 색상
    int speed;     // 속도
    int gear;      // 기어

    @Override
    public String toString() {
        return "Car [color=" + color + ", speed=" + speed + ", gear=" +
            gear + "]";
    }

    void changeGear(int g) {
        gear = g;
    }

    void speedUp() {
        speed = speed + 10;
    }

    void speedDown() {
        speed = speed - 10;
    }
}
```

toString() 메소드는 이클립스에서 자동으로 생성시킬 수 있다. [Source] → [Generate toString()...] 메뉴를 사용해보자.

CarTest.java

```
public class CarTest {
    public static void main(String[] args) {

        Car myCar = new Car();
        myCar.changeGear(1);
        myCar.speedUp();
        System.out.println(myCar);
    }
}
```

객체 생성

객체의 메소드 호출

toString()호출

```
Car [color=null, speed=10, gear=1]
```

위의 프로그램에서 자동차 연비를 나타내는 속성을 추가하여 보자. 그리고 지정된 거리를 주행하는데 필요한 연료의 양을 계산하는 메소드도 추가하여 보자.

05 메소드 오버로딩

메소드 오버로딩이란 이름이 같은 메소드를 여러 개 정의하는 것이다. 다만 각각의 메소드가 가지고 있는 매개 변수는 달라야 한다.

자바에서는 같은 이름의 메소드가 여러 개 존재할 수 있다. 이것을 **메소드 오버로딩**(method overloading)이라고 한다. 오버로딩을 사전에서 찾아보면 과적이라고 나온다. 우리는 종종 뉴스에서 트럭들이 과적하고 있다는 기사를 접하곤 한다. 하지만 프로그래밍에서는 "중복 정의", 혹은 "다중 정의"라는 의미로 사용한다. 즉, 동일한 이름의 메소드를 여러 개 정의하는 것을 의미한다. 메소드 오버로딩은 다형성을 구현하는 한 가지 방법이 된다.

obj

```
int square(int i) {
   ...
}
double square(double i) {
   ...
}
float square(float i) {
   ...
}
```

메소드 오버로딩이란 이름이 같은 메소드를 여러 개 정의하는 것입니다. 다만 각각의 메소드가 가지고 있는 매개 변수는 달라야 합니다.

동일한 이름을 사용하려면 조건이 하나 있는데 매개 변수의 개수나 자료형을 다르게 하여야 한다는 것이다. 반환형만 다르게 하는 것은 인정되지 않는다. 반드시 매개 변수의 개수가 다르거나 매개 변수의 자료형이 달라야 한다.

예를 들어서 제곱값을 구하는 메소드 square()를 여러 개 정의하여 보자. 정수값의 제곱을 계산하는 square()도 작성하고 실수값의 제곱을 계산하는 square()도 만들 수 있다면 아주 편리할 것이다.

직접 입력하여 확인

MyMath.java

```
public class MyMath {
   // 정수값을 제곱하는 메소드
   int square(int i) {
      return i * i;
   }
```

매개 변수만 다르면 메소드 이름은 같아도 된다.
이것을 메소드 오버로딩이라고 한다.

```java

    // 실수값을 제곱하는 메소드
    double square(double i) {
        return i * i;
    }
}
```

매개 변수만 다르면 메소드 이름은 같아도 된다.
이것을 메소드 오버로딩이라고 한다.

MyMathTest.java

```java
public class MyMathTest {
    public static void main(String args[]) {
        MyMath obj = new MyMath();
        System.out.println(obj.square(10));
        System.out.println(obj.square(3.14));
    }
}
```

실행결과
결과

```
100
9.8596
```

만약 square(10)과 같이 호출되면 컴파일러는 매개 변수의 개수, 타입, 순서 등을 봐서 첫 번째 메소드를 호출한다. 만약 square(3.14)와 같이 호출되면 인수가 double형이므로 두 번째 메소드를 호출할 것이다.

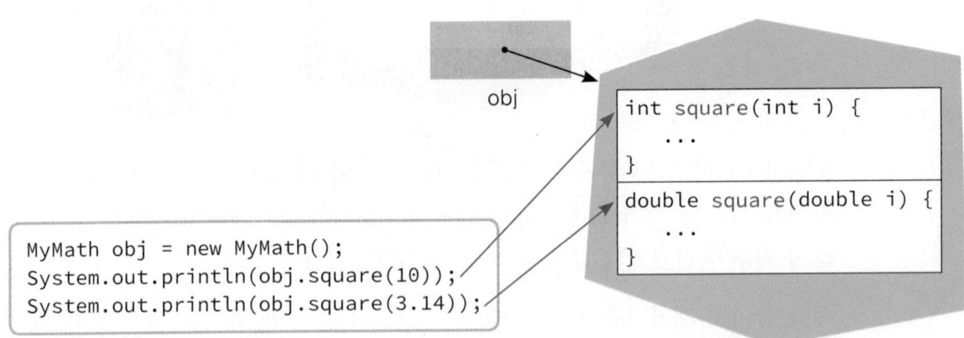

obj
int square(int i) {
...
}
double square(double i) {
...
}
MyMath obj = new MyMath();
System.out.println(obj.square(10));
System.out.println(obj.square(3.14));

위의 예제에서는 2가지 square()만 정의되었다. 하지만 square()에 byte, short, float 값도 전달할 수 있다. byte와 short 값을 전달하면 자바는 자동적으로 이것을 int형으로 변환한다. 따라서 square(int)가 호출된다. 또 float 값을 전달하면 자바가 이것을 자동적으로 double형을 변환되기 때문에 square(double)이 호출된다. 하지만 자동적인 변환은 매개 변수와 인수의 명백한 일치가 없는 경우에만 적용된다. 예를 들어서 short형을 처리하는 square(short)가 정의되어 있다면 short값을 int로 변환하지 않고 square(short)가 호출된다.

메소드 오버로딩은 왜 유용할까? 만약 메소드 오버로딩를 사용하지 않는 경우를 생각해보자. 이 경우에는 데이터의 종류에 따라서 제곱을 계산하는 메소드의 이름을 전부 다르게 지어야 한다. 예를 들어서 정수를 제곱하는 메소드는 square_i(), 실수를 제곱하는 메소드는 square_d()와 같이 서로 다른 이름을 사용하여야 한다. 이는 상당히 번거로운 일이다. 메소드 오버로딩를 사용한다면 square()라는 이름을 여러 번 중복하여서 사용할 수 있다.

메소드 오버로딩은 주의깊게 사용되어야 한다. 메소드 오버로딩은 코드를 읽기 어렵게 만들 수 있기 때문이다.

메소드 오버로딩을 사용하는 가장 대표적인 메소드가 바로 우리가 즐겨 사용하였던 println()이다. println()은 입력되는 어떤 데이터도 출력할 수 있도록 오버로딩되어 있다.

```
void println(boolean x)
void println(char x)
void println(double x)
void println(String x)
...
```

06 UML

컴퓨터 프로그래밍 초기부터 사람들은 프로그램을 그림으로 표현하기를 좋아했다. 초기에는 절차적인 논리를 그림으로 표현하기 위하여 순서도(flow chart)를 그렸다. 순서도는 알고리즘을 작성하는 데는 좋았지만 너무 세부적이었다. 1970년대에 구조적인 프로그래밍이 유행하면서 프로그래머들은 프로그램의 전반적인 구조를 구조도(structure chart)로 그렸다. 구조도는 프로그램의 각 모듈 사이의 구조적인 관계를 나타낸다.

객체 지향 프로그래밍에서도 프로그래머들은 애플리케이션을 구성하는 클래스들 간의 관계를 그리기 위하여 클래스 다이어그램(class diagram)을 사용한다. 가장 대표적인 클래스 다이어그램 표기법은 **UML(Unified Modeling Language)**이다. 사실 UML은 클래스만을 그리는 도구는 아니고 객체지향설계 시에 사용되는 일반적인 모델링 언어라고 할 수 있다. UML을 사용하면 소프트웨어를 본격적으로 작성하기 전에 구현하고자 하는 시스템을 시각화하여 검토할 수 있다.

UML은 Rational Software의 Grady Booch, Ivar Jacobson, James Rumbaugh에 의하여 1994-95에 걸쳐서 첫 번째 버전이 완성되었다. 1997년에 Object Management Group (OMG)에 의하여 표준으로 채택되었다. 2005년에 International Organization for Standardization (ISO)에 의하여 ISO 표준으로 되었다.

UML의 구성 요소에는 클래스 다이어그램, 객체 다이어그램, 상태 다이어그램, 시퀀스 다이어그램 등과 같은 많은 다이어그램이 있다. 우리는 클래스 다이어그램에 대해서만 살펴볼 것이다.

각 클래스는 사각형으로 그려진다. 사각형은 반드시 클래스 이름을 포함하여야 한다. 사각형은 세부분으로 나누어져 있다. 첫 번째 부분은 클래스의 이름이다. 중간 부분은 필드들이 나열되고 아래 부분에는 메소드들이 나열되어 있다. 예를 들어서 아래 그림은 자동차를 나타내는 car 클래스를 UML로 그려본 것이다.

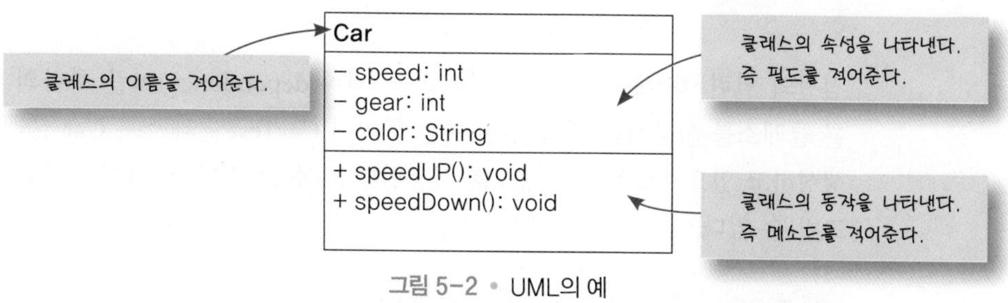

그림 5-2 • UML의 예

필드에 대해서는 자료형을 표기할 수 있고, 메소드에 대해서는 매개 변수와 반환형을 표기할 수 있다. 필드의 자료형은 이름 뒤에 : 기호를 쓰고 자료형을 적으면 된다.

필드나 메소드의 이름 앞에는 가시성 표시자(visibility indicator)가 올 수 있다(아직 학습하지 않았다. 6장에서 설명된다.). +는 public을, -는 private을 의미한다.

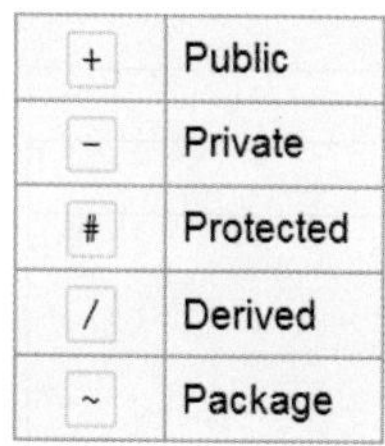

+	Public
-	Private
#	Protected
/	Derived
~	Package

클래스 다이어그램에서는 화살표를 사용하여 클래스 간의 관계를 나타낼 수 있다. UML은 다양한 화살표를 사용한다. 이 용어들은 아직 학습하지 않은 것이다.

표 5-1 • UML에서 사용되는 화살표의 종류

관계	화살표
일반화(generalization), 상속(inheritance)	———▷
구현(realization)	- - - - ▷
구성관계(composition)	———◆
집합관계(aggregation)	———◇
유향 연관(direct association)	———>
양방향 연관(bidirectional association)	———
의존(dependency)	- - - - >

중요한 클래스 관계에는 가장 일반적인 클래스 연결 관계인 연관(association), 전체와 부분을 나타내는 집합(aggregation), 다른 클래스의 코드를 상속받는 상속(inheritance), 하나의 클래스가 다른 클래스에 영향을 주는 의존(dependency)이 있다. 우리는 일단 하나만 알아두자.

의존 관계

점선의 열린 화살표는 의존을 나타낸다. 의존(dependency)이란 하나의 클래스가 다른 클래스를 사용하는 관계이다. 예를 들어서 CarTest 클래스는 Car 클래스의 객체를 생성하고 있으므로 Car 클래스를 사용한다고 볼 수 있다. 따라서 아래와 같은 표시로 그릴 수 있다.

CarTest.java

```java
public class CarTest {
    public static void main(String[] args) {
        Car myCar = new Car();
        myCar.speedUp();
    }
}
```

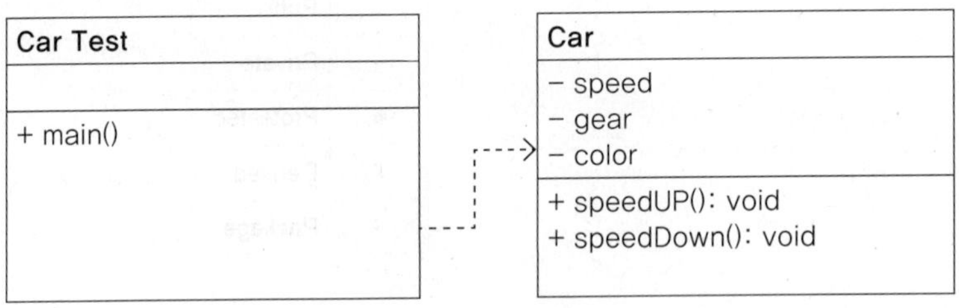

그림 5-3 • Car 예제의 UML

07 String 클래스 사용

앞 절에서는 우리가 직접 클래스를 작성하여 사용하였다. 하지만 실제 프로그래밍에서는 다른 사람이 이미 제작해놓은 클래스들을 가져다가 사용하는 경우가 훨씬 많다. 자바 언어 자체에서 제공하는 기본적인 클래스들도 많고 또 라이브러리를 통하여 아주 방대한 양의 클래스를 제공한다. 이들 클래스들을 잘 사용하게 되면 쉽게 프로그램을 작성할 수 있다.

여기서는 자바에서 우리에게 제공하는 String 클래스를 이용하여서 문자열을 생성하고 사용하는 방법을 복습하여 보자. 자바에서는 문자열도 객체로 취급된다.

문자열은 객체

문자열(string)은 프로그램에서 많이 사용되는 중요한 자료형이다. 문자열은 "Hello World!"와 같이 문자들의 나열(sequence)이다. 문자열은 자바에서 기초 자료형이 아니다. 즉 자바 언어에는 문자열을 저장할 수 있는 기초 자료형은 없다. 그러나 문자열을 저장하고 처리하는 String이라고 하는 클래스가 존재한다. 우리는 이 String 클래스를 이용하여 문자열을 저장하고 처리할 수 있다. 따라서 정수나 실수와는 다르게 문자열은 객체라는 점을 잘 기억하여야 한다.

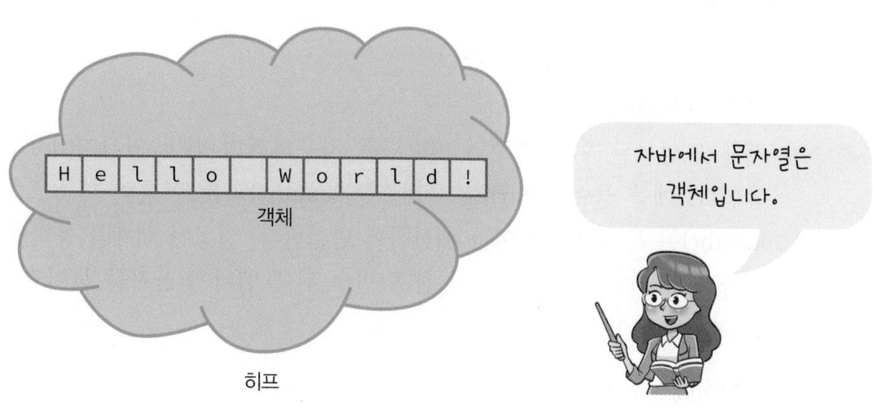

그림 5-4 • 문자열은 객체이다.

객체의 생성

클래스가 누군가에 의하여 이미 작성되어 있다면 객체를 생성하여 사용할 수 있다. 자바에서 객체를 생성하는 방법은 단 하나뿐이다. 키워드 new를 사용하면 된다. 예를 들어서 문자열 객체를 생성하려면 다음과 같이 한다.

```
String  s = new String("Hello World!");    // 선언과 동시에 초기화
```

위의 문장을 실행하면 String 클래스의 객체가 하나 생성된다. 여기서 s는 참조 변수로서 생성된 객체를 가리키는 변수이다. 기초 변수는 값을 변수 안에 저장하지만 참조 변수는 객체의 주소가 저장된다.

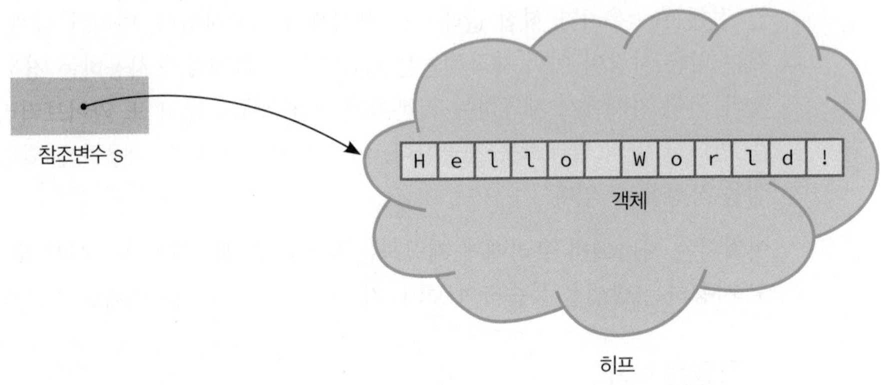

여기서 문자열은 자주 사용되므로 new 연산자를 사용하지 않고 문자열 상수로 표기해도 자동적으로 객체가 생성된다.

```
s = "Hello World!";    // 이렇게 하여도 객체가 생성된다.
```

즉 String 객체에 대해서는 new 연산자의 호출을 생략할 수 있다.

객체의 메소드 호출

객체가 생성된 후에 객체의 메소드를 사용하려면 멤버 연산자(dot operator)를 사용한다. 예를 들어서 String 클래스는 length()라는 이름의 메소드를 가지고 있다. length()는 문자열의 길이를 계산하여 반환한다. 생성된 객체를 통하여 length() 메소드를 사용하려면 다음과 같이 참조 변수 뒤에 멤버 연산자를 붙이고, 호출하는 메소드 이름을 적어주면 된다.

```
String s = new String("Hello World!");
int size = s.length();    // size는 12가 된다.
```

클래스가 제공하는 메소드에 어떤 것이 있는지는 클래스의 제작자가 알려 주어야 한다. String 클래스의 경우, 자바 언어에 포함된 클래스이기 때문에 자바 API 문서를 보면 String 클래스가 제공하는 메소드들이 자세하게 나열되어 있다.

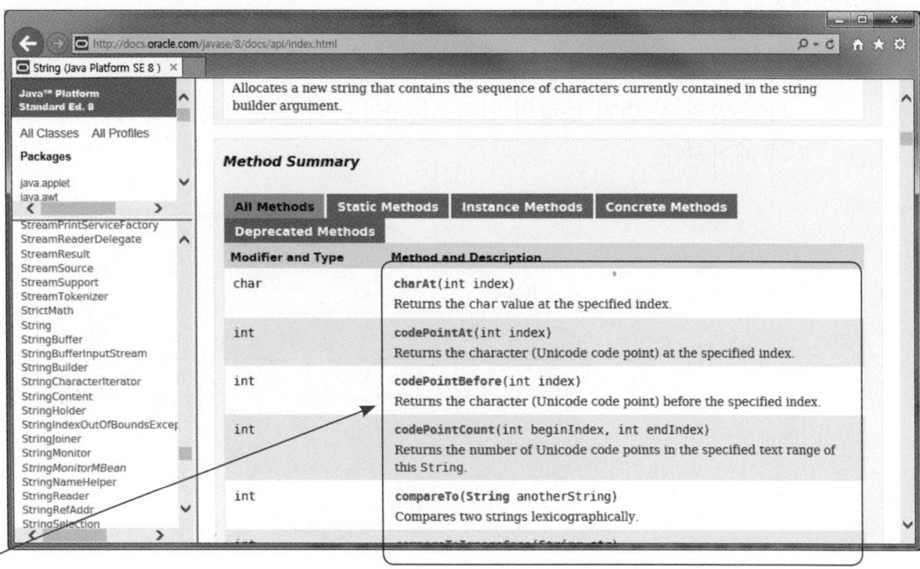

String 클래스 살펴보기

자바 API 문서에서 String 클래스를 찾아보면 많은 메소드들이 포함되어 있다. 그중에서 많이 사용되는 몇 가지만을 추리면 다음과 같다.

반환형	메소드 요약
char	charAt(int index) 지정된 인덱스에 있는 문자를 반환한다.
int	compareTo(String anotherString) 사전적 순서로 문자열을 비교한다. 앞에 있으면 -1, 같으면 0, 뒤에 있으면 1이 반환된다.
String	concat(String str) 주어진 문자열을 현재의 문자열 뒤에 붙인다.
boolean	equals(Object anObject) 주어진 객체와 현재의 문자열을 비교한다.
boolean	equalsIgnoreCase(String anotherString) 대소문자를 무시하고 비교한다.
boolean	isEmpty() length()가 0이면 true를 반환한다.
int	length() 현재 문자열의 길이를 반환한다.
String	replace(char oldChar, char newChar) 주어진 문자열에서 oldChar를 newChar로 변경한, 새로운 문자열을 생성하여 반환한다.
String	substring(int beginIndex, int endIndex) 현재 문자열의 일부를 반환한다.
String	toLowerCase() 문자열의 문자들을 모두 소문자로 변경한다.
String	toUpperCase() 문자열의 문자들을 모두 대문자로 변경한다.

String 객체는 일단 생성되면 그 내용은 변경이 불가능하다. 따라서 위의 메소드 중에서 일부 메소드는 변경된 문자열을 담은 새로운 객체를 생성하여 반환한다. 또한 문자열 안의 첫 번째 문자의 인덱스는 0이고 다음 문자는 1, ...이런 식으로 문자에 번호가 매겨진다.

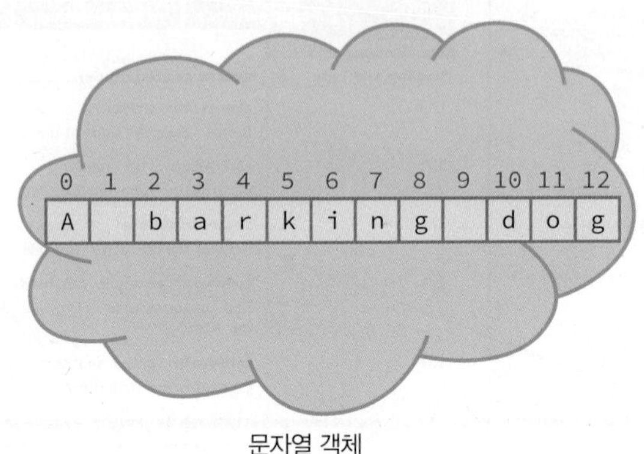

그림 5-5 • 문자열 객체의 내부

예제: String 클래스 사용하기

위에 나열된 몇 개의 메소드를 사용하여서 문자열을 결합하고 문자를 변경하고 서브 문자열을 추출하여 보자.

StringTest.java

```
public class StringTest
{
    public static void main (String[] args)
    {
        String proverb = "A barking dog";        // new 연산자 생략
        String s1, s2, s3, s4; // 참조 변수로서 메소드에서 반환된 참조값을 받는다.

        System.out.println ("문자열의 길이 =" + proverb.length());

        s1 = proverb.concat (" never Bites!");    // 문자열 결합
        s2 = proverb.replace ('B', 'b');          // 문자 교환
        s3 = proverb.substring (2, 5);            // 부분 문자열 추출
        s4 = proverb.toUpperCase();               // 대문자로 변환

        System.out.println(s1);
        System.out.println(s2);
        System.out.println(s3);
        System.out.println(s4);
    }
}
```

```
문자열의 길이 =13
A barking dog never Bites!
A barking dog
bar
A BARKING DOG
```

문자열 상수

문자열 상수는 "Hello World!"와 같이 이중 따옴표를 사용하여 표현된다.

```
"Hello World!"
```

문자열 상수도 String 클래스의 객체로 저장된다. 따라서 String 클래스의 메소드를 문자열 상수를 통해서도 사용할 수 있다. 예를 들어서 다음과 같은 문장도 가능하다.

```
int   size= "Hello World!".length();     // 문자열의 크기
System.out.println(size);                // 12가 출력된다.
```

문자열의 결합

두 개의 문자열은 + 연산자를 이용하여 결합될 수 있다. + 연산자가 문자열에 적용되는 경우, 결합 연산자(concatenation operator)라고도 불린다.

```
String subject = "Money";
String other = " has no value if it is not used";
String sentence = subject + other;?
      // "Money has no value if it is not used"
```

수치값을 문자열로 변환하는 방법

자바에서는 문자열과 기초 자료형 변수를 결합하게 되면 자동적으로 기초 자료형을 문자열로 변환한다. 따라서 아래의 문장에서는 자동적으로 변수 x의 값이 문자열로 변환된다.

```
int x = 20;
System.out.println("결과값은 " + x);    // "결과값은 20"이 출력된다.
```

상수와 문자열을 결합하여도 마찬가지이다.

```
String answer = "The answer is " + 100;    // "The answer is 100"
```

여기서 주의할 점은 수치값이 문자열에 +연산자로 합해지는 경우에만 문자열로 변환되어서 결합된다. 다음의 두 가지 경우를 비교하라.

```
System.out.println("100" + 20);     // 10020이 출력된다.
System.out.println(100 + 20);       // 120이 출력된다.
```

문자열을 수치값으로 변환하는 방법

반대의 경우에는 어떻게 해야 할까? 즉 문자열 "123"을 숫자 123으로 변환하려면 어떻게 하여야 하는가? 자바에는 이것을 전문으로 해주는 클래스가 있다. 바로 랩퍼 클래스인 Integer 클래스이다. 자바에서는 정수나 실수와 같은 기초 자료형을 제외하고는 모든 것이 객체로 되어 있다. 하지만 어떤 경우에는 기초 자료형도 객체로 포장하고 싶은 경우가 있다. 이런 경우에 사용하는 클래스가 바로 **랩퍼 클래스(wrapper class)**이다. 예를 들어서 Integer 클래스는 정수값을 데이터로 가지고 있다. 자바의 각 기초 자료형에 대하여 해당되는 랩퍼 클래스가 존재한다.

기초 자료형	랩퍼 클래스
byte	Byte
short	Short
int	Integer
long	Long
float	Float
double	Double
char	Character
boolean	Boolean
void	Void

랩퍼 클래스는 기초 자료형을 클래스로 만들고 싶은 경우에 사용하면 됩니다. 문자열을 수치값으로 변환해주는 메소드도 가지고 있습니다.

랩퍼 클래스는 여러 가지 유용한 메소드도 제공한다. 특히 저장된 값을 다른 자료형으로 변환하는 메소드를 제공한다. 이중에서도 가장 많이 사용되는 메소드는 기초 자료형을 문자열로 변환하거나, 또는 반대로 변환하는 메소드이다. Integer 클래스가 제공하는 메소드 중의 일부를 살펴보면 다음과 같다.

반환값	메소드 이름	설명
byte	byteValue()	int형을 byte형으로 변환한다.
double	doubleValue()	int형을 double형으로 변환한다.
float	floatValue()	int형을 float형으로 변환한다.
int	parseInt(String s)	문자열을 int형으로 변환한다.
String	toBinaryString(int i)	int형의 정수를 2진수 형태의 문자열로 변환한다.
String	toHexString(int i)	int형의 정수를 16진수 형태의 문자열로 변환한다.
String	toOctalString(int i)	int형의 정수를 8진수 형태의 문자열로 변환한다.

이들 메소드는 많이 사용되므로 객체를 생성하지 않고 클래스의 이름에 멤버 연산자를 붙여서 사용할 수 있다. 문자열을 기초 자료형으로 변환하려면 각 랩퍼 클래스의 parseXXX() 메소드를 사용한다. 이러한 메소드가 필요한 이유는 사용자가 값을 입력하는 경우, 대개 문자열로 입력되기 때문이다. 따라서 문자열을 수치값으로 변환할 필요가 있다. 아래와 같이 각 기초 자료형에 따라 해당되는 랩퍼 클래스를 사용하여야 한다.

```
int i = Integer.parseInt("123");
        // 변수 i에 정수 123이 저장된다.
double d = Double.parseDouble("3.141592");
        // 변수 d에 실수 3.141592가 저장된다.
```

String 클래스 활용

사용자에게 문자열을 받아서 문자열이 “www”로 시작하는지를 검사하는 프로그램을 작성해보자. 사용자가 “quit”를 입력하면 프로그램을 종료한다.

```
문자열을 입력하세요> www.google.com
www.google.com 은 'www'로 시작합니다.
문자열을 입력하세요> naver.com
naver.com 은 'www'로 시작하지 않습니다.
문자열을 입력하세요> quit
```

String 클래스는 많은 유용한 메소드를 가지고 있다. equals()는 2개의 문자열이 일치하는지를 검사할 때 사용한다.

```
if( str.equals("quit") ==true ) {
    ...
}
```

matches() 메소드는 문자열이 어떤 문자열을 포함하고 있는지를 검사할 때 사용한다. 특히 정규식(regular expression)을 사용하여서 어떤 규칙을 적용할 수 있다. 문자열이 처음에 “www.”로 시작하는지를 검사하려면 다음과 같은 정규식을 사용하면 된다.

```
str.matches("^www\\.(.+)"
```

정규식에서 사용되는 메타문자의 의미를 요약하면 다음과 같다.

식	기능	설명
^	시작	문자열의 시작을 표시
$	끝	문자열의 끝을 표시
.	문자	한 개의 문자와 일치
\d	숫자	한 개의 숫자와 일치
\w	문자와 숫자	한 개의 문자나 숫자와 일치
\s	공백문자	공백, 탭, 줄바꿈, 캐리지리턴 문자와 일치
[]	문자 종류, 문자 범위	[abc]는 a 또는 b 또는 c를 나타낸다. [a-z]는 a부터 z까지 중의 하나, [1-9]는 1부터 9까지 중의 하나를 나타낸다.

String 클래스 활용

StringTest.java

```
import java.util.Scanner;

public class StringTest {

   public static void main(String a[]) {

      String str;
      Scanner sc = new Scanner(System.in);

      while (true) {
         System.out.print("문자열을 입력하세요> ");
         str = sc.next();
         if (str.equals("quit") == true)
            break;
         if (str.matches("^www\\.(.+)")) {
            System.out.println(str + " 은 'www'로 시작합니다.");
         } else {
            System.out.println(str + " 은 'www'로 시작하지 않습니다.");
         }
      }
   }
}
```

www.로 시작하는 문자열인지를 검사한다.

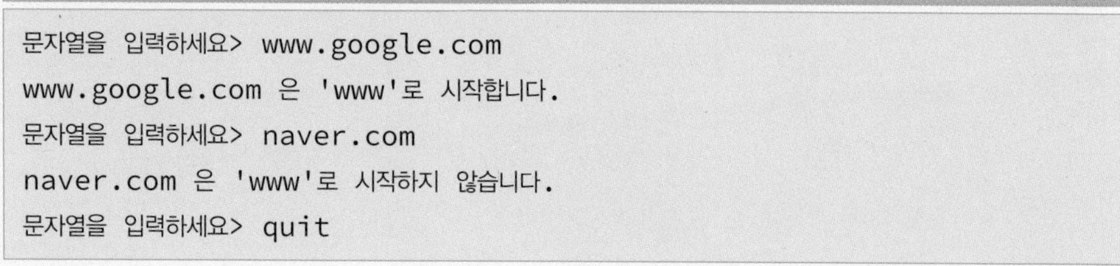

```
문자열을 입력하세요> www.google.com
www.google.com 은 'www'로 시작합니다.
문자열을 입력하세요> naver.com
naver.com 은 'www'로 시작하지 않습니다.
문자열을 입력하세요> quit
```

배열에 저장된 문자열 중에서 가장 길이가 긴 문자열을 찾아내는 프로그램을 작성하여 보자.

Introduction to **JAVA PROGRAMMING**

06

CHAPTER

클래스와 메소드 심층 탐구

학습목표

우리는 앞에서 클래스를 정의하고 객체를 생성하는 방법을 살펴보았다. 이번 장에서는 객체 안의 각 변수들의 접근을 제어하는 방법, 접근자와 설정자, 메소드를 중복해서 정의하는 방법, 정적 멤버와 같은 개념을 학습하여 보자.

학습목차

클래스를 사용하기가 조금 복잡하네요!
네. 먼저 클래스와 객체의 개념을 확실히 이해하는 것이 중요합니다. 다른 것들은 차츰 익숙해질 것입니다.

01 접근 제어

우리는 앞장에서 클래스 안에 변수나 메소드들을 정의하였다. 이들 변수나 메소드는 누구나 사용할 수 있는 것처럼 설명하였다. 하지만 이렇게 하는 것이 좋은 것일까? 클래스의 변수나 메소드를 누구나 마음대로 사용한다면 많은 문제가 발생할 것이다. "예를 들면 어떤 문제들이 있나요?"라는 질문이 나올 수 있겠다. 예컨대 클래스의 개발자가 외부에 보여줘서는 안 되는 정보가 있을 수 있다. 직원을 모델링하는 Employee 클래스를 살펴보자.

```
class Employee {
    String name;
    int regNumber;        // 주민등록번호
    ...
}
```

Employee 클래스 안에 선언된 변수 중에서 regNumber(주민등록번호)와 같은 민감한 정보는 클래스 내부에서만 사용하도록 할 수 있다면 좋을 것이다.

접근 제어(access control)란 클래스의 멤버에 접근하는 것을 제어하는 것이다. public이나 private의 접근 지정자를 멤버 앞에 붙여서 접근을 제한하게 된다. public은 공용이라는 의미이므로 public을 멤버 앞에 붙이면 누구나 자유롭게 접근할 수 있는 멤버가 된다. 반대로 private는 전용이라는 의미이므로 private를 붙이면 클래스 안에서만 접근이 가능한 멤버가 된다. protected 키워드를 붙이면 멤버는 부모 클래스와 자식 클래스만이 접근할 수 있다(7장 상속에서 다시 설명할 것이다).

그런데 만약 멤버 앞에 아무것도 붙이지 않으면 어떻게 될까? 멤버 앞에 접근 지정자가 없으면 디폴트(default)로 동일한 패키지 안에서만 접근이 가능하게 된다. 패키지(package)란 서로 관련된 클래스들을 하나로 묶은 것이다. 우리는 7장에서 자세히 학습하게 된다.

클래스의 멤버에 대한 접근을 제어하는 것은 객체 지향 프로그래밍의 핵심적인 부분이다. 접근을 제어하게 되면 객체를 잘못 사용하는 것도 방지할 수 있다. 올바르게 정의된 메소드만 데이터를 사용할 수 있게 하면 데이터의 값이 부적절하게 변경되는 것을 막을 수 있다. 예를 들어서 데이터의 범위를 검사하여서 범위를 벗어난 값이 멤버에 저장되는 것을 막을 수 있다.

자바의 접근 제어 지정자

멤버 접근 제어는 3가지의 지정자로 이루어진다. public, private, protected가 바로 그것이다. 자바의 접근 지정자는 아래 표로 요약할 수 있다.

접근 지정자	클래스	패키지	자식 클래스	전체 세계
public	O	O	O	O
protected	O	O	O	X
없음	O	O	X	X
private	O	X	X	X

간단한 클래스를 이용하여서 접근 제어를 이해하여 보자.

Test.java

```
class A {
    private int a;       // 전용
    int b;               // 디폴트
    public int c;        // 공용
}

public class Test {
    public static void main(String args[]) {

        A obj = new A();  // 객체 생성

        obj.a = 10;        // 전용 멤버는 다른 클래스에서는 접근 안 됨
        obj.b = 20;        // 디폴트 멤버는 접근할 수 있음
        obj.c = 30;        // 공용 멤버는 접근할 수 있음
    }
}
```

위의 클래스를 그림으로 그려보면 다음과 같다.

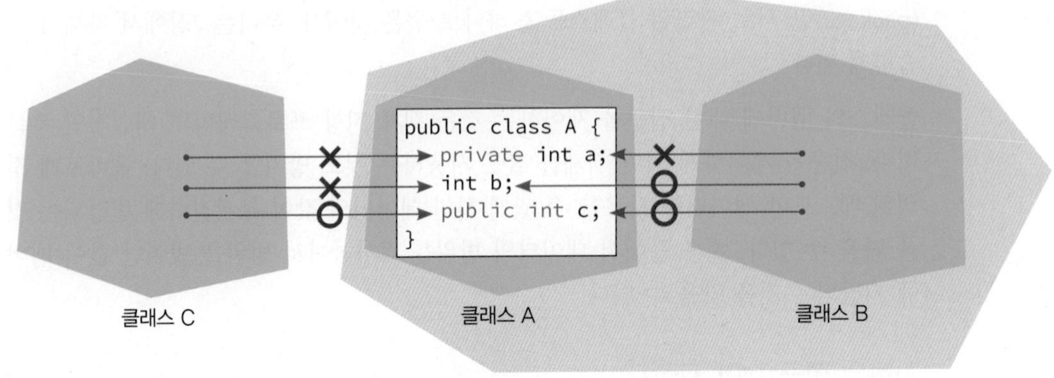
public class A {
private int a;
int b;
public int c;
}
클래스 C
클래스 A
클래스 B
자바 패키지

각 변수들을 접근 제어의 차원에서 분석해보자.

- 변수 a는 private로 정의되었으므로 변수 a는 클래스 A안에서는 사용할 수 있다. 하지만 Test 클래스에서는 사용할 수 없다. 클래스가 다르기 때문이다.
- 변수 b 앞에는 아무런 접근 지정자가 붙지 않았다. 이런 경우에는 동일한 패키지에 있는 클래스라면 얼마든지 사용이 가능하다. 위의 코드에서는 패키지를 지정하지 않았기 때문에 클래스 A와 클래스 Test는 디폴트 패키지에 속하게 된다. 따라서 Test 클래스에서도 b를 사용할 수 있는 것이다.
- 변수 c는 public으로 정의되어 있기 때문에 얼마든지 외부에서 사용이 가능하다.

지금까지는 변수만 가지고 접근 제어를 설명하였지만 메소드에 대해서도 똑같은 이야기를 할 수 있다. 메소드를 정의할 때도 앞에 private, public, protected를 붙일 수 있고 그 의미는 변수의 경우와 동일하다.

참고!

접근 제어를 선택하는 팁

일반적으로 멤버에 대해서는 가장 엄격한 접근 제어를 선택하는 것이 좋다. 만약 특별한 이유가 없으면 private를 선택하자.

상수를 제외하고는 필드에 public을 사용하면 안 된다. 외부 클래스들이 public 필드를 자유롭게 사용하면 코드를 변경하기가 힘들어진다.

02 접근자와 설정자

객체 지향 방법의 개념 중에 **정보 은닉(information hiding)**이 있었다. 정보 은닉이란 구현의 세부 사항을 클래스 안에 감추는 것이다. 대표적인 것이 클래스 안의 데이터를 외부에서 마음대로 변경하지 못하게 하는 것이다. 따라서 클래스 안에 변수를 선언할 때는 private를 붙이는 것이 좋다. private를 붙이게 되면 외부로부터의 접근이 차단된다. 클래스는 다음과 같이 설계하는 것이 좋다고 한다.

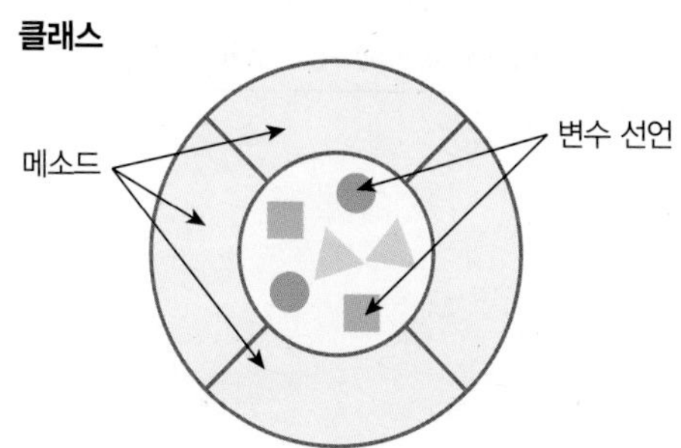

변수는 안에 감추고 메소드들은 외부에서 사용하도록 허용하는 것입니다.

하지만 만약 클래스 안에 저장된 필드 값이 꼭 필요한 경우에는 어떻게 하면 좋을까? 이 경우에는 어떤 특수한 메소드가 있어서 이들 메소드가 데이터 값을 읽어서 외부로 전달해주면 좋을 것이다. 필드와 관련된 두 가지의 종류의 메소드가 있다. 하나는 필드값을 반환하는 **접근자(getters)**이고 또 하나는 필드값을 설정하는 **설정자(setters)**이다. 이러한 메소드는 대개 get이나 set이 메소드 이름 앞에 붙여진다. 예를 들면 getBalance()는 접근자이고 setBalance()는 설정자이다.

접근자와 설정자 메소드만을 통하여 필드에 접근하여야 합니다.

예를 들어서 은행 통장을 나타내는 Account 클래스를 작성해보자. 통장은 고객이름, 잔고 등의 정보를 가지고 있다. 이들 정보를 보호해 보자. 필드를 private로 선언하고 필드에 대하여 접근자와 설정자를 추가하여 보면 다음과 같다.

Account.java

```java
public class Account {
    private int regNumber;
    private String name;
    private int balance;

    public String getName() {    return name;    }
    public void setName(String name) {    this.name = name;    }
    public int getBalance() {    return balance;    }
    public void setBalance(int balance) {    this.balance = balance;    }

}
```

필드가 모두 private로 선언되었다. 클래스 내부에서만 사용이 가능하다.

접근자와 생성자

AccountTest.java

```java
public class AccountTest {
    public static void main(String[] args) {
        Account obj = new Account();
        obj.setName("Tom");
        obj.setBalance(100000);
        System.out.println("이름은 " + obj.getName() + " 통장 잔고는 "
              + obj.getBalance() + "입니다.");
    }
}
```

접근자와 설정자를 사용하고 있다.

```
이름은 Tom 통장 잔고는 100000입니다.
```

클래스 Account의 필드 name과 balance는 모두 private로 선언되었다. 이들 필드하고 연결된 설정자와 접근자도 정의하였다. 예를 들면 필드 balance에 대한 접근자는 getBalance()이고 설정자는 setBalance()이다. 필드가 private로 선언되어 있더라도 외부에서는 이들 메소드를 이용하면 불편 없이 필드의 값을 변경하거나 읽을 수 있다.

바이트 코드

이클립스에서는 접근자와 설정자를 쉽게 만들 수 있는 기능이 내재되어 있다. [Sources] → [Generate Getters and Setters] 메뉴를 이용하면 원하는 필드를 선택하여서 자동으로 설정자와 접근자를 생성할 수 있다.

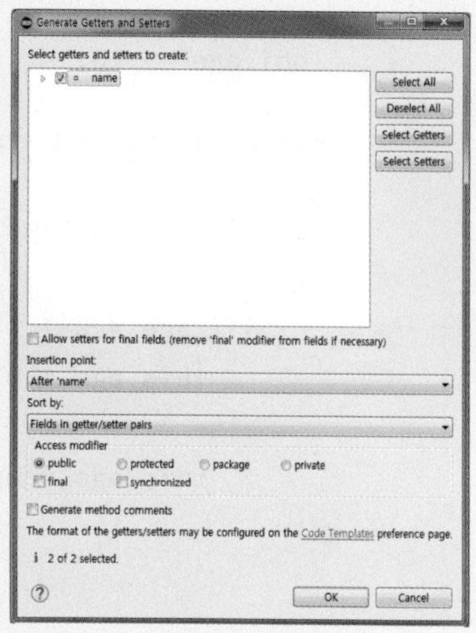

접근자와 설정자의 사용 이유

앞의 예제를 처음 본 사람들은 의아하게 생각한다. obj.balance=100000과 같이 객체의 필드에 바로 접근하는 것이 시간을 절약할텐데 무엇 때문에 귀찮게 메소드를 통하여 변수에 간접적으로 접근하라고 강요하는 것일까? 여기에는 아주 중요한 이유가 있다. 접근자와 설정자를 사용하여서 필드를 간접적으로 접근하는 것은 다음과 같은 이점을 가져다준다.

- 접근자와 설정자를 사용해야만 나중에 클래스를 업그레이드할 때 편하다.
- 접근자에서 매개 변수를 통하여 잘못된 값이 넘어오는 경우, 이를 사전에 차단할 수 있다.
- 필요할 때마다 필드값을 계산하여 반환할 수 있다.
- 접근자만을 제공하면 자동적으로 읽기만 가능한 필드를 만들 수 있다.

첫 번째 이유가 가장 중요하다. 예를 들어서 앞의 Account 클래스를 보자. 만약 Account 클래스의 멤버를 외부에서 마음대로 사용하고 있었다면 은행에서 통장의 구조를 변경하기 아주 어려울 것이다. 예를 들어, 주민등록번호를 나타내는 필드인 regNumber를 외부에서 마음대로 사용하고 있었다면 주민등록번호 대신에 아이핀을 사용하도록 변경하는 것이 불가능할 것이다. 하지만 만약 설정자나 접근자를 통하여 사용하고 있었다면 개발자는 안심하고 regNumber 변수를 iPin 변수로 변경할 수 있다.

설정자는 변수의 값을 변경하려는 외부의 시도를 주의 깊게 검사할 수 있다. 예를 들어서 시간의 값을 25시로 변경하는 시도는 거부되어야 한다. 또한 인간의 나이를 음수로 변경하려는 것도 거부되어야 한다. 예를 들어서 학생을 나타내는 Student 클래스의 필드 age를 변경한다고 가정하자. 만약 메소드를 통하지 않고 필드를 직접 조작하게 한다면 다음과 같은 잘못된 값이 변수에 들어갈 수 있다.

```
obj.age = -10;     // 학생의 나이가 -10?
```

따라서 다음과 같이 설정자를 사용하는 편이 여러모로 안전하다.

```
public void setAge(int age)
{
    if( age < 0 )
        this.age = 0;
    else
        this.age = age;
}
```

가능하다면 항상 접근자와
설정자를 사용하세요!

LAB 안전한 배열 만들기

접근자와 설정자를 이용한 실제적인 예제를 작성해보자. 우리는 3장에서 배열에 대하여 학습하였다. 배열을 사용할 때 가장 위험한 점이 무엇인지 기억나는지 모르겠다. 우리는 인덱스(index)를 사용하여서 배열 요소에 접근한다. 만약 인덱스가 배열의 크기를 벗어나게 되면 실행 오류가 발생한다. 따라서 실행 오류를 발생하지 않는 안전한 배열을 작성하여 보자. 배열을 감싸는 클래스를 작성하고 배열 요소에 접근할 때, 접근자와 설정자를 사용하여서 인덱스의 값을 검사하여 안전한 값만 통과시키도록 하면 된다.

```
<<SafeArra>>
-----------------------------
-a[]: int
+lenght: int
-----------------------------
+get(index: int):int
+put(index: int, value: int)
```

클래스 SafeArray에서는 put()이 설정자이다. 만약 put(index, value)으로 잘못된 인덱스 값이 넘어오면 오류를 표시하고 배열로 전달하지 않는다. index를 검사하여서 length와 같거나 많으면 오류를 출력하면 된다.

Solution 안전한 배열 만들기

SafeArray.java

```
public class SafeArray {
   private int a[];
   public int length;

   public SafeArray(int size) {
      a = new int[size];
      length = size;
   }

   public int get(int index) {
      if (index >= 0 && index < length) {
         return a[index];
      }
      return -1;
   }

   public void put(int index, int value) {
      if (index >= 0 && index < length) {
         a[index] = value;
      } else
         System.out.println("잘못된 인덱스 " + index);
   }
}
```

설정자에서 잘못된 인덱스 번호를 차단할 수 있다.

SafeArrayTest.java

```
public class SafeArrayTest {
   public static void main(String args[]) {
      SafeArray array = new SafeArray(3);

      for (int i = 0; i < (array.length + 1); i++) {
         array.put(i, i * 10);
      }
   }
}
```

```
잘못된 인덱스 3
```

03 생성자

자동차를 나타내는 Car 클래스를 살펴보자. 클래스 안의 필드들은 어떻게 초기화를 할까?

```
public class Car {
    String color;      // 색상
    int speed;         // 속도
    int gear;          // 기어
    ...
}
```

클래스 안의 필드들은 어떻게 초기화하는 것이 좋을까요?

자바에서는 다음과 같이 초기화하는 것도 허용된다.

```
public class Car {
    String color="white";
    int speed=20;
    int gear=1;
    ...
}
```

하지만 위와 같은 방법은 사용할 수는 있지만 좋은 방법이 아니다. 많은 단점이 있지만 외부에서 값을 전달받아서 초기화 할 수 없다는 점이 가장 큰 문제다. 예를 들어서 자동차마다 색상을 다르게 초기화할 수 없는 것이다. 그런데 자바에는 훨씬 더 좋은 초기화 방법이 있다. 바로 생성자이다. **생성자(constructor)**는 객체가 생성될 때 객체를 초기화하는 특수한 메소드이다.

생성자의 이름은 클래스 이름과 같다. 일반 메소드와 아주 흡사하지만 반환값을 가지지 않는다. 생성자의 이름 앞에는 아무 것도 붙이지 않는다. 생성자는 주로 필드에 초기값을 부여할 때 많이 사용되지만 특별한 초기화 절차를 수행할 수도 있다.

형식

```
public class Car {
    Car() {
        ...
    }
}
```

클래스 이름과 동일한 메소드가 바로 생성자입니다. 여기서 객체의 초기화를 담당합니다.

생성자를 사용하는 간단한 예제를 살펴보자. 카운터를 클래스로 정의하고 생성자를 정의하여 보자.

MyCounter.java

```
public class MyCounter {
    int counter;
    MyCounter() {
        counter = 1;
    }
}
```

이것이 MyCounter의 생성자이다.

MyCounterTest.java

```
public class MyCounterTest {
    public static void main(String args[]) {
        MyCounter obj1 = new MyCounter();
        MyCounter obj2 = new MyCounter();
        System.out.println("객체 1의 counter = " + obj1.counter);
        System.out.println("객체 2의 counter = " + obj2.counter);
    }
}
```

생성자가 호출된다.

```
객체 1의 counter = 1
객체 2의 counter = 1
```

위의 코드에서 생성자는 바로 MyCounter()이다. 생성자 안에서는 필드 counter를 1로 초기화한다. 이 생성자는 객체가 생성될 때 new에 의하여 호출된다. 예를 들어서 다음과 같은 문장에서 호출된다.

```
MyCounter    obj1 = new    MyCounter();
```

여기서 호출된다.

obj1 객체에 대하여 MyCounter()가 호출되고 생성자는 obj1.counter에 1을 대입한다.

매개 변수를 가지는 생성자

앞에서는 매개 변수가 없는 생성자가 사용되었다. 일반적인 생성자는 몇 개의 매개 변수를 가진다. 매개 변수는 메소드의 매개 변수와 동일한 기능을 한다. 즉 외부에서 전달되는 값이 매개 변수에 저장된다. 예를 들어서 MyCounter에 초기값을 받는 생성자를 추가하면 다음과 같다.

MyCounter.java

```
class MyCounter {
    int counter;

    MyCounter(int value) {
        counter = value;
    }
}
```

생성자가 매개 변수를 가진다.

MyCounterTest.java

```
public class MyCounterTest {
    public static void main(String args[]) {
        MyCounter obj1 = new MyCounter(100);
        MyCounter obj2 = new MyCounter(200);

        System.out.println("객체 1의 counter = " + obj1.counter);
        System.out.println("객체 2의 counter = " + obj2.counter);
    }
}
```

생성자가 매개 변수를 가진다.

```
객체 1의 counter = 100
객체 2의 counter = 200
```

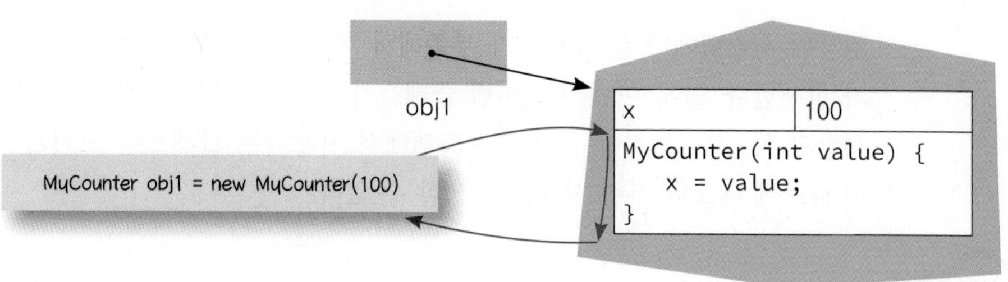

MyCounter() 생성자에서는 value라는 매개 변수를 정의하고 이것은 필드인 counter를 초기화하는데 사용된다. 객체가 new에 의하여 생성될 때, 100의 값이 생성자의 value로 전달되고 value는 counter로 대입된다.

```
MyCounter obj1 = new MyCounter(100);
```

new 연산자와 생성자

우리는 생성자를 학습하였으므로 다시 한 번 new 연산자를 들여다보자. new 연산자는 다음과 같은 형식을 가진다.

형식

```
참조변수 = new 클래스이름(인수);
```

객체가 생성될 때에는 생성자가 항상 호출된다.

여기서 "참조변수"는 생성되는 객체를 가리키는 변수이다. "클래스이름"은 현재 생성되는 클래스 이름으로 뒤에 ()가 붙으면 생성자가 된다. 생성자는 매개 변수를 가질 수 있다. 만약 클래스가 생성자를 가지지 않는다면 자바에 의하여 제공되는 기본 생성자를 사용한다. 따라서 어떤 클래스든지 생성자가 호출된다고 보아야 한다. new 연산자는 새로 생성된 객체를 가리키는 참조값을 반환한다. 이 참조값이 "참조변수"에 저장된다.

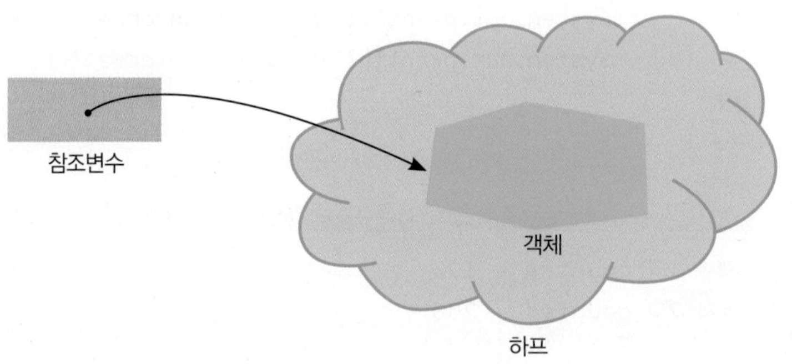

컴퓨터 시스템에 있는 메모리가 부족해서 객체를 생성할 수 없다면 실행 시간에 오류가 발생한다. 물론 이 책에서처럼 클래스가 작은 경우에는 메모리 부족 사태가 잘 발생하지 않는다. 하지만 실제 프로그램에서 사용되는 클래스는 크기가 매우 클 수 있기 때문에 메모리 부족 사태가 발생할 수 있다.

개발자가 생성자를 정의하든 안하든 자바에서 모든 클래스는 생성자를 가진다. 자바는 자동적으로 모든 멤버 변수들을 기본값으로 초기화하는 **기본 생성자(default constructor)**를 가진다. 기본 생성자에서는 필드가 int와 같은 수치형 변수라면 0으로, 참조형 변수라면 null로, 부울형 변수라면 false로 초기화한다.

"생성자"라는 이름 때문에 약간의 오해가 있을 수 있다. 생성자는 실제로 객체를 생성하는 메소드는 아니며, 객체를 초기화하는 메소드이다. 따라서 생성자를 구성자라고 번역하기도 한다.

Q 생성자는 진짜 메소드인가?

A 전문가들의 의견은 엇갈린다. 생성자가 특수한 메소드라고 하는 사람도 있고 생성자는 메소드가 아니라는 의견도 있다. 우리는 생성자가 일종의 특수한 메소드라고 생각하자.

Q 생성자에서 다른 메소드를 호출할 수 있는가?

A 생성자에서 다른 메소드를 얼마든지 호출할 수 있다.

Q 생성자를 하나도 정의하지 않아도 괜찮은가?

A 그렇다. 생성자가 하나도 정의되지 않으면 자바에서는 기본 생성자라고 하는 매개 변수가 없는 생성자를 자동으로 추가한다. 따라서 객체 생성시에 기본 생성자가 호출된다.

```
ClassA   obj = new   ClassA();   // OK!
```

하지만 생성자가 하나라도 정의되어 있으면 자동으로 추가하지 않는다. 즉 매개 변수가 있는 생성자 하나가 선언되어 있다면 다음과 같이 쓰는 것은 컴파일 오류이다.

```
ClassB   obj = new   ClassB();   // 오류!
```

Q 생성자를 사용하지 않고 필드들을 초기화할 수 있는가?

A 가능하다. 필드 선언시에 초기화하면 된다. 그러나 복잡한 초기화는 힘들다.

```
public class Car {
   private int speed = 0;
   private int gear = 0;
   private String color = "red";
   ...
}
```

LAB Television 생성자

우리가 앞에서 작성하였던 Television 클래스에 생성자를 추가하여서 업그레이드 하여 보자. 생성자는 객체가 생성될 때, channel, volume, onOff 필드를 초기화한다.

Television.java

```
public class Television {

    private int channel;       // 채널 번호
    private int volume;        // 볼륨
    private boolean onOff;     // 전원 상태




    void print() {
        System.out.println("채널은 " + channel + "이고 볼륨은 " + volume +
            "입니다.");
    }
}
```

여기에 생성자를 추가하여 보자.

자동차를 나타내는 Car 클래스에도 생성자를 추가하여 보자.

Television 생성자

Television.java

```
public class Television {
   private int channel;     // 채널 번호
   private int volume;      // 볼륨
   private boolean onOff;   // 전원 상태

   Television(int c, int v, boolean o) {
      channel = c;
      volume = v;
      onOff = o;
   }

   void print() {
      System.out.println("채널은 " + channel + "이고 볼륨은 " + volume +
         "입니다.");
   }
}
```

생성자가 정의되었다.

TelevisionTest.java

```
public class TelevisionTest {
   public static void main(String[] args) {
      Television myTv = new Television(7, 10, true);
      myTv.print();
      Television yourTv = new Television(11, 20, true);
      yourTv.print();
   }
}
```

생성자가 호출된다.

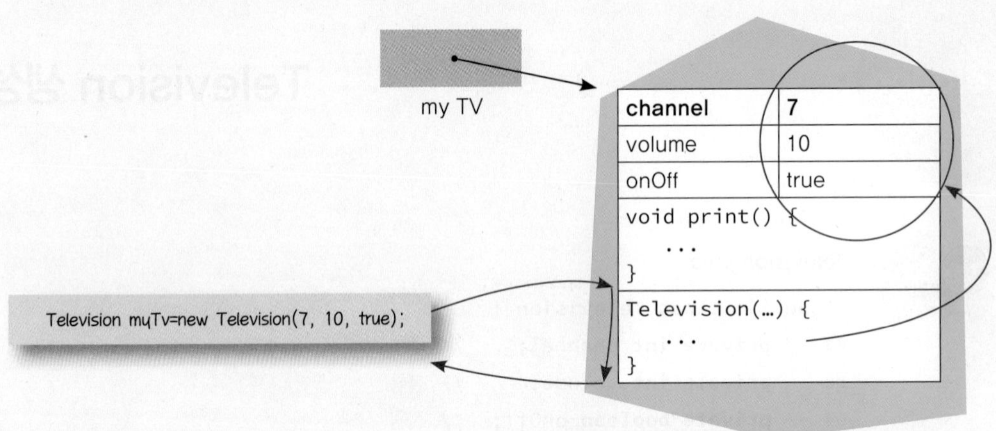

객체가 생성되는 도중에 Television() 생성자에 의하여 초기화된다. 객체는 생성자의 매개 변수의 값으로 초기화된다. 예를 들어서 다음과 같은 문장이 실행된다고 하자.

```
Television myTv = new Television(7, 10, true);
```

7, 10, true는 new가 객체를 생성할 때 Television() 생성자로 전달된다. 따라서 myTv가 가지고 있는 channel, volume, onOff가 7, 10, true 값을 각각 가지게 된다.

상자를 나타내는 Box 클래스 작성

상자를 나타내는 Box 클래스를 작성한다. Box 클래스는 다음과 같은 필드와 메소드를 가진다.

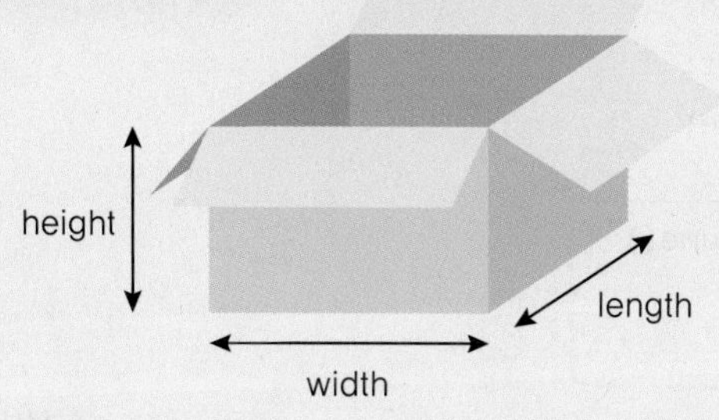

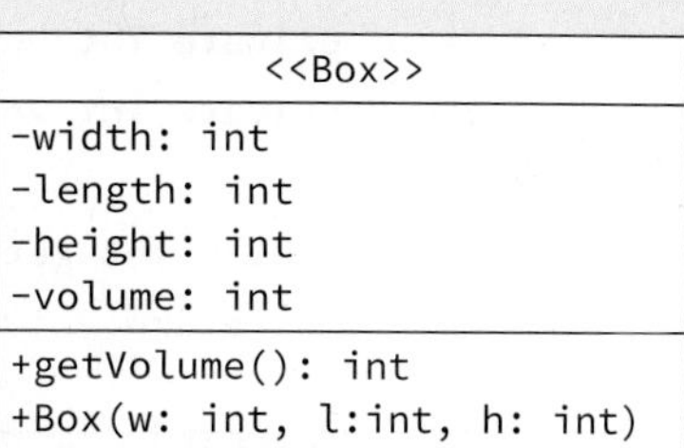

```
상자의 부피는 12000입니다.
```

Box 클래스에 상자의 가로, 세로, 높이를 초기화하는 생성자를 추가한다. 또 부피를 계산하는 getVolume()을 추가하여서 객체 생성 후에 상자의 부피를 계산해본다.

상자를 나타내는 Box 클래스 작성

Box.java

```
public class Box {
    private int width;
    private int length;
    private int height;
    private int volume;

    public int getVolume() {
        return volume;
    }

    Box(int w, int l, int h) {
        width = w;
        length = l;
        height = h;
        volume = width * length * height;
    }
}
```

부피 계산 메소드

생성자

BoxTest.java

```
public class BoxTest {
    public static void main(String[] args) {
        Box b;
        b = new Box(20, 20, 30);
        System.out.println("상자의 부피는 " + b.getVolume() + "입니다");
    }
}
```

```
상자의 부피는 12000입니다.
```

04 생성자 오버로딩

메소드처럼 생성자도 오버로딩될 수 있다. 생성자가 여러 개 있다면 다양한 방법으로 객체를 생성할 수 있다.

Student.java

```
public class Student {
    private int number;
    private String name;
    private int age;

    Student() {
        number = 100;
        name = "New Student";
        age = 18;
    }

    Student(int number, String name, int age) {
        this.number = number;
        this.name = name;
        this.age = age;
    }
    @Override
    public String toString() {
        return "Student [number=" + number + ", name=" + name +
            ", age=" + age + "]";
    }
}
```

생성자는 몇개라도 오버로딩 할 수 있습니다. 다만 매개 변수는 다르게 하여야 합니다.

StudentTest.java

```
public class StudentTest {
    public static void main(String args[]) {
        Student obj1 = new Student();
        System.out.println(obj1);

        Student obj2 = new Student(111, "Kim", 25);
        System.out.println(obj2);
    }
}
```

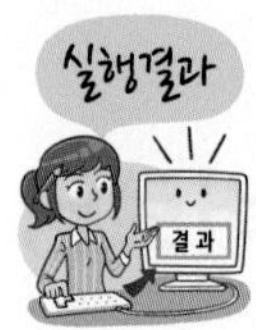


```
Student [number=100, name=New Student, age=18]
Student [number=111, name=Kim, age=25]
```

Student()에는 2가지의 버전이 있으며 new가 실행될 때, 주어지는 인수에 따라서 적절한 생성자가 선택된다. 생성자를 오버로딩하여서 객체가 생성되는 방법을 다양하게 할 수 있다.

this로 현재 객체 나타내기

메소드나 생성자에서 this는 현재 객체를 나타낸다. this를 이용하여서 현재 객체의 어떤 멤버도 참조할 수 있다. 또 this()와 같이 this 뒤에 ()을 붙이면 생성자 호출이 된다.

한 점을 나타내는 Point 클래스는 다음과 같이 작성될 수 있다.

Point.java

```
public class Point {
    private int x = 0;
    private int y = 0;

    // 생성자
    public Point(int a, int b) {
        x = a;
        y = b;
    }
}
```

우리가 알고 있듯이 메소드 내부에서는 필드에 직접 접근할 수 있다. 예를 들어서 Point() 안에서는 다음과 같이 x와 y를 직접 사용할 수 있다.

하지만 this를 사용하여서 다음과 같이 작성할 수도 있다. 여기서 this는 Point()가 호출된 객체(현재 객체)를 나타낸다.

```
public Point(int a, int b) {
    this.x = a;
    this.y = b;
}
```

하지만 위와 같은 경우에는 생성자에서 this를 사용할 이유가 없다. 아무런 장점이 없기 때문이다. 오히려 문장의 길이가 증가하였다! 하지만 this를 사용하면 상당히 편리해지는 경우가 있다. 자바에서 매개 변수와 필드가 이름이 같으면 매개 변수가 필드를 가리키게 된다. 이 경우에 this를 사용하면 필드를 참조할 수 있다. 예를 들어서 Point의 생성자를 다시 작성해보자.

Point.java

```
public class Point {
    private int x = 0;
    private int y = 0;

    // 생성자
    public Point(int x, int y) {
        this.x = x;
        this.y = y;
    }
}
```

this는 매개 변수와 필드의 이름이 같은 경우에 편리합니다. this.를 붙이면 필드가 됩니다.

생성자의 매개 변수와 필드의 이름이 동일하기 때문에 this를 사용하여서 구별하였다. 즉 생성자 안에서의 x는 매개 변수이다. 하지만 this.x는 필드 x가 된다. 이 경우에는 매개변수 이름이 필드 이름과 같아도 된다. 프로그래밍을 하다보면 변수 이름 짓는 것도 보통일이 아니다. 따라서 동일한 이름을 사용할 수 있다는 것도 프로그래머의 생산성에 많은 도움이 된다.

this()로 생성자 호출하기

하나의 클래스 안에서 생성자는 여러 개 작성될 수 있다. 생성자의 매개 변수만 다르면 된다. 실제로 자바에서는 매개 변수만 다르면 동일한 이름의 메소드를 여러 개 생성할 수 있다. 이것은 4장에서 살펴보았지만 메소드 오버로딩이라고 부른다. 생성자도 메소드의 일종이기 때문에 여러 개 생성할 수 있다.

생성자 안에서는 this()를 사용하여서 다른 생성자를 호출할 수 있다. 이것은 명시적인 생성자 호출이라고 불린다. 여러 개의 생성자를 가지는 Rectangle 클래스를 살펴보자.

Rectangle.java

```
public class Rectangle {
    private int x, y;
    private int width,  height;

    Rectangle() {
        this(0, 0, 1, 1);
    }

    Rectangle(int width, int height) {
        this(0, 0, width, height);
    }

    Rectangle(int x, int y, int width, int height) {
```

this를 이용하여서 다른 생성자를 호출하고 있습니다.

```
        this.x = x;
        this.y = y;
        this.width = width;
        this.height = height;
    }
    // ...
}
```

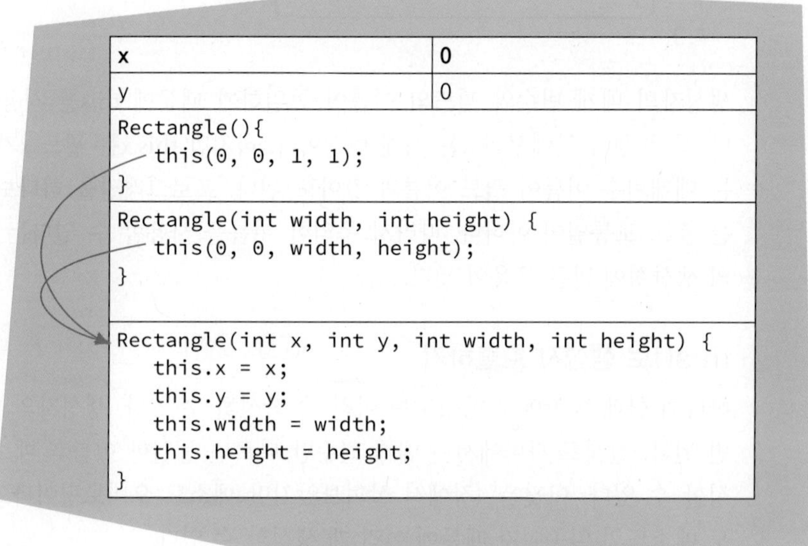

Rectangle
x
0
y
0
Rectangle(){
this(0, 0, 1, 1);
}
Rectangle(int width, int height) {
this(0, 0, width, height);
}
Rectangle(int x, int y, int width, int height) {
this.x = x;
this.y = y;
this.width = width;
this.height = height;
}

이 클래스는 여러 개의 생성자를 가지고 있다. 각 생성자는 Rectangle 객체 필드를 초기화한다. 생성자는 초기값이 주어지지 않은 멤버 변수에 대해서는 디폴트 값을 부여하는 것이 좋다. 예를 들어서 인수가 없는 생성자는 x=0, y=0, width=1, height=1과 같이 설정하기 위하여 다른 생성자를 호출한다. 인수가 2개인 생성자는 width와 height는 그대로 전달하지만 사각형의 위치는 x=0, y=0로 설정한다. 컴파일러가 인수의 개수와 타입을 보고 호출할 생성자를 결정한다. this()를 사용한 다른 생성자 호출은 항상 첫 번째 문장이어야 한다.

LAB 날짜를 나타내는 Date 클래스 작성하기

날짜를 나타내는 Date 클래스를 작성하고 테스트하여 보자. 연도와 날짜는 정수형으로, 월은 문자열로 저장한다.

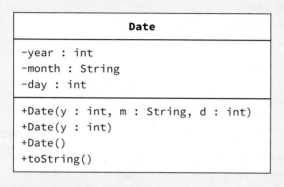

Date
-year : int -month : String -day : int
+Date(y : int, m : String, d : int) +Date(y : int) +Date() +toString()

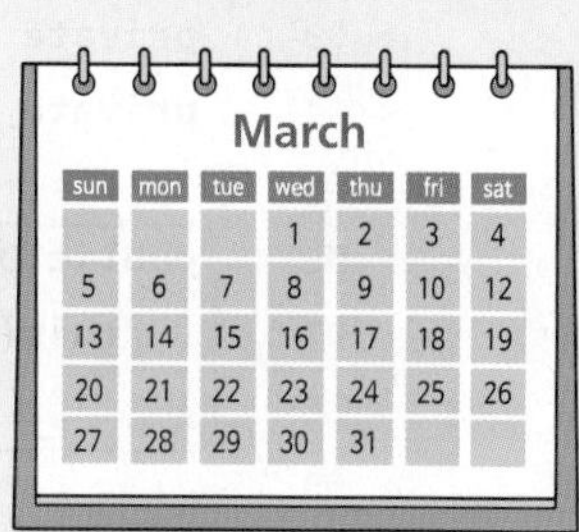

다음과 같은 출력이 생성되도록 테스트 프로그램을 작성하여 보자.

```
Date [year=2015, month=8월, day=10]
Date [year=2020, month=1월, day=1]
Date [year=1900, month=1월, day=1]
```

다음과 같은 형태의 생성자들을 추가한다.

- public Date(int year, String month, int day) { ... }
- public Date(int year) { ... }
- public Date() { ... }

Solution

날짜를 나타내는 Date 클래스 작성하기

Date.java

```
public class Date {
   private int year;
   private String month;
   private int day;

   public Date() { // 기본 생성자
      this(1900, "1월", 1);
   }

   public Date(int year) { // 생성자
      this(year, "1월", 1);
   }

   public Date(int year, String month, int day) { // 생성자
      this.month = month; // this는 현재 객체를 가리킨다.
      this.day = day;
      this.year = year;
   }

   @Override
   public String toString() {
      return "Date [year=" + year + ", month=" + month + ", day=" +
            day + "]";
   }
}
```

생성자를 오버로딩 한다.

DateTest.java

```
public class DateTest {
   public static void main(String[] args) {
      Date date1 = new Date(2015, "8월", 10);
      Date date2 = new Date(2020);
      Date date3 = new Date();
      System.out.println(date1);
      System.out.println(date2);
      System.out.println(date3);
```

```
    }
}
```

생성자에서 사용되는 this는 현재 객체를 가리키는 키워드이다. 따라서 this.day는 현재 객체가 가지고 있는 필드 day를 가리킨다.

시간을 나타내는 Time 클래스 작성하기

시간을 나타내는 클래스 Time의 생성자를 작성하고 테스트하여 보자.

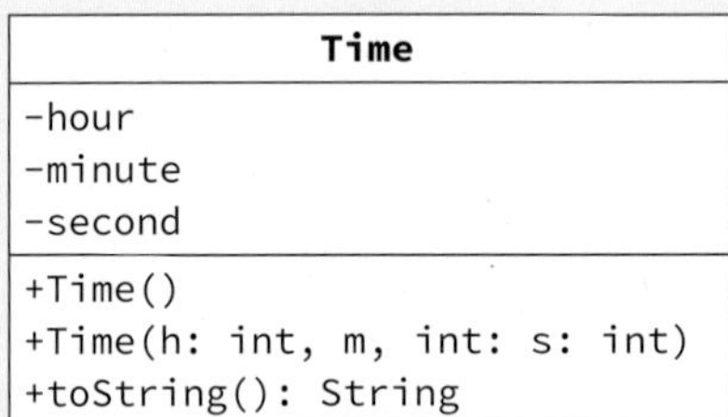

Time 클래스에서는 두개의 생성자가 정의된다. 생성자에서 필드 초기화 작업을 수행한다.

- public Time(int hour, int minute, int second) { ... }
- public Time() { ... }

생성자의 또 하나의 중요한 역할은 적절하지 않은 초기값을 걸러낼 수 있다는 점이다. 생성자에서 초기값들을 검사하여서 적절한 값만 통과시키도록 하자. TimeTest 클래스에서는 3개의 객체를 다양한 초기값을 주어서 생성해본다. toString()은 현재 시각을 화면에 출력한다.

```
기본 생성자 호출 후 시간: 00:00:00
두번째 생성자 호출 후 시간: 13:27:06
올바르지 않은 시간 설정 후 시간: 00:00:00
```

Solution 시간을 나타내는 Time 클래스 작성하기

Time.java

```
public class Time {
  private int hour;    // 0 - 23
  private int minute; // 0 - 59
  private int second; // 0 - 59

  // 첫 번째 생성자
  public Time() {
     this(0, 0, 0);
  }

  // 두 번째 생성자
  public Time(int h, int m, int s) {
     hour = ((h >= 0 && h < 24) ? h : 0);    // 시간 검증
     minute = ((m >= 0 && m < 60) ? m : 0); // 분 검증
     second = ((s >= 0 && s < 60) ? s : 0); // 초 검증

  }

  // "시:분:초"의 형식으로 출력
  public String toString() {
     return String.format("%02d:%02d:%02d", hour, minute, second);
  }
}
```

전달되는 데이터를 검증한 후에 필드에 저장한다.

객체를 출력하면 이 메소드가 호출된다.

TimeTest.java

```
public class TimeTest {
   public static void main(String args[]) {
      // Time 객체를 생성하고 초기화한다.
      Time time = new Time();
      System.out.println("기본 생성자 호출 후 시간: "+time.toString());

      // 두 번째 생성자 호출
      Time time2 = new Time(13, 27, 6);
      System.out.print("두번째 생성자 호출 후 시간: "+time2.toString());

```

```
        // 올바르지 않은 시간으로 설정해본다.
        Time time3 = new Time(99, 66, 77);
        System.out.print("올바르지 않은 시간 설정 후 시간: " +
            time3.toString());
    }
}
```

```
기본 생성자 호출 후 시간:  00:00:00
두번째 생성자 호출 후 시간: 13:27:06
올바르지 않은 시간 설정 후 시간: 00:00:00
```

LAB

원을 나타내는 Circle 클래스 작성하기

원을 나타내는 Circle 클래스를 작성하여 보자. 원은 중심과 반지름으로 표현된다. 중심을 표현하기 하여 Point 클래스를 작성하고 Point 객체를 Circle 클래스 안에 포함하여 보자. 하나의 객체 안에 다른 객체가 포함되는 것을 **연관(association)**이라고 한다. UML로는 다음과 같이 그린다. Point 클래스가 Circle 클래스의 일부로 포함되어 있다는 것을 나타낸다.

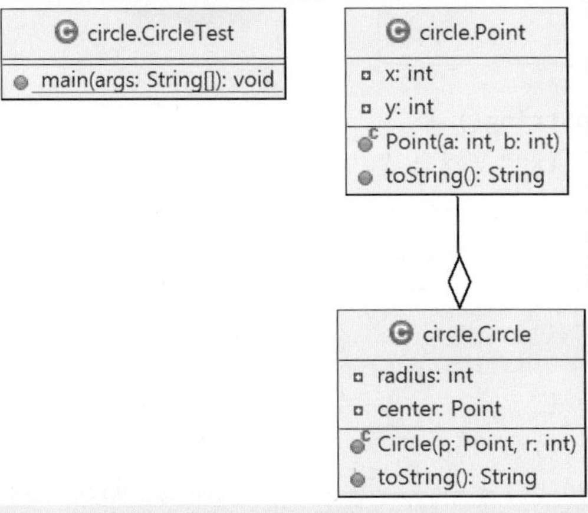

연관 관계는 하나의 클래스가 다른 클래스를 포함하거나 다른 클래스의 부분이 되는 관계입니다. 이 클래스 다이어그램은 Amateras UML Plugin을 다운로드받아서 그린 것입니다.

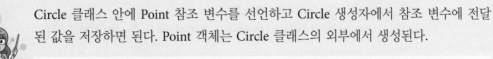

```
Circle [radius=10, center=Point [x=25, y=78]]
```

Circle 클래스 안에 Point 참조 변수를 선언하고 Circle 생성자에서 참조 변수에 전달된 값을 저장하면 된다. Point 객체는 Circle 클래스의 외부에서 생성된다.

```
public class Circle {
   private int radius;
   private Point center;

   public Circle(Point p, int r) {
      center = p;
      radius = r;
   }
   ...
}
```

Solution

원을 나타내는 Circle 클래스 작성하기

Point.java

```
public class Point {
   private int x, y;

   public Point(int a, int b) {
      x = a;
      y = b;
   }
   @Override
   public String toString() {
      return "Point [x=" + x + ", y=" + y + "]";
   }
}
```

생성자

Circle.java

```
public class Circle {
   private int radius;
   private Point center;

   public Circle(Point p, int r) {
      center = p;
      radius = r;
   }
   @Override
   public String toString() {
      return "Circle [radius=" + radius + ", center=" + center + "]";
   }
}
```

Point 참조 변수가 필드로 선언되어 있다.

생성자

CircleTest.java

```
public class CircleTest {
   public static void main(String args[]) {
      Point p = new Point(25, 78);
      Circle c = new Circle(p, 10);
      System.out.println(c);
   }
}
```

Circle 객체를 생성할 때, Point 객체 참조 값을 넘긴다.

05 다른 필드 초기화 방법

필드 선언시 초기화

클래스 안에 필드를 선언할 때, 초기값을 줄 수 있다.

```
public class Hotel {
    public int capacity = 10;              // 10으로 초기화한다.
    private boolean full = false;          // false로 초기화한다.
   ...
}
```

초기값이 미리 알려져 있고 한 줄에 적을 수 있으면 위와 같은 형태도 나쁘지 않다. 하지만 초기화가 더 복잡한 논리를 요구한다면 이와 같은 간단한 대입은 적절하지 않다. 예를 들어서 배열을 채우는 반복 루프나 오류 처리와 같은 문장들을 넣을 수 없다. 물론 필드들은 생성자에서 초기화하는 것이 좋다.

인스턴스 초기화 블록

필드는 생성자에서 초기화하는 것이 정상적이다. 하지만 필드를 초기화하는 방법이 하나 더 있다. 바로 **인스턴스 초기화 블록(instance initializer block)**이다.

초기화 블록이란 다음과 같은 형식을 가진다.

전체적인 구조

형식

```
{
    // 여기서 인스턴스 변수를 초기화할 수 있다.
}
```

인스턴스 초기화 블록은
생성자에 복사됩니다.

자바 컴파일러는 정적 초기화 블록을 모든 생성자에 복사한다. 따라서 여러 생성자가 동일한 코드를 공유할 수 있다. 간단한 예를 보자.

```
public class Car {
   int speed;

   Car() {
      System.out.println("속도는 " + speed);
   }
```

```
    {
        speed = 100;
    }

    public static void main(String args[]) {
        Car c1 = new Car();
        Car c2 = new Car();
    }
}
```

필드 초기화 블록으로 생성자에 복사된다.

```
속도는 100
속도는 100
```

여기서 재미있는 문제가 발생한다. 초기화 블록은 생성자에 복사되는데 어떤 것이 먼저 실행될까? 자바 컴파일러는 인스턴스 초기화 블록을 생성자의 맨 첫 번째 문장으로 복사한다. 따라서 생성자가 호출되어 실행되면 바로 인스턴스 초기화 블록이 실행되고 생성자의 나머지 문장들이 실행된다.

그렇다면 왜 인스턴스 초기화 블록을 사용하는 것일까? 그냥 생성자에서 모든 초기화를 하면 안 되는가? 인스턴스 초기화 블록은 어떤 생성자가 선택되든지 상관없이 어떤 공통적인 코드를 실행하고자 할 때 편리하다. 또 무명 클래스(이름이 없는 클래스)에서 초기화를 할 때도 필요하다.

06 메소드로 객체 전달하고 반환하기

앞장에서 메소드를 호출할 때, 메소드로 데이터를 전달할 수 있음을 설명하였다. 전달되는 데이터를 인수라고 하였고, 메소드에서 데이터를 받는 변수를 매개 변수라고 하였다. 자바에서 인수에서 매개 변수로 값이 전달되는 방법은 기본적으로 **"값에 의한 호출(call-by-value)"**이다. 값에 의한 호출은 인수의 값이 복사되어 매개 변수로 전달되는 방식이다. 하지만 인수가 기초 변수인 경우와 인수가 참조 변수인 경우에는 상당한 차이가 있다. 정확히 이해하고 있어야 한다.

기초 변수가 전달되는 경우

전달하는 인수가 기초 변수인 경우에는 인수의 값이 매개 변수로 복사된다.

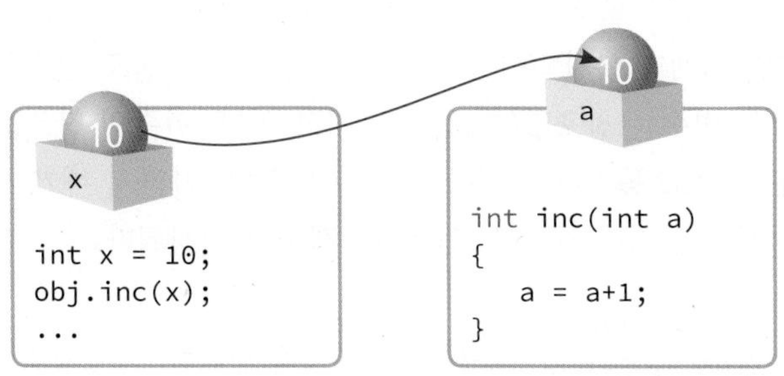

우리가 int나 double 같은 기초형을 메소드로 전달하는 경우에는 "값에 의한 호출" 방식으로 전달된다. 따라서 인수의 복사본이 만들어지고 매개 변수를 변경하여도 메소드 외부에 있는 인수에 영향을 주지 않는다. 예를 들어서 다음과 같은 간단한 프로그램을 살펴보자.

MyCounter.java

```java
public class MyCounter {
    int value;
    void inc(int a) {
        a = a + 1;
    }
}
```

MyCounterTest1.java

```java
public class MyCounterTest1 {
    public static void main(String args[]) {
```

```java

        MyCounter obj = new MyCounter();
        int x = 10;

        obj.inc(x);
        System.out.println("x = " + x);
    }
}
```

inc() 메소드로 변수 x의 복사본이 전달되기 때문에 inc()는 x의 값에 영향을 주지 않는다.

```
x = 10
```

실행 결과에서도 알 수 있듯이 inc() 메소드 안에서 value의 값을 변경하여도 호출에 사용된 변수 x에는 영향을 주지 않는다.

객체가 전달되는 경우

하지만 우리가 객체를 메소드로 전달하게 되면 완전히 다른 상황이 된다. 객체를 메소드로 전달하게 되면 객체가 복사되어 전달되는 것이 아니고 참조 변수의 값이 복사되어서 전달된다. 참조 변수는 참조값(주소)를 가지고 있다. 인수의 참조값이 매개 변수로 복사되면 매개 변수도 동일한 객체를 참조하게 된다. 따라서 매개 변수를 통하여 객체의 내용을 변경하게 되면 인수가 가리키는 객체가 변경된다.

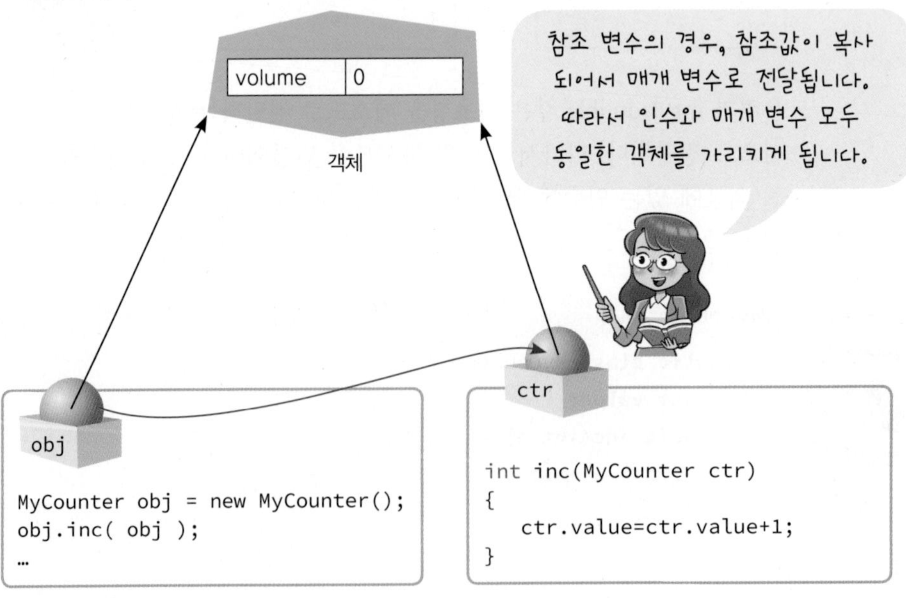

위의 그림에서 obj에 저장된 것은 객체가 아니라 객체의 참조값이다. 간단한 프로그램으로 이것을 확인하자.

직접 입력
하여 확인

MyCounter.java

```java
class MyCounter {
    int value = 0;
    void inc(MyCounter ctr) {
        ctr.value = ctr.value + 1;
    }
}
```

MyCounterTest2.java

```java
public class MyCounterTest2 {
    public static void main(String args[]) {
        MyCounter obj = new MyCounter();

        System.out.println("obj.value = " + obj.value);
        obj.inc(obj);
        System.out.println("obj.value = " + obj.value);
    }
}
```

inc() 메소드 안에서 전달된 객체의 내용을 변경하면 원본 객체의 내용도 변경된다.

실행결과
결과

```
obj.value = 0
obj.value = 1
```

실행 결과에서 확인 할 수 있듯이 inc() 안에서 객체를 변경하면 인수로 사용된 객체도 변경된다.

배열이 전달되는 경우

배열을 받아서 처리하는 메소드는 상당히 자주 등장한다. 예를 들어서 배열의 원소들을 출력하는 메소드나 배열 원소들의 평균을 구하는 메소드가 있을 수 있다. 이들 메소드는 모두 배열을 매개 변수로 받아야 한다.

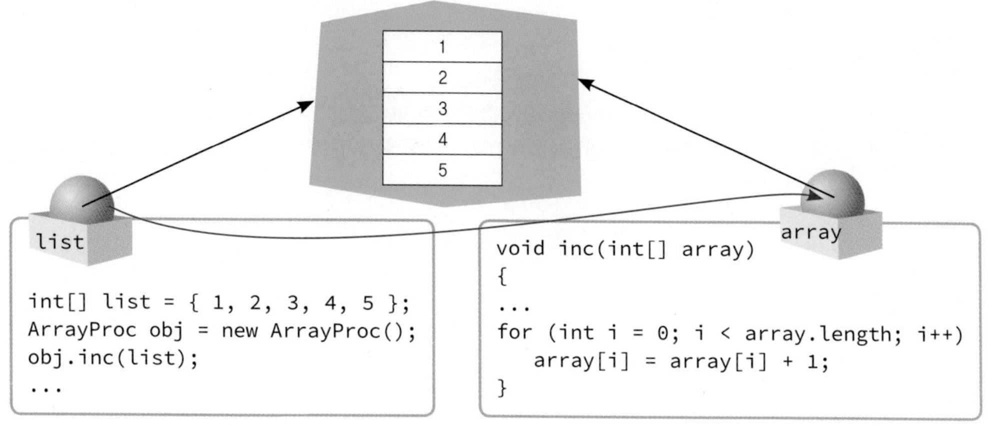
1
2
3
4
5
list
int[] list = { 1, 2, 3, 4, 5 };
ArrayProc obj = new ArrayProc();
obj.inc(list);
...
array
void inc(int[] array)
{
...
for (int i = 0; i < array.length; i++)
array[i] = array[i] + 1;
}

자바에서는 배열도 객체이다. 따라서 배열이 전달되는 경우에도 객체가 전달되는 것과 동일하게 처리된다. 즉 배열이 전달되는 것이 아니라 배열을 가리키는 참조값이 복사되고 메소드에서 매개 변수를 통하여 배열을 변경하면 원본 배열이 변경된다. 간단한 예제로 살펴보자.

ArrayProc.java

```
public class ArrayProc {
    void inc(int[] array) {
        for (int i = 0; i < array.length; i++)
            array[i] = array[i] + 1;
    }
}
```

> 이 메소드는 사실은 정적 메소드로 구현하는 것이 좋다. 이 장 뒷부분에서 정적 메소드가 설명된다.

ArrayProcTest.java

```
public class ArrayProcTest {
    public static void main(String args[]) {

        int[] list = { 1, 2, 3, 4, 5 };
        ArrayProc obj = new ArrayProc();

        obj.inc(list);

        for (int i = 0; i < list.length; i++)
            System.out.print(list[i] + " ");
    }
}
```

> inc() 메소드 안에서 배열의 내용을 변경하면 원본 배열의 내용도 변경된다.

```
2 3 4 5 6
```

만약 배열 원소가 메소드로 전달된다면 이것은 다른 변수들과 다르지 않다. 즉 복사된 값으로 전달된다. 그러나 배열 전체가 전달된다면 상황은 달라진다. 배열도 객체이기 때문에 배열을 전달하는 것은 배열 참조 변수를 복사하는 것이다.

LAB 배열에 저장된 값의 평균 구하기

사용자로부터 값을 받아서 배열에 채운 후에 배열에 저장된 모든 값의 평균을 구하여 출력하는 프로그램을 작성하여 보자.

array.ArrayProc
getValues(array: int[]): void
getAverage(array: int[]): double

array.ArrayProcTest
STUDENTS: int
main(args: String[]): void

ArrayProc 클래스를 작성하고 여기에 getValue()와 getAverage() 메소드를 추가한다.

- getValue(int[] array) : 사용자로부터 값을 받아서 배열에 채운다.
- getAverage(int[] array) : 배열의 값의 평균을 구해서 double형으로 반환한다.

2개의 메소드 모두 배열을 매개 변수로 받아서 처리한다.

```
성적을 입력하시오:10
성적을 입력하시오:20
성적을 입력하시오:30
성적을 입력하시오:40
성적을 입력하시오:50
평균은 = 30.0
```

Solution

배열에 저장된 값의 평균 구하기

ArrayProc.java

```
import java.util.Scanner;

public class ArrayProc {

   public void getValues(int[] array) {
      Scanner scan = new Scanner(System.in);
      for (int i = 0; i < array.length; i++) {
         System.out.print("성적을 입력하시오:");
         array[i] = scan.nextInt();
      }
   }

   public double getAverage(int[] array) {
      double total = 0;
      for (int i = 0; i < array.length; i++)
         total += array[i];
      return total / array.length;
   }
}
```

ArrayProcTest.java

```
public class ArrayProcTest {
   final static int STUDENTS = 5;

   public static void main(String[] args) {
      int[] scores = new int[STUDENTS];
      ArrayProc obj = new ArrayProc();
      obj.getValues(scores);
      System.out.println("평균은 = " + obj.getAverage(scores));
   }
}
```

메소드에서 객체 반환하기

메소드는 작업의 결과값을 반환할 수 있다. 메소드는 int나 double과 같은 값도 반환할 수 있지만 객체도 반환할 수 있다. 이 경우에도 객체가 통째로 반환되는 것이 아니라 객체의 참조값만 반환된다. 간단한 예제로 살펴보자.

Box.java

```java
public class Box {
    int width, length, height;
    int volume;

    Box(int w, int l, int h) {
        width = w;
        length = l;
        height = h;
        volume = w * l * h;
    }

    Box whosLargest(Box box1, Box box2) {
        if (box1.volume > box2.volume)
            return box1;
        else
            return box2;
    }
}
```

객체를 반환하고 있다. 즉 2개의 박스 중에서 큰 박스 객체를 반환하고 있다.

BoxTest.java

```java
public class BoxTest {
    public static void main(String args[]) {
        Box obj1 = new Box(10, 20, 50);
        Box obj2 = new Box(10, 30, 30);

        Box largest = obj1.whosLargest(obj1, obj2);
        System.out.println("(" + largest.width + "," + largest.length
                + "," + largest.height + ")");
    }
}
```

```
(10,20,50)
```

whosLargest() 메소드는 2개의 Box 객체를 받아서 부피가 더 큰 Box 객체를 반환한다. 메소드가 Box 객체를 받고 Box 객체를 반환하지만 실제로 오가는 것은 객체의 참조값(주소값)이다. 실제 객체가 오가는 것은 아니다. 이 점을 확실하게 이해하여야 나중에 혼동이 일어나지 않는다.

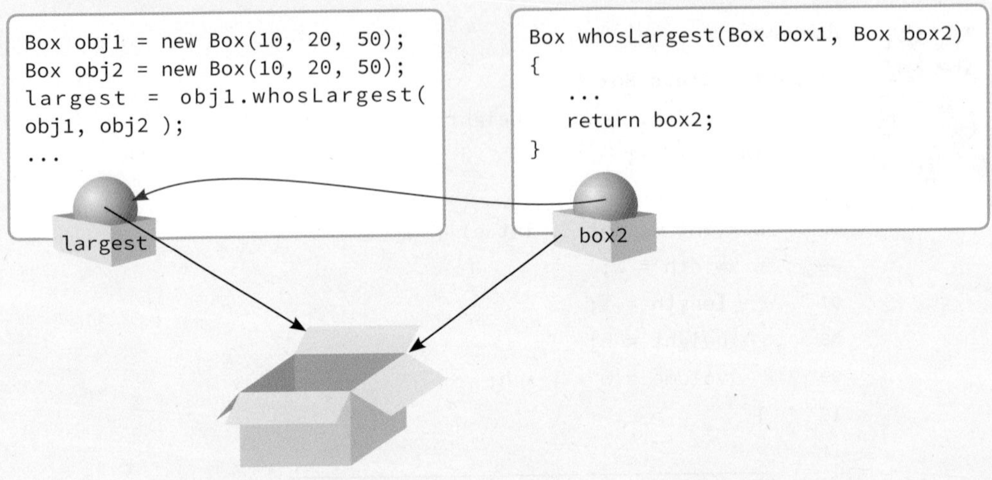

LAB 같은 크기의 Box인지 확인하기

우리는 앞에서 상자를 클래스로 작성한 바 있다. 2개의 박스가 같은 치수인지를 확인하는 메소드 isSameBox()를 작성하여 보자. 만약 박스의 크기가 같으면 true를 반환하고 크기가 다르면 false를 반환한다. isSameBox()의 매개 변수는 객체 참조 변수가 된다.

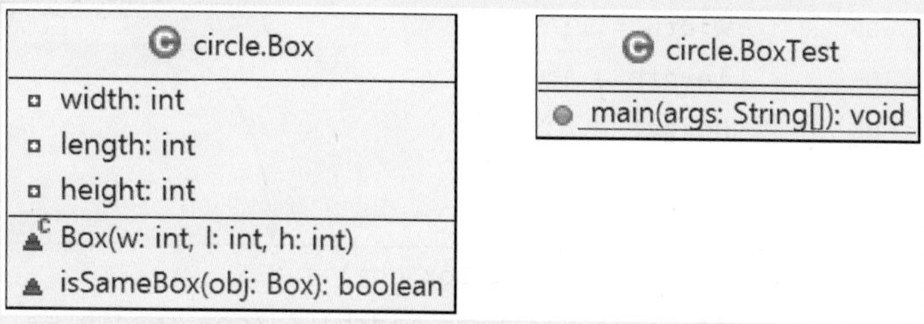

동일한 크기의 박스 2개를 생성하여서 isSameBox()를 호출하여보자. true가 반환되는지를 확인한다.

```
obj1 == obj2 : true
```

Box 클래스에 isSameBox() 메소드를 추가한다.

Box.java

```
public class Box {
   private int width, length, height;

   Box(int w, int l, int h) {
      width = w;
      length = l;
      height = h;
   }

   boolean isSameBox(Box obj) {
      ...

   }
}
```

객체 2개를 비교하는 메소드이다. 매개 변수로 객체를 전달받고 있다. 객체의 참조값이 전달된다.

Solution 같은 크기의 Box인지 확인하기

Box.java

```
public class Box {
    private int width, length, height;

    Box(int w, int l, int h) {
        width = w;
        length = l;
        height = h;
    }

    boolean isSameBox(Box obj) {
        if ((obj.width == width) & (obj.length == length)
                & (obj.height == height))
            return true;
        else
            return false;
    }
}
```

현재의 Box 객체와 인수로 전달된 Box 객체를 비교한다.

BoxTest.java

```
public class BoxTest {
    public static void main(String args[]) {
        Box obj1 = new Box(10, 20, 50);
        Box obj2 = new Box(10, 20, 50);

        System.out.println("obj1 == obj2 : " + obj1.isSameBox(obj2));
    }
}
```

```
obj1 == obj2 : true
```

isSameBox()는 매개 변수를 통하여 Box 객체를 받아서 현재의 Box 객체와 비교한다. Box의 가로, 세로, 높이가 모두 같으면 true가 반환된다. isSameBox()의 매개 변수 obj는 Box 타입의 참조 변수이다.

다시 정리하여 보자. 만약 변수가 참조 변수이면 객체의 참조값(즉 주소이다)이 메소드로 복사되어서 전달되는 것이다. 객체 자체는 전달되지 않는다. 다음 그림을 참조하라.

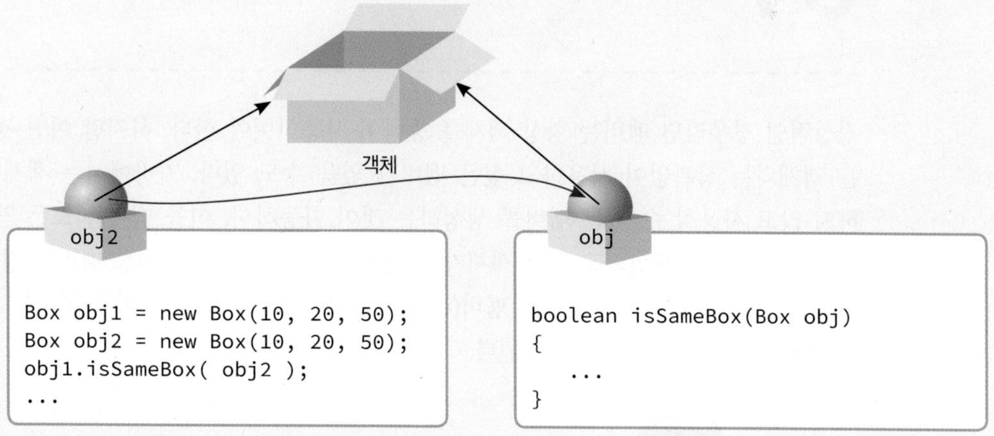

객체
obj2
obj
Box obj1 = new Box(10, 20, 50);
Box obj2 = new Box(10, 20, 50);
obj1.isSameBox(obj2);
...
boolean isSameBox(Box obj)
{
...
}

이것은 앞으로 소스를 읽는데 대단히 중요하다. 참조 변수가 매개 변수로 전달되는 경우에는 객체가 복사되는 것이 아니고 참조 변수 안에 들어 있는 화살표만 복사된다고 생각하자.

07 정적 멤버

정상적인 경우라면 멤버는 항상 객체를 통하여 사용하여야 한다. 하지만 어떤 경우에는 객체와는 상관없이 사용하고 싶은 멤버가 있을 수도 있다. 자바에서는 객체를 통하지 않고 사용할 수 있는 멤버를 생성하는 것이 가능하다. 이들 멤버는 모든 객체를 통틀어서 하나만 생성되고 모든 객체가 이것을 공유하게 된다. 이러한 멤버를 **정적 멤버(static member)** 또는 **클래스 멤버(class member)**라고 한다. 멤버를 정의할 때 앞에 static을 붙이면 정적 멤버가 된다.

김철수
홍길동
김영희
변수
모든 사람이
하나의 변수를
공유한다.
정적 멤버는 클래스당
하나만 생성되어서 모든
객체가 공유합니다.

인스턴스 멤버 vs 정적 멤버

클래스의 멤버는 인스턴스 멤버와 정적 멤버로 나누어진다.

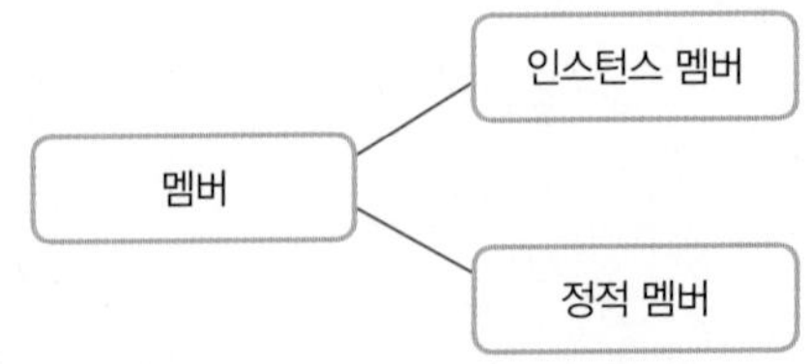
인스턴스 멤버
멤버
정적 멤버

자바에서 인스턴스 멤버와 정적 멤버의 차이를 정확하게 이해하는 것도 중요하다. 동일한 클래스를 이용하여 많은 객체들이 생성될 때 각각의 객체(인스턴스)들은 자신만의 변수를 가진다. 이들 변수는 인스턴스마다 별도로 생성되기 때문에 **인스턴스 변수(instance variable)**라고도 한다. 앞의 Television 클래스에서 channel, volume, onOff는 모두 인스턴스 변수이다. 각 객체는 이들 변수에 대하여 별도의 기억 공간을 가지고 있으며 각기 다른 값을 가지고 있다.

```
class Television {
   int channel;
   int volume;
   boolean onOff;
}
```

channel	7
volume	9
onOff	true

객체 A

channel	9
volume	10
onOff	true

객체 B

channel	11
volume	5
onOff	true

객체 C

하지만, 경우에 따라서는 모든 객체에 공통인 변수가 필요한 경우도 있다. 이것이 **정적 변수(class variable)**이다. 정적 변수는 하나의 클래스에 하나만 존재한다. 정적 변수는 객체보다는 클래스와 연결되어 있다. 정적 변수는 클래스 변수라고도 한다. 모든 객체들은 하나의 정적 변수를 공유한다. 정적 변수를 만들려면 변수를 정의할 때 앞에 static을 붙이면 된다. 정적 변수는 인스턴스를 생성하지 않아도 사용이 가능하다. 다른 언어로 프로그램해본 적이 있다면 전역 변수(global variable)에 대하여 들어보았을 것이다. 정적 변수는 객체를 생성하지 않고서도 사용할 수 있어서 자바에서의 전역 변수나 마찬가지이다.

Television 클래스에 정적 변수 count를 추가하면 다음과 같다. count 변수는 클래스당 하나만 생성된다.

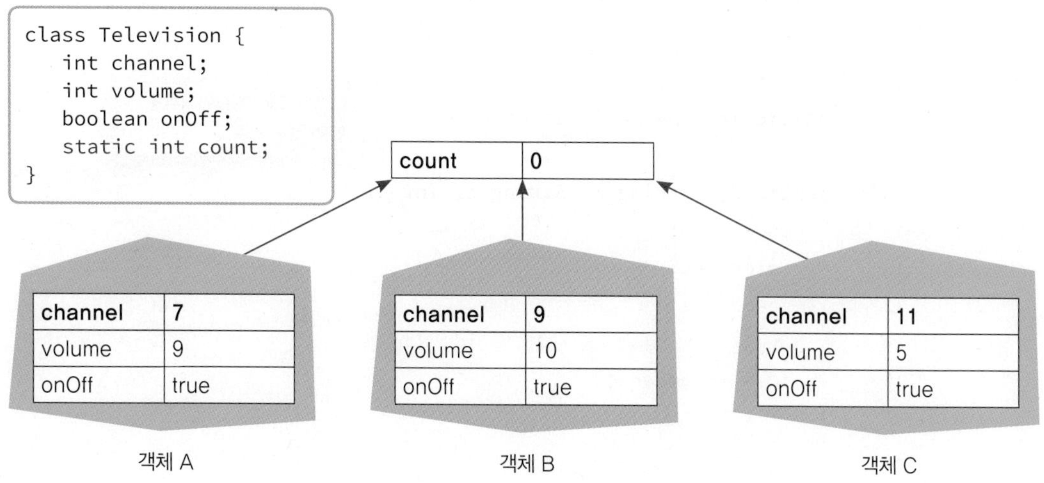

외부에서 정적 멤버를 사용하려면 단순히 클래스 이름 뒤에 멤버 연산자(.)를 붙이면 된다. 객체를 생성할 필요가 없다.

형식

클래스이름.변수이름

예를 들어서 Television 클래스의 정적 멤버 count에 100을 대입하려면 다음과 같은 문장을 사용한다.

```
Television.count = 100;
```

이와 같은 형식은 인스턴스 변수를 사용하는 형식과 비슷하지만 객체 이름 대신에 클래스 이름을 사용한다는 점이 다르다.

예제: 자동차의 시리얼 번호 구현

예를 들어서 생산된 자동차에 시리얼 번호를 붙인다고 가정하자. 시리얼 번호를 자동차에 붙이기 위해서는 지금까지 자동차 객체가 얼마나 생산되었는지를 알아야 한다. 이러한 경우에 정적 변수를 사용할 수 있다.

Car.java

```
public class Car {
    private String model;
    private String color;
    private int speed;

   // 자동차의 시리얼 번호
    private int id;
    static int numbers = 0;

    public Car(String m, String c, int s) {
        model = m;
        color = c;
        speed = s;
            // 자동차의 개수를 증가하고 id에 대입한다.
        id = ++numbers;
    }
}
```

생성된 Car 객체의 개수를 위한 정적 변수

CarTest.java

```
public class CarTest {
    public static void main(String args[]) {
```

```
        Car c1 = new Car("S600", "white", 80);     // 생성자 호출
        Car c2 = new Car("E500", "blue", 20);      // 생성자 호출
        int n = Car.numbers;   // 정적 변수
        System.out.println("지금까지 생성된 자동차 수 = " + n);
    }
}
```

```
지금까지 생성된 자동차 수 = 2
```

위의 코드에서 바로 numbers가 바로 클래스 변수이다. 클래스 변수는 그 클래스의 인스턴스를 만들지 않고서도 사용될 수 있다. 외부에서도 클래스 변수를 사용할 수 있다. 객체가 없으므로 클래스의 이름을 객체처럼 사용하여 접근한다.

```
int n = Car.numbers ;
```

객체가 생성될 때마다 numbers가 증가되는 것을 알 수 있다.

정적 메소드

변수와 마찬가지로 메소드도 정적 메소드로 만들 수 있다. 정적 메소드는 static 수식자를 메소드 앞에 붙이며 클래스 이름을 통하여 호출되어야 한다.

형식

```
클래스이름.메소드이름(인수1, 인수2, ...)
```

가장 좋은 정적 메소드의 예는 Math 클래스에 들어 있는 각종 수학 메소드들이다. 이들 수학 메소드들은 일반적으로 객체를 생성할 필요가 없다. 예를 들어서 실수의 제곱근을 구하는데 구태여 Math 클래스의 객체를 생성할 필요는 없을 것이다. 매개 변수를 통하여 전달된 값만 있으면 된다. 따라서 제곱근을 구하는 sqrt() 메소드는 정적 메소드로 선언되고 클래스 이름인 Math를 통하여 호출한다.

```
double value = Math.sqrt(9.0);
```

우리가 많이 사용하였던 main() 메소드의 앞에도 static이 붙어 있다. 자바 가상 기계가 객체를 생성할 필요가 없이 main() 메소드를 호출할 수 있도록 하기 위해서이다.

앞의 Car 클래스에서 정적 변수의 값을 반환해주는 정적 메소드를 작성하여 보면 다음과 같다.

Car.java

```
public class Car {

    private String model;
    private String color;
    private int speed;

    // 자동차의 시리얼 번호
    private int id;
    // 실체화된 Car 객체의 개수를 위한 정적 변수
    private static int numbers = 0;

    public Car(String m, String c, int s) {
        model = m;
        color = c;
        speed = s;
        // 자동차의 개수를 증가하고 id에 대입한다.
        id = ++numbers;
    }

  // 정적 메소드
    public static int getNumberOfCars() {
        return numbers; // OK!
    }
}
```

정적 메소드에서는 인스턴스 변수와 인스턴스 메소드에 접근할 수 없다.

CarTest.java

```
public class CarTest {
    public static void main(String args[]) {
        Car c1 = new Car("S600", "white", 80);      // 생성자 호출
        Car c2 = new Car("E500", "blue", 20);       // 생성자 호출
        int n = Car.getNumberOfCars();              // 정적 메소드 호출
        System.out.println("지금까지 생성된 자동차 수 = " + n);
    }
}
```

```
지금까지 생성된 자동차 수 = 2
```

정적 멤버 사용시 주의할 점

정적 메소드는 사용할 때, 약간의 주의가 필요하다.

- 객체가 생성되지 않은 상태에서 호출되는 메소드이므로 객체 안에서만 존재하는 인스턴스 변수들은 사용할 수 없다. 정적 변수와 지역 변수만을 사용할 수 있다.
- 정적 메소드에서 인스턴스 메소드를 호출하면 역시 오류가 된다. 인스턴스 메소드도 객체가 생성되어야만 사용할 수 있기 때문이다.
- 정적 메소드에서 정적 메소드를 호출하는 것은 가능하다. 정적 메소드는 this 키워드를 사용할 수 없다. 왜냐하면 this가 참조할 인스턴스가 없기 때문이다.

다음과 같이 정적 메소드에서 인스턴스 메소드를 호출하는 것은 컴파일 오류가 된다. main() 메소드도 정적 메소드임을 잊지말자.

```
public class Test {
    public static void main(String args[]) {
        add(10,20); // 오류!! 정적 메소드 안에서 인스턴스 메소드는 호출할 수 없음
    }
    int add(int x, int y) {
        return x + y;
    }
}
```

이 경우에 add를 정적 메소드로 만들면 컴파일 오류를 막을 수 있다.

```
public class Test {
    public static void main(String args[]) {
        add(10,20); // 클래스 메소드에서 클래스 메소드는 호출 가능
    }
    static int add(int x, int y) {
        return x + y;
    }
}
```

상수

상수를 정의할 때 static과 final 수식어를 동시에 사용하는 경우가 많다. 클래스 변수는 모든 객체가 공유하는 정보를 나타내는 데 사용되는데, 대표적인 것이 상수이다. 상수를 인스턴스 변수로 선언하면 각 객체마다 하나씩 만들어지므로 저장 공간이 낭비된다. 따라서 상수는 static을 정의하여 클래스 변수로 정의하는 것이 바람직하다.

```
public class Car {
    ...
    static final int MAX_SPEED = 350;
    ...
}
```

상수는 클래스 변수로 만들어서 공유하는 것이 메모리 공간을 절약한다.

정적 초기화 블록

정적 초기화 블록은 중괄호 { }로 감싸여진 코드 블록으로 정적 변수를 초기화하는데 사용된다. 앞에 static이 붙여진다.

형식

```
static {
    // 정적 변수들을 초기화한다.
}
```

클래스는 몇 개라도 정적 초기화 블록을 가질 수 있다. 그리고 어디든지 놓을 수 있다. 자바 런타임 시스템은 정적 초기화 블록을 소스 코드에 나타난 순서대로 호출한다.

정적 초기화 블록의 간단한 예를 들어보자.

MyClass.java

```java
public class MyClass {
    static int x;    // 정적 변수
    int y;

    static {
        x = 10;
        System.out.println("정적 블록이 호출되었음! ");
    }
}
```

정적 초기화 블록

MyClassTest.java

```java
public class MyClassTest {
    public static void main(String args[]) {
        // 정적 변수가 사용되기 때문에 정적 블록에 의하여 초기화된다.
        System.out.println(MyClass.x);
    }
}
```

```
정적 블록이 호출되었음!
10
```

정적 초기화 블록을 사용하지 않고 정적 변수를 초기화하려면 정적 메소드로 작성하면 된다.

```java
class Sample {
    public static int myVar = initialize();

    private static void initialize() {
        // 정적 변수들을 초기화한다.
    }
}
```

정적 초기화 블록의 장점은 클래스 변수를 다시 초기화할 필요가 있을 때, 소스 코드에서 여러 개를 작성할 수 있다는 점이다.

LAB

직원 클래스 작성하기

직원을 나타내는 클래스에서 직원들의 수를 카운트하는 예를 살펴보자. 직원의 수를 정적 변수로 나타낸다. 객체가 하나씩 생성될 때마다 생성자에서 정적 변수 count를 증가한다. 객체가 소멸될 때 호출되는 finalize() 메소드가 있는데 여기서 count를 감소해보자.

employee.Employee
name: String
salary: double
count: int
Employee(n: String, s: double)
finalize(): void
getCount(): int

employee.EmployeeTest
main(args: String[]): void

또 현재 직원의 수를 출력하는 정적 메소드인 getCount()를 작성하여 보자.

```
현재의 직원수=3
```

직원 클래스 작성하기

Employee.java

```
public class Employee {
    private String name;
    private double salary;

    private static int count = 0; // 정적 변수

    // 생성자
    public Employee(String n, double s) {
        name = n;
        salary = s;
        count++; // 정적 변수인 count를 증가
    }

    // 객체가 소멸될 때 호출된다.
    protected void finalize() {
        count--; // 직원이 하나 줄어드는 것이므로 count를 하나 감소
    }

    // 정적 메소드
    public static int getCount() {
        return count;
    }
}
```

EmployeeTest.java

```
public class EmployeeTest {
    public static void main(String[] args) {
        Employee e1, e2, e3;
        e1 = new Employee("김철수", 35000);
        e2 = new Employee("최수철", 50000);
        e3 = new Employee("김철호", 20000);

        int n = Employee.getCount();
        System.out.println("현재의 직원수=" + n);
    }
}
```

```
현재의 직원수=3
```

08 내장 클래스

자바에서는 클래스 안에서 클래스를 정의할 수 있다. 내부에 클래스를 가지고 있는 클래스를 **외부 클래스(outer class)**라고 한다. 클래스 내부에 포함되는 클래스를 **내장 클래스(nested class)**라고 한다.

전체적인 구조

형식

```
class OuterClass {
    ...
    class NestedClass {
        ...
    }
}
```

Outer Class

Nested Class

내장 클래스의 종류

내장 클래스는 다음과 같이 분류할 수 있다.

- 정적 내장 클래스: 앞에 static이 붙어서 내장되는 클래스
- 비정적 내장 클래스: static이 붙지 않은 일반적인 내장 클래스
  - 내부 클래스(inner class): 클래스의 멤버처럼 선언되는 내장 클래스
  - 지역 클래스(local class): 메소드의 몸체 안에서 선언되는 내장 클래스
  - 무명 클래스(anonymous class): 수식의 중간에서 선언되고 바로 객체화되는 클래스

여기서는 가장 많이 사용되는 내부 클래스만을 살펴보도록 하겠다. 무명 클래스는 상속을 학습한 이후에 다루어진다.

내부 클래스

클래스 안에 선언된 클래스를 내부 클래스라고 한다. 내부 클래스의 접근 지정자는 public, private, protected 또는 package(default) 일 수 있다.

형식

```
class OuterClass {
   ...
   class InnerClass {  }
   ...
}
```

클래스가 다른 클래스 안에 내장된다.

내부 클래스는 외부 클래스의 인스턴스 변수와 메소드를 전부 사용할 수 있다. private로 선언되어 있어도 접근이 가능하다. 이것이 최대 장점이다. 간단한 예제를 작성하여 보자.

OuterClass.java

```
public class OuterClass {
    private int value = 10;

    class InnerClass {
        public void myMethod() {
            System.out.println("외부 클래스의 private 변수 값: " + value);
        }
    }

    OuterClass() {
        InnerClass obj = new InnerClass();
        obj.myMethod();
    }
}
```

이것이 바로 내부 클래스이다. 내부 클래스 안에서는 외부 클래스의 private 변수들을 참조할 수 있다.

내부 클래스를 사용한다.

InnerClassTest.java

```
public class InnerClassTest {
    public static void main(String[] args) {
        OuterClass outer = new OuterClass();
    }
}
```

```
외부 클래스의 private 변수 값: 10
```

위의 코드에서는 외부 클래스의 생성자에서 내부 클래스의 객체를 생성하였다. 이때는 그냥 내부 클래스의 이름을 그대로 사용하면 된다.

만약 외부 클래스의 바깥에서 내부 클래스의 객체를 생성하려면 다음과 같이 약간 생소한 문법을 사용하여야 한다. 내부 클래스의 객체는 외부 클래스의 객체가 먼저 생성되어 있어야 생성될 수 있다.

```
...
OuterClass      outer = new OuterClass();
OuterClass.InnerClass    inner = outer.new InnerClass();
...
```

outer 객체 안에 정의된 InnerClass란 의미가 된다.

내부 클래스의 사용 예

게임에서 캐릭터는 여러 가지 아이템을 가지고 있다. 이것을 코드로 구현하여 보자. 아이템은 캐릭터만 사용한다고 가정하자. 그러면 캐릭터를 나타내는 클래스 안에 아이템을 내부 클래스로 정의할 수 있다.

GameCharacter
list: ArrayList<GameItem>
add(name: String, type: int, price: int): void
print(): void

GameCharacter.GameItem
name: String
type: int
price: int
getPrice(): int
toString(): String

GameChracterTest
main(args: String[]): void

GameCharacter 클래스는 게임에서 나타나는 캐릭터를 모델링한다. 지금은 단지 ArrayList 객체만을 가지고 있고 여기에는 캐릭터가 가지고 있는 여러 가지 아이템들이 저장되어 있다. add()는 아이템을 ArrayList에 추가한다. print()는 현재 가지고 있는 아이템을 모두 출력한다.

GameItem 클래스는 아이템을 나타낸다. GameCharacter 클래스 안에 내부 클래스로 정의된다. 아이템의 속성으로는 이름, 타입, 가격이 정의된다. getPrice()는 아이템의 가격을 반환한다. toString()은 아이템의 정보를 문자열에 만들어서 반환한다.

GameCharacterTest 클래스에서는 다음과 같은 코드로 GameCharacter 클래스를 테스트한다.

```
public class GameChracterTest {
    public static void main(String[] args) {
       GameCharacter charac = new GameCharacter();
       charac.add("Sword", 1, 100);
       charac.add("Gun", 2, 50);
       charac.print();
    }
}
```

```
GameItem [name=Sword, type=1, price=100]
GameItem [name=Gun, type=2, price=50]
150
```

내부 클래스의 사용 예

GameCharacter.java

```
import java.util.ArrayList;

public class GameCharacter {
   private class GameItem {
      String name;
      int type;
      int price;

      int getPrice() {        return price;      }

      @Override
      public String toString() {
         return "GameItem [name=" + name + ", type=" + type +
            ", price=" + price + "]";
      }
   }

   private ArrayList<GameItem> list = new ArrayList<>();

   public void add(String name, int type, int price) {
      GameItem item = new GameItem();
      item.name = name;
      item.type = type;
      item.price = price;
      list.add(item);
   }

   public void print() {
      int total = 0;
      for (GameItem item : list) {
         System.out.println(item);
         total += item.getPrice();
      }
      System.out.println(total);
   }
}
```

내부 클래스로 정의되었다.

GameCharacterTest.java

```
public class GameChracterTest {
    public static void main(String[] args) {
        GameCharacter charac = new GameCharacter();
        charac.add("Sword", 1, 100);
        charac.add("Gun", 2, 50);
        charac.print();
    }
}
```

여기서 ArrayList는 향상된 배열로서 4장에서 간략하게 소개되었고 15장에서 본격적으로 설명된다.

지역 클래스

지역 클래스(local class)는 메소드 안에 정의되는 클래스이다. 이 메소드는 접근 제어 지정자를 가질 수 없다. 지역 클래스는 abstract 또는 final로만 지정할 수 있다.

간단한 예를 작성하여 보자.

```
class localInner {

    private int data = 30;    // 인스턴스 변수

    void display() {
        final String msg = "현재의 데이터값은 ";

        class Local {
            void printMsg() {
                System.out.println(msg + data);
            }
        }
        Local obj = new Local();
        obj.printMsg();
    }
}

public class localInnerTest {
    public static void main(String args[]) {
        localInner obj = new localInner();
        obj.display();
    }
}
```

메소드 display() 안에 클래스 Local이 정의되어 있다. 지역 클래스는 메소드 안에서만 사용이 가능하다. 외부 클래스의 private 변수에 접근할 수 있다.

```
현재의 데이터값은 30
```

지역 클래스는 메소드의 지역 변수에도 접근할 수 있다. 하지만 지역 변수는 반드시 final로 선언되어야 한다. 이것은 지역 클래스 인스턴스가 메소드 호출보다 더 오랜 기간 동안 존재할 수도 있기 때문이다. 그래서 지역 변수의 자체 복사본을 필요로 한다. 동일한 범위에서 지역 변수가 다른 복사본을 갖는 문제를 방지하려면 반드시 final로 선언되어야 한다.

중첩 클래스를 사용하는 이유

중첩 클래스는 우리를 상당히 머리 아프게 한다. 왜 이런 구조를 사용하는 것일까? 중첩 클래스를 사용하는 이유는 다음과 같다.

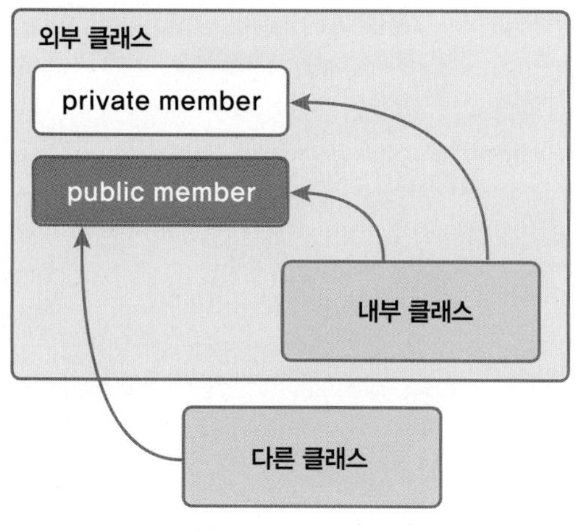

내부 클래스는 외부 클래스의 private 멤버도 접근할 수 있습니다. 이것이 내부 클래스를 사용하는 가장 큰 이유입니다.

- 내장 클래스는 외부 클래스의 멤버가 private가 선언되어 있더라도 접근할 수 있다.
- 내장 클래스는 외부에서 보이지 않는다. 즉 철저하게 감춰진다.
- 무명 클래스는 콜백 메소드(callback method)를 작성할 때 아주 편리하다.

07 CHAPTER

상속

학습목표

객체 지향 프로그래밍의 많은 장점이 바로 이 상속 메커니즘에서 나온다. 상속은 기존의 클래스로부터 필드와 메소드를 상속받아서 새로운 클래스를 파생하는 매카니즘이다. 필요하다면 기존의 코드에 새로운 메소드와 필드를 추가, 교체할 수 있다. 우리가 자바를 사용하여서 네트워크 프로그램이나 데이터베이스 프로그램, 그래픽 프로그램을 손쉽게 작성할 수 있는 것도 바로 이 상속 때문이다.

학습목차

자바에도 상속이 있군요!
다른 클래스의 코드를
상속받을 수 있나요?
네, 상속은 기존 클래스의
코드를 재활용하는 아주 좋은
기법입니다. 많이 사용해보세요.

01 상속의 개념

우리는 현실 세계에서의 상속에 대해서는 잘 알고 있다. 우리는 부모에게서 재산을 상속받을 수 있으며 상속된 재산에 우리가 벌어들인 새로운 재산을 추가할 수 있다.

상속

상속을 이용하면 쉽게
재산을 모을 수 있는 것처럼
소프트웨어도 쉽게 개발할
수 있습니다.

객체 지향 프로그래밍에도 비슷한 개념이 존재한다. **상속(inheritance)**은 기존에 존재하는 클래스로부터 코드와 데이터를 이어받고 자신이 필요한 기능을 추가하는 기법이다. 상속은 이미 작성된 검증된 소프트웨어를 재사용할 수 있어서 신뢰성 있는 소프트웨어를 손쉽게 개발, 유지 보수할 수 있게 해주는 중요한 기술이다. 또한 상속을 이용하면 여러 클래스에 공통적인 코드들을 하나의 클래스로 모을 수 있어서 코드의 중복을 줄일 수 있다.

아주 간단한 예를 들어보자. 우리는 동물을 나타내는 클래스 Animal을 상속받아서 강아지를 나타내는 Dog 클래스를 생성할 수 있다. 여기서 Animal을 **부모 클래스(parent class)**라고 하고 Dog을 **자식 클래스(child class)**라고 한다. 자식 클래스는 부모 클래스의 특별한 버전이라고 생각하여도 된다. 반대로 부모 클래스는 자식 클래스의 일반화된 버전이다. 상속은 다음과 같이 UML로 그릴 수 있다. UML에서 상속은 자식 클래스에서 부모 클래스로 속이 빈 화살표를 그려서 표시한다. 화살표의 모양과 방향에 주의해야 한다.

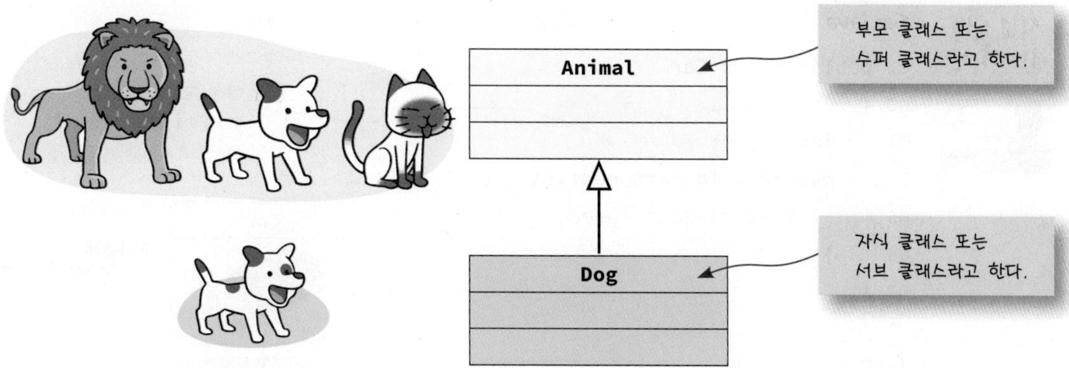
Animal
Dog
부모 클래스 또는
수퍼 클래스라고 한다.
자식 클래스 또는
서브 클래스라고 한다.

많이 등장하는 부모 클래스와 자식 클래스의 예를 표로 정리하여 보면 다음과 같다. 대개 부모 클래스는 추상적이고 자식 클래스는 구체적이다.

부모 클래스	자식 클래스
Animal(동물)	Lion(사자), Dog(개), Cat(고양이)
Bike(자전거)	MountainBike(산악자전거), RoadBike, TandemBike
Vehicle(탈것)	Car(자동차), Bus(버스), Truck(트럭), Boat(보트), Motorcycle(오토바이), Bicycle(자전거)
Student(학생)	GraduateStudent(대학원생), UnderGraduate(학부생)
Employee(직원)	Manager(관리자)
Shape(도형)	Rectangle(사각형), Triangle(삼각형), Circle(원)

상속의 형식

자바에서의 상속은 클래스 이름 뒤에 extends를 써주고 부모 클래스 이름을 적어주면 된다. "extends"는 확장(또는 파생)한다는 의미이다. 즉 부모 클래스를 확장하여서 자식 클래스를 작성한다는 의미가 되겠다.

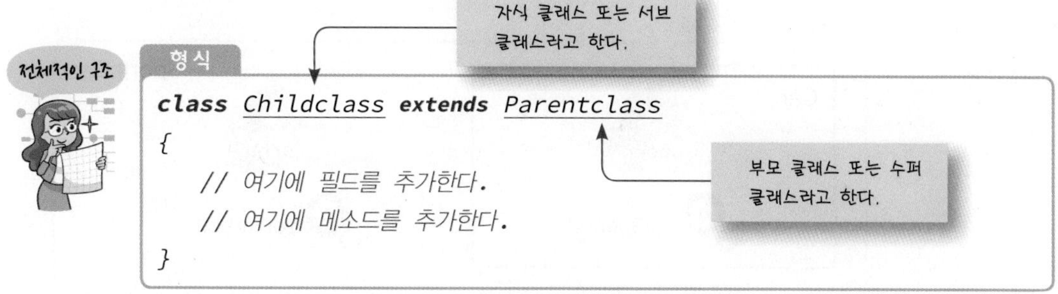
전체적인 구조
형식
자식 클래스 또는 서브
클래스라고 한다.
부모 클래스 또는 수퍼
클래스라고 한다.

```
class Childclass extends Parentclass
{
    // 여기에 필드를 추가한다.
    // 여기에 메소드를 추가한다.
}
```

구체적인 예를 들어 보자. 스포츠카는 일반적인 자동차의 특징을 모두 가지고 있고 추가로 터보 차저가 추가되어 있다고 하자. 이런 경우에는 스포츠카를 위한 클래스를 다시 작성하는 것보다는 일반적인 자동차를 나타내는 클래스인 Car 클래스를 상속받아서 수퍼카를 나타내는 클래스인 SportsCar를 작성하는 것이 쉽다.

Car.java

```
public class Car
{
   int speed; // 속도
   public void setSpeed(int speed) { // 속도 변경 메소드
      this.speed = speed;
   }
}
```

상속 설명을 위하여 private를 붙이지 않았다.

Car
수퍼클래스 (superclass)

SportsCar
서브클래스 (subclass)

SportCar.java

```
public class SportsCar extends Car

{
   boolean turbo;

   public void setTurbo(boolean flag) { // 터보 모드 설정 메소드
      turbo = flag;
   }
}
```

추가된 필드

추가된 메소드

무엇이 상속되는가?

상속을 사용하면 과연 무엇이 상속되는 것인가? 부모 클래스의 필드와 메소드가 자식 클래스로 상속된다. 따라서 자식 클래스는 부모 클래스의 필드와 메소드를 자유롭게 사용할 수 있다. 자식 클래스는 필요하면 자신만의 필드와 메소드를 추가시킬 수도 있고 부모 클래스에 이미 존재하는 메소드를 새롭게 정의하여 사용할 수도 있다. 상속의 강점은 부모 클래스로부터 상속된 특징들을 자식 클래스에서 추가, 교체, 상세화 시킬 수 있는 능력으로부터 나온다.

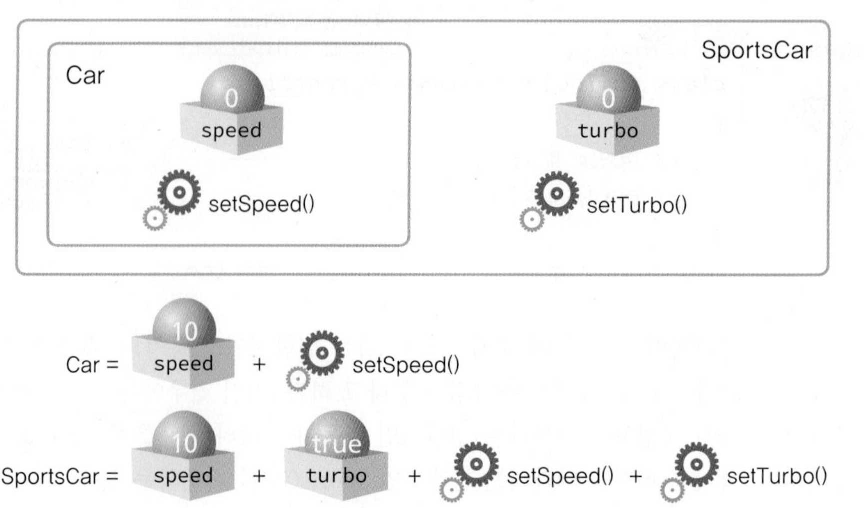

자식 클래스는 부모 클래스가 가지고 있는 모든 멤버들을 전부 상속받고 자신이 필요한 멤버를 추가하기 때문에 항상 자식 클래스가 부모 클래스를 포함하게 된다. 앞의 그림에서 SportsCar 클래스는 Car 클래스의 모든 필드와 메소드를 상속받고 여기에 하나의 필드와 하나의 메소드를 추가하였다. 상속을 나타낼 때 extends(확장)라는 용어를 사용하는 이유도 상속을 하게 되면 멤버가 증가하기 때문이다.

자 이제부터는 SportsCar 클래스의 객체를 생성하여서 상속받은 필드와 메소드를 사용하여 보자.

SportsCarTest.java

```
public class  SportsCarTest {

   public static void main(String[] args) {
      SportsCar  obj = new SportsCar();
      obj.speed = 10;
      obj.setSpeed(60);
      obj.setTurbo(true);
   }
}
```

자식 클래스 객체 생성

부모 클래스의 필드와 메소드 사용

자체 메소드 사용

자식 클래스는 부모 클래스의 필드와 메소드를 마치 자기 것처럼 사용할 수 있다. 예를 들어서 obj는 부모 클래스의 필드인 speed를 마음대로 사용할 수 있다. 부모 클래스에 선언된 setSpeed() 메소드도 마음대로 사용할 수 있다. 자식 클래스가 정의한 자체 메소드인 setTurbo()를 사용할 수 있음은 물론이다.

상속을 이용하지 않고 작성하였다면 SportsCar는 2개의 필드와 2개의 메소드를 가진 클래스로 새로 작성하여야 했을 것이다. 여기서는 간단하게 설명하기 위하여 Car의 멤버를 대폭 줄였지만 만약 Car가 100개의 멤버를 가지는 복잡한 클래스였다면 상속 없이 SportsCar를 작성하는 것도 만만치 않았을 것이다. 여기서 얻은 결론은 오른쪽 그림과 같다.

"상속은 시간을 절약하고 버그를 줄여주는 소중한 기법입니다."

왜 상속이 필요한가?

우리는 왜 상속을 사용하는가? 상속을 사용하는 이유를 잠시 생각하여 보자.

❶ 상속의 아이디어는 간단하지만 아주 강력하다. 만약 우리가 새로운 클래스를 생성해야 된다고 가정하자. 우리가 원하는 코드를 일부라도 담은 클래스가 시장에 있다면 우리는 이 클래스를 상속받아서 새로운 클래스를 정의하면 된다. 이렇게 함으로써 우리는 직접 작성할 필요없이 이미 존재하는 클래스의 필드와 메소드를 재사용할 수 있다.

❷ 상속을 사용하면 중복되는 코드를 줄일 수 있다. 예를 들어서 승용차, 트럭, 버스는 모두 속도를 변경하고 방향을 바꾸는 기능을 가지고 있다. 이들은 속도 변경 메소드 setSpeed()와 방향 변경 메소드 turn()으로 구현될 것이고, 이들 클래스를 독립적으로 작성하게 되면 setSpeed()와 turn()은 모든 클래스에 중복해서 포함될 것이다.

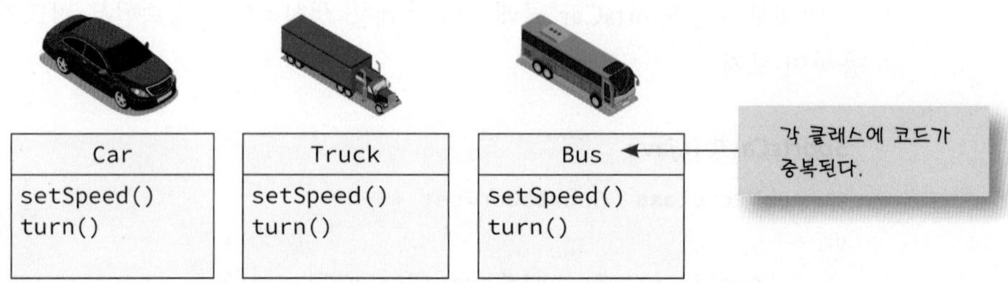

만약 Car, Truck, Bus 클래스에 공통적인 특징을 새로운 클래스 Vehicle로 만들고 Vehicle을 상속받아서 각 클래스를 작성한다면 다음 그림과 같이 중복되는 부분을 최소화할 수 있다.

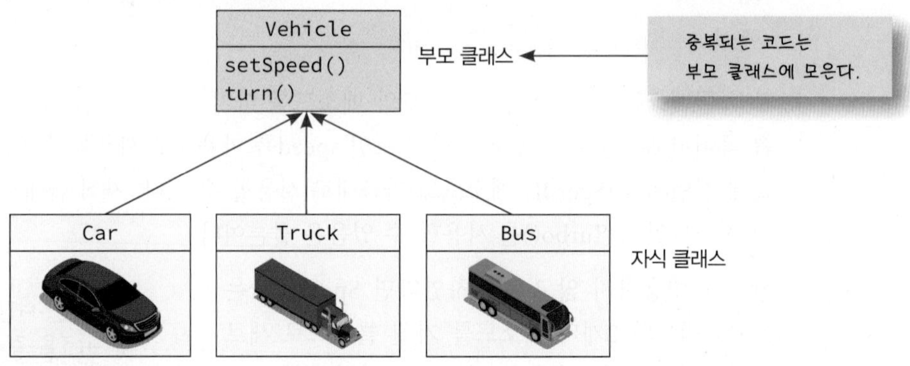

이제는 공통 부분이 하나로 정리되어서 관리하기 쉽고 유지 보수와 변경도 쉬워진다. 메소드 분만 아니라 필드에 대해서도 마찬가지이다. 중복되는 필드는 한번만 기술하면 된다.

다중 상속은 허용하지 않는다.

자바에서는 다중 상속을 허용하지 않는다. 다중 상속이란 2개 이상의 부모 클래스로부터 상속을 받는 것을 의미한다. C++에서는 다중 상속을 허용하지만 자바에서는 오직 단일 상속만 가능하다. 하지만 자바에서는 인터페이스를 사용하여서 다중 상속의 효과를 얼마든지 낼 수 있다. 이것은 8장에서 상세하게 살펴보자.

LAB

동물 예제

우리는 앞에서 상속의 형식을 학습하였다. 동물에 대한 예제로 상속을 실습하여 보자. 다음과 같은 동물들의 상속 계층 구조를 가정하자.

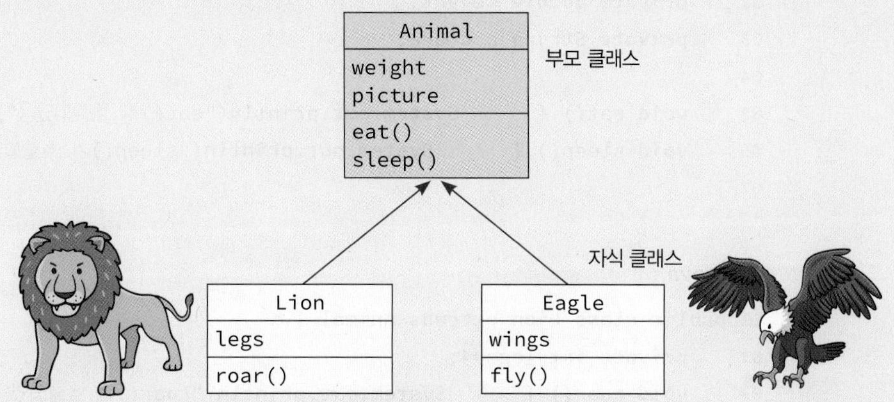

위의 계층 구조를 클래스로 구현하여 보자. 각 메소드 안에서는 메소드가 호출되었다는 메시지만을 출력하면 된다. Animal 클래스의 picture 필드는 문자열로 정의한다. Lion 객체와 Eagle 객체를 생성하여서 다음과 같은 출력이 나오도록 프로그램을 작성해보자.

```
eat()가 호출되었음
sleep()가 호출되었음
roar()가 호출되었음
eat()가 호출되었음
sleep()가 호출되었음
fly()가 호출되었음
```

Solution

동물 예제

Animal.java

```java
public class Animal {
   private double weight;
   private String picture;

   void eat() {      System.out.println("eat()가 호출되었음");    }
   void sleep() {      System.out.println("sleep()가 호출되었음");    }
}
```

Lion.java

```java
public class Lion extends Animal {
   private int legs=4;
   void roar() {      System.out.println("roar()가 호출되었음");    }
}
```

Animal을 상속하여 Lion 클래스를 정의한다.

Eagle.java

```java
public class Eagle extends Animal {
   private int wings=2;
   void fly() {      System.out.println("fly()가 호출되었음");    }
}
```

AnimalTest.java

```java
public class AnimalTest {
   public static void main(String[] args) {
      Lion lion = new Lion();
      lion.eat();
      lion.sleep();
      lion.roar();

      Eagle eagle = new Eagle();
      eagle.eat();
      eagle.sleep();
      eagle.fly();
   }
}
```

LAB

도형 예제

상속의 핵심적인 특징을 알려주는 간단한 예제를 작성해보자. 일반적인 2차원 도형을 나타내는 Shape이라는 클래스를 먼저 생성한다. Shape 클래스는 도형의 x좌표와 y좌표, 그리고 print() 메소드를 가지고 있다. 이 Shape 클래스를 상속받아서 Rectangle 클래스를 작성한다. Rectangle 클래스는 Shape 클래스에 사각형의 가로, 세로 길이와 몇 개의 메소드를 추가한다.

- x와 y는 도형의 좌측 상단 좌표이다.
- width와 height는 사각형의 가로 길이와 세로 길이이다.
- print()에서는 도형의 위치를 화면에 출력한다.
- draw()에서는 사각형의 위치와 크기를 화면에 출력한다.
- area()에서는 사각형의 면적을 계산하여 반환한다.

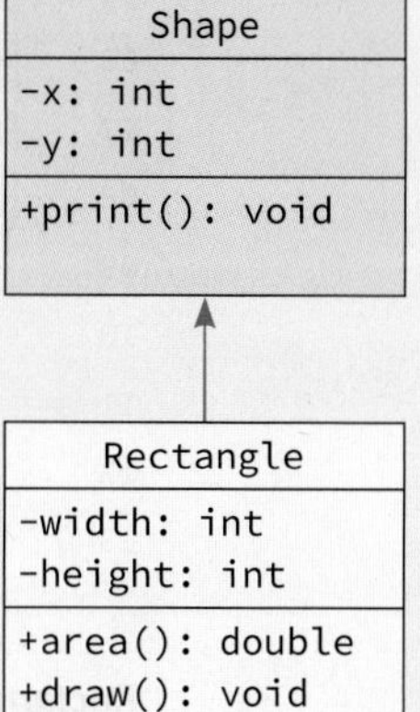

위의 클래스를 테스트하기 위하여 (5, 3) 위치에 있고 가로가 10이고 세로가 20인 Rectangle 객체를 생성한다. 또 (8, 9) 위치에 있고 가로가 10이고 세로가 20인 Rectangle 객체도 생성한다. 각 객체의 print()와 draw() 메소드를 호출하여 보자.

```
x좌표: 5 y좌표: 3
(5,3) 위치에 가로: 10 세로: 20
x좌표: 8 y좌표: 9
(8,9) 위치에 가로: 10 세로: 20
```

Solution 도형 예제

Shape.java

```java
public class Shape {
   private int x;
   private int y;

   public int getX() {       return x;    }
   public void setX(int x) {       this.x = x;    }
   public int getY() {       return y;   }
   public void setY(int y) {       this.y = y;   }

   void print() {
      System.out.println("x좌표: " + x + " y좌표: " + y);
   }
}
```

접근자와 설정자

Rectangle.java

```java
public class Rectangle extends Shape {
   private int width;
   private int height;

   public int getWidth() {      return width;    }
   public void setWidth(int width) {      this.width = width;    }
   public int getHeight() {      return height;
   public void setHeight(int height) {      this.height = height;    }

   double area() {
      return (double)width * height;
   }
   void draw() {
      System.out.println("(" + this.getX() + "," + this.getY() +
            ") 위치에 " + "가로: " + width + " 세로: " + height);
   }
}
```

접근자와 설정자

RectangleTest.java

```
public class RectangleTest {
   public static void main(String args[]) {
      Rectangle r1 = new Rectangle();
      Rectangle r2 = new Rectangle();

      r1.setX(5);
      r1.setY(3);
      r1.setWidth(10);
      r1.setHeight(20);

      r2.setX(8);
      r2.setY(9);
      r2.setWidth(10);
      r2.setHeight(20);

      r1.print();
      r1.draw();
      r2.print();
      r2.draw();
   }
}
```

부모 클래스의 메소드도 사용할 수 있다.

02 상속과 접근 제어

앞에서는 부모 클래스의 모든 멤버가 상속되는 것으로 이야기하였지만 사실은 상속시킬 멤버와 상속시키지 않을 멤버를 지정할 수 있다. 자식 클래스는 부모 클래스의 public 멤버, protected 멤버, package 멤버(부모 클래스와 자식 클래스가 같은 패키지에 있다면)를 상속받는다. 상속되지 않는 것도 있다. 부모 클래스의 private 멤버는 상속되지 않는다.

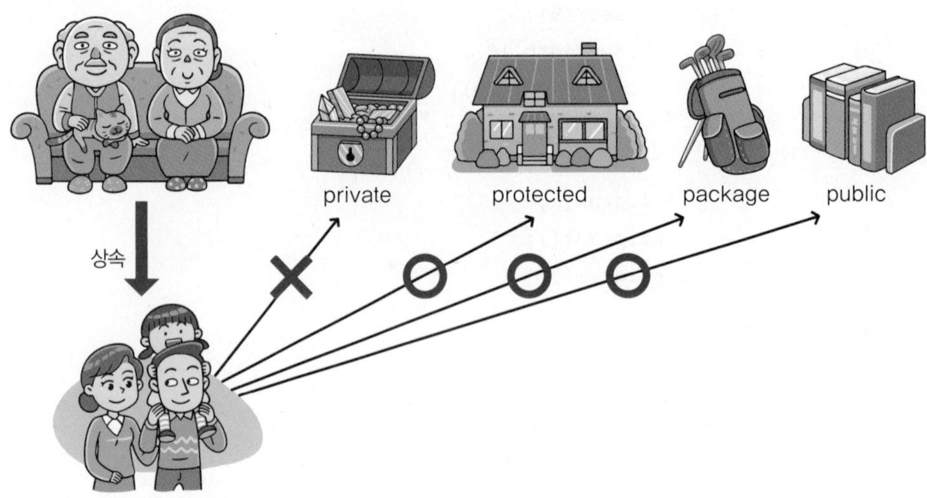

자바의 접근 제어 연산자를 다시 한 번 정리하여 보면 다음 표와 같다.

접근 지정자	클래스	패키지	자식 클래스	전체 세계
public	O	O	O	O
protected	O	O	O	X
없음	O	O	X	X
private	O	X	X	X

예를 들어서 다음의 코드에서는 Shape 클래스가 부모 클래스이고 Rectangle 클래스가 자식 클래스이다. Shape 클래스의 멤버인 x와 y를 private로 선언하면 자식 클래스인 Rectangle 에서 사용할 수 없다.

```
public class Shape {
   private int x;
   private int y;
```

```java
    void print() {
        System.out.println("x좌표: " + x + " y좌표: " + y);
    }
}
```

```java
public class Rectangle extends Shape {
    private int width;
    private int height;

    double calcArea() {
        return width * height;
    }

    void draw() {
        System.out.println("(" + x + "," + y + ") 위치에 " + "가로: "
                + width + " 세로: " + height);
    }
}
```

부모 클래스의 private 멤버 x와 y는 사용할 수 없다.

위의 코드는 컴파일 되지 않는데, draw() 안의 x와 y에 대한 참조가 접근 오류를 일으키기 때문이다. x와 y는 private로 선언되었기 때문에 Shape 안에서만 사용이 가능하다. 자식 클래스는 접근할 수 없다. 이것은 너무 가혹하다고 생각할 수도 있는데, 접근자 메소드를 사용하면 얼마든지 부모 클래스의 private 멤버 값을 얻을 수 있다.

또한 부모 클래스와 자식 클래스만 사용하는 필드를 만들려면 변수 선언시에 protected를 앞에 붙이면 된다.

직원과 매니저 클래스 작성하기

직원(Employee)과 매니저(Manager)의 예를 가지고 프로그램을 작성하여 보자. 직원을 나타내는 클래스 Employee는 이름, 주소, 주민등록 번호, 월급 등의 정보를 가지고 있다. 매니저를 나타내는 Manager 클래스에는 보너스가 추가되어 있다. Employee 클래스에서 주민등록번호는 private로 선언되고 월급 정보는 protected로 선언된다.

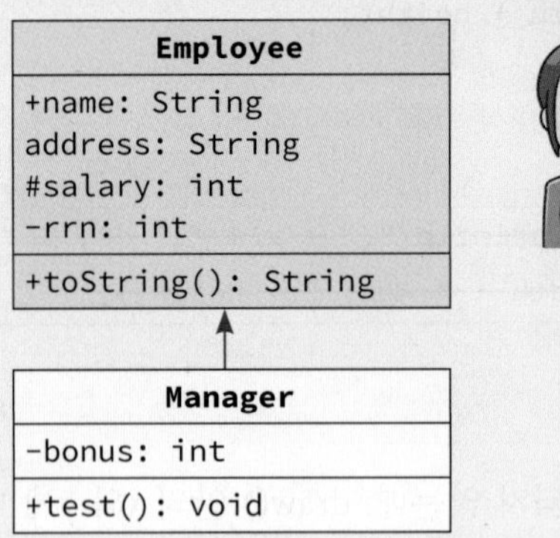

위의 URL 클래스 다이어그램을 보고 Employee와 Manager 클래스를 구현한다. 각 클래스의 생성자를 추가한다. 자식 클래스인 Manager 클래스의 test() 메소드에서 부모 클래스의 필드 값을 출력하여 보자. 어떤 필드를 출력할 때, 문법적인 오류가 발생하는지 살펴보자.

```
Employee [name=Tom, address=Seoul, salary=1000000, rrn=123456]
name=Tom
address=Seoul
salary=1000000
```

Solution

직원과 매니저 클래스 작성하기

Employee.java

```java
public class Employee {
    public String name;          // 이름: public 멤버
    String address;              // 주소: package 멤버
    protected int salary;        // 월급: : protected 멤버
    private int rrn;             // 주민등록번호: private 멤버

    public Employee(String name, String address, int salary, int rrn) {
        this.name = name;
        this.address = address;
        this.salary = salary;
        this.rrn = rrn;
    }

    @Override
    public String toString() {
        return "Employee [name=" + name + ", address=" + address
                + ", salary=" + salary + ", rrn=" + rrn + "]";
    }
}
```

Manager.java

```java
public class Manager extends Employee {
    private int bonus;

    public Manager(String name, String address, int salary, int rrn,
            int bonus) {
        super(name, address, salary, rrn);
        this.bonus = bonus;
    }

    void test() {
        System.out.println("name="+name);
        System.out.println("address"+address);
        System.out.println("salary="+salary);
        // System.out.println("rrn="+rrn);
    }
}
```

자식 클래스에서 부모 클래스의 private 필드는 접근할 수 없다.

ManagerTest.java

```java
public class ManagerTest {
   public static void main(String[] args) {
      Manager m = new Manager("Tom", "Seoul", 1000000, 123456,
         50000);
      System.out.println(m);
      m.test();
   }
}
```

```
Employee [name=Tom, address=Seoul, salary=1000000, rrn=123456]
name=Tom
address=Seoul
salary=1000000
```

test() 안에서 rrn 필드에 접근하면 컴파일 오류를 발생한다. 이유를 살펴보자. Employee를 상속받아서 Manager 클래스를 정의하였다. Manager 클래스에서는 name, address, salary 필드를 접근할 수 있다. 하지만 rrn 필드는 private로 선언되었으므로 Manager 클래스에서는 접근이 불가능하다.

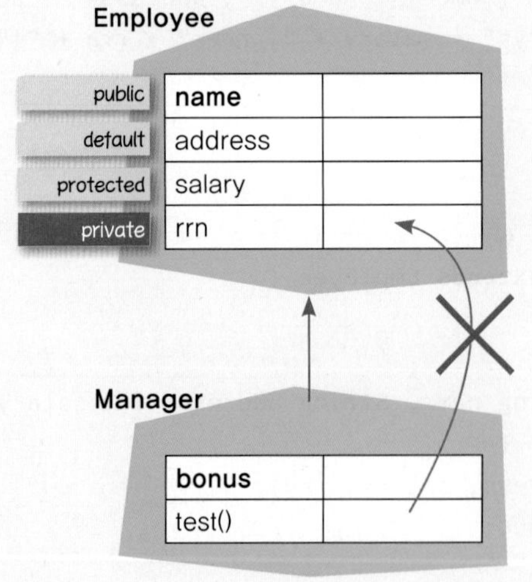

정리하면 자식 클래스는 부모 클래스에서 정의된 멤버 중에서 private를 제외한 나머지 멤버들은 모두 접근할 수 있다. 위에서는 필드에 대해서만 살펴보았지만 메소드에 대해서도 마찬가지이다. 부모 클래스에서 private로 정의된 메소드는 자식 클래스에서 접근할 수 없지만 나머지 메소드들은 얼마든지 사용이 가능하다.

03 메소드 오버라이딩

자식 클래스에서는 부모 클래스의 메소드 중에서 필요한 것을 다시 정의할 수 있다. 이것을 **"자식 클래스의 메소드가 부모 클래스의 메소드를 오버라이드(재정의)한다"**고 말한다. 오버라이드(override)는 무시한다는 의미이다. 메소드 오버라이딩은 상속에서 부모 클래스의 메소드를 변경하는 것이 필요할 때 사용된다. 이때 메소드의 이름이나 매개 변수, 반환형은 동일하여야 한다.

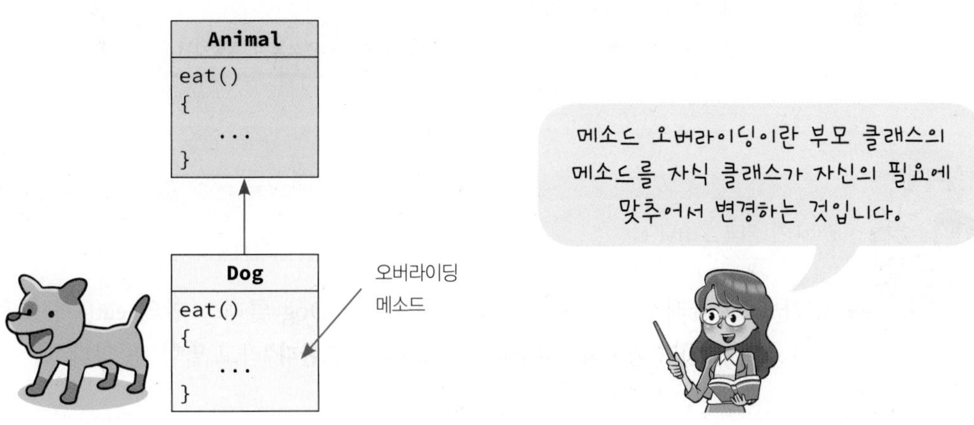

예를 들면 Animal 클래스에 eat() 메소드가 선언되어 있다고 하자. Animal 클래스는 특정한 동물을 지칭하지 않으므로 eat() 메소드의 몸체는 비어 있다.

Animal.java

```
public class Animal {
   public void eat()
   {
      System.out.println("동물이 먹고 있습니다. ");
   }
};
```

Animal을 상속받아서 Dog 클래스를 선언하였다고 하자. 이제는 eat() 메소드를 오버라이딩하여 보자. 그리고 Dog 클래스의 객체를 생성하고 eat()를 호출하였다면 어떤 eat()가 호출될까?

Dog.java

```
public class Dog extends Animal {
    public void eat()
    {
        System.out.println("강아지가 먹고 있습니다.");
    }
};
```

부모 클래스의 메소드를 다시 정의한다.

DogTest.java

```
public class DogTest  {
    public static void main(String[] &) {
        Dog d = new Dog();
        d.eat();
    }
};
```

오버라이딩된 메소드가 호출된다.

```
강아지가 먹고 있습니다.
```

eat()가 Dog 클래스의 객체에 대하여 호출되면 Dog 클래스 안의 eat()가 호출된다. 즉 **"Dog의 eat()가 Animal의 eat()를 오버라이드한다"**라고 말할 수 있다.

부모 클래스의 메소드와 자식 클래스의 메소드가 완벽하게 일치하여야 오버라이딩으로 처리된다. 만약 완벽하게 일치하지 않으면 메소드 오버로딩으로 처리되어 버린다. 예를 들어서 다음과 같이 작성하면 메소드 오버라이딩이 되지 않는다. eat()의 매개 변수가 서로 다르기 때문이다.

```
public class Dog extends Animal {
    public void eat(int amount)
    {
        System.out.println("강아지가 먹고 있습니다.");
    }
};
```

부모 클래스의 eat()와 매개 변수가 다르다.

재정의된 메소드 이름 앞에는 @Override 어노테이션을 붙이는 것이 좋다. 만약 부모 클래스에 그런 이름의 메소드가 없다면 컴파일러가 오류를 발생한다.

```
class Dog extends Animal {

   @Override
   public void eat()
   {
      System.out.println("강아지가 먹고 있습니다.");
   }
};
```

키워드 super를 사용하여 부모 클래스 멤버 접근

키워드 super는 상속 관계에서 부모 클래스의 메소드나 필드를 명시적으로 참조하기 위하여 사용된다. 만약 부모 클래스의 메소드나 필드를 오버라이드한 경우에 super를 사용하면 부모 클래스의 메소드나 필드를 호출할 수 있다.

보통 메소드를 오버라이드할 때, 부모 클래스의 메소드를 완전히 대치하는 경우보다 내용을 추가하는 경우가 많다. 이런 경우에는 super 키워드를 이용하여 super 클래스의 메소드를 호출해준 후에 자신이 필요한 부분을 추가해주는 것이 좋다.

Parent.java

```
public class Parent {
   public void print() {
      System.out.println("부모 클래스의 print() 메소드");
   }
}
```

Child.java

```
public class Child extends Parent {
   public void print() {
      super.print();
      System.out.println("자식 클래스의 print() 메소드 ");
   }
   public static void main(String[] args) {
      Child obj = new Child();
      obj.print();
   }
}
```

메소드 오버라이드

부모 클래스의 메소드 호출

```
부모 클래스의 print() 메소드
자식 클래스의 print() 메소드
```

이클립스는 메소드 오버라이드를 자동으로 해주는 메뉴를 가지고 있다. 클래스 안에 커서를 두고 [Source] → [Override/Implement Methods...]을 사용해보자. 한번만 사용해보면 금방 익숙해질 것이다. 부모 클래스의 메소드 중에서 오버라이드할 것만 체크하면 된다.

LAB 다양한 이자율을 가지는 은행 클래스 작성하기

은행에서 대출을 받을 때, 은행마다 대출 이자가 다르다. 이것을 메소드 오버라이딩으로 깔끔하게 해결하여 보자.

일반적인 은행을 나타내는 Bank라는 클래스를 작성하고 이것을 상속받아서 BadBank, NormalBank, GoodBank을 작성한다. Bank 클래스에는 getInterestRate()라는 메소드를 두어서 이자율을 반환한다. BadBank, NormalBank, GoodBank 클래스에서는 getInterestRate()을 오버라이드하여서 이자율을 각각 10%, 5%, 3%로 반환하도록 하여 보자.

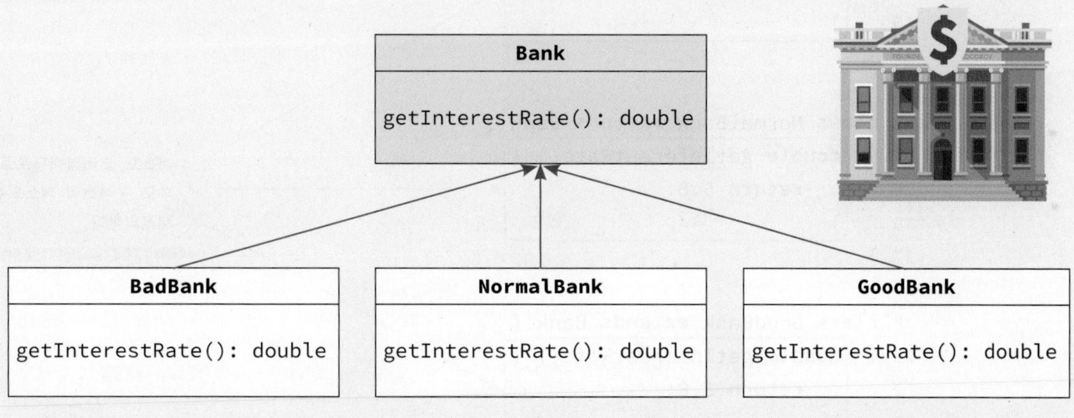

```
BadBank의 이자율: 10.0
NormalBank의 이자율: 5.0
GoodBank의 이자율: 3.0
```

Solution 다양한 이자율을 가지는 은행 클래스 작성하기

BankTest.java

```
class Bank {
    double getInterestRate() {
        return 0.0;
    }
}

class BadBank extends Bank {
    double getInterestRate() {
        return 10.0;
    }
}

class NormalBank extends Bank {
    double getInterestRate() {
        return 5.0;
    }
}

class GoodBank extends Bank {
    double getInterestRate() {
        return 3.0;
    }
}

public class BankTest {
    public static void main(String &[]) {
        BadBank b1 = new BadBank();
        NormalBank b2 = new NormalBank();
        GoodBank b3 = new GoodBank();
        System.out.println("BadBank의 이자율: " + b1.getInterestRate());
        System.out.println("NormalBank의 이자율: "
            + b2.getInterestRate());
        System.out.println("GoodBank의 이자율: " + b3.getInterestRate());
    }
}
```

메소드 오버라이딩으로 부모 클래스의 메소드를 재정의한다.

```
BadBank의 이자율: 10.0
NormalBank의 이자율: 5.0
GoodBank의 이자율: 3.0
```

04 상속과 생성자

자식 클래스의 객체가 생성될 때, 생성자는 어떻게 호출될까? 즉 자식 클래스의 생성자만 호출될까? 아니면 부모 클래스의 생성자도 호출되는가?

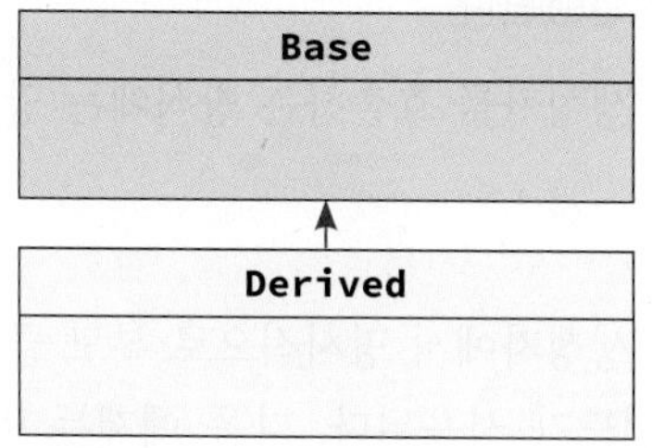

Test.java

```
class Base {
   public Base() {
      System.out.println("Base() 생성자");
   }
};

class Derived extends Base {
   public Derived() {
      System.out.println("Derived() 생성자");
   }
};

public class Test {
   public static void main(String[] args) {
      Derived r = new Derived();
   }
};
```

위의 프로그램을 실제로 실행시켜 보면 출력은 다음과 같다.

```
Base() 생성자
Derived() 생성자
```

Derived 객체를 생성했는데 왜 Base 생성자까지 호출되는 것일까? 자식 클래스 객체는 부모 클래스에서 상속된 부분과 자식 클래스가 추가한 부분이 합쳐져 있다고 생각하여야 한다. 따라서 자식 클래스의 객체를 생성하면 자식 클래스 안의 부모 클래스 부분을 초기화하기 위하여 자식 클래스의 생성자가 호출되는 것이다.

생성자의 호출 순서는 (**부모 클래스의 생성자**) → (**자식 클래스의 생성자**) 순으로 된다. 자식 클래스의 생성자가 먼저 호출되기는 하지만, 부모 클래스에서 상속된 부분을 먼저 초기화하기 위하여 부모 클래스의 생성자가 먼저 실행되어야 한다. 부모 클래스의 생성자 호출이 끝나면 자식 클래스가 추가한 부분을 초기화하기 위하여 자식 클래스의 생성자가 실행된다.

부모 클래스의 생성자를 호출하는 방식에는 명시적인 호출과 묵시적인 호출이 있다.

명시적인 호출

자식 클래스의 생성자에서 명시적으로 부모 클래스의 생성자를 호출할 수 있다. 이 때 super라는 키워드가 사용된다. 다음 예제는 Rectangle의 생성자에서 부모 클래스의 생성자를 명시적으로 호출하는 예이다.

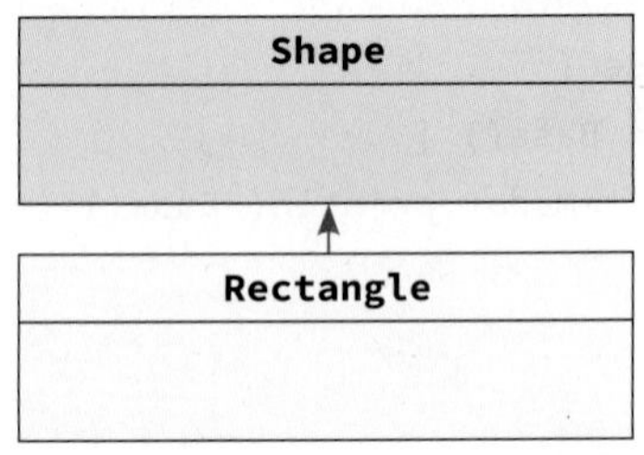

Test.java

```java
class Shape {
    public Shape() {
        System.out.println("Shape 생성자() ");
    }
};

class Rectangle extends Shape {
    public Rectangle(){
        super();            // 명시적인 호출
        System.out.println("Rectangle 생성자()");
    }
};

public class Test {
    public static void main(String[] args) {
        Rectangle r = new Rectangle();
```

```
    }
};
```

```
Shape 생성자()
Rectangle 생성자()
```

여기서 부모 클래스의 호출은 반드시 생성자의 첫 번째 줄이어야 한다. 그렇지 않으면 컴파일 오류가 발생한다.

묵시적인 호출

자바에서는 명시적으로 부모 클래스의 생성자를 호출해주지 않아도 자식 클래스의 객체가 생성될 때 자동적으로 부모 클래스의 매개 변수가 없는 생성자가 호출된다. 다음 소스에서 Rectangle 객체를 생성하면 Rectangle 클래스의 생성자가 호출되기 전에 Shape 클래스의 생성자가 호출된다.

Test.java

```
class Shape {
    public Shape() {
        System.out.println("Shape 생성자()");
    }
};
class Rectangle extends Shape {
    public Rectangle() {

        System.out.println("Rectangle 생성자()");
    }
};

public class Test {
    public static void main(String[] args) {
        Rectangle r = new Rectangle();
    }
};
```

컴파일러가 Shape();을 자동적으로 넣어준다고 생각하라.

```
Shape 생성자()
Rectangle 생성자()
```

만약 매개 변수가 없는 생성자를 정의하지 않았다면 오류가 발생할 수 있다. 다음 코드는 매개 변수가 없는 Shape() 생성자가 선언되어 있지 않기 때문에 오류를 생성한다.

```
class Shape {
   public Shape(String msg) {
      System.out.println("Shape 생성자()" + msg);
   }
};

class Rectangle extends Shape {
   public Rectangle(){    // 오류: 묵시적으로 Shape()를 호출할 수 없음!
      System.out.println("Rectangle 생성자()");
   }
};
```

생성자가 하나라도 정의되어 있으면 기본 생성자가 자동으로 추가되지 않는다.

매개 변수가 없는 생성자 Shape()를 호출할 수 없기 때문에 컴파일 오류가 발생한다.

```
Implicit super constructor Shape() is undefined. Must
explicitly invoke another constructor
```

위의 오류를 수정하려면 Rectangle() 생성자에서 super("test");와 같이 부모 클래스의 생성자를 명시적으로 호출해주어야 한다.

LAB 복잡한 상속 계층 구조 만들어 보기

이때까지 우리는 하나의 부모 클래스와 하나의 자식 클래스만으로 이루어진 상속 계층 구조만을 만들어 보았다. 하지만 우리는 얼마든지 더 복잡한 상속 계층 구조를 만들 수 있다. 자식 클래스가 다른 클래스의 부모 클래스도 될 수 있다. 예를 들어서 Shape이 Rectangle의 부모 클래스이고 다시 Rectangle이 ColoredRectangle의 부모 클래스가 될 수 있는 것이다. 이런 경우의 ColoredRectangle은 Shape와 Rectangle의 모든 멤버를 상속받게 된다.

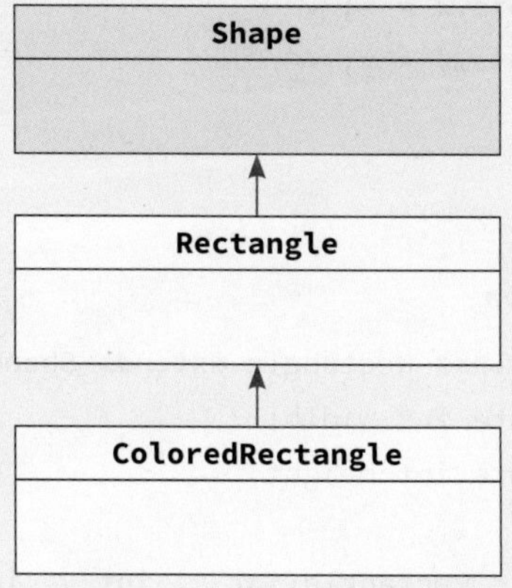

Shape → Rectangle → ColoredRectangle 클래스로 이루어지는 상속 계층 구조를 가정하자. 각 클래스의 생성자가 어떤 순서로 호출되는지를 실험할 수 있는 코드를 작성해보자.

```
Shape()
Rectangle()
ColoredRectangle()
```

Solution 복잡한 상속 계층 구조 만들어 보기

Shape.java

```
public class Shape {
    private int x;
    private int y;

    public Shape(int x, int y) {
        System.out.println("Shape()");
        this.x = x;
        this.y = y;
    }
}
```

Shape를 상속받아서 Rectangle을 정의한다.

Rectangle.java

```
public class Rectangle extends Shape {
    private int width;
    private int height;

    public Rectangle(int x, int y, int width, int height) {
        super(x, y);
        System.out.println("Rectangle()");
        this.width = width;
        this.height = height;
    }

    double calcArea() {
        return width * height;
    }
}
```

Rectangle를 상속받아서 ColoredRectangle을 정의한다.

ColoredRectangle.java

```
public class ColoredRectangle extends Rectangle {
    String color;

    public ColoredRectangle(int x, int y, int width, int height,
            String color) {
```

```
        super(x, y, width, height);
        System.out.println("ColoredRectangle()");
        this.color = color;
    }

    public static void main(String[] args) {
        ColoredRectangle obj = new ColoredRectangle(10, 10, 20, 20,
            "red");
    }
}
```

ColoredRectangle은 Shape과 Rectangle의 모든 멤버를 사용할 수 있다. 여기에 추가로 사각형의 색상을 저장하는 변수인 color를 추가하고 있다. 상속에 의하여 상당한 분량의 코드가 재사용되었음을 이해하여야 한다. ColoredRectangle 클래스 안에는 별 내용이 없지만 상속 계층 구조 때문에 상당히 많은 변수와 메소드를 사용할 수 있다. 또 super()는 부모 클래스의 생성자만을 호출할 수 있다.

05 추상 클래스란?

추상 클래스(abstract class)는 완전하게 구현되어 있지 않은 메소드를 가지고 있는 클래스를 의미한다. 메소드가 미완성되어 있으므로 추상 클래스로는 객체를 생성할 수 없다. 추상 클래스는 주로 상속 계층에서 추상적인 개념을 나타내기 위한 용도로 사용된다.

하나의 예로 동물을 나타내는 상속 계층도를 생각하여 보자. 동물을 Animal 클래스로 정의할 수 있지만 약간의 문제가 있다. 우리는 동물의 추상적인 개념에 대해서는 알고 있지만 구체적으로 어떤 동물인지 알 수 없으므로 구체적인 동작을 구현하기는 어렵다. 예를 들어서 move()라는 메소드를 작성한다고 가정하자. 우리는 동물이 움직인다는 것은 알지만 구체적으로 날아다니는지 기어다니는지는 알 수 없다. 즉 Animal 클래스의 move() 메소드를 완전하게 작성할 수 없는 것이다. 이런 경우에 Animal은 추상 클래스로 정의된다. Mammal(포유류), Fish(어류), Bird(조류) 클래스들도 마찬가지 이유에서 추상 클래스로 정의된다.

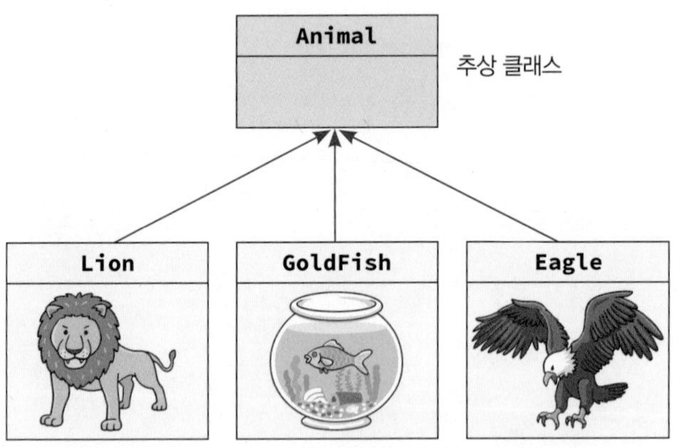

그림 7-1 • 추상 클래스의 개념

자바에서 추상 클래스를 만들기 위해서는 클래스 선언 시에 앞에 abstract를 붙인다. 앞의 Animal 클래스를 추상 클래스로 정의하여 보면 다음과 같다.

형식

```
public abstract class Animal  {
    public abtract void move();
    ...
};
```

추상 메소드 정의, ;으로 종료됨을 유의!

추상 클래스는 하나 이상의 추상 메소드를 가지고 있다. 추상 메소드란 move()처럼 몸체가 없는 메소드를 말한다. 추상 메소드는 항상 세미 콜론(;)으로 종료되어야 한다. 각종 동물들의 움직이는 방법은 동물에 따라 상당히 다르므로 추상 메소드로 선언하는 것이 논리적이다.

추상 클래스를 상속받는 서브 클래스에서는 반드시 추상 메소드를 재정의하여야 한다. 만약 재정의하지 않으면 오류가 발생한다. 따라서 Lion 클래스에서는 반드시 move() 메소드의 몸체를 구현하여야 한다.

추상 클래스의 예

구체적인 예로 도형을 나타내는 클래스 계층 구조를 생각하여 보자. 각 도형은 공통적인 어떤 속성을 가지고 있다. 예를 들면 위치, 회전 각도, 선색상, 채우는 색 등의 속성은 모든 도형이 공유한다. 또 도형의 기준점을 이동하는 메소드인 move()는 모든 도형에서 동일하다. 따라서 이들 속성과 메소드는 추상 클래스인 Shape에 구체적으로 정의된다.

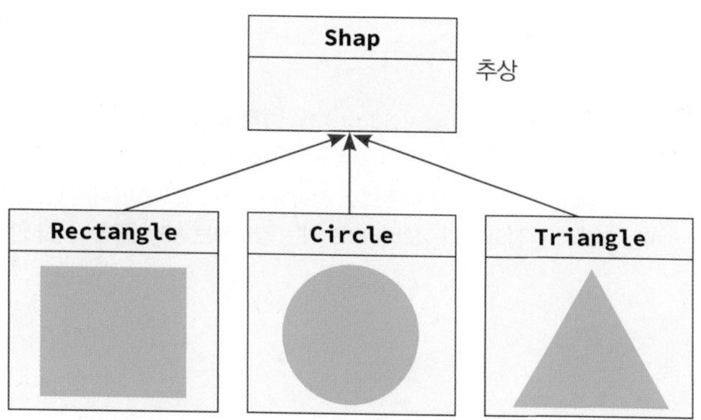

하지만 draw() 메소드를 생각해보자. 도형을 그리는 방법은 각각의 도형에 따라 달라진다. 따라서 draw()의 몸체는 Shape에서는 정의될 수가 없다. 다만 메소드의 이름과 매개 변수는 정의될 수 있다. 이런 경우에 추상 메소드가 사용된다. 즉 draw()는 추상 메소드로 정의되고 draw()의 몸체는 각각의 자식 클래스에서 작성된다.

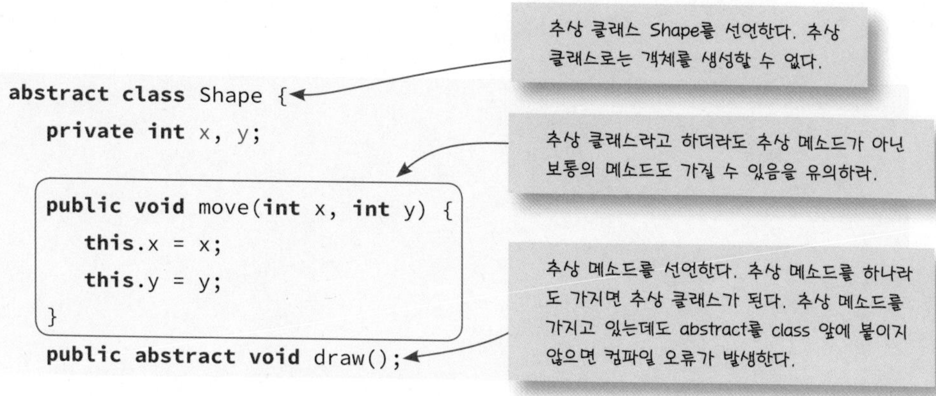

추상 클래스 Shape를 선언한다. 추상 클래스로는 객체를 생성할 수 없다.
추상 클래스라고 하더라도 추상 메소드가 아닌 보통의 메소드도 가질 수 있음을 유의하라.
추상 메소드를 선언한다. 추상 메소드를 하나라도 가지면 추상 클래스가 된다. 추상 메소드를 가지고 있는데도 abstract를 class 앞에 붙이지 않으면 컴파일 오류가 발생한다.


```
abstract class Shape {
   private int x, y;

   public void move(int x, int y) {
      this.x = x;
      this.y = y;
   }
   public abstract void draw();
```

```java
};

class Rectangle extends Shape {
    private int width, height;
    public void draw() {        // 추상 메소드 구현
        System.out.println("사각형 그리기 메소드");
    }
};

class Circle extends Shape {
    private int radius;
    public void draw() {
        System.out.println("원 그리기 메소드");
    }
};
```

자식 클래스 Rectangle에서 부모 클래스의 추상 메소드 draw()가 실제 메소드로 구현한다. 자식 클래스에서 추상 메소드를 구현하지 않으면 컴파일 오류가 발생한다.

추상 메소드 draw()가 실제 메소드로 구현한다.

Q 수퍼 클래스에서 draw()를 void draw() { }와 같이 내용이 없는 일반 메소드로 정의한 후에 서브 클래스에서 오버라이드하는 것과 추상 메소드는 어떻게 다른가?

A 결과는 같다. 하지만 추상 메소드로 정의하면 서브 클래스에서는 반드시 구현하여야 하므로 구현을 강요하는 면에서 장점이 있다. 오버라이드하는 경우에는 서브 클래스에서 안하고 넘어갈 수도 있기 때문이다.

06 상속과 다형성

다형성(polymorphism)은 **"많은**(poly)+**모양**(morph)"이라는 의미로서 주로 프로그래밍 언어에서 하나의 식별자로 다양한 타입(클래스)을 처리하는 것을 의미한다. 넓은 의미에서는 메소드 중복 정의(메소드 오버로딩)나 제네릭 프로그래밍(뒤에 학습할 예정임)도 다형성에 포함된다. 하지만 일반적으로 객체지향 프로그래밍에서 다형성이란 객체들의 타입(클래스)이 다르면 똑같은 메시지가 전달되더라도 서로 다른 동작을 하는 것을 말한다.

그림 7-2 • 다형성의 개념

구체적인 예를 살펴보자. 다양한 타입의 동물들에게 speak라는 메시지를 보낸다고 가정하자. 만약 강아지가 speak라는 메시지를 받는다면 "멍멍"이라고 할 것이고 고양이가 speak 메시지를 받는다면 "야옹"이라고 할 것이다. 즉 똑같은 명령을 내리지만 객체의 타입이 다르면 서로 다른 결과를 얻을 수 있는 것이 다형성이다. 여기서 중요한 것은 메시지를 보내는 측에서는 객체가 어떤 타입인지 알 필요가 없다는 점이다. 실행 시간에 객체의 타입에 따라서 자동적으로 적합한 동작이 결정된다.

다형성은 어떤 경우에 사용하는 기술일까? 다형성은 객체 지향 기법에서 하나의 코드로 다양한 타입의 객체를 처리하는 중요한 기술이다. 예를 들어서 한 곳에 모인 동물들이 각자의 소리를 내게 하고 싶으면 어떤 동물인지 신경 쓰지 말고 무조건 speak 메시지를 모내면 된다. 받은 동물은 자신이 낼 수 있는 소리를 낼 것이다. 또 사각형, 삼각형, 원과 같은 다양한 타입의 도형 객체들이 모여 있다고 하자. 이들 도형들을 그리고 싶으면 각 객체에 draw 메시지를 보내면 된다. 각 도형들은 자신의 모습을 화면에 그릴 것이다. 즉 도형의 타입을 고려할 필요가 없는 것이다.

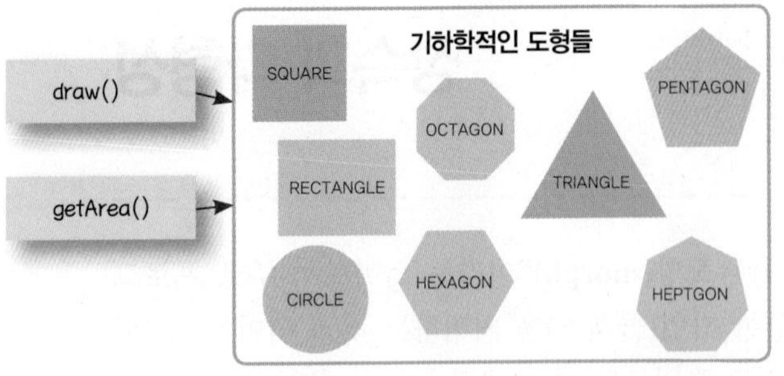

도형의 타입에 상관없이 도형을 그리려면 무조건 draw()를 호출하고 도형의 면적을 계산하려면 무조건 getArea()를 호출하면 됩니다.

자바의 자료형 검사는 엄격하다!

자바는 자료형을 엄격하게 검사하는 언어이다. 예를 들어서 boolean형의 변수에 정수 1이나 0을 대입할 수 없다. 또 클래스 A의 참조 변수로 클래스 B의 객체를 참조할 수는 없다. 클래스도 하나의 자료형으로 보아야 한다. 예를 들어서 다음과 같은 프로그램을 살펴보자.

TypeTest1.java

```
class A {
    A() {    }
}

class B {
    B() {    }
}

public class TypeTest1 {
    public static void main(String args[]) {
        A a = new B();          // NO!
    }
}
```

클래스 A의 참조 변수로 클래스 B의 객체를 참조할 수는 없다.

여기서 클래스 A와 클래스 B는 형태가 매우 비슷하지만 클래스 A의 참조 변수 a으로 클래스 B의 객체를 가리킬 수는 없다. 왜냐하면 자료형이 서로 다르기 때문이다.

그러나 예외가 있다!

그러나 이러한 엄격한 자료형 검사에도 중요한 예외가 있다. 부모 클래스의 참조 변수는 자식 클래스의 객체를 참조할 수 있다! 일단 소스를 살펴보고 설명을 해보자.

TypeTest2.java

```
class A {
    A() {    }
```

```
}

class B extends A {

    B() {     }
}

public class TypeTest2 {
    public static void main(String &[]) {
        A a = new B();    // OK!
    }
}
```

B는 A로부터 상속받아 작성된다.

부모 클래스의 참조 변수로 자식 클래스의 객체를 참조할 수 있다!

B는 A로부터 파생되었다. 클래스 A의 변수인 a가 B 객체의 참조값을 저장하는 것은 허용된다. 왜 그럴까? 간단히 말하자면 자식 클래스의 객체안에는 부모 클래스 부분이 들어 있기 때문이다.

상속과 다형성

다형성은 상속을 통하여 구현된다. 하나의 예로 Rectangle, Triangle, Circle등의 도형 클래스가 부모 클래스인 Shape 클래스로부터 상속되었다고 가정하자.

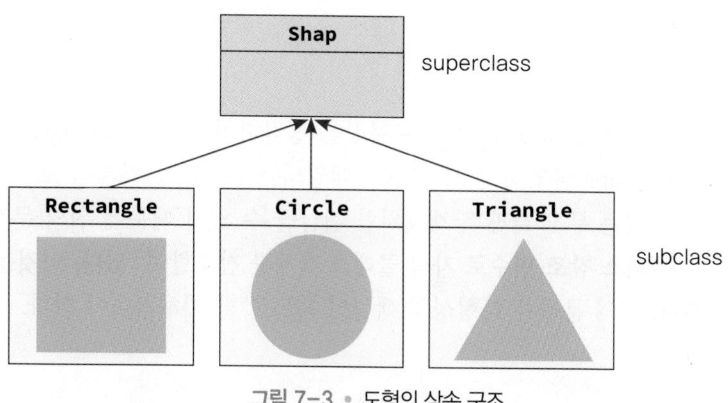

그림 7-3 • 도형의 상속 구조

ShapeTest.java

```
class Shape {
    protected int x, y;
}

```

각 도형들은 2차원 공간에서 도형의 위치를 나타내는 기준점 (x, y)을 가진다. 이것은 모든 도형에 공통적인 속성이므로 부모 클래스인 Shape에 저장한다.

```java
class Rectangle extends Shape {
    private int width, height;
}

class Triangle extends Shape {
    private int base, height;
}

class Circle extends Shape {
    private int radius;
}
```

Shape에서 상속받아 사각형을 나타내는 클래스 Rectangle을 정의하여 보자. Rectangle은 추가적으로 width와 height 변수를 가진다.

위의 코드에서 자식 클래스인 Rectangle는 부모 클래스 Shape을 상속받고 있다. 위의 클래스를 테스트하기 위하여 다음과 같은 코드를 작성해보자.

ShapeTest.java

```java
public class ShapeTest {
    public static void main(String arg[]) {
        Shape s1, s2;

        s1 = new Shape();           // ① 당연하다.
        s2 = new Rectangle();       // ② Rectangle 객체를 Shape 변수로
                                    //    가리킬 수 있을까?
    }
}
```

위의 코드 중에서 위와 같은 문장을 생각하여 보자. Rectangle 타입의 객체가 생성되어서 Shape 타입의 참조 변수에 대입되는 문장은 오류처럼 보인다. 그러나 자식 클래스 객체는 부모 클래스 객체처럼 취급될 수 있기 때문에 위의 문장은 적법하다. 즉 **부모 클래스 참조 변수로 자식 클래스 객체를 참조할 수 있다. 이것을 상향 형변환이라고 한다**. 위의 문장은 다형성의 핵심이 되므로 잘 이해하여야 한다.

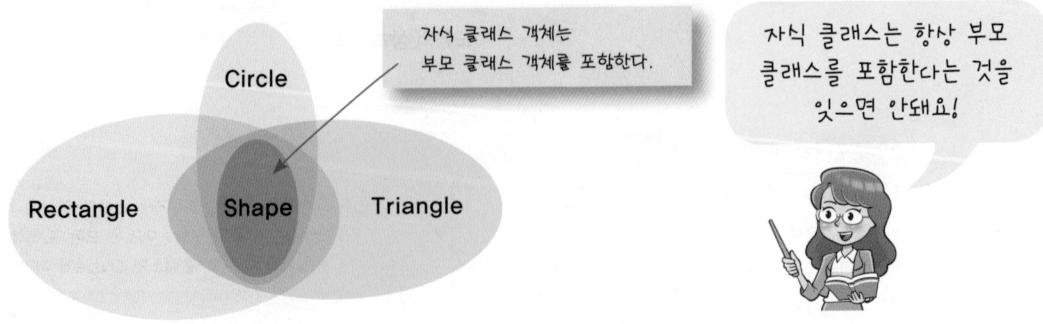

자식 클래스 객체는
부모 클래스 객체를 포함한다.
Circle
Rectangle
Shape
Triangle
자식 클래스는 항상 부모 클래스를 포함한다는 것을 잊으면 안돼요!

그림 7-4 • 자식 클래스와 부모 클래스의 포함 관계

그렇다면 ②와 같이 부모 클래스 참조 변수로 자식 클래스 객체를 참조했을 경우에 s2를 통하여 자식 클래스의 모든 필드와 메소드를 사용할 수 있을까? 그렇지는 않다. 자식 클래스 중에서 부모 클래스로부터 상속받은 부분만을 s2를 통해서 사용할 수 있고 나머지는 사용하지 못한다. 즉 위의 ②번 문장이 실행되면 Rectangle 객체 중에서 Shape로부터 상속받은 부분은 s2를 통해서 사용할 수 있지만 Rectangle 객체의 다른 부분은 s2를 통해서 사용할 수 없는 것이다. 그 이유는 s2가 Shape 타입의 참조 변수이기 때문이다.

좀 더 완전한 소스를 통해서 상향 형변환을 분석하여 보자.

ShapeTest.java

```
...

public class ShapeTest {
    public static void main(String arg[]) {
        Shape s = new Rectangle();
        Rectangle r = new Rectangle();
        s.x = 0;
        s.y = 0;
        s.width = 100;
        s.height = 100;
    }
}
```

부모 클래스의 참조변수로 자식 클래스의 객체를 가리키는 것은 합법적이다.

Shape 클래스의 필드와 메소드에 접근하는 것은 OK

컴파일 오류가 발생한다. s를 통해서는 Rectangle 클래스의 필드와 메소드에 접근할 수 없다.

```
width cannot be resolved or is not a field
height cannot be resolved or is not a field
```

s를 통해서는 x, y만을 사용할 수 있다. 그러나 r을 통해서는 모든 필드를 전부 사용할 수 있다.

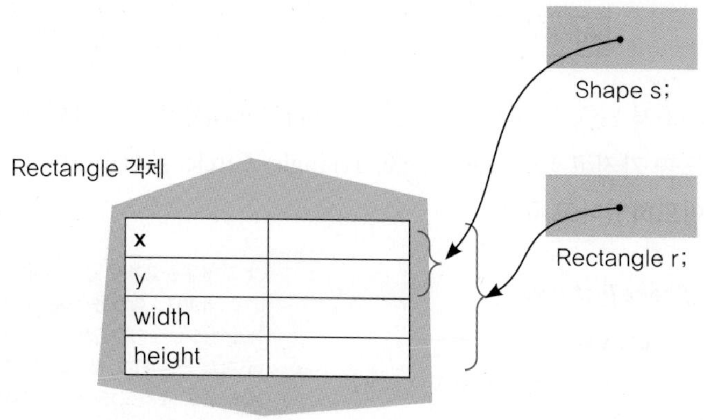

여기서 기억해야 될 것은 어떤 멤버를 사용할 수 있느냐는 변수의 타입에 의하여 결정된다는 점이다. 객체의 타입에 의하여 결정되는 것은 아니다. 부모 클래스 참조 변수를 가지고 자식 클래스의 객체를 참조하는 경우에는 부모 클래스에 의하여 정의된 부분만을 사용할 수 있다. 이것은 상식적으로 말이 되는데 부모 클래스는 자식 클래스가 무엇을 추가하였는지 알 방법이 없기 때문이다. 위의 코드에서 s를 가지고 width를 사용하게 되면 컴파일 오류가 발생한다. 여러분은 아마 지금쯤 다음과 같은 질문을 할 것이다.

"부모 클래스의 참조 변수를 가지고 자식 클래스 객체를 참조하는 것이 도대체 어디에 필요한가요?"

여러 가지 분야에서 필요하다. 객체 지향의 원리 중에서 다형성이 이것과 관련이 있다. 다형성이란 객체의 상황에 따라서 서로 다른 동작을 하는 것을 의미한다. 부모 클래스의 메소드를 호출하더라도 객체의 상황에 따라서 서로 다른 동작을 하도록 만들 수 있다. 이때 부모 클래스의 참조 변수를 가지고 자식 클래스의 객체를 참조하게 된다.

동적 메소드 호출

앞에서 다형성은 객체들이 동일한 메시지를 받더라도 각 객체의 타입에 따라서 서로 다른 동작을 하는 것이라고 하였다. 좀 더 구체적으로 들어가 보자. 모든 도형 클래스는 화면에 자신을 그리기 위한 메소드를 포함하고 있다고 가정한다. 이 메소드의 이름을 draw()라고 하자. 각 도형을 그리는 방법은 당연히 도형에 따라 다르다.

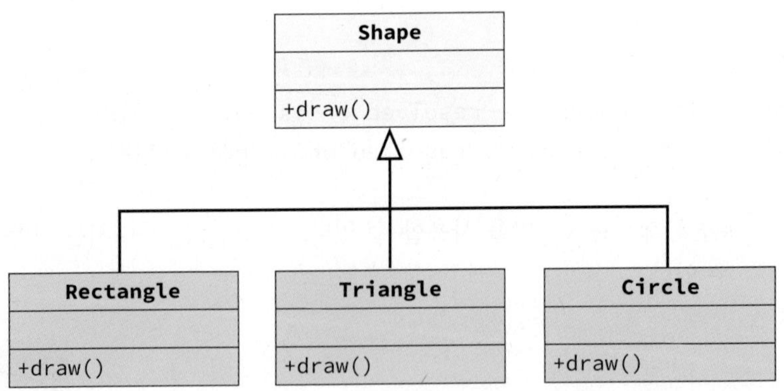

따라서 도형의 종류에 따라 서로 다른 draw()를 호출해야 한다. Shape가 draw() 메소드를 가지고 있고 Rectangle, Triangle, Circle 클래스들이 이 draw() 메소드를 오버라이드하였다고 하자.

ShapeTest.java

```
class Shape {
    protected int x, y;

```

각 도형들은 2차원 공간에서 도형의 위치를 나타내는 기준점 (x, y)을 가진다. 이것은 모든 도형에 공통적인 속성이므로 부모 클래스인 Shape에 저장한다. 또한 각 도형들을 화면에 그리는 멤버 함수 draw()가 필요하다. 이것도 모든 도형에 필요한 기능이므로 부모 클래스 Shape에 정의하도록 하자. 하지만 아직 특정한 도형이 결정되지 않았으므로 draw()에서 하는 일은 없다.

```java
    public void draw() {
        System.out.println("Shape Draw");
    }
}

class Rectangle extends Shape {
    private int width, height;

    public void draw() {
        System.out.println("Rectangle Draw");
    }
}

class Triangle extends Shape {
    private int base, height;

    public void draw() {
        System.out.println("Triangle Draw");
    }
}

class Circle extends Shape {
    private int radius;

    public void draw() {
        System.out.println("Circle Draw");
    }
}

public class ShapeTest {
    public static void main(String arg[]) {
        Shape s1, s2, s3, s4;

        s1 = new Shape();
        s2 = new Rectangle();
        s3 = new Triangle();
        s4 = new Circle();

        s1.draw();
        s2.draw();
        s3.draw();
        s4.draw();

    }
}
```

이어서 Shape에서 상속받아서 사각형을 나타내는 클래스 Rectangle을 정의하여 보자. Rectangle은 추가적으로 width와 height 변수를 가진다. Shape 클래스의 draw()는 사각형을 그리도록 재정의한다. 물론 실제 그래픽은 아직까지 사용할 수 없으므로 화면에 사각형을 그린다는 메시지만을 출력한다.

서브 클래스인 Triangle을 Shape 클래스에서 상속받아 만든다.

서브 클래스인 Circle을 Shape 클래스에서 상속받아 만든다.

s2의 타입은 Shape이지만 s2가 실제로 가리키고 있는 객체의 타입이 Rectangle이기 때문에 Rectangle의 draw()가 호출됩니다.

```
Shape Draw
Rectangle Draw
Triangle Draw
Circle Draw
```

```
Shape s2 = new Rectangle();    // OK!
s2.draw();                     // 어떤 draw()가 호출되는가?
```

실행 결과를 보면 Shape의 draw()가 호출되는 것이 아니라 Rectangle의 draw()가 호출된다. **s2의 타입은 Shape이지만 s2가 실제로 가리키고 있는 객체의 타입이 Rectangle이기 때문이다**. 자바에서는 메소드 호출 시에 참조 변수가 가리키는 객체에 따라 메소드가 자동적으로 선택된다.

그렇다면 과연 어떻게 해서 Rectangle의 draw()가 호출되는 것일까? 메소드 호출을 실제 메소드의 몸체와 연결하는 것을 **바인딩(binding)**이라고 한다. C언어에서는 컴파일 단계에서 모든 바인딩이 완료되지만 자바에서는 바인딩이 실행 시까지 연기된다. 자바 가상 머신(JVM)은 실행 단계에서 객체의 타입을 보고 적절한 메소드를 호출하게 된다. 이것을 **동적 바인딩(dynamic binding)** 또는 **가상 메소드 호출(virtual method invocation)**이라고 한다.

앞의 소스에서 ShapeTest 클래스만을 다음과 같이 변경시켜보자.

ShapeTest.java

```
public class ShapeTest {
    private static Shape arrayOfShapes[];

    public static void main(String arg[]) {
        init();
        drawAll();
    }

    public static void init() {
        arrayOfShapes = new Shape[3];
        arrayOfShapes[0] = new Rectangle();
        arrayOfShapes[1] = new Triangle();
        arrayOfShapes[2] = new Circle();
    }

    public static void drawAll() {
```

클래스 Shape의 배열 arrayOfShapes[]를 선언한다.

배열 arrayOfShapes의 각 원소에 객체를 만들어 대입한다. 다형성에 의하여 Shape 객체 배열에 모든 타입의 객체를 저장할 수 있다.

```
        for (int i = 0; i < arrayOfShapes.length; i++) {
            arrayOfShapes[i].draw();
        }
    }
}
```

배열 arrayOfShapes[] 길이만큼 루프를 돌면서 각 배열 원소를 사용하여 draw() 메소드를 호출해본다. 어떤 draw()가 호출될까? 각 원소가 실제로 가리키고 있는 객체에 따라 서로 다른 draw()가 호출된다.

```
Rectangle Draw
Triangle Draw
Circle Draw
```

위의 프로그램과 같이 코딩하는 것이 어떤 장점이 있을까? 만약 위의 프로그램에 다음과 같이 Cylinder 클래스를 추가한다고 가정해보자.

```
class Cylinder extends Shape {
    private int radius, height;

    public void draw(){
        System.out.println("Cylinder Draw");
    }
}
```

만약 drawAll() 메소드에서 도형의 종류를 구분하여서 draw() 메소드를 호출하였다면 코드에 Cylinder 클래스를 처리하는 코드를 추가하여야 할 것이다. 그러나 위의 프로그램처럼 동적 바인딩을 사용했다면 drawAll() 메소드는 전혀 변경할 필요가 없다. 즉 프로그래밍할 때 고려하지 않았던 도형의 종류도 처리할 수 있다. 결론적으로 다형성을 사용하면 시스템에 최소한의 영향을 미치면서 새로운 유형의 객체를 쉽게 추가하여 시스템을 확장할 수 있다.

상향 형변환의 이용

메소드의 매개 변수를 선언할 때도 상향 형변환을 많이 이용한다. 메소드의 매개 변수를 부모 클래스 타입으로 선언하면 훨씬 넓은 범위의 객체를 받을 수 있다. 예를 들어서 메소드의 매개 변수를 Rectangle 타입으로 선언하는 것보다 Shape 타입으로 선언하면 훨씬 넓은 범위의 객체를 받을 수 있다. Shape 타입으로 선언하면 Shape에서 파생된 모든 타입의 객체를 받을 수 있기 때문이다.

다형성을 이용하면
뭐든지 받을 수 있죠
매개 변수
메소드

그림 7-5 • 상향 형변환을 이용하는 메소드의 매개 변수

다음의 코드에서는 Shape 타입으로 정의된 매개 변수를 이용하여서 전달받은 도형의 위치를 화면에 출력한다.

ShapeTest.java

```
...
public class ShapeTest {

    public static void printLocation(Shape s) {
        System.out.println("x=" + s.x + " y=" + s.y);
    }

    public static void main(String arg[]) {

        Rectangle s1 = new Rectangle();
        Triangle s2 = new Triangle();
        Circle s3 = new Circle();

        printLocation(s1);
        printLocation(s2);
        printLocation(s3);
    }
}
```

Shape에서 파생된 모든 클래스의 객체를 다 받을 수 있다.

만약 자바에서 생성되는 모든 객체를 전부 받는 메소드를 선언한다면 어떻게 해야 하는가? 모든 객체는 Object 클래스를 상속받는다. 따라서 다음과 같이 정의하면 된다.

```java
public void print(Object obj) {
    ...
}
```

자바에서 모든 클래스는 Object 클래스를 상속하므로 모든 객체를 전부 받을 수 있다.

메소드 안에서 객체의 실제 타입을 알고 싶으면 언제든지 instanceof 연산자를 사용할 수 있다.

```java
public void print(Object obj) {
    if (obj instanceof Rectangle) {
    }
}
```

obj 객체가 실제로 Rectangle 타입의 객체이면 여기서 어떤 작업을 한다.

LAB 동적 메소드 호출 실습하기

"**동적 메소드 호출**"이란 오버라이드된 메소드 호출이 컴파일 시간이 아닌 실행 시간에 결정되는 메카니즘을 의미한다. 오버라이드된 메소드가 부모 클래스 참조를 통하여 호출되는 경우에 객체의 타입에 따라서 서로 다른 메소드가 호출되게 하는 메카니즘이다. 즉 객체의 실제 타입이 호출되는 메소드를 결정하는 것이다.

강아지와 고양이를 나타내는 클래스를 작성하자. 이들 클래스의 부모 클래스로 Animal 클래스를 정의한다. 강아지와 고양이 클래스의 sound() 메소드를 호출하면 각 동물들의 소리가 출력되도록 프로그램을 작성해보자.

```
Animal 클래스의 sound()
멍멍
야옹
```

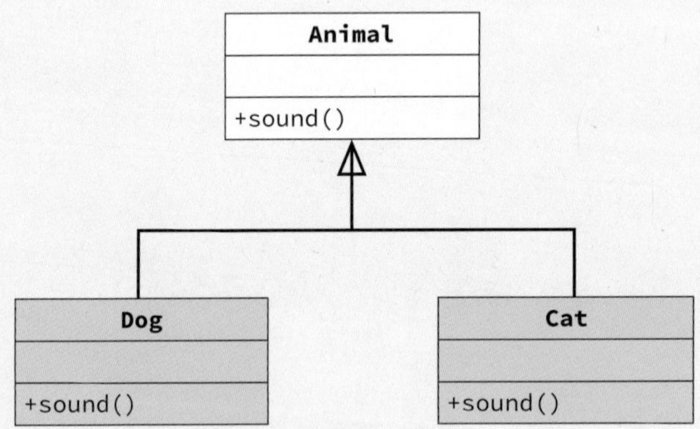

동적 메소드 호출 실습하기

DynamicCallTest.java

```
class Animal  {
   void sound() {
      System.out.println("Animal 클래스의 sound()");
   }
}

class Dog extends Animal {
   void sound() {
      System.out.println("멍멍");
   }
}

class Cat extends Animal {
   void sound() {
      System.out.println("야옹");
   }
}

public class DynamicCallTest {
   public static void main(String args[]) {
      Animal animal = new Animal();
      Dog dog = new Dog();
      Cat cat = new Cat();

      Animal obj;

      obj = animal;
      obj.sound();

      obj = dog;
      obj.sound();

      obj = cat;
      obj.sound();
   }
}
```

메소드 오버라이딩

어떤 sound()가 호출될 것인지는 실행 시간에 참조되는 객체의 타입에 따라서 결정된다.

이 프로그램은 Animal이라는 부모 클래스를 생성한다. 그리고 2개의 자식 클래스인 Dog과 Cat 클래스를 생성한다. Animal은 sound()라는 메소드를 선언하고 2개의 자식 클래스는 이 메소드를 오버라이드한다. main() 메소드 안에서 Animal, Dog, Cat 타입의 참조 변수가 선언된다. 그리고 추가로 Animal 타입의 참조 변수 obj가 선언된다. obj에 차례로 각 타입의 객체가 대입된다. obj를 통하여 sound() 메소드가 호출된다. 출력 결과가 보여 주듯이 어떤 버전의 sound()가 호출되느냐는 호출 당시에 참조되고 있는 객체의 타입에 의하여 결정된다. 참조 변수의 타입이 아니다.

07 Object 클래스

Object 클래스를 제외하고는 모든 클래스는 부모 클래스를 가지고 있다. 처음에 이 말을 들으면 약간 의아하게 생각될 것이다. 우리는 부모 클래스를 지정하지 않고도 이제까지 얼마든지 클래스를 작성할 수 있었다! 어떻게 된 것일까?

자바에서는 부모 클래스를 명시적으로 지정하지 않으면 Object 클래스의 자식 클래스로 암묵적으로 간주된다. 따라서 모든 클래스의 맨 위에는 Object 클래스가 있다고 생각하면 된다.

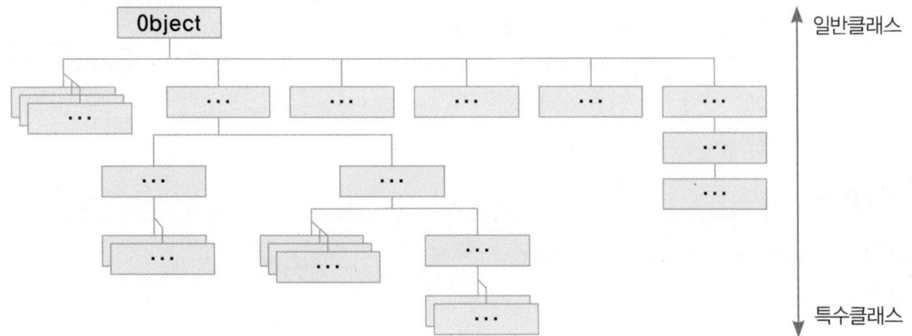

클래스의 상속 계층도를 그려보면 위의 그림과 같이 된다. 모든 클래스는 단 하나의 부모 클래스를 가지며 상속 계층도를 따라서 올라가보면 맨 위에는 항상 Object 클래스가 있다. Object 클래스는 java.lang 패키지에 정의되는데 모든 클래스에 공통적인 메소드를 구현한다.

Object 안에 정의되어 있는 메소드는 다음과 같다. 만약 필요하다면 자신의 용도에 맞도록 이들 메소드들을 오버라이드하면 된다.

메소드	설명
`Object clone( )`	객체 자신의 복사본을 생성하여 반환한다.
`boolean equals(Object obj)`	obj가 현재 객체와 같은지를 반환한다.
`void finalize()`	사용되지 않는 객체가 제거되기 직전에 호출된다.
`class getClass( )`	실행 시간에 객체의 클래스 정보를 반환한다.
`int hashCode( )`	객체에 대한 해쉬 코드를 반환한다.
`String toString( )`	객체를 기술하는 문자열을 반환한다.

이 중에서 많이 사용되는 3개의 메소드를 자세히 살펴보자.

getClass() 메소드

getClass()는 객체가 어떤 클래스로 생성되었는지에 대한 정보를 반환한다. 즉 “What type of object am I?”라는 질문을 던지는 거라고 생각할 수 있다. getClass()는 **리플렉션(reflection)**이라는 기법을 구현한 것이다. 리플렉션은 객체 자신에 대하여 질문을 던질 수 있는 방법이다. 경우에 따라서는 자신에 대하여 질문을 던져야 하는 경우도 있다. 특히 안드로이드 프로그래밍에서는 종종 사용된다. 예제를 보자.

CarTest.java

```
class Car {
   ...
}
public class CarTest {
   public static void main(String[] args) {
      Car obj = new Car();
      System.out.println("obj is of type " + obj.getClass().getName());
   }
}
```

객체를 생성한 클래스 이름을 반환한다.

```
obj is of type Car
```

equals() 메소드

Object에서 제공되는 equals()는 == 연산자를 사용하여서 객체의 주소가 동일한지를 검사하여서 true 또는 false를 반환한다. 하지만 객체에 대해서는 이것이 올바르지 않는 경우가 많이 있다. 이것을 설명하기 위하여 다음과 같이 동일한 문자열을 저장하고 있는 String 객체를 2개 생성하여 보자.

```
String s1 = new String("abcdef");
String s2 = new String("abcdef");
```

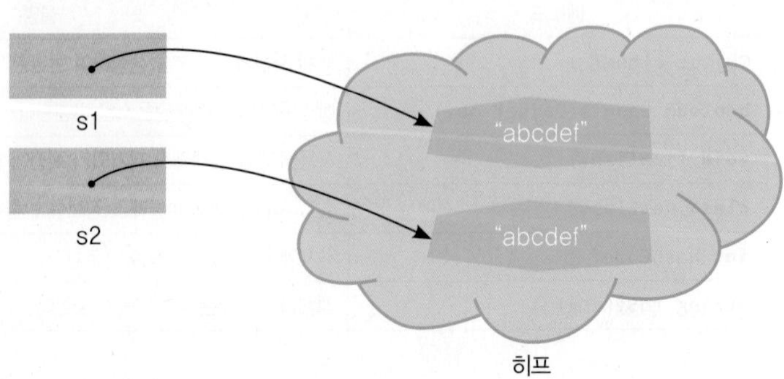

s1과 s2는 동일한 문자열을 가지고 있지만 s1 객체와 s2 객체의 주소는 서로 다르다.

만약 equals()가 객체의 주소를 가지고 비교한다면 false가 반환될 것이다. 그러나 상식적으로 객체의 내용이 동일하면 equals()가 true를 반환하는 것이 여러모로 편리하다. 따라서 String 클래스에서는 Object 클래스에 정의된 equals()를 그대로 사용하지 않고 오버라이드하여서 객체 안에 저장된 문자열이 동일하면 true를 반환하도록 수정하여 사용한다.

우리가 작성하는 클래스에서도 Object의 equals() 메소드를 재정의하여야 하는 경우도 있다. 예를 들어서 같은 종류의 자동차인지를 검사하는 프로그램이 필요할 때, 만약 모델을 나타내는 문자열이 일치하면 같은 종류의 자동차로 판단할 수 있는 것이다.

Car.java

```java
public class Car {
    private String model;
    public Car(String model) {
        this.model = model;
    }

    public boolean equals(Object obj) {
        if (obj instanceof Car)
            return model.equals(((Car) obj).model);
        else
            return false;
    }
}
```

> equals()를 재정의한다. String의 equals()를 호출하여서 문자열이 동일한지를 검사한다.

CarTest.java

```java
public class CarTest {
    public static void main(String[] args) {

        Car firstCar = new Car("HMW520");
        Car secondCar = new Car("HMW520");
        if (firstCar.equals(secondCar)) {
            System.out.println("동일한 종류의 자동차입니다.");
        } else {
            System.out.println("동일한 종류의 자동차가 아닙니다.");
        }
    }
}
```

> 2개의 자동차가 동일한 모델이면 같다고 판단한다.

```
동일한 종류의 자동차입니다.
```

instanceof 연산자

앞의 예제에서 instanceof 연산자가 사용되었다. instanceof 연산자는 객체가 지정된 타입(클래스)인지를 검사할 때 사용된다. 이것은 주로 다음과 같은 형식으로 사용된다.

형식

```
if (obj instanceof type)
{
}
```

여기서 obj는 검사 대상인 객체이다. 예를 들어서 다음과 같이 사용할 수 있다.

```
String s = "This is a String";
if (s instanceof String) {
    System.out.println("String으로부터 만들어진 객체 맞습니다.");
}
```

true가 반환된다.

toString() 메소드

우리가 자주 사용했었던 toString() 메소드도 사실은 Object 클래스에서 정의된 메소드이다. 우리는 이제까지 우리의 클래스 안에서 이 메소드를 재정의하여 사용해왔던 것이다. Object 클래스의 toString() 메소드는 객체가 가진 정보를 한줄의 문자열로 만들어서 반환한다. 이것은 디버깅에서 매우 유용하게 사용된다. 객체에 대한 문자열 표현은 전적으로 객체에 따라 달라진다. 따라서 toString() 메소드는 반드시 재정의하여야 할 필요가 있다.

예를 들어서 Book 클래스의 경우에는 다음과 같이 toString() 메소드를 오버라이드할 수 있다.

Book.java

```
public class Book {
    private String title;
    private String isbn;
    public Book(String title, String isbn) {
        this.title = title;
        this.isbn = isbn;
    }
    @Override
    public String toString() {
        return "ISBN: " + isbn + "; TITLE: "+title+";";
    }

```

```
    public static void main(String[] args) {
        Book myBook = new Book("The Java Tutorial", "0123456");
        System.out.println(myBook);
    }
}
```

System.out.println(myBook)은 Book 클래스의 재정의된 toString() 메소드를 호출할 것이고 다음과 같이 출력할 것이다.

```
ISBN: 0123456; TITLE: The Java Tutorial;
```

이클립스에 보면 toString()을 자동으로 생성시켜주는 메뉴가 있다. [Source] → [Generate toString()...]을 사용해보자.

hashCode() 메소드

가끔은 hashCode() 메소드도 재정의해야할 필요가 있다. hashCode()는 해싱이라는 탐색 알고리즘에서 필요한 해시값을 생성하는 메소드이다. 해시값은 다음과 같은 2가지 조건을 지켜야 한다.

- 만약 2개의 객체가 동일하면, 동일한 해시 코드를 가져야 한다.
- 2개의 객체가 동일한 해시값을 가지면, 객체가 동일할 수도 있고 아닐 수도 있다(충돌 때문에).

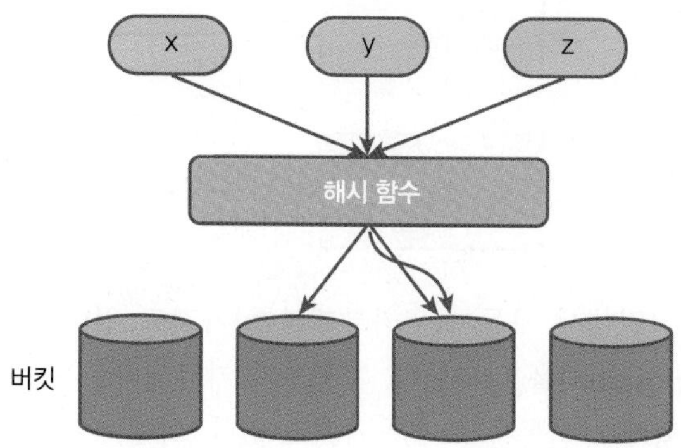

08 IS-A 관계와 HAS-A 관계

상속은 is-a 관계

상속에서 자식 클래스와 부모 클래스는 "~은 ~이다"와 같은 is-a 관계가 있다. 따라서 상속의 계층 구조를 올바르게 설계하였는지를 알려면 is-a 관계가 성립하는지를 생각해보면 된다.

- 자동차는 탈것이다(Car is a Vehicle).
- 강아지는 동물이다(Dog is a animal).

만약 "~은 ~을 가지고 있다"와 같은 has-a(포함) 관계가 성립되면 이 관계는 상속으로 모델링을 하면 안 된다. 예를 들어서 다음과 같다.

- 도서관은 책을 가지고 있다(Library has a book).
- 거실은 소파를 가지고 있다(Living room has a sofa).

has-a 관계

객체지향 프로그래밍에서 has-a 관계는 구성 관계(composition) 또는 집합 관계(aggregation)을 의미한다. 구성 관계에서는 하나의 객체가 다른 객체의 부품이 된다. 집합 관계에서는 하나의 객체가 다른 객체를 소유하게 된다. 이것을 UML 다이어그램으로 그리면 다음과 같다(출처: 위키백과).

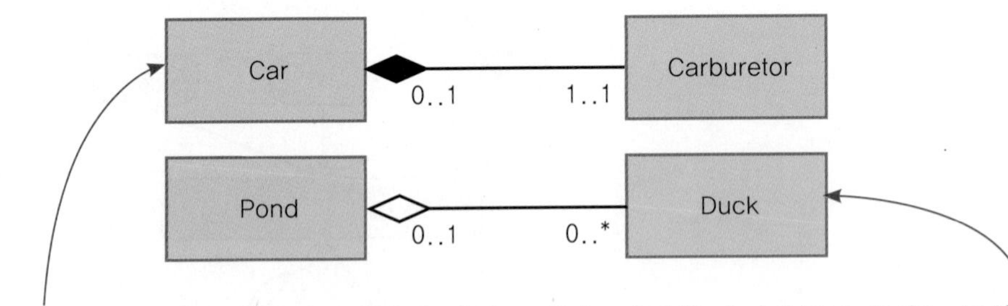

상단 그림에서 자동차는 카뷰레타를 가지고 있다. 검정색 다이아몬드 표시는 구성(composition)을 나타낸다. 자동차가 카뷰레타로 구성되었다고 생각하여도 된다. 하단 그림에서 연못은 오리를 가지고 있다. 이때는 다이아몬드가 흰색인데 이것은 집합(aggregation)을 의미한다. 집합은 다이아몬드가 있는 객체가 다른 객체를 소유하고 있다는 것을 의미한다. 다이아몬드 옆의 숫자는 개수를 의미한다. 오리에 붙은 0..*은 연못이 오리를 0개에서 무한대 개수까지 가질 수 있다는 것을 의미한다.

has-a 관계가 성립되는 경우에는 상속을 이용하는 것이 아니라 하나의 클래스 안에 다른 클래스의 객체를 포함시키면 된다. is-a 관계 못지않게 has-a 관계를 이해하는 것도 중요하다. 아주 간단한 예제를 들어보면 다음과 같다.

```
class Vehicle { }
class Carburetor { }
public class Car extends Vehicle{
   private Carburetor cb;
}
```

위의 코드는 아주 간단하지만 is-a 관계와 has-a 관계가 동시에 들어 있다. Vehicle 클래스와 Car 클래스의 관계는 is-a 관계이다. 하지만 Car 클래스와 Carburetor 클래스의 관계는 has-a 관계가 된다. has-a 관계에서는 하나의 클래스 안에 다른 클래스를 가리키는 참조 변수가 포함되고 여기에 실체 객체가 생성되어서 대입된다.

예제: has-a 관계

사실 우리는 지금까지 많은 has-a 관계를 사용해왔다. 객체 안에 하나라도 다른 객체가 포함되면 has-a 관계라고 할 수 있다.

간단한 예제를 살펴보자. 날짜를 나타내는 Date 클래스가 있다. 그리고 직원을 나타내는 Employee 클래스가 있다. Employee 클래스는 직원의 생일을 나타내는 필드인 birthDate를 가지고 있는데 이것은 Date 클래스의 참조 변수이다. 따라서 Employee 클래스는 Date 클래스를 가지고 있다고 할 수 있다. 전체를 UML 클래스 다이어그램으로 그리면 다음과 같다.

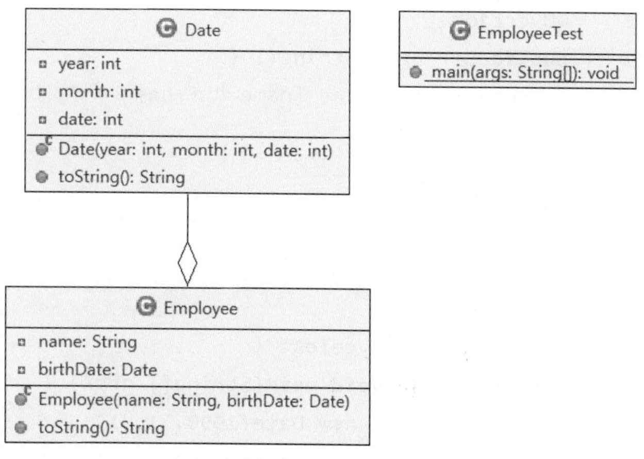

Date.java

```
public class Date {
   private int year;
   private int month;
   private int date;

```

```java
    public Date(int year, int month, int date) {
        this.year = year;
        this.month = month;
        this.date = date;
    }

    @Override
    public String toString() {
        return "Date [year=" + year + ", month=" + month + ", date="
                + date + "]";
    }
}
```

Employee.java

```java
public class Employee {
    private String name;
    private Date birthDate;

    public Employee(String name, Date birthDate) {
        this.name = name;
        this.birthDate = birthDate;
    }

    @Override
    public String toString() {
        return "Employee [name=" + name + ", birthDate=" + birthDate +
            "]";
    }
}
```

이것이 바로 has-a 관계를 구현한 부분이다.

EmployeeTest.java

```java
public class EmployeeTest {
    public static void main(String[] args) {
        Date birth = new Date(1990, 1, 1);
        Employee employee = new Employee("홍길동", birth);
        System.out.println(employee);
    }
}
```

```
Employee [name=홍길동, birthDate=Date [year=1990, month=1,
date=1]]
```

09 종단 클래스와 정적 메소드 재정의

종단 클래스

종단 클래스(final class)는 상속을 시킬 수 없는 클래스를 말한다. 종단 클래스가 필요한 이유는 주로 보안상의 이유 때문이다. 악의적인 사람이 중요한 클래스의 자식 클래스를 만들어 서브 클래스로 하여금 자바 시스템을 파괴하도록 할 수 있기 때문에 자바 시스템은 중요한 클래스에 대해서는 종단 클래스로 선언하고 있다. 대표적인 것이 String 클래스이다. String 클래스는 컴파일러에서 많이 쓰이기 때문에 종단 클래스로 선언되어 있다. 종단 클래스로 선언하려면 클래스의 선언 맨 앞에 final을 붙인다.

형식

```
final class String
{
    ...
}
```

종단 클래스로 선언되면 그 클래스를 상속받을 수 없다.

```
public final class MyFinal {...}

public class ThisIsWrong extends MyFinal {...}
```

허용되지 않는다.

종단 메소드

특정한 메소드만 오버라이드될 수 없게 만들려면 **종단 메소드(final method)**로 선언하면 된다. 예를 들어서 바둑 게임에서는 항상 흑을 든 사람이 먼저 하여야 한다. 따라서 첫 번째 돌을 놓는 사람을 반환하는 메소드 getFirstPlayer()가 있다면 final로 지정하는 것이 바람직하다.

```
class Baduk {
    enum BadukPlayer { WHITE, BLACK };
    ...
    final BadukPlayer getFirstPlayer() {
        return BadukPlayer.BLACK;
    }
}
```

자식 클래스에서 재정의할 수 없도록 final로 지정한다.

부모 클래스에서 종단 메소드(final method)로 선언된 메소드는 자식 클래스에서 대치될 수 없다. 반면 추상 메소드(abstract method)는 사용되기 전에 반드시 대치되어야만 한다.

정적 메소드 오버라이드

만약 자식 클래스에서 부모 클래스에 있는 정적 메소드와 동일한 메소드를 정의한다면 자식 클래스의 메소드가 부모 클래스의 메소드를 가리게 된다. 정적 메소드를 오버라이드하는 것과 인스턴스 메소드를 오버라이드하는 것은 다음과 같은 차이점을 가진다.

- 부모 클래스의 인스턴스 메소드를 자식 클래스에서 오버라이드하면 무조건 자식 클래스의 메소드가 호출된다.
- 부모 클래스의 정적 메소드를 자식 클래스에서 오버라이드하면 클래스에 따라서 호출되는 메소드가 달라진다.

간단한 예를 살펴보자. Animal 클래스는 하나의 정적 메소드와 하나의 인스턴스 메소드를 가지고 있다.

Animal.java

```
public class Animal {
    public static void eat() {
        System.out.println("Animal의 정적 메소드 eat()");
    }
    public void sound() {
        System.out.println("Animal의 인스턴스 메소드 sound()");
    }
}
```

자식 클래스 Cat을 다음과 같이 Animal로부터 상속받아서 작성한다. 이때 부모 클래스의 정적 메소드와 인스턴스 메소드를 오버라이드한다.

Cat.java

```
public class Cat extends Animal {
    public static void eat() {
        System.out.println("Cat의 정적 메소드 eat()");
    }
    public void sound() {
        System.out.println("Cat의 인스턴스 메소드 sound()");
    }

    public static void main(String[] args) {
        Cat myCat = new Cat();
```

```
        Animal myAnimal = myCat;
        Animal.eat();
        myAnimal.sound();
    }
}
```

Cat 클래스는 Animal의 인스턴스 메소드인 sound()를 오버라이드한다. 또 Animal의 정적 메소드인 eat()도 오버라이드하고 있다. main()에서는 Cat의 인스턴스를 생성하고 정적 메소드 eat()도 호출하고 인스턴스 메소드 sound()도 호출한다. 실행 결과는 다음과 같다.

```
Animal의 정적 메소드 eat()
Cat의 인스턴스 메소드 sound()
```

예상했던 대로 정적 메소드의 경우에는 Animal 클래스를 통하여 호출하였기 때문에 Animal 클래스의 정적 메소드가 호출된다. 인스턴스 메소드인 sound()는 자식 클래스의 메소드가 호출되었다.

08

CHAPTER

그래픽 사용자 인터페이스

학습목표

앞에서 클래스와 객체, 상속에 대한 방대한 내용을 학습하였다. 이번 장에서는 이들 이론들이 구체적으로 그래픽 사용자 인터페이스를 작성하는데 어떻게 이용되는지를 살펴보자. 객체 지향 방법을 사용하면 사용자 인터페이스를 아주 쉽게 작성할 수 있다. 프로그래머가 원하는 GUI 프로그램을 작성하려면 각 컴포넌트의 크기와 위치를 지정할 수 있어야 한다. 자바에서는 컴포넌트들의 위치를 사용자가 지정할 수도 있고 아니면 배치 관리자에 맡길 수 있다. 배치 관리자란 자동적으로 컴포넌트의 위치와 크기를 결정하는 객체이다. 이번 장에서는 그래픽 사용자 인터페이스의 기초를 학습한다.

학습목차

그래픽 사용자 인터페이스는 흔히 GUI라고 불리는 것인가요?

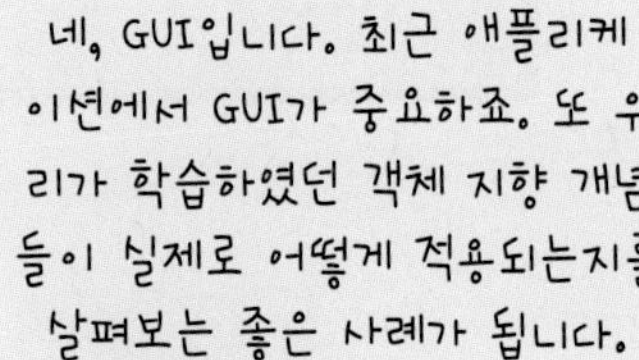

네, GUI입니다. 최근 애플리케이션에서 GUI가 중요하죠. 또 우리가 학습하였던 객체 지향 개념들이 실제로 어떻게 적용되는지를 살펴보는 좋은 사례가 됩니다.

01 그래픽 사용자 인터페이스

지금까지 등장한 프로그램들은 모두 콘솔-기반이었다. 콘솔-기반이란 명령 프롬프트와 같이 텍스트만을 사용하여 사용자와 대화하는 것으로 현재는 많이 사용되지 않는 방식이다. 현재 대부분의 프로그램은 버튼이나 스크롤바와 같은 **그래픽 사용자 인터페이스(Graphical User Interface, 간단히 GUI)**를 사용한다. GUI를 제공하면 사용자가 사용하기 쉬워진다. GUI는 컴포넌트들로 만들어진다. 여기서 **컴포넌트(component)**란 레이블, 버튼이나 텍스트 필드와 같은 GUI를 작성하는 기본적인 빌딩 블록을 의미하는 것으로 윈도우 시스템에서는 **컨트롤(control)**이라고도 부른다.

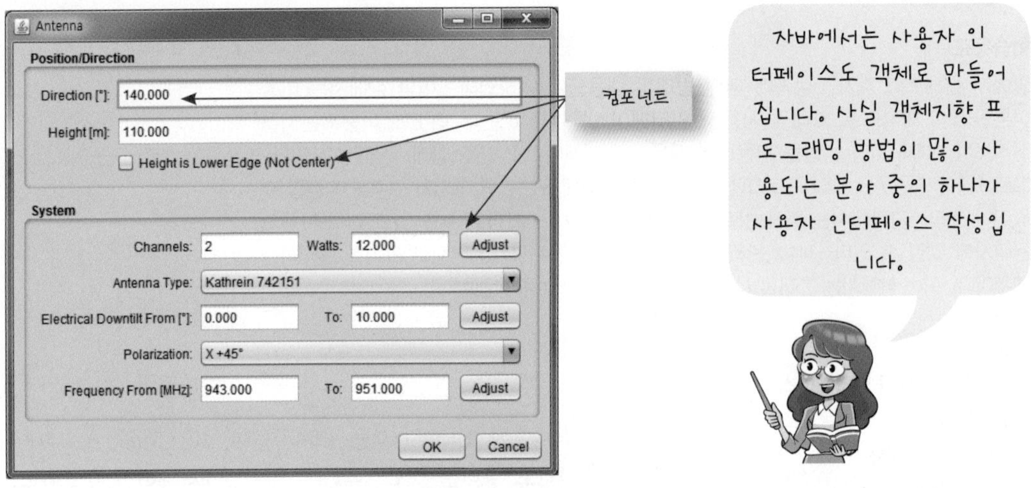

그림 8-1 • 그래픽 사용자 인터페이스는 컴포넌트들로 제작된다.

자바의 GUI는 잘 설계된 자바 패키지이다. 따라서 우리는 앞에서 학습한 클래스, 객체, 상속, 인터페이스들이 실제로 어떻게 사용되는지를 살펴볼 수 있다.

AWT와 스윙

현재 자바에서 사용할 수 있는 GUI 객체는 두 가지 종류가 있다. 하나는 **AWT(Abstract Windows Toolkit)**이고 또 하나는 **스윙(Swing)**이다.

- **AWT(Abstract Windows Toolkit)** - AWT는 초기 자바 버전에서 제공하였던 GUI이다. 운영 체제가 제공하는 자원을 이용하여서 컴포넌트를 생성한다. AWT의 장점은 여러 플랫폼에서 쉽게 컴포넌트를 제공할 수 있다는 점이다. 하지만 컴포넌트가 플랫폼에 종속적이기 때문에 실행되는 플랫폼에 따라서 컴포넌트의 모습이 달라진다. 따라서 운영체제와 상관없이 일관된 화면을 제공하는 것이 어렵게 된다.

- **스윙(Swing)** - 스윙은 AWT와는 달리, 컴포넌트가 자바로 작성되어 있기 때문에 어떤 플랫폼에서도 일관된 화면을 보여줄 수 있다. 또한 AWT에는 없는 다양한 컴포넌트들을 제공한다. 따라서 이 책에서는 AWT보다는 스윙을 중심으로 설명하기로 한다. 스윙이 다양하고 많은 컴포넌트를 제공하기 때문에 스윙을 사용하는 것이 좋다.

피자를 주문하는 애플리케이션의 GUI를 AWT와 스윙으로 각각 작성하여 보면 다음과 같다.

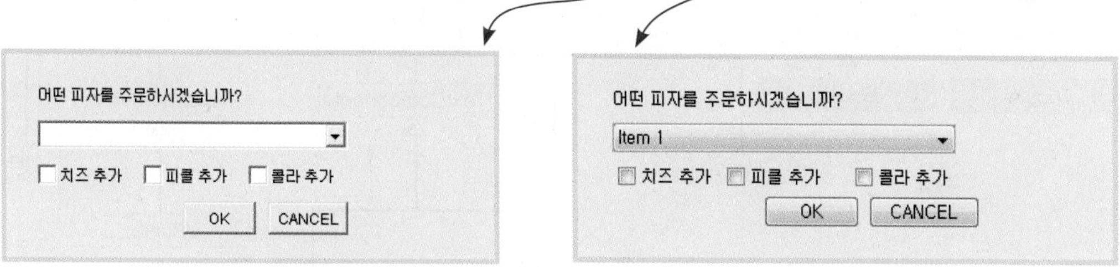

어떤 피자를 주문하시겠습니까?

치즈 추가 피클 추가 콜라 추가

OK CANCEL

어떤 피자를 주문하시겠습니까?

Item 1

치즈 추가 피클 추가 콜라 추가

OK CANCEL

그림 8-2 • 동일한 GUI를 AWT와 스윙으로 만들어본 예

자바 초기 버전에서 AWT가 발표되었고 나중에 이것을 업그레이드한 스윙이 발표되었으므로 클래스 이름 충돌이 일어난다. 따라서 자바에서는 스윙에 속하는 클래스들을 모두 앞에 J를 붙이기로 하였다. 예를 들어서 버튼을 나타내는 클래스 이름을 예로 들면, AWT에서는 Button이고 스윙에서는 JButton이다.

스윙은 강력하고 유연하지만 반면에 굉장히 방대하다. 스윙은 모두 18개의 패키지로 구성되어 있다. 하지만 대부분의 프로그램은 스윙 패키지 중에서 아주 작은 부분만을 사용한다. 따라서 대부분의 경우 다음과 같이 패키지만 있으면 된다.

- java.awt - GUI 컴포넌트를 위한 부모 클래스 들을 제공하고 추가로 Color나 Point와 같은 유틸리티 타입의 클래스들을 포함하고 있다.
- java.awt.event - GUI 컴포넌트로부터 발생되는 이벤트(예를 들면 버튼 클릭 이벤트)를 처리하기 위한 클래스와 인터페이스를 가지고 있다.
- javax.swing - 버튼이나 텍스트 필드, 프레임, 패널과 같은 GUI 컴포넌트들을 가지고 있다.

스윙 클래스 계층구조

자바는 **컴포지트 디자인 패턴(Composite Design Pattern)**을 사용하여서 설계되었다고 한다. 컴포지트 패턴은 하나의 객체가 단일 컴포넌트와 컴포넌트의 복합체를 동시에 처리할 수 있도록 설계하는 패턴이다. GUI에서 일부 컴포넌트는 다른 컴포넌트들을 포함하는 컨테이너로 사용할 수 있다. 아래는 몇 개 클래스들을 UML로 그려본 것이다.

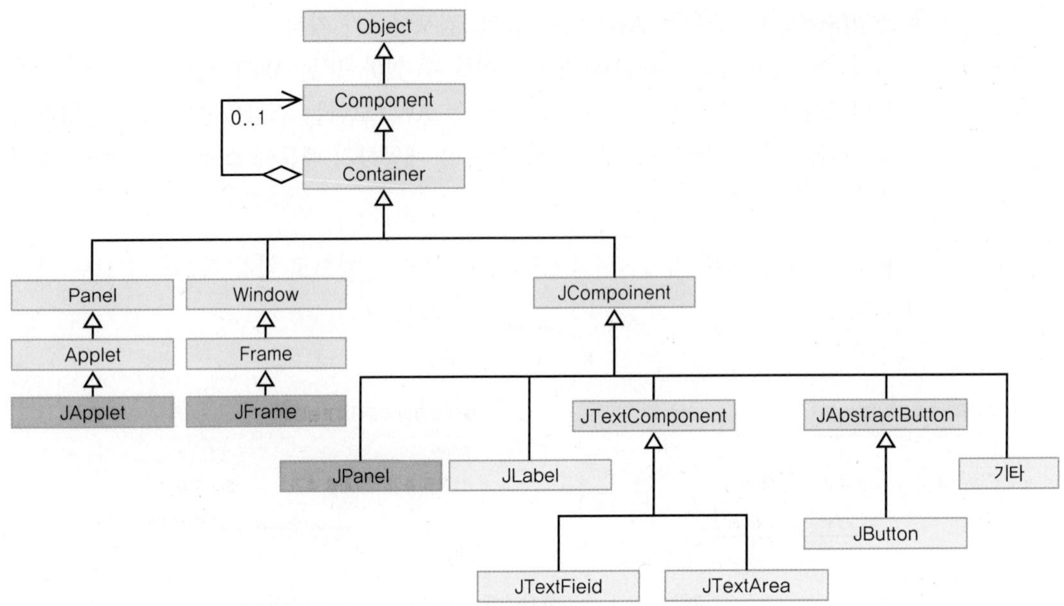
Object
Component
0..1
Container
Panel
Window
JCompoinent
Applet
Frame
JApplet
JFrame
JPanel
JLabel
JTextComponent
JAbstractButton
기타
JButton
JTextFieid
JTextArea

02 컨테이너

자바가 제공하는 컴포넌트는 크게 단순 컴포넌트와 컨테이너 컴포넌트로 나누어진다. 컨테이너란 다른 컴포넌트들을 내부에 넣을 수 있는 컴포넌트를 의미한다.

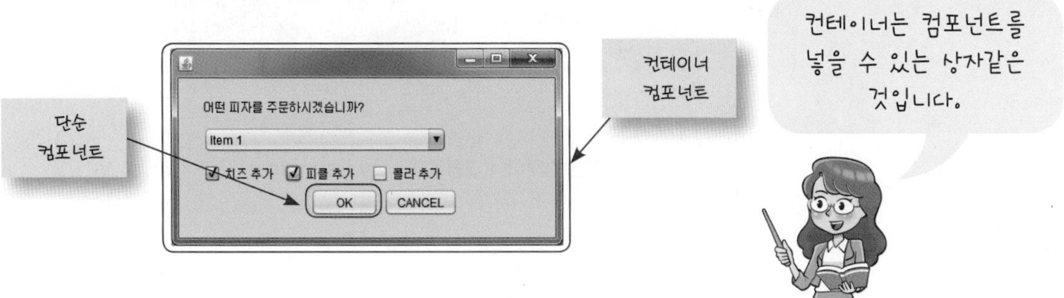

그림 8-3 • 컨테이너와 컴포넌트

- **단순 컴포넌트**

단순한 컴포넌트로서 JButton, JLabel, JCheckbox, JChoice, JList, JMenu, JTextField, JScrollbar, JTextArea, JCanvas 등이 여기에 속한다.

- **컨테이너 컴포넌트**

다른 컴포넌트를 안에 포함할 수 있는 컴포넌트로서 JFrame, JDialog, JApplet, JPanel, JScrollPane 등이 여기에 속한다.

컨테이너의 종류

컨테이너는 다시 최상위 컨테이너와 일반적인 컨테이너로 나누어진다.

- **최상위 컨테이너**

최상위 컨테이너란 절대 다른 컨테이너 안에 포함될 수 없는 컨테이너를 의미한다. JFrame, JDialog, JApplet 등이 여기에 해당된다.

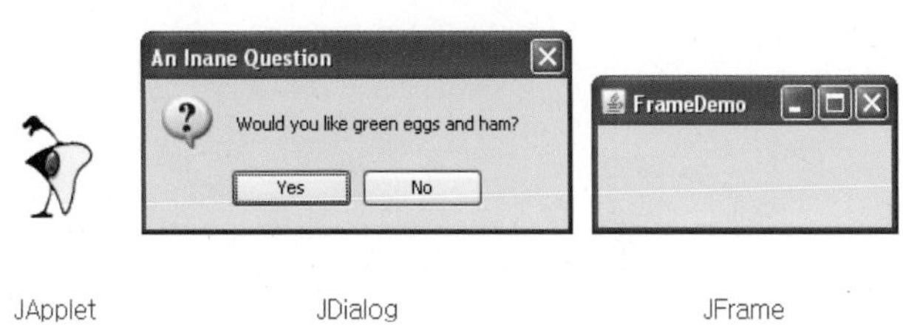

JApplet JDialog JFrame

그림 8-4 • 최상위 컨테이너(그림 출처: java.sun.com)

● 일반 컨테이너

일반적인 컨테이너란 다른 컨테이너 안에 포함될 수 있는 컨테이너로 JPanel, JScroll-Pane 등을 의미한다.

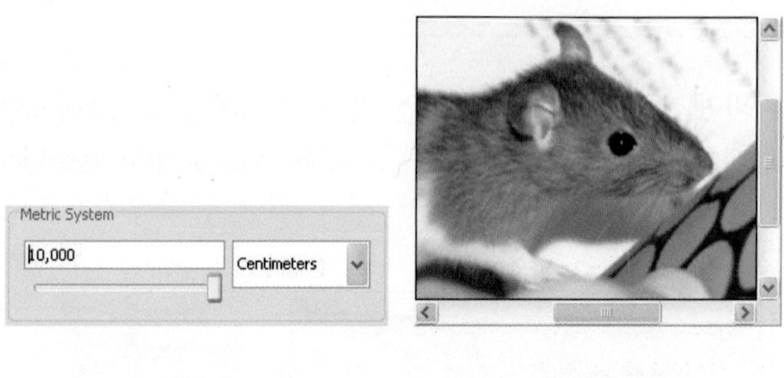

그림 8-5 • 일반 컨테이너(그림 출처: java.sun.com)

03 GUI 작성 절차

애플리케이션의 GUI를 작성하려면 먼저 하나의 최상위 컨테이너를 생성하여야 한다. 스윙에는 JFrame, JDialog, JApplet의 3가지의 최상위 컨테이너가 존재한다.

- JFrame은 윈도우와 메뉴를 가지는 일반적인 데스크탑 애플리케이션에 적합하다.
- JDialog는 메뉴가 없는 대화 상자 형식의 간단한 애플리케이션에 사용된다.
- JApplet은 애플릿을 작성하는데 사용된다.

최상위 컨테이너가 생성되었다면 다음 단계는 애플리케이션에 필요한 컴포넌트를 생성하여서 컨테이너에 추가하는 것이다. 예를 들어서 버튼이 필요하다면 버튼을 생성하여서 컨테이너에 추가하면 된다.

(1) 컨테이너를 생성한다.

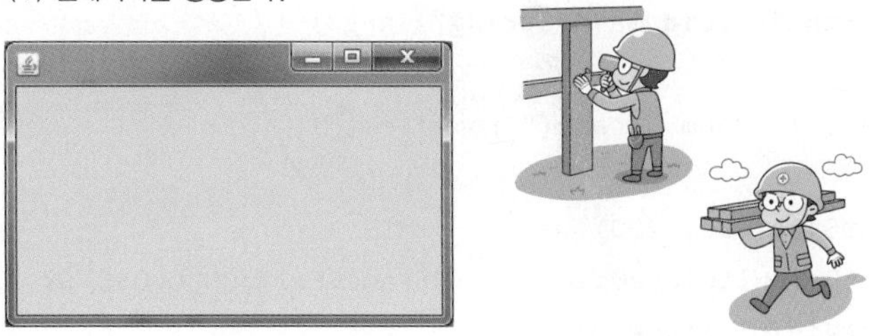

(2) 컴포넌트를 추가한다.

카운트 시작

Label	Button	Toggle Button
Check Box	Radio Button	Button Group
Combo Box	List	Text Field
Text Area	Scroll Bar	Slider
Progress Bar	Formatted Field	Password Field
Spinner	Separator	Text Pane
Editor Pane	Tree	Table

그림 8-6 • GUI 작성 순서

간단한 예로 최상위 컨테이너인 프레임과 여기에 레이블과 버튼을 추가한 애플리케이션의 GUI 부분을 제작하는 절차를 살펴보자. 먼저 프레임을 생성하는 2가지 방법을 살펴보자. **우리는 이 중에서 한 가지만 사용하면 되지만 이들 방법을 검토하다보면 객체 지향의 개념을 보다 확실하게 할 수 있다.**

예제: 프레임 생성하기 #1

프레임은 JFrame 클래스에 의하여 표현된다. 따라서 JFrame의 객체를 생성하면 하나의 프레임이 만들어질 것이다. JFrame의 객체는 어떻게 생성하면 되는가? 우리가 앞에서 학습하였듯이 JFrame의 객체는 new 연산자와 생성자를 호출하여서 다음과 같이 생성할 수 있다.

클래스 FrameTest를 정의하고 main()을 작성한다. main() 안에서 new 연산자를 이용하여서 JFrame 객체를 생성한다. JFrame 클래스 생성자의 매개 변수는 프레임의 제목이다. 참조 변수 f가 생성된 객체를 가리킨다.

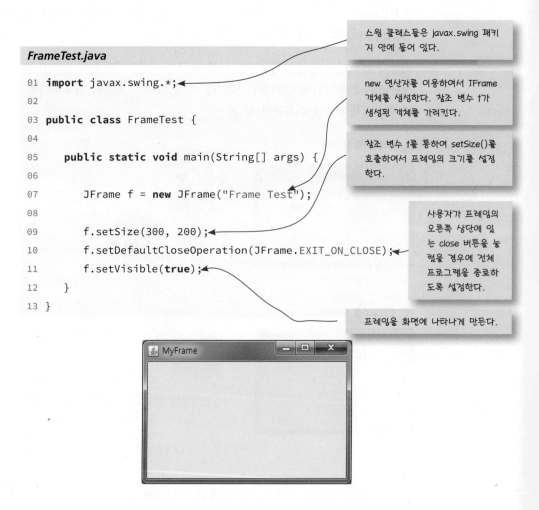

FrameTest.java

```java
import javax.swing.*;

public class FrameTest {

   public static void main(String[] args) {

      JFrame f = new JFrame("Frame Test");

      f.setSize(300, 200);
      f.setDefaultCloseOperation(JFrame.EXIT_ON_CLOSE);
      f.setVisible(true);
   }
}
```

스윙 클래스들은 javax.swing 패키지 안에 들어 있다.

new 연산자를 이용하여서 JFrame 객체를 생성한다. 참조 변수 f가 생성된 객체를 가리킨다.

참조 변수 f를 통하여 setSize()를 호출하여서 프레임의 크기를 설정한다.

사용자가 프레임의 오른쪽 상단에 있는 close 버튼을 눌렀을 경우에 전체 프로그램을 종료하도록 설정한다.

프레임을 화면에 나타나게 만든다.

여기서 한 가지 유의할 점은 main() 안의 문장들의 실행이 끝나서 main()이 종료된다고 해서 전체 프로그램이 종료되지는 않는다는 점이다. 단지 메인 스레드만 종료된다(스레드는 독립된 실행 주체이다. 하나의 프로그램에는 여러 개의 스레드가 있을 수 있다). 프레임을 나타내는 스레드는 그대로 살아있어서 전체 프로그램이 종료되지는 않는다. 사용자가 프레임을 닫거나 System.exit()를 호출하면 전체 프로그램이 종료된다.

오라클사에서는 스윙 애플리케이션에서 다음과 같은 구조를 사용하도록 권고하고 있다.

```
// 애플리케이션의 GUI를 생성하고 보여준다.
private static void createAndShowGUI() {
    // 여기서 각종 컴포넌트를 생성하고 컨테이너에 추가한다.
    ...
}

public static void main(String[] args) {
    // 작업을 스레드로 생성하여서 이벤트 루프에 추가한다.
    javax.swing.SwingUtilities.invokeLater(new Runnable() {
        public void run() {
            createAndShowGUI();
        }
    });
}
```

스윙은 하나의 스레드로 작성된 GUI 툴킷이어서 EDT(Event Dispatch Thread)가 있고 이 스레드가 모든 스윙 컴포넌트들을 표시하고 업데이트한다. 따라서 invokeLater()는 EDT가 스케쥴 상으로 시간이 날 때 새로운 스레드를 생성하여 우리의 작업을 하라는 의미가 된다. 휴 정말 어렵다! 초보자는 위의 코드를 무시해도 된다. 이 책에서는 조금이라도 복잡도를 줄이기 위하여 최대한 단순한 문장을 사용하였다. 이 점 많은 이해 부탁드린다.

예제: 프레임 생성하기 #2

앞에서와 같이 JFrame 클래스를 직접 사용할 수도 있지만 보다 일반적인 방법은 JFrame 클래스를 상속한 클래스 MyFrame을 정의하는 것이다. Myframe 클래스의 객체는 JFrame의 객체를 포함하고 있다. 따라서 MyFrame 객체를 생성하여도 프레임이 하나 만들어지는 것이다. 추가로 필요한 변수이나 메소드를 MyFrame에 추가할 수도 있다. 앞에서 학습하였던 상속의 개념을 실제로 적용하는 것이다. 앞으로 이 코드를 기본으로 하자.

MyFrame.java

```
import javax.swing.*;
public class MyFrame extends JFrame {

    public MyFrame() {
        setSize(300, 200);
        setDefaultCloseOperation(JFrame.EXIT_ON_CLOSE);
        setTitle("MyFrame");
        setVisible(true);
    }
}
```

MyFrame 클래스는 JFrame이라고 불리는 클래스를 상속받는다. MyFrame 클래스는 GUI 컴포넌트들을 표시하는 기초적인 프레임을 정의한다.

생성자가 하는 일은 프레임에 대하여 여러 가지 선택 사항들을 설정하는 것이다.

MyFrameTest.java

```
public class MyFrameTest {
    public static void main(String[] args) {
        MyFrame f = new MyFrame();
    }
}
```

main()에서 MyFrame 클래스의 새로운 인스턴스를 생성한다. 현재는 프레임을 생성만 할 뿐 특별한 작업은 하지 않는다. 그리고 프레임은 사용자가 close 버튼을 누르지 않는 한 종료되지 않는다. 생성자가 호출된다.

프레임 생성하기 #3

main() 메소드가 MyFrame 클래스 안에 정의될 수도 있다. 이 경우 클래스는 하나만 정의되어서 간편하기는 하지만 입문자들은 이해하기 어려울 수 있다. main()은 어떤 클래스 안에서도 선언될 수 있다. 모든 것은 앞의 코드와 같고 main() 메소드가 MyFrame 클래스 안으로 이동되었고 MyFrame이 public 선언된 것만 차이가 있다. main() 앞에서는 static이 붙어 있다. 즉 정적 메소드라는 이야기다. 정적 메소드는 객체를 생성하지 않아도 얼마든지 호출할 수 있다. main()은 외부에서 객체를 생성하지 않고도 호출할 수 있어야 되기 때문이다.

클래스 안에 main()이 정의되어 있으면 그 클래스를 독립적으로 실행할 수 있다. 따라서 새로운 클래스를 작성하였을 때 테스트하고 싶으면 클래스 안에 main()을 만들면 된다. 그리고 그 클래스를 실행시키면 된다. 이클립스에서는 클래스 이름 위에서 마우스 오른쪽 버튼을 누르고 "Run As ..." 메뉴를 선택한다. 만약 이 코드 형태가 쉽게 이해되는 독자라면 이러한 형태를 사용하도록 하자.

MyFrame.java

```
import javax.swing.*;
public class MyFrame extends JFrame {
    public MyFrame() {
        setSize(300, 200);
        setDefaultCloseOperation(JFrame.EXIT_ON_CLOSE);
        setTitle("MyFrame");
        setVisible(true);
    }
    public static void main(String[] args) {
        MyFrame f = new MyFrame();
    }
}
```

main()을 여기에 두어도 된다. main()이 있는 클래스는 public으로 하여야 실행이 가능하다. main() 메소드는 MyFrame 클래스의 일부가 아니라고 생각하자.

프레임에 컴포넌트 추가하기

컨테이너가 생성되었으면 원하는 컴포넌트 객체들을 컨테이너에 추가한다. 이 경우에는 JFrame 객체가 컨테이너가 된다. add() 메소드를 이용하면 컴포넌트를 컨테이너에 추가할 수 있다. 버튼 컴포넌트를 생성하여서 프레임에 추가하여 보자.

MyFrame.java

```
import javax.swing.*;
import java.awt.FlowLayout;
public class MyFrame extends JFrame {
    public MyFrame() {
        setSize(300, 200);
        setDefaultCloseOperation(JFrame.EXIT_ON_CLOSE);
        setTitle("MyFrame");

        setLayout(new FlowLayout());
        JButton button = new JButton("버튼");
        this.add(button);
        setVisible(true);

    }
}
```

아직 배치 관리자를 학습하지 않았지만 버튼의 모습을 확실하게 볼 수 있도록 배치 관리자를 FlowLayout으로 변경하여 보자. FlowLayout이란 컴포넌트를 물이 흐르듯이 순차적으로 배치하는 방식이다. 배치 관리자는 setLayout() 메소드를 호출하면 된다. 배치 관리자 객체는 FlowLayout 클래스로 생성한다.

JButton 의 객체를 생성한 후에 프레임에 추가한다.

MyFrameTest.java

```
public class MyFrameTest {
    public static void main(String[] args) {
        MyFrame f = new MyFrame();
    }
}
```

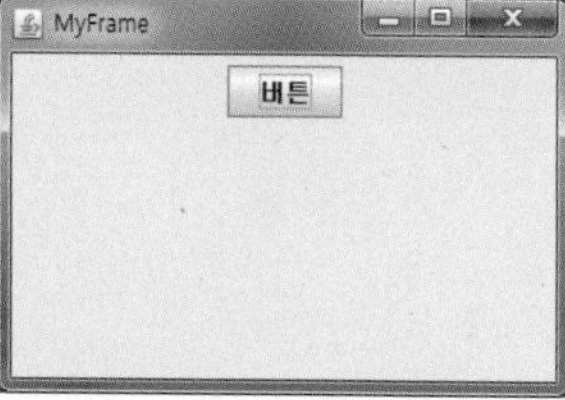

만약 배치 관리자를 지정하지 않고 버튼을 프레임에 추가하면 버튼이 전체 화면을 차지하게 된다. 이유는 컴포넌트를 배치하는 배치 관리자가 BorderLayout이기 때문이다.

JFrame 클래스

여기서는 최상위 컨테이너인 JFrame에 대하여 살펴보자. 앞에서도 언급하였지만 스윙은 3가지의 최상위 컨테이너(JFrame, JDialog, JApplet)를 가지고 있다. 이들 클래스를 사용할 때 알아야 할 점은 다음과 같다.

- 컨테이너는 컴포넌트들을 트리(tree) 형태로 저장한다. 최상위 컨테이너는 이 트리의 루트 노드가 된다.
- 각 컴포넌트들은 딱 한번만 컨테이너에 포함될 수 있다. 이미 다른 컨테이너에 들어 있는 컴포넌트를 또 다른 컨테이너에 넣으면 안 된다.

- 최상위 컨테이너는 내부에 콘텐트 페인(content pane)을 가지고 있다. 여기에 화면에 보이는 컴포넌트를 저장한다.
- 최상위 컨테이너에는 메뉴바를 추가할 수 있다.

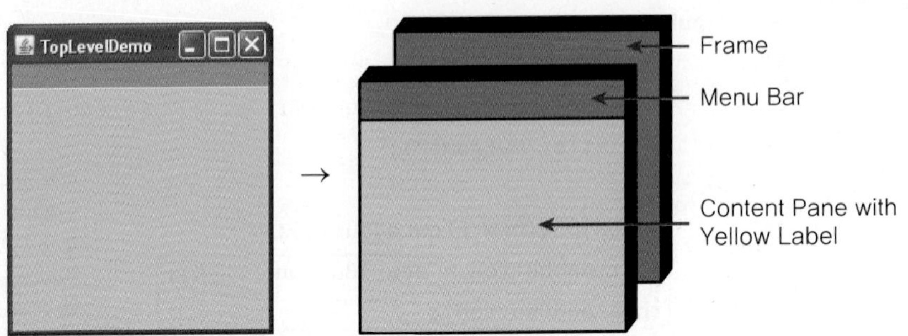

이번에는 JFrame 객체의 속성을 변경시키는 방법을 살펴보자. 객체의 속성을 변경하려면 set으로 시작되는 설정자 메소드를 사용하여야 한다. 그러면 이러한 설정자 메소드는 모두 JFrame 클래스에 정의되어 있는 것일까? 그렇지 않다. JFrame 클래스는 많은 조상 클래스들을 가지고 있다. 구체적으로 다음과 같은 상속 계층 구조를 가지고 있다.

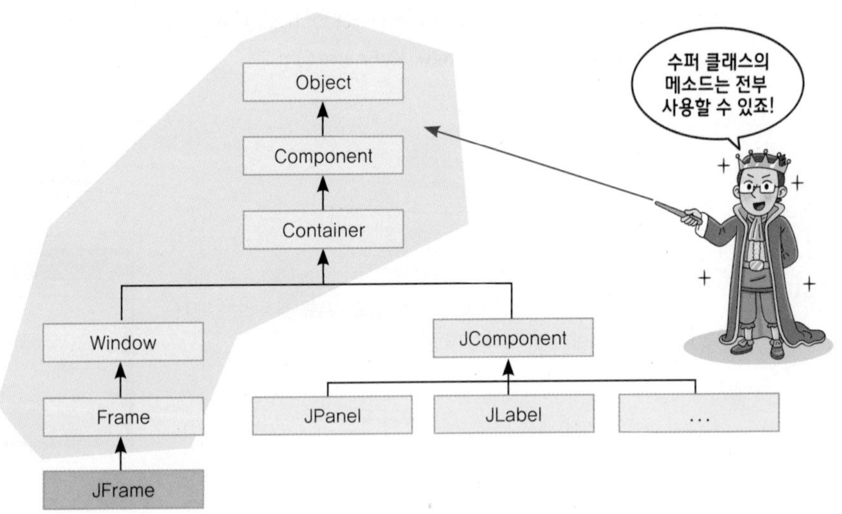

그림 8-7 • 스윙 관련 클래스의 계층 구조

우리가 상속에서 살펴보았듯이 **조상 클래스가 제공하는 메소드들은 자식 클래스가 사용할 수 있다**. 따라서 JFrame 클래스의 조상 클래스가 가지고 있는 메소드 중에서 많이 사용되는 메소드들을 살펴보자.

- add(component) - 프레임에 컴포넌트를 추가한다.
- setLocation(x, y) , setSize(width, height) - 프레임의 위치와 크기를 설정한다.

- setIconImage(IconImage) - 윈도우 시스템에 표시할 아이콘을 알려준다.
- setTitle() - 타이틀 바의 제목을 변경한다.
- setResizable(boolean) - 사용자가 크기를 조절할 수 있는지를 설정한다.

프레임의 속성을 설정하는 간단한 예제를 작성하여 보자. icon.gif 파일을 생성하거나 다운로드받아서 이클립스 프로젝트 폴더로 마우스로 드래그하여야 한다.

MyFrame.java

```
...
public class MyFrame extends JFrame {
    public MyFrame() {
        Toolkit kit = Toolkit.getDefaultToolkit();
        Dimension screenSize = kit.getScreenSize();
        setSize(300, 200);
        setLocation(screenSize.width / 2, screenSize.height / 2);
        setDefaultCloseOperation(JFrame.EXIT_ON_CLOSE);
        setTitle("MyFrame");
        Image img = kit.getImage("icon.gif");
        setIconImage(img);
        setLayout(new FlowLayout());
        JButton button = new JButton("버튼");
        this.add(button);
        setVisible(true);
    }
}
...
```

현재 화면의 크기를 얻는다.

프레임의 위치를 현재 화면의 중앙으로 한다.

아이콘을 icon.gif로 변경
icon.gif는 이클립스의 프로젝트 폴더로 드래그한다.

MyFrame

버튼

04 기초 컴포넌트들

자바 애플리케이션에서 많이 사용하는 가장 기본적인 컴포넌트인 패널, 레이블, 버튼, 텍스트 필드에 대하여 간단히 살펴보자.

- 패널(JPanel) - 컨테이너의 일종
- 레이블(JLabel) - 텍스트를 표시할 수 있는 공간
- 텍스트필드(JTextField) - 사용자가 한 줄의 텍스트를 입력할 수 있는 공간
- 버튼(JButton) - 클릭되면 어떤 동작을 실행하는 버튼

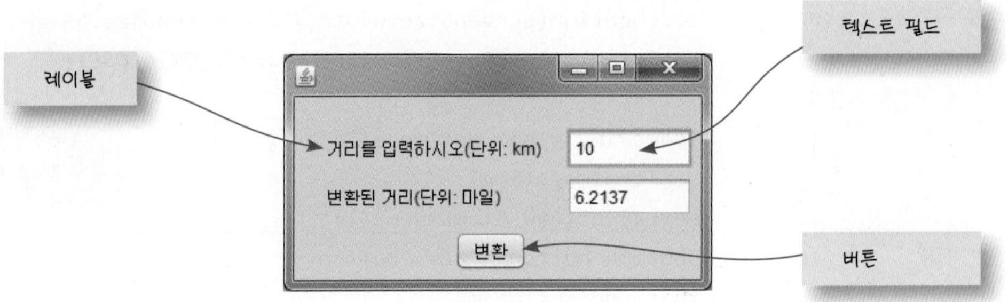

패널

패널(panel)은 컴포넌트들을 포함하고 있도록 설계된 컨테이너 중의 하나이다. 레이블이나 버튼과 같은 컴포넌트들을 화면에 표시하려면 프레임에 직접 추가하지 않고 먼저 프레임에 패널을 추가한 후에 패널 위에 버튼과 같은 컴포넌트들을 추가한다. 이것은 우리가 벽에 그림을 붙이기 전에 나무판을 벽에 걸고 그 위에 그림들을 붙이는 것과 비슷하다. 패널은 바로 이 나무판의 역할을 한다. 물론 패널을 쓰지 않고 프레임에 컴포넌트들을 직접 추가할 수도 있지만 별도의 패널을 쓰는 것이 유지 보수 및 배치 관리에 유리한 경우가 많다.

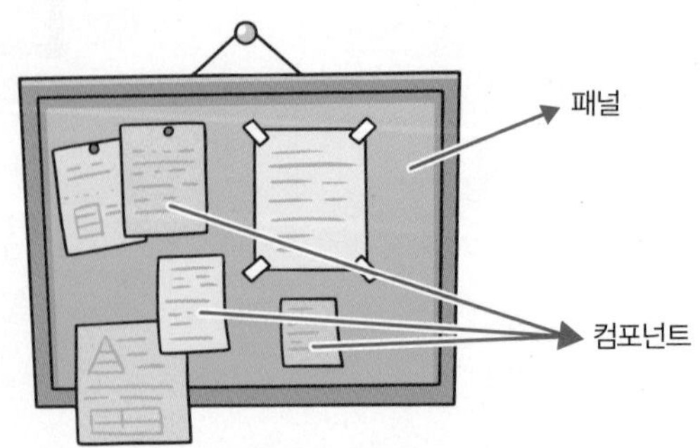

그림 8-8 • 패널은 컴포넌트를 붙일 수 있는 판이다.

예를 들어서 다음과 같이 화면을 2개로 나누어서 표시하고자 할 때 패널을 사용할 수 있다.

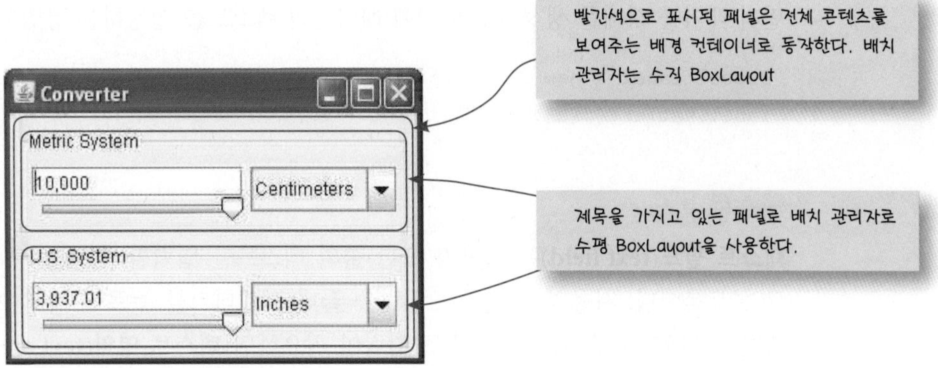

패널은 배경을 제외하고는 아무 것도 색으로 칠하지 않는다. 패널은 기본적으로 불투명이지만 setOpaque()를 호출하여서 투명도를 조절할 수도 있다.

패널도 컨테이너의 일종이므로 배치 관리자도 void setLayout(LayoutManager layout)을 호출하여 설정할 수 있다. 배치 관리자는 이장 5절에서 설명한다.

```
JPanel p = new JPanel();
p.setLayout(new BoxLayout(p, BoxLayout.PAGE_AXIS));
```

패널에서 가장 중요한 메소드는 컴포넌트를 추가하고 삭제하는 add()와 remove()이다. 컴포넌트를 추가할 때는 다음과 같이 한다.

```
aFlowPanel.add(aComponent);
aFlowPanel.add(anotherComponent);
```

레이블

레이블(label)은 컴포넌트 중에서 아마 가장 간단한 것이다. 레이블은 편집이 불가능한 텍스트를 표시하기 위한 컴포넌트이다. 레이블은 다양한 용도로 사용되는데 컴포넌트들의 캡션을 표시하거나 도움이 되는 정보 또는 계산의 결과를 표시하는데 사용될 수 있다. 레이블은 텍스트와 이미지를 동시에 표시할 수 있다. 또한 레이블에 나타나는 텍스트의 속성은 변경할 수 있다. 즉 폰트의 종류, 크기, 색상 등은 변경가능하다.

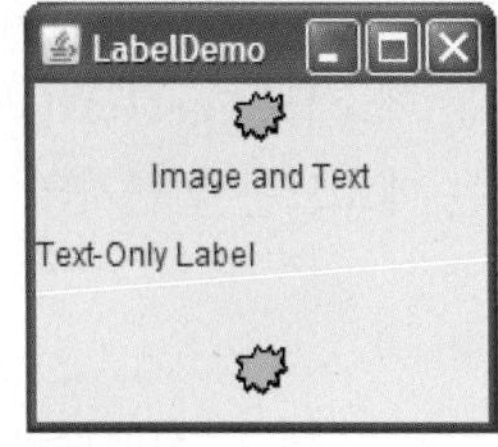

일반적으로는 레이블을 생성할 때 표시할 텍스트를 생성자에 넘긴다.

```
JLabel label = new JLabel("안녕하세요?");
```

먼저 레이블 객체를 생성하고 나중에 레이블의 텍스트를 설정하는 방법도 있다.

```
JLabel label = new JLabel();
label.setText("안녕하세요?");
```

텍스트 필드

텍스트 필드(text field)는 사용자가 한 줄의 텍스트를 입력할 수 있는 기본적인 텍스트 콘트롤이다. 사용자가 텍스트 입력을 끝내고 엔터키를 누르면 액션 이벤트 가 발생한다. 만약 한 줄 이상의 텍스트 입력이 필요하면 **텍스트 영역(text area)**를 사용하여야 한다.

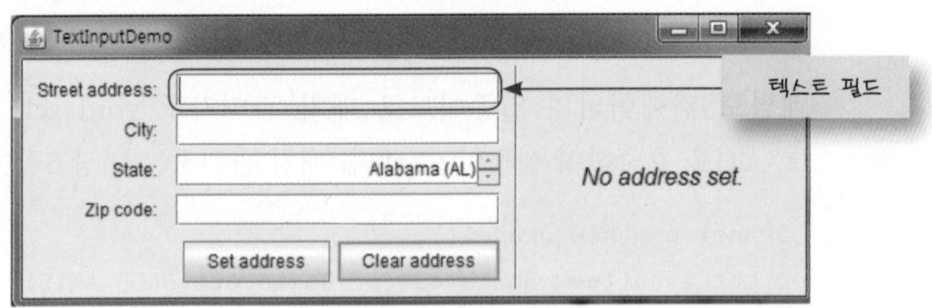

스윙은 텍스트 입력을 위한 여러 가지 종류의 컴포넌트를 제공한다.

- JTextField - 기본적인 텍스트 필드
- JFormattedTextField - 사용자가 입력할 수 있는 문자를 제한한다.
- JPasswordField - 사용자가 입력하는 내용이 보이지 않는다.
- JComboBox - 사용자가 직접 입력할 수도 있지만 항목 중에서 선택할 수 있다.
- JSpinner - 텍스트 필드와 버튼이 조합된 것으로 사용자는 이전 버튼과 다음 버튼을 이용하여 선택할 수 있다.

텍스트 필드는 다음과 같은 생성자를 제공한다.

```
textField = new JTextField(20);    // 20은 텍스트 필드의 칸수이다.
```

편집을 가능하게 할 수도 있고 불가능하게 할 수도 있다. 편집을 불가능하게 설정하면 표시 전용이 된다. void setEditable(boolean) 메소드를 사용한다. 텍스트 필드에서 텍스트를 가져오는 메소드는 getText()이고 텍스트를 쓰는 메소드는 setText()이다. get과 set이 붙어 있는 메소드는 접근자와 설정자 메소드임을 잊지 말자.

버튼

버튼은 사용자가 클릭했을 경우, 이벤트를 발생하여 원하는 동작을 하게 하는데 이용된다. 버튼에서 우리가 변경할 수 있는 것은 버튼 안의 텍스트, 버튼 텍스트의 폰트, 버튼의 전경색, 배경색, 그리고 버튼의 상태(활성, 비활성)이다.

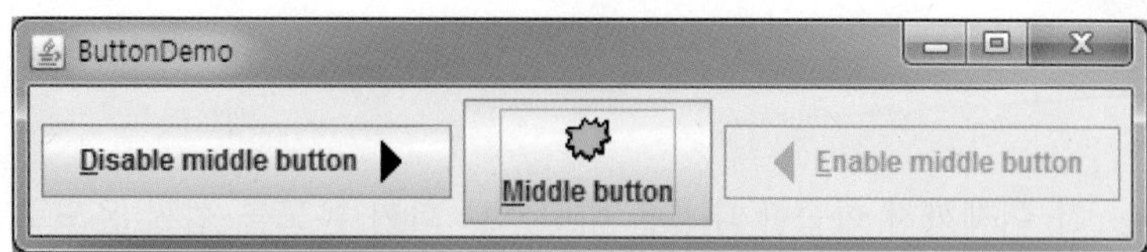

스윙에서 지원하는 버튼에는 다음과 같은 것들이 있다.

- JButton - 가장 일반적인 버튼이다.
- JCheckBox - 체크박스 버튼
- JRadioButton - 라디오 버튼으로 그룹 중의 하나의 버튼만 체크할 수 있다.
- JMenuItem - 메뉴이다.
- JCheckBoxMenuItem - 체크박스를 가지고 있는 메뉴항목이다.
- JRadioButtonMenuItem - 라디오 버튼을 가지고 있는 메뉴 항목이다.
- JToggleButton - 2가지 상태를 가지고 토글이 가능한 버튼이다.

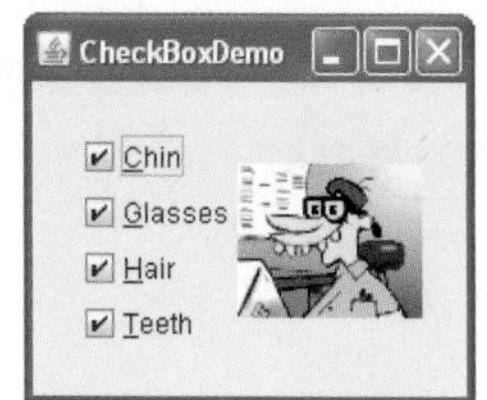

온도 변환기 작성하기

자 이제까지 학습한 내용을 바탕으로 화씨 온도를 섭씨 온도로 변환해주는 애플리케이션을 작성하여 보자. 아직 이벤트 처리를 학습하지 않았으므로 아래와 같은 화면만 만들어보자.

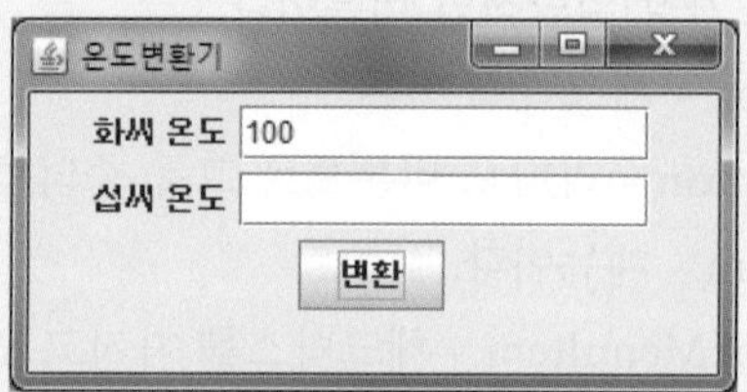

❶ 윈도우가 하나 필요하다. 스윙에서 윈도우를 나타내는 클래스는 JFrame이므로 JFrame 객체를 하나 생성하도록 하자.

```
JFrame f = new JFrame();
```

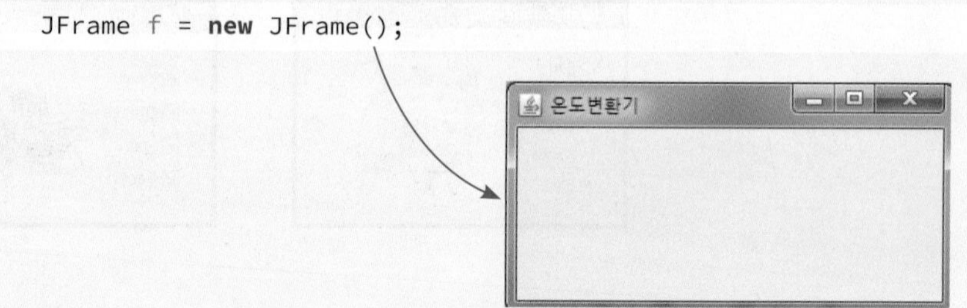

❷ 프레임에 직접 추가하는 것보다 패널을 프레임에 추가하고 패널에 다른 컴포넌트를 추가하는 편이 낫다. 따라서 패널을 생성하고 프레임에 추가하자.

```
JPanel panel = new JPanel();
f.add(panel);
```

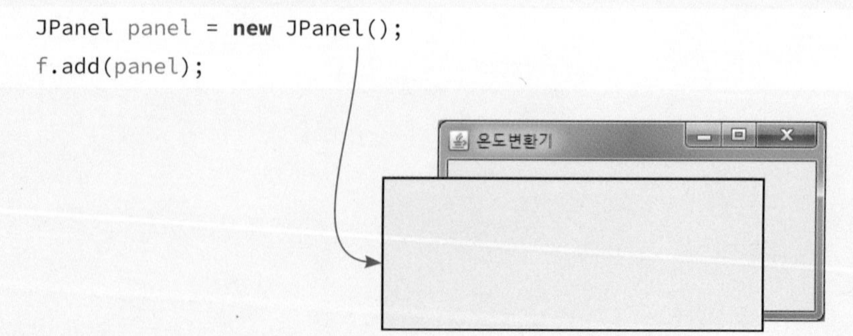

❸ 필요한 컴포넌트들을 생성하고 패널에 추가한다.

```
JLabel label1 = new JLabel("화씨 온도");
JLabel label2 = new JLabel("섭씨 온도");
JTextField field1 = new JTextField(15);
JTextField field2 = new JTextField(15);
JButton button = new JButton("변환");
```

```
panel.add(label1);
panel.add(field1);
panel.add(label2);
panel.add(field2);
panel.add(button);
```

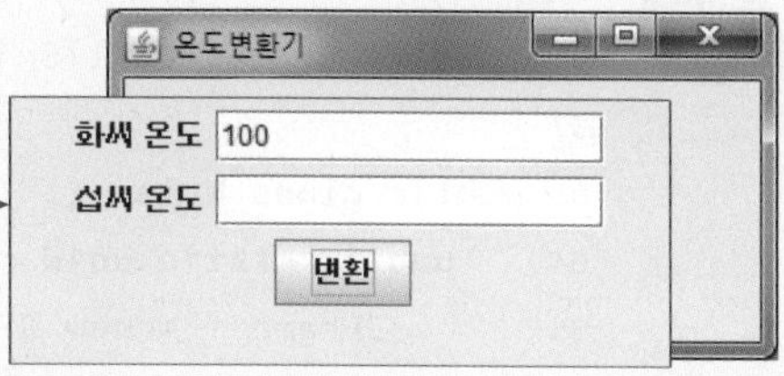

❹ 필요한 메소드를 호출하여서 프레임의 속성을 변경한다.

```
f.setSize(300, 150);
f.setDefaultCloseOperation(JFrame.EXIT_ON_CLOSE);
f.setTitle("온도변환기");
f.setVisible(true);
```

❺ 위의 코드를 순서대로 main() 안에 넣고 실행하면 위와 같은 화면이 등장한다.

온도 변환기 작성하기

Mylab.java

```
// 소스를 입력하고 Ctrl+Shift+O를 눌러서 필요한 클래스를 포함한다.

public class Mylab {
   public static void main(String[] args) {
      JFrame f = new JFrame();
      JPanel panel = new JPanel();
      f.add(panel);

      JLabel label1 = new JLabel("화씨 온도");
      JLabel label2 = new JLabel("섭씨 온도");
      JTextField field1 = new JTextField(15);
      JTextField field2 = new JTextField(15);
      JButton button = new JButton("변환");

      panel.add(label1);
      panel.add(field1);
      panel.add(label2);
      panel.add(field2);
      panel.add(button);

      f.setSize(300, 150);
      f.setDefaultCloseOperation(JFrame.EXIT_ON_CLOSE);
      f.setTitle("온도변환기");
      f.setVisible(true);
   }
}
```

JFrame 클래스를 상속받아서 MyFrame 클래스를 작성하여서 위의 문제를 해결해보자. 각종 초기화 문장들은 어디에 위치하는 것이 좋을까?

LAB

피자 주문 화면 작성하기

패널 안에 다른 패널이 포함될 수 있다. 이것을 이용하여서 다음 그림처럼 프로그램의 화면을 디자인하라.

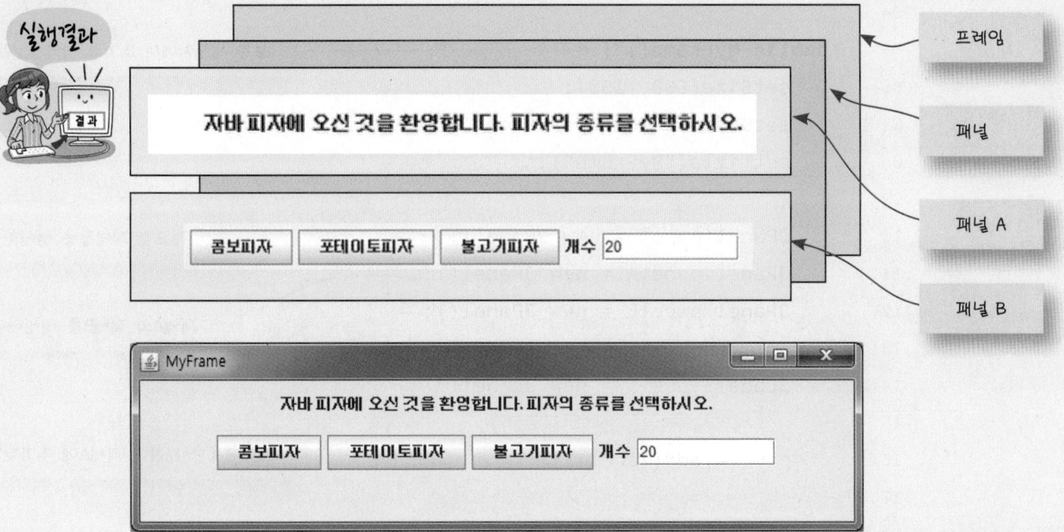

패널은 컨테이너이지만 얼마든지 다른 패널 안에 포함될 수 있다. 그리고 아직 배치 관리자를 학습하지 않았으므로 위치가 조금 잘못될 수 있지만 패널의 기본적인 배치 방법은 추가된 순서대로 배치하는 것이다.

피자 주문 화면 작성하기

MyFrame.java

```
// 소스만 입력하고 Ctrl+Shift+O를 누른다.

public class MyFrame extends JFrame {

   public MyFrame() {
      setSize(600, 150);
      setDefaultCloseOperation(JFrame.EXIT_ON_CLOSE);
      setTitle("MyFrame");

      JPanel panel = new JPanel();
      JPanel panelA = new JPanel();
      JPanel panelB = new JPanel();

      JLabel label1 = new JLabel("자바 피자에 오신 것을 환영합니다.
         피자의 종류를 선택하시오.");
      panelA.add(label1);

      JButton button1 = new JButton("콤보피자");
      JButton button2 = new JButton("포테이토피자");
      JButton button3 = new JButton("불고기피자");
      panelB.add(button1);
      panelB.add(button2);
      panelB.add(button3);

      JLabel label2 = new JLabel("개수");
      JTextField field1 = new JTextField(10);
      panelB.add(label2);
      panelB.add(field1);

      panel.add(panelA);
      panel.add(panelB);
      add(panel);
      setVisible(true);

   }
}
```

보통 생성자에서 초기화 작업을 한다.

필요한 패널들을 생성한다.

패널A와 패널B를 생성한다.

레이블을 생성하여 패널A에 추가한다.

버튼들을 생성하여서 패널B에 추가한다.

패널A와 패널B를 패널에 추가한다.

MyFrameTest.java

```
public class MyFrameTest {
   public static void main(String[] args) {
      MyFrame f = new MyFrame();
   }
}
```

패널의 배경색은 panel.setBackground(Color.BLUE);와 같은 문장으로 변경이 가능하다. 3장의 패널 색상을 다르게 하여서 각각의 패널이 어디에 위치하는지를 조사하여 보자.

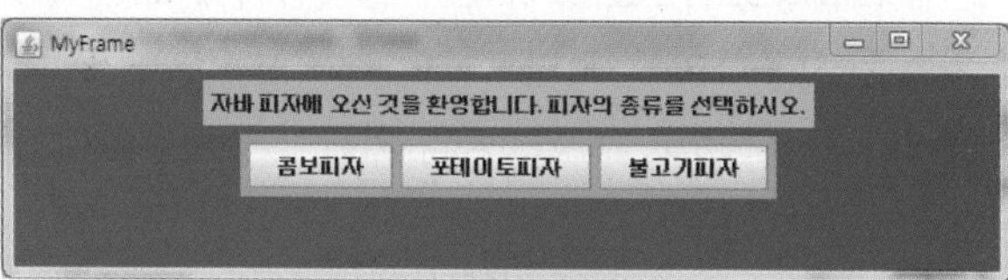

05 배치 관리자

버튼이나 텍스트 필드 등의 컴포넌트들은 컨테이너 내부에 배치된다. 컨테이너 내부의 어떤 위치에 어떤 크기로 배치되는가를 프로그래머가 절대 좌표값으로 구체적으로 지정할 수도 있다. 그러나 이 방법은 단점을 가지고 있다. 자바 프로그램은 다양한 플랫폼에서 실행될 수 있고 따라서 플랫폼마다 화면의 크기가 다를 수 있다. 따라서 절대 위치를 사용하여 컴포넌트들이 배치될 경우, 프로그래머가 의도한 바와는 다르게 사용자가 볼 수 있고 프로그램의 외관이 플랫폼마다 달라질 수 있다.

그림 8-9 • 배치 관리자의 개념

이런 문제점을 해결하기 위하여 자바에서는 컴포넌트의 배치를 **배치 관리자(layout manager)**를 사용하여 자동화한다. 배치 관리자는 컨테이너 안에 존재하는 컴포넌트들의 크기와 위치를 자동적으로 관리하는 객체이다. java.awt 패키지에는 여러 가지의 배치를 제공하는 배치 관리자가 제공되며 같은 개수의 버튼을 가지고 있더라도 배치 관리자에 따라 상당히 달라 보일 수 있다. 요즘은 또한 넷빈과 같은 도구를 사용하여서 컴포넌트의 위치를 결정하는 수도 많아서 여기서는 가장 많이 사용되는 배치 관리자 3가지만을 간략히 살펴보자.

• FLOWLAYOUT

컴포넌트들을 왼쪽에서 오른쪽으로 버튼을 배치한다. 패널의 디폴트 배치 관리자이다. FlowLayout은 가장 간단한 배치 관리자로서 각 컴포넌트들은 하나의 줄에서 차례로 배치되고 더 이상 공간이 없으면 다음 줄에 배치된다. 같은 줄에서 컴포넌트들이 정렬되는 방식도 지정이 가능하다. 기본적인 정렬 방법은 중앙에 정렬하는 방법이다. 다른 정렬 방법을 사용하려면 FlowLayout 생성자에서 지정을 하여야 한다. 컨테이너의 크기가 변경되면 자동적으로 각 컴포넌트가 재배치된다.

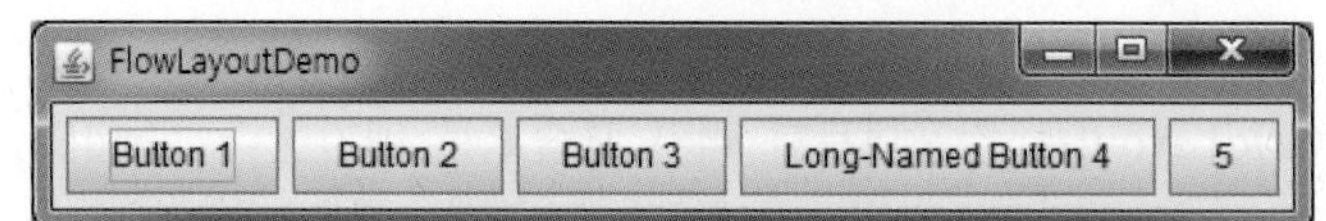

FlowLayout은 보통 왼쪽에서 오른쪽으로, 또 위에서 아래로 컴포넌트를 배치한다. 배치 방향을 변경하기 위해서는 setComponentOrientation()을 사용한다.

```
panel.setComponentOrientation(ComponentOrientation.LEFT_TO_RIGHT);
```

FlowLayout은 이제까지 많이 사용하였으므로 예제를 생략한다.

● BORDERLAYOUT

컴포넌트들이 5개의 영역인 North(상), South(하), East(우측), West(좌측), Center(중앙)중 하나로 추가된다. 프레임, 애플릿, 대화 상자와 같은 최상위 컨테이너의 디폴트 배치 관리자이다. BorderLayout은 아래 그림처럼 컨테이너를 5개의 영역으로 구분하고 각각의 영역에 컴포넌트를 배치할 수 있다.

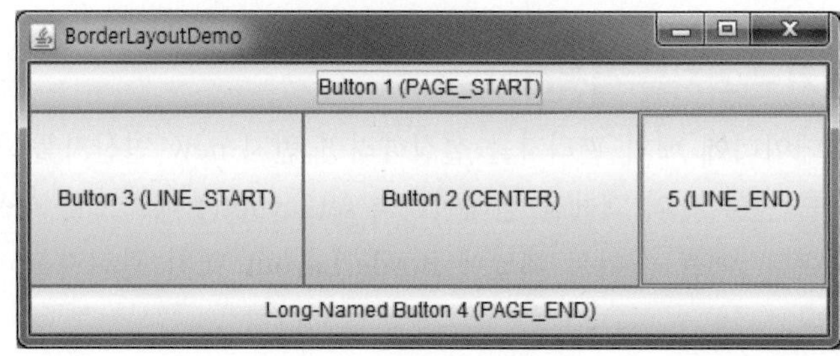

영역 지정은 기존의 방법인 "North", "South", "East", "West", "Center"등의 문자열도 사용할 수 있고 아니면 BorderLayout 안의 정적 필드인 다음과 같은 상수를 사용할 수도 있다.

```
PAGE_START (또는 NORTH)
PAGE_END   (또는 SOUTH)
LINE_START (또는 WEST)
LINE_END   (또는 EAST)
CENTER
```

BorderLayout에서 컴포넌트를 추가할 때는 어떤 영역에 추가할 것인지를 지정하여야 한다.

```
panel.add(aComponent, BorderLayout.PAGE_START);    // 북쪽에 배치한다.
```

만약 영역을 지정하지 않으면 컴포넌트는 중앙(Center)에 놓여진다. 여러 개의 컴포넌트를 같은 영역에 추가하는 경우, 마지막으로 추가된 컴포넌트만 표시된다.

- **GRIDLAYOUT**

GridLayout은 컴포넌트를 격자 모습으로 배치한다. GridLayout은 컴포넌트들을 격자 모양으로 배치한다. 모든 컴포넌트들의 크기는 같게 되며 컨테이너의 모든 공간은 컴포넌트로 채워진다. 윈도우의 크기를 바꾸면 GridLayout은 컴포넌트의 크기를 변경하여 윈도우의 크기에 맞춘다.

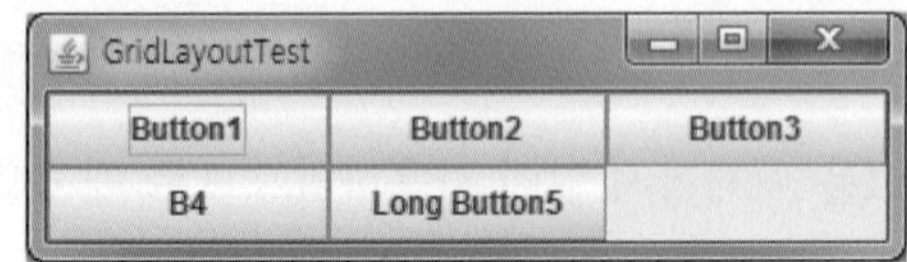

이외에도 BoxLayout, CardLayout, GridBagLayout, GroupLayout, SpringLayout 등이 있다. 자세한 내용은 http://docs.oracle.com/javase/tutorial/uiswing/layout/ 사이트를 참조한다. 넷빈에서는 GroupLayout을 사용한다.

배치 관리자를 설정하기

컨테이너에 배치 관리자를 설정하려면 먼저 new 연산자를 이용하여 배치 관리자 객체를 만들고 이 객체를 컨테이너의 setLayout() 메소드를 사용하여 배치 관리자로 지정한다. 예를 들어서 패널에 BorderLayout 배치 관리자를 설정하는 방법은 다음과 같다.

```
panel.setLayout(new BorderLayout());    // 패널의 배치 관리자를 설정한다.
```

프로그래머가 컴포넌트의 크기와 힌트를 배치 관리자에게 주고 싶은 경우에는 setMinimumSize(), setPreferredSize(), setMaximumSize() 메소드를 사용할 수 있다. 정렬에 대한 힌트를 주려면 setAlignmentX()와 setAlignmentY() 메소드를 이용한다.

```
button.setMaximumSize(new Dimension(300, 200));         // 최대 크기 힌트
button.setAlignmentX(JComponent.CENTER_ALIGNMENT);     // 중앙 정렬 힌트
```

예제: 배치 관리자 사용하기

아래 프로그램에서는 3열과 가변적인 행을 갖는 GridLayout을 설정하여 5개의 버튼을 배치하고 있다.

MyFrame.java

```
import java.awt.*;
import javax.swing.*;

```

```
public class MyFrame extends JFrame {
    public MyFrame() {

        setTitle("GridLayoutTest");
        setDefaultCloseOperation(JFrame.EXIT_ON_CLOSE);

        setLayout(new GridLayout(0, 3)); //

        add(new JButton("Button1"));
        add(new JButton("Button2"));
        add(new JButton("Button3"));
        add(new JButton("B4"));
        add(new JButton("Long Button5"));

        pack();
        setVisible(true);
    }
}
```

3개의 열과 필요한 만큼의 행을 가지는 GridLayout을 생성한다. 격자 사이의 간격을 지정하려면 GridLayout(0, 3, 2, 2)과 같이 한다.

GridTest.java

```
public class GridTest {
    public static void main(String argv[]) {
        MyFrame f = new MyFrame();
    }
}
```

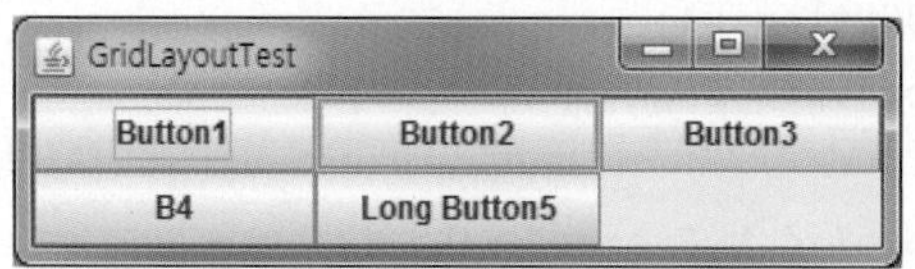

어떤 배치 관리자를 사용할 것인가?

컨테이너에서 어떤 배치 관리자를 사용할 것인지도 우리가 결정해야 할 문제이다. 컴포넌트가 가능한 모든 영역을 차지하도록 하려면 BorderLayout을 사용하야 한다. 모든 컴포넌트가 같은 크기를 가지기를 바란다면 GridLayout을 사용해야 한다. 각 컴포넌트를 한 줄로 나열시키고 싶을 경우에는 FlowLayout을 사용한다.

절대 위치로 배치하기

배치 관리자 없이도 컴포넌트를 배치할 수 있지만 가능하면 배치 관리자를 사용하는 것이 좋다. 배치 관리자는 플랫폼이나 룩앤필의 변경에 따른 컴포넌트의 외관 변경이나 폰트의 크기 변경, 컨테이너의 크기 변경에 쉽게 적응한다.

그러나 특별한 경우에는 컴포넌트들을 배치 관리자 없이 배치해야만 하는 경우도 있다. 즉 컨테이너 안의 컴포넌트들의 크기와 위치가 외부의 영향을 받지 않는 경우가 그렇다. 배치 관리자를 사용하지 않으려면 배치 관리자를 null로 설정하고 setBounds() 메소드를 사용하여 위치와 크기를 설정하면 된다. 절차는 다음과 같다.

❶ 배치 관리자를 null로 설정한다.

```
setlayout(null);
```

❷ add() 메소드를 사용하여 컴포넌트를 컨테이너에 추가한다.

```
Button b = Button("Button #1");
add(b);
```

❸ setSize(w, h)와 setLocation(x, y)을 사용하여 컴포넌트의 위치와 크기를 지정한다. 아니면 setBounds()를 사용하여서 위치와 크기를 동시에 지정하여도 된다.

```
b.setBounds(x, y, w, h);
```

절대 위치를 사용하는 간단한 예제 프로그램은 다음과 같다.

MyFrame.java

```
import java.awt.event.*;
import javax.swing.*;

public class MyFrame extends JFrame {
   JButton b1;
   private JButton b2, b3;

   public MyFrame() {
      setTitle("Absolute Position Test");
      setDefaultCloseOperation(JFrame.EXIT_ON_CLOSE);
      setSize(400, 200);
      JPanel p = new JPanel();
      p.setLayout(null);

      b1 = new JButton("Button #1");
      p.add(b1);
      b2 = new JButton("Button #2");
      p.add(b2);
      b3 = new JButton("Button #3");
      p.add(b3);
```

패널의 배치 관리자를 지정하지 않는다. 즉 절대 위치를 사용하겠다는 의미이다.

```java
        b1.setBounds(20, 5, 95, 30);
        b2.setBounds(55, 45, 105, 70);
        b3.setBounds(180, 15, 105, 90);
        add(p);
        setVisible(true);
    }
}
```

각 버튼의 크기와 위치를 setBound() 메소드를 이용하여 지정한다.

AbsoluteTest.java

```java
public class AbsoluteTest {
    public static void main(String args[]) {
        MyFrame f = new MyFrame();
    }
}
```

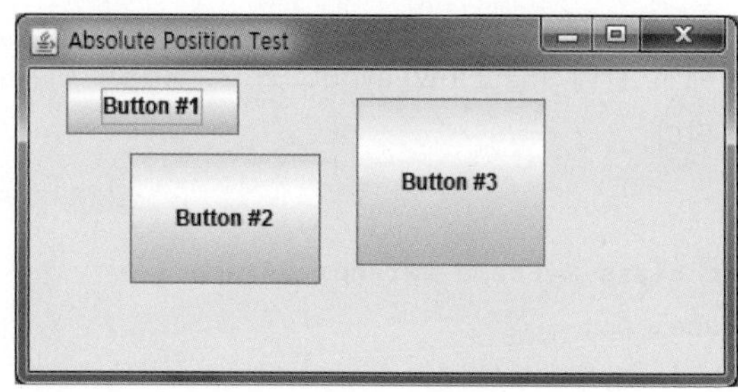

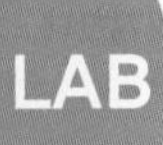

LAB FlowLayout 배치 관리자 실습하기

실행 결과를 참조하여서 다음 코드의 빈칸을 채우고 실행하여 보라.

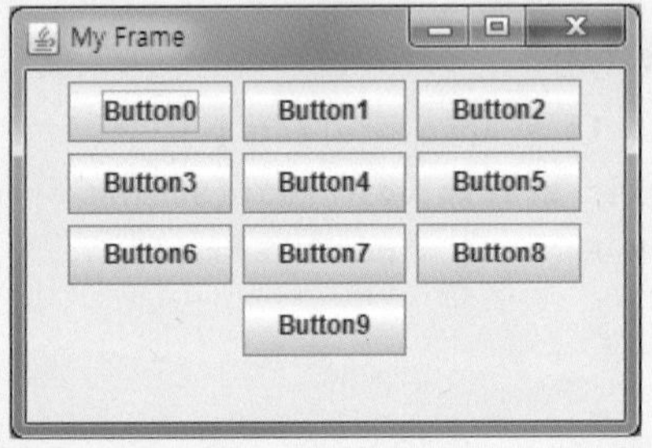

패널의 배치 관리자를 FlowLayout으로 설정하고 버튼을 10개 생성하여서 패널에 추가하면 된다.

```
...
public class MyFrame extends JFrame {
   JPanel p1;
   public MyFrame() {
      setSize(300, 200);
      setTitle("My Frame");
      p1 = new JPanel();
      p1.____________(new FlowLayout());
      for (int i = 0; i < 10; i++)
         p1.add(new JButton("Button" + i));
      add(p1);
      ____________(true); // 프레임을 화면에 표시한다.
   }
}

public class MyFrameTest {
   public static void main(String args[]) {
      MyFrame f = new MyFrame();
   }
}
```

Solution

FlowLayout 배치 관리자 실습하기

MyFrame.java

```
import java.awt.FlowLayout;
import javax.swing.*;

public class MyFrame extends JFrame {
   JPanel p1;

   public MyFrame() {
      setSize(300, 200);
      setTitle("My Frame");
      p1 = new JPanel();
      p1.setLayout(new FlowLayout());
      for (int i = 0; i < 10; i++)
         p1.add(new JButton("Button" + i));
      add(p1);
      setVisible(true); // 프레임을 화면에 표시한다.
   }
}
```

MyFrameTest.java

```
public class MyFrameTest {
   public static void main(String args[]) {
      MyFrame f = new MyFrame();
   }
}
```

앞의 프로그램을 참고하여 GridLayout을 사용하여 다음과 같은 화면이 나오게끔 프로그램을 작성하라.

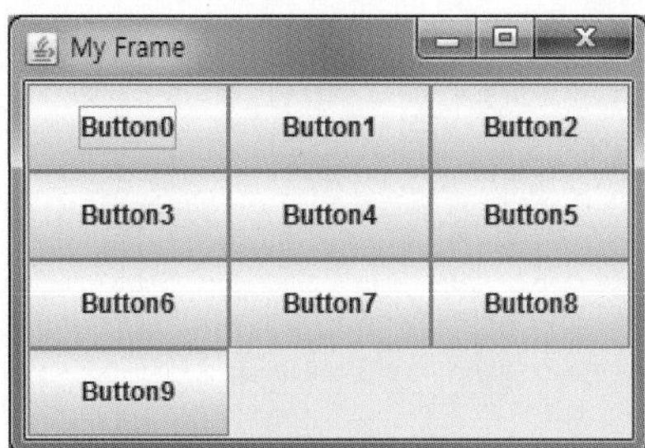

계산기 화면 작성하기

간단한 계산기를 작성하여 보자. 계산 기능은 나중에 추가하기로 하자. 여기서는 다음과 같은 외관만 구현하면 된다. GridLayout을 사용하여 보자.

배치 관리자로 GridLayout을 사용하여 보자.

계산기 화면 작성하기

Calculator.java

```
// 소스만 입력하고 Ctrl+Shift+O를 누른다.

public class Calculator extends JFrame {

    private JPanel panel;
    private JTextField tField;
    private JButton[] buttons;
    private String[] labels = {
        "Backspace", "", "", "CE", "C",
        "7", "8", "9", "/", "sqrt",
        "4", "5", "6", "x", "%",
        "1", "2", "3", "-", "1/x",
        "0", "+/-", ".", "+", "=",
    };


    public Calculator() {
        tField = new JTextField(35);
        panel = new JPanel();
        tField.setText("0.");
        tField.setEnabled(false);

        panel.setLayout(new GridLayout(0, 5, 3, 3));
        buttons = new JButton[25];
        int index = 0;
        for (int rows = 0; rows < 5; rows++) {
            for (int cols = 0; cols < 5; cols++) {
                buttons[index] = new JButton(labels[index]);
                if( cols >= 3 )
                    buttons[index].setForeground(Color.red);
                else
                    buttons[index].setForeground(Color.blue);
                buttons[index].setBackground(Color.yellow);
                panel.add(buttons[index]);
                index++;
```

패널의 배치 관리자를 그리드 레이아웃으로 지정한다.

```
            }
        }
        add(tField, BorderLayout.NORTH);
        add(panel, BorderLayout.CENTER);
        setVisible(true);
        pack();
    }

    public static void main(String args[]) {
        Calculator s = new Calculator();
    }
}
```

LAB

화면에 난수 표시하기

다음과 같이 난수를 발생하여서 레이블을 불규칙하게 배치하여 보자. 어떤 배치 관리자를 어떻게 사용하여야 하는가? 참고로 절대 위치로 배치하려면 setBounds()를 사용하거나 setSize()와 setLocation()을 함께 사용한다. 또 난수는 Math.random()으로 발생시킨다. 다음 코드의 빈칸을 채워라.

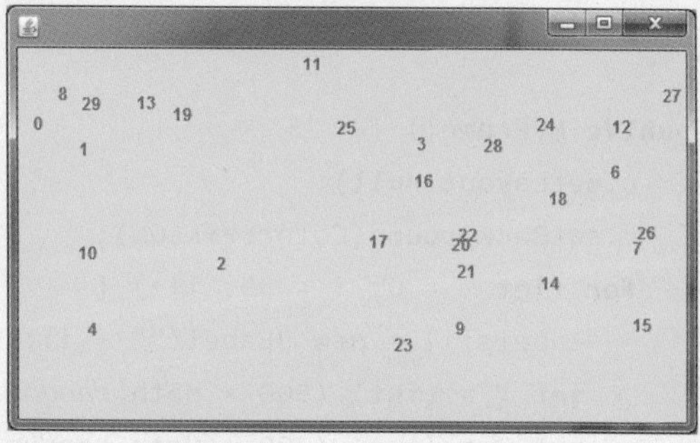


```
p.setLayout(________________);
for (int i = 0; i < 30; i++) {
   labels[i] = new JLabel("" + i);
   int x = (int) (500 * Math.random());
   int y = (int) (200 * Math.random());
   labels[i].setForeground(Color.MAGENTA);
   labels[i].setLocation(________________);
   labels[i].setSize(______________);
   p.add(labels[i]);
}
```

Solution 화면에 난수 표시하기

MyFrame.java

```
// 소스를 입력하고 Ctrl+Shift+O를 눌러서 필요한 파일을 포함한다.

public class MyFrame extends JFrame {
   JPanel p = new JPanel();
   JLabel[] labels = new JLabel[30];

   public MyFrame() {
      p.setLayout(null);
      p.setBackground(Color.YELLOW);
      for (int i = 0; i < 30; i++) {
         labels[i] = new JLabel("" + i);
         int x = (int) (500 * Math.random());
         int y = (int) (200 * Math.random());
         labels[i].setForeground(Color.MAGENTA);
         labels[i].setLocation(x, y);
         labels[i].setSize(20, 20);
         p.add(labels[i]);
      }
      setSize(500, 300);
      add(p);
      setVisible(true); // 프레임을 화면에 표시한다.
   }
}
```

MyFrameTest.java

```
public class MyFrameTest {
   public static void main(String args[]) {
      MyFrame f = new MyFrame();
   }
}
```

09

CHAPTER

인터페이스, 람다식, 패키지

학습목표

자바는 객체 지향 프로그래밍이 소프트웨어 개발의 주요한 패러다임이 되었던 시대에 설계되었다. **인터페이스**는 이러한 객체 지향 프로그래밍의 중요한 특징이다. 인터페이스를 사용하면 구체적인 구현 방법을 제공하지 않으면서도 실행되어야 할 작업을 지정할 수 있다. **람다식**은 JDK 8에 추가된 혁신적인 기능으로 Lisp와 같은 함수형 프로그래밍 언어로 부터 영향 받은 것이다. 최근에 함수형 프로그래밍이 다시 각광을 받고 있는데 이벤트 구동 프로그래밍이나 병렬 프로그래밍에서 아주 편리하기 때문이다. 자바는 람다식을 통하여 객체 지향과 함수형 프로그램을 동시에 지원한다. **패키지**는 관련된 클래스의 모임이다. 패키지는 우리가 클래스 이름을 충돌 걱정 없이 마음대로 지을 수 있게 한다.

학습목차

01 인터페이스의 개요
  LAB 자율 주행 자동차
  LAB 객체 비교하기
02 인터페이스를 자료형(타입)으로 생각하기
  LAB 타이머 이벤트 처리
03 인터페이스를 이용한 다중 상속
04 디폴트 메소드와 정적 메소드
05 무명 클래스
06 람다식
  LAB 람다식을 이용한 타이머 이벤트 처리
07 함수 인터페이스와 람다식
08 패키지란
  LAB 패키지 생성하기
09 패키지 사용
10 소스 파일과 클래스 파일 관리(이클립스)
11 소스 파일과 클래스 파일 관리(명령어)
12 자바 가상 머신은 어떻게 클래스 파일을 찾을까?
13 JAR 압축 파일
14 자바에서 지원하는 패키지

인터페이스라면 서로 다른
두 시스템을 서로 이어 주는
부분을 말하나요?

네, 바로 그렇습니다. 2개의
클래스를 연결하는 규격이라
할 수 있죠. 람다식도 이벤트
처리에서 중요하니 잘 익혀두
세요. 아주 편리합니다.

01 인터페이스의 개요

인터페이스(interface)는 서로 다른 장치들이 연결되어서 데이터를 주고받는 규격을 의미한다. 인터페이스는 특히 컴퓨터 주변 장치에 많다. 예를 들어서 컴퓨터 본체와 주변 장치를 연결하는 인터페이스로 USB가 있고 컴퓨터와 모니터를 연결하는 인터페이스로 HDMI 규격도 있다.

인터페이스가 맞지 않
으면 연결이 불가능합니다.

USB 인터페이스

우리에게 친근한 USB 인터페이스를 예로 들어서 설명해보자. 만약 어떤 장치가 USB 인터페이스 규격을 만족한다면 그 장치는 컴퓨터에 연결될 수 있다. 하지만 USB 인터페이스 규격을 지키지 않는다면 컴퓨터에 연결될 수 없다. 하드웨어 세계에서 인터페이스가 필요한 것은 이해가 갈 것이다.

소프트웨어 세계에도 인터페이스 개념이 필요할까? 여러 프로그래머들이 독립적으로 코드를 작성하고, 이들 코드들을 합쳐서 하나의 소프트웨어를 완성하는 상황을 가정해보자. 각자의 코드를 다른 사람의 코드와 접속하려면 어떻게 상호작용하는 지를 기술하는 일종의 규격(조건)이 있어야 한다. 그래야만 코드들이 서로 잘 접속될 것이다. 이러한 규격을 **인터페이스(interface)**라고 부른다. 자바에서는 코딩의 단위가 클래스이므로 클래스와 클래스 사이의 상호 작용의 규격을 나타낸 것이 인터페이스이다.

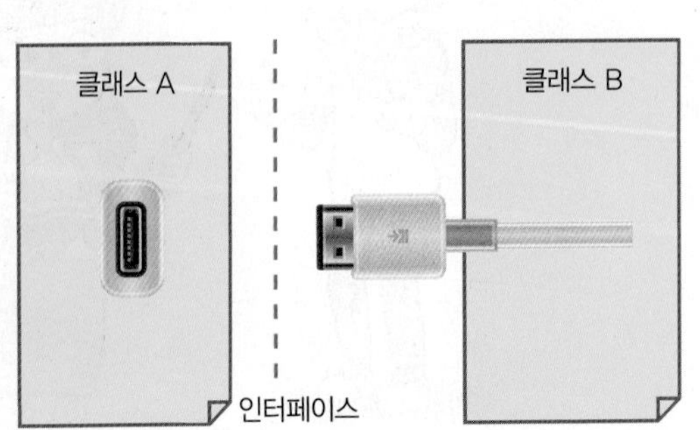
클래스 A
클래스 B
인터페이스

인터페이스는 SW 사이의
상호작용을 나타냅니다.

예를 들어서 **스마트 홈 시스템(Smart Home System)**을 생각하여 보자. 스마트 홈 시스템이란 가정에서 쓰이는 모든 가전 제품들이 하나의 시스템으로 연결되어 쌍방향 통신이 가능한 미래형 가정 시스템을 말한다. 스마트 홈 서버가 가전 제품을 제어하려면 가전 제품과 스마트 홈 서버 사이에는 일종의 표준 규격이 있어야 한다. 그래야만 스마트 홈 서버가 가전 제품을 일관된 방법으로 원격 제어할 수 있을 것이다. 따라서 둘 사이에는 어떤 약속이 필요하게 되고, 구체적으로 가전 제품을 원격으로 제어하는데 필요한 메소드들에 대하여 합의하여야 한다. 자바로 작성한다면 이 규격은 인터페이스로 작성된다.

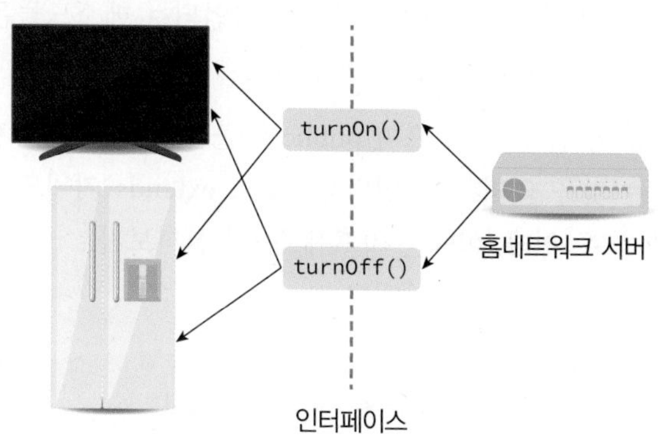

일단 인터페이스가 설계되면, 스마트 홈 서버와 각 가전 제품들은 별도의 팀에 의해 동시에 제작될 수 있다. 제작 시에 합의된 인터페이스만 준수한다면 쉽게 통합할 수 있는 것이다.

인터페이스 정의

인터페이스를 정의하는 것은 클래스를 정의하는 것과 유사하다. 하지만 키워드 class를 사용하지 않고 키워드 interface를 사용한다. 인터페이스는 추상 메소드로 이루어진다. 추상 메소드는 몸체가 없는 메소드이다. 인터페이스 안에서 필드(변수)는 선언될 수 없다. 상수는 정의할 수 있다(이것은 차후에 다시 설명할 것이다). 인터페이스의 일반적인 형태는 다음과 같다.

형식

```
public interface 인터페이스_이름 {
    반환형    추상메소드1(...);
    반환형    추상메소드2(...);
    ...
}
```

예를 들어서 앞에서 설명한 스마트 홈의 가전 제품들을 원격 조종하기 위한 인터페이스를 정의하여 보자. 여기서는 가전 제품들을 켜고 끄는 기능만을 정의하기로 하자.

```
public interface RemoteControl {
   // 추상 메소드 정의
   public void turnOn();     // 가전 제품을 켠다.
   public void turnOff();    // 가전 제품을 끈다.
}
```

여기서 메소드들은 모두 이름과 매개변수만 존재하고, 몸체가 없으며 세미콜론으로 종료되는 점에 유의하여야 한다. 인터페이스 안에서 선언되는 메소드들은 모두 묵시적으로 public abstract이다. 따라서 public이나 abstract 수식어는 없어도 된다.

인터페이스 앞에도 public이 붙을 수 있으며 public이 붙으면 어떤 패키지의 어떤 클래스도 사용할 수 있다는 것을 의미한다. 인터페이스도 extends 키워드를 붙여서 다른 인터페이스를 상속받을 수 있다. 이것은 차후에 좀 더 살펴보자.

인터페이스 안의 모든 메소드는 public을 붙이지 않아도 public으로 취급된다.

인터페이스 구현

인터페이스만으로는 객체를 생성할 수 없다. 인터페이스는 다른 클래스에 의하여 **구현(implement)**될 수 있다. 인터페이스를 구현한다는 말은 인터페이스에 정의된 추상 메소드의 몸체를 정의한다는 의미이다. 인터페이스 구현 형식은 다음과 같다.

형식

```
public class 클래스_이름 implements 인터페이스_이름 {
   반환형    추상메소드1(...) {
      .....
   }
   반환형    추상메소드2(...) {
      .....
   }
}
```

인터페이스를 구현하는 클래스는 추상 메소드의 몸체를 구현하여야 합니다.

클래스가 인터페이스를 구현하기 위해서는 implement 키워드를 사용한다. 예를 들어서 Television 클래스가 RemoteControl 인터페이스를 구현하기 위한 문법은 다음과 같다.

Television.java

```java
public class Television implements RemoteControl {
    boolean onOff = false;
    public void turnOn() {
        // TV의 전원을 켜기 위한 코드가 들어간다.
        onOff = true;
    }

    public void turnOff() {
        // TV의 전원을 끄기 위한 코드가 들어간다.
        onOff = false;
    }
}
```

TV 생산 업체마다 상당히 다르게 인터페이스를 구현할 것이다. 하지만 여전히 동일한 제어 인터페이스인 RemoteControl 인터페이스를 지원한다. 따라서 스마트 홈 서버에서는 이들 인터페이스 메소드들을 호출하여서 가전 제품들을 원격 조종할 수 있다. Television 클래스의 객체를 생성하여 인터페이스에 정의된 메소드를 호출하여 보자.

TelevisionTest.java

```java
public class TelevisionTest {
    public static void main(String[] args) {
        Television t = new Television();
        t.turnOn();
        t.turnOff();
    }
}
```

만약 냉장고를 나타내는 Refrigerator 클래스도 동일한 인터페이스를 구현하였다면 같은 방식으로 가전 제품을 제어할 수 있다.

```java
Refrigerator r = new Refrigerator();
r.turnOn();
r.turnOff();
```

인터페이스를 어떤 클래스가 사용하기 위해서는 인터페이스에 포함된 모든 추상 메소드를 구현하여야 한다. 클래스가 인터페이스에 있는 하나의 메소드라도 빠뜨린다면 컴파일러는 오류를 발생한다. 클래스와 마찬가지로 인터페이스는 인터페이스 이름을 가진 .java 파일에 단독으로 저장된다.

인터페이스 vs 추상 클래스

추상 클래스는 인터페이스와 유사하다. 우리는 이들을 객체화할 수 없고 주로 구현이 안 된 메소드들로 이루어진다. 하지만 추상 클래스에서는 일반적인 필드도 선언할 수 있으며, 일반적인 메소드도 정의할 수 있다. 인터페이스에서는 모든 메소드는 public, abstract가 된다. 추가적으로 자바에서는 하나의 클래스만 상속받을 수 있지만 여러 개 인터페이스를 동시에 구현할 수 있다.

그렇다면 추상 클래스와 인터페이스는 언제 사용해야 하는가? 다음과 같은 경우에는 추상 클래스를 사용한다.

- 만약 관련된 클래스들 사이에서 코드를 공유하고 싶다면 추상 클래스를 사용하는 것이 좋다.
- 공통적인 필드나 메소드의 수가 많은 경우, 또는 public 이외의 접근 지정자를 사용해야 하는 경우에 추상 클래스를 사용한다.
- 정적이 아닌 필드나 상수가 아닌 필드를 선언하기를 원할 때.

인터페이스는 다음과 같은 경우에 사용한다.

- 관련 없는 클래스들이 인터페이스를 구현하기를 원할 때. 예를 들어서 Comparable과 Cloneable과 같은 인터페이스는 관련없는 클래스들이 구현한다.
- 특정한 자료형의 동작을 지정하고 싶지만 누가 구현하든지 신경쓸 필요가 없을 때.
- 다중 상속이 필요할 때.

인터페이스는 클래스가 아니므로 new 연산자는 사용할 수가 없다.

```
RemoteControl  obj = new  RemoteControl();     // 오류!!
```

LAB

자율 주행 자동차

예를 들어서 운전사가 없이 컴퓨터가 제어하는 자동차가 승객을 수송하는 미래 사회를 상상해보자. 자동차 제조사들은 자동차를 제어하는 소프트웨어를 자바로 작성한다. 자율 주행 시스템 업체에서는 GPS 신호와 교통 상황 정보를 받아서 자동차를 운전하는 SW를 만든다.

다음과 같은 추상 메소드를 가지는 인터페이스와 이 인터페이스를 구현하는 클래스를 작성하여 테스트해보자.

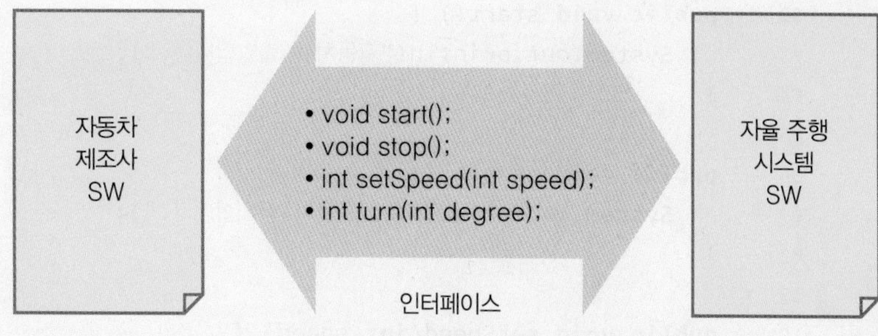

```
자동차가 출발합니다.
자동차가 속도를 30km/h로 바꿉니다.
자동차가 방향을 15도 만큼 바꿉니다.
자동차가 정지합니다.
```

자동차 제조사들은 자동차를 움직이는 데 필요한 메소드, 예를 들어 stop(), start(), setSpeed(), turn()와 같은 메소드들을 설명하는 인터페이스를 발표한다. 자율 주행 SW를 만드는 업체에서는 자동차를 제어하는 인터페이스에 기술된 메소드를 사용하여서 자신의 소프트웨어를 작성할 수 있다. 자동차 제조사나 자율 주행 시스템 업체에서는 상대방이 어떻게 소프트웨어를 작성하였는지 알 필요가 없다. 이전에 발표한 인터페이스 규격만 따른다면 각 업체들은 자신들의 소프트웨어를 언제든지 변경할 수 있다.

인터페이스 안의 모든 메소드는 추상 메소드로 간주되기 때문에, abstract 예약어를 사용하는 것이 반드시 필요하지는 않다. 또한 변수도 모두 상수로 취급되기 때문에 static final을 생략할 수 있다.

Solution

자율 주행 자동차

OperateCar.java

```
public interface OperateCar {

    void start();
    void stop();
    void setSpeed(int speed);
    void turn(int degree);
}
```

자동차를 제어하기 위한 규격이다.

AutoCar.java(자동차 제조사 구현 부분)

```
public class AutoCar implements OperateCar {
    public void start() {
        System.out.println("자동차가 출발합니다.");
    }

    public void stop() {
        System.out.println("자동차가 정지합니다.");
    }

    public void setSpeed(int speed) {
        System.out.println("자동차가 속도를 " + speed + "km/h로 바꿉니다.");
    }

    public void turn(int degree) {
        System.out.println("자동차가 방향을 " + degree + "도 만큼 바꿉니다.");
    }
}
```

AutoCarTest.java(자율 주행 시스템 업체 부분)

```
public class AutoCarTest {
    public static void main(String[] args) {
        OperateCar obj = new AutoCar();
        obj.start();
        obj.setSpeed(30);
        obj.turn(15);
        obj.stop();
    }
}
```

LAB 객체 비교하기

실제 현장에서 많이 사용되는 인터페이스를 가지고 실습하여 보자. 바로 Comparable 인터페이스이다. 이 인터페이스는 우리가 정의하는 것이 아니고 표준 자바 라이브러리에 다음과 같이 정의되어 있다. 이 인터페이스는 객체와 객체의 크기를 비교할 때 사용된다.

```
public interface Comparable {          // 실제로는 제네릭을 사용해서 정의된다.
   int compareTo(Object other);        // -1, 0, 1 반환
}
```

예를 들어서 객체들의 배열을 순서대로 정렬한다고 가정해보자. 정렬 알고리즘은 배열의 요소들을 반복적으로 비교하여서 순서가 맞지 않으면 서로 교환한다. 물론 순서의 기준은 객체마다 다를 수 있다. 따라서 비교하는 메소드는 각각의 클래스가 제공하여야 한다. 정렬 알고리즘은 클래스가 제공하는 메소드를 호출하면 된다. 따라서 메소드의 이름과 매개 변수에 대하여 합의하여야 한다. 바로 이때에 인터페이스가 사용되는 것이다.

객체의 크기를 비교하려면 클래스는 Comparable 인터페이스를 구현하여야 한다. 예를 들어서 문자열은 문자들의 개수로 비교할 수 있다. 책을 나타내는 객체라면 책의 페이지수로 비교할 수 있을 것이다. 직사각형을 나타내는 객체는 직사각형의 면적을 가지고 비교할 수 있을 것이다.

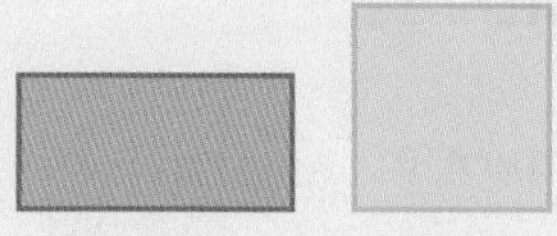

여기서는 Comparable 인터페이스를 구현하는 Rectangle 클래스를 작성하고 이것을 이용해서 직사각형의 면적을 비교하는 프로그램을 작성해보자.

```
Rectangle [width=100, height=30]
Rectangle [width=200, height=10]
Rectangle [width=100, height=30]가 더 큽니다.
```

Solution

객체 비교하기

Rectangle.java

```
public class Rectangle implements Comparable {
   private int width = 0;
   private int height = 0;

   @Override
   public String toString() {
      return "Rectangle [width=" + width + ", height=" + height + "]";
   }

   public Rectangle(int w, int h) {
      width = w;
      height = h;
      System.out.println(this);
   }

   public int getArea() {
      return width * height;
   }

   @Override
   public int compareTo(Object other) {
      Rectangle otherRect = (Rectangle) other;
      if (this.getArea() < otherRect.getArea())
         return -1;
      else if (this.getArea() > otherRect.getArea())
         return 1;
      else
         return 0;
   }
}
```

Comparable은 표준 자바 라이브러리에 정의되어 있다.

인터페이스의 추상메소드를 구현한다.

RectangleTest.java

```
public class RectangleTest {
   public static void main(String[] args) {
      Rectangle r1 = new Rectangle(100, 30);
```

```
        Rectangle r2 = new Rectangle(200, 10);
        int result = r1.compareTo(r2);
        if (result == 1)
            System.out.println(r1 + "가 더 큽니다.");
        else if (result == 0)
            System.out.println("같습니다");
        else
            System.out.println(r2 + "가 더 큽니다.");
    }
}
```

02 인터페이스를 자료형(타입)으로 생각하기

우리가 인터페이스를 정의하는 것은 새로운 자료형을 정의하는 것과 마찬가지이다. 우리는 인터페이스 이름을 자료형처럼 사용할 수 있다. 인터페이스의 이름은 클래스의 이름과 마찬가지로 참조 변수를 정의하는데 사용될 수 있다. 우리가 인터페이스를 자료형처럼 사용하여서 참조 변수를 정의하게 되면, 이 인터페이스를 구현한 객체라면 어떤 것이라도 이 참조 변수에 대입할 수 있다. 즉 인터페이스 타입의 참조 변수에 대입할 수 있는 값은 반드시 그 인터페이스를 구현한 클래스의 객체이어야 한다. 이 성질을 사용하면 인터페이스를 구현한 클래스들을 하나로 묶을 수 있다.

예를 들어서 스마트 홈 시스템에서 등장한 RemoteControl 인터페이스를 구현한 Television 클래스의 객체를 생성하여 보자.

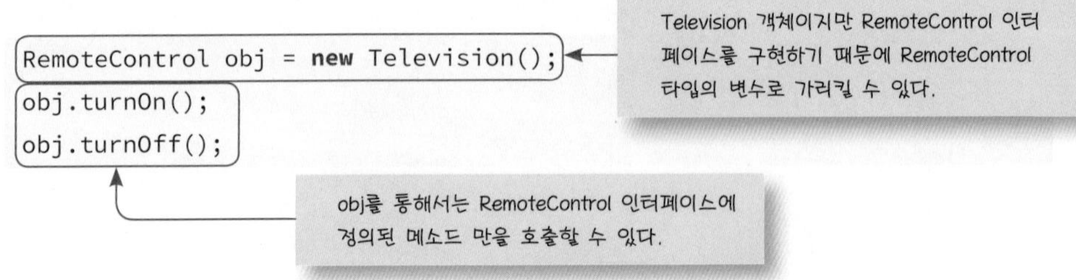

RemoteControl obj = new Television();
obj.turnOn();
obj.turnOff();
Television 객체이지만 RemoteControl 인터페이스를 구현하기 때문에 RemoteControl 타입의 변수로 가리킬 수 있다.
obj를 통해서는 RemoteControl 인터페이스에 정의된 메소드 만을 호출할 수 있다.

Television 객체를 생성하였지만 Television 참조 변수로 가리키지 않고 RemoteControl 참조 변수로 가리키고 있다. 인터페이스 참조 변수를 통해서는 그 인터페이스 안에 정의된 메소드 만을 호출할 수 있다. 다른 메소드나 필드에는 접근할 수 없다.

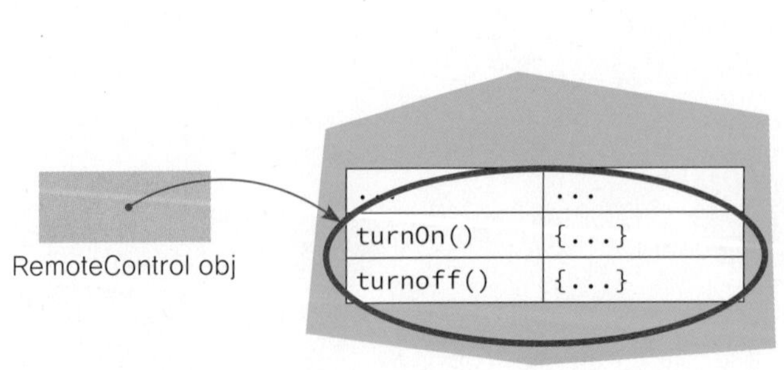

인터페이스 변수를 통하여 RemoteControl 인터페이스 구현 메소드에는 접근할 수 있습니다.

또 다른 예로 2개의 객체 중에서 더 큰 객체를 찾는 다음과 같은 메소드를 살펴보자. 예를 들어서 앞페이지에서 살펴보았던 Rectangle 클래스로 생성된 객체에 대해서 findLatgest() 메소드를 호출할 수 있다. Rectangle 클래스의 객체는 Rectangle 타입이

기도 하고 Comparable 타입이기도 하다.

```
public Object findLargest(Object object1, Object object2) {
    Comparable obj1 = (Comparable)object1;
    Comparable obj2 = (Comparable)object2;
    if ((obj1).compareTo(obj2) > 0)
        return object1;
    else
        return object2;
}
```

object1을 Comparable 타입으로 형변환하면 우리는 compareTo() 메소드를 사용할 수 있다. 물론 object1과 object2는 실제로 Comparable 인터페이스를 구현한 객체이어야 한다.

findLargest() 메소드와 유사하게 findSmallest()와 isEqual()을 구현하여 보자.

```
public Object findSmallest(Object object1, Object object2) {
    ...
}
public boolean isEqual(Object object1, Object object2) {
    ...
}
```

LAB 타이머 이벤트 처리

인터페이스가 가장 많이 사용되는 곳은 그래픽 사용자 인터페이스를 구현할 때이다. 예를 들어서 버튼을 눌렀을 때 발생하는 이벤트를 처리하려면 어떤 공통적인 규격이 있어야 한다. 이 규격을 정할 때 인터페이스가 사용되는 것이다. ActionListener 인터페이스가 버튼 이벤트를 처리할 때 규격을 정의한다.

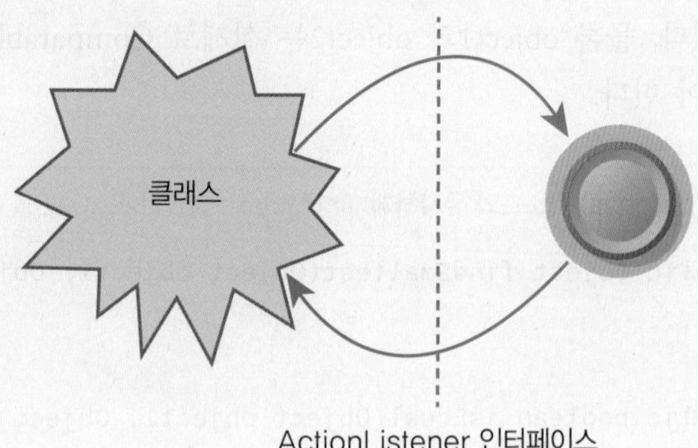


```
public interface ActionListener {
   void actionPerformed(ActionEvent event);
}
```

그러나 아직 사용자 인터페이스를 학습하지 않았으므로 버튼 예제는 조금 미루기로 하자. ActionListener는 Timer 이벤트를 처리할 때도 사용된다. 자바에서 기본 제공되는 Timer 클래스는 주어진 시간이 되면 이벤트를 발생시키면서 actionPerformed() 메소드를 호출한다. 이점을 이용하여서 1초에 한 번씩 다음과 같이 "beep"를 출력하는 프로그램을 작성하여 보자.

```
beep
beep
beep
...
```

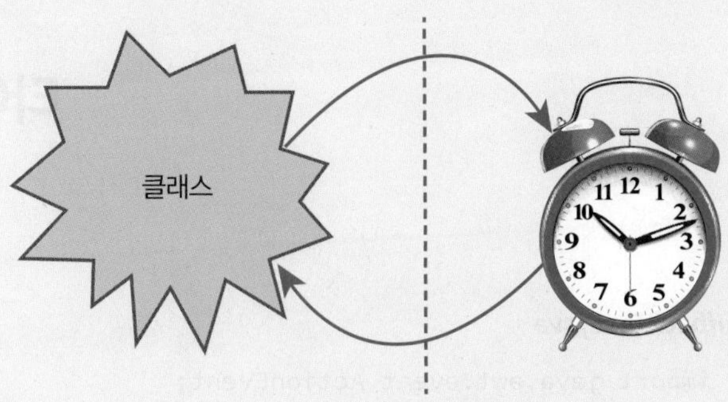

Timer 클래스는 주어진 시간이 지나면 ActionListener 인터페이스에 정의된 actionPerformed() 메소드를 호출한다. 따라서 1초에 한 번씩 메시지를 호출하려면 ActionListener 인터페이스를 구현한 클래스를 작성하고 Timer에 객체를 등록하면 된다.

```
ActionListener listener = new MyClass();
Timer t = new Timer(1000, listener);
t.start();
```

타이머 이벤트 처리

CallbackTest.java

```
import java.awt.event.ActionEvent;
import java.awt.event.ActionListener;

import javax.swing.Timer;

class MyClass implements ActionListener {
   public void actionPerformed(ActionEvent event) {
      System.out.println("beep");
   }
}

public class CallbackTest {
   public static void main(String[] args) {

      ActionListener listener = new MyClass();
      Timer t = new Timer(1000, listener);
      t.start();
      for (int i = 0; i < 1000; i++) {
         try {
            Thread.sleep(1000);
         } catch (InterruptedException e) {
         }
      }
   }
}
```

ActionListener 인터페이스를 구현한 클래스를 생성한다.

Timer에 의하여 1초에 한번씩 호출된다.

actionPerformed()를 호출해달라고 Timer에 등록한다.

아직 학습하지 않았지만 1초 동안 잤다가, 깨어나는 동작을 1000번 되풀이한다. 1초에 한번씩 호출되는지를 보기 위하여 반복하는 것이다. 단위는 밀리초이다.

```
beep
beep
beep
...
```

03 인터페이스를 이용한 다중 상속

인터페이스끼리도 상속이 가능하다.

인터페이스끼리도 상속이 가능하다. 만약 앞에서 홈네트워킹을 위하여 정의하였던 RemoteControl 인터페이스를 다시 고려해보자.

```
public interface RemoteControl {
    public void turnOn();         // 가전 제품을 켠다.
    public void turnOff();        // 가전 제품을 끈다.
}
```

그런데 여기에 두개의 메소드를 추가하면 어떻게 될까?

```
public interface RemoteControl {
    public void turnOn();         // 가전 제품을 켠다.
    public void turnOff();        // 가전 제품을 끈다.
    public void volumeUp();       // 가전제품의 볼륨을 높인다.
    public void volumeDown();     // 가전제품의 볼륨을 낮춘다.
}
```

새로운 메소드를 추가하였다.

만약 다른 프로그래머들이 사용하고 있던 인터페이스를 변경시키면 이 인터페이스를 구현하였던 모든 클래스가 동작하지 않게 된다. 이런 경우를 대비하여서 인터페이스도 상속을 받아서 확장시킬 수 있도록 되어 있다.

```
public interface AdvancedRemoteControl extends RemoteControl {
    public void volumeUp();       // 가전제품의 볼륨을 높인다.
    public void volumeDown();     // 가전제품의 볼륨을 낮춘다.
}
```

인터페이스도 다른 인터페이스를 상속받을 수 있다.

이 경우 인터페이스의 사용자들은 예전의 인터페이스를 계속 사용할 것인지 아니면 새 버전으로 업그레이드 할 것인지를 선택할 수 있다.

다음과 같은 그림을 기억하도록 하자. 클래스도 extends를 이용하여 상속을 받을 수 있고 인터페이스도 extends를 이용하여 다른 인터페이스를 상속받을 수 있다. 클래스가 인터페이스를 구현할 때는 implements 키워드를 사용한다.

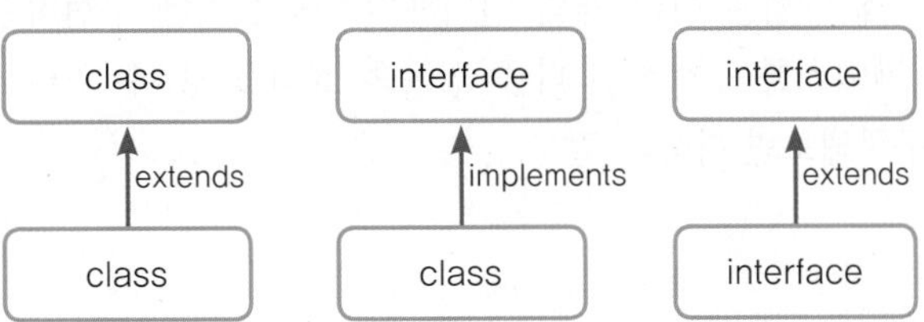

인터페이스를 이용한 다중 상속

다중 상속(Multiple inheritance)은 하나의 클래스가 여러 개의 부모 클래스를 가지는 것이다. 예를 들어서 하늘을 나는 자동차는 자동차의 특성도 가지고 있지만 비행기의 특징도 가지고 있다.

다중 상속은 애매모호한 상황을 만들 수 있기 때문에 자바에서는 금지되어 있다. 어떤 애매한 상황이 만들어질까? 이것은 흔히 "다이아몬드 문제"로 알려져 있다.

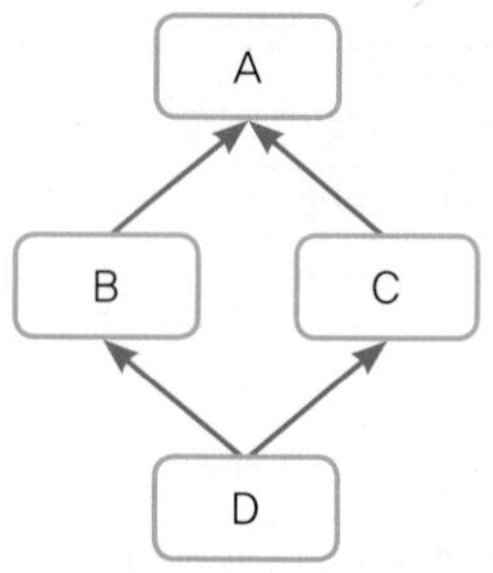

클래스 B와 C가 A로부터 상속을 받는다고 가정하자. 클래스 D는 B와 C에서 상속받는다. 클래스 A에 메소드 myMethod()가 있는데 이것을 B와 C가 모두 myMethod()를 오버라이드하였다고 가정하자. D를 통하여 myMethod()를 호출하게 되면 어떤 메소드가 호출되는가? B의 메소드인가 아니면 C의 메소드인가? 이러한 애매함 때문에 자바에서는 다중 상속을 허용하지 않는다.

하지만 부모 클래스를 하나만 허용하는 것은 너무 엄격하다. 앞에서 언급하였듯이 예를 들어서 하늘을 나는 자동차는 자동차의 특성도 가지고 있지만 비행기의 특징도 가져야 한다. 때에 따라서는 다중 상속이 필요한 것이다. 자바에서는 인터페이스를 이용하여서 다중 상속과 비슷한 효과를 낼 수 있다. 하나의 클래스로부터 상속을 받으면서 동시에 여러 개의 인터페이스도 구현하면 다중 상속과 비슷해진다.

첫 번째 방법은 여러 개의 인터페이스를 동시에 구현하는 것이다. 동시에 여러 개의 인터페이스를 구현하면 다중 상속의 효과를 낼 수 있다. 하늘을 나는 자동차를 간단히 구현해보면 다음과 같다.

직접 입력하여 확인

FlyingCar1.java

```
interface Drivable {
   void drive();
}

interface Flyable {
   void fly();
}

public class FlyingCar1 implements Drivable, Flyable {
   public void drive() {
      System.out.println("운전하고 있음!");
   }

   public void fly() {
      System.out.println("하늘을 날고 있음!");
   }

   public static void main(String args[]) {
      FlyingCar1 obj = new FlyingCar1();
      obj.drive();
      obj.fly();
   }
}
```

여러 개의 인터페이스를 동시에 구현한다.

```
운전하고 있음!
하늘을 날고 있음!
```

두 번째 방법은 하나의 클래스를 상속받고 또 하나의 인터페이스를 구현하는 것이다. 이렇게 하여도 다중 상속 효과를 낼 수 있다. 간단한 예로 하늘을 나는 자동차 클래스를 구현해보자.

FlyingCar2.java

```
interface Flyable {
   void fly();
}

class Car {
   int speed;
   void setSpeed(int speed){
      this.speed = speed;
```

```
    }
}

public class FlyingCar2 extends Car implements Flyable {
    public void fly() {
        System.out.println("하늘을 날고 있음!");
    }
    public static void main(String args[]) {
        FlyingCar2 obj = new FlyingCar2();
        obj.setSpeed(300);
        obj.fly();
    }
}
```

하나의 클래스와 하나의 인터페이스를 상속받는다.

```
하늘을 날고 있음!
```

상수 정의

인터페이스에는 상수를 정의할 수 있다. 인터페이스에서 정의된 변수는 자동적으로 public static final이 되어서 상수가 된다. 예를 들어서 MyConstants 라는 다음과 같은 인터페이스는 방향을 나타내는 상수들을 정의한다.

```
public interface MyConstants {
    int NORTH = 1;
    int EAST = 2;
    int SOUTH = 3;
    int WEST = 4;
}
```

우리는 MyConstants.EAST와 같이 상수를 참조할 수 있다. 만약 클래스가 MyConstants 인터페이스를 구현한다면 단순히 EAST 라고 써주어도 된다.

04 디폴트 메소드와 정적 메소드

JDK 8 이전 버전에서는 인터페이스를 정의할 때 메소드의 몸체 구현은 전혀 할 수 없었다. 즉 메소드의 이름만 정의할 수 있었다. 이것이 인터페이스의 고전적인 정의이다. 하지만 세월이 변했다. JDK 8부터는 인터페이스에 **디폴트 메소드**와 **정적 메소드**를 추가할 수 있다.

디폴트 메소드

디폴트 메소드(default method)는 인터페이스 개발자가 메소드의 디폴트 구현을 제공할 수 있는 기능이다. 디폴트 메소드가 정의되어 있으면 인터페이스를 구현하는 클래스가 메소드의 몸체를 구현하지 않아도 메소드를 호출할 수 있다. 디폴트 메소드를 정의할 때는 메소드 앞에 default라는 키워드를 추가한다. 간단한 예제를 통하여 디폴트 메소드를 느껴보자.

DefaultMethodTest.java

```java
interface MyInterface {
   public void myMethod1();

   default void myMethod2() {
      System.out.println("myMethod2()");
   }
}

public class DefaultMethodTest implements MyInterface {
   public void myMethod1() {
      System.out.println("myMethod1()");
   }

   public static void main(String[] args) {
      DefaultMethodTest obj = new DefaultMethodTest();
      obj.myMethod1();
      obj.myMethod2();
   }
}
```

보통의 추상 메소드이다.

디폴트 메소드이다. 메소드의 몸체를 제공할 수 있다. JDK8부터 사용이 가능하다.

디폴드 메소드는 구현하지 않아도 바로 사용할 수 있다.

```
myMethod1()
myMethod2()
```

위의 예제에서 보면 인터페이스 MyInterface의 메소드 myMethod2()는 디폴트 메소드로 정의되었다. 인터페이스 MyInterface를 구현한 클래스 MyClass는 인터페이스의 myMethod2() 메소드를 구현하지 않았다. 그렇지만 우리는 MyClass를 가지고 객체를 생성할 수 있고 myMethod2()도 호출할 수 있다.

디폴트 메소드가 등장하게 된 가장 중요한 이유는 인터페이스가 기존의 코드를 건드리지 않고 확장될 수 있도록 하기 위해서이다. 인터페이스에 의하여 정의된 메소드는 클래스에 의해서 반드시 구현되어야 한다. 개발자들이 많이 사용하는 인터페이스에 새로운 메소드가 추가되면 이 인터페이스를 사용하는 모든 클래스들이 수정되어야 한다. 디폴트 메소드는 이 문제를 해결한다.

우리는 앞의 Lab에서 자율 주행 자동차의 예를 들었다. 만약 자율 주행 자동차에 새로운 기능이 추가되어서(예를 들면 하늘을 나는 기능) 새로운 메소드가 인터페이스에 추가된다면 이들 인터페이스를 구현하고 있었던 모든 클래스들은 새로운 메소드를 구현하여야 한다. 만약 이들 새로운 메소드가 디폴트 메소드로 제공되거나 정적 메소드로 제공될 수 있다면 과거의 클래스들은 이들 메소드를 반드시 구현하지 않아도 된다.

DefaultMethodTest2.java

```
interface OperateCar {
   void start();
   void stop();
   void setSpeed(int speed);
   void turn(int degree);

   default public void fly() {
      System.out.println("하늘을 날고 있음!");
   }
}

class OldCar implements OperateCar {
   public void start() {   }
   public void stop() {   }
   public void setSpeed(int speed) {   }
   public void turn(int degree) {   }
}

public class DefaultMethodTest2 {
   public static void main(String[] args) {
      OldCar obj = new OldCar();
      obj.fly();
   }
}
```

인터페이스에 새롭게 추가된 메소드

디폴트 메소드이다. 메소드의 몸체를 제공할 수 있다. JDK8부터 사용이 가능하다.

예전 클래스 구현을 변경하지 않아도 된다. 즉 인터페이스에 추가된 메소드를 구현하지 않아도 된다.

예전 객체에서도 새롭게 추가된 메소드를 호출할 수 있다.

```
하늘을 날고 있음!
```

정적 메소드

인터페이스는 전통적으로 추상적인 규격이기 때문에 **정적 메소드(static method)**가 들어간다는 것은 처음에는 생각할 수도 없었다. 하지만 시대가 변했다. 최근에 인터페이스에서도 정적 메소드가 있는 것이 좋다고 간주되고 있다. JDK8 이전에는 인터페이스에 딸린 정적 메소드를 제공하려면 인터페이스와는 별도의 유틸리티 클래스와 헬퍼 메소드를 생성하여야 했다. 그러나 JDK8부터는 인터페이스에 정적 메소드를 추가할 수 있도록 개발자에게 허용한다. 이것은 코드를 좀 더 깔끔하고 이해하기 쉽게 만든다. 정적 메소드를 인터페이스에 추가하려면 메소드 이름 앞에 static 키워드를 붙이면 된다.

간단한 예제를 살펴보자.

StaticMethodTest.java

```
interface MyInterface {

    static void print(String msg) {
        System.out.println(msg + ": 인터페이스의 정적 메소드 호출");
    }
}

public class StaticMethodTest {

    public static void main(String[] args) {
        MyInterface.print("Java 8");
    }
}
```

인터페이스의 정적 메소드이다. JDK8 부터 사용이 가능하다.

```
Java 8: 인터페이스의 정적 메소드 호출
```

하나의 예로 직원을 나타내는 Employee 클래스를 구현할 때 인터페이스 안의 정적 메소드를 사용해보자.

이름을 검사하는 유틸리티 메소드를 만들어서 인터페이스 안에 정적 메소드로 추가할 수 있다.

StaticMethodTest2.java

```java
interface Employable {
   String getName();

   static boolean isEmpty(String str) {
      if (str == null || str.trim().length() == 0) {
         return true;
      } else {
         return false;
      }
   }
}

class Employee implements Employable {
   private String name;

   public Employee(String name) {
      if (Employable.isEmpty(name) == true) {
         throw new RuntimeException("이름은 반드시 입력하여야 함!");
      }
      this.name = name;
   }

   @Override
   public String getName() {
      return this.name;
   }
}

public class StaticMethodTest2 {
   public static void main(String args[]) {
      Employable employee1 = new Employee("홍길동");
      // Employable employee2 = new Employee("");
   }
}
```

이름을 검사하는 유틸리티 메소드를 만들어서 인터페이스 안에 정적 메소드로 추가할 수 있다.

정적 메소드를 호출한다.

예외를 발생하는 문장이다. 14장을 참조한다.

이름이 없으면 예외가 발생한다.

최근에 인터페이스에서도 팩토리 메소드(factory method)가 있는 것이 좋다고 간주되고 있다. 팩토리(factory)는 공장이라는 의미이고 팩토리 메소드는 공장처럼 객체를 생성하는 정적 메소드이다. 이것은 디자인 패턴의 하나로서 객체를 만드는 부분을 자식 클래스에 위임하는 패턴이다. 즉 new를 호출하여서 객체를 생성하는 코드를 자식 클래스에 위임한다는 의미이다. 팩토리 메소드를 사용하는 이유는 하나의 클래스가 변경되었을 경우에 다른 클래스의 변경을 최소화하기 위해서이다. 팩토리 메소드 이름으로 많이 사용되는 것은 getInstance()이다. 인터페이스에서 팩토리 메소드를 제공할 때 정적 메소드를 사용하게 된다.

05 무명 클래스

무명 클래스(anonymous class)는 클래스 몸체는 정의되지만 이름이 없는 클래스이다. 무명 클래스는 클래스를 정의하면서 동시에 객체를 생성하게 된다. 이름이 없기 때문에 한번만 사용이 가능하다. 무명 클래스는 코드의 양을 줄일 수 있는 장점도 있지만 반면에 표기법이 상당히 난해하다. 무명 클래스는 하나의 객체만 생성하면 되는 경우에 많이 사용된다.

전체적인 구조

형식

```
new 부모클래스이름() ←
{
    ...
    // 클래스 몸체
}
```

상속받고자 하는 부모 클래스의 이름이나 구현하고자 하는 인터페이스의 이름을 적어준다.

무명 클래스는 부모 클래스에서 상속을 받아서 작성하거나 인터페이스를 구현하여서 작성할 수 있다. new 키워드 다음에 부모 클래스 이름이나 인터페이스 이름을 적어주면 된다. 부모 클래스 이름을 적으면 그 부모 클래스에서 상속을 받는다는 의미이고, 인터페이스 이름인 경우에는 그 인터페이스를 구현하는 클래스라는 의미이다.

이름이 있는 클래스와 무명 클래스를 비교하여 보자. 인터페이스 이름이 RemoteControl 이라고 하자.

- **이름이 있는 클래스의 경우**

```
class TV implements RemoteControl  {
   ...
}
TV   obj = new   TV();
```

무명 클래스의 경우

```
RemoteControl   obj = new RemoteControl() { ....  };
```

인터페이스를 구현하는 무명 클래스를 작성하여 보면 다음과 같다.

AnonymousClassTest.java

```
interface RemoteControl {
```

```java
    void turnOn();
    void turnOff();
}

public class AnonymousClassTest {
    public static void main(String &[]) {
        RemoteControl ac = new RemoteControl() {          // 무명 클래스 정의
            public void turnOn() {
                System.out.println("TV turnOn()");
            }
            public void turnOff() {
                System.out.println("TV turnOff()");
            }
        };
        ac.turnOn();
        ac.turnOff();
    }
}
```

무명 클래스가 정의되면서 동시에 객체도 생성된다.

```
TV turnOn()
TV turnOff()
```

무명 클래스도 내부 클래스와 같이 외부클래스에 정의된 필드와 다른 메소드들을 사용할 수 있다. 다만 지역 변수 중에서는 final로 선언된 변수만 사용이 가능하다. 무명 클래스는 주로 그래픽 사용자 인터페이스의 이벤트 처리기를 구현하는 경우에 많이 사용된다. 이벤트 처리 객체는 하나만 생성되면 되기 때문이다. 구태여 클래스에 이름을 붙일 필요가 없는 것이다.

06 람다식

람다식(lambda expression)은 나중에 실행될 목적으로 다른 곳에 전달될 수 있는 함수이다. 람다식은 이름이 없는 메소드라고 할 수 있다. 우리가 람다식을 사용하는 이유는 간결함 때문이다. 람다식을 이용하면 메소드가 필요한 곳에 간단히 메소드를 보낼 수 있다. 특히 메소드가 딱 한번만 사용되고 메소드의 길이가 짧은 경우에 유용하다.

전통적으로 자바는 객체를 아주 중요시해왔다. 자바는 객체 지향을 엄격히 적용하고 소스 코드에 엄격한 자료형을 강조한다. 반면에 자바는 함수(메소드)를 아주 하찮게 생각했었다. 함수는 자바 세계에서 혼자서 생존할 수 없다. 자바에서 메소드는 정식 객체(일급 객체)가 아니다. 따라서 메소드를 독립적으로 정의할 수 있는 방법이 없다. 또 메소드를 다른 메소드의 인수로 전달하거나 메서드 몸체를 반환할 수 있는 방법이 없다.

하지만 함수형 프로그래밍 언어에서는 함수가 아주 중요시 된다. 함수형 프로그래밍 언어에서는 자바에서와는 달리 함수가 스스로 존재할 수 있다. 함수를 변수에 할당할 수 있으며 다른 함수의 인수로 함수를 전달 수 있다. 람다식은 함수형 프로그래밍을 자바에 도입한 것이다. 람다식에서는 함수를 당당한 객체로 간주한다.

람다식은 메소드를
객체로 취급할 수 있는
기능입니다.

람다식이란?

자바에서 람다식은 (argument) → (body) 구문을 사용하여 작성된다. 예를 들어 다음과 같다.

전체적인 구조

형식

```
(arg1, arg2...)  ->  { body }

(type1 arg1, type2 arg2...)  ->  { body }
```

간단하게 매개 변수 a와 b를 전달받아서 a+b를 계산하여 반환하는 메소드를 람다식으로 정의하면 다음과 같다.

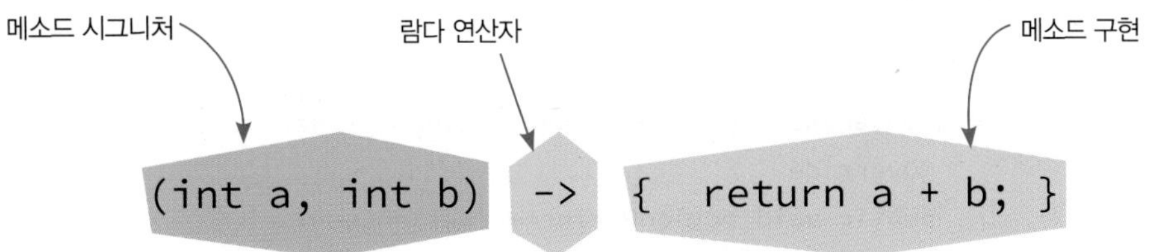

람다식을 사용하면 메소드를 사용하려는 장소에서 바로 메소드를 작성할 수 있다. 메소드가 딱 한 번만 사용되고 메소드 정의가 짧은 경우에 특히 유용하다. 클래스 안에서 별도의 메소드를 선언하고 작성하는 수고를 덜어주는 것이다.

다음은 람다 식의 몇 가지 예이다.

```
() -> System.out.println("Hello World");
(String s) -> { System.out.println(s); }
() -> 69
() -> { return 3.141592; };
```

람다식의 특징

람다식의 특징은 다음과 같다.

- 람다식은 0개 이상의 매개 변수를 가질 수 있다. 매개 변수의 형식을 명시적으로 선언할 수 있다. 또는 문맥에서 추정 될 수 있다. 예를 들어 (int a)는 (a)와 동일하다.
- 매개 변수는 괄호로 묶이고 쉼표로 구분된다. 예를 들어 (a, b) 또는 (int a, int b) 또는 (String a, int b, float c)와 같이 쓸 수 있다.
- 빈 괄호는 매개 변수가 없음을 나타낸다. 예를 들어 () → 42와 같다.
- 단일 매개 변수이고 타입은 유추가 가능한 경우에는, 괄호를 사용할 필요는 없다. 예를 들어 a → return a*a와 같다.
- 람다식의 본문에는 0개 이상의 문장이 포함 될 수 있다.
- 람다식의 본문은 단일 문장일 경우 중괄호는 없어도 되며 반환 형식은 일반적인 함수와 동일하다.
- 본문에 하나 이상의 문장이 있으면 중괄호 { }로 묶어야 한다.

람다식이 왜 필요한가?

자바에서 메소드를 다른 메소드에 전달할 필요가 생각보다 자주 발생한다. 아직 학습하지 않은 것이지만 3가지의 예를 들어보자(8장부터 학습하게 된다).

❶ 자바에서 그래픽 사용자 인터페이스 코드를 작성할 때, 함수 몸체를 전달하고 싶을때, 무명 클래스를 많이 사용한다. 예를 들어 무명 클래스를 사용하여 버튼의 클릭 이벤트를 처리하는 코드는 다음과 같다.

```
// 이전의 방법
button.addActionListener(new ActionListener() {
   @Override
   public void actionPerformed(ActionEvent e) {
      System.out.println("버튼이 클릭되었음!");
   }
});
```

객체에서 발생하는 마우스 클릭 이벤트를 처리하기 위하여 ActionListener를 상속받아서 무명 클래스를 정의하고 객체를 생성하여 버튼의 마우스 리스너로 등록하였다. 무명 클래스를 이용하면 addActionListener에 우리가 작성한 메소드를 전달할 수 있다. 하지만 무명 클래스는 상당히 복잡한 방법이다. 람다식을 이용하면 다음과 같이 바꾸어 작성할 수 있다. 어차피 전달하려는 것은 하나의 메소드이다.

```
// 람다식을 이용한 방법
button.addActionListener( (e) -> {
   System.out.println("버튼이 클릭되었음!");
});
```

❷ 자바에서 스레드를 작성하려면 먼저 Runnable 인터페이스를 구현하는 클래스부터 작성하여야 한다. 이 인터페이스는 run()이라고 하는 메소드 하나만을 가지고 있다. 다음과 같이 하여야 한다.

```
// 이전의 방법
new Thread(new Runnable() {
   @Override
   public void run() {
      System.out.println("스레드가 실행되고 있습니다.");
   }
}).start();
```

하지만 람다식을 사용하면 다음과 같이 간단하게 무명 메소드를 정의하고 이것을 Thread 클래스로 전달하는 것이 가능하다.

```
// 람다식을 이용한 방법
new Thread(
    () -> System.out.println("스레드가 실행되고 있습니다.")
).start();
```

❸ 주어진 배열의 모든 요소를 출력하는 간단한 코드이다.

```
// 이전의 방법
List<Integer> list = Arrays.asList(1, 2, 3, 4, 5, 6, 7);
for(Integer n: list) {
    System.out.println(n);
}

// 람다식을 이용한 방법
List<Integer> list = Arrays.asList(1, 2, 3, 4, 5, 6, 7);
list.forEach(n -> System.out.println(n));
```

위에서 forEach()메소드에 람다식이 전달된다. 문장이 훨씬 간결해지는 것을 알수 있다.

LAB

람다식을 이용한 타이머 이벤트 처리

앞에서 Timer 클래스를 사용하여서 1초에 한 번씩 "beep"를 출력하는 프로그램을 작성한 바 있다. 람다식을 이용하면 얼마나 간결해지는 지를 확인하자.

```
beep
beep
beep
...
```

Timer 객체는 지정된 시간이 지나면 어떤 메소드를 호출할 것인지를 알아야 한다. 이때 사용되는 것이 ActionListener 인터페이스이다. Timer 클래스는 지정된 시간이 지나면 actionPerformed() 메소드를 호출한다. 따라서 1초에 한 번씩 메시지를 호출하려면 아래와 같이 ActionListener 인터페이스를 구현한 클래스를 작성하고 Timer에 이 클래스의 객체를 등록하면 된다. 아래의 프로그램을 람다식을 이용하여서 간결하게 작성해보자.

```
class MyClass implements ActionListener {
   public void actionPerformed(ActionEvent event) {
      System.out.println("beep");
   }
}
public class CallbackTest {

   public static void main(String[] &) {

      ActionListener listener = new MyClass();
      Timer t = new Timer(1000, listener);
      t.start();
      for (int i = 0; i < 1000; i++) {
         try {
            Thread.sleep(1000);
         } catch (InterruptedException e) {
         }
      }
   }
}
```

람다식을 이용한 타이머 이벤트 처리

CallbackTest.java

```java
import javax.swing.Timer;

public class CallbackTest {

   public static void main(String[] args) {
      Timer t = new Timer(1000, event -> System.out.println("beep"));
      t.start();

      for (int i = 0; i < 1000; i++) {
         try {
            Thread.sleep(1000);
         } catch (InterruptedException e) {
         }
      }
   }
}
```

람다식을 사용하고 있다.

```
beep
beep
beep
...
```

07 함수 인터페이스와 람다식

자바에서 함수 인터페이스는 하나의 추상 메소드만 선언된 인터페이스이다. java.lang.Runnable은 함수 인터페이스의 좋은 예이다. run()이라는 하나의 메서드만 Runnable 인터페이스에 선언되어 있다. 마찬가지로 ActionListener 인터페이스도 함수 인터페이스이다. 우리는 이제까지 함수 인터페이스의 객체를 생성하기 위하여 무명 클래스를 사용해왔다. 람다식을 사용하면 이러한 과정을 단순화할 수 있다.

람다식을 함수 인터페이스에 대입할 수 있다. 예를 들어 아래와 같은 문장에서 Runnable 인터페이스 변수에 람다식을 대입할 수 있다.

```
Runnable r = () -> System.out.println("스레드가 실행되고 있습니다.");
```

우리가 함수 인터페이스를 지정하지 않으면 형변환은 컴파일러가 자동으로 처리한다. 예를 들어:

```
new Thread(
    () -> System.out.println("스레드가 실행되고 있습니다.")
).start();
```

위의 코드에서, 컴파일러는 Thread 클래스의 생성자 public Thread(Runnable r) { }를 보고 자동으로 람다식을 Runnable 인터페이스로 형변환한다.

람다 식과 무명 클래스의 차이

무명 클래스를 사용하는 방법과 람다식을 사용하는 방법의 주요 차이점은 this 키워드 사용에 있다. 무명 클래스에 대해서는 this가 무명 클래스를 가리킨다. 람다식에서는 this가 람다식이 작성된 클래스를 가리킨다. 람다식과 무명 클래스 사이의 또 다른 차이점은 컴파일 되는 방식에 있다. 자바 컴파일러는 람다식을 컴파일하여서 클래스의 private 메소드로 변환한다.

람다식 예제 #1

매개 변수를 가지지 않는 람다식을 작성하여서 사용해보자.

LambdaTest1.java

```
@FunctionalInterface
interface MyInterface {
    void sayHello();
```

```
}

public class LambdaTest1 {

    public static void main(String[] args) {
        MyInterface hello = () -> System.out.println("Hello Lambda!");
        hello.sayHello();
    }
}
```

```
Hello Lambda!
```

람다식 예제 #2

이번에는 2개의 인수를 받는 람다식을 작성하여 사용해보자.

LambdaTest2.java

```
@FunctionalInterface
interface MyInterface {
    public void calculate(int x, int y);
}

public class LambdaTest2 {

    public static void main(String[] args) {
        MyInterface hello = (a, b) -> {
            int result = a * b;
            System.out.println("계산 결과는 : " + result);
        };

        hello.calculate(10, 20);
    }
}
```

```
계산 결과는 : 200
```

람다식 예제 #3

이번에는 자바 언어에 내장된 함수 인터페이스를 사용하여 보자.

LambdaTest3.java

```java
import java.util.ArrayList;
import java.util.Collections;
import java.util.List;

public class LambdaTest3 {

   public static void main(String[] args) {

      List<String> list = new ArrayList();
      list.add("AAA");
      list.add("bbb");
      list.add("CCC");
      list.add("ddd");
      list.add("EEE");

      // 대소문자를 구별하는 정렬
      Collections.sort(list);

      System.out.println("대소문자를 구별한 정렬:");
      System.out.println(list);

      // 람다식을 이용하여서 대소문자를 무시하는 비교 메소드를 작성하여 전달한다.
      Collections.sort(list, (o1, o2) -> o1.compareToIgnoreCase(o2));

      System.out.println("대소문자를 구별하지 않은 정렬:");
      System.out.println(list);
   }

}
```

```
대소문자를 구별한 정렬:
[AAA, CCC, EEE, bbb, ddd]
대소문자를 구별하지 않은 정렬:
[AAA, bbb, CCC, ddd, EEE]
```

08 패키지란

패키지(package)는 서로 관련 있는 클래스나 인터페이스들을 하나로 묶은 것이다. 패키지는 주로 클래스의 이름 공간(name space)을 분리하는데 사용된다. 예를 들어서 여러분이 Rectangle 클래스를 생성하여서 여러분의 패키지에 저장하면 다른 곳에 정의된 Rectangle 클래스와의 충돌을 염려하지 않아도 된다. 패키지는 계층 구조로 저장되며 새로운 클래스를 정의할 때 불러들일 수 있다.

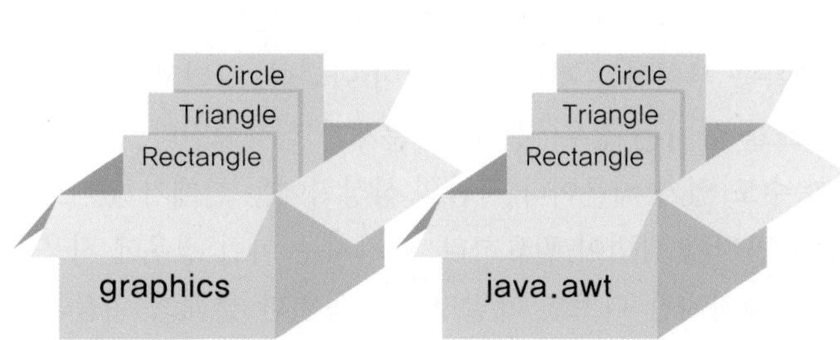

패키지가 다르면 클래스
이름이 같아도 됩니다.
이름 충돌을 막을 수 있죠!

자바가 제공하는 라이브러리도 기능별로 패키지로 묶여서 제공되고 있다. 예를 들면 기초적인 기능을 제공하는 클래스들은 java.lang 패키지로 제공되고, 네트워크를 담당하는 클래스들은 java.net 패키지로 제공되는 식이다. 개발자들도 자신의 클래스들을 패키지로 묶을 수 있다. 예를 들어서 graphics 패키지에 Circle, Triangle, Rectangle 등의 클래스들을 넣을 수 있다.

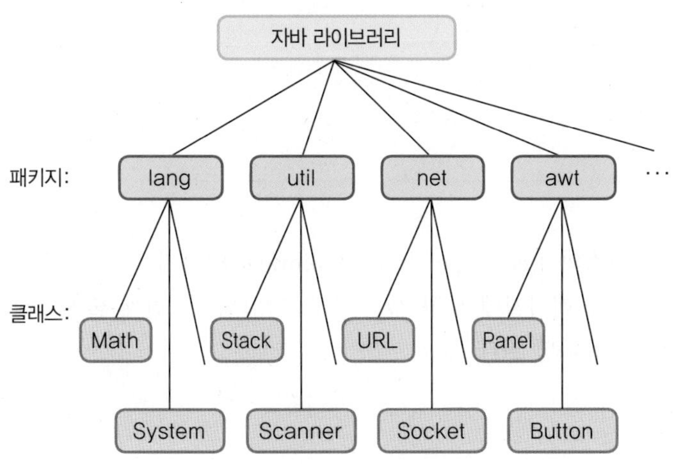

패키지는 서로 관련 있는
클래스들을 하나로 모아서
이름을 붙인 것입니다.

패키지를 사용하는 이유

패키지를 사용하는 이유를 살펴보자.

① 패키지를 이용하면 서로 관련된 클래스들을 하나의 단위로 모을 수 있다. 예를 들어서 네트워크에 관련된 클래스들은 net 패키지로 묶을 수 있다. 패키지 안의 클래스들은 패키지 이름을 통하여 사용할 수 있다.

② 패키지를 이용하여서 더욱 세밀한 접근 제어를 구현할 수 있기 때문이다. 패키지 안의 클래스들은 패키지 안에서만 사용이 가능하도록 선언될 수 있다. 이렇게 선언되면 패키지 외부에서는 이들 클래스를 사용할 수 없다. 따라서 패키지는 클래스들이 캡슐화될 수 있는 또 하나의 방법을 제공한다.

③ 패키지를 사용하는 가장 중요한 이유는 바로 "**이름공간(name space)**" 때문이다. 원칙적으로 모든 클래스는 서로 다른 이름을 가져야 한다. 즉 동일한 이름을 가지는 클래스가 여러 개 존재하면 안 되는 것이다. 하지만 프로그램의 크기가 커지면 각 클래스에 유일한 이름을 부여하는 것도 쉬운 일이 아니다. 그리고 만약 다른 프로그래머가 작성한 코드를 합치는 경우에는 더욱 문제가 심각해진다. 우연히 같은 클래스 이름을 사용할 수도 있기 때문이다(사람의 상상력에는 한계가 있다!). 따라서 이러한 이름 충돌을 방지할 방법이 필요하다. 패키지는 이런 경우에 사용할 수 있는 중요한 도구이다. 패키지만 다르면 개발자들은 동일한 클래스 이름을 마음 놓고 사용할 수 있다.

패키지의 정의

패키지를 생성하는 것은 아주 쉽다. 다음과 같은 형식의 문장을 소스 파일의 첫 번째 줄로 추가하면 된다. 이 소스 파일 안에서 선언된 클래스들을 이 패키지에 속하게 된다. 하나의 소스 파일에는 패키지 문장이 하나만 있을 수 있다.

형식

```
package    패키지이름;
```

하나의 예로 Circle 클래스와 Rectangle 클래스를 library 패키지에 넣는다고 가정하자. 어떻게 하면 되는가? 패키지에 넣고 싶은 소스 파일의 첫 번째 줄에 package library;와 같은 문장을 사용하면 된다.

```
package library;
public class Circle
{
    . . .
}
```

Circle.java

```
package library;
public class Rectangle
{
    . . .
}
```

Rectangle.java

소스 파일을 패키지에
넣으려면 소스 파일의 맨
처음에 package 패키지이름;
문장을 넣으면 됩니다.

여기서 하나의 의문점이 발생한다. 이제까지는 패키지 문장을 전혀 사용하지 않았다. 어떻게 된 일인가? 만약 패키지 문장이 생략되면 클래스들은 모두 디폴트 패키지로 간주된다. 디폴트 패키지는 이름이 없는 패키지이다. 작은 프로젝트에서는 디폴트 패키지도 괜찮지만 일정 규모 이상의 프로젝트에서는 반드시 패키지를 사용하여야 한다.

자바는 패키지를 저장하는데 파일 시스템의 디렉토리를 사용한다. 예를 들어서 library 패키지에 속하는 .class 파일들은 library 디렉토리에 저장되어야 한다. 여기서는 대소문자가 구별되며 디렉토리 이름은 정확하게 패키지의 이름과 일치하여야 한다.

여러 개의 소스 파일에 동일한 패키지 문장을 포함할 수 있다. 패키지 문장은 단순히 현재 소스 파일 안의 클래스들이 어떤 패키지에 속하는지를 지정한다. 다른 소스 파일의 클래스들도 얼마든지 동일한 패키지에 포함될 수 있다.

패키지는 계층 구조가 될 수 있다. 각 패키지는 내부에 다른 패키지를 포함할 수 있다. 이때는 패키지와 패키지 사이에 점을 찍어서 구별한다. 패키지를 정의하는 문장은 일반적으로 다음과 같을 수 있다.

```
package pkg1.pkg2.pkg3;
```

패키지의 계층 구조는 파일 시스템에 그대로 반영되어야 한다. 예를 들어서 위와 같이 정의된 패키지의 .class 파일들은 파일 시스템의 pkg1\pkg2\pkg3 디렉토리에 저장되어야 한다.

예제(명령어 버전)

패키지 정의 문장을 포함하는 간단한 예제를 작성해서 어떤 일이 발생하는지 살펴보자. package를 kr.co.company.mylibrary로 정의하였다.

PackageTest.java

```java
package kr.co.company.mylibrary;

public class PackageTest {

    public static void main(String[] args) {
        System.out.println("패키지 테스트입니다.");
    }
}
```

위의 예제를 작성하여서 명령어로 컴파일해보자. -d 옵션을 사용하면 패키지 계층 구조에 맞춰서 디렉토리를 자동으로 생성해준다.

```
D:\tmp1> javac -d . PackageTest.java
```

-d 옵션 뒤에는 출력 디렉토리를 적어준다. 여기서는 .을 찍어서 현재 디렉토리(D:\tmp1)을 지정하였기 때문에 컴파일이 끝나고 나면 다음과 같은 디렉토리가 자동으로 생성되고 여기에 컴파일된 클래스 파일 PackageTest.class를 저장한다.

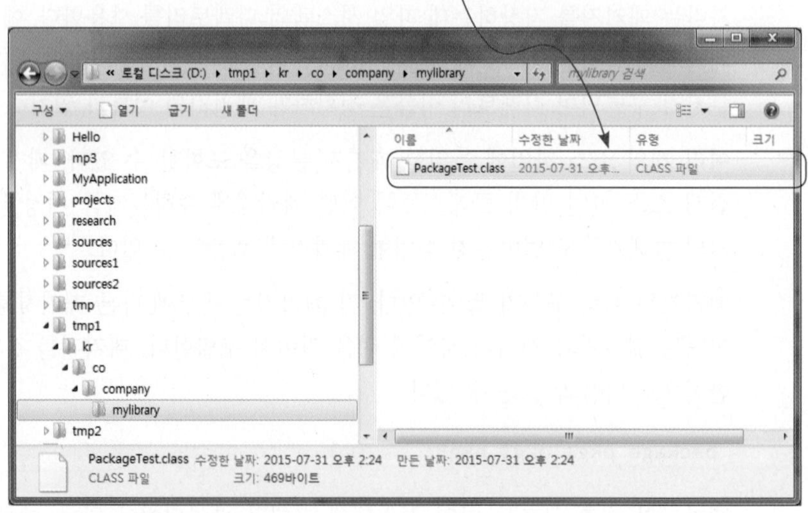

만약 여기서 -d 옵션을 사용하지 않으면 개발자가 직접 패키지의 계층 구조에 맞추어 디렉토리 구조를 전부 생성하여야 한다.

예제(이클립스 버전)

우리는 이때까지 이클립스를 사용해왔다. 따라서 이클립스로 패키지를 어떻게 만드는지를 알아보자. 이클립스를 사용하여 패키지를 생성하면 이클립스가 자동적으로 패키지의 구조에 맞는 디렉토리 구조를 생성해준다.

❶ [File] → [New] → [Java Project]를 선택하여서 프로젝트를 만든다.

❷ src 폴더 위에서 마우스 오른쪽 버튼을 눌러서 [New] → [Package] 메뉴를 선택하여 패키지 이름을 kr.co.company.mylibrary로 입력한다.

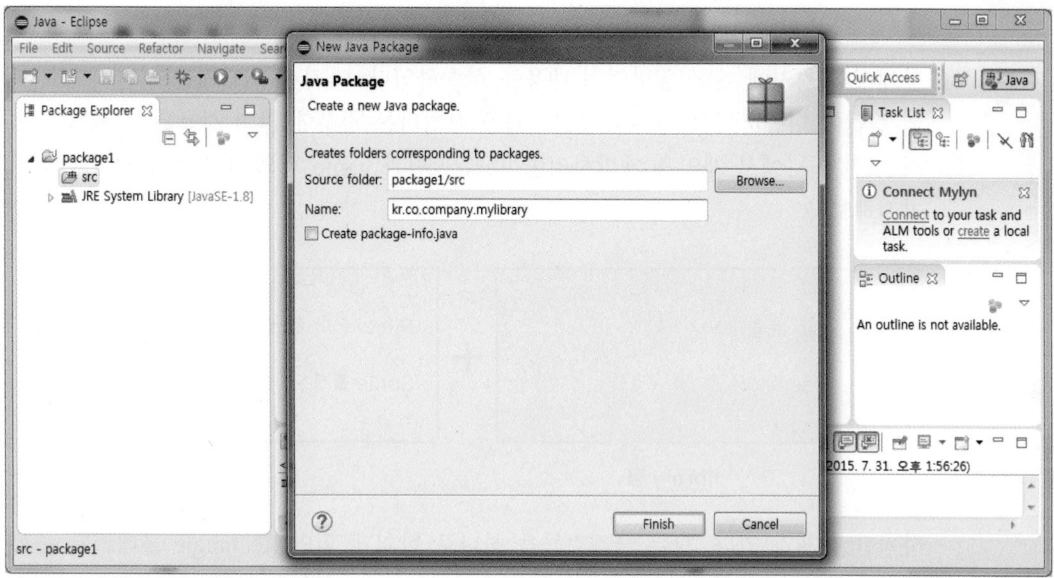

❸ 패키지 kr.co.company.mylibrary가 생성되면 패키지 이름에서 마우스 오른쪽 버튼을 눌러서 [New] → [Class] 메뉴를 이용하여서 PackageTest 클래스를 생성한다. 이들 클래스들은 모두 패키지 kr.co.company.mylibrary에 속하게 된다.

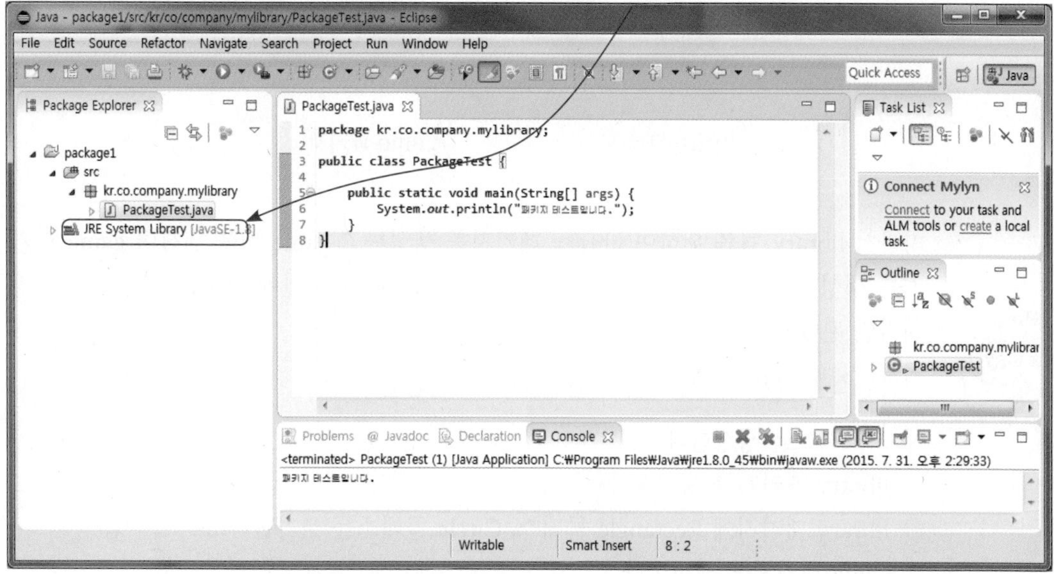

LAB 패키지 생성하기

앞에서 패키지에 대한 일반적인 내용을 학습하였다. 여기서 패키지는 일반적으로 여러 팀들이 협동하여서 하나의 프로그램을 작성하는 경우에 많이 사용된다. 예를 들어서 어떤 회사에서 게임을 개발하려면 library 팀과 game 팀의 소스를 합쳐야 한다고 가정해보자.

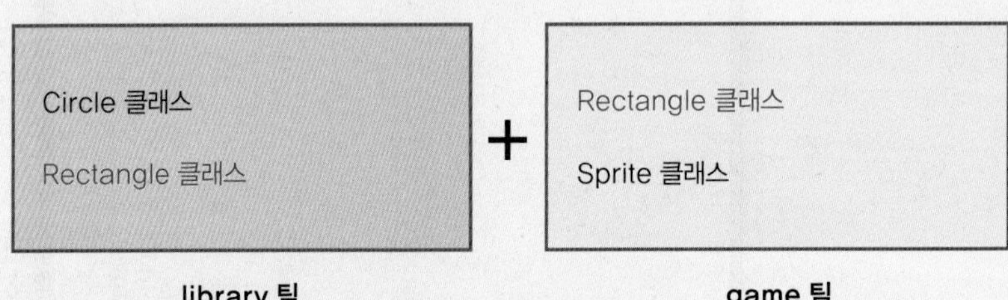

하지만 문제가 있다. 모든 클래스들을 하나로 합치게 되면 Rectangle 클래스가 중복되기 때문에 문제가 발생한다. 자바에서는 클래스의 이름이 동일하면 안 된다. 바로 이런 경우에 패키지가 유용하다. 패키지를 사용하게 되면 동일한 이름의 클래스라고 하여도 패키지만 다르면 허용이 된다.

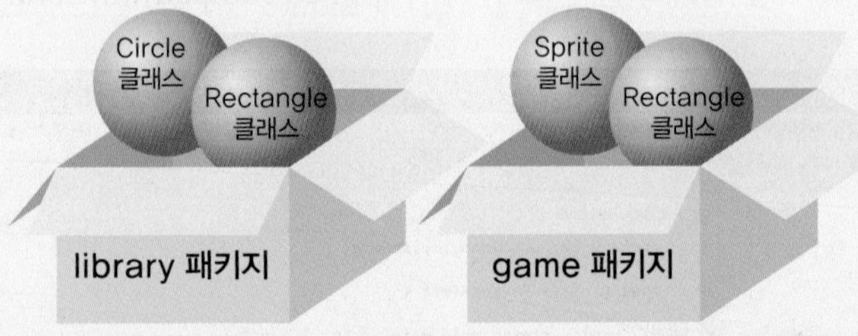

따라서 library 팀을 위하여 library 패키지를 생성하고 game 팀을 위하여 game 패키지를 생성하면 문제가 해결되는 것이다. 물론 각 패키지 안에 클래스 파일들을 추가시키면 된다.

이클립스를 사용하여서 다음과 같은 순서로 실습을 하여 보자.

1. 프로젝트를 생성한다.
2. library 패키지를 생성한다.
3. library 패키지에 Rectangle 클래스, Circle 클래스를 추가한다.
4. game 패키지를 생성한다.
5. game 패키지에 Rectangle 클래스와 Sprite 클래스를 추가한다.

패키지 생성하기

다음과 같이 2개의 패키지가 생성되었고 여기에 아래와 같이 클래스 파일을 추가할 수 있으면 성공이다.

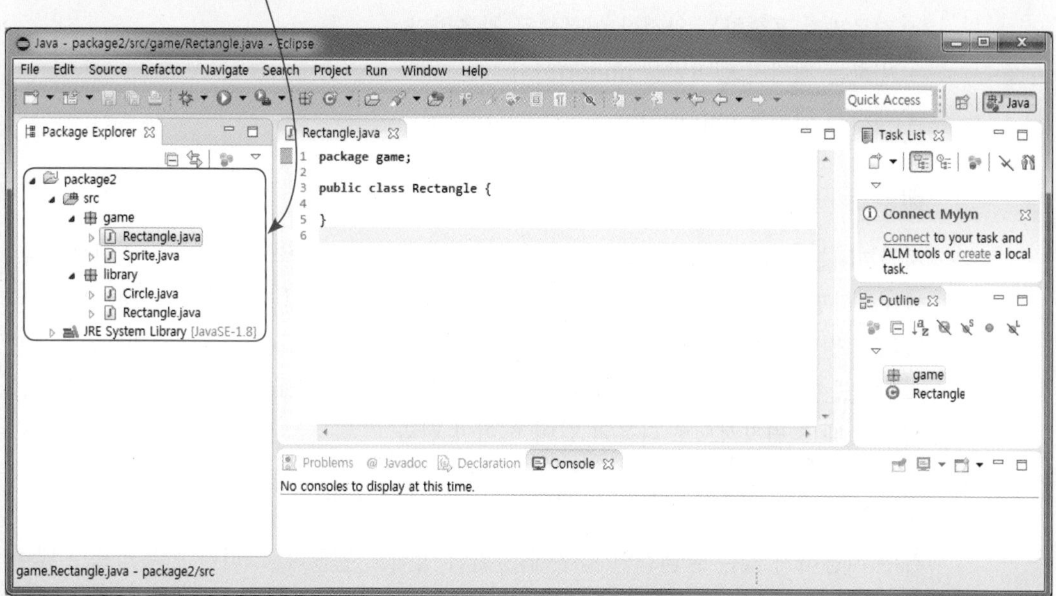

자바에는 패키지 이름이 중복되지 않도록 결정하는 규칙(convention)이 있다.

- 패키지의 이름은 일반적으로 소문자만을 사용한다. 이것은 클래스나 인터페이스 이름과의 중복을 피하기 위한 것이다.
- 패키지 이름으로 인터넷 도메인 이름의 역순을 사용한다. 보통 "회사이름.부서이름.프로젝트이름"으로 짓는 경우가 많다. 예를 들면 kr.co.company.library 라는 패키지 이름은 company.co.kr에서 일하는 프로그래머에 의하여 생성된 library 패키지임을 알 수 있다.
- 자바 언어 자체의 패키지는 java나 javax로 시작한다.

이때까지 우리는 패키지 문장을 전혀 사용하지 않았다! 만약 패키지 문을 사용하지 않은 경우에는 어떻게 되는가? 이런 경우에는 **디폴트 패키지(default package)**에 속하게 된다. 디폴트 패키지는 이름이 없는 패키지로서 임시적인 프로그램을 작성할 경우에만 사용한다. 본격적인 프로그램을 개발할 때는 반드시 이름을 가진 패키지를 지정하여야 한다.

09 패키지 사용

앞에서 패키지를 정의하고 패키지 안에 클래스 파일을 추가하는 방법을 살펴보았다. 이제부터 패키지를 어떻게 사용하는지를 살펴보자. 패키지 안에 들어 있는 클래스를 외부에서 사용하려면 어떻게 해야 하는가? 몇 가지의 방법이 있다. 하나씩 살펴보자.

- 경로까지 포함하는 완전한 이름으로 참조한다.
- 원하는 패키지 멤버만을 import한다.
- 패키지 전체를 import한다.

완전한 이름으로 참조

지금까지는 클래스 이름만 가지고 클래스를 참조하였다. 만약 같은 패키지 안에 있는 클래스라면 이런 식으로 참조할 수 있다. 하지만 외부 패키지에 있는 클래스를 사용하려면 원칙적으로 클래스의 완전한 이름을 써주어야 한다. 예를 들어서 library 패키지에 있는 Rectangle 클래스의 완전한 이름은 library.Rectangle이다. 따라서 객체를 생성할 때도 원칙적으로 다음과 같이 하여야 한다.

```
library.Rectangle myRect = new library.Rectangle();
```

자주 사용하지 않는 클래스인 경우에는 위의 방식도 괜찮다. 그러나 반복적으로 많이 사용되는 클래스인 경우에는 읽기도 힘들고 입력하기 불편하다. 따라서 이런 경우에는 import를 사용하여서 해당 클래스나 패키지를 포함하는 것이 좋다.

클래스를 import

외부 패키지의 특정한 클래스를 import하려면 다음과 같은 문장을 사용한다. import 문장은 package 문장 다음에 위치하여야 한다.

```
import  library.Rectangle;
```

클래스가 포함되었으면 이제부터는 클래스 이름만 사용하여서 참조가 가능하다.

```
Rectangle myRect = new Rectangle();
```

만약 외부 패키지에서 몇 개의 클래스만을 사용하는 경우라면 이 방법도 괜찮다. 하지만 외부 패키지에서 많은 클래스를 사용한다면 전체 패키지를 포함하는 것이 훨씬 낫다.

전체 패키지 import

하나의 패키지 안에 포함된 모든 클래스를 포함하려면 다음과 같이 별표 문자(*)를 사용하면 된다.

```
import  library.*;          // 패키지 전체 포함
```

패키지 전체가 포함되면 패키지 이름을 생략하고 클래스 이름으로만 참조할 수 있다.

```
Circle myCircle = new Circle();
Rectangle myRectangle = new Rectangle();
```

계층 구조의 패키지 포함하기

여기서 한 가지 아주 주의해야할 사항이 있다. 패키지는 계층적으로 구성된 것처럼 보인다. 예를 들어서 java.awt.*를 포함시키면 java.awt 아래 있는 모든 패키지, 즉 java.awt.font와 같은 java.awt로 시작하는 모든 패키지가 포함될 거라고 생각하기 쉽다. 그러나 java.awt.font 패키지는 java.awt 패키지 안에 포함되지 않는다. 만약 java.awt.font의 멤버와 java.awt의 멤버를 동시에 사용하려면 다음과 같이 따로 따로 포함하여야 한다.

```
import java.awt.*;              // java.awt 패키지 안의 클래스 포함
import java.awt.font.*;         // java.awt.font 패키지 안의 클래스 포함
```

그런데 만약 똑같은 이름의 클래스를 가지는 패키지가 동시에 포함될 때는, 모호성을 제거하기 위하여 정식 이름을 사용하여야 한다. 즉 예를 들어 2개의 패키지 A, B가 존재하고 각각이 Order라는 똑같은 이름의 클래스를 가지고 있다면 다음과 같이 정식 이름으로 써야 한다.

```
import A;
import B;
...
A.Order  o1 = new A.Order();    // 패키지 A의 Order 클래스 사용
B.Order  o2 = new B.Order()     // 패키지 B의 Order 클래스 사용
```

정적 import 문장

클래스 안에 정의된 정적 상수나 정적 메소드를 사용하는 경우에 일반적으로는 클래스 이름을 앞에 적어주어야 한다. 예를 들면 java.lang.Math 클래스 안에는 PI가 상수로 정의되어 있고, sin(), cos(), tan()와 같은 수많은 정적 메소드들이 정의되어 있다. 일반적으로 이들 정적 상수와 정적 메소드를 사용하려면 다음과 같이 클래스 이름을 앞에 붙여야 한다.

```
double r = Math.cos(Math.PI * theta);
```

하지만 정적 import 문장을 사용하면 클래스 이름을 생략하여도 된다.

```
import static java.lang.Math.*;
double r = cos(PI * theta);
```

물론 개발자도 얼마든지 정적 import 문장을 사용할 수 있다. 하지만 너무 남용하면 읽기 어려운 코드가 된다.

10 소스 파일과 클래스 파일 관리 (이클립스)

자바에서 각종 소스 파일과 클래스 파일을 어떤 원칙으로 관리하는 것일까? 예를 들어서 앞의 Rectangle.java 파일은 어디에 있어야 하는가? 자바 언어 스펙에는 규정되어 있지 않지만 많은 자바 플랫폼에서 계층 디렉토리 구조를 이용하여서 소스 파일과 클래스 파일을 관리한다. 한마디로 정리하면 패키지의 계층 구조를 반영한 디렉토리 구조에 소스와 클래스 파일들을 저장한다. 소스 파일과 클래스 파일은 서로 다른 디렉토리에 저장될 수 있다. 이클립스를 사용하여서 패키지 library를 생성하면 다음과 같은 디렉토리가 자동으로 생성된다. 즉 (작업 디렉토리)\myproject\src\library 디렉토리에 소스 파일들이 저장된다. 또 (작업 디렉토리)\myproject\bin\library 디렉토리에 컴파일된 클래스 파일들이 저장된다. 좀 더 자세히 살펴보자.

소스 파일 관리

이클립스를 사용하는 경우에 소스 파일은 어디에 저장될까? 이클립스의 작업 디렉토리가 c:\sources라고 하자. 다음과 같이 소스 파일 Rectangle.java를 작성하였다고 하자.

- 이클립스 작업 디렉토리: c:\sources\
- 프로젝트 이름: myproject
- 패키지 이름: library
- 소스 파일 이름: Rectangle.java

Rectangle.java 파일은 c:\sources\myproject\src\library\Rectangle.java로 저장된다.

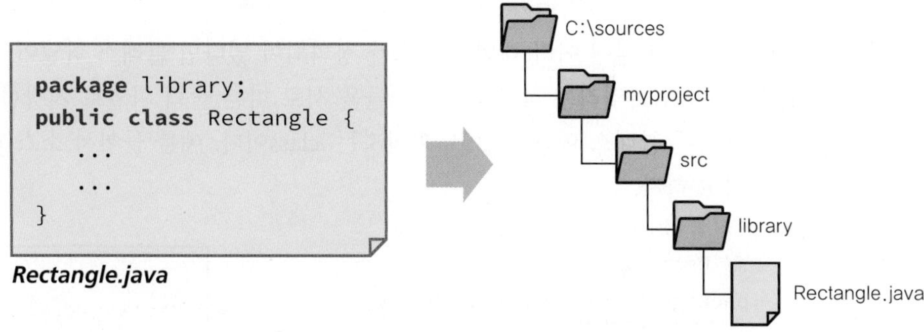

여기서 중요한 것은 패키지의 계층 구조와 디렉토리의 계층구조는 일치하여야 한다는 점이다. 즉 패키지를 포함한 클래스 이름이 library.Rectangle이라면 소스 파일은 ...\library\Rectangle.java로 저장되어야 한다.

- 완전한 클래스 이름 - library.Rectangle
- 소스 파일의 경로 이름 - library\Rectangle.java

클래스 파일 관리

이클립스는 소스 파일과 클래스 파일을 서로 다른 디렉토리에 저장한다. 클래스 파일은 프로젝트 아래의 bin 디렉토리에 저장된다.

소스 파일들과 마찬가지로 클래스 파일도 패키지 이름을 반영하는 디렉토리 구조에 저장된다. 그러나 클래스 파일들에 대한 경로는 소스 파일이 저장된 경로와 같을 필요는 없다. 개발자가 얼마든지 디렉토리를 분리할 수 있다. 예를 들어 소스 파일은 c:\sources에 저장하고 클래스 파일들은 c:\classes에 저장하여도 된다.

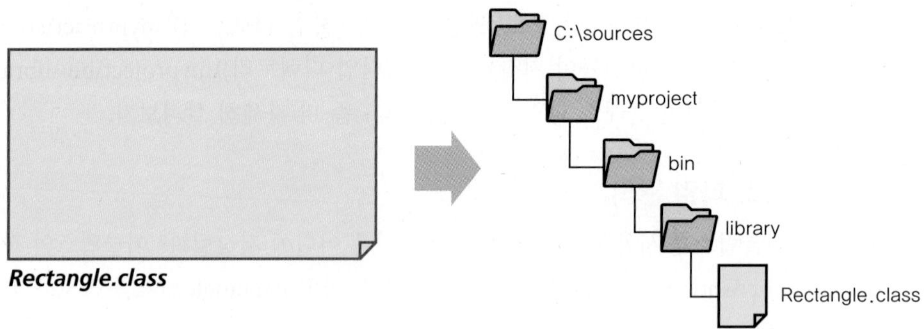

소스 디렉토리와 클래스 디렉토리를 분리하면 다른 프로그래머들에게 소스를 공개하지 않으면서 클래스 파일들을 전달할 수 있다. 다만 이런 식으로 소스와 클래스 파일을 서로 다른 위치에 저장하려면 자바 가상 기계가 이 파일들을 찾을 수 있도록 설정하여야 한다. 이것은 다음 절에서 살펴본다.

하나의 소스 파일에 여러 개의 클래스가 있을때

하나의 소스 파일에 여러 개의 클래스가 정의되어 있다면 클래스 파일이 어떻게 생성될까? 자바 컴파일러는 각각의 클래스들을 서로 다른 출력 파일로 저장한다. 출력 파일의 이름은 클래스 이름과 같고, 확장자는 .class이다. 예를 들어서 소스 파일이 다음과 같다고 하자.

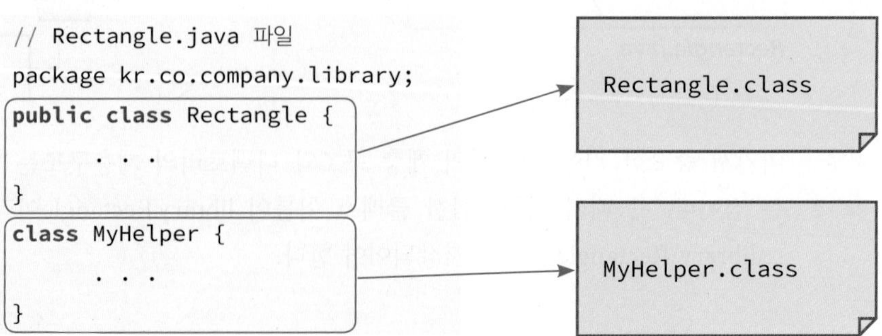

컴파일된 파일은 다음과 같이 저장된다.

```
<출력 디렉토리>\kr\co\company\library\Rectangle.class
<출력 디렉토리>\kr\co\company\library\MyHelper.class
```

여기서는 패키지 이름이 kr.co.company.library이라서 여기에 대응되는 디렉토리 구조가 생성되었다.

11 소스 파일과 클래스 파일 관리 (명령어)

만약 명령어 버전을 사용한다면 패키지 구조를 반영한 디렉토리를 개발자가 직접 생성하여야 한다. 예를 들어서 library 패키지를 작성하고 이 패키지 안에 Rectangle.java를 넣으려면 디렉토리 구조도 똑같이 만들어 주어야 한다.

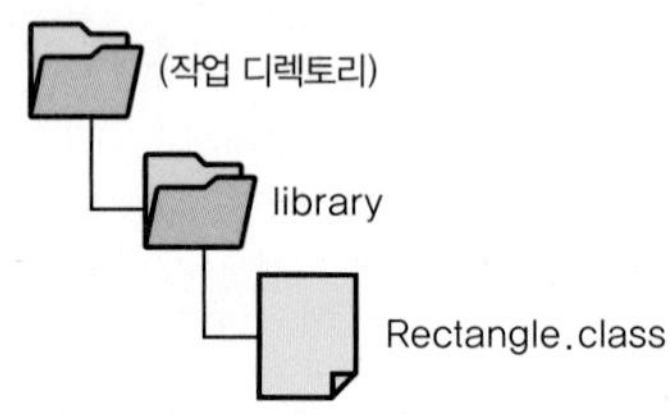

컴파일할 때는 작업 디렉토리에서 다음과 같이 컴파일한다.

```
c> javac library/Rectangle.java
```

컴파일이 끝나면 클래스 파일도 패키지 이름을 반영한 디렉토리 구조에 저장된다. 위와 같이 Rectangle 클래스를 컴파일하면 (작업 디렉토리)/library/Rectangle.class가 생성된다.

이 클래스 파일을 작업 디렉토리에서 실행하려면 다음과 같이 한다.

```
c> java library.Rectangle
```

물론 Rectangle 클래스를 실행하려면 Rectangle 클래스 안에 main()메소드가 정의되어 있어야 한다.

만약 소스 파일과 클래스 파일을 분리하여 저장하려면 컴파일러의 옵션에서 출력 디렉토리를 지정하면 된다.

```
c> javac -d C:\classes library/Rectangle.java
```

-d는 출력 디렉토리를 지정하는 옵션이다. 컴파일러는 출력 디렉토리에 패키지를 참고하여서 자동으로 디렉토리를 생성한다. 이런 식으로 하여 다른 프로그래머들한테 소스를 노출시키지 않으면서 클래스를 제공할 수 있다.

12 자바 가상 머신은 어떻게 클래스 파일을 찾을까?

자바 가상 머신은 실행 시간에 필요한 클래스들을 찾아서 로딩한다. 어떻게 찾는 것일까? 가상 머신이 클래스 파일을 찾는 디렉토리들을 **클래스 경로(class path)**라고 한다.

이 클래스 경로가 적절하게 설정되어 있어야 자바 가상 머신이 클래스 파일들을 찾을 수 있다. 클래스 경로는 많은 디렉토리들로 이루어질 수 있다. 윈도우에서는 ;으로 분리되고 유닉스에서는 :으로 분리된다. 클래스 경로를 지정하는 3가지의 방법을 살펴보자.

❶ 첫 번째로 자바 가상 머신은 항상 현재 작업 디렉토리부터 찾는다. 즉 여러분의 패키지가 현재 작업 디렉토리에 저장되어 있다면 자바 가상 머신이 가장 쉽게 찾을 수 있다.

❷ 일반적으로는 환경 변수인 CLASSPATH에 설정된 디렉토리에서 찾는다. CLASSPATH 변수를 설정하려면 명령 프롬프트에서 다음과 같은 명령어를 사용한다.

```
C:\> set CLASSPATH=C:\classes;C:\lib;.
```

위에서는 CLASSPATH 환경 변수에 3개의 디렉토리가 ;로 분리되어서 나열되어 있다. 첫 번째가 c:\classes이고 두 번째 디렉토리가 c:\lib이다. 마지막은 '.'인데 이것은 현재 디렉토리를 나타낸다.

아니면 제어판의 환경 변수 설정을 이용하여도 된다. [제어판] → [시스템] → [고급 시스템 설정] → [고급] → [환경 변수] 버튼을 눌러서 설정하면 된다. 제어판에서 설정하게 되면 향후 모든 명령 프롬프트에서 자동으로 적용되어서 편리하다.

❸ 자바 가상 머신을 실행할 때 옵션 -classpath를 사용할 수 있다.

```
C:\> java -classpath C:\classes;C:\lib;. library.Rectangle
```

만약 클래스 경로가 위와 같이 지정되었다고 가정하고 자바 가상 기계는 다음과 같은 순서로 클래스 파일을 탐색한다.

❶ C:\classes\library\Rectangle.class

❷ C:\lib\library\Rectangle.class

❸ .\library\Rectangle.class

그런데 우리는 이때까지 클래스 경로를 설정한 적이 없다. 어떻게 된 것인가? 클래스 경로를 설정하지 않아도 잘 실행되었다! 우리가 이클립스를 사용하면 이클립스는 자동적으로 클래스 경로를 설정해준다. 따라서 걱정할 필요가 없었던 것이다. 만약 이클립스없이 자바 프로그램을 가상 머신을 이용하여서 실행해야 하는 경우라면 클래스 경로 개념을 확실하게 알고 있어야 한다.

JAR 압축 파일

클래스 파일은 또한 JAR(Java archive) 파일 형태로 저장될 수 있다. JAR 파일은 여러 개의 클래스 파일을 디렉토리 계층 구조를 유지한 채로 압축하여서 가지고 있을 수 있다. 이것은 공간을 절약하고 성능을 향상시키게 된다. 전문 업체에서 자바 라이브러리를 구매하게 되면 일반적으로 JAR 파일들을 보내게 된다. JAR파일을 받아서 JAR 파일 안에 들어 있는 클래스 파일을 사용하려면 클래스 경로에 JAR 파일을 포함시키면 된다.

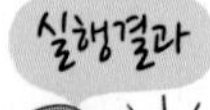

```
C:\> set CLASSPATH=C:\classes;C:\lib;.;C\test.jar;
```

만약 클래스 경로가 위와 같이 지정되었다고 가정한다면 자바 가상 기계는 다음과 같은 순서로 클래스 파일을 탐색한다.

❶ C:\classes\ 디렉토리

❷ C:\lib\ 디렉토리

❸ .\ 디렉토리

❹ C:\test.jar 파일

때로는 인터넷 도메인 이름은 유효한 패키지 이름이 될 수 없다. 예를 들어서 하이픈(-)이나 특수 문자를 포함하는 경우이다. 또 숫자로 시작되어도 안 된다. 또 자바의 예약어도 안 된다. 이런 경우에는 밑줄 문자(_)를 앞에 붙이면 된다.

13 JAR 압축 파일

우리가 애플리케이션을 완성한 후에 사용자에게 무엇을 건네줄 것인지를 생각해보자. PC 환경에서는 확장자가 .exe로 되어 있는 하나의 실행파일만을 전달하면 된다. 하지만 자바는 무엇을 건네주어야 하는가? 자바에서는 실행 파일이 하나가 아니다. 일반적으로 자바에서는 여러 개의 클래스 파일이 있어야 하나의 프로그램이 실행된다(하나의 클래스 파일이 아니다!). 또 추가적으로 이미지 파일이나 사운드 파일도 있을 수 있다. 그렇다면 자바 애플리케이션을 하나의 파일로 묶어서 사용자에게 전달할 방법은 없는 것일까?

이럴 때 사용할 수 있는 방법이 바로 **JAR 파일**이다. JAR는 Java Archive의 줄임말로서 자바 파일들을 압축하여 하나의 파일로 만드는데 사용된다.

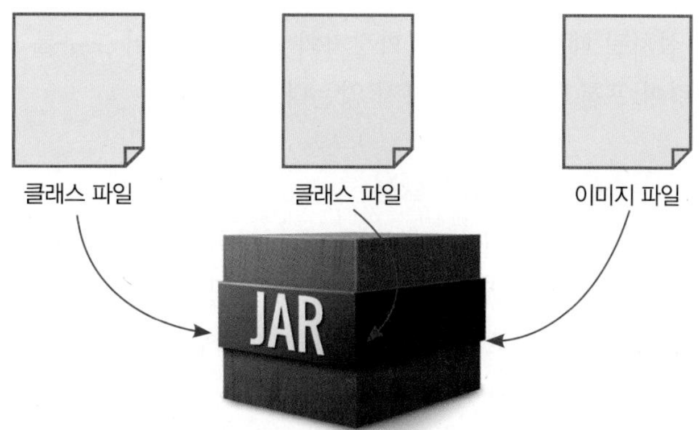

JAR 파일은 클래스 파일과 이미지와 사운드 파일들을 함께 압축할 수 있으며 잘 알려진 ZIP 압축 규격을 이용한다. JDK 안에 포함된 jar 도구를 이용하여서 JAR 파일을 생성할 수 있다. jar 도구는 jdk/bin 폴더에 있다. 다음과 같은 형식을 사용한다.

형식

```
jar cvf JAR파일이름    file1 file2 ...
```

예를 들어서 다음과 같이 사용할 수 있다.

```
c> jar cvf Game.jar  *.class icon.png
```

만약 실행가능한 JAR 파일을 생성하려면 다음과 같이 e를 추가하여야 한다. 이것은 제일 처음에 실행되는 클래스를 지정하는 것이다.

```
c> jar cvfe Game.jar  com.mycompany.game.Main   *.class icon.png
```

여기서 Main.class가 제일 처음에 실행되는 클래스가 된다. 이때는 Main 클래스 이름 끝에 .class 확장자를 붙이지 않는다.

JAR 파일로 압축된 파일을 실행하려면 어떻게 하면 될까? 예를 들어서 인터넷에서 자바 예제 프로그램을 JAR 파일로 받았다면 어떻게 해야 실행할 수 있을까? 다음과 같이 하면 된다.

```
c> java -jar Game.jar
```

윈도우 운영체제에서는 사용자가 JAR 파일을 더블클릭하면 자동으로 실행된다. JRE가 설치될 때 JAR 파일의 확장자와 javaw 명령어 도구를 연결하기 때문이다. javaw는 명령어 프롬프트를 생성하지 않는다.

이클립스를 사용하는 경우

앞에서는 JAR 파일을 생성하는데 명령어 도구를 사용하였다. 이클립스에는 그러한 기능이 없는 것일까? 그렇지 않다. 이클립스의 Export 메뉴를 사용하면 현재의 프로젝트를 JAR 파일로 생성할 수 있다. 이클립스의 [File] → [Export]를 실행하면 다음과 같은 대화상자가 나타나고 여기서 [Java]/[Runnable JAR file]을 선택하면 된다.

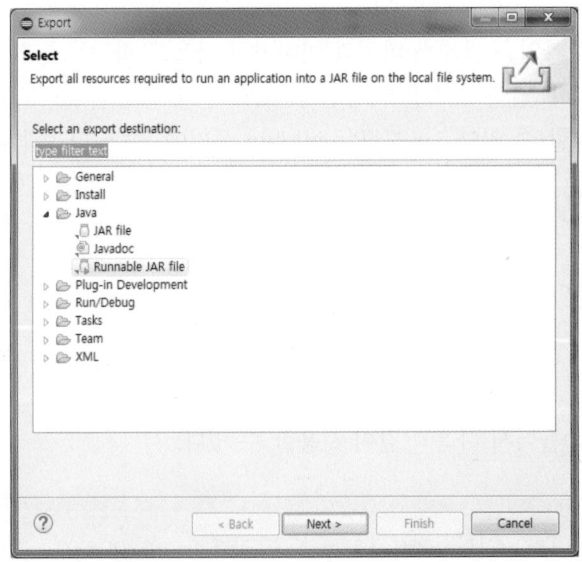

14 자바에서 지원하는 패키지

패키지(package)는 연관되어 있는 클래스와 인터페이스들을 하나로 묶어 놓은 것이다. 자바에서는 기본적으로 많은 패키지들을 제공하고 프로그래머는 이것들을 이용하여서 편리하게 프로그램을 작성할 수 있다. 자바가 제공하는 패키지들은 자바 API 문서에 나열되어 있다. 자바의 기본 패키지는 java로 시작하며 확장 패키지는 javax로 시작한다.

패키지	설명
java.applet	애플릿을 생성하는데 필요한 클래스
java.awt	그래픽과 이미지를 위한 클래스
java.beans	자바빈즈 구조에 기초한 컴포넌트를 개발하는데 필요한 클래스
java.io	입력과 출력 스트림을 위한 클래스
java.lang	자바 프로그래밍 언어에 필수적인 클래스
java.math	수학에 관련된 클래스
java.net	네트워킹 클래스
java.nio	새로운 네트워킹 클래스
java.rmi	원격 메소드 호출(RMI) 관련 클래스
java.security	보안 프레임워크를 위한 클래스와 인터페이스
java.sql	데이터베이스에 저장된 데이터를 접근하기 위한 클래스
java.util	날짜, 난수 생성기 등의 유틸리티 클래스
javax.imageio	자바 이미지 I/O API
javax.net	네트워킹 애플리케이션을 위한 클래스
javax.swing	스윙 컴포넌트를 위한 클래스
javax.xml	XML을 지원하는 패키지

자바 패키지에 대해서는 다음 장부터 차례대로 살펴볼 것이다.

10 CHAPTER

이벤트 처리

학습목표

우리는 앞 장에서 프레임을 생성하여서 버튼, 레이블 등을 추가하는 방법에 대하여 배웠다. 하지만 버튼을 클릭할 수는 있었지만 아무 일도 일어나지 않는다. 그 이유는 버튼을 눌렀을 때 발생되는 이벤트(event)를 처리하지 않았기 때문이다. 버튼이 눌려지면 레이블의 텍스트를 변경하도록 업그레이드하여 보자. 이벤트를 처리할 수 있어야 유용한 작업을 하는 그래픽 사용자 인터페이스를 구현할 수 있다.

학습목차

01 이벤트 구동 프로그래밍

이벤트란?

그래픽 사용자 인터페이스(GUI)를 사용하는 프로그램의 구조는 일반적인 프로그램과는 상당히 다르다. 일반적인 프로그램은 알고리즘에 따라서 문장들을 차례대로 실행하여 작업을 진행하지만, GUI 프로그램에서는 버튼이나 텍스트 필드와 같은 컴포넌트들을 화면에 배치한 후에, 사용자의 입력을 기다리고 있다가, 사용자가 특정 버튼을 누르면 작업이 진행된다. 이와 같이 어떤 이벤트가 일어나는지를 감시하고 있다가 이벤트가 발생하면 적절한 처리를 해주는 프로그래밍 방식을 **이벤트-구동 프로그래밍(event-driven programming)**이라고 한다.

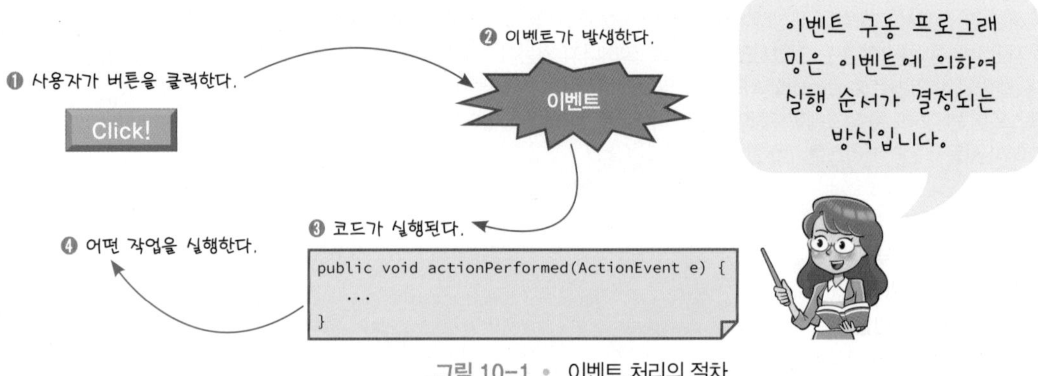

그림 10-1 • 이벤트 처리의 절차

이벤트(event)는 사용자가 마우스로 버튼을 클릭한다거나 키보드를 누른다거나 아니면 네트워크에서 데이터가 도착하면 발생한다. 이벤트가 발생하면 이벤트 객체가 생성된다. 이벤트 객체는 이벤트에 대한 여러 가지 정보를 가지고 있다. 발생된 이벤트 객체에 반응하여서 이벤트를 처리하는 객체를 **이벤트 리스너(event listener)**라고 한다. 만약 이벤트 소스에 이벤트 리스너가 등록되어 있다면, 이벤트가 발생하였을 때, 이벤트 리스너 내부의 이벤트 처리 메소드가 호출된다. 만약 등록된 리스너가 없다면 아무 일도 일어나지 않는다. 앞장에서 작성한 프로그램에서 버튼을 눌렀을 때 아무 일도 일어나지 않았는데 버튼에 대한 이벤트 리스너가 등록되지 않았기 때문이다.

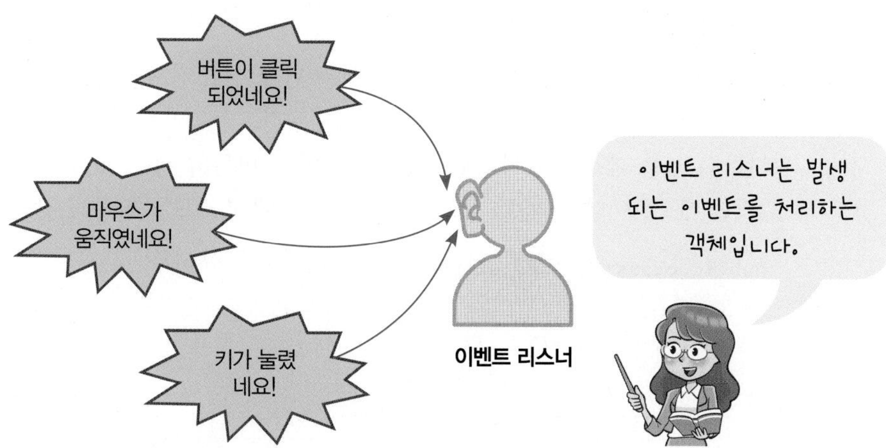

이벤트 리스너 클래스를 작성하는 것은 전적으로 프로그래머의 책임이다. 이벤트 리스너 클래스를 작성하고 이 리스너 클래스의 인스턴스를 생성하여서 이것을 버튼 컴포넌트와 연결하면 버튼 이벤트를 처리할 수 있다. 일단 간단하게 전체 과정을 살펴본 후에 각 부분을 자세하게 학습하자.

이벤트 리스너 작성 과정

이벤트에 반응할 수 있는 프로그램을 작성하는 절차를 살펴보자.

(1) 이벤트 리스너 클래스를 작성한다.

어떤 클래스가 이벤트 리스너가 되기 위해서는 리스너 인터페이스를 구현하여야 한다. 리스너 인터페이스는 클래스가 이벤트를 처리하기 위한 규격이다. 자바는 이벤트의 종류에 따라 여러 가지 리스너 인터페이스를 제공한다. 예를 들어서 버튼을 클릭하면 액션 이벤트(action event)가 발생한다. 액션 이벤트를 처리하기 위한 리스너 인터페이스는 ActionListener 인터페이스이다. 따라서 액션 이벤트를 처리하려면 클래스를 정의할 때, ActionListener 인터페이스를 구현하여야 한다.

ActionListener에서는 actionPerformed()라는 메소드만이 정의되어 있다. 이 메소드는 액션 이벤트가 발생할 때마다 호출된다. ActionListener 인터페이스를 구현하는 클래스를 작성하면 다음과 같은 구조가 된다.

형식

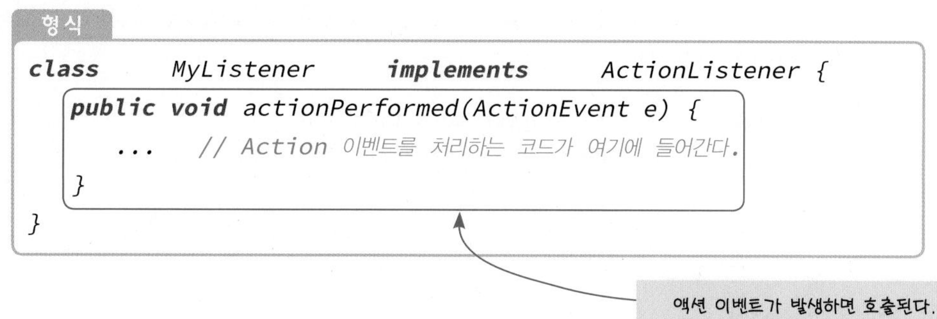

```
class     MyListener     implements     ActionListener {
   public void actionPerformed(ActionEvent e) {
      ...   // Action 이벤트를 처리하는 코드가 여기에 들어간다.
   }
}
```

(2) 이벤트 리스너를 컴포넌트에 등록한다.

이벤트 리스너 객체를 컴포넌트에 등록하는 단계이다. 컴포넌트에 리스너를 등록해야만, 이벤트가 발생하였을 때, 이벤트가 처리된다. 각 컴포넌트는 이벤트 리스너를 등록할 수 있는 메소드를 제공한다. 예를 들어서 버튼의 경우, addActionListener()가 그러한 메소드이다. 이벤트 리스너를 등록하는 예제 코드는 다음과 같다.

```
public class MyFrame extends JFrame {  // 프레임을 상속하여서 MyFrame 선언
   ...
   public MyFrame()   // 생성자에서 컴포넌트를 생성하고 추가한다.
   {
      button = new JButton("동작");    // 버튼 생성
      button.addActionListener(new MyListener());
      ...
   }
}
```

이벤트 리스너 객체를 new를 이용하여서 생성하고, 버튼에 이벤트 리스너 객체를 등록한다.

여기서 addActionListener()의 매개 변수로 새로 생성된 MyListener 클래스의 인스턴스가 전달되었다.

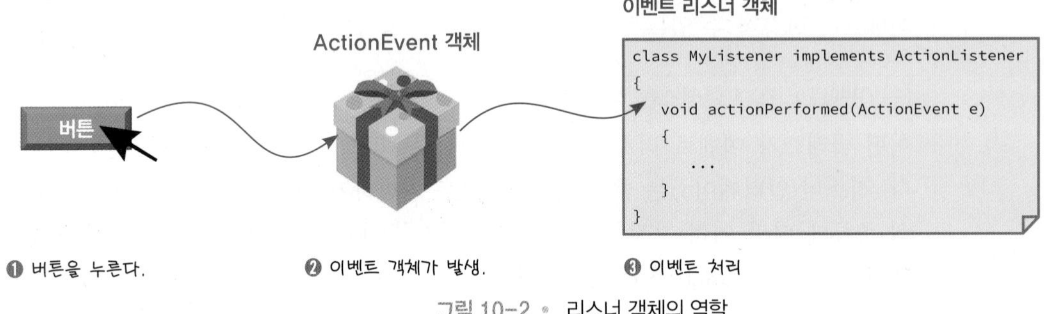

그림 10-2 • 리스너 객체의 역할

이벤트 객체

이벤트 객체는 발생된 이벤트에 대한 모든 정보를 리스너로 전달한다. 이벤트 객체는 getSource() 메소드를 가지고 있다. getSource()는 이벤트를 발생한 이벤트 소스를 반환한다. getSource()는 Object 타입으로 반환하므로, 이것을 필요한 타입으로 형변환하여서 사용하면 된다.

```
public void actionPerformed(ActionEvent e) {
   button = (JButton)e.getSource();
      ...
}
```

이벤트의 종류에 따라서 추가적인 정보들을 얻을 수 있다. 예를 들어서 MouseEvent 객체의 경우에는, 클릭된 마우스 버튼 번호를 getButton() 메소드를 통하여 얻을 수 있다.

02 다양한 이벤트 처리 방법

지금까지 설명한 내용을 토대로 하여 버튼이 눌려지면 버튼의 텍스트를 변경하는 프로그램을 작성하여 보자. 이벤트를 처리하려면 리스너 클래스를 작성하여야 한다. 리스너 클래스를 작성하는 위치에 따라서 다양한 방법이 있다.

이벤트를 처리하는 방법을 지금부터 하나씩 살펴보자. 너무 방법이 많아서 독자들이 짜증낼 수도 있을 거 같다. 하지만 항상 기억하자. 우리가 GUI 프로그램을 학습하는 이유는 단순히 GUI 작성 기법을 배우자는 것이 아니다. 이론으로만 학습하였던 클래스, 인터페이스, 람다식과 같은 중요한 개념들을 실제로 써보자는 것이 더 큰 이유이다. 여기서는 가능한 여러 가지 이벤트 처리 방법을 나열하고 각 방법의 장점과 단점을 비교해볼 것이다.

(1) 리스너를 독립적인 클래스로 작성

먼저 가장 기본적인 방법인, 독립적인 클래스로 리스너 클래스를 작성하는 방법에 대하여 살펴보자.

ActionEventTest1.java

```
import javax.swing.*;
import java.awt.event.*;

class MyListener implements ActionListener {
   public void actionPerformed(ActionEvent e) {
      JButton button = (JButton) e.getSource();
      button.setText("마침내 버튼이 눌려졌습니다.");
      // label.setText("마침내 버튼이 눌려졌습니다.");
   }
}

class MyFrame extends JFrame {
   private JButton button;
   private JLabel label;

   public MyFrame() {
      this.setSize(300, 200);
      this.setDefaultCloseOperation(JFrame.EXIT_ON_CLOSE);
      this.setTitle("이벤트 예제");
```

이벤트 처리를 위한 패키지

MyListener 클래스를 별도의 클래스로 정의한다. ActionListener 인터페이스를 구현한다.

레이블은 MyFrame 클래스 안에 있어서 접근하기 어렵다.

```java
        JPanel panel = new JPanel();
        button = new JButton("버튼을 누르시오");
        label = new JLabel("아직 버튼이 눌려지지 않았습니다");
        button.addActionListener(new MyListener());
        panel.add(button);
        panel.add(label);
        this.add(panel);
        this.setVisible(true);
    }
}

public class ActionEventTest1 {
    public static void main(String[] args) {
        MyFrame t = new MyFrame();
    }
}
```

버튼에 이벤트 리스너 등록

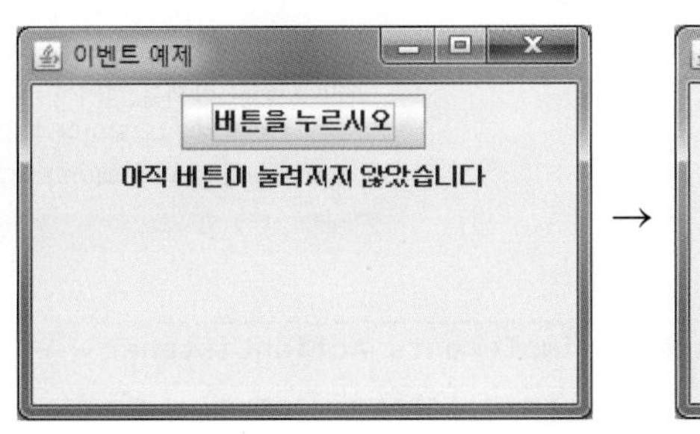

→

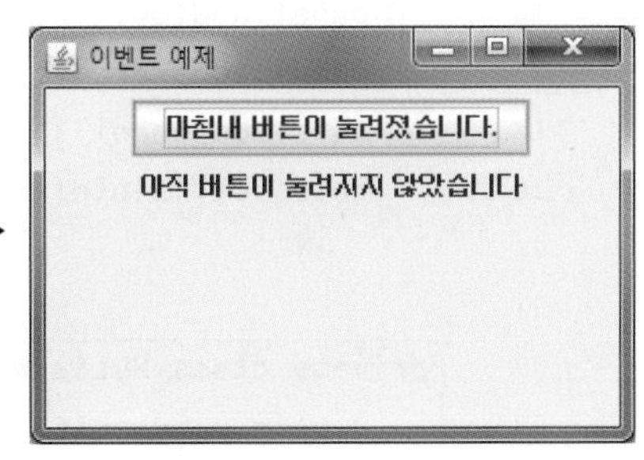

버튼이 눌려지면 리스너 클래스의 actionPerformed() 안에서 버튼의 텍스트가 변경된다. 이 방법은 가장 기본적인 방법이지만 약간의 문제가 있다. 리스너 클래스에서 MyFrame 클래스 안의 멤버에 접근하는 것이 어렵다는 것이 문제이다. 예를 들어서 버튼의 텍스트를 변경하는 것이 아니라 MyFrame 클래스 안에 선언된 레이블의 텍스트를 변경한다고 가정해보자. MyFrame 클래스 안에 선언된 레이블에 접근하여야 되는데 상당히 어려워진다.

(2) 리스너 클래스를 내부 클래스로 작성

이번에는 앞의 프로그램을 약간 변경하여 보자. 버튼을 누르면 MyFrame 안에 정의된 레이블의 텍스트를 변경하여 보자. 여기서 한 가지 문제가 있다. 만약 앞에서처럼 MyListener라는 클래스를 독립적인 클래스로 하면 MyFrame 안의 멤버 변수들을 쉽게 사용할 수 없다. 예를 들어서 MyFrame 안에서 정의된 label 변수에는 접근하기 힘들다. 따라서 버튼이 눌려졌을 때, 레이블의 텍스트를 변경하기가 어렵게 된다. 따라서 이런 경우에는 일반적으로 MyListener 클래스를 내부 클래스로 만든다. 내부 클래스는 다른 클래스 안에 위치하는 클래스이다. 내부 클래스는 외부 클래스의 멤버 변수들을 자유롭게 사용할 수 있다.

ActionEventTest2.java

```
import javax.swing.*;
import java.awt.event.*;     //이벤트 처리를 위한 패키지

class MyFrame extends JFrame {
   private JButton button;
   private JLabel label;

   public MyFrame() {
      this.setSize(300, 200);
      this.setDefaultCloseOperation(JFrame.EXIT_ON_CLOSE);
      this.setTitle("이벤트 예제");
      JPanel panel = new JPanel();
      button = new JButton("버튼을 누르시오");
      label = new JLabel("아직 버튼이 눌려지지 않았습니다");
      button.addActionListener(new MyListener());
      panel.add(button);
      panel.add(label);
      this.add(panel);
      this.setVisible(true);
   }

   private class MyListener implements ActionListener {
      public void actionPerformed(ActionEvent e) {
         if (e.getSource() == button) {
            label.setText("마침내 버튼이 눌려졌습니다.");
         }
      }
   }
}
public class ActionEventTest2 {
   public static void main(String[] args) {
      MyFrame t = new MyFrame();
   }
}
```

button, label 변수가 멤버 변수로 선언되었다. 그 이유는 생성자와 actionPerformed() 메소드에서 사용하기 때문에 멤버 변수로 하여야 한다

버튼에 이벤트 리스너 등록

MyListener 클래스 안에서 actionPerformed() 메소드는 반드시 정의되어야 한다. 이 메소드는 사용자가 버튼을 누를 때마다 실행된다.

멤버인 label에 쉽게 접근할 수 있다.

MyListener 클래스는 MyFrame 클래스의 내부 클래스로 정의된다. MyListener 클래스는 Action 이벤트를 처리할 수도 있도록 ActionListener 인터페이스를 구현한다.

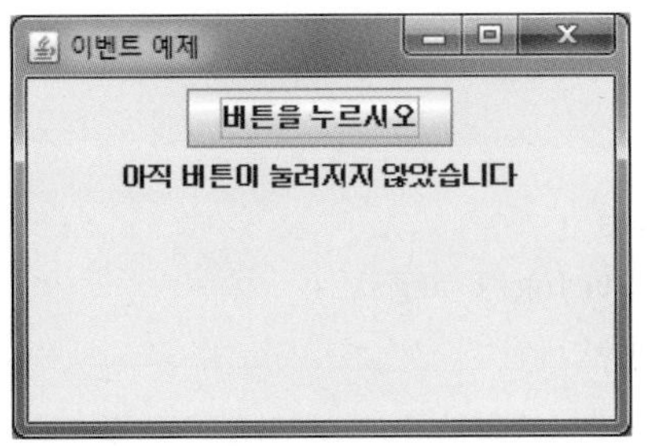

→

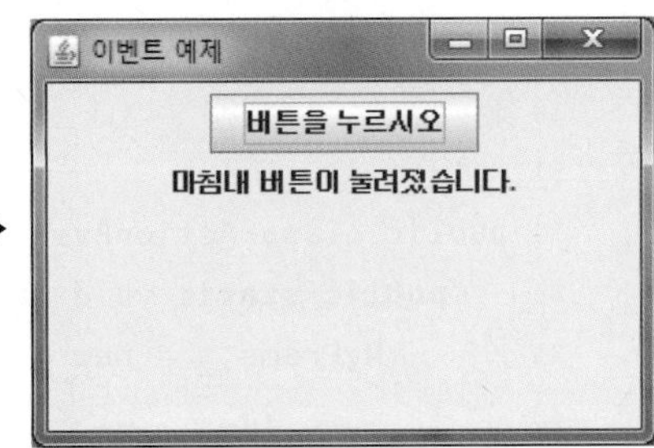

(3) MyFrame 클래스가 이벤트를 처리

또 하나의 방법은 MyFrame 클래스가 JFrame을 상속받으면서 동시에 ActionListener 인터페이스도 구현하는 방법이다.

ActionEventTest3.java

```
import javax.swing.*;
import java.awt.event.*; //이벤트 처리를 위한 패키지

class MyFrame extends JFrame implements ActionListener {

   private JButton button;
   private JLabel label;

   public MyFrame() {
      this.setSize(300, 200);
      this.setDefaultCloseOperation(JFrame.EXIT_ON_CLOSE);
      this.setTitle("이벤트 예제");

      JPanel panel = new JPanel();
      button = new JButton("버튼을 누르시오");
      label = new JLabel("아직 버튼이 눌려지지 않았습니다");
      button.addActionListener(this);
      panel.add(button);
      panel.add(label);

      this.add(panel);
      this.setVisible(true);
   }

   public void actionPerformed(ActionEvent e) {
      if (e.getSource() == button) {
         label.setText("마침내 버튼이 눌려졌습니다.");
      }
```

EventTest 클래스는 JFrame 클래스를 상속받고 동시에 ActionListener를 구현한다. 따라서 프레임이 버튼에서 발생하는 이벤트도 처리할 수 있다.

현재 객체를 이벤트 리스너로 버튼에 등록한다. 즉 자기 자신이 이벤트를 처리한다고 등록한다.

MyFrame 클래스 안에 actionPerformed()가 정의되어 있어야 한다.

```
    }
}

public class ActionEventTest3 {
    public static void main(String[] args) {
        MyFrame t = new MyFrame();
    }
}
```

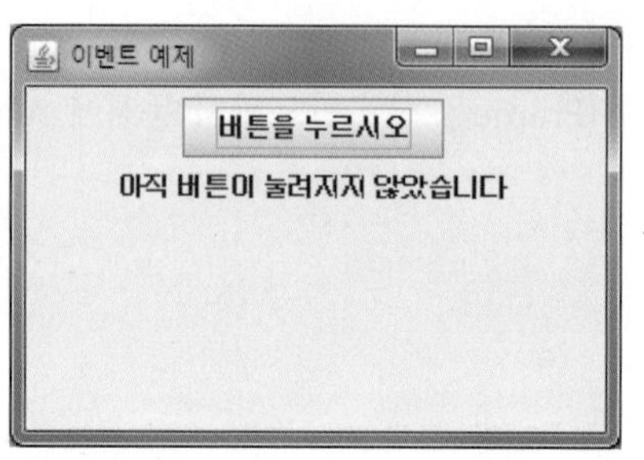

→

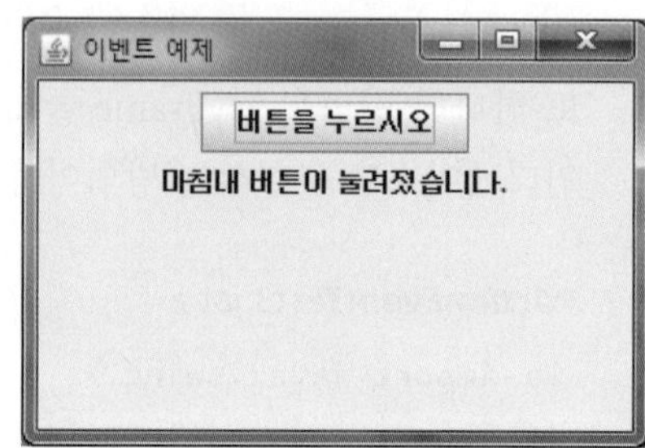

(4) 무명 클래스를 사용하는 방법

이벤트 리스너 클래스를 정의할 때, 많이 사용되는 방법 중의 하나가 무명 클래스를 사용하는 것이다. 무명 클래스는 말 그대로, 이름이 없는 클래스를 작성하여 한번만 사용하는 것이다. 이것은 처음에는 상당히 이상해보이지만, 익숙해지면 코드를 읽기 쉽게 만든다. 왜냐하면 클래스가 정의되면서 바로 사용되기 때문이다. 안드로이드 프로그래밍에서도 자주 사용된다. 따라서 그 형식을 완벽하게 이해하도록 하자.

ActionEventTest4.java

```
import javax.swing.*;
import java.awt.event.*; //이벤트 처리를 위한 패키지

class MyFrame extends JFrame {

    private JButton button;
    private JLabel label;

    public MyFrame() {
        this.setSize(300, 200);
        this.setDefaultCloseOperation(JFrame.EXIT_ON_CLOSE);
        this.setTitle("이벤트 예제");

        JPanel panel = new JPanel();
        button = new JButton("버튼을 누르시오");
        label = new JLabel("아직 버튼이 눌려지지 않았습니다");
```

무명 클래스는 ActionListener 인터페이스를 구현한다. 무명 클래스의 객체도 동시에 생성된다.

```
        button.addActionListener(new ActionListener() {
            public void actionPerformed(ActionEvent e) {
                if (e.getSource() == button) {
                    label.setText("마침내 버튼이 눌려졌습니다.");
                }
            }
        });
        panel.add(button);
        panel.add(label);

        this.add(panel);
        this.setVisible(true);
    }
}

public class ActionEventTest4 {
    public static void main(String[] args) {
        MyFrame t = new MyFrame();
    }
}
```

무명 클래스를 정의한다. 무명 클래스 안에서 actionPerformed() 메소드를 정의한다.

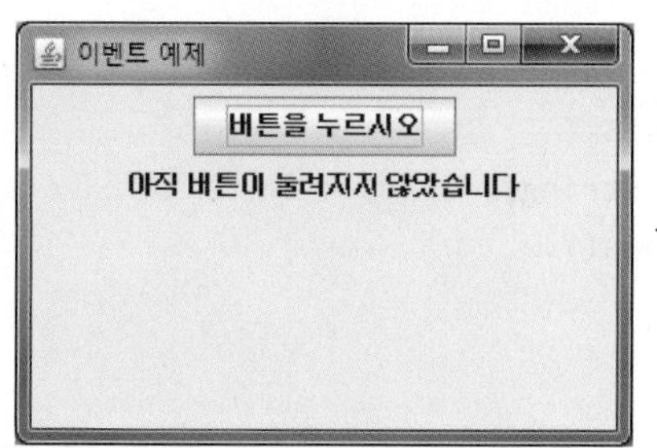

→

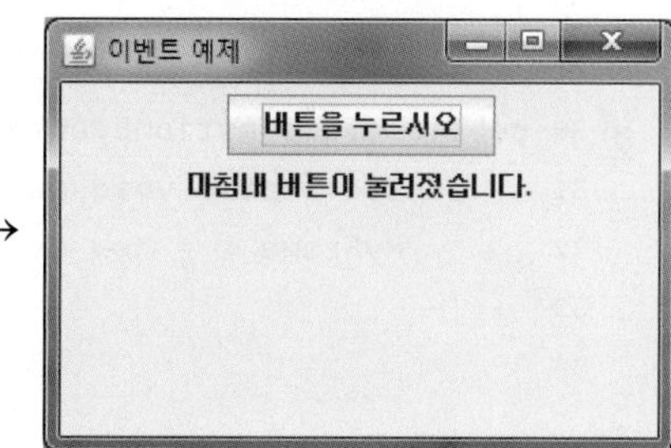

(5) 람다식을 이용하는 방법

앞에서 JDK8부터 도입된 람다식을 이벤트 처리에 이용할 수 있다고 이야기한 바 있다. 람다식을 실전에 활용할 좋은 찬스이다. 람다식을 사용하면 코드가 얼마나 간단하게 표현될 것인가? 기대되지 않는가?

ActionEventTest5.java

```
import javax.swing.*;

class MyFrame extends JFrame {

    private JButton button;
    private JLabel label;
```

```
    public MyFrame() {
        this.setSize(300, 200);
        this.setDefaultCloseOperation(JFrame.EXIT_ON_CLOSE);
        this.setTitle("이벤트 예제");


        JPanel panel = new JPanel();
        button = new JButton("버튼을 누르시오");

        label = new JLabel("아직 버튼이 눌려지지 않았습니다");
        button.addActionListener(e -> {
            label.setText("마침내 버튼이 눌려졌습니다.");
        });

        panel.add(button);
        panel.add(label);

        this.add(panel);
        this.setVisible(true);
    }
}

public class ActionEventTest5 {
    public static void main(String[] args) {
        MyFrame t = new MyFrame();
    }
}
```

람다식을 이용하여 이벤트를 처리하고 있다. 변수 e는 이벤트를 나타낸다. 람다식은 함수를 객체로 만들어서 메소드에 전달할 수 있다.

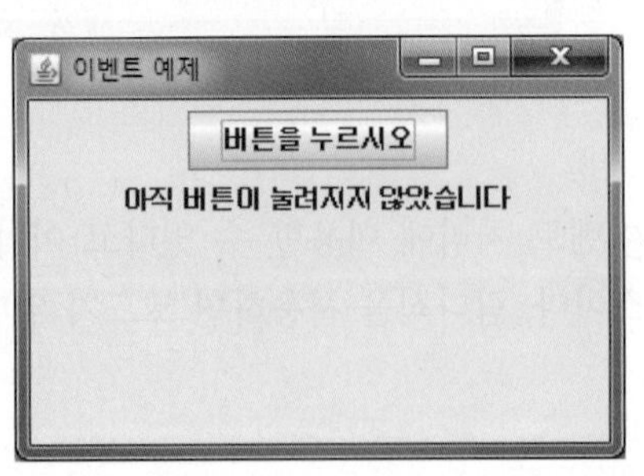

→

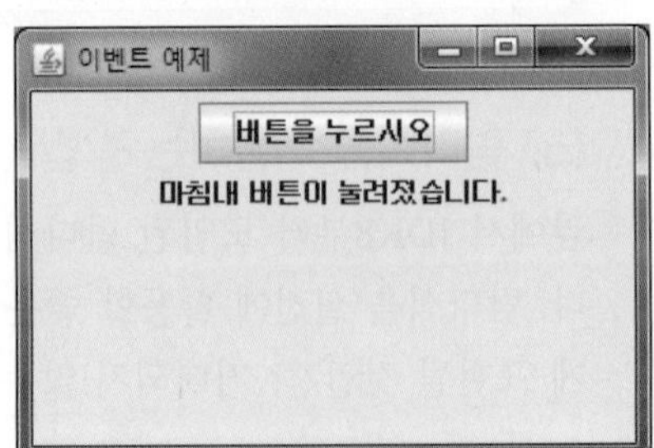

이벤트 리스너를 작성할 때 주의할 점은 이벤트를 빠른 시간 안에 처리해야 한다는 점이다. 모든 그리기와 이벤트 처리가 동일한 스레드 안에서 실행되므로 이벤트 처리가 늦어지면 프로그램이 마우스나 키보드에 반응하지 않게 된다. 만약 이벤트 처리가 길어질 것 같으면 별도의 스레드를 생성하여서 그 스레드가 작업을 하도록 하여야 한다.

LAB

키패드 만들기

우리는 이벤트 처리의 기본을 학습하였다. 다른 컴포넌트는 몰라도 버튼 이벤트는 처리할 수 있다. 버튼 이벤트만 학습하여도 많은 애플리케이션을 작성할 수 있다. 숫자를 입력할 수 있는 키패드 프로그램을 작성하여 보자.

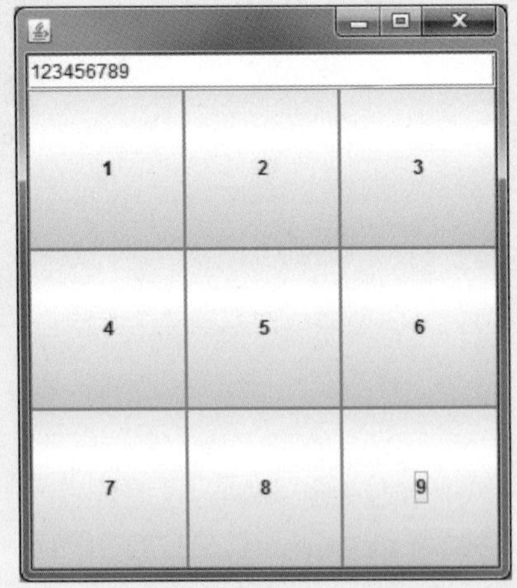

이벤트를 처리하는 5가지 방법중에서 하나를 선택하여 구현하여 보자 자신이 가장 잘 이해하고 있는 방법을 사용하면 된다. 그리고 모든 버튼에 동일한 이벤트 리스너를 등록하면 된다.

키패드 만들기

KeyPad.java

```java
// 소스만 입력하고 Ctrl+Shift+O를 누른다.
public class KeyPad extends JFrame implements ActionListener {
    private JTextField txt;
    private JPanel panel;

    public KeyPad() {
        txt = new JTextField(20);
        add(txt, BorderLayout.NORTH);
        panel = new JPanel();
        panel.setLayout(new GridLayout(3, 3));
        add(panel, BorderLayout.CENTER);
        for (int i = 1; i <= 9; i++) {
            JButton btn = new JButton("" + i);
            btn.addActionListener(this);
            btn.setPreferredSize(new Dimension(100, 100));
            panel.add(btn);
        }
        pack();
        setDefaultCloseOperation(EXIT_ON_CLOSE);
        setVisible(true);
    }

    @Override
    public void actionPerformed(ActionEvent e) {
        String actionCommand = e.getActionCommand();
        txt.setText(txt.getText() + actionCommand);
    }

    public static void main(String[] args) {
        new KeyPad();
    }

}
```

프레임 클래스가 이벤트도 처리한다.

그리드 레이아웃을 지정한다.

이벤트가 발생하면 호출된다.

LAB

퍼즐 게임 작성하기

타일을 클릭하면 비어있는 옆의 공간으로 이동하는 퍼즐 게임을 작성해보자.

→

(1) 먼저 패널을 2개 생성한다. 숫자 버튼들이 들어가는 패널은 GridLayout으로 지정하여 프레임의 중앙에 배치한다. 또 하나의 패널은 reset 버튼만을 추가하여 프레임의 남쪽에 배치한다.

```
JPanel panel = new JPanel();
panel.setLayout(new GridLayout(0, 3, 2, 2));
buttons= new MyButton[9];
for(int i=0; i<8; i++)
   buttons[i] =  new MyButton(" "+(i+1));
buttons[8] = new MyButton(" ");
for(int i=0; i<9; i++)
   panel.add(buttons[i]);
for(int i=0; i<9; i++)
   buttons[i].addActionListener(this);
add(panel, BorderLayout.CENTER);
```

(2) 각 버튼에 이벤트를 처리하는 메소드를 추가한다. 메소드에서는 옆의 버튼이 비어 있는지를 확인하고 비어 있으면 버튼을 이동한다. 버튼을 이동할 때는 실제로 버튼이 움직이는 것이 아니고, 버튼의 텍스트를 서로 교환하면 된다.

```
if( buttons[2].getText().equals(" ") )
{ buttons[2].setText(b.getText()); b.setText(" "); }
```

Solution

퍼즐 게임 작성하기

Puzzle.java

```
// 소스를 입력하고 Ctrl+Shift+O를 눌러서 필요한 파일을 포함한다.

class MyButton extends JButton
{
   static int count=0;
   int index;
   public MyButton(String s)
   {
      super(s);
      index = count++;
   }
}

public class Puzzle extends JFrame implements ActionListener {
   MyButton[] buttons;
   MyButton reset;

   public Puzzle() {
      super("puzzle");
      JPanel panel = new JPanel();
      panel.setLayout(new GridLayout(0, 3, 2, 2));
      buttons= new MyButton[9];
      for(int i=0; i<8; i++)
         buttons[i] =  new MyButton(" "+(i+1));
      buttons[8] = new MyButton(" ");
      for(int i=0; i<9; i++)
         panel.add(buttons[i]);
      for(int i=0; i<9; i++)
         buttons[i].addActionListener(this);
      add(panel, BorderLayout.CENTER);

      reset = new MyButton("reset");
      reset.setBackground(Color.red);
      reset.setForeground(Color.yellow);

```

```
        add(reset, BorderLayout.SOUTH);
        // reset.addActionListener(this);

        setSize(300, 300);
        setVisible(true);
        setDefaultCloseOperation(JFrame.EXIT_ON_CLOSE);
    }

    public void actionPerformed(ActionEvent e) {
        MyButton b = (MyButton) e.getSource();
        if( b.getText().equals(" ")==true) return;
        if( b.index == 0 ){
            if( buttons[1].getText().equals(" ") )
            { buttons[1].setText(b.getText()); b.setText(" "); }
            if( buttons[3].getText().equals(" ") )
            { buttons[3].setText(b.getText()); b.setText(" "); }
        }
        if( b.index == 1 ){
            if( buttons[0].getText().equals(" ") )
            { buttons[0].setText(b.getText()); b.setText(" "); }
            if( buttons[2].getText().equals(" ") )
            { buttons[2].setText(b.getText()); b.setText(" "); }
            if( buttons[4].getText().equals(" ") )
            { buttons[4].setText(b.getText()); b.setText(" "); }
        }
        if( b.index == 2 ){
            if( buttons[1].getText().equals(" ") )
            { buttons[1].setText(b.getText()); b.setText(" "); }
            if( buttons[5].getText().equals(" ") )
            { buttons[5].setText(b.getText()); b.setText(" "); }
        }
        if( b.index == 3 ){
            if( buttons[0].getText().equals(" ") )
            { buttons[0].setText(b.getText()); b.setText(" "); }
            if( buttons[4].getText().equals(" ") )
            { buttons[4].setText(b.getText()); b.setText(" "); }
            if( buttons[6].getText().equals(" ") )
            { buttons[6].setText(b.getText()); b.setText(" "); }
        }
        if( b.index == 4 ){
            if( buttons[1].getText().equals(" ") )
            { buttons[1].setText(b.getText()); b.setText(" "); }
            if( buttons[3].getText().equals(" ") )
```

```
            { buttons[3].setText(b.getText()); b.setText(" "); }
            if( buttons[5].getText().equals(" ") )
            { buttons[5].setText(b.getText()); b.setText(" "); }
            if( buttons[7].getText().equals(" ") )
            { buttons[7].setText(b.getText()); b.setText(" "); }
        }
        if( b.index == 5 ){
            if( buttons[2].getText().equals(" ") )
            { buttons[2].setText(b.getText()); b.setText(" "); }
            if( buttons[4].getText().equals(" ") )
            { buttons[4].setText(b.getText()); b.setText(" "); }
            if( buttons[8].getText().equals(" ") )
            { buttons[8].setText(b.getText()); b.setText(" "); }
        }
        if( b.index == 6 ){
            if( buttons[3].getText().equals(" ") )
            { buttons[3].setText(b.getText()); b.setText(" "); }
            if( buttons[7].getText().equals(" ") )
            { buttons[7].setText(b.getText()); b.setText(" "); }
        }
        if( b.index == 7 ){
            if( buttons[4].getText().equals(" ") )
            { buttons[4].setText(b.getText()); b.setText(" "); }
            if( buttons[6].getText().equals(" ") )
            { buttons[6].setText(b.getText()); b.setText(" "); }
            if( buttons[8].getText().equals(" ") )
            { buttons[8].setText(b.getText()); b.setText(" "); }
        }
        if( b.index == 8 ){
            if( buttons[5].getText().equals(" ") )
            { buttons[5].setText(b.getText()); b.setText(" "); }
            if( buttons[7].getText().equals(" ") )
            { buttons[7].setText(b.getText()); b.setText(" "); }
        }
    }

    public static void main(String[] args) {
        new Puzzle();
    }

}
```

LAB

가위 바위 보 게임

가위, 바위, 보 게임을 작성하여 보자. 가위, 바위, 보를 나타내는 버튼을 생성한다. 사용자가 버튼 중에서 하나를 클릭하면 이것을 컴퓨터가 내부에서 생성한 값과 비교한다. 누가 이겼는지를 화면에 출력한다.

난수는 Random 클래스 객체를 생성하고 NextInt()를 호출한다.

```
Random Random = new Random();
int computer = Random.NextInt(3);
```

가위 바위 보 게임

RockPaperScissor.java

```
// 소스를 입력하고 Ctrl+Shift+O를 눌러서 필요한 파일을 포함한다.

public class RockPaperScissor extends JFrame implements ActionListener {
   static final int ROCK = 0;
   static final int PAPER = 1;
   static final int SCISSOR = 2;

   private JPanel panel;
   private JTextField output;
   private JTextField information;
   private JButton rock;
   private JButton paper;
   private JButton scissor;

   public RockPaperScissor() {
      setTitle("가위, 바위, 보");
      setSize(400, 300);
      setDefaultCloseOperation(EXIT_ON_CLOSE);

      panel = new JPanel();
      panel.setLayout(new GridLayout(0, 3));

      information = new JTextField("아래의 버튼 중에서 하나를 클릭하시오!");
      output = new JTextField(20);

      rock = new JButton("ROCK");
      paper = new JButton("PAPER");
      scissor = new JButton("SCISSOR");
      rock.addActionListener(this);
      paper.addActionListener(this);
      scissor.addActionListener(this);

      panel.add(rock);
      panel.add(paper);
      panel.add(scissor);
```

그리드 레이아웃을 지정한다.

```
      add(information, BorderLayout.NORTH);
      add(panel, BorderLayout.CENTER);
      add(output, BorderLayout.SOUTH);
      setVisible(true);
   }

   public static void main(String[] args) {
      RockPaperScissor gui = new RockPaperScissor();
   }

   @Override
   public void actionPerformed(ActionEvent e) {
      Random random = new Random();
      int computer = random.nextInt(3);
      if (e.getSource() == rock) {
         if (computer == SCISSOR)
            output.setText("사용자 승리");
         else if (computer == ROCK)
            output.setText("비겼음");
         else
            output.setText("컴퓨터 승리");
      } else if (e.getSource() == paper) {
         if (computer == ROCK)
            output.setText("사용자 승리");
         else if (computer == PAPER)
            output.setText("비겼음");
         else
            output.setText("컴퓨터 승리");
      } else if (e.getSource() == scissor) {
         if (computer == PAPER)
            output.setText("사용자 승리");
         else if (computer == SCISSOR)
            output.setText("비겼음");
         else
            output.setText("컴퓨터 승리");
      }
   }
}
```

버튼이 눌려지면 이 메소드가 호출된다.

눌려진 버튼은 getSource()로 알 수 있다.

03 스윙 컴포넌트의 이벤트

거의 모든 스윙 컴포넌트들이 다양한 이벤트를 발생한다. 예를 들어서 콤보박스를 제공하는JComboBox 클래스는 ActionEvent, ItemEvent, PopupMenuEvent를 발생한다. 따라서 개발자는 자신이 처리하고 싶은 이벤트를 선택하여서 리스너 클래스를 작성하여 주면 된다. 스윙 컴포넌트가 발생하는 이벤트는 모든 컴포넌트가 공통적으로 지원하는 **저수준 이벤트**와 일부 컴포넌트만 지원하는 **의미적 이벤트**로 나눌 수 있다.

저수준 이벤트:
Mouse, MouseMotion, Key, Component, Container, Focus, Window

의미적 이벤트:
Action, Adjustment, Document, Item, Text

저수준 이벤트

저수준 이벤트(low-level event)는 모든 컴포넌트에서 발생된다. 예를 들어서 마우스나 키보드로부터 발생되는 이벤트는 저수준 이벤트이다. 이들 이벤트들은 상당히 자주 발생할 수 있다. 따라서 이벤트 처리에 시간을 너무 사용하면 안 된다. 저수준 이벤트에는 다음과 같은 것들이 있다.

이벤트 종류	설명
Component	컴포넌트의 크기나 위치가 변경되었을 경우 발생
Focus	키보드 입력을 받을 수 있는 상태가 되었을 때, 혹은 그반대의 경우에 발생
Container	컴포넌트가 컨테이너에 추가되거나 삭제될 때 발생
Key	사용자가 키를 눌렀을 때 키보드 포커스를 가지고 있는 객체에서 발생
Mouse	마우스 버튼이 클릭되었을 때, 또는 마우스가 객체의 영역으로 들어오거나 나갈 때 발생
MouseMotion	마우스가 움직였을 때 발생
MouseWheel	컴포넌트 위에서 마우스 휠을 움직이는 경우 발생
Window	윈도우에 어떤 변화가 있을 때 발생(열림, 닫힘, 아이콘화등)

의미적 이벤트

의미적 이벤트(semantic event)는 일부 컴포넌트에서만 발생한다. 대표적인 의미적 이벤트는 액션 이벤트이다. 만약 가능하다면 저수준 이벤트보다는 의미적 이벤트를 처리하는 것이 좋다. 의미적 이벤트를 사용하는 것이 코드를 강건하게 하고 이식성을 좋게 한다. 의미적 이벤트의 경우, 각 컴포넌트에 따라 발생할 수 있는 이벤트의 종류가 달라진다. 예를 들어서 버튼 컴포넌트는 액션 이벤트를 발생하지만 리스트는 리스트 선택 이벤트를 발생한다.

이벤트 종류	설 명
Action	사용자가 어떤 동작을 하는 경우에 발생
Caret	텍스트 삽입점이 이동하거나 텍스트 선택이 변경되었을 경우 발생
Change	일반적으로 객체의 상태가 변경되었을 경우 발생
Document	문서의 상태가 변경되는 경우 발생
Item	선택 가능한 컴포넌트에서 사용자가 선택을 하였을 때 발생
ListSelection	리스트나 테이블에서 선택 부분이 변경되었을 경우에 발생

이 중에서 중요한 이벤트들만 자세히 살펴보고 지나가자.

04 액션 이벤트

액션 이벤트는 이미 앞에서 자세히 다룬 바 있다. 액션 이벤트는 버튼에서만 발생하는 것은 아니다. 다음과 같은 경우에도 액션 이벤트가 발생한다. 간단하게 예제로 살펴보고 지나가자.

- 사용자가 버튼을 클릭하는 경우
- 사용자가 메뉴 항목을 선택하는 경우
- 사용자가 텍스트 필드에서 엔터키를 누르는 경우

예제: 배경색 변경하기

두 개의 버튼을 만들어서 패널의 배경 색을 변경하는 프로그램을 작성하여 보자. 이벤트 리스너는 하나만 생성한다. 배경색은 패널의 setBackground() 메소드를 이용하여 변경한다. 하나의 이벤트 리스너가 여러 개의 컴포넌트에 등록될 수 있다. 이 때에는 이벤트 객체의 getSource()를 호출하여서 이벤트를 발생한 컴포넌트를 얻거나 getActionCommand()를 호출하여서 버튼의 텍스트를 얻어서 이벤트 소스를 구별하여야 한다.

ChangeBackground.java

```java
// 소스를 입력하고 Ctrl+Shift+O를 눌러서 필요한 파일을 포함한다.

class MyFrame extends JFrame {
   private JButton button1;
   private JButton button2;
   private JPanel panel;
   MyListener listener = new MyListener();

   public MyFrame() {
      this.setSize(300, 200);
      this.setDefaultCloseOperation(JFrame.EXIT_ON_CLOSE);
      this.setTitle("이벤트 예제");
      panel = new JPanel();
      button1 = new JButton("노란색");
      button1.addActionListener(listener);
      panel.add(button1);
      button2 = new JButton("핑크색");
      button2.addActionListener(listener);
```

Shape 클래스의 필드와 메소드에 접근하는 것은 OK

리스너 객체를 미리 생성시켜 놓는다

두 개의 버튼에 동일한 이벤트 리스너 객체를 등록한다.

```java
    panel.add(button2);
    this.add(panel);
    this.setVisible(true);
  }
  private class MyListener implements ActionListener {
    public void actionPerformed(ActionEvent e) {
      if (e.getSource() == button1) {
        panel.setBackground(Color.YELLOW);
      } else if (e.getSource() == button2) {
        panel.setBackground(Color.PINK);
      }
    }
  }
}
public class ChangeBackground {
  public static void main(String[] args) {
    MyFrame t = new MyFrame();
  }
}
```

getSource()를 이용하여서 이벤트 소스를 찾는다.

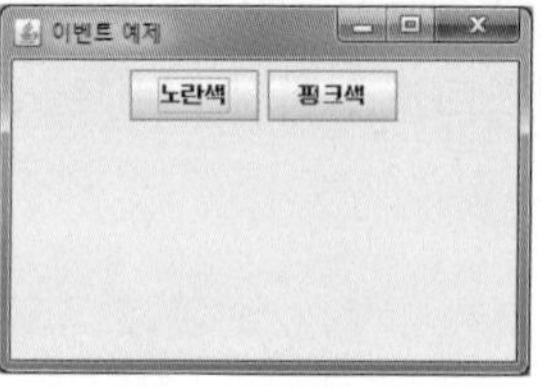

→

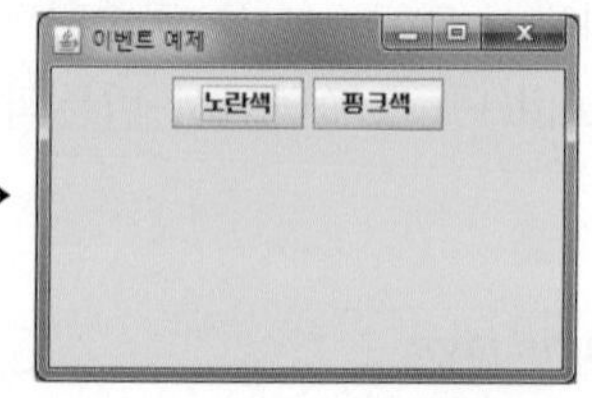

→

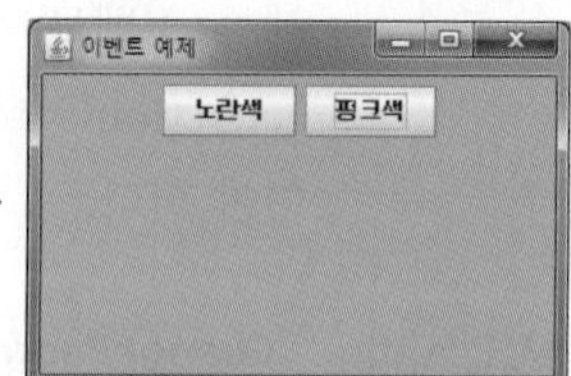

05 키 이벤트

키 이벤트(key event)는 사용자가 키보드를 이용하여 입력을 하는 경우에 발생한다. 키를 누를 때도 발생하지만 키에서 손을 떼는 경우에도 발생한다. 키보드 이벤트는 다음과 같은 2가지 형태의 이벤트로 전송된다.

- keyTyped 이벤트: 입력된 유니코드 문자가 전송된다.
- keyPressed와 keyReleased 이벤트: 사용자가 키를 누르거나 키에서 손을 떼면 이벤트가 발생한다.

사용자가 키를 누르면 키에
해당되는 문자와 키가 눌렸다는
이벤트가 동시에 보내집니다.

KeyEvent가 발생하려면 컴포넌트가 반드시 키보드 포커스를 가지고 있어야 한다. 키보드 포커스를 얻으려면 requestFocus()라는 메소드를 사용한다. KeyEvent를 받기 위해서는 KeyListener를 구현하여야 한다. KeyListener 인터페이스는 다음과 같은 가상 메소드를 가지고 있다.

메소드	설 명
keyTyped(KeyEvent e)	사용자가 글자를 입력했을 경우에 호출
keyPressed(KeyEvent e)	사용자가 키를 눌렀을 경우에 호출
keyReleased(KeyEvent e)	사용자가 키에서 손을 떼었을 경우에 호출

예제: 키 이벤트 표시하기

키보드 입력을 받으려면 텍스트 필드가 필요하다. 텍스트 필드는 한 줄의 텍스트 입력을 사용자로부터 받을 수 있는 컴포넌트이다. 키보드에서 문자가 입력되면 문자 코드와 키코드, ALT나 SHIFT 키의 상태를 텍스트 영역에 출력한다.

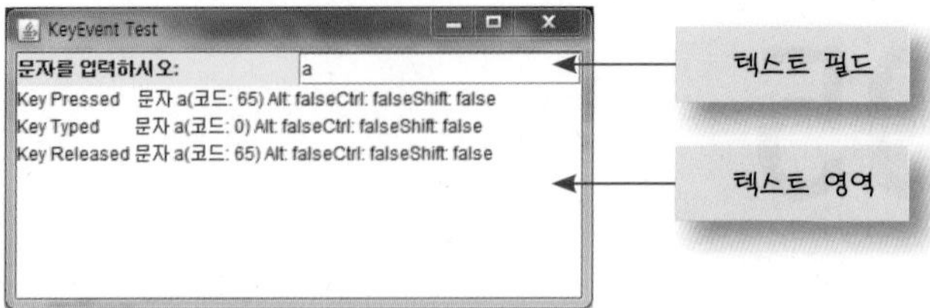

KeyEventTest.java

```java
// 소스를 입력하고 Ctrl+Shift+O를 눌러서 필요한 파일을 포함한다.

public class KeyEventTest extends JFrame implements KeyListener {

    private JPanel panel;
    private JTextField field;
    private JTextArea area;

    public KeyEventTest() {
        panel = new JPanel(new GridLayout(0, 2));
        panel.add(new JLabel("문자를 입력하시오: "));
        field = new JTextField(10);
        panel.add(field);
        area = new JTextArea(3, 30);
        add(panel, BorderLayout.NORTH);
        add(area, BorderLayout.CENTER);

        field.addKeyListener(this);
        setTitle("KeyEvent Test");
        setSize(400, 200);
        setVisible(true);

    }

    public static void main(String[] args) {
        new KeyEventTest();
    }

    public void keyTyped(KeyEvent e) { // (3)
        display(e, "Key Typed          ");
    }


    public void keyPressed(KeyEvent e) {
        display(e, "Key Pressed     ");
```

키 이벤트 리스너로 만들기 위하여 KeyListener 인터페이스를 구현한다.

addKeyListener() 메소드로 현재 객체를 이벤트 리스너로 추가한다.

키가 입력되면 호출된다.

키를 누르는 순간 호출된다.

```java

    }

    public void keyReleased(KeyEvent e) {
        display(e, "Key Released ");
    }

    protected void display(KeyEvent e, String s) {
        char c = e.getKeyChar();
        int keyCode = e.getKeyCode();
        String modifiers = "Alt: " + e.isAltDown() + "Ctrl: "
                + e.isControlDown() + "Shift: " + e.isShiftDown();
        area.append(" " + s + "문자 " + c + "(코드: " + keyCode + ") "
                + modifiers + "\n");
    }
}
```

키에서 손을 떼는 순간 호출된다.

getKeyChar()를 사용하여서 눌려진 키의 유니코드값을 얻는다.

isControlDown()은 콘트롤 키가 눌려져 있으면 true를 반환한다.

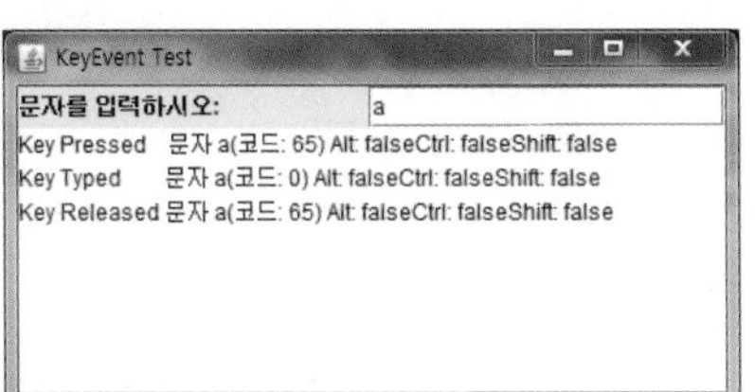

→

KeyEvent Test
문자를 입력하시오: ab
Key Pressed 문자 a(코드: 65) Alt: falseCtrl: falseShift: false
Key Typed 문자 a(코드: 0) Alt: falseCtrl: falseShift: false
Key Released 문자 a(코드: 65) Alt: falseCtrl: falseShift: false
Key Pressed 문자 b(코드: 66) Alt: falseCtrl: falseShift: false
Key Typed 문자 b(코드: 0) Alt: falseCtrl: falseShift: false
Key Released 문자 b(코드: 66) Alt: falseCtrl: falseShift: false

자동차 게임

이번에는 키보드의 화살표 키로 움직이는 자동차 애플리케이션을 작성하여 보자. 프레임에 패널을 붙이고 패널에서 자동차를 그린다. 패널 안에서 키 이벤트를 처리하여서 화살표키가 입력되면 화면의 자동차를 움직인다. 여기서 주의할 점은 패널이 키 입력을 받으려면 반드시 setFocusable(true)를 호출하여야 한다.

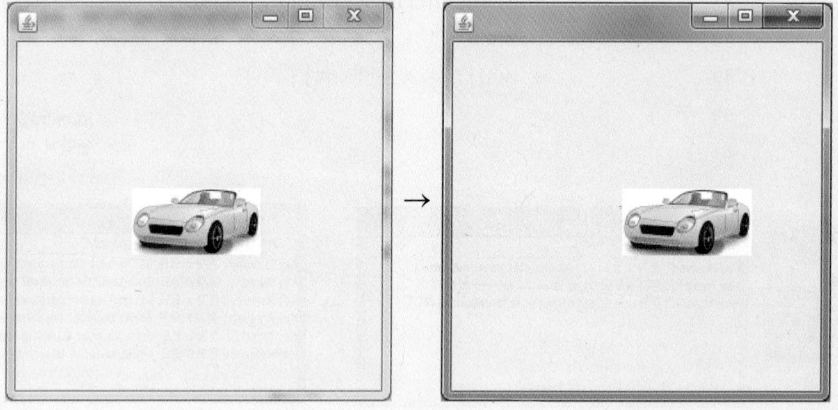

키 이벤트를 받으려면 KeyListener 인터페이스를 구현한다. keyTyped(), keyPressed(), keyReleased() 메소드를 추가한다.

자동차 게임

CarGameTest.java

```java
// 소스를 입력하고 Ctrl+Shift+O를 눌러서 필요한 파일을 포함한다.

class MyPanel extends JPanel {
    BufferedImage img = null;
    int img_x = 100, img_y = 100;

    public MyPanel() {
        try {
            img = ImageIO.read(new File("car.gif"));
        } catch (IOException e) {
            System.out.println("no image");
            System.exit(1);
        }
        addKeyListener(new KeyListener() {
            public void keyPressed(KeyEvent e) {
                int keycode = e.getKeyCode();
                switch (keycode) {
                case KeyEvent.VK_UP:        img_y -= 10;    break;
                case KeyEvent.VK_DOWN:      img_y += 10;    break;
                case KeyEvent.VK_LEFT:      img_x -= 10;    break;
                case KeyEvent.VK_RIGHT:     img_x += 10;    break;
                }
                repaint();
            }
            public void keyReleased(KeyEvent arg0) {        }
            public void keyTyped(KeyEvent arg0) {           }
        });
        this.requestFocus();
        setFocusable(true);
    }

    public void paintComponent(Graphics g) {
        super.paintComponent(g);
        g.drawImage(img, img_x, img_y, null);
    }
```

이미지를 읽는다. 오류가 발생하면 실행을 종료한다.

키 리스너를 무명 클래스로 작성해서 패널에 붙인다. 화살표 키가 입력되면 이미지의 좌표를 변경한다.

키보드 포커스를 요청하고 패널이 포커스를 받을 수 있게 한다. 디폴트로는 패널이 키보드 포커스를 받을 수 없다.

자동차 이미지를 화면의 (img_x, img_y)위치에 그린다.

```
}

public class CarGameTest extends JFrame {
   public CarGameTest() {
      setSize(300, 300);
      setDefaultCloseOperation(JFrame.EXIT_ON_CLOSE);
      add(new MyPanel());
      setVisible(true);
   }

   public static void main(String[] args) {
      CarGameTest s = new CarGameTest();
   }
}
```

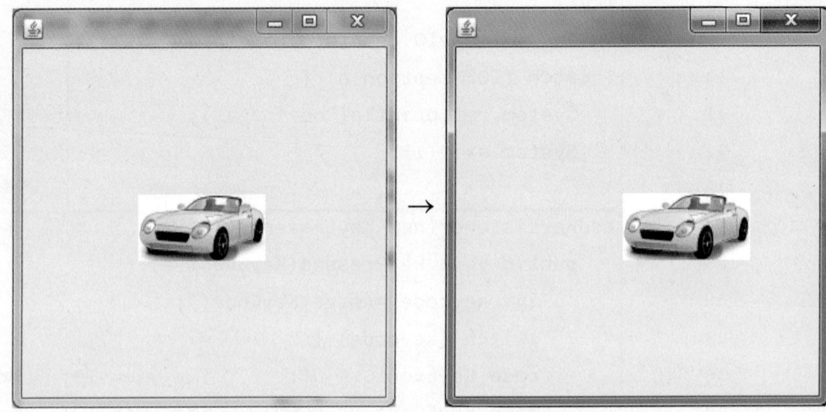

키보드의 화살표 키를 이용하여서 화면 안의 자동차를 움직여 보자.

LAB

신호등 작성하기

신호등을 구현하여 보자. 버튼을 누르면 신호가 변경되도록 한다.

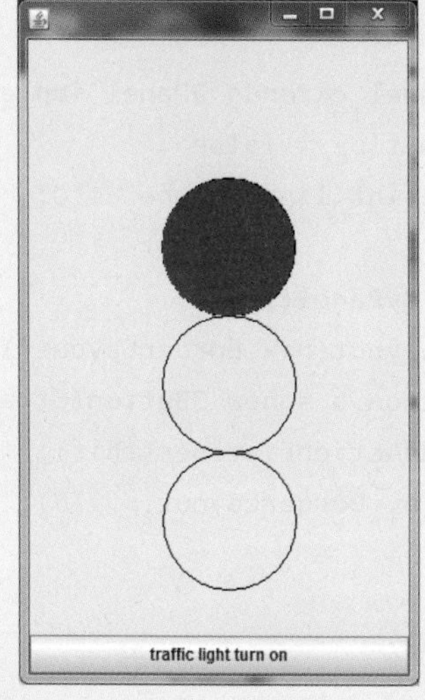

이번에는 패널 안에 GUI 컴포넌트를 추가하고 동시에 패널에 무언가를 그려보자.

화면에 무언가를 그리려면 JPanel의 메소드 중에서 paintComponent()를 오버라이드 한다. 자세한 내용은 11장을 참조한다.

Solution

신호등 작성하기

MyFrame.java

```
// 소스를 입력하고 Ctrl+Shift+O를 눌러서 필요한 파일을 포함한다.

class MyPanel extends JPanel implements ActionListener {
   boolean flag = false
   private int light_number = 0;

   public MyPanel() {
      setLayout(new BorderLayout());
      JButton b = new JButton("traffic light turn on");
      b.addActionListener(this);
      add(b, BorderLayout.SOUTH);
   }

   @Override
   protected void paintComponent(Graphics g) {
      super.paintComponent(g);
      g.setColor(Color.BLACK);
      g.drawOval(100, 100, 100, 100);
      g.drawOval(100, 200, 100, 100);
      g.drawOval(100, 300, 100, 100);
      if (light_number == 0) {
         g.setColor(Color.RED);
         g.fillOval(100, 100, 100, 100);
      } else if (light_number == 1) {
         g.setColor(Color.GREEN);
         g.fillOval(100, 200, 100, 100);
      } else {
         g.setColor(Color.YELLOW);
         g.fillOval(100, 300, 100, 100);
      }
   }

   @Override
   public void actionPerformed(ActionEvent arg0) {
      if (++light_number >= 3)
```

화면에 그림을 그리는 메소드이다.

```
         light_number = 0;
      repaint();
   }
}

public class MyFrame extends JFrame {
   public MyFrame() {
      add(new MyPanel());
      setSize(300, 500);
      setVisible(true);
   }

   public static void main(String[] arg) {
      new MyFrame();
   }
}
```

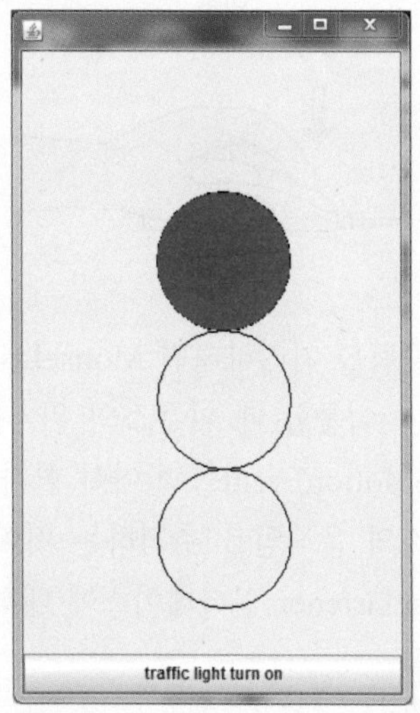

버튼을 3개 만들어서 신호등 각각의 색을 독립적으로 켜고 끌 수 있도록 해보자.

06 Mouse와 MouseMotion 이벤트

마우스 이벤트(Mouse Event)는 사용자가 마우스 버튼을 누르거나 마우스를 움직일 때 발생한다. 사용자가 버튼을 누르거나 메뉴를 선택할 때는 마우스 이벤트를 처리할 필요가 없다(앞에서 학습한 대로 이러한 경우는 액션 이벤트로 처리하면 된다). 하지만 사용자가 화면에 마우스로 그림을 그리게 하려면 마우스 이벤트를 처리하여야 한다.

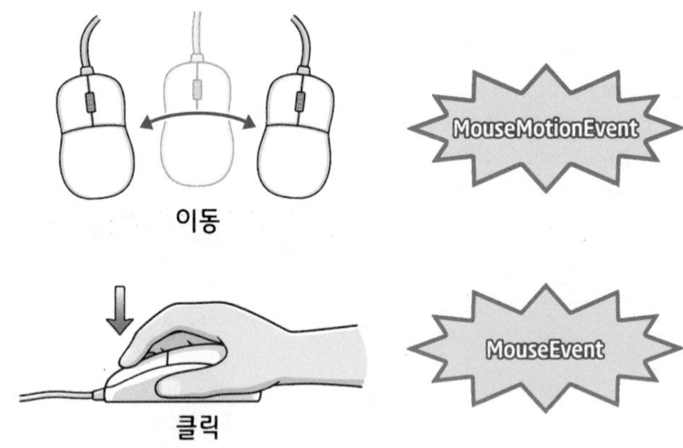

마우스 버튼의 클릭을 처리하려면 MouseListener를 구현하여서 MouseEvent를 받으면 된다. 마우스가 이동할 때 마우스의 위치를 받으려면 MouseMotionListener를 구현하여서 MouseMotionEvent를 받아야 한다. 마우스에 대한 이벤트를 이렇게 분리하는 이유는 마우스의 움직임을 추적하는 것이 시스템의 오버헤드를 증가시키기 때문이다. 먼저 MouseListener 인터페이스에 대하여 살펴보자.

MOUSELISTENER 인터페이스

메소드	설 명
mouseClicked(MouseEvent e)	사용자가 컴포넌트를 클릭한 경우에 호출된다.
mouseEntered(MouseEvent e)	마우스 커서가 컴포넌트로 들어가면 호출된다.
mouseExited(MouseEvent e)	마우스 커서가 컴포넌트에서 나가면 호출된다.
mousePressed(MouseEvent e)	마우스가 컴포넌트위에서 눌려지면 호출된다.
mouseReleased(MouseEvent e)	마우스가 컴포넌트위에서 떼어지면 호출된다.

사용자가 마우스 버튼을 누르면 mousePressed()가 호출되고 마우스 버튼에서 손을 떼면 mouseReleased()가 호출된다. 이어서 mouseClicked()가 호출된다.

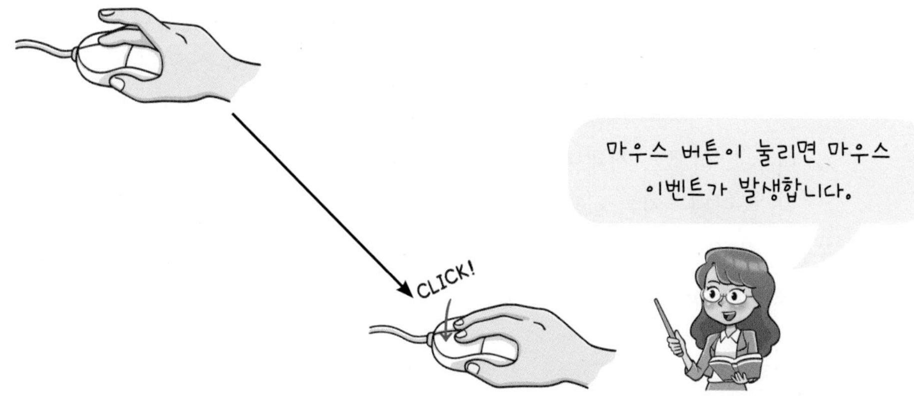

mousePressed()->mouseReleased()->mouseClicked() 순서대로 호출된다.

만약 마우스의 버튼이 한번 클릭된다면 다음과 같은 순서로 이벤트들이 발생된다.

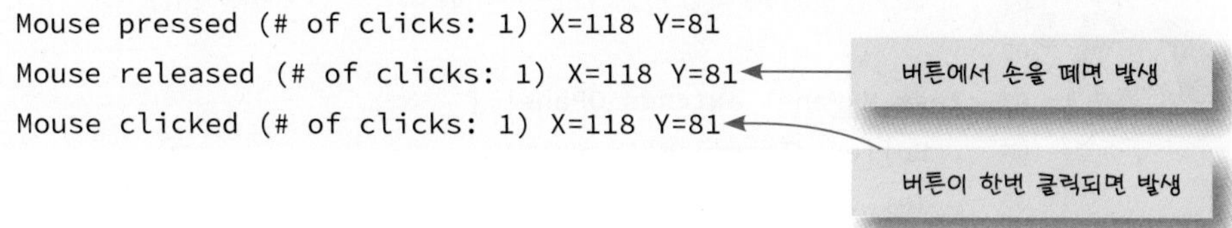

Mouse pressed (# of clicks: 1) X=118 Y=81
Mouse released (# of clicks: 1) X=118 Y=81
Mouse clicked (# of clicks: 1) X=118 Y=81
버튼에서 손을 떼면 발생
버튼이 한번 클릭되면 발생

MOUSEMOTIONLISTENER 인터페이스

마우스가 이동할 때 좌표를 받으려면 이 인터페이스를 구현한다.

메소드	설 명
mouseDragged(MouseEvent e)	마우스 드래그하면 호출된다.
mouseMoved(MouseEvent e)	마우스가 클릭되지 않고 이동하는 경우에 호출된다.

마우스 버튼이 눌린 채로 이동하면 mouseDragged()가 호출되고, 그냥 이동하면 mouseMoved()가 호출된다. 마우스의 현재 좌표는 이벤트의 객체의 getX()와 getY()를 호출하면 알 수 있다.

만약 마우스가 클릭된 채로 드래그된다면 위의 이벤트들이 중복하여서 발생된다. 실제로 패널을 생성하고 패널 위에서 마우스를 움직이면, 다음과 같이 이벤트가 발생하는 것을 관찰할 수 있다.

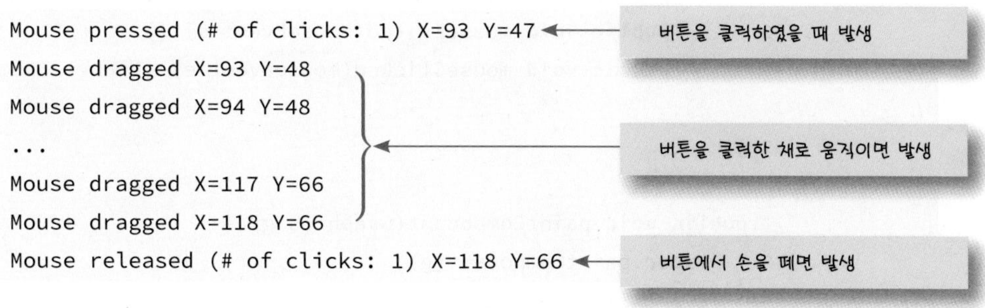

Mouse pressed (# of clicks: 1) X=93 Y=47
Mouse dragged X=93 Y=48
Mouse dragged X=94 Y=48
...
Mouse dragged X=117 Y=66
Mouse dragged X=118 Y=66
Mouse released (# of clicks: 1) X=118 Y=66
버튼을 클릭하였을 때 발생
버튼을 클릭한 채로 움직이면 발생
버튼에서 손을 떼면 발생

주의할 점은 드래그시에는 mouseMoved()는 호출되지 않는다는 점이다. 또 드래그시에는 mouseClicked()는 호출되지 않는다. 따라서 마우스 관련 프로그래밍을 정확하게 하기 위해서는 여러 가지 실험을 미리 해보는 것이 필요하다. 뒤의 예제를 참조하라.

마우스 이벤트 객체도 많은 정보를 우리에게 전달한다. 먼저 마우스 버튼이 몇 번이나 클릭됐는지는 getClickCount()로 알 수 있다. 이것은 더블 클릭을 감지하기 위한 것이다. 또 마우스가 클릭된 위치는 getX(), getY()로 알 수 있다. 클릭된 버튼은 getButton()으로 알 수 있다.

예제: 마우스로 자동차 이동하기

이번에는 마우스로 자동차를 이동하는 프로그램을 작성하여 보자.

MyFrame.java

```
// 소스를 입력하고 Ctrl+Shift+O를 눌러서 필요한 파일을 포함한다.

class MyPanel extends JPanel {
   BufferedImage img = null;
   int img_x = 0, img_y = 0;

   public MyPanel() {
   try {
      img = ImageIO.read(new File("car.gif"));
   } catch (IOException e) {
      System.out.println("no image");
      System.exit(1);
   }
   addMouseListener(new MouseListener() {
      public void mousePressed(MouseEvent e) {
         img_x = e.getX();
         img_y = e.getY();
         repaint();
      }
      public void mouseReleased(MouseEvent e) {}
      public void mouseEntered(MouseEvent e) {}
      public void mouseExited(MouseEvent e) {}
      public void mouseClicked(MouseEvent e) {}
   });
}

public void paintComponent(Graphics g) {
   super.paintComponent(g);
   g.drawImage(img, img_x, img_y, null);
```

패널에 마우스 리스너를 추가한다. 무명 클래스로 작성한다.

마우스 버튼이 눌리면 위치를 얻어서 이미지의 좌표로 저장한다.

```java
    }
}
public class MyFrame extends JFrame {
    public MyFrame() {
        add(new MyPanel());
        setSize(300, 500);
        setVisible(true);
    }

    public static void main(String[] arg) {
        new MyFrame();
    }
}
```

→

화면에 사각형 그리기

마우스를 클릭할 때마다 사각형이 화면에 그려지는 예제를 작성하여 보자. 역시 마우스 어댑터 클래스를 사용하였다. 배열을 사용하여서 지금까지 생성된 사각형들을 저장하였다. 사실은 ArrayList라는 컬렉션 클래스를 사용하여 사각형들을 저장하는 것이 가장 좋으나 우리가 아직 학습하지 않았으므로 평범한 배열을 사용하였다.

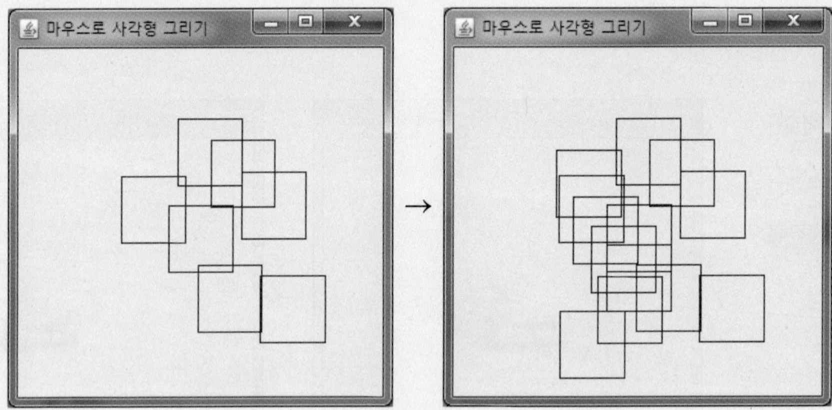

화면에 무언가를 그리려면 JPanel의 paintComponent() 메소드를 오버라이드한다. 자세한 내용은 11장을 참조한다. 사각형 drawRect()로 그릴 수 있다.

화면에 사각형 그리기

MouseEventTest.java

```java
// 소스를 입력하고 Ctrl+Shift+O를 눌러서 필요한 파일을 포함한다.

class Rectangle {
   int x, y, w, h;
}

class MyPanel extends JPanel implements MouseListener {
   BufferedImage img = null;
   int img_x = 0, img_y = 0;
   Rectangle[] array = new Rectangle[100];
   int index = 0;

   public MyPanel() {
      this.addMouseListener(this);
   }

   public void paintComponent(Graphics g) {
      super.paintComponent(g);
      for (Rectangle r : array)
         if (r != null)
            g.drawRect(r.x, r.y, r.w, r.h);
   }

   @Override
   public void mousePressed(MouseEvent e) {
      if (index > 100)
         return;
      array[index] = new Rectangle();
      array[index].x = e.getX();
      array[index].y = e.getY();
      array[index].w = 50;
      array[index].h = 50;
      index++;
      repaint();
   }

```

여기에 사각형을 저장한다.

배열에 저장된 사각형들을 하나씩 꺼내서 화면에 그려준다. for-each 구문을 사용하였다.

마우스가 눌려지면 좌표를 얻어서 배열에 저장한다.

```
    @Override
    public void mouseReleased(MouseEvent e) {
    }

    @Override
    public void mouseClicked(MouseEvent e) {
    }

    @Override
    public void mouseEntered(MouseEvent e) {
    }

    @Override
    public void mouseExited(MouseEvent e) {
    }
}

public class MouseEventTest extends JFrame {
    public MouseEventTest() {
        setSize(300, 300);
        setTitle("마우스로 사각형 그리기");
        setDefaultCloseOperation(JFrame.EXIT_ON_CLOSE);
        add(new MyPanel());
        setVisible(true);
    }

    public static void main(String[] args) {
        MouseEventTest s = new MouseEventTest();
    }
}
```

위의 프로그램에서 사각형의 크기와 색상을 랜덤하게 변경하여 보자.

LAB 마우스로 그림 그리기

이번에는 마우스로 화면에 그림을 그리는 프로그램을 작성하여 보자. 마우스가 드래그될 때 마우스의 좌표를 얻어야 한다. 이것은 MouseMotionListener 인터페이스를 구현하면 된다. 마우스가 움직이면 mouseDragged()가 호출될 것이다.

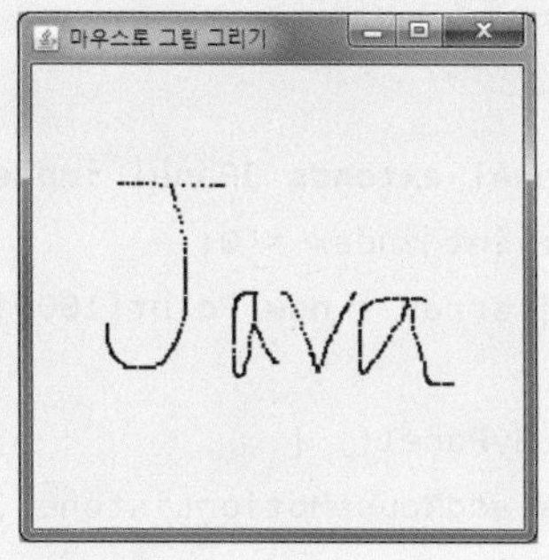

마우스 이벤트를 처리하여 마우스 위치 정보를 얻어서 작은 사각형을 그려준다. MouseMotionListener 인터페이스를 구현하고 mouseDragged() 메소드를 추가한다.

Solution

마우스로 그림 그리기

Scribble.java

```java
// 소스를 입력하고 Ctrl+Shift+O를 눌러서 필요한 파일을 포함한다.
class Point {
   int x, y;
}

class MyPanel extends JPanel implements MouseMotionListener {
   private int index = 0;
   Point[] array = new Point[1000];

   public MyPanel() {
      this.addMouseMotionListener(this);
   }

   @Override
   public void mouseDragged(MouseEvent e) {
      int x = e.getX();
      int y = e.getY();
      if (index > 1000)
         return;
      array[index] = new Point();
      array[index].x = e.getX();
      array[index].y = e.getY();
      index++;
      repaint();
   }

   public void paintComponent(Graphics g) {
      super.paintComponent(g);
      for (Point p : array)
         if (p != null)
            g.drawRect(p.x, p.y, 1, 1);
   }

   @Override
   public void mouseMoved(MouseEvent args) {
```

마우스가 움직일 때마다 마우스의 위치를 배열에 저장한다.

```
    }

}

public class Scribble extends JFrame {
    public Scribble() {
        setSize(300, 300);
        setTitle("마우스로 그림 그리기");
        setDefaultCloseOperation(JFrame.EXIT_ON_CLOSE);
        add(new MyPanel());
        setVisible(true);
    }

    public static void main(String[] args) {
        Scribble s = new Scribble();
    }
}
```

버튼을 3개 만들어서 그림의 색상을 빨강, 파랑, 검정색으로 변경할 수 있도록 하라.

07 어댑터 클래스

이벤트를 처리하기 위해서는 리스너 인터페이스에서 정의되어 있는 모든 메소드를 구현해야 한다. 따라서 프로그래머가 작성하기를 원하는 메소드는 하나뿐인 경우에도 인터페이스의 모든 메소드를 구현해야 하는 불편함이 따른다. 가장 대표적인 예가 마우스 이벤트를 처리하는 코드이다.

```
public class MyClass implements MouseListener {
    public MyClass() {
        // ...
        someObject.addMouseListener(this);
    }

    public void mousePressed(MouseEvent e) {    }

    public void mouseReleased(MouseEvent e) {    }

    public void mouseEntered(MouseEvent e) {    }

    public void mouseExited(MouseEvent e) {    }

    public void mouseClicked(MouseEvent e) {
        // ...
        // ...
    }
}
```

우리가 사용하는 메소드는 mouseClicked() 뿐인데 너무 코드가 복잡하지 않나요?

이러한 불편을 해소하기 위한 것이 각 리스너(Listener)에 대응되는 어댑터 클래스(Adaptor Class)이다. 어댑터 클래스는 미리 리스너의 모든 메소드를 구현해놓은 클래스이다. 우리는 어댑터 클래스를 상속받아서 원하는 메소드만 재정의하면 된다.

인터페이스	어댑터 클래스
ComponentListener	ComponentAdapter
ContainerListener	ContainerAdapter
FocusListener	FocusAdater
KeyListener	KeyAdapter
MouseListener	MouseAdapter
MouseMotionListener	MouseMotionAdapter
WindowListener	WindowAdapter

예를 들어서 위의 코드를 MouseAdapter 클래스를 이용하여서 다시 작성해보면 다음과 같다.

어댑터는 미리 메소드들을 구현해놓은 클래스입니다. 우리는 이것을 상속받아서 원하는 메소드만 재정의하여서 사용하면 됩니다.

```
public class MyClass extends MouseAdapter {
    public MyClass() {
        // ...
        someObject.addMouseListener(this);
    }

    public void mouseClicked(MouseEvent e) {
        // ...
    }
}
```

한 가지 주의할 것은 리스너는 인터페이스이고 어댑터는 클래스의 형태로 제공된다는 것이다. 따라서 리스너를 사용할 때는 implements 키워드를 사용해야하고 어댑터의 경우에는 extends를 사용해야 한다. 의미적 이벤트에는 어댑터 클래스가 없는데 이것은 의미적 이벤트의 리스너 인터페이스는 메소드를 하나만 가지고 있기 때문이다.

두 가지 방법을 비교해보면 어댑터를 사용하는 편이 더 깔끔한 구현을 할 수 있음을 알 수 있다. 그러나 어댑터를 사용하는 방법도 문제점이 있다. 자바에서는 다중 상속을 허용하지 않기 때문에 두개의 클래스를 동시에 상속받을 수 없다는 점이다. 마우스를 처리하는 프레임을 생성하려면 MouseAdaptor와 JFrame 클래스를 동시에 상속받아야 하지만 자바에서는 불가능하다. 이 경우의 해결 방법은 MouseAdaptor를 내부 클래스(inner class)로 정의하여 사용하는 것이다. 내부 클래스란 앞에서 설명하였지만 클래스 정의 안에 다른 클래스를 정의하는 것이다. 내부 클래스를 이용하여 어댑터 클래스 문제를 해결해보면 다음과 같다.

```
public class MyFrame extends JFrame {
    ...
    addMouseListener(new MyMouseAdapter());    // 내부 클래스 객체를 생성
    ...
        class MyMouseAdaptor extends MouseAdapter {    // 내부 클래스 정의
            public void mouseClicked(MouseEvent e) {
            // 원하는 코드를 입력한다.
        }
    }
}
```

예제: 마우스로 자동차 움직이기

앞에서 살펴보았던 마우스로 자동차를 움직이는 예제를 이번에는 MouseAdapter를 이용하여서 다시 프로그램해보자.

MyFrame.java

```
// 소스를 입력하고 Ctrl+Shift+O를 눌러서 필요한 파일을 포함한다.

class MyPanel extends JPanel {
   BufferedImage img = null;
   int img_x = 0, img_y = 0;

   public MyPanel() {
   try {
      img = ImageIO.read(new File("car.gif"));
   } catch (IOException e) {
      System.out.println("no image");
      System.exit(1);
   }
   addMouseListener(new MouseAdapter() {
      public void mousePressed(MouseEvent e) {
         img_x = e.getX();
         img_y = e.getY();
         repaint();
      }
   });
}

public void paintComponent(Graphics g) {
   super.paintComponent(g);
   g.drawImage(img, img_x, img_y, null);
   }
}
...
```

패널에 마우스 리스너를 추가한다. 무명 클래스로 작성한다.

mousePressed() 메소드만 재정의하면 된다.

카운터 작성하기

간단한 카운터를 작성하여 보자. 카운터의 초기값은 0이다. "카운터 증가" 버튼을 누르면 카운터값이 하나씩 증가되어서 화면에 표시된다.

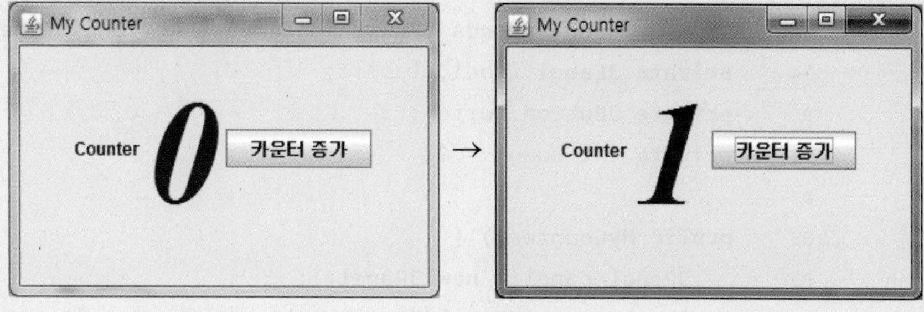

글자의 크기를 크게 하려면 Font 객체를 생성하고 이 객체를 JLabel의 setFont()를 사용하여 레이블에 등록한다.

Solution

카운터 작성하기

CounterTest.java

```
// 소스를 입력하고 Ctrl+Shift+O를 눌러서 필요한 파일을 포함한다.

class MyCounter extends JFrame implements ActionListener {
   private JLabel label, label1;
   private JButton button;
   private int count = 0;

   public MyCounter() {
      JPanel panel = new JPanel();
      label = new JLabel("Counter");
      panel.add(label);

      label1 = new JLabel(" " + count);
      label1.setFont(new Font("Serif",     // 레이블에 폰트를 설정한다.
         Font.BOLD | Font.ITALIC, 100));
      panel.add(label1);

      button = new JButton("카운터 증가");
      panel.add(button);
      button.addActionListener(this);

      add(panel);
      setSize(300, 200);
      setTitle("My Counter");
      setVisible(true);
   }

   @Override
   public void actionPerformed(ActionEvent event) {
      count++;
      label1.setText(count + " ");
   }
}

public class CounterTest {
```

버튼에 이벤트 리스너 객체를 등록한다.

버튼이 눌려지면 카운터 값을 증가하고 레이블에 쓴다.

```java
    public static void main(String[] args) {
        new MyCounter();
    }
}
```

누르면 카운터를 감소시키는 버튼도 추가하여 보자. 또 카운터를 0으로 초기화하는 버튼도 추가하여 보자.

슬롯 머신 작성하기

다음과 같은 게임 프로그램을 작성하여 보자. 슬롯 머신처럼 버튼을 누르면 3개의 난수가 화면에 표시된다. 3개의 난수들이 일치하면 득점한다고 가정하자.

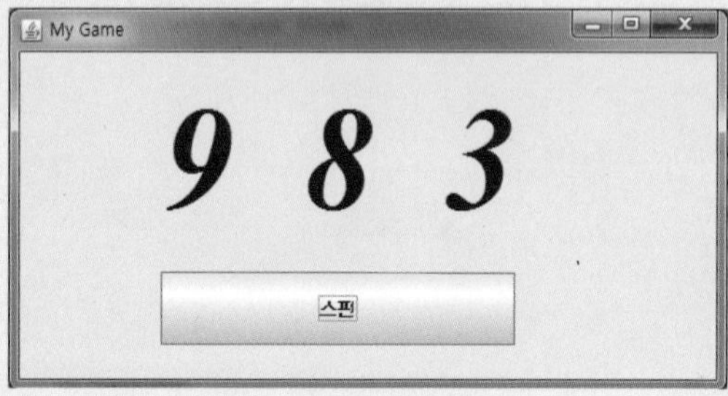

글자의 크기를 크게 하려면 Font 객체를 생성하고 이 객체를 JLabel의 setFont()를 사용하여 레이블에 등록한다.

슬롯 머신 작성하기

SlotMachine.java

```java
// 소스를 입력하고 Ctrl+Shift+O를 눌러서 필요한 파일을 포함한다.

class MyCounter extends JFrame implements ActionListener {
   private JLabel[] labels;
   private JButton button;
   private int[] numbers;

   public MyCounter() {
      setSize(500, 300);
      JPanel panel = new JPanel();
      panel.setLayout(null);

      labels = new JLabel[3];
      numbers = new int[3];

      for (int i = 0; i < 3; i++) {
         labels[i] = new JLabel("" + numbers[i]);
         labels[i].setFont(new Font("Serif", Font.BOLD | Font.
                                          ITALIC,100));
         labels[i].setSize(100, 100);
         labels[i].setLocation(100 + 100 * i, 20);
         panel.add(labels[i]);
      }

      button = new JButton("스핀");
      button.setSize(250, 50);
      button.setLocation(100, 150);
      panel.add(button);
      button.addActionListener(this);

      add(panel);
      setTitle("My Game");

      setVisible(true);
   }
```

3개의 레이블을 생성한다. 절대 위치에 표시한다.

```java

    @Override
    public void actionPerformed(ActionEvent event) {
        for (int i = 0; i < 3; i++) {
            numbers[i] = (int) (Math.random() * 10);
            labels[i].setText(" " + numbers[i]);
        }
    }
}

public class SoltMachine {
    public static void main(String[] args) {
        new MyCounter();
    }
}
```

난수를 발생하여서 레이블의 텍스트를 변경한다.

❶ 3개의 숫자가 일치하거나 2개의 숫자가 일치하면 점수를 계산하여 표시하여 보자.
❷ 숫자를 그림 파일로 대치하여서 화면에 표시하여 보자.
❸ 난수 발생기의 시드를 현재 시간으로 설정하여 보자.

LAB TIC-TAC-TOE 게임 작성하기

TIC-TAC-TOE 게임 그래픽 버전을 작성하여 보자. TIC-TAC-TOE 게임은 3×3칸을 가진 게임판을 만들고, 경기자가 동그라미 기호(O)와 가위표 기호(X)을 번갈아 가며 게임판에 놓는 게임이다. 가로, 세로, 대각선 상관 없이 직선으로 동일한 기호 3개를 먼저 만들면 승리한다.

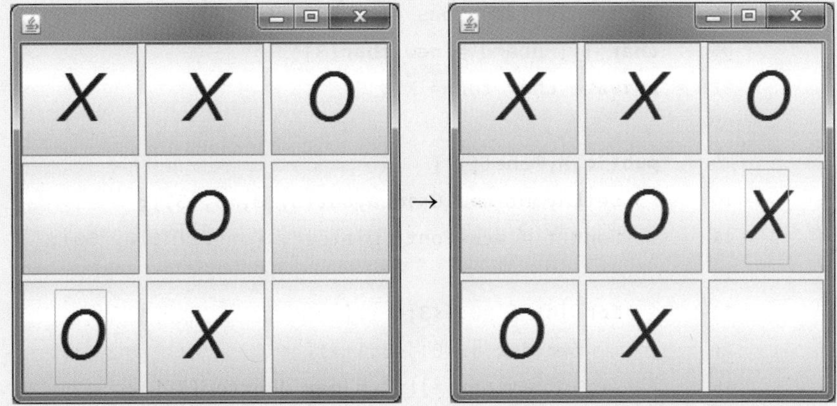

버튼을 그리드 레이아웃으로 배치한다. 버튼의 텍스트를 크게 할 때에도 Font 객체를 생성한 후 JButton의 setFont() 메소드를 호출하여 버튼의 폰트를 등록한다.

Solution

TIC-TAC-TOE 게임 작성하기

MyPanel.java

```java
// 소스를 입력하고 Ctrl+Shift+O를 눌러서 필요한 파일을 포함한다.

public class MyPanel extends JPanel implements ActionListener {
   double A, B, C;
   JButton[][] buttons = new JButton[3][3];
   char[][] board = new char[3][3];
   private char turn='X';

   public MyPanel() {
      setLayout(new GridLayout(3, 3, 5, 5));
      Font f = new Font("Dialog", Font.ITALIC, 50);

      for(int i =0;i<3;i++){
         for(int j =0;j<3;j++){
            buttons[i][j] = new JButton(" ");
            buttons[i][j].setFont(f);
            buttons[i][j].addActionListener(this);
            add(buttons[i][j]);
         }
      }
   }

   @Override
   public void actionPerformed(ActionEvent e) {
      for(int i =0;i<3;i++){
         for(int j =0;j<3;j++){
            if( e.getSource()==buttons[i][j] && buttons[i][j].
                           getText().equals(" ") ==true){
               if( turn == 'X'){
                  buttons[i][j].setText("X");
                  turn = 'O';
               }
               else {
                  buttons[i][j].setText("O");
                  turn = 'X';
```

```
                    }
                }
            }
        }
    }

    public static void main(String[] args) {
        JFrame f = new JFrame();
        f.setDefaultCloseOperation(JFrame.EXIT_ON_CLOSE);
        f.add(new MyPanel());
        f.setSize(300, 300);
        f.setVisible(true);
    }
}
```

TIC-TAC-TOE 게임의 승패를 판단할 수 있는 코드를 추가해보자.

11 CHAPTER

그래픽 프로그래밍

학습목표

이번 장에서는 GUI 컴포넌트 위에 그림을 그려본다. 사각형과 원을 비롯하여서 여러 가지의 도형을 그릴 수 있고 문자열도 출력할 수 있다. 또 색상과 폰트를 지정할 수 있으며 보다 향상된 그래픽인 Java 2D를 사용할 수 있다.

학습목차

자바에서 그림을 그릴 수 있네요!
자바에서 Java 2D를 사용하면 전문적인 그림도 그릴 수있습니다.

01 자바에서의 그래픽

그래픽은 문자나 숫자보다 더 빠르고 쉽게 정보를 전달할 수 있다. 이번 장에서는 자바에서의 그래픽에 대하여 자세히 살펴본다. 구체적으로 색상 선택, 폰트 선택, 직선 그리기, 사각형 그리기, 타원 그리기, 텍스트 출력, Java 2D 기초 등이 포함된다. 그림 10-1은 자바 그래픽을 이용한 데모 화면이다. Java 2D의 기능을 이용하면 상당한 수준으로 2차원 그래픽을 구현할 수 있다.

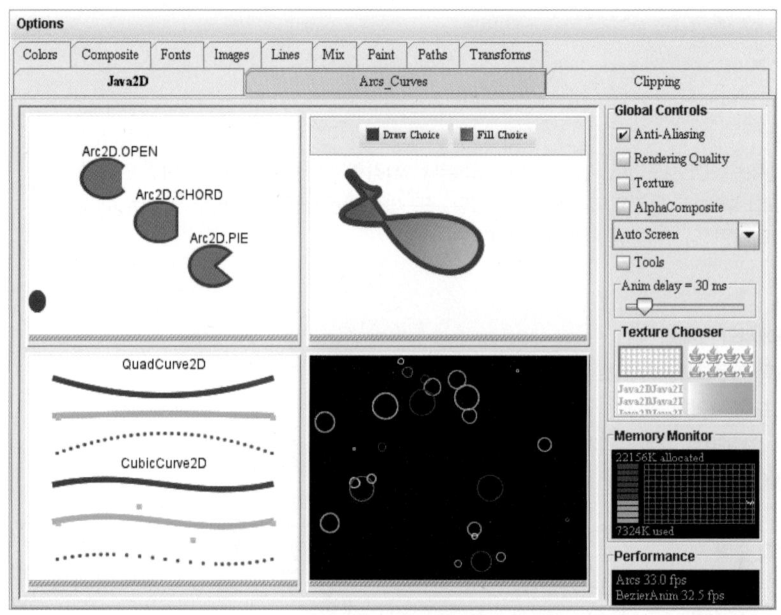

그림 11-1 • 자바 그래픽 데모 예제(java.sun.com)

자바는 최근에 출시된 언어답게 출시 때부터 그래픽에 많은 신경을 썼다. 자바에서 그래픽을 사용하는 방법에는 두 가지가 있다. 첫 번째는 전통적인 AWT 패키지를 사용하는 방법이다. AWT를 사용하면 기본적인 도형들을 쉽게 그릴 수 있다. 두 번째는 비교적 최근에 출시된 Java 2D API를 사용하는 방법이다. Java 2D를 사용하면 상당히 고차원적인 연산들을 할 수 있다. 예를 들어서 커브를 그릴 수 있으며 2차원 도형을 회전할 수도 있고 앤티에일리어싱이나 그라디언트 채우기 등이 고급 기능이 가능하다.

자바는 플랫폼에 독립적이기 때문에 한번만 배우면 어디서나 똑같은 모양의 그래픽 프로그램을 작성할 수 있다. 즉 자바의 그래픽 모델은 플랫폼에 독립적이다. 이는 대단한 장점이 된다. 자바로 그래픽 프로그램을 작성하면 컴퓨터의 종류나 운영 체제에 관계없이 어디서나 거의 유사한 모양으로 나타난다.

02 그래픽 프로그래밍의 기초

이번 절에서는 화면 위에서 사각형과 원을 그리는 프로그램을 설명과 함께 순차적으로 작성해보자.

프레임 생성하기

화면에 그림을 그리기 위해서는 프레임(frame)이 필요하다. 스윙에서는 JFrame 클래스의 인스턴스가 바로 프레임이 된다. 따라서 첫 번째 단계는 다음과 같이 JFrame 클래스의 인스턴스를 생성하는 것이다.

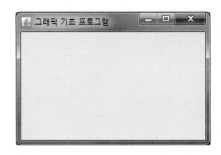

```
public class BasicPaint {

    public static void main(String[] args) {
        JFrame f = new JFrame("그래픽 기초 프로그램");
        f.setDefaultCloseOperation(JFrame.EXIT_ON_CLOSE);
        f.setSize(300, 200);
        f.setVisible(true);
    }
}
```

어디에 그릴 것인가?

프레임 위에 직접 문자열을 그릴 수 있으나 이것은 좋은 방법은 아니다. 자바에서 프레임은 다른 컴포넌트를 넣어두는 컨테이너의 역할로 설계되었다. 따라서 다른 컴포넌트 위에 그린 후에 그 컴포넌트를 프레임에 추가하는 것이 좋다. 그렇다면 어떤 컴포넌트가 좋을까? 우리는 JPanel 위에 그리도록 하자. JPanel은 그림을 그릴 수 있는 표면을 가지고 있고, 동시에 컨테이너의 역할도 한다. 따라서 버튼이나 텍스트 필드와 같은 컴포넌트를 넣을 수 있다. 즉 사용자 인터페이스와 그래픽을 동시에 구현할 수 있는 것이다. 우리는 먼저 JFrame을 생성하고 여기에 JPanel을 추가한 후에 JPanel 위에 그림을 그려보자. 기능을 쉽게 추가하기 위해서는 JPanel을 그대로 사용하는 것보다. JPanel을 상속받아서 MyPanel을 작성하는 편이 낫다. JPanel의 각종 메소드를 재정의하면 추가적인 기능을 쉽게 구현할 수 있다.

```
public class BasicPaint {

    public static void main(String[] args) {

        JFrame f = new JFrame("그래픽 기초 프로그램");
        f.setDefaultCloseOperation(JFrame.EXIT_ON_CLOSE);
        f.add(new MyPanel());
        f.setSize(300, 200);
        f.setVisible(true);
    }
}
class MyPanel extends JPanel {

    public MyPanel() {
        ...

    }
}
```

JPanel을 상속받아 MyPanel을 작성한다.

어떻게 그릴 것인가?

컴포넌트에 그림을 그리기 위해서는 JPanel 클래스의 paintComponent() 메소드를 재정의하여야 한다.

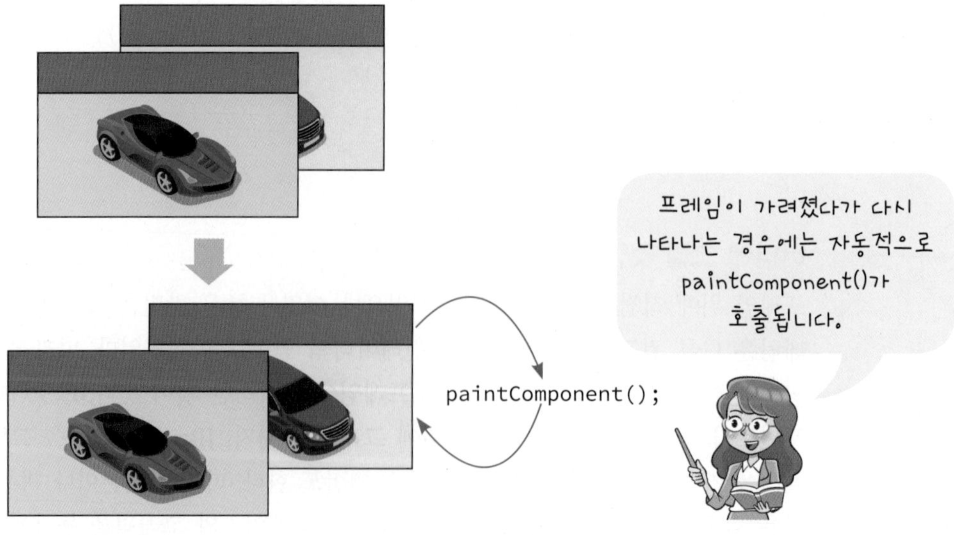

프레임이 가려졌다가 다시 나타나는 경우에는 자동적으로 paintComponent()가 호출됩니다.
paintComponent();

그림 11-2 • paintComponent() 메소드

paintComponent()라는 메소드는 컴포넌트를 다시 그릴 필요가 있을 때마다 자바 시스템에 의하여 호출되는 메소드이다. 예를 들어서 컴포넌트가 가려졌다가 다시 화면에 나타날 때에 paintComponent()가 자동으로 호출된다. 따라서 그림을 그리는 코드가 paintComponent() 안에 들어 있지 않으면 컴포넌트가 제대로 그려지지 않는다.

BasicPaint.java

```
public class BasicPaint {

   public static void main(String[] args) {
      JFrame f = new JFrame("그래픽 기초 프로그램");
      f.setDefaultCloseOperation(JFrame.EXIT_ON_CLOSE);
      f.add(new MyPanel());
      f.setSize(300, 200);
      f.setVisible(true);
   }
}

class MyPanel extends JPanel {

   public MyPanel() {
      setBorder(BorderFactory.createLineBorder(Color.black));
   }
   protected void paintComponent(Graphics g) {
      super.paintComponent(g);
      // 여기에 그림을 그리는 문장을 넣는다.
   }
}
```

paintComponent()를 재정의한다.

paintComponent()는 Graphics 타입의 매개 변수를 가지고 있다. Graphics 클래스는 그림을 그리는데 필요한 모든 설정값(예를 들어서 색상이나 폰트)과 그림 그리는 메소드를 가지고 있다. 따라서 자바에서의 모든 그리기는 Graphics 클래스를 통해야 한다.

만약 사용자가 화면을 다시 그리고 싶으면 어떻게 해야 하는가? 이 경우에는 repaint()를 호출하면 된다. repaint()가 적절한 시기에 paintComponent()를 호출한다. 절대로 paintComponent()를 직접 호출하면 안 된다.

paint()와 paintComponent()

repaint()가 호출되면 자바는 컴포넌트의 paint()를 호출한다. paint()에서는 다시 paintBorder()를 호출하여서 경계선을 그리고 paintComponent()를 호출하여서 화면을 다시 그린 후에 paintChildren()을 호출하여서 자식 컴포넌트를 그린다. 따라서 스윙에서는 paint()보다는 paintComponent()를 재정의하여서 그림을 그리는 것이 바람직하다. 경계선이나 자식 컴포넌트도 그리는 것이 필요하기 때문이다.

만약 그림이 그려지는 컴포넌트가 JPanel이나 JLabel처럼 그래픽 컴포넌트인 경우, paintComponent() 메소드에서 super.paintComponent(g);를 호출해주는 것이 좋다. 부모 클래스가 그려야 될 부분도 있기 때문이다. 자기 그림만 그리고 종료해버리면 부모 클래스는 그릴 기회를 얻지 못한다.

그래픽 좌표계

자바는 그림 11-3과 같은 좌표계를 사용한다. 원점 (0, 0)은 왼쪽 상단이다. x 좌표는 오른쪽으로 갈수록 증가한다. y 좌표는 아래로 갈수록 증가한다. 모든 좌표값은 양수이다. 단위는 픽셀(pixel)이다. 도형들의 원점은 대개 도형의 중심이 아닌 왼쪽 상단 좌표값이다. 예를 들어서 사각형의 원점은 사각형의 중심이 아니라 사각형의 왼쪽 상단이다. 그림 11-3은 (100, 80)에 그려지는 사각형을 보여준다.

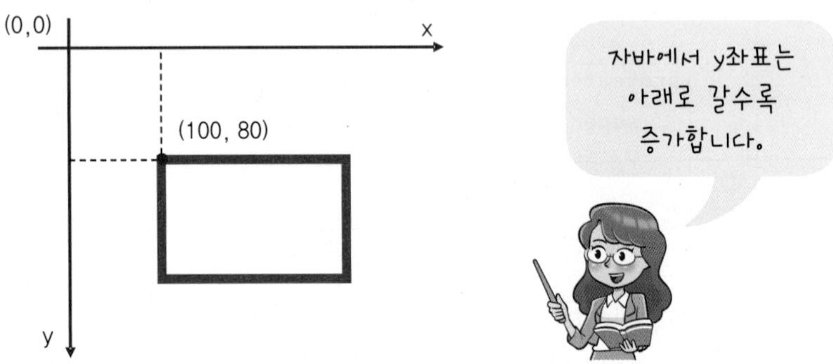

그림 11-3 • 자바의 좌표계

그림을 그리는 메소드

사각형을 그리려면 Graphics 객체가 가지고 있는 drawRect()을 호출하면 된다. 예를 들어서 화면에 사각형과 원을 그리려면 다음과 같은 문장을 paintComponent() 안에 추가한다.

```
g.drawRect(50, 50, 50, 50);
g.drawOval(200, 50, 50, 50);
```

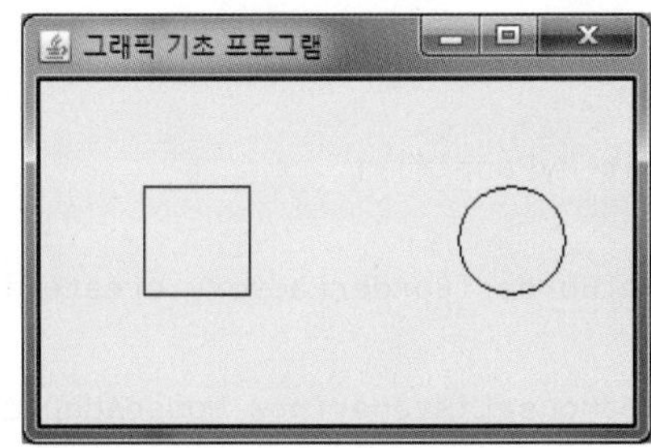

이벤트와 그래픽의 결합

일반적으로 그래픽은 이벤트 처리와 결합된다. 여기서는 사용자가 화면을 클릭하면 그 위치에 사각형을 그리도록 프로그램을 변경하여 보자. 또 사용자가 마우스를 드래그하면 사각형이 움직이도록 하자.

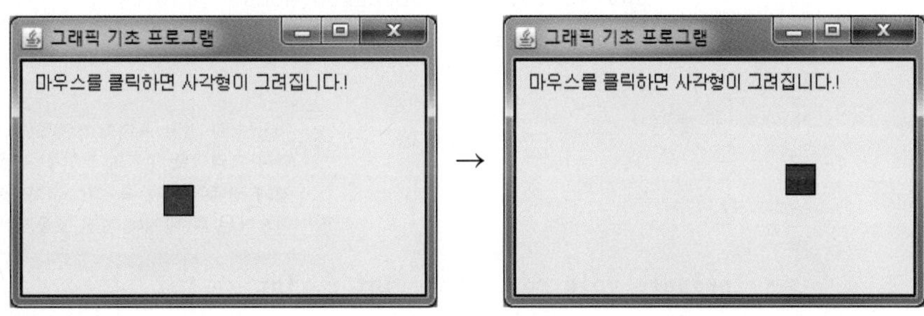

BasicPaint.java

```
// 소스를 입력하고 Ctrl+Shift+O를 눌러서 필요한 파일을 포함한다.

public class BasicPaint {

   public static void main(String[] args) {
      JFrame f = new JFrame("그래픽 기초 프로그램");
      f.setDefaultCloseOperation(JFrame.EXIT_ON_CLOSE);
      f.add(new MyPanel());

      f.setSize(300, 200);
      f.setVisible(true);
   }
}

class MyPanel extends JPanel {

   private int squareX = 50;
   private int squareY = 50;
   private int squareW = 20;
```

JPanel을 상속받는 MyPanel 정의

```java
    private int squareH = 20;

    public MyPanel() {

        setBorder(BorderFactory.createLineBorder(Color.black));

        addMouseListener(new MouseAdapter() {
            public void mousePressed(MouseEvent e) {
                moveSquare(e.getX(), e.getY());
            }
        });

        addMouseMotionListener(new MouseAdapter() {
            public void mouseDragged(MouseEvent e) {
                moveSquare(e.getX(), e.getY());
            }
        });

    }

    private void moveSquare(int x, int y) {
        int OFFSET = 1;
        if ((squareX != x) || (squareY != y)) {
            repaint(squareX, squareY, squareW + OFFSET, squareH + OFFSET);
            squareX = x;
            squareY = y;
            repaint(squareX, squareY, squareW + OFFSET, squareH + OFFSET);
        }
    }

    protected void paintComponent(Graphics g) {
        super.paintComponent(g);
        g.drawString("마우스를 클릭하면 사각형이 그려집니다.!", 10, 20);
        g.setColor(Color.RED);
        g.fillRect(squareX, squareY, squareW, squareH);
        g.setColor(Color.BLACK);
        g.drawRect(squareX, squareY, squareW, squareH);
    }
}
```

마우스 이벤트 처리

마우스모션 이벤트 처리

여기서 한 가지 특이한 사항은 repaint()를 호출할 때, 다시 그려야할 영역의 크기를 전달하였다는 점이다. 만약 전체 영역이 아닌 특정한 영역만을 다시 그리고자 하는 경우에는 이 방법이 훨씬 효율적이다.

여기서 실제로 그림을 그린다.

03 기초 도형 그리기

Graphics 클래스는 점, 선, 곡선, 사각형, 문자열, 이미지 같은 기초 도형을 그리는 메소드를 제공한다.

기초 도형	관련된 메소드
직선	drawLine(), drawPolyline()
사각형	drawRect(), fillRect(), clearRect()
3차원 사각형	draw3DRect(), fill3DRect()
둥근 사각형	drawRoundRect(), fillRoundRect()
타원	drawOval(), fillOval()
호	drawArc(), fillArc()
다각형	drawPolygon(), fillPolygon()
문자열	drawString()
이미지	drawImage()

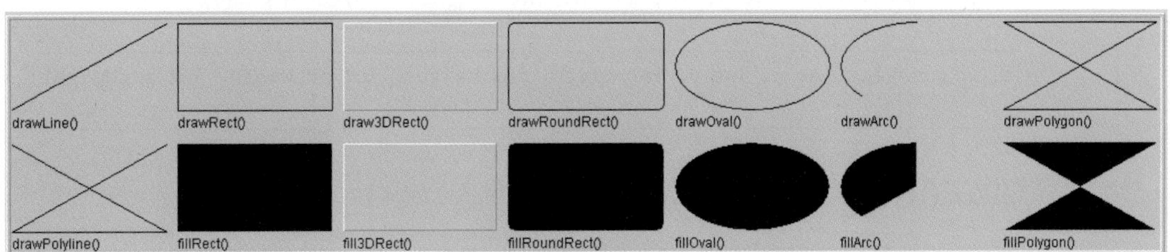

그림 11-4 • 그리기 메소드

Graphics가 제공하는 메소드들을 크게 분류한다면 외곽선만 그리는 메소드와 내부를 채워서 그리는 메소드로 구분할 수 있다. draw로 시작하는 메소드는 외곽선만을 그리고 fill로 시작하는 메소드는 내부를 채워서 그린다. 외곽선과 내부는 모두 전경색(foreground color)으로 그려진다.

직선 그리기

drawLine()은 하나의 직선을 그린다. drawPolyLine()은 여러 개의 직선을 이어서 그린다. 직선의 좌표는 직접 매개 변수로 전달하거나 배열을 통하여 전달한다.

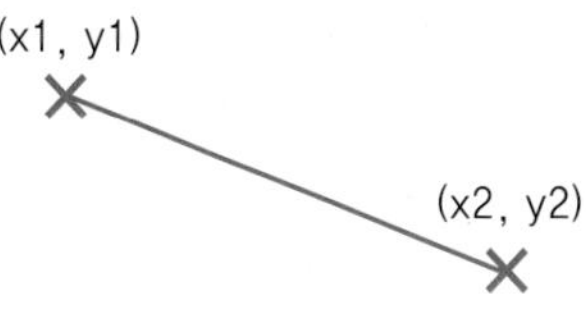

메소드 및 설명
drawLine(int x1, int y1, int x2, int y2) // 좌표 (x1,y1)에서 좌표 (x2,y2) 까지 직선을 그린다.
drawPolyline(int[] xpoints, int[] ypoints, int numpoints) // 여러 개의 직선을 이어서 그린다.

사각형 그리기

drawRect(x, y, width, height)는 왼쪽 상단의 좌표가 (x, y)이고 폭과 너비가 width, height인 사각형을 그린다. draw3DRect()와 fill3DRect()메소드는 약간의 3차원 효과를 가미한 사각형을 그린다. 매개 변수 raised는 3차원 사각형을 볼록하게 보이게 할 것인지(true), 오목하게 보이게 할 것인지(false)를 지정한다.

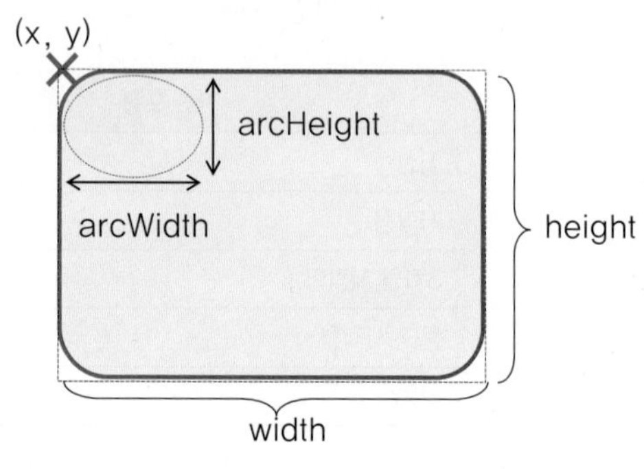

메소드 및 설명
drawRect(int x, int y, int width, int height) // 왼쪽 상단 좌표 (x, y)
draw3DRect(int x, int y, int width, int height, boolean raised) // 3D 효과 사각형
drawRoundRect(int x, int y, int width, int height, int arcWidth, int arcHeight) // 둥근사각형

fillRect()는 내부가 전경색으로 채워진 사각형을 그린다.

메소드 및 설명
fillRect(int x, int y, int width, int height) // 왼쪽 상단 좌표 (x, y)
fill3DRect(int x, int y, int width, int height, boolean raised) // 3D 사각형
fillRoundRect(int x, int y, int width, int height, int arcWidth, int arcHeight) // 둥근 사각형

draw3DRect()와 fill3DRect()의 경우, 전경색과 배경색을 잘 선택해야 3차원 효과를 나타낼 수 있다. 가장 좋은 것은 전경색과 배경색을 같은 색으로 설정하고 그려보는 것이다.

```
setForeground(Color.lightGray);
setBackground(Color.lightGray);
```

타원 그리기

타원은 타원을 둘러싸는 사각형(bounding rectangle)으로 정의된다. 타원을 그리는 메소드의 매개 변수는 사각형의 좌측 상단의 x, y 좌표, 너비, 높이이다.

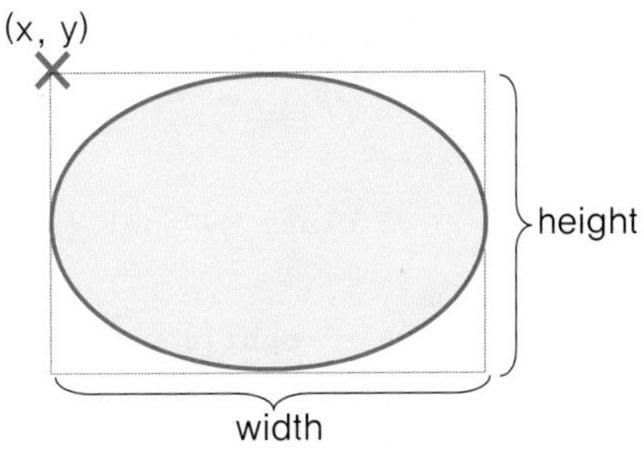

메소드
`drawOval(int x, int y, int width, int height)` `fillOval(int x, int y, int width, int height)    // 좌측 상단의 좌표가 x,y이며 폭 width, 높이 height의 사각형 안에 내접하는 타원을 그린다.`

호(arc)그리기

호는 타원의 일부분으로 간주된다. 사각형에 내접하는 타원을 startAngle을 시작 각도로 하여 arcAngle의 각도만큼의 호를 그린다. 각도는 0°에서 360°까지의 숫자를 사용하여 표기된다(각도의 단위가 radian이 아니고 degree임을 주의하라).

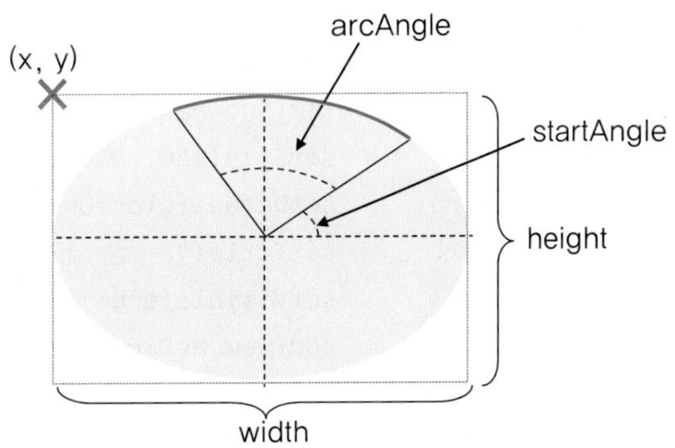

메소드 및 설명

`drawArc(int x, int y, int width, int height, int startAngle, int arcAngle)`
`fillArc(int x, int y, int width, int height, int startAngle, int arcAngle)`
`// 좌측 상단의 좌표가 x, y이며 폭 width, 높이 height의 사각형 안에 내접하는 타원을 startAngle을 시작 각도로 하여 arcAngle의 각도만큼의 호를 그린다.`

예제

여기서 지금까지 학습한 내용을 바탕으로 아래 그림과 비슷한 얼굴을 직선, 타원, 사각형 등을 이용하여 그려보자.

SnowManFace.java

```java
// 소스를 입력하고 Ctrl+Shift+O를 눌러서 필요한 파일을 포함한다.

class MyPanel extends JPanel {

   public void paintComponent(Graphics g) {
      super.paintComponent(g);
      g.setColor(Color.YELLOW);
      g.fillOval(20, 30, 200, 200);
      g.setColor(Color.BLACK);
      g.drawArc(60, 80, 50, 50, 180, -180);      // 왼쪽 눈
      g.drawArc(150, 80, 50, 50, 180, -180);     // 오른쪽 눈
      g.drawArc(70, 130, 100, 70, 180, 180);     // 입
   }
}

public class SnowManFace extends JFrame {
   public SnowManFace() {
      setSize(280, 300);
      setDefaultCloseOperation(JFrame.EXIT_ON_CLOSE);
      setTitle("눈사람 얼굴");
      setVisible(true);
      add(new MyPanel());
   }

   public static void main(String[] args) {
      SnowManFace s = new SnowManFace();
   }
}
```

전경색을 노란색으로 변경한다.

채워진 타원을 그린다.

전경색을 검정색으로 변경한다.

패널을 프레임에 추가한다.

1. SnowManFace에 버튼을 추가하고 이 버튼이 눌리면 찡그린 얼굴로 변경되도록 소스를 수정하라.
2. 얼굴의 디테일을 좀 더 추가하여 보자.

LAB

프랙탈로 나무 그리기

프랙탈(fractal)은 자기 유사성을 가지는 기하학적 구조를 말한다. 자기 유사성이란 전체의 일부가 전체와 비슷한 형태를 말한다. 망델브로가 처음으로 쓴 단어로서, 프랙털 구조는 트리나 해안선과 같은 자연물에서 많이 발견된다. 프랙탈 이론을 사용하면 컴퓨터로 아주 정교한 트리나 해안선을 그릴 수 있다. 이번 실습에서는 프랙탈 이론을 사용하여서 나무를 그려보자.

Hint

프랙탈 트리를 그리는 것은 아주 간단하다. 다음과 같은 과정을 되풀이 한다.

❶ 나무 줄기를 그린다.

❷ 줄기의 끝에서 특정한 각도로 2개의 가지를 그린다.

❸ 동일한 과정을 가지의 끝에서 반복한다. 충분한 가지가 생성될 때까지 이 과정을 반복한다.

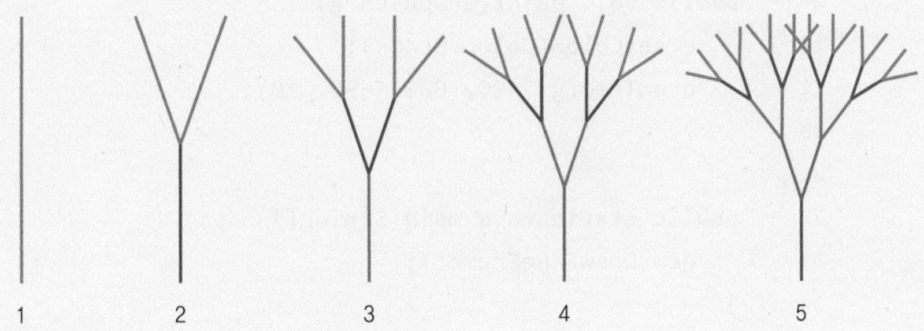

Solution

프랙탈로 나무 그리기

DrawTreeExample.java

```
import java.awt.Color;
import java.awt.Graphics;
import javax.swing.JFrame;

public class DrawTreeFrame extends JFrame {

   public DrawTreeFrame() {
      setSize(800, 700);
      setDefaultCloseOperation(EXIT_ON_CLOSE);
      setVisible(true);
   }

   private void drawTree(Graphics g, int x1, int y1, double angle,
      int depth) {
      if (depth == 0)
         return;
      int x2 = x1 + (int) (Math.cos(Math.toRadians(angle)) * depth
         * 10.0);
      int y2 = y1 + (int) (Math.sin(Math.toRadians(angle)) * depth
         * 10.0);
      g.drawLine(x1, y1, x2, y2);
      drawTree(g, x2, y2, angle - 20, depth - 1);
      drawTree(g, x2, y2, angle + 20, depth - 1);
   }

   @Override
   public void paint(Graphics g) {
      g.setColor(Color.BLACK);
      drawTree(g, 400, 600, -90, 10);
   }

   public static void main(String[] args) {
      new DrawTreeFrame();
   }
}
```

순환호출을 하여서 세부 형태를 그린다.

위의 프로그램에서 하나의 줄기를 2개로 나눌 때, 나누어지는 각도나 가지의 길이를 난수(random number)로 하면 상당히 복잡한 트리도 그릴 수 있다. 난수를 사용하여 오른쪽과 같은 나무를 그려보자.

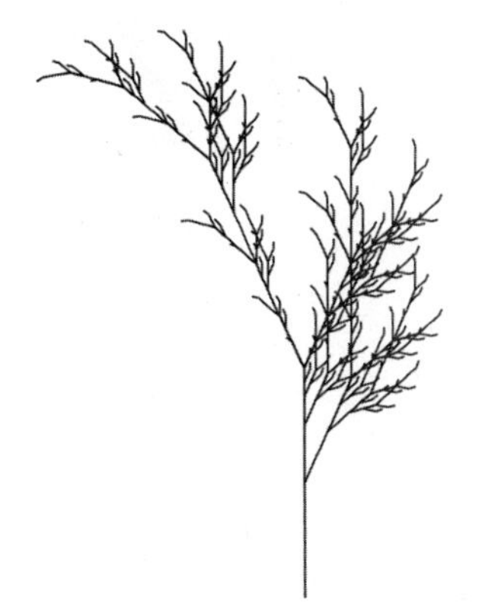

04 색상(Color)

이번 절에서는 도형의 색상을 변경하는 방법을 살펴보자. 또한 Color 클래스를 이용하여서 필요한 색상을 정의하는 방법도 학습한다.

색상 정의 방법

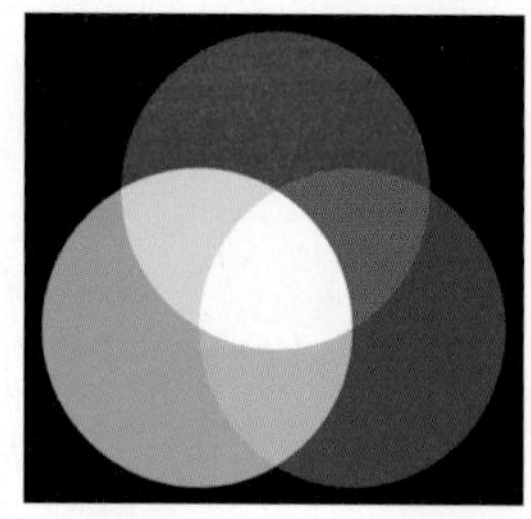

자바에서는 색상을 정의하고 관리하는데 java.awt 패키지의 일부인 Color 클래스를 사용한다. Color 클래스로 만들어지는 객체는 특정한 하나의 색을 나타낸다. 특정한 색을 표현하기 위해서는 빛의 3원색인 Red 성분, Green 성분, Blue 성분이 얼마나 함유되어 있는지를 0에서 255까지의 수를 사용하여 나타낸다. 예를 들어 흰색은 (255, 255, 255)가 되고 검정색은 (0, 0, 0), 노란색은 (255, 255, 0)으로 표현된다.

많이 쓰이는 색상 값들은 Color 클래스 안에서 미리 정의되어 있다. 이런 색상 값들은 클래스 변수이면서 상수이다. 이들은 클래스 안에서 static으로 정의되어 있고 객체의 이름이 아닌 클래스의 이름으로 참조될 수 있다. 예를 들어 Color.white, Color.black, Color.yellow 등으로 참조할 수 있다.

클래스 변수 이름	색 상	RGB 값
Color.black	black	(0,0,0)
Color.blue	blue	(0,0,255)
Color.cyan	cyan	(0,255,255)
Color.gray	gray	(128,128,128)
Color.darkGray	dark gray	(64,64,64)
Color.lightGray	light gray	(192,192,192)
Color.green	green	(0,255,0)
Color.magenta	magenta	(255,0,255)
Color.orange	orange	(255,200,0)
Color.pink	pink	(255,175,175)
Color.red	red	(255,0,0)
Color.white	white	(255,255,255)
Color.yellow	yellow	(255,255,0)

색상을 정의하기 위해서는 Color의 클래스 변수를 사용하는 방법과 Red, Green, Blue

의 RGB 값을 지정하여 Color 객체를 생성하는 방법의 2가지가 있다. 다음은 같은 색을 다르게 나타낸 것이다.

```
Color c = Color.magenta;
Color c = new Color (255,0,255);
```

Color는 알파값(alpha)을 가질 수 있다. 알파값이란 색상의 투명도를 나타낸다. 기본적으로는 255(전혀 투명하지 않음)이지만 사용자가 변경할 수 있다. 예를 들어서

```
Color c = new Color (255, 0, 0, 128);
```

와 같이 생성하면 빨간색인데 투명도가 50%인 색상이 만들어진다.

색상 설정 방법

컴포넌트 객체에서는 setBackground() 메소드를 사용하여 배경색을 지정할 수 있는데, 지정된 배경색으로 객체가 표시된다. 컴포넌트 객체 위에 문자 및 그림을 그리는데 사용되는 전경색은 Graphics 클래스의 setColor() 메소드로 변경 가능하다. setColor() 메소드로 색상을 변경하면 다시 변경하기 전까지 이 색상을 사용하여 모든 문자와 그림이 그려진다.

생성자	설명
setBackground(Color c)	컴포넌트 객체에서 배경색을 설정한다.
setColor(Color c)	전경색을 설정한다.
Color getColor()	현재의 전경색을 반환한다.

예제

버튼을 누르면 사각형의 색상을 변경하는 프로그램을 작성하여 보자. 앞에서와 마찬가지로 프레임 위에 패널을 얹고 패널에 사각형을 그렸다. 버튼을 추가하고 버튼을 누르면 색상을 난수를 이용하여 변경하도록 하였다.

ColorTest.java

```
// 소스를 입력하고 Ctrl+Shift+O를 눌러서 필요한 파일을 포함한다.

class MyPanel extends JPanel implements ActionListener {
   JButton button;
   Color color = new Color(0, 0, 0);

   public MyPanel() {
      setLayout(new BorderLayout());
      button = new JButton("색상 변경");
```

setLayout()은 컨테이너의 배치 관리자를 설정하는 메소드이다. 배치 관리자에 대해서는 차후에 자세히 학습할 것이다.

```java
        button.addActionListener(this);
        add(button, BorderLayout.SOUTH);
    }

    public void paintComponent(Graphics g) {
        super.paintComponent(g);
        g.setColor(color);
        g.fillRect(10, 10, 210, 220);
    }

    public void actionPerformed(ActionEvent e) {
        color = new Color((int) (Math.random() * 255.0),
            (int) (Math.random() * 255.0), (int) (Math.random() * 255.0));
        repaint();
    }
}

public class ColorTest extends JFrame {
    public ColorTest() {
        setSize(240, 300);
        setDefaultCloseOperation(JFrame.EXIT_ON_CLOSE);
        setTitle("Color Test");
        setVisible(true);
        JPanel panel = new MyPanel();
        add(panel);
    }

    public static void main(String[] args) {
        ColorTest s = new ColorTest();
    }

}
```

버튼에 이벤트 처리기를 붙인다.

버튼이 눌려지면 호출된다.

색상을 난수로 변경한다.

repaint()는 현재 컨테이너를 다시 그리게 하는 메소드이다. 절대로 paint()를 직접 호출하면 안된다.

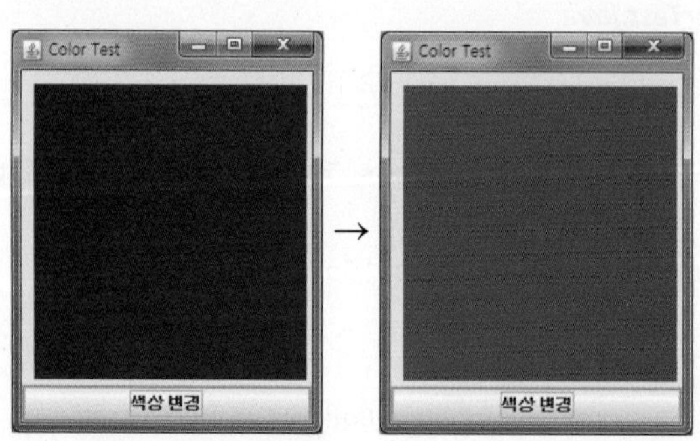

색상 선택기

애플리케이션에 따라서 사용자가 색상을 선택하도록 하는 경우도 많다. 이때 간편하게 사용할 수 있는 클래스가 JColorChooser이다. 이 클래스는 색상 팔레트에서 사용자가 쉽게 색상을 선택할 수 있게 한다.

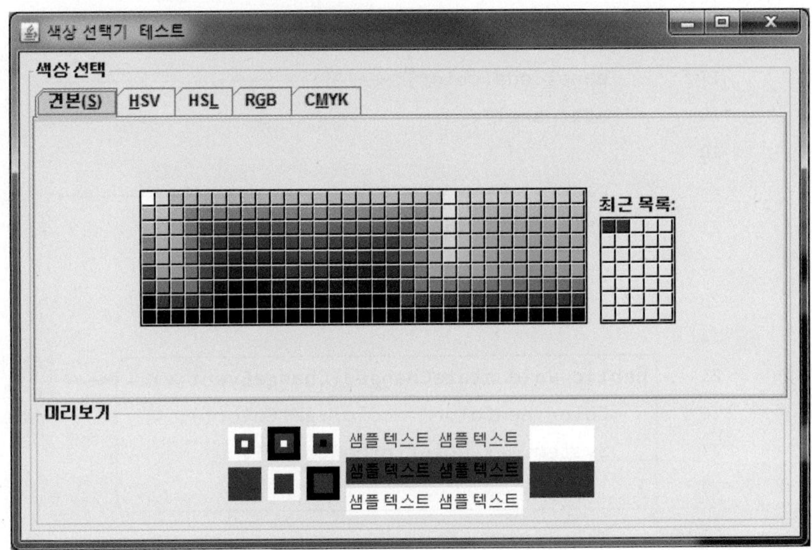

색상 선택기는 두 부분으로 구성된다. 탭이 붙어있는 패널과 미리 보기 패널이다. 탭이 붙어 있는 패널은 각기 다른 색상 모델을 지원한다. 미리 보기 패널은 현재 선택된 색상을 다양한 방식으로 표시한다.

위의 그림은 아래의 코드로 생성되었다. 아래 코드는 색상 선택기를 생성시키고 현재 선택된 색상을 이벤트 리스너에서 가져온다. JColorChooser 생성자는 최초 색상을 나타내는 Color 매개 변수를 받는다. 만약 초기 색상을 지정하지 않으면 색상 선택기는 Color.white를 표시한다.

```
JColorChooser  colorChooser = new JColorChooser(Color.RED);
```

ColorChooserTest.java

```
// 소스를 입력하고 Ctrl+Shift+O를 눌러서 필요한 파일을 포함한다.

public class ColorChooserTest extends JFrame implements ChangeListener {

   protected JColorChooser color;

   public ColorChooserTest() {
      setTitle("색상 선택기  테스트");
      setDefaultCloseOperation(JFrame.EXIT_ON_CLOSE);
```

```java

        color = new JColorChooser();  // 생성자 호출
        color.getSelectionModel().addChangeListener(this);
            // 리스너 등록
        color.setBorder(BorderFactory.createTitledBorder("색상 선택"));

        JPanel panel = new JPanel();
        panel.add(color);
        add(panel);

        pack();
        this.setVisible(true);

    }

    public void stateChanged(ChangeEvent e) {
        Color newColor = color.getColor();
        System.out.println(newColor);
    }

    public static void main(String[] args) {
        new ColorChooserTest();
    }
}
```

패널에 색상 선택기 객체를 추가한다.

프레임의 크기를 압축한다.

사용자가 색상을 선택하면 호출된다.

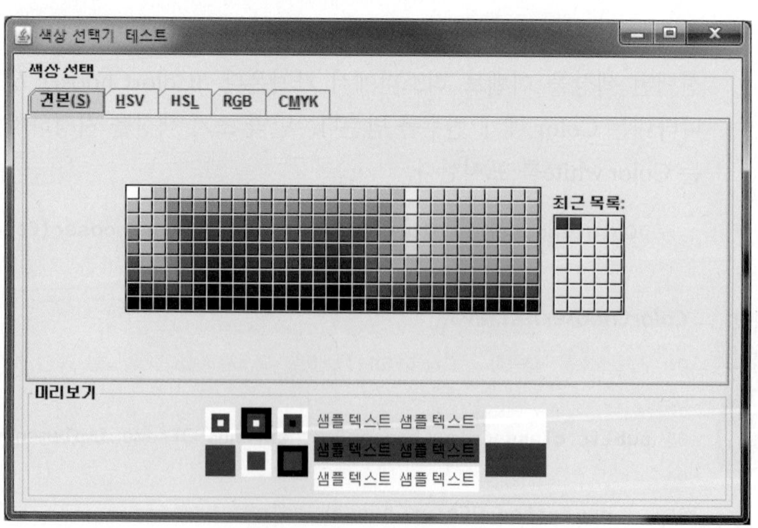

05 폰트(Font)

문자열 그리기

지금까지 우리가 사용해온 System.out.println()은 콘솔에 텍스트를 출력하였다. 하지만 윈도우에 텍스트를 출력하려면 drawString() 메소드를 사용하여야 한다. drawString()도 Graphics 클래스에 포함되어 있다. 예를 들어서 (x, y) 위치에 문자열 "Hello World!"을 출력하려면 다음과 같이 한다.

```
g.drawString("Hello World!", x, y);
```

문자열은 지정된 폰트로 출력된다. 만약 폰트가 지정되어 있지 않으면 디폴트 폰트가 사용된다.

폰트 생성

폰트를 지정하기 위해서는 Font 클래스를 사용한다. 각 Font 객체는 폰트 이름(Courier, Helvetica,..)과 스타일(plain, bold, italic,...), 크기(12포인트,...)의 3가지 속성을 가지고 있다. 폰트를 지정하려면 먼저 Font 클래스의 객체를 만드는 것이 필요하다. 예를 들어서 다음 문장은 크기가 10이고 plain 스타일의 Courier 폰트 객체를 생성한다.

```
Font   font = new Font("Courier", Font.PLAIN, 10);
  //  plain 형식이고 크기는 10포인트
```

❶ 생성자의 첫 번째 매개 변수는 폰트의 이름이다. 예를 들어서 "Times", "Courier", "Helvetica"라고 적어주면 된다.

❷ 생성자의 두 번째 매개 변수는 볼드(bold)나 이탤릭(italic)와 같은 수식자이다. 폰트의 스타일에는 다음의 3가지가 있다. 스타일을 조합하고 싶은 경우에는 Font.BOLD | Font.ITALIC와 같이 한다.

폰트 스타일	설 명
Font.BOLD	볼드체
Font.ITALIC	이탤릭체
Font.PLAIN	표준체

❸ 생성자의 세 번째 매개 변수는 크기로서 단위는 포인트(point)이다. 포인트는 1/72인치이다.

논리적인 폰트와 물리적인 폰트

자바에는 **논리적인 폰트(logical font)**와 **물리적인 폰트(physical font)**가 있다.

❶ 물리적인 폰트는 TrueType이나 PostScript Type-1 형식의 실제 폰트이다. 예를 들어서 "Times", "Courier", "Helvetica"은 모두 물리적인 폰트이다. 시스템에 존재하는 모든 폰트의 이름을 얻으려면 다음과 같은 문장을 사용한다.

```
GraphicsEnvironment   ge = GraphicsEnvironment.getLocalGraphicsEnvironment();
String[]    fontFamilies = ge.getAvailableFontFamilyNames();
```

❷ 논리적인 폰트는 다음과 같은 5개의 폰트 패밀리를 의미한다. 이들 논리적인 폰트는 실제 폰트가 아니다. 이들 논리적인 폰트 이름은 자바에 의하여 물리적인 폰트로 매핑된다.

논리적인 폰트	설 명
"Serif"	삐침(serif)를 갖는 가변폭 글꼴, 대표적으로 TimesRoman이 있다.
"SansSerif"	삐침(serif)를 갖지않는 가변폭 글꼴, 대표적으로 Helvetica가 있다.
"Monospaced"	고정폭을 가지는 글꼴, 대표적으로 Courier가 있다.
"Dialog"	대화상자에서 텍스트 출력을 위하여 사용되는 글꼴
"DialogInput"	대화상자에서 텍스트 입력을 위하여 사용되는 글꼴

논리적인 폰트는 시스템에 관계없이 항상 사용할 수 있다. "Serif"는 글자의 끝에 장식적인 삐침을 가지는 폰트이다. "San Serif"는 장식적인 삐침이 없다. "Monospaced"은 모든 글자의 너비가 같다.

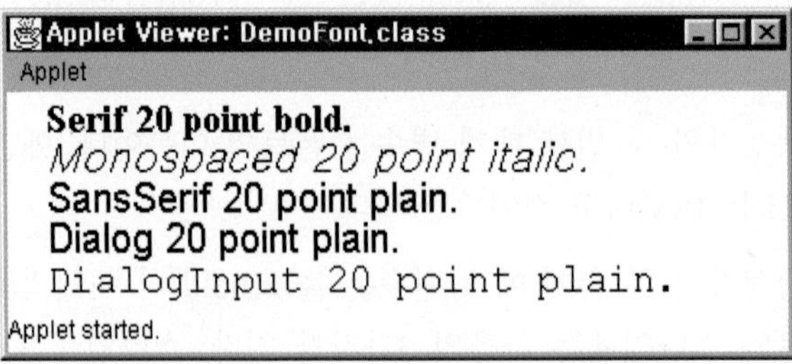

그림 11-5 • 논리적인 폰트의 형태

폰트의 지정

Graphics 객체에서 폰트를 지정하기 위해서는 setFont() 메소드를 사용한다. 예를 들어서 paintComponent() 메소드에서 Graphics 객체의 폰트를 지정하려면 다음과 같은 문장을 사용한다.

```
public void paintComponent(Graphics g)
{
```

```
    Font f = new Font("Serif",  Font.BOLD | Font.ITALIC,  12);
    g.setFont(f);
    ...
}
```

컴포넌트에서도 setFont()를 이용하여 컴포넌트가 사용하는 폰트를 변경할 수 있다. 예를 들어서 레이블 컴포넌트에서 텍스트를 표시하는 폰트는 다음과 같이 변경한다.

```
JLabel  myLabel = new JLabel("폰트 색상");
Font f = new Font("Dialog", Font.ITALIC, 10);     // ①
myLabel.setFont(f);                               // ②
```

① Font 생성자가 시스템에 실제로 폰트를 생성시키는 것은 아니다. 시스템에 이미 설치된 폰트를 프로그램에서 사용할 수 있도록 객체를 생성할 뿐이다.

② 컴포넌트가 자신이 들어있는 컨테이너의 폰트를 그대로 사용하려면 setFont(null)하면 된다.

예제

논리적인 폰트들을 생성하여서 각각의 폰트를 사용하여서 문자열을 출력하여 보자.

FontTest.java

```
import javax.swing.*;
import java.awt.event.*;
import java.awt.*;

class MyPanel extends JPanel {

   Font f1, f2, f3, f4, f5;

   public MyPanel() {
      f1 = new Font("Serif", Font.PLAIN, 20);
      f2 = new Font("San Serif", Font.BOLD, 20);
      f3 = new Font("Monospaced", Font.ITALIC, 20);
      f4 = new Font("Dialog", Font.BOLD | Font.ITALIC, 20);
      f5 = new Font("DialogInput", Font.BOLD, 20);
   }

   public void paintComponent(Graphics g) {
      super.paintComponent(g);
      g.setFont(f1);
      g.drawString("Serif 20 points PLAIN", 10, 50);
```

생성자에서 논리적인 폰트를 생성한다.

폰트를 변경한다.

```java
        g.setFont(f2);
        g.drawString("SanSerif 20 points BOLD", 10, 70);
        g.setFont(f3);
        g.drawString("Monospaced 20 points ITALIC", 10, 90);
        g.setFont(f4);
        g.drawString("Dialog 20 points BOLD + ITALIC", 10, 110);
        g.setFont(f5);
        g.drawString("DialogInput 20 points BOLD", 10, 130);
    }
}

public class FontTest extends JFrame {
    public FontTest() {
        setSize(500, 200);
        setDefaultCloseOperation(JFrame.EXIT_ON_CLOSE);
        setTitle("Font Test");
        JPanel panel = new MyPanel();
        add(panel);
        setVisible(true);
    }

    public static void main(String[] args) {
        FontTest s = new FontTest();
    }
}
```

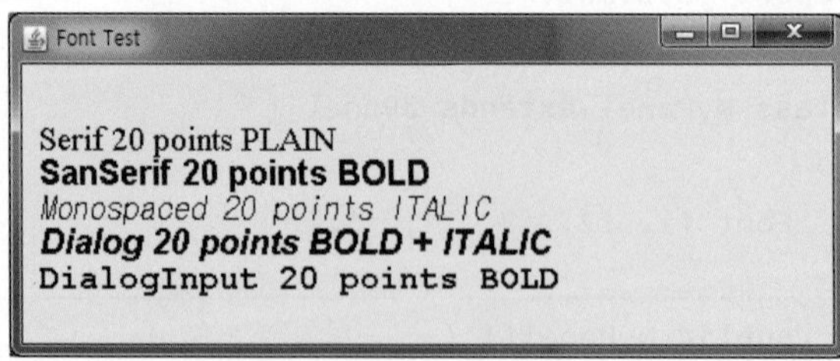

06 이미지 출력

이미지 출력은 게임과 같은 애플리케이션에서 아주 중요하다. 자바는 GIF, PNG JPEG 타입의 이미지를 화면에 그릴 수 있다. 반대로 자바 프로그램에서 작성된 그림을 이미지 파일로도 저장할 수 있다.

이미지와 관련된 2개의 중요한 클래스가 있다.

- Image 클래스는 이미지를 픽셀들의 2차원 배열로 나타내는 기본 클래스이다.
- BufferedImage 클래스는 Image 클래스를 상속받은 클래스로 직접 이미지 데이터를 처리할 수 있다. 즉 픽셀을 읽거나 쓸 수 있다. 애플리케이션은 이 클래스의 객체를 생성하는 것이 좋다.

이미지 읽기

이미지의 경우, 일반적으로 JPEG나 GIF 형식으로 압축되어서 파일 형태로 존재한다. 프로그램에서 제일 먼저 해야 할 일은 이들 파일을 읽어서 내부 형식의 이미지로 변환하는 것이다. 파일에서 이미지를 읽으려면 다음과 같은 코드를 사용한다.

```
BufferedImage img = null;
try {
    img = ImageIO.read(new File("strawberry.jpg"));
} catch (IOException e) {
}
```

try-catch 구조는 오류를 처리하는 구조이다.

Image I/O 클래스는 javax.imageio 패키지에 있으며 GIF, PNG, JPEG, BMP, WBMP 형식의 이미지 파일을 읽을 수 있다. Image I/O 패키지를 이용하여서 이미지를 읽고 화면에 표시하는 프로그램을 작성하여 보면 다음과 같다.

LoadImageApp.java

```
// 소스를 입력하고 Ctrl+Shift+O를 눌러서 필요한 파일을 포함한다.

public class LoadImageApp extends JPanel {

   BufferedImage img;

   public void paint(Graphics g) {
      g.drawImage(img, 0, 0, null);
   }
```

```java

    public LoadImageApp() {
        try {
            img = ImageIO.read(new File("dog.png"));
        } catch (IOException e) {
        }

    }

    public Dimension getPreferredSize() {
        if (img == null) {
            return new Dimension(100, 100);
        } else {
            return new Dimension(img.getWidth(null), img.getHeight(null));
        }
    }

    public static void main(String[] args) {

        JFrame f = new JFrame("이미지 표시 예제");

        f.add(new LoadImageApp());
        f.pack();
        f.setVisible(true);
        f.setDefaultCloseOperation(JFrame.EXIT_ON_CLOSE);

    }
}
```

생성자로 이미지를 읽는다.

원하는 크기를 반환하는 메소드이다. 컴포넌트의 크기를 이미지의 크기에 맞춘다.

프레임에 패널을 추가한다.

이미지 그리기

이미 학습하였듯이 이미지를 화면에 그리는 것은 Graphics 클래스의 drawImage()를 사용한다.

```
boolean drawImage(Image img,
                  int x, int y,
                  ImageObserver observer);
```

(x, y) 위치는 이미지의 좌측 상단이 그려지는 화면의 좌표를 나타낸다. observer는 일반적인 경우에, null을 전달하면 된다. 만약 이미지 전체를 그리지 않고 일부만 그리고 싶은 경우에는 다음과 같은 메소드를 사용한다. 위의 메소드는 전체의 이미지를 화면에 1:1로 매핑하여서 그리는 것이다.

```
boolean drawImage(Image img,
                  int dstx1, int dsty1, int dstx2, int dsty2,
                  int srcx1, int srcy1, int srcx2, int srcy2,
                  ImageObserver observer);
```

여기서 src로 시작하는 변수는 원본 이미지에서 그리고 싶은 영역이다. dst로 시작하는 변수들은 화면의 영역을 의미한다. 화면에 그려지는 이미지의 폭과 높이는 (dstx2-dstx1)과 (dsty2-dsty1)으로 계산할 수 있다. 따라서 src 영역과 dst 영역이 다르면 이미지는 늘려지거나 줄여진다.

LAB 이미지 나누어서 그리기

drawImage()를 이용하여 이미지를 그릴 때, 일부만 그릴 수 있고 또 크기를 변경할 수 있다. 이러한 기능을 이용하여서 이미지를 16조각으로 나누어서 그리는 프로그램을 작성하여 보자. 처음에는 화면에 이미지를 나누지 않고 표시하였다가 사용자가 "DIVIDE" 버튼을 누르면 이미지를 16조각으로 나누어서 표시한다.

자바에서 이미지를 그리는 drawImage() 메소드는 다음과 같은 매개 변수들을 가진다. 매개 변수들의 의미는 아래 그림을 참조한다.

```
boolean drawImage(Image img,
                  int dstx1, int dsty1, int dstx2, int dsty2,
                  int srcx1, int srcy1, int srcx2, int srcy2,
                  ImageObserver observer);
```

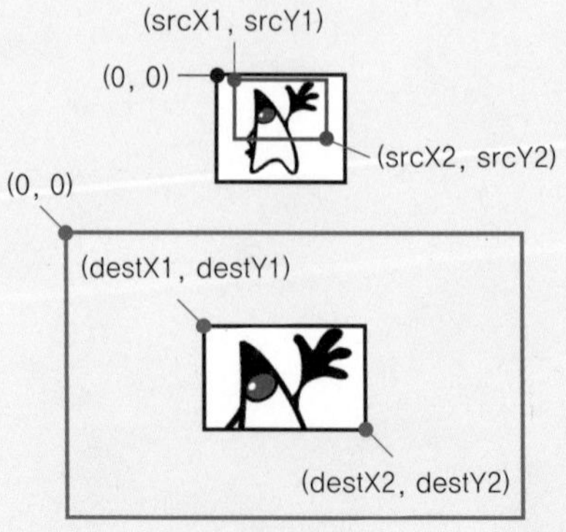

이미지 나누어서 그리기

MyImageFrame.java

```
// 소스를 입력하고 Ctrl+Shift+O를 눌러서 필요한 파일을 포함한다.

public class MyImageFrame extends JFrame implements ActionListener {

   private int pieces = 4;
   private int totalPieces = pieces * pieces;
   private int[] pieceNumber;
   private BufferedImage img;

   public MyImageFrame() {
      setTitle("Image Draw Test");
      try {
         img = ImageIO.read(new File("hubble.jpg"));
      } catch (IOException e) {
         System.out.println(e.getMessage());
         System.exit(0);

      }
      pieceNumber = new int[totalPieces];
      for (int i = 0; i < totalPieces; i++) {
         pieceNumber[i] = i;
      }
      add(new MyPanel(), BorderLayout.CENTER);
      JButton button = new JButton("DIVIDE");

      button.addActionListener(this);
      add(button, BorderLayout.SOUTH);
      setSize(img.getWidth(null), img.getHeight(null));
      setVisible(true);
   }

   void divide() {
      Random rand = new Random();
      int ri;
      for (int i = 0; i < totalPieces; i++) {
         ri = rand.nextInt(totalPieces);
         int tmp = pieceNumber[i];
         pieceNumber[i] = pieceNumber[ri];
         pieceNumber[ri] = tmp;
      }
```

이미지를 읽는다.

pieceNumber라는 이름의 배열을 생성한다. pieceNumber안에는 각 조각들의 번호가 기록된다. 처음에는 첫 번째 조각의 번호가 1, 두 번째 조각의 번호는 2, ... 이런 식으로 순차 번호가 기록된다.

divide()에서는 조각들의 번호를 난수로 만든다.

조각들을 서로 교환한다.

```
    }

    class MyPanel extends JPanel {
        public void paintComponent(Graphics g) {
            super.paintComponent(g);
            int pieceWidth = img.getWidth(null) / pieces;
            int pieceHeight = img.getHeight(null) / pieces;
            for (int x = 0; x < pieces; x++) {
                int sx = x * pieceWidth;
                for (int y = 0; y < pieces; y++) {
                    int sy = y * pieceHeight;
                    int number = pieceNumber[x * pieces + y];
                    int dx = (number / pieces) * pieceWidth;
                    int dy = (number % pieces) * pieceHeight;
                    g.drawImage(img, dx, dy, dx + pieceWidth, dy +
                            pieceHeight, sx, sy, sx + pieceWidth, sy +
                            pieceHeight, null);
                }
            }

        }

    }

    public static void main(String[] args) {
        new MyImageFrame();
    }

    public void actionPerformed(ActionEvent e) {
        divide();
        repaint();
    }
}
```

MyPanel 클래스의 paint() 메소드에서 각 조각의 위치를 계산하여서 그 위치에 각 조각을 그린다.

조각번호로부터 조각의 위치를 계산한다.

버튼이 클릭될 때마다 다시 나누고 각 조각들을 다시 그린다.

→

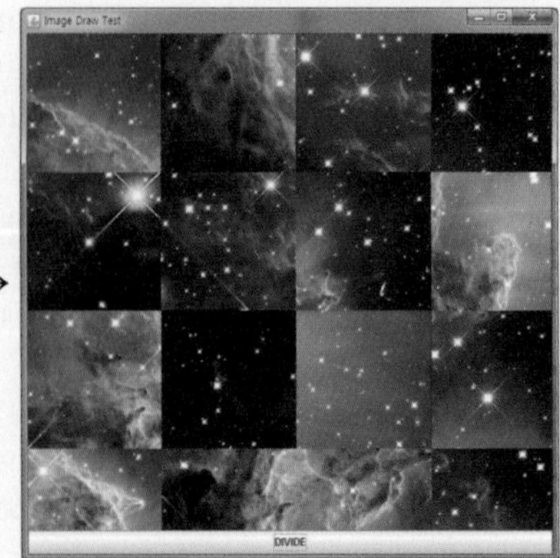

LAB 영상 처리

영상 처리(image processing)는 이미지를 읽어서 여러 가지 처리를 하는 학문 분야이다. 예를 들어서 화질이 나쁜 이미지의 화질을 향상시키는 것도 영상 처리의 일종이다. 우리는 간단한 영상 처리를 학습하여 보자. 컬러 이미지를 읽어서 흑백 이미지로 만드는 프로그램을 작성하여 보자.

→

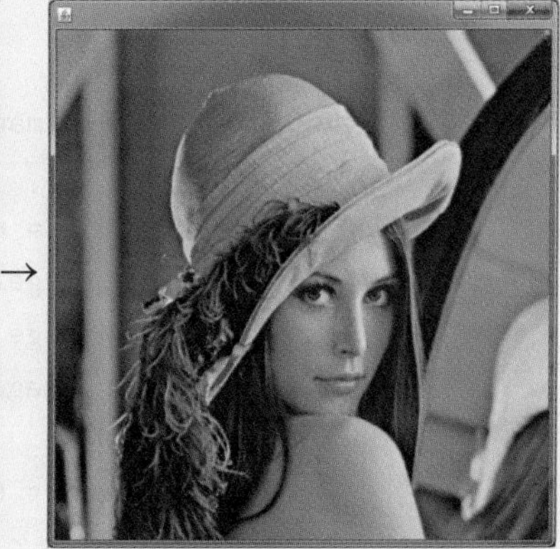

컬러 이미지의 각 픽셀은 빛의 3원색인 R(red), G(green), B(blue) 성분을 저장하고 있다. 픽셀에 저장된 이들 R, G, B 값을 읽어서 단순 평균하여 흑백이미지로 만들 수 있다. 물론 흑백 이미지를 만드는 알고리즘은 여러 가지가 있으나 여기서는 가장 간단한 단순 평균 방법을 사용하였다.

프로그램을 실행하기 전에 프로젝트 폴더에 Lenna.png 파일이 존재하여야 한다. 인터넷에서 이 파일을 다운로드받아서 프로젝트 폴더로 복사하도록 하자. 물론 다른 파일을 사용하여도 된다.

영상 처리

GrayScaleImage.java

```java
public class GrayScaleImage extends JFrame {

   BufferedImage image;
   int width;
   int height;

   public GrayScaleImage() {
      try {
         File input = new File("Lenna.png");
         image = ImageIO.read(input);
         width = image.getWidth();
         height = image.getHeight();

         for (int r = 0; r < height; r++) {
            for (int c = 0; c < width; c++) {

               Color color = new Color(image.getRGB(r, c));

               int red = (int) (color.getRed());
               int green = (int) (color.getGreen());
               int blue = (int) (color.getBlue());
               int avg = (red + green + blue) / 3;
               Color newColor = new Color(avg, avg, avg);

               image.setRGB(r, c, newColor.getRGB());
            }
         }

         File ouptut = new File("output.png");
         ImageIO.write(image, "png", ouptut);
         add(new MyPanel());
         pack();
         setVisible(true);

      } catch (Exception e) {
```

try-catch 구조는 오류를 처리하는 구조이다. 14장을 참조한다.

이미지의 (r, c)위치의 픽셀값을 얻는다.

R, G, B를 평균하여 그 값으로 픽셀의 R, G, B를 변경한다.

흑백이미지를 파일로 출력한다.

```
            System.out.println("이미지 읽기 실패!");
        }
    }

    class MyPanel extends JPanel {

        public void paintComponent(Graphics g) {
            g.drawImage(image, 0, 0, null);
        }

        public Dimension getPreferredSize() {
            if (image == null) {
                return new Dimension(100, 100);
            } else {
                return new Dimension(image.getWidth(null),
                        image.getHeight(null));
            }
        }
    }

    static public void main(String args[]) throws Exception {
        GrayScaleImage obj = new GrayScaleImage();
    }
}
```

→

원본 이미지 파일과 변환된 이미지 파일을 동시에 보여주도록 위의 프로그램을 변경하여 보자.

07 Java 2D

자바 1.1 버전의 AWT는 상당히 기능이 제한된 그래픽을 제공한다. 예를 들어서 우리는 직선을 그릴 수 있지만 선의 두께를 변경할 수 없다. 또한 도형을 회전시킬 수도 없다. 고성능의 그래픽을 제공하기 위 하여 자바는 Java 2D라고 하는 AWT의 확장을 제공한다. Java 2D는 다음과 같은 향상된 그래픽 기능을 제공한다.

- 광범위한 그래픽 객체를 그릴 수 있다.
- 도형의 내부를 그라디언트(gradient)나 무늬로 채울 수 있다.
- 문자열을 출력할 때 폰트와 렌더링 과정을 세밀하게 조정할 수 있다.
- 이미지를 그릴 수 있고 필터링 연산을 적용할 수 있다.
- 그래픽 객체들의 충돌을 감지할 수 있는 메커니즘을 제공한다.
- 렌더링 중간에 객체들을 조합하거나 변형할 수 있다.
- 화면과 프린터에 같은 방법으로 그릴 수 있다.

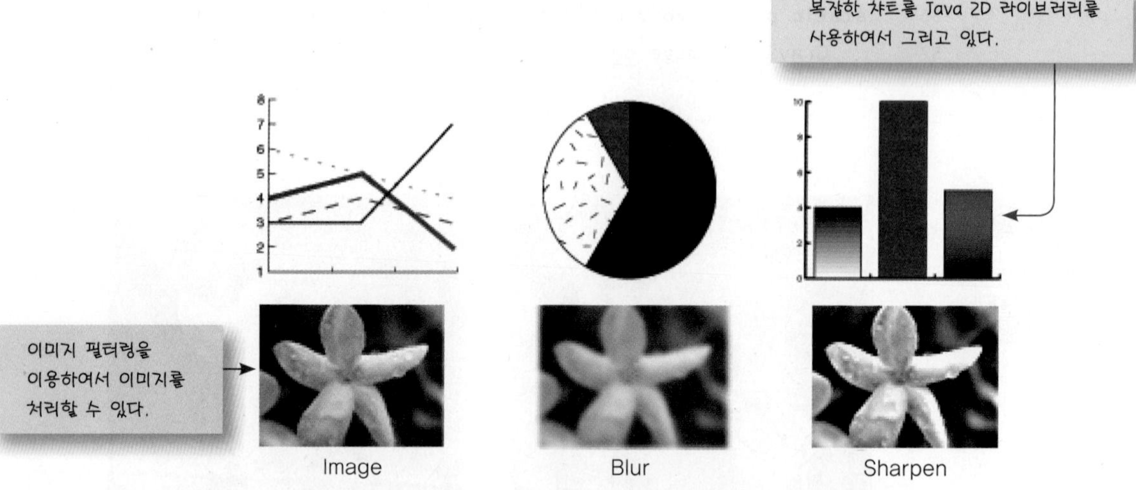

그림 11-6 • Java 2D를 이용한 그래픽의 예(출처: java.sun.com)

Java 2D를 사용하려면?

Java 2D의 핵심은 Graphics2D 클래스이다. Graphics2D 클래스는 Graphics 클래스를 확장하여, 도형 그리기, 좌표 변환, 색상 관리 및 텍스트 배치에 대해 향상된 기능을 제공한다. Graphics2D를 사용하려면 paint()의 매개 변수인 Graphics 참조 변수를 Graphics2D 참조 변수로 형변환하여 사용하면 된다.

```
public void paint(Graphics g)
{
   Graphics2D g2 = (Graphics2D) g;
   ...
}
```

Java2D를 사용하려면 단순히 Graphics 객체 변수를 Graphics2D 타입으로 형변환한다.

Java 2D의 메소드

Java 2D API는 자바 1.1 버전의 그리기 메소드와 호환된다. 즉 이전의 메소드들은 변경없이 사용이 가능하다. 예를 들어서 앞에서와 기술한 drawLine()이라는 메소드도 Graphics2D 클래스를 통하여 사용할 수 있다.

```
public void paintComponent(Graphics g)
{
   Graphics2D    g2 = (Graphics2D) g;
   g2.drawLine(100, 100, 300, 300);
   g2.drawRect(10, 10, 100, 100);
   ...
}
```

Java 2D는 여기에 덧붙여서 많은 추가적인 기능을 제공한다. 가장 중요한 점은 Java 2D는 점, 선, 사각형, 원호, 타원, 곡선을 나타내는 도형 객체의 개념을 제공한다. 예를 들어서 Java 2D에서는 사각형이라는 객체를 생성할 수 있다. 반면에 전통적인 AWT에서는 사각형을 그리는 메소드만 제공하고 있다.

Java 2D가 제공하는 메소드는 크게 2가지 그룹으로 나누어진다.

❶ 첫 번째 그룹은 형상을 그리는 메소드이다. 예를 들어서 도형 객체가 생성되면 draw() 메소드를 이용하여 도형의 외곽선을 그리던지 fill() 메소드를 이용하여서 도형의 내부를 채워서 그릴 수 있다. 다음과 같은 메소드들이 제공된다.

- draw() 메소드는 도형 객체의 외곽선을 그린다.
- fill() 메소드는 도형 객체의 내부를 색상이나 패턴으로 채워서 그린다.
- drawString()은 텍스트를 그린다.
- drawImage()는 지정된 이미지를 그린다.

❷ 두 번째 그룹은 그리기의 속성(attribute)을 변경하는 메소드이다. 예를 들어서 다음과 같은 메소드들이 제공된다.

- 스트로크(stroke) 폭을 설정한다.
- 스트로크들이 연결되는 방식을 설정한다.
- 그려지는 영역을 제한하는 절단 경로(clipping path)를 설정한다.
- 도형을 평행 이동, 회전, 신축, 밀림 변환한다.

- 도형의 내부를 채우는 색상이나 패턴을 설경한다.
- 도형들을 조합 또는 중첩하여 그린다.

Java 2D 예제

Java 2D에서 어떤 도형(shape)을 그리려면 먼저 그 도형을 나타내는 객체를 생성한다. Java 2D에서 여러 가지의 도형을 나타내는 클래스들을 제공하는데 이들은 모두 Shape 인터페이스를 구현한다. 따라서 도형 클래스의 객체들은 Shape 타입의 참조 변수를 이용하여서 참조할 수 있다(이것은 다형성에서 학습한 바 있다). 하나의 예로 Java 2D를 사용하여서 사각형을 그리는 문장은 다음과 같다.

```
Shape  rect = new    Rectangle2D.Float(7, 8, 100, 200);
```

위의 문장은 왼쪽 상단이 (7, 8)이고 폭이 100이고 높이가 200인 사각형을 생성한다. Java 2D에서는 도형들의 좌표를 float형 또는 double형으로 표현한다. Rectangle2D.Float는 float형을 사용하겠다는 의미이다. 일단 사각형이 생성되었으면 언제든지 Graphics2D 클래스의 draw() 메소드를 호출하여서 사각형을 그릴 수 있다.

```
g2.draw(rect);    // 사각형을 그린다.
```

draw() 메소드는 도형의 외곽선을 현재 선택된 색상을 이용하여서 그리게 된다. 만약 내부가 채워진 사각형을 그리고 싶으면 fill() 메소드를 사용하면 된다.

```
g2.fill(rect);
```

그렇다면 자바 1.1 버전의 방법들과 어떤 점이 다른가? 자바 버전 1.1의 방법들은 사각형이라는 형상을 생성하지 않고 직접 좌표들을 입력하여 그리게 된다. 자바 1.1 버전을 사용하는 경우, 만약 사각형의 경계를 빨간색으로 그리고, 내부를 노란색으로 그릴 필요가 있다면 사각형의 좌표들을 반복해서 메소드의 매개 변수로 입력해야 한다. 그러나 Java 2D에서는 한번만 사각형을 생성해놓으면 다시 입력할 필요가 없다. 더 중요한 것은 다른 도형과 여러 가지 조합 연산도 할 수 있다는 점이다. 결론적으로 전문적인 고급그래픽이 필요한 사용자는 Java 2D를 사용하는 것이 권장된다.

```
g2.setColor(Color.RED);
g2.draw(rect);
g2.setColor(Color.YELLOW);
g2.fill(rect);
```

도형을 나타내는 클래스들에 대한 정보는 자바 공식 튜토리얼 “Working with Geometry”에 자세히 나와 있다. 필자는 그래픽을 무척 좋아하지만 여기에 거부감을 가지는 독자들도 간혹 있는 거 같다. 여기에서는 간단한 예제만 살펴보고 지나가자. 무엇이든지 원리만 알면 나머지는 레퍼런스만 보고도 진행할 수 있기 때문이다.

예제: 도형 그리기

몇 개의 도형을 Java 2D를 이용하여 그려보자. 컬렉션 중의 하나인 ArrayList을 이용하여서 사각형, 타원, 원호 등을 생성하여 저장한다. paint() 메소드에서는 저장된 도형들을 하나씩 꺼내서 draw() 메소드를 이용하여서 화면에 그려준다.

MoreShapes.java

```
// 소스를 입력하고 Ctrl+Shift+O를 눌러서 필요한 파일을 포함한다.

public class MoreShapes extends JFrame {
    public MoreShapes() {
        setSize(600, 130);
        setTitle("Java 2D Shapes");
        setDefaultCloseOperation(JFrame.EXIT_ON_CLOSE);
        JPanel panel = new MyPanel();
        add(panel);
        setVisible(true);
    }
    public static void main(String[] args) {
        new MoreShapes();
    }
}

class MyPanel extends JPanel {
    ArrayList<Shape> shapeArray = new ArrayList<Shape>();

    public MyPanel() {
        Shape s;

        s = new Rectangle2D.Float(10, 10, 70, 80);
        shapeArray.add(s);

        s = new RoundRectangle2D.Float(110, 10, 70, 80, 20, 20);
        shapeArray.add(s);

        s = new Ellipse2D.Float(210, 10, 80, 80);
        shapeArray.add(s);

        s = new Arc2D.Float(310, 10, 80, 80, 90, 90, Arc2D.OPEN);
        shapeArray.add(s);

        s = new Arc2D.Float(410, 10, 80, 80, 0, 180, Arc2D.CHORD);
        shapeArray.add(s);
```

향상된 배열인 컬렉션의 일종인 ArrayList를 사용하여 Shape 객체들을 저장한다.

사각형을 나타내는 객체를 생성하여 배열에 추가한다.

둥근 사갹형을 생성한다.

타원

원호

```java

        s = new Arc2D.Float(510, 10, 80, 80, 45, 90, Arc2D.PIE);
        shapeArray.add(s);
    }

    public void paintComponent(Graphics g) {
        super.paintComponent(g);
        Graphics2D g2 = (Graphics2D) g;

        g2.setRenderingHint(RenderingHints.KEY_ANTIALIASING,
                RenderingHints.VALUE_ANTIALIAS_ON);

        g2.setColor(Color.BLACK);
        g2.setStroke(new BasicStroke(3));
        for (Shape s : shapeArray)
            g2.draw(s);
    }
}
```

앤티에일리어싱은 도형을 매끄럽게 그리기 위하여 설정한다. 연산 시간은 조금 더 걸리지만 그만큼 그래픽의 품질이 좋아진다.

setStroke() 메소드를 이용하여서 도형을 그리는 두께를 설정할 수 있다.

shapeArray에 저장된 Shape 객체들을 꺼내서 화면에 그려준다. Java 2D의 도형들은 모두 Shape 인터페이스를 구현하기 때문에 Shape 타입으로 생각할 수 있다.

Java 2D를 이용한 도형 채우기

Java 2D를 이용하여 도형을 채우는 방법에 대하여 살펴보자. 단일색으로 도형을 채우려면 먼저 setColor()를 호출하여서 채우는 색상을 설정한 후에 fill() 메소드를 호출하면 된다. 예를 들어서 파란색으로 타원을 채우려면 다음과 같이 한다.

```java
g2.setColor(Color.BLUE);
g2.fill(ellipse);
```

Java 2D에서는 단일색뿐만 아니라 더 다양한 방법으로 도형을 칠할 수 있다. 즉 부분적으로 투명하게 칠할 수도 있으며 하나의 색상이 다른 색상으로 점차적으로 변하는 그라디언트(gradient)로 칠할 수 있다.

단일 색상 대신에 그라디언트 색상을 지정할 수 있다. 그라디언트는 두 개의 색상을 섞는 것으로 GradientPaint 클래스를 사용한다. 그라디언트를 생성하기 위해서는 시작 위치와 색상, 종료 위치와 색상을 지정하면 된다. 그라디언트는 시작 위치부터 종료 위치까지의 직선을 따라서 하나의 색상에서 다른 색상으로 점차적으로 변화된다. 예를 들어서 다음의 문장은 (0, 0)위치의 흰색에서 (0, 100) 위치의 빨간색까지 변화되는 그라디언트를 생성한다.

```
GradientPaint gp = new GradientPaint(0, 0, Color.WHITE, 0, 100,
    Color.RED);
g2.setPaint(gp);
```

예제: 그라디언트 채우기

앞의 예제와 동일한 도형들을 내부를 단일색과 그라디언트로 번갈아 채워서 그렸다.

FillShapes.java

```
...
class MyPanel extends JPanel {

   public void paintComponent(Graphics g) {
      Graphics2D g2 = (Graphics2D) g;

      // 앤티 에일리어싱을 설정한다.
      g2.setRenderingHint(RenderingHints.KEY_ANTIALIASING,
                          RenderingHints.VALUE_ANTIALIAS_ON);

      g2.setStroke(new BasicStroke(3));
      GradientPaint gp = new GradientPaint(0, 10, Color.WHITE, 0,
                                           70, Color.RED);
      // 사각형
      g2.setPaint(Color.RED);
      g2.fill(new Rectangle2D.Float(10, 10, 70, 80));
      // 둥근 사각형
      g2.setPaint(gp);
      g2.fill(new RoundRectangle2D.Float(110, 10, 70, 80, 20, 20));
      ...
   }
}
```

GradientPaint 객체를 생성한다.

GradientPaint 객체로 채우는 색상을 지정

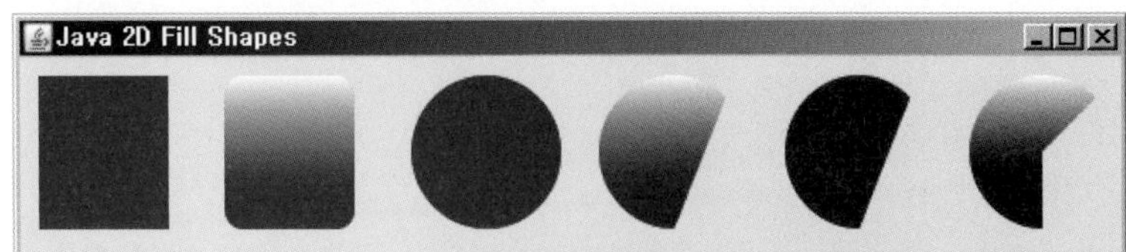

애니메이션 작성하기

이번 장에서 학습한 내용을 바탕으로 간단한 애니메이션을 작성하여 보자. 우주선 이미지를 읽어서 화면에 표시한다. 동시에 타이머를 이용하여서 우주선을 움직여 보자. 우주선은 좌측 하단에서 우측 상단으로 움직인다.

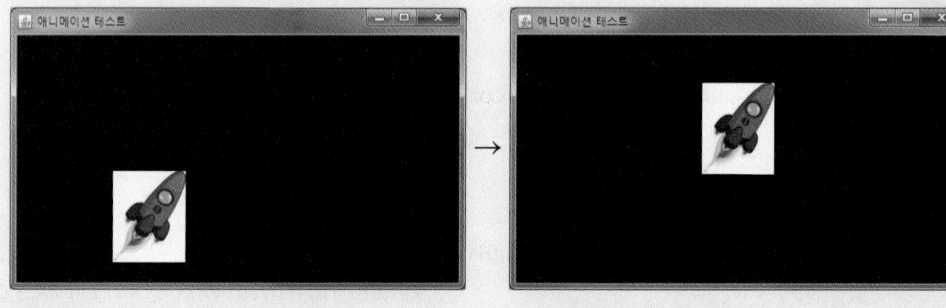

자바의 타이머는 다음과 같은 문장으로 사용이 가능하다. 시간의 단위는 밀리초이다.

```
timer = new Timer(speed, this);
timer.setInitialDelay(pause);
timer.start();
```

타이머의 시간이 다 되면 액션 이벤트가 발생한다. 따라서 액션 이벤트를 처리하는 메소드에서 우주선의 위치를 변경한 후에 화면에 다시 그려주면 된다. 만약 반복을 원하지 않으면 다음과 같은 문장을 추가한다.

```
timer.setRepeats(false);
```

애니메이션 작성하기

MyFrame.java

```
// 소스를 입력하고 Ctrl+Shift+O를 눌러서 필요한 파일을 포함한다.

class MyPanel extends JPanel implements ActionListener {

    private final int WIDTH = 500;
    private final int HEIGHT = 300;
    private final int START_X = 0;
    private final int START_Y = 250;
    private BufferedImage image;
    private Timer timer;
    private int x, y;

    public MyPanel() {
        setBackground(Color.BLACK);
        setPreferredSize(new Dimension(WIDTH, HEIGHT));
        setDoubleBuffered(true);

        File input = new File("ship.jpg");
        try {
            image = ImageIO.read(input);
        } catch (IOException e) {
            e.printStackTrace();
        }
        x = START_X;
        y = START_Y;

        timer = new Timer(20, this);
        timer.start();
    }

    @Override
    public void paintComponent(Graphics g) {
        super.paintComponent(g);
        g.drawImage(image, x, y, this);
    }
```

이미지를 읽는다.

타이머 객체를 생성하고 시작한다.

이미지를 화면에 그린다.

```
    @Override
    public void actionPerformed(ActionEvent e) {

        x += 1;
        y -= 1;
        if (x > WIDTH) {
            x = START_X;
            y = START_Y;
        }
        repaint();
    }
}

public class MyFrame extends JFrame {

    public MyFrame() {
        add(new MyPanel());
        setTitle("애니메이션 테스트");
        setDefaultCloseOperation(JFrame.EXIT_ON_CLOSE);
        setSize(500, 300);
        setVisible(true);
    }

    public static void main(String[] args) {
        new MyFrame();
    }
}
```

타이머 이벤트가 발생하면 x좌표는 증가하고 y좌표는 감소시킨다.

화면을 다시 그리게 한다.

패널을 프레임에 추가한다.

위의 프로그램에서 이미지 대신에 타원이 움직이도록 프로그램을 변경하여 보자.

LAB 베지어 곡선 그리기

이번 장에서 학습한 내용을 바탕으로 화면에 베지어 곡선을 그리고 제어점과 끝점을 마우스로 움직이면 커브가 다시 그려지도록 하자.

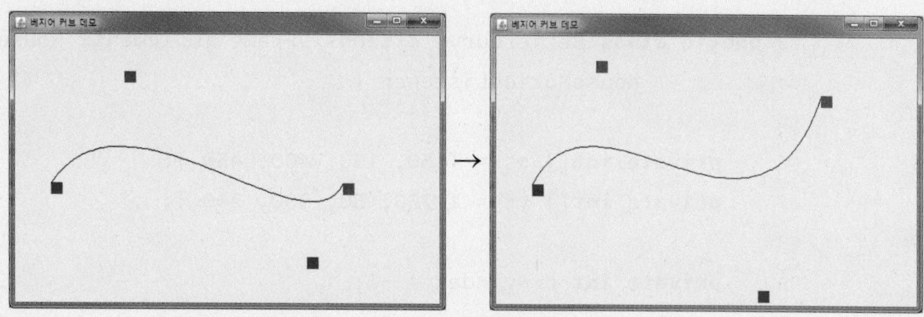

베지어 곡선은 임의의 형태의 곡선을 표현하기 위해 수학적으로 정의한 곡선이다. 3차 베지어 곡선은 4개의 제어점으로 이루어져 있으며 첫 번째 제어점은 시작점이고 마지막 제어점은 끝점이 된다. 시작점과 끝점 사이에 위치하는 제어점을 이동시키면 곡선의 형태가 변경된다. 프랑스의 수학자 베지어(Bezier)가 만들었고, 많은 영역에서 곡선을 표현하는데 사용되고 있다.

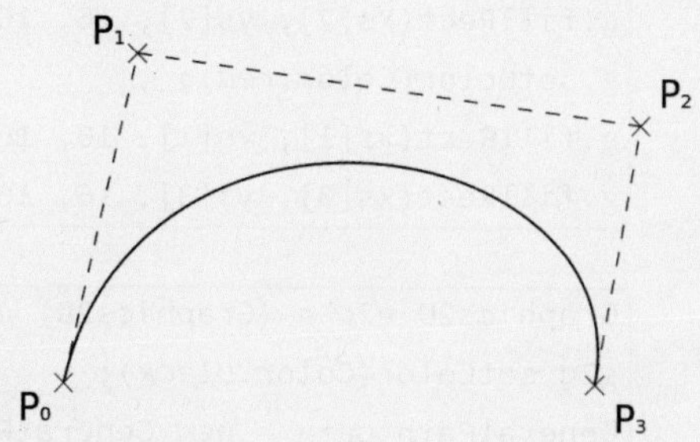

제어점이 xs[]와 ys[]에 저장되어 있다고 할 때, 이것을 그리는 코드는 다음과 같다. 경로를 생성하고 Java 2D의 moveTo()와 curveTo()를 호출하면 된다.

```
Graphics2D g2d = (Graphics2D) g;
g2d.setColor(Color.black);
GeneralPath path = new GeneralPath();
path.moveTo(xs[0], ys[0]);
path.curveTo(xs[1], ys[1], xs[2], ys[2], xs[3], ys[3]);
g2d.draw(path);
```

베지어 곡선 그리기

BezierCurve.java

```
// 소스를 입력하고 Ctrl+Shift+O를 눌러서 필요한 파일을 포함한다.

public class BezierCurve extends JFrame implements MouseListener,
        MouseMotionListener {

    private int[] xs = { 50, 150, 400, 450 };
    private int[] ys = { 200, 50, 300, 200 };

    private int dragIndex = -1;

    private MyPanel drawPanel;

    class MyPanel extends JPanel {
        @Override
        public void paintComponent(Graphics g) {
            g.setColor(Color.blue);
            g.fillRect(xs[0], ys[0], 16, 16);
            g.fillRect(xs[2], ys[2], 16, 16);
            g.setColor(Color.red);
            g.fillRect(xs[1], ys[1], 16, 16);
            g.fillRect(xs[3], ys[3], 16, 16);

            Graphics2D g2d = (Graphics2D) g;
            g2d.setColor(Color.black);
            GeneralPath path = new GeneralPath();
            path.moveTo(xs[0], ys[0]);
            path.curveTo(xs[1], ys[1], xs[2], ys[2], xs[3], ys[3]);
            g2d.draw(path);
        }
    }

    public BezierCurve() {
        setSize(600, 400);
        setVisible(true);
        setDefaultCloseOperation(JFrame.EXIT_ON_CLOSE);
```

제어점을 사각형으로 그린다.

4개의 제어점을 이용하여 베지어 곡선을 그린다.

```java
        setTitle("베지어 커브 데모");
        drawPanel = new MyPanel();
        drawPanel.addMouseListener(this);
        drawPanel.addMouseMotionListener(this);
        add(drawPanel, BorderLayout.CENTER);
    }

    public void mousePressed(MouseEvent e) {
        dragIndex = -1;
        for (int i = 0; i < 4; i++) {
            Rectangle r = new Rectangle(xs[i] - 4, ys[i] - 4, 20, 20);
            if (r.contains(e.getX(), e.getY())) {
                dragIndex = i;
            }
        }
        repaint();
    }

    public void mouseReleased(MouseEvent e) {
        dragIndex = -1;
        repaint();
    }

    public void mouseDragged(MouseEvent e) {
        if (dragIndex != -1) {
            xs[dragIndex] = e.getX();
            ys[dragIndex] = e.getY();
        }
        repaint();
    }

    public void mouseClicked(MouseEvent e) {    }
    public void mouseEntered(MouseEvent e) {    }
    public void mouseExited(MouseEvent e) {    }
    public void mouseMoved(MouseEvent e) {    }

    public static void main(String[] args) {
        new BezierCurve();
    }
}
```

마우스 좌표가 제어점과 일치하는지 검사한다. contains()는 점이 사각형 안에 포함되는지 검사한다.

현재 마우스 드래그 중이면 제어점의 위치를 마우스 좌표로 변경한다.

위의 프로그램에서 베지어 곡선 2개를 화면에 그리도록 프로그램을 변경하여 보자.

LAB 2차 함수 그리기

이번 장에서 학습한 내용을 바탕으로 버튼을 누르면 2차 함수가 화면에 그려지는 프로그램을 작성하여 보자.

$$y = ax^2 + bx + c$$

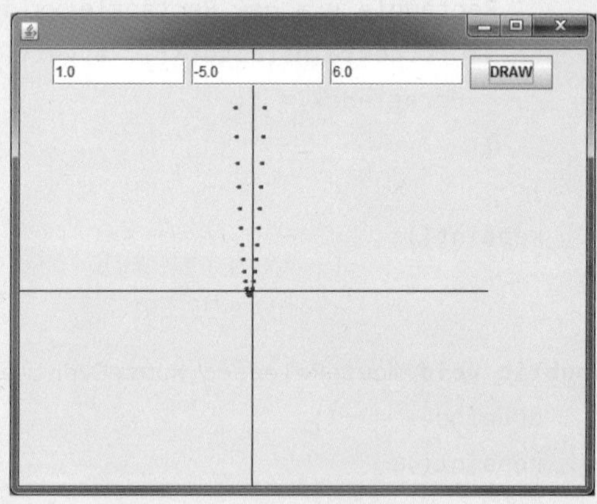

2차 방정식의 계수들을 입력받는 텍스트 필드를 생성하여 화면의 상단에 배치한다. "DRAW" 버튼을 생성하여 추가한다. 이 버튼을 누르면 화면에 2차 함수가 그려지도록 한다.

```
for (int i = -20; i < 20; i++) {
    int x = i;
    int y = (int) (A * x * x - B * x + C);
    g2.fillOval(200 + x - 2, 200 - (y - 2), 4, 4);
}
```

2차 함수를 그릴 때 수학에서의 y좌표값과 화면에서의 y좌표 값은 방향이 다르다. 수학에서의 y 좌표값은 위로 갈수록 증가하지만 화면에서는 위로 갈수록 y좌표값이 감소한다. 따라서 이것을 감안하여서 2차 함수를 그려야 한다.

2차 함수 그리기

MyPanel.java

```java
// 소스를 입력하고 Ctrl+Shift+O를 눌러서 필요한 파일을 포함한다.

public class MyPanel extends JPanel implements ActionListener {
    JTextField a, b, c;
    double A, B, C;

    public MyPanel() {
        a = new JTextField("1.0", 10);
        b = new JTextField("-5.0", 10);
        c = new JTextField("6.0", 10);
        add(a);
        add(b);
        add(c);
        JButton button = new JButton("DRAW");
        add(button);
        button.addActionListener(this);
    }

    protected void paintComponent(Graphics g) {
        super.paintComponent(g);
        Graphics2D g2 = (Graphics2D) g;
        g2.drawLine(0, 200, 400, 200);
        g2.drawLine(200, 0, 200, 400);
        g2.setPaint(Color.red);
        for (int i = -20; i < 20; i++) {
            int x = i;
            int y = (int) (A * x * x - B * x + C);
            g2.fillOval(200 + x - 2, 200 - (y - 2), 4, 4);
        }
    }

    @Override
    public void actionPerformed(ActionEvent arg0) {
        A = Double.parseDouble(a.getText());
        B = Double.parseDouble(b.getText());
```

2차 함수의 계수를 입력받는 텍스트 필드를 생성한다.

x좌표가 -20에서 20까지 움직일때, 2차함수를 화면에 타원으로 그린다.

버튼이 눌려지면 2차 함수의 계수를 읽는다.

```java
        C = Double.parseDouble(c.getText());
        repaint();
    }

    public static void main(String[] args) {
        JFrame f = new JFrame();
        f.setDefaultCloseOperation(JFrame.EXIT_ON_CLOSE);
        f.add(new MyPanel());
        f.setSize(500, 400);
        f.setVisible(true);
    }
}
```

위의 프로그램에서는 텍스트 필드가 있는 곳에서도 그림이 그려진다. 그림이 그려지는 곳을 별도의 패널(JPanel)로 작성하여 보자.

12 CHAPTER

스윙 컴포넌트

학습목표

이번 장에서는 스윙이 제공하는 컴포넌트들을 살펴본다. 스윙은 일반적인 애플리케이션을 작성하는데 충분한 규모의 컴포넌트들을 제공하고 있다. 텍스트에 관련된 컴포넌트, 스크롤 페인, 체크 박스, 라디오 버튼 등이 다루어진다. 종합적인 예제로 피자 주문 화면을 작성하여 본다.

학습목차

이러한 컴포넌트들을 사용하면 일반 프로그램을 작성할 수 있나요?

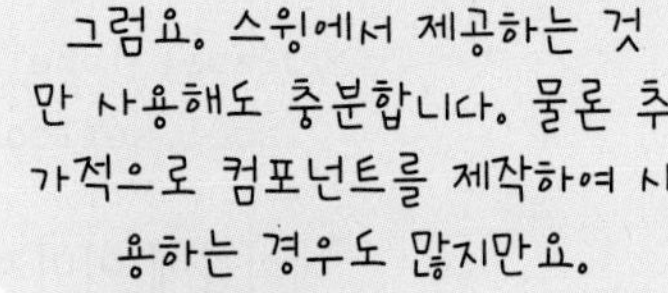

그럼요. 스윙에서 제공하는 것만 사용해도 충분합니다. 물론 추가적으로 컴포넌트를 제작하여 사용하는 경우도 많지만요.

01 스윙 컴포넌트에 이미지 표시하기

거의 모든 스윙 컴포넌트에는 텍스트 옆에 이미지를 추가로 표시할 수 있다. 대표적으로 레이블과 버튼에는 텍스트 뿐만 아니라 이미지도 표시할 수 있다. 그림 11-1은 레이블과 버튼에 이미지를 추가로 표시한 것이다.

그림 12-1 • 이미지를 가지고 있는 레이블과 버튼

스윙 컴포넌트에 이미지를 표시하려면 먼저 ImageIcon 인스턴스를 생성하여야 한다. ImageIcon은 JPEG, GIF, PNG 이미지 파일을 읽을 수 있다. 예를 들면 다음과 같다.

```
ImageIcon image = new ImageIcon("image.gif");
```

이미지 파일의 경로가 지정되지 않으면 프로젝트 폴더에 이미지 파일이 있는 것으로 가정된다. 물론 이미지가 저장된 디렉토리의 이름을 절대경로로 주어도 된다. 다음 단계는 setIcon() 메소드를 사용하여 레이블에 이미지를 지정하는 것이다.

```
JLabel label = new JLabel("이미지 레이블");
label.setIcon(image);
```

레이블에 이미지가 설정되면 레이블의 텍스트는 오른쪽에 표시된다. 버튼에 이미지를 추가하는 과정도 레이블과 아주 유사하다.

예제: 이미지를 표시하는 레이블

이미지 버튼을 표시하고 사용자가 버튼을 누르면 레이블의 텍스트를 이미지로 바꾸어서 표시하는 프로그램을 작성해보자. 프로젝트 폴더에 icon.gif 파일과 dog.gif 파일이 있어야 한다.

ImageLabelTest.java

```
// 소스를 입력하고 Ctrl+Shift+O를 눌러서 필요한 파일을 포함한다.

public class ImageLabelTest extends JFrame implements ActionListener {
    private JPanel panel;
    private JLabel label;
    private JButton button;

    public ImageLabelTest() {
        setTitle("이미지 레이블");
        setSize(300,250);
        setDefaultCloseOperation(JFrame.EXIT_ON_CLOSE);

        panel = new JPanel();
        label = new JLabel("이미지를 보려면 아래 버튼을 누르세요");

        button = new JButton("이미지 레이블");
        ImageIcon icon = new ImageIcon("icon.gif");
        button.setIcon(icon);
        button.addActionListener(this);
        panel.add(label);
        panel.add(button);

        add(panel);
        setVisible(true);
    }

    public static void main(String[] args) {
         ImageLabelTest t=new ImageLabelTest();
    }

    public void actionPerformed(ActionEvent e) {
```

이미지 아이콘 객체를 생성하고 버튼에 이미지 아이콘 객체를 설정한다.

패널에 레이블과 버튼을 추가

```java
            ImageIcon dog = new ImageIcon("dog.gif");
            label.setIcon(dog);
            label.setText(null);
        }
}
```

버튼이 눌려지면 레이블의 텍스트를 없애고 레이블에 이미지를 표시한다.

02 체크 박스

체크 박스(check box)란 사용자가 클릭하여서 체크된 상태와 체크되지 않은 상태 중의 하나로 만들 수 있는 컨트롤이다. 체크 박스는 흔히 사용자로 하여금 YES와 NO 중에서 하나를 선택하게 하는데 사용된다. 아래 그림은 4개의 체크 박스를 가진 애플리케이션을 보여준다.

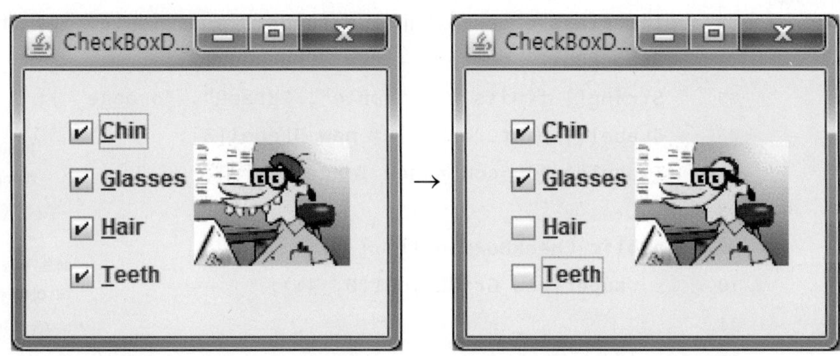

체크 박스를 생성하기 위해서는 JCheckBox 클래스를 사용한다. 체크 박스는 다음과 같이 생성하면 된다.

```
onion = new JCheckBox("양파");
```

만약 생성자에서 초기 상태를 주지 않으면 체크되지 않은 체크 박스가 생성된다. 체크된 상태를 원하면 다음과 같이 두 번째 매개 변수를 주면 된다.

```
onion = new JCheckBox("양파", true);
```

체크 박스를 강제적으로 true나 false로 설정하려면 setSelected()를 사용한다.

```
onion.setSelected(true);
```

사용자가 체크 박스를 클릭하면 ItemEvent가 발생한다. ItemEvent를 처리하려면 ItemListener를 구현하여야 한다.

예제: 체크 박스를 이용한 그림 표시

체크 박스를 이용해서 그림이 나오게 하거나 나오지 않도록 하여보자. 이미지 파일들은 미리 프로젝트 폴더로 드래그해 놓아야 한다.

→

레이블을 생성하고 체크 박스에 따라 이미지 아이콘을 설정하거나 해제하면 된다.

CheckBoxPanel.java

```java
// 소스를 입력하고 Ctrl+Shift+O를 눌러서 필요한 파일을 포함한다.

public class CheckBoxPanel extends JPanel implements ItemListener {
    JCheckBox[] buttons = new JCheckBox[3];
    String[] fruits = { "apple", "grape", "orange" };
    JLabel[] pictureLabel = new JLabel[3];
    ImageIcon[] icon = new ImageIcon[3];

    public CheckBoxPanel() {
        super(new GridLayout(0, 4));

        // 체크 박스 생성
        for (int i = 0; i < 3; i++) {
            buttons[i] = new JCheckBox(fruits[i]);
            buttons[i].addItemListener(this);
            pictureLabel[i] = new JLabel(fruits[i] + ".gif");
            icon[i] = new ImageIcon(fruits[i] + ".gif");
        }

        JPanel checkPanel = new JPanel(new GridLayout(0, 1));
        for (int i = 0; i < 3; i++)
            checkPanel.add(buttons[i]);

        add(checkPanel);
        add(pictureLabel[0]);
        add(pictureLabel[1]);
        add(pictureLabel[2]);
    }

    /** 체크 박스의 아이템 이벤트를 처리한다. */
    public void itemStateChanged(ItemEvent e) {
        ImageIcon image = null;

```

ItemEvent를 처리하기 위하여 ItemListener를 구현한다.

체크 박스들을 생성한다. 체크 박스에 아이템 리스너를 등록한다.

체크 박스들을 하나의 컬럼으로 묶는다.

```java
        Object source = e.getItemSelectable();   // 선택된 체크 박스를 얻는다.
        for (int i = 0; i < 3; i++) {
            if (source == buttons[i]) {
                if (e.getStateChange() == ItemEvent.DESELECTED)   // 체크가 해제되었는지를 검사한다.
                    pictureLabel[i].setIcon(null);
                else
                    pictureLabel[i].setIcon(icon[i]);
            }
        }
    }

    public static void main(String[] args) {
        JFrame frame = new JFrame("CheckBoxDemo");
        frame.setDefaultCloseOperation(JFrame.EXIT_ON_CLOSE);
        CheckBoxPanel panel = new CheckBoxPanel();
        panel.setOpaque(true);
        frame.add(panel);
        frame.setSize(500, 200);
        frame.setVisible(true);
    }
}
```

선택된 체크 박스를 얻는다.

체크가 해제되었는지를 검사한다.

03 라디오 버튼

라디오 버튼(radio button)은 체크 박스와 비슷하지만 하나의 그룹 안에서는 한 개의 버튼만 선택할 수 있다는 점이 다르다. 만약 하나의 라디오 버튼을 클릭하면 다른 버튼은 자동적으로 선택이 해제된다.

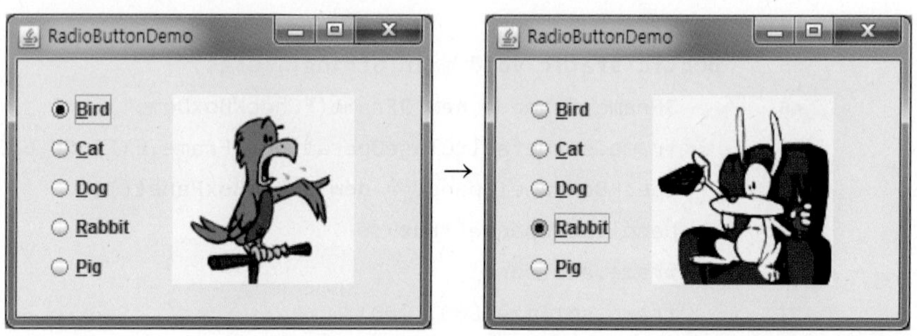

그림 12-2 • 라디오 버튼

라디오 버튼을 만들기 위해서는 두개의 클래스를 이용한다. 하나는 JRadionButton으로 라디오 버튼을 생성하는데 사용한다. 또 하나는 ButtonGroup으로 버튼들을 그룹핑하는데 사용된다. 라디오 버튼은 모든 사용법이 앞의 체크 박스와 비슷하다. 예를 들어서 "Small Size"라는 텍스트를 가지는 버튼은 다음과 같이 생성한다.

```
JRadioButton   radio1 = new JRadioButton("Small Size");
```

라디오 버튼 객체들을 생성한 후에는 이것들을 그룹핑하여야 한다. 이것은 Button Group 클래스을 생성하고 여기에 라디오 버튼들을 추가하면 된다. ButtonGroup의 기능은 하나의 라디오 버튼만이 선택될 수 있도록 하는 것이다.

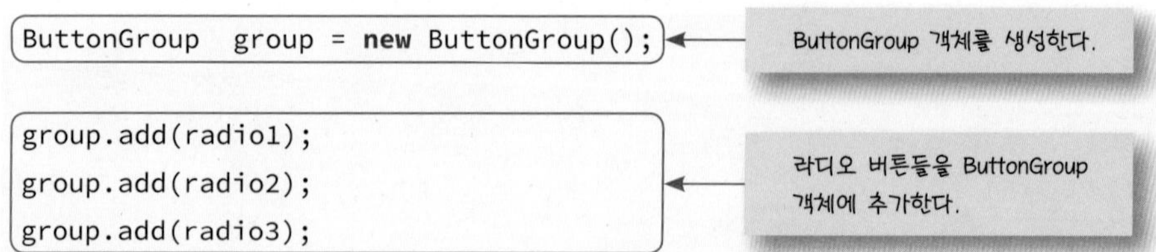


```
ButtonGroup  group = new ButtonGroup();

group.add(radio1);
group.add(radio2);
group.add(radio3);
```

만약 라디오 버튼이 눌려지는 순간, 어떤 작업을 실행하고 싶다면 액션 이벤트를 처리하면 된다. 코드에서 라디오 버튼이 눌려졌는지를 검사하고 싶다면 isSelected()를 사용한다. 만약 강제적으로 어떤 버튼을 선택되게 하려면 doClick()을 사용한다.

예제: 커피 주문 화면 작성하기

커피의 크기를 선택하는 다음과 같은 화면을 라디오 버튼을 이용하여서 생성하여보자.

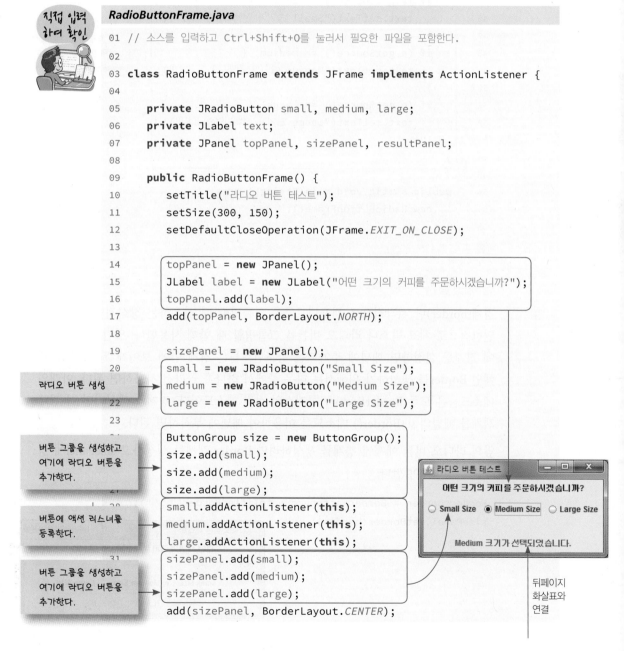

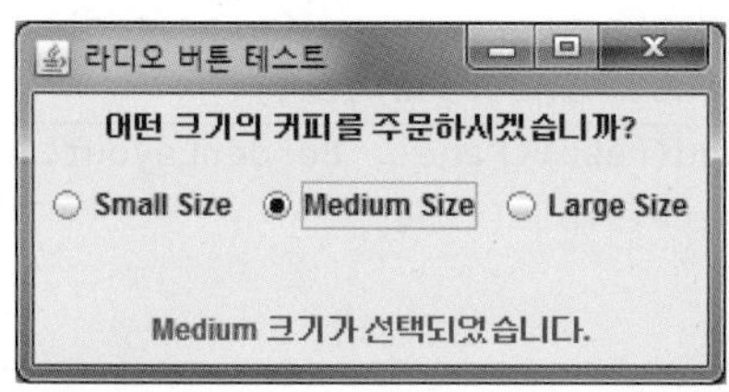

직접 입력하여 확인

RadioButtonFrame.java

```
// 소스를 입력하고 Ctrl+Shift+O를 눌러서 필요한 파일을 포함한다.

class RadioButtonFrame extends JFrame implements ActionListener {

    private JRadioButton small, medium, large;
    private JLabel text;
    private JPanel topPanel, sizePanel, resultPanel;

    public RadioButtonFrame() {
        setTitle("라디오 버튼 테스트");
        setSize(300, 150);
        setDefaultCloseOperation(JFrame.EXIT_ON_CLOSE);

        topPanel = new JPanel();
        JLabel label = new JLabel("어떤 크기의 커피를 주문하시겠습니까?");
        topPanel.add(label);
        add(topPanel, BorderLayout.NORTH);

        sizePanel = new JPanel();
        small = new JRadioButton("Small Size");
        medium = new JRadioButton("Medium Size");
        large = new JRadioButton("Large Size");

        ButtonGroup size = new ButtonGroup();
        size.add(small);
        size.add(medium);
        size.add(large);
        small.addActionListener(this);
        medium.addActionListener(this);
        large.addActionListener(this);
        sizePanel.add(small);
        sizePanel.add(medium);
        sizePanel.add(large);
        add(sizePanel, BorderLayout.CENTER);
```

라디오 버튼 생성

버튼 그룹을 생성하고 여기에 라디오 버튼을 추가한다.

버튼에 액션 리스너를 등록한다.

버튼 그룹을 생성하고 여기에 라디오 버튼을 추가한다.

뒤페이지 화살표와 연결

앞페이지 화살표와 연결

```
        resultPanel = new JPanel();
        text = new JLabel("크기가 선택되지 않았습니다.");
        text.setForeground(Color.red);
        resultPanel.add(text);
        add(resultPanel, BorderLayout.SOUTH);
        setVisible(true);
    }

    public void actionPerformed(ActionEvent e) {
        if (e.getSource() == small) {
            text.setText("Small 크기가 선택되었습니다.");
        }
        if (e.getSource() == medium) {
            text.setText("Medium 크기가 선택되었습니다.");
        }
        if (e.getSource() == large) {
            text.setText("Large 크기가 선택되었습니다.");
        }
    }

    public static void main(String[] args) {
        new RadioButtonFrame();
    }
}
```

라디오 버튼이 눌려지면 호출된다. 레이블에 선택 결과를 출력한다.

경계 만들기

경계(border)란 시각적으로 컴포넌트들을 그룹핑할 때 사용하는 장식적인 요소이다. 일반적으로 체크 박스나 라디오 버튼을 그룹핑할 때 함께 사용한다. 일반적으로 패널에 경계를 설정하면 패널에 추가되는 컴포넌트들은 경계 안에 보이게 된다. 경계 객체인 Border를 생성하기 위해서는 다음 중에서 하나를 골라서 사용하면 된다. 아래의 메소드들은 모두 BorderFactory 클래스의 정적 메소드이다. 경계가 생성되면 이 경계 객체를 패널의 setBorder() 메소드를 이용하여 패널에 부착하면 된다.

앞의 라디오 버튼 예제에 경계를 생성하려면 Border 객체를 생성하고 sizePanel에 경계를 설정하여야 한다.

```
Border border = BorderFactory.createTitledBorder("크기");
sizePanel.setBorder(border);
```

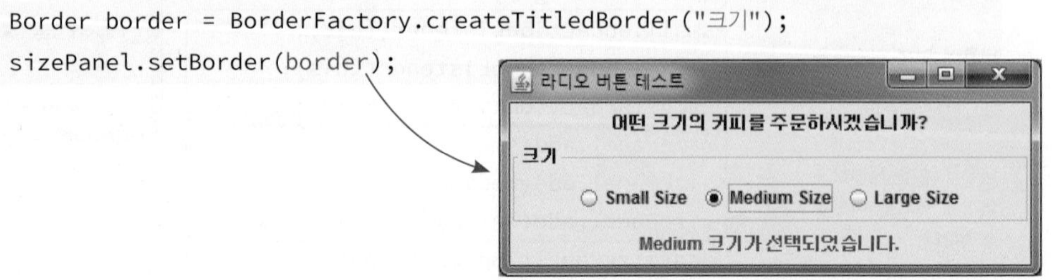

04 텍스트 필드

텍스트 필드(text field)는 입력이 가능한 한 줄의 텍스트 필드를 만드는 데 사용된다. 편집을 가능하게 할 수도 있고 불가능하게 할 수도 있다. 편집을 불가능하게 설정하면 표시 전용이 된다. 텍스트 필드 안에서 문자열을 선택할 수 있고 선택한 문자열을 복사하여 붙이는 것(Cut and Paste)도 가능하다. 만약 사용자로부터 한줄 이상의 입력을 원하면 텍스트 영역을 사용하여야 한다.

JTextField: 김철수
JPasswordField: ••••
JFormattedTextField: 2009. 3. 7

JTextField는 두 개의 자식 클래스를 가지는데 JPasswordField는 패스워드 입력처럼 사용자가 입력하는 문자를 보여주지 않는 컴포넌트이다. JFormattedTextField는 사용자가 입력할 수 있는 문자 집합을 제한한다.

텍스트 필드를 생성하려면 다음과 같은 문장을 사용한다.

```
JTextField textfield = new JTextField(30);
    // 30자 크기의 텍스트 필드를 만든다.
JTextField textfield = new JTextField("Initial String");
    // 초기화 문자열
```

텍스트 필드에 들어 있는 텍스트를 알아내려면 getText()를 사용한다.

```
System.out.println(textField.getText());
```

텍스트를 텍스트 필드에 넣으려면 setText()를 사용한다.

```
textField.setText("Seoul");
```

텍스트 필드에 들어 있는 텍스트를 모두 선택하려면 selectAll()을 사용한다.

```
textField.selectAll();
```

텍스트 필드가 사용자로부터 입력을 받을 수 있으려면 키보드 포커스를 가지고 있어야 한다. requestFocus()를 호출한다.

```
textField.requestFocus();
```

텍스트 필드에 입력한 후에 [Enter]키를 누르면 액션 이벤트가 발생한다. 액션 리스너를 정의하고 actionPerformed()에서 액션 이벤트를 처리하면 된다.

예제: 사용자로부터 받은 정수의 제곱 계산하기

텍스트 필드를 이용하여 사용자로부터 정수를 입력받은 후에 정수의 제곱을 구하여 결과를 출력 전용의 텍스트 필드를 이용하여 표시하는 프로그램을 작성하여 보자.

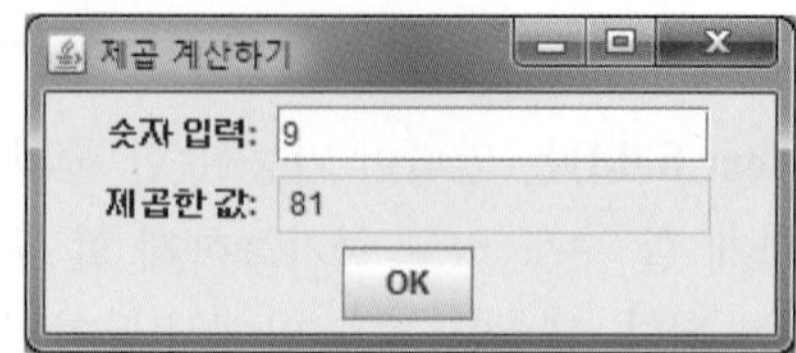

직접 입력하여 확인

TestFieldFrame.java

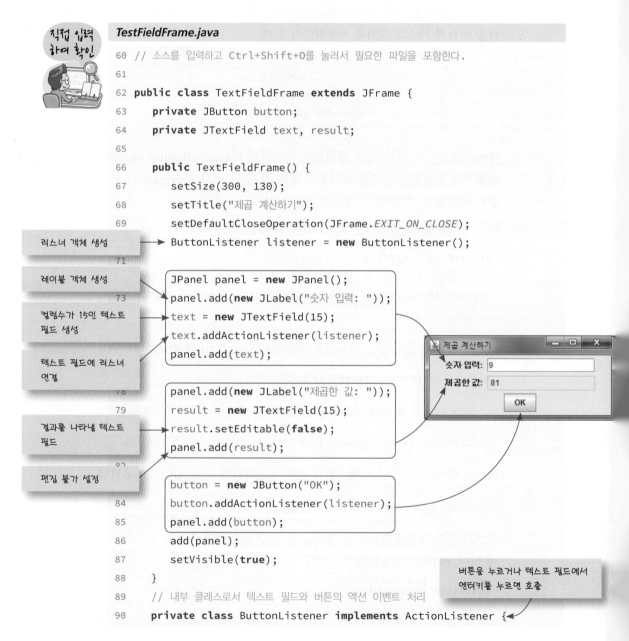

```
// 소스를 입력하고 Ctrl+Shift+O를 눌러서 필요한 파일을 포함한다.

public class TextFieldFrame extends JFrame {
    private JButton button;
    private JTextField text, result;

    public TextFieldFrame() {
        setSize(300, 130);
        setTitle("제곱 계산하기");
        setDefaultCloseOperation(JFrame.EXIT_ON_CLOSE);
        ButtonListener listener = new ButtonListener();

        JPanel panel = new JPanel();
        panel.add(new JLabel("숫자 입력: "));
        text = new JTextField(15);
        text.addActionListener(listener);
        panel.add(text);

        panel.add(new JLabel("제곱한 값: "));
        result = new JTextField(15);
        result.setEditable(false);
        panel.add(result);

        button = new JButton("OK");
        button.addActionListener(listener);
        panel.add(button);
        add(panel);
        setVisible(true);
    }
    // 내부 클래스로서 텍스트 필드와 버튼의 액션 이벤트 처리
    private class ButtonListener implements ActionListener {
```

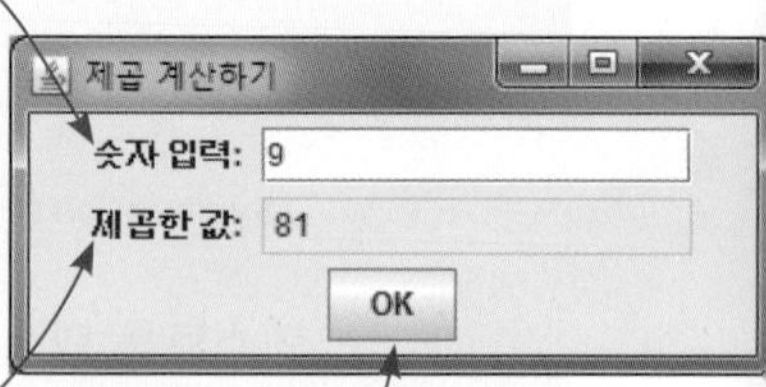

리스너 객체 생성

레이블 객체 생성

컬럼수가 15인 텍스트 필드 생성

텍스트 필드에 리스너 연결

결과를 나타낼 텍스트 필드

편집 불가 설정

버튼을 누르거나 텍스트 필드에서 엔터키를 누르면 호출

```
    public void actionPerformed(ActionEvent e) {
        if (e.getSource() == button || e.getSource() == text) {
            String name = text.getText();
            int value = Integer.parseInt(name);
            result.setText(" " + value * value);
            text.requestFocus();
        }
    }
}

public static void main(String[] args) {
    new TextFieldFrame();
}
}
```

텍스트를 입력받아서 정수로 변환하고 제곱값을 구한 후에 결과를 result에 출력한다. 텍스트 포커스를 text에 설정한다.

패스워드 필드

패스워드 필드는 용어 그대로 암호를 입력받을 때 사용한다. 패스워드 필드에 사용자가 암호를 입력하면 글자들이 모두 * 문자로 표시된다. 패스워드 필드의 생성자 및 메소드는 대부분 텍스트 필드와 같다. 다만 몇 가지의 메소드가 추가로 제공된다.

메소드	설 명
void setEchoChar(**char** c)	화면에 대신 보여주는 문자를 지정한다.
char getEchoChar()	화면에 대신 보여주는 문자를 반환한다.
char[] getPassword()	사용자가 입력한 암호를 문자 배열 형태로 반환한다.

05 텍스트 영역

텍스트 영역(TextArea)은 앞의 텍스트 필드와 비슷하지만 한 줄이 아니라 여러 줄의 텍스트가 들어 갈 수 있다.

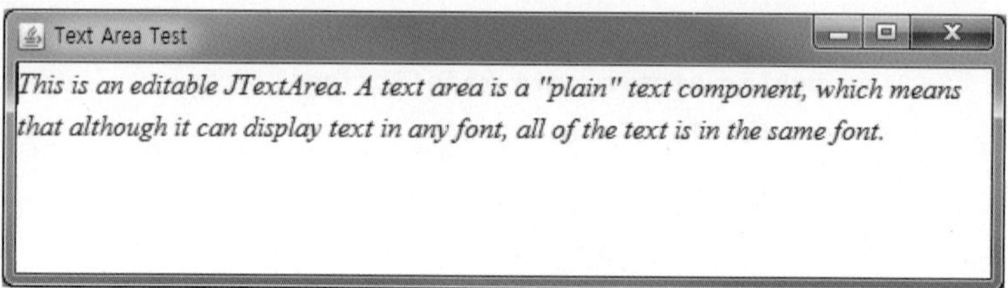

그림 12-3 • 텍스트 영역

```
textArea = new JTextArea(10, 30);    // 10행 30열의 텍스트 영역을 만든다.
```

생성자의 매개 변수는 텍스트 영역의 행과 열이다. 기본 텍스트 영역은 자동으로 스크롤바가 붙지 않는다. 스크롤이 되게 하려면 스크롤 페인(scroll pane)을 생성하여서 여기에 텍스트 영역을 넣어야 한다. 스크롤 페인은 다음 절에서 설명된다.

텍스트 영역에서 텍스트를 가져오려면 getText()를 사용하고 텍스트를 넣으려면 setText()를 사용한다. 이것은 텍스트 필드와 동일하다.

텍스트 영역은 디폴트로 편집 가능 상태이다. setEditable(false) 호출은 텍스트 영역을 편집 불가능으로 만든다. 하지만 선택은 가능하고 복사도 가능하다. 다만 텍스트의 내용을 변경할 수 없을 뿐이다.

```
textArea.setEditable(false);
```

텍스트 영역에 텍스트를 추가하려면 append()를 사용한다.

```
textArea.append("겁이 많은 개일수록 큰소리로 짖는다");
```

예제: 텍스트 추가 프로그램

사용자가 텍스트 필드에 텍스트를 입력하고 엔터키를 누르면 이것을 텍스트 영역에 추가하는 프로그램을 작성하여 보자.

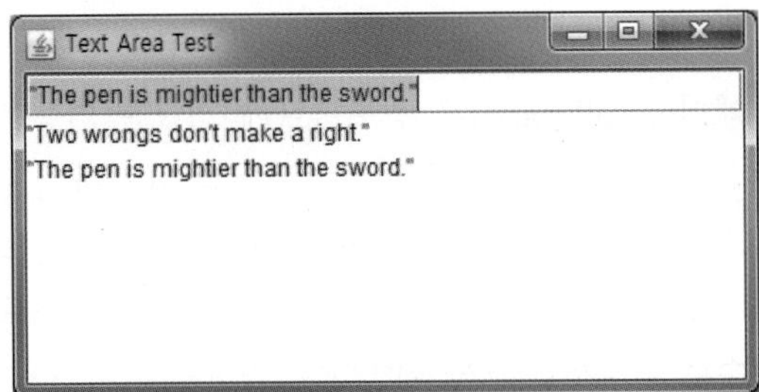

TextAreaFrame.java

```
// 소스를 입력하고 Ctrl+Shift+O를 눌러서 필요한 파일을 포함한다.

public class TextAreaFrame extends JFrame implements ActionListener {
    protected JTextField textField;
    protected JTextArea textArea;

    public TextAreaFrame() {
        setTitle("Text Area Test");
        setDefaultCloseOperation(JFrame.EXIT_ON_CLOSE);

        textField = new JTextField(30);
        textField.addActionListener(this);

        textArea = new JTextArea(10, 30);
        textArea.setEditable(false);

        add(textField, BorderLayout.NORTH);
        add(textArea, BorderLayout.CENTER);

        pack();
        setVisible(true);
    }

    public void actionPerformed(ActionEvent evt) {
        String text = textField.getText();
        textArea.append(text + "\n");
        textField.selectAll();
        textArea.setCaretPosition(textArea.getDocument().getLength());
    }

    public static void main(String[] args) {
        new TextAreaFrame();
    }
}
```

TextArea의 줄수와 칸수는 생성자의 인수로 지정이 가능하다. 문자열을 인수로 주면 TextArea 생성 시에 그 문자열이 표시 영역에 나타난다.

텍스트 필드에서 텍스트를 읽어서 텍스트 영역에 추가한다. 입력을 편하게 하기 위하여 텍스트 필드에 있는 텍스트를 모두 선택한다.

스크롤 페인

스크롤 페인(scroll pane)은 컴포넌트에 스크롤 기능을 제공한다. 일반적으로 화면은 제한되어 있고 화면보다 더 큰 컴포넌트를 표시하기 위해서는 스크롤 기능이 필요하다. 스크롤 기능을 추가하려면 스크롤 페인에 컴포넌트를 집어넣어야 한다. 예를 들어서 앞의 프로그램에 스크롤 기능을 추가하려면 텍스트 영역을 스크롤 페인의 생성자 매개 변수로 넘겨서 스크롤 페인에 추가하면 된다.

```
textArea = new JTextArea(10, 30);    // 텍스트 영역을 생성한다.
JScrollPane scrollPane = new JScrollPane(textArea); // ❶
add(scrollPane, BorderLayout.CENTER);
```

❶ 은 텍스트 영역 객체를 포함하고 있는 JScrollPane 객체를 생성한다. 일반적으로 JScrollPane의 어떤 메소드도 호출할 필요가 없는데 그 이유는 스크롤 페인은 자동적으로 모든 일을 처리하기 때문이다. 즉 필요하면 스크롤 바를 생성하고 사용자가 스크롤 노브를 움직이면 클라이언트를 다시 그린다. 위의 코드를 앞의 TextArea 예제 프로그램에 스크롤 페인을 추가하여 보면 다음과 같이 텍스트 영역에 스크롤 바가 나타난다.

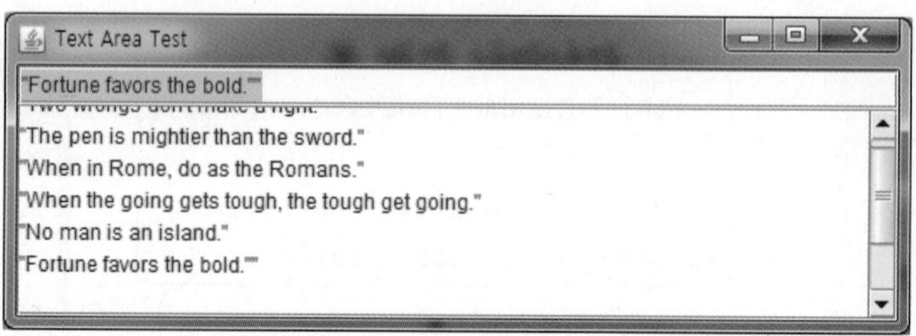

그림 12-4 • 텍스트 영역을 스크롤 페인에 넣은 결과

JScrollPane 클래스는 텍스트 영역 이외에도 어떤 종류의 컴포넌트와도 사용할 수 있다.

06 콤보 박스

콤보 박스(combo box)도 여러 항목 중에서 하나를 선택하는데 사용할 수 있다. 콤보 박스는 텍스트 필드와 리스트의 결합이다. 사용자는 콤보 박스의 텍스트를 직접 입력할 수도 있고 리스트에서 선택할 수도 있다. 하지만 텍스트 필드를 편집 불가로 해놓는 경우에는 사용자는 리스트에서 선택만 할 수 있다.

그림 12-5 • 콤보박스의 모습

콤보 박스를 생성하기 위해서는 먼저 생성자 중에서 하나를 골라서 호출하여야 한다. 생성자는 비어 있는 콤보 박스를 생성한다.

```
JComboBox combo = new JComboBox();
```

여기에 항목을 추가하려면 addItem() 메소드를 사용한다.

```
combo.addItem("dog");
combo.addItem("lion");
combo.addItem("tiger");
```

다른 방법으로는 문자열 배열을 만든 후에 이 문자열 배열을 생성자의 매개 변수로 전달하는 방법도 있다.

```
String[] names = { "dog", "lion", "tiger"};
JComboBox  combo = new JComboBox(names);
```

콤보 박스에서 항목들을 제거하고 싶으면 remove() 계열 메소드 중의 하나를 사용하면 된다. 만약 제거하고 싶은 항목의 번호를 아는 경우에는 removeItemAt()를 사용하고 객체를 아는 경우에는 removeItem()을 사용한다.

콤보 박스로부터 사용자가 선택한 항목을 가져오려면 getSelectedItem()을 사용한다. 이 메소드는 Object 타입으로 반환하므로 이것을 형변환하여서 사용하여야 한다.

사용자가 콤보 박스에서 항목을 선택하면 액션 이벤트가 발생된다. 보통은 이 액션 이벤트는 무시하고 특정 버튼을 누르는 경우에만 선택된 항목을 가져오게 된다. 하지만 사용자가 항목을 선택하였을 경우, 피이드백을 주고 싶은 경우에는 콤보 박스의 액션 이벤트를 처리할 수 있다.

예제: 콤보 박스를 사용하여 이미지 선택하기

사용자가 콤보 박스에서 하나의 이미지를 선택하면 이것을 화면에 표시하는 프로그램을 작성해보자.

→

직접 입력하여 확인

ComboBoxFrame.java

```java
// 소스를 입력하고 Ctrl+Shift+O를 눌러서 필요한 파일을 포함한다.

public class ComboBoxFrame extends JFrame implements ActionListener {
   JLabel label;

   public ComboBoxFrame() {
      setTitle("콤보 박스");
      setDefaultCloseOperation(JFrame.EXIT_ON_CLOSE);
      setSize(300, 200);

      String[] animals = { "dog", "lion", "tiger" };
      JComboBox animalList = new JComboBox(animals);
      animalList.setSelectedIndex(0);
      animalList.addActionListener(this);

      label = new JLabel();
      label.setHorizontalAlignment(JLabel.CENTER);
      changePicture(animals[animalList.getSelectedIndex()]);
```

동물이름을 표시하는 콤보박스를 생성한다.

선택된 동물로 그림을 변경한다.

```
        add(animalList, BorderLayout.PAGE_START);
        add(label, BorderLayout.PAGE_END);
        setVisible(true);
    }

    public void actionPerformed(ActionEvent e) {
        JComboBox cb = (JComboBox) e.getSource();
        String name = (String) cb.getSelectedItem();
        changePicture(name);
    }

    protected void changePicture(String name) {
        ImageIcon icon = new ImageIcon(name + ".gif");
        label.setIcon(icon);
        if (icon != null) {
            label.setText(null);
        } else {
            label.setText("이미지가 발견되지 않았습니다.");
        }
    }

    public static void main(String[] args) {
        ComboBoxFrame frame=new ComboBoxFrame();
    }
}
```

사용자가 콤보박스에서 선택을 하면 그림을 변경한다.

레이블의 setIcon() 메소드를 이용하여 레이블의 그림을 교체한다.

07 슬라이더

슬라이더(slider)는 사용자가 특정한 범위 안에서 하나의 값을 선택할 수 있는 컴포넌트이다. 슬라이더는 특히 사용자로부터 일정 범위 안의 수치값을 입력받을 때 편리하다.

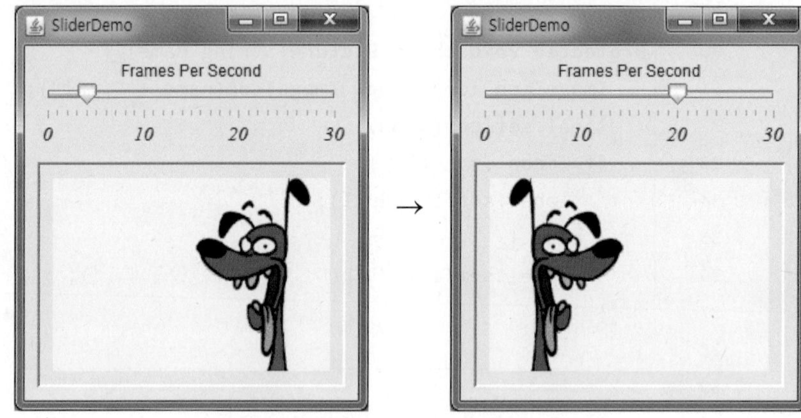

그림 12-6 • 슬라이더

슬라이더를 생성하려면 JSlider 클래스의 생성자를 호출하여야 한다. 예를 들어서 0에서 100까지의 범위를 가지고 초기값이 50인 슬라이더는 다음과 같이 생성할 수 있다.

```
slider = new JSlider(0, 100, 50);
```

만약 매개 변수를 주지 않았더라도 디폴트로 0에서 100까지의 슬라이더가 생성된다. 슬라이더를 좀 더 사용하기 쉽게 하려면 장식을 덧붙인다. 예를 들어서 슬라이더에 눈금을 표시하려면 다음과 같이 한다.

```
slider.setMajorTickSpacing(10);    // 큰 눈금 간격
slider.setMinorTickSpacing(1);     // 작은 눈금 간격
slider.setPaintTicks(true);        // 눈금을 표시한다.
slider.setPaintLabels(true);       // 값을 레이블로 표시한다.
```

슬라이더의 값이 변경되었을 경우, 이벤트를 받고 싶으면 Change 리스너를 등록하면 된다.

```
slider.addChangeListener(this);
```

이벤트 리스너 안에서 슬라이더의 값을 읽기 위해서는 getValue() 메소드를 사용한다.

예를 들어서 OK 버튼을 눌렀을 때 슬라이더의 값을 읽고 싶다면 다음과 같이 한다.

```
public void stateChanged(ChangeEvent e) {
    JSlider source = (JSlider) e.getSource();
    if (!source.getValueIsAdjusting()) {
        int value = (int) source.getValue();
        button.setSize(value * 10, value * 10);
    }
}
```

예제: 슬라이더를 이용한 이미지 크기 변경

다음 예제에서는 슬라이더를 움직이면 표시되는 이미지의 크기가 변경된다. 버튼 안에 이미지를 표시하고 버튼의 크기를 조절하였다.

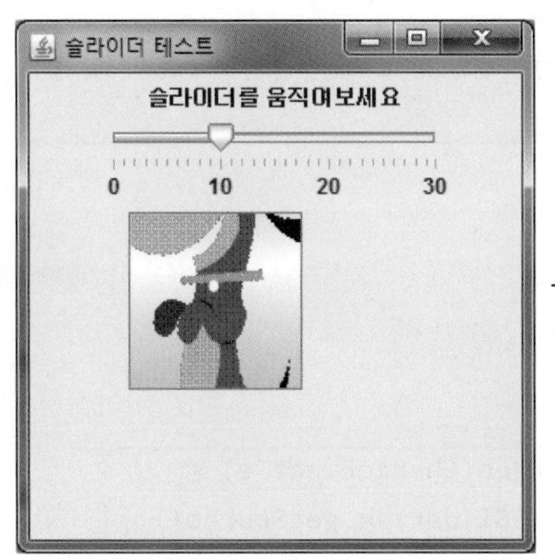

→

SliderFrame.java

```
// 소스를 입력하고 Ctrl+Shift+O를 눌러서 필요한 파일을 포함한다.

public class SliderFrame  extends JFrame implements ChangeListener {
    static final int INIT_VALUE = 15;
    private JButton buttonOK;
    private JSlider slider;
    private JButton button;

    public SliderFrame() {
        JPanel panel;

        setTitle("슬라이더 테스트");
        setDefaultCloseOperation(JFrame.EXIT_ON_CLOSE);

        panel = new JPanel();
```

```
        JLabel label = new JLabel("슬라이더를 움직여보세요", JLabel.CENTER);
        label.setAlignmentX(Component.CENTER_ALIGNMENT);
        panel.add(label);

        slider = new JSlider(0, 30, INIT_VALUE);
        slider.setMajorTickSpacing(10);    // 큰 눈금 간격
        slider.setMinorTickSpacing(1);     // 작은 눈금 간격
        slider.setPaintTicks(true);        // 눈금을 표시한다.
        slider.setPaintLabels(true);       // 값을 레이블로 표시한다.
        slider.addChangeListener(this);    // 이벤트 리스너를 붙인다.
        panel.add(slider);

        button = new JButton(" ");
        ImageIcon icon = new ImageIcon("dog.gif");
        button.setIcon(icon);
        button.setSize(INIT_VALUE * 10, INIT_VALUE * 10);
        panel.add(button);
        add(panel);

        setSize(300, 300);
        setVisible(true);
    }

    public void stateChanged(ChangeEvent e) {
        JSlider source = (JSlider) e.getSource();
        if (!source.getValueIsAdjusting()) {
            int value = (int) source.getValue();
            button.setSize(value * 10, value * 10);
        }
    }

    public static void main(String[] args) {
        new SliderFrame();
    }
}
```

슬라이더를 생성한다.

버튼에 setIcon()을 이용하여 이미지를 설정헌다.

슬라이더의 상태가 변경되면 호출된다. 버튼의 크기를 변경한다.

08 파일 선택기

파일 선택기(File Chooser)는 파일 시스템을 탐색하여 파일이나 디렉토리를 선택하는 GUI를 제공한다. 파일 선택기를 표시하려면 JFileChooser 클래스를 사용한다. JFileChooser 클래스는 모달(modal) 대화상자를 표시한다. 모달이란 대화 상자가 끝나기 전까지는 모든 작업이 중지되는 것을 의미한다. JFileChooser 객체는 단지 파일을 선택하기 위한 GUI만을 제공한다. 선택된 파일을 열거나 쓰는 것은 사용자 프로그램 책임이다.

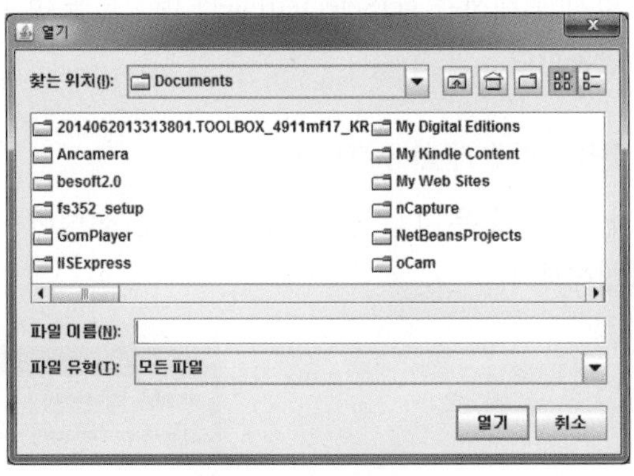

그림 12-7 • 파일선택기

표준 열기 대화상자를 만드는 것은 다음의 문장으로 한다.

```
// 파일 선택기를 생성한다.
final JFileChooser fc = new JFileChooser();
...
// 파일 선택기 대화 상자를 연다.
int returnVal = fc.showOpenDialog(aComponent);
```

showOpenDialog() 메소드의 매개 변수로 대화 상자의 부모 컴포넌트를 전달한다. 부모 컴포넌트는 대화상자의 위치에 영향을 준다. 디폴트로 파일 선택기는 사용자의 홈 디렉토리에 있는 모든 파일을 표시한다. 사용자는 setCurrentDirectory() 메소드를 사용하여서 파일 선택기의 초기 디렉토리를 지정할 수 있다. showOpenDialog() 메소드 호출은 일반적으로 액션 리스너에 등장한다.

```
public void actionPerformed(ActionEvent e) {
    //"파일열기"이라는 버튼의 액션 이벤트를 처리한다.
    if (e.getSource() == openButton) {
```

```
        int returnVal = fc.showOpenDialog(FileChooserTest.this);

        if (returnVal == JFileChooser.APPROVE_OPTION) {
           File file = fc.getSelectedFile();
           // 파일에 대한 처리를 한다.
        } else {
           // 파일 선택이 사용자에 의하여 취소되었음.
        }
     } ...
  }
```

showXXXDialog() 메소드는 사용자가 파일을 선택하였는지를 나타내는 정수를 반환한다. 일반적으로는 반환값이 APPROVE_OPTION 인지만을 검사하면 된다. 선택된 파일을 얻기 위해서는 getSelectedFile() 메소드를 호출한다. 이 메소드는 File의 인스턴스를 반환한다.

예제: 파일 선택 대화 상자 열기

사용자가 "파일 오픈" 버튼을 누르면 파일을 선택하는 대화 상자가 나오도록 프로그램을 작성해보자.

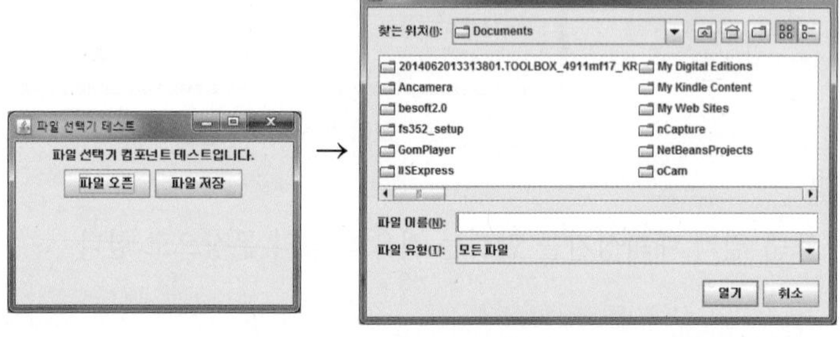

FileChooserTest.java

```
// 소스를 입력하고 Ctrl+Shift+O를 눌러서 필요한 파일을 포함한다.

public class
FileChooserTest extends JFrame implements ActionListener {
   JButton openButton, saveButton;
   JFileChooser fc;

   public FileChooserTest() {
      setTitle("파일 선택기 테스트");
      setDefaultCloseOperation(JFrame.EXIT_ON_CLOSE);
      setSize(300, 200);

```

```java
        fc = new JFileChooser();

        JLabel label = new JLabel("파일 선택기 컴포넌트 테스트입니다.");
        openButton = new JButton("파일 오픈");
        openButton.addActionListener(this);

        saveButton = new JButton("파일 저장");
        saveButton.addActionListener(this);

        JPanel panel = new JPanel();
        panel.add(label);
        panel.add(openButton);
        panel.add(saveButton);
        add(panel);
        setVisible(true);
    }

    public void actionPerformed(ActionEvent e) {

        // "파일 오픈"버튼에 대한 액션 이벤트 처리
        if (e.getSource() == openButton) {
            int returnVal = fc.showOpenDialog(this);
            if (returnVal == JFileChooser.APPROVE_OPTION) {
                File file = fc.getSelectedFile();
                // 실제 파일을 오픈한다.
            } else {
                // 사용자 취소
            }

        // "파일 저장"버튼에 대한 액션 이벤트 처리
        } else if (e.getSource() == saveButton) {
            int returnVal = fc.showSaveDialog(this);
            if (returnVal == JFileChooser.APPROVE_OPTION) {
                File file = fc.getSelectedFile();
                // 실제 파일에 저장한다.
            } else {
                // 사용자 취소
            }
        }
    }

    public static void main(String[] args) {
        FileChooserTest frame = new FileChooserTest();
    }
}
```

파일 선택 대화 상자를 생성한다.

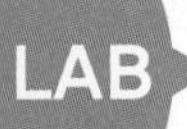

피자 주문 화면 만들기

이번 장에서는 피자를 주문할 수 있는 애플리케이션을 작성하여 보자. 다음의 스케치를 참조하라.

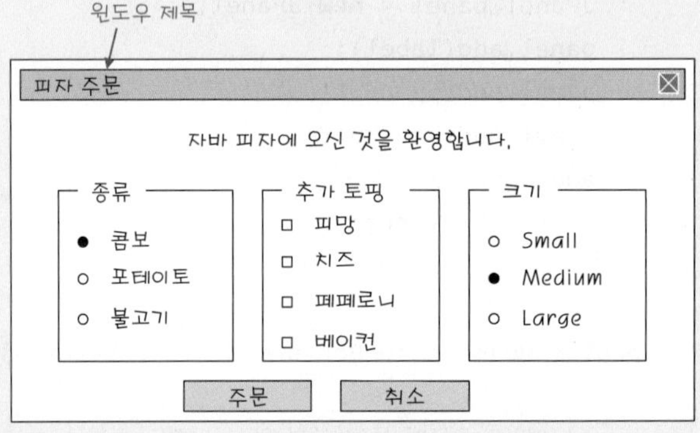

(1) "자바 피자에 오신 것을 환영합니다"라는 텍스트를 가지고 있는 패널 WelcomePanel 을 작성하여 보자.

```
class WelcomePanel extends JPanel
{
   private JLabel message;
   public WelcomePanel()
   {
   message = ________________________; // 레이블 생성
   }
   add(message);
}
```

(2) TypePanel을 작성하여 보자. TypePanel은 피자의 타입을 선택할 수 있는 라디오 버튼들을 가지고 있다. 3개의 행과 1개의 열을 가지는 GridLayout을 사용한다.

```
class TypePanel extends JPanel
{
   private JRadioButton combo, potato, bulgogi;
   public TypePanel()
   {
   setLayout(new GridLayout(3, 1);
   combo = new JRadioButton("콤보", true);
   potato = new ___________("포테이토");
```

```
    bulgogi = new ___________("불고기");
    ButtonGroup bg = new ButtonGroup();
    bg.add(combo);
    bg.add(potato);
    bg.add(bulgogi);
    setBorder( BorderFactory.createTitledBorder("종류"));
    add(combo);
    add(potato);
    add(bulgogi);
    }
}
```

(3) 같은 방식으로 "추가토핑"을 나타내는 패널 ToppingPanel을 작성한다.

(4) 같은 방식으로 "크기"를 나타내는 패널 SizePanel을 작성한다.

(5) 이제 각 부분들을 한데 모아보자. 다음 그림을 참조하여서 BorderLayout을 사용하여서 결합한다.

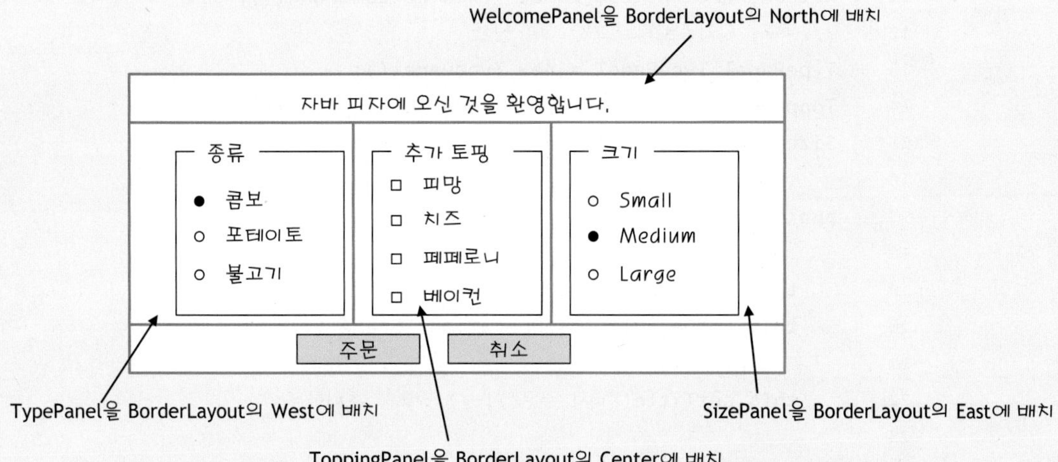

(6) BorderLayout의 South 영역에 "주문" 버튼과 "취소" 버튼을 추가하여서 프로그램을 완성한다.

(7) 피자의 가격을 계산할 수 있도록 각각의 패널에서 사용자가 선택을 하면 가격을 반환하는 메소드를 작성한다. 사용자가 "주문" 버튼을 누르면 전체 가격을 화면에 표시한다.

Solution

피자 주문 화면 만들기

PizzaTest.java

```java
// 소스를 입력하고 Ctrl+Shift+O를 눌러서 필요한 파일을 포함한다.

class MyFrame extends JFrame implements ActionListener {
   // MyFrame 클래스 정의 JFrame으로 부터 상속
   private int sum, temp1, temp2, temp3; // 액션리스너 구현
   private JButton order_button, cancle_button;
   // 컴포넌트와 컨테이너 참조변수
   private JPanel down_panel;
   private JTextField text;

   WelcomePanel welcom_panel = new WelcomePanel();
   // 문구, 타입, 토핑, 크기 패널 생성
   TypePanel TypePanel = new TypePanel();
   ToppingPanel ToppingPanel = new ToppingPanel();
   SizePanel SizePanel = new SizePanel();

   public MyFrame() { // 생성자 정의

      this.setSize(500, 200); // 프레임 크기 정의
      this.setDefaultCloseOperation(JFrame.EXIT_ON_CLOSE);
         // 종료 설정
      this.setTitle("피자 주문"); // 타이틀 초기화

      this.order_button = new JButton("주문");      // 주문 버튼 생성
      this.order_button.addActionListener(this);  // 이벤트 처리 등록
      this.cancle_button = new JButton("취소");     // 취소 버튼 생성
      this.cancle_button.addActionListener(this); // 이벤트 처리 등록

      this.text = new JTextField(); // 텍스트 필드 생성
      text.setEditable(false); // 수정 불가
      text.setColumns(6); // 길이 6칸

      down_panel = new JPanel(); // 패널 생성
      down_panel.add(this.order_button); // 주문 버튼 취소 버튼 추가
      down_panel.add(this.cancle_button);
      down_panel.add(this.text); // 텍스트 필드 추가
```

```
        this.setLayout(new BorderLayout()); // 프레임 배치관리자 설정

        this.add(welcom_panel, BorderLayout.NORTH); // 웰컴 패널 북쪽
        this.add(down_panel, BorderLayout.SOUTH); // 버튼 패널 남쪽
        this.add(SizePanel, BorderLayout.EAST); // 사이즈 패널 동쪽
        this.add(TypePanel, BorderLayout.WEST); // 타입 패널 서쪽
        this.add(ToppingPanel, BorderLayout.CENTER); // 토핑 패널 중앙

        this.setVisible(true); // 프레임 화면 표시
    }

    public void actionPerformed(ActionEvent e) { // 액션이벤트 처리
        if (e.getSource() == this.order_button) {
                // 액션소스 검출 '주문 버튼시
            this.text.setText(" " + 20000); // 텍스트 필드 출력
        }
        if (e.getSource() == this.cancle_button) {
        // 액션 소스가 취소 버튼일 경우
            temp1 = 0;
            temp2 = 0;
            temp3 = 0;
            sum = 0;
            this.text.setText(" " + sum); // 전부 초기화 후 초기값 출력
        }
    }

    class WelcomePanel extends JPanel { // 웰컴 패널 클래스 정의 JPanel 상속
        private JLabel message; // 메세지 라벨 참조 변수

        public WelcomePanel() { // 생성자
            message = new JLabel("자바 피자에 오신것을 환영합니다.");
            add(message); // 라벨을 생성후 객체에 추가
        }
    }

    class TypePanel extends JPanel { // 타입 패널 정의 JPanel 상속
        private JRadioButton combo, potato, bulgogi; // 라디오 버튼 정의
        private ButtonGroup bg; // 버튼 그룹 정의

        public TypePanel() { // 생성자
            setLayout(new GridLayout(3, 1)); // 배치관리자 정의

            combo = new JRadioButton("콤보", true); // 라디오 버튼 생성
```

```
        potato = new JRadioButton("포테이토");
        bulgogi = new JRadioButton("불고기");

        bg = new ButtonGroup(); // 버튼 그룹 정의후 묶기
        bg.add(combo);
        bg.add(potato);
        bg.add(bulgogi);

        setBorder(BorderFactory.createTitledBorder("종류"));
        // 버튼그룹 정리

        add(combo); // 객체에 라디오 버튼 추가
        add(potato);
        add(bulgogi);
    }
}

class ToppingPanel extends JPanel { // 토핑 패널 정의 JPanel 상속
    private JRadioButton pepper, cheese, peperoni, bacon;
    // 라디오버튼 참조변수
    private ButtonGroup bg; // 버튼 그룹 참조변수

    public ToppingPanel() { // 생성자
        setLayout(new GridLayout(4, 1)); // 배치관리자 일렬

        pepper = new JRadioButton("피망", true); // 라디오 버튼 생성
        cheese = new JRadioButton("치즈");
        peperoni = new JRadioButton("페페로니");
        bacon = new JRadioButton("베이컨");

        bg = new ButtonGroup(); // 버튼 그룹 생성 후 라디오 버튼 묶기
        bg.add(pepper);
        bg.add(cheese);
        bg.add(peperoni);
        bg.add(bacon);
        // 버튼그룹 정리
        setBorder(BorderFactory.createTitledBorder("추가토핑"));

        add(pepper); // 객체에 라디오 버튼 추가
        add(cheese);
        add(peperoni);
        add(bacon);
    }
}
```

```java
    class SizePanel extends JPanel { // 사이즈 패널 정의 JPanel 상속
        private JRadioButton samll, medium, large; // 라디오 버튼 참조변수
        private ButtonGroup bg; // 버튼 그룹 참조변수

        public SizePanel() { // 생성자
            setLayout(new GridLayout(3, 1)); // 배치관리자

            samll = new JRadioButton("Small", true); // 라디오 버튼 생성
            medium = new JRadioButton("Medium");
            large = new JRadioButton("Large");

            bg = new ButtonGroup(); // 버튼 그룹 생성
            bg.add(samll);
            bg.add(medium);
            bg.add(large);
            // 버튼 그룹 정리
            setBorder(BorderFactory.createTitledBorder("크기"));

            add(samll); // 객체에 라디오 버튼 추가
            add(medium);
            add(large);
        }
    }
}

public class PizzaTest { // 드라이버 클래스
    public static void main(String[] args) {
        MyFrame mf = new MyFrame();
    }
}
```

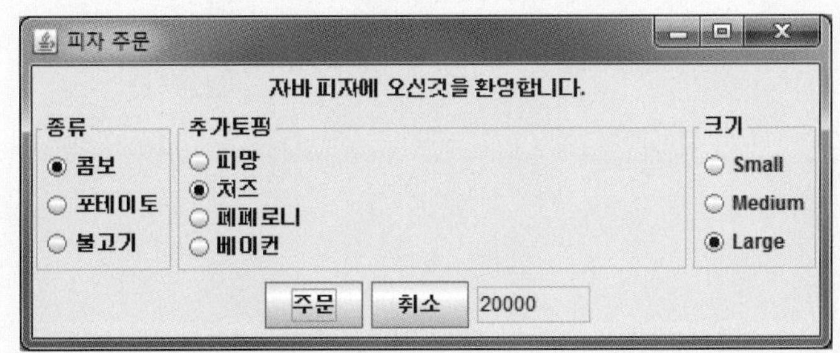

위의 프로그램에서 피자의 가격이 항상 동일하다. 사용자가 선택한 사항에 따라서 피자의 가격을 다르게 해보자.

화면 캡처 프로그램

다음과 같이 화면을 캡처할 수 있는 프로그램을 작성하여 보자.

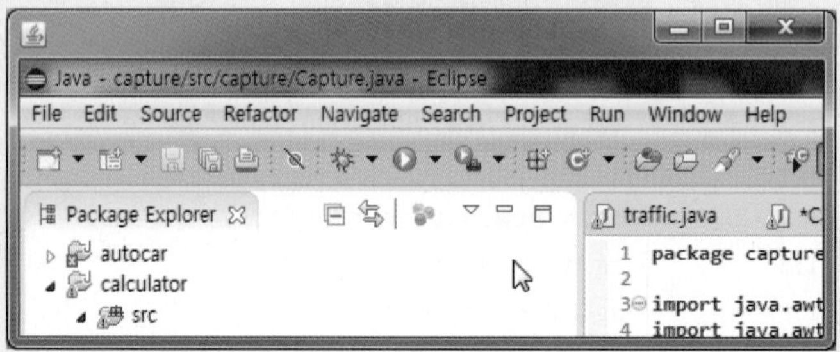

화면을 캡처하려면 아무래도 외부 클래스의 도움이 필요하다. 이런 용도로 사용할 수 있는 클래스가 바로 Robot 클래스이다. 이 클래스는 테스트 목적으로 시스템의 입력 이벤트를 생성하는데 사용된다. self-running demo에 많이 사용된다.

Robot 클래스의 createScreenCapture(Rectangle screenRect)를 호출하면 원하는 영역의 화면을 캡처하여서 BufferedImage 객체로 반환한다. 이것을 화면에 표시하면 된다.

```
Robot robot = new Robot();
final BufferedImage image = robot.createScreenCapture(rect);
image.flush();
```

화면 캡처 프로그램

Capture.java

```
// 소스를 입력하고 Ctrl+Shift+O를 눌러서 필요한 파일을 포함한다.

public class Capture {
   public static void main(String[] args) {
      JFrame capture = new JFrame();
      capture.setDefaultCloseOperation(JFrame.EXIT_ON_CLOSE);

      Dimension d;
      Rectangle rect = new Rectangle(500, 500);
      capture.setSize(d = new Dimension(500, 500));

      try {
         Robot robot = new Robot();
         final BufferedImage image = robot.createScreenCapture(rect);
         image.flush();
         JPanel panel = new JPanel() {
            public void paintComponent(Graphics g) {
               g.drawImage(image, 0, 0, d.width, d.height, this);
            }
         };
         panel.setOpaque(false);
         panel.prepareImage(image, panel);
         panel.repaint();
         capture.getContentPane().add(panel);
      } catch (Exception e) {
         e.printStackTrace();
      }

      capture.setVisible(true);
   }
}
```

화면캡처

이미지를 표시하는 패널을 작성한다.

프레임에 패널추가

위의 화면에 버튼을 추가하여서 버튼이 눌려지면 화면이 캡처되도록 프로그램을 업그레이드해보자. 캡처 화면의 위치와 크기도 입력받을 수 있도록 해보자. 캡처된 이미지를 저장할 수도 있는가?

LAB 한글-영문 번역기 작성하기

다음 그림과 같이 아주 단순한 한글-영문 변환기를 작성하여 보자. 왼쪽 텍스트 영역에 사용자가 한글을 입력하고 "변환" 버튼을 누르면 미리 입력된 몇 개의 단어만을 영어로 변환한다.

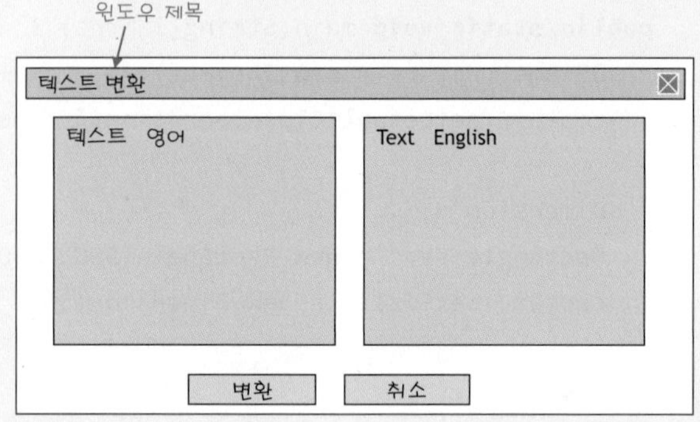

텍스트 필드에서 getText()를 이용하여서 텍스트를 얻은 후에, 텍스트에서 단어를 분리하려면 Scanner 클래스의 next() 메소드를 사용하라.

한글-영문 번역기 작성하기

TextConverter.java

```java
// 소스를 입력하고 Ctrl+Shift+O를 눌러서 필요한 파일을 포함한다.
public class TextConverter extends JFrame {
   JButton converter;
   JButton canceler;
   JTextArea textIn;
   JTextArea textOut;

   public TextConverter() {
      super("텍스트 변환");

      // 텍스트 영역
      textIn = new JTextArea(10, 14);
      textOut = new JTextArea(10, 14);
      textIn.setLineWrap(true);// 자동 줄바꿈
      textOut.setLineWrap(true);
      textOut.setEnabled(false);// 비활성화

      // 텍스트 영역을 관리할 패널
      JPanel textAreaPanel = new JPanel(new GridLayout(1, 2, 20, 20));
      textAreaPanel.add(textIn);
      textAreaPanel.add(textOut);

      // 버튼
      converter = new JButton("변환");
      canceler = new JButton("취소");
      converter.addActionListener(new ButtonActionListener());
      canceler.addActionListener(new ButtonActionListener());

      // 버튼 패널
      JPanel buttonPanel = new JPanel(new FlowLayout());
      buttonPanel.add(converter);
      buttonPanel.add(canceler);

      // 메인 패널
      JPanel mainPanel = new JPanel(new BorderLayout(10, 10));
```

한글단어 표시 영역 (textIn = new JTextArea(10, 14);)

영문단어 표시 영역 (textOut = new JTextArea(10, 14);)

```
        mainPanel.add(BorderLayout.CENTER, textAreaPanel);
        mainPanel.add(BorderLayout.SOUTH, buttonPanel);

        // 프레임 설정
        setLayout(new FlowLayout(FlowLayout.CENTER, 20, 20));
        add(mainPanel);
        pack();
        setDefaultCloseOperation(EXIT_ON_CLOSE);
        setVisible(true);
    }

    // 버튼의 액션 이벤트를 처리할 버튼 액션 리스너 클래스
    private class ButtonActionListener implements ActionListener {
        @Override
        public void actionPerformed(ActionEvent e) {
            // TODO Auto-generated method stub
                if (e.getSource() == converter) {
                    textOut.setText("");
                    String result = toEnglish(textIn.getText());
                    textOut.append(result);
                }
                if (e.getSource() == canceler) {
                    textOut.setText("");
                }
            }

            // 영어를 한국어로 변환하는 메소드
            private String toEnglish(String korean) {
            String result = korean;
            result = result.replace("텍스트", "Text");
            result = result.replace("영어", "English");
            return result;
        }
    }

    public static void main(String[] args) {
        TextConverter t = new TextConverter();
    }
}
```

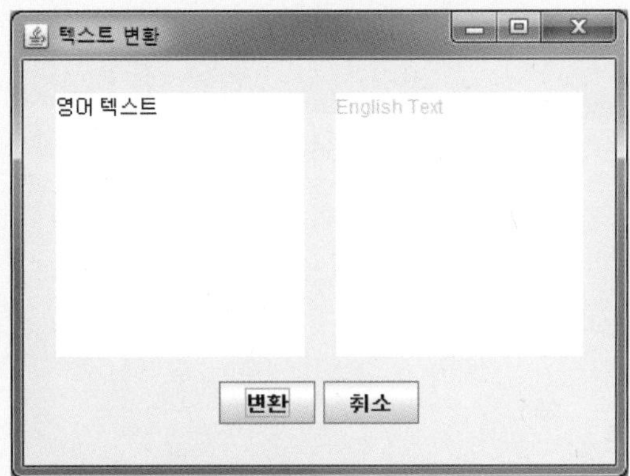

번역할 수 있는 단어의 개수를 늘려보자. 배열을 사용하여 보자.

13

CHAPTER

실전 프로젝트 #1:
다양한 프로그램 작성

학습목표

우리는 12장까지 많은 내용을 학습하였다. 이번 장에서는 학습한 내용을 하나의 완결된 프로그램으로 작성하고 지나가자. 일단 Lab 프로그램들을 입력하여 실행하여 보고 [도전문제]는 꼭 해결하고 지나가도록 하자.

학습목차

이제까지 학습한 내용
만으로도 프로그램을
작성할 수 있나요?
어느 정도의 데스크탑 프로
그램은 작성할 수 있습니다.
이번 장에서는 재미있는 미니
게임들을 작성해봅시다.

LAB 계산기 작성

우리는 9장에서 간단한 계산기를 작성한바 있다. 하지만 9장에서는 이벤트 처리를 하지 않았다. 이번 장에서 9장의 계산기에 이벤트 처리를 붙여서 완전한 계산기가 되도록 하여 보자.

무엇을 추가하여야 할까? 버튼이 눌렸을 때 이벤트 처리를 하여야 한다. 모든 버튼에 대하여 동일한 이벤트 처리 루틴을 등록하자. 개별 버튼의 구별은 이벤트의 getActionCommand()를 호출하여서 할 수 있다. getActionCommand() 버튼에 씌여진 텍스트를 반환한다. 이 텍스트를 보고 어떤 버튼인지를 구별할 수 있는 것이다.

몇 개의 변수를 추가하도록 하자.

- private double result - 연산의 계산 결과를 가지고 있다.
- private String operator - 입력된 연산을 기억한다.
- private boolean startOfNumber - 숫자가 입력되기를 기다리는 상태이면 true이고 숫자가 입력되는 도중이면 false가 된다.

입력되는 숫자는 모두 텍스트 필드에 적어놓는다. 즉 사용자가 "123.0"이라고 입력하면 이것이 화면의 맨 위에 있는 텍스트 필드에 그대로 기록된다. 계산할 때는 텍스트 필드의 내용을 Double.*parseDouble*(display.getText());으로 실수로 변경할 수 있다.

연산자의 종류에 따라서 연산을 수행하면 된다. 첫 번째 피연산자는 이미 result 변수에 저장되어 있으므로 result에서 두 번째 피연산자를 적용시키면 된다. 즉 연산자가 '+'이면 result에 두 번째 연산자를 더해주면 된다.

계산기 작성

ShapeTest.java

```java
// 소스를 입력하고 Ctrl+Shift+O를 눌러서 필요한 파일을 포함한다.

public class Calculator extends JFrame implements ActionListener {

    private JPanel panel;
    private JTextField display;
    private JButton[] buttons;
    private String[] labels = { "Backspace", " ", " ", "CE", "C", "7",
            "8", "9", "/", "sqrt", "4", "5", "6", "x", "%", "1", "2", "3",
            "-", "1/x", "0", "-/+", ".", "+", "=", };

    private double result = 0;
    private String operator = "=";
    private boolean startOfNumber = true;

    public Calculator() {
        display = new JTextField(35);
        panel = new JPanel();
        display.setText("0.0");
        //display.setEnabled(true);

        panel.setLayout(new GridLayout(0, 5, 3, 3));
        buttons = new JButton[25];
        int index = 0;
        for (int rows = 0; rows < 5; rows++) {
            for (int cols = 0; cols < 5; cols++) {
                buttons[index] = new JButton(labels[index]);
                if (cols >= 3)
                    buttons[index].setForeground(Color.red);
                else
                    buttons[index].setForeground(Color.blue);
                buttons[index].setBackground(Color.yellow);
                panel.add(buttons[index]);
                buttons[index].addActionListener(this);
                index++;
```

그리드 레이아웃으로 버튼을 배치한다.

반복하면서 계산기의 버튼을 생성한다. 동일한 메소드로 이벤트를 처리한다.

```
            }
        }
        add(display, BorderLayout.NORTH);
        add(panel, BorderLayout.CENTER);
        setVisible(true);
        pack();
    }

    public void actionPerformed(ActionEvent e) {
        String command = e.getActionCommand();
        if (command.charAt(0) == 'C') {
            startOfNumber = true;
            result = 0;
            operator = "=";
            display.setText("0.0");
        } else if (command.charAt(0) >= '0' && command.charAt(0) <= '9'
                || command.equals(".")) {
            if (startOfNumber == true)
                display.setText(command);
            else
                display.setText(display.getText() + command);
            startOfNumber = false;
        } else {
            if (startOfNumber) {
                if (command.equals("-")) {
                    display.setText(command);
                    startOfNumber = false;
                } else
                    operator = command;
            } else {
                double x = Double.parseDouble(display.getText());
                calculate(x);
                operator = command;
                startOfNumber = true;
            }
        }
    }

    private void calculate(double n) {
        if (operator.equals("+"))
            result += n;
        else if (operator.equals("-"))
            result -= n;
```

clear 버튼 처리

숫자를 나타내는 버튼을 처리한다.

숫자 입력이 시작되는 경우를 처리한다.

연산자 기호가 입력되면 연산을 실시한다.

```
        else if (operator.equals("*"))
            result *= n;
        else if (operator.equals("/"))
            result /= n;
        else if (operator.equals("="))
            result = n;
        display.setText(" " + result);
    }

    public static void main(String args[]) {
        Calculator s = new Calculator();
    }
}
```

아직 구현되지 않은 연산자들을 구현하여 보자. 즉 1/x, sqrt, %를 구현한다.

LAB

Tic-Tac-Toe 게임

Tic-Tac-Toe 게임은 두 명의 경기자가 번갈아가며 O와 X를 3×3 판에 놓아서 같은 글자를 가로, 세로, 혹은 대각선 상에 놓이도록 하는 놀이이다. 오목과 비슷한 게임이다. 우리는 앞에서 Tic-Tac-Toe 게임의 외관은 완성하였다. 여기서는 Tic-Tac-Toe 게임의 이벤트 처리 부분을 추가하여서 완전한 게임이 되도록 하자.

무엇을 추가하여야 하는가? 경기자가 O 또는 X를 놓을 때, 게임판의 상태를 검사하여야 한다. 정말 많은 방법으로 검사할 수 있다. 경기자가 하나의 글자를 놓을 때, 새로운 글자로 인하여 승리하였는지를 검사하기로 하자. 약 4가지의 경우만 검사하면 된다.

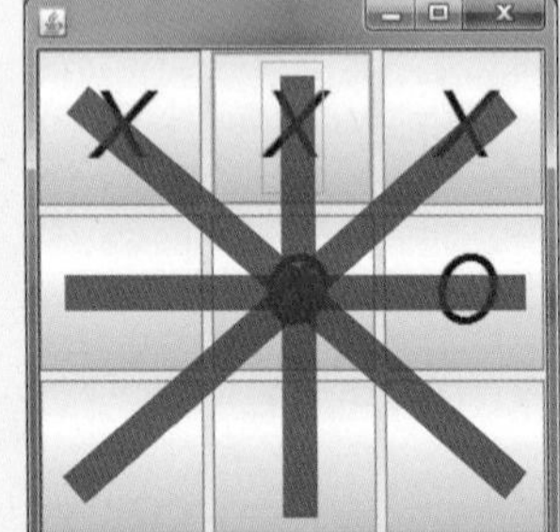

- 수평방향
- 수직방향
- 대각선방향 1
- 대각선방향 2

또 하나 검사해야할 사항은 게임이 비겼는지 여부이다. 이것은 모든 셀이 다 채워졌지만 아직까지 승부가 나지 않았으면 비긴 것으로 하면 된다.

Tic-Tac-Toe 게임

MyPanel.java

```
// 소스를 입력하고 Ctrl+Shift+O를 눌러서 필요한 파일을 포함한다.

public class MyPanel extends JPanel implements ActionListener {
   JButton[][] buttons = new JButton[3][3];
   private char turn = 'X';

   public MyPanel() {
      setLayout(new GridLayout(3, 3, 5, 5));
      Font f = new Font("Dialog", Font.ITALIC, 50);

      for (int i = 0; i < 3; i++) {
         for (int j = 0; j < 3; j++) {
            buttons[i][j] = new JButton(" ");
            buttons[i][j].setFont(f);
            buttons[i][j].addActionListener(this);
            add(buttons[i][j]);
         }
      }
   }

   @Override
   public void actionPerformed(ActionEvent e) {
      for (int i = 0; i < 3; i++) {
         for (int j = 0; j < 3; j++) {
            if (e.getSource() == buttons[i][j]
                  && buttons[i][j].getText().equals(" ") == true) {
               if (turn == 'X') {
                  buttons[i][j].setText("X");
                  turn = 'O';
                  if (checkWin("X", i, j))
                     System.out.println("X가 이겼음!");
                  else if (isDraw())
                     System.out.println("비겼습니다.");
               } else {
                  buttons[i][j].setText("O");
                  turn = 'X';
                  if (checkWin("O", i, j))
                     System.out.println("O가 이겼음!");
```

버튼을 격자모양으로 배치한다.

텍스트가 ""인 버튼이 클릭되면 보드에 표시를 한다.

현재 X가 둘 차례이면 이 부분을 실행한다.

```java
                        else if (isDraw())
                            System.out.println("비겼습니다.");

                    }
                }
            }
        }
    }

    public boolean isDraw() {
        for (int row = 0; row < 3; ++row) {
            for (int col = 0; col < 3; ++col) {
                if (buttons[row][col].getText().equals(" ")) {
                    return false;
                }
            }
        }
        return true;
    }

    public boolean checkWin(String mark, int r, int c) {
        return (buttons[r][0].getText().equals(mark)
                && buttons[r][1].getText().equals(mark)
                && buttons[r][2].getText().equals(mark)
                || buttons[0][c].getText().equals(mark)
                && buttons[1][c].getText().equals(mark)
                && buttons[2][c].getText().equals(mark) ||
                buttons[0][0].getText().equals(mark)
                && buttons[1][1].getText().equals(mark)
                && buttons[2][2].getText().equals(mark) ||
                buttons[0][2].getText().equals(mark)
                && buttons[1][1].getText().equals(mark)
                && buttons[2][0].getText().equals(mark));
    }

    public static void main(String[] args) {
        JFrame f = new JFrame();
        f.setDefaultCloseOperation(JFrame.EXIT_ON_CLOSE);
        f.add(new MyPanel());
        f.setSize(300, 300);
        f.setVisible(true);
    }
}
```

비겼는지를 검사한다.

이겼는지를 검사한다.

위의 프로그램에서는 게임의 상태를 buttons[] 배열에 저장한다. 별도의 3X3의 char 배열 board[][]를 이용해서 게임의 상태를 저장하도록 프로그램을 변경하여 보자. 보다 효율적인 실행이 가능하다.

LAB

미니 탁구 게임

다음과 같이 2사람이 탁구 게임을 할 수 있는 프로그램을 작성하여 보자.

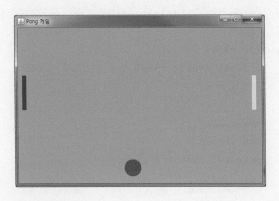

먼저 어떤 클래스가 필요한지를 생각해보자. 다음과 같은 클래스를 생각할 수 있다.

- Ball 클래스- 공을 나타낸다.
- Racket 클래스- 라켓을 나타낸다.
- GameBoard 클래스- 게임판을 나타낸다.

GameBoard 클래스가 Ball 객체와 Racket 객체를 포함하도록 설계하면 된다. Racket 객체는 2개가 필요하다. 전체적인 클래스 다이어그램은 다음과 같다.

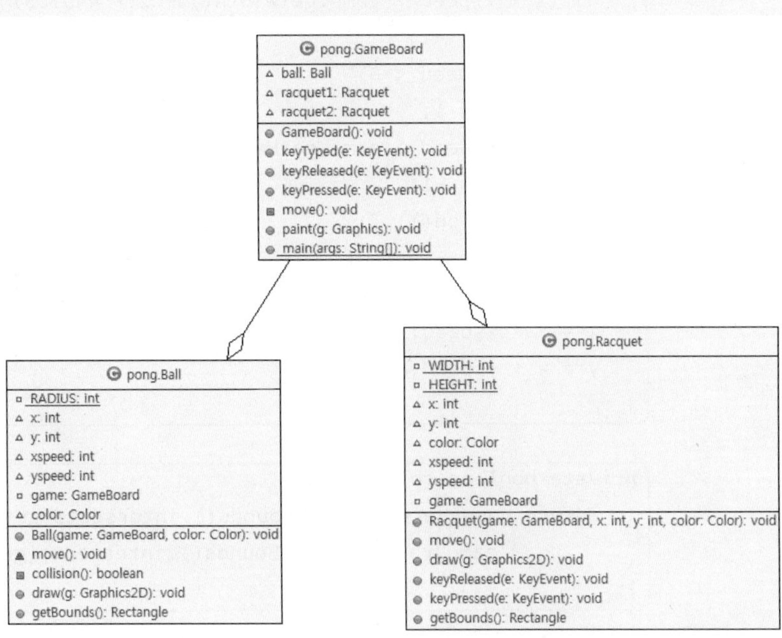

Solution

미니 탁구 게임

Ball.java

```
// 소스를 입력하고 Ctrl+Shift+O를 눌러서 필요한 파일을 포함한다.

public class Ball {
   private static final int RADIUS = 20;
   int x = 0;
   int y = 0;
   int xspeed = 1;
   int yspeed = 1;
   private GameBoard game;
   Color color;

   public Ball(GameBoard game, Color color) {
      this.game = game;
      this.color = color;
   }

   void move() {
      if (x + xspeed < 0)
         xspeed = 1;
      if (x + xspeed > game.getWidth() - 2 * RADIUS)
         xspeed = -1;
      if (y + yspeed < 0)
         yspeed = 1;
      if (y + yspeed > game.getHeight() - 2 * RADIUS)
         yspeed = -1;
      if (collision()) {
         xspeed = -xspeed;
      }
      x = x + xspeed;
      y = y + yspeed;
   }

   private boolean collision() {
      return game.racquet1.getBounds().intersects(getBounds())
            || game.racquet2.getBounds().intersects(getBounds());
   }
```

공을 움직이는 코드이다.

충돌했는지를 검사한다.

```java

    public void draw(Graphics2D g) {
        g.setColor(color);
        g.fillOval(x, y, 2 * RADIUS, 2 * RADIUS);
    }

    public Rectangle getBounds() {
        return new Rectangle(x, y, 2 * RADIUS, 2 * RADIUS);
    }
}
```

공을 그리는 메소드이다.

Racket.java

```java
// 소스를 입력하고 Ctrl+Shift+O를 눌러서 필요한 파일을 포함한다.

public class Racquet {
    private static final int WIDTH = 10;
    private static final int HEIGHT = 80;
    int x = 0;
    int y = 0;
    Color color;
    int xspeed = 0;
    int yspeed = 0;
    private GameBoard game;

    public Racquet(GameBoard game, int x, int y, Color color) {
        this.game = game;
        this.x = x;
        this.y = y;
        this.color = color;
    }

    public void move() {
        if (y + yspeed > 0 && y + yspeed < game.getHeight() - HEIGHT)
            y = y + yspeed;
    }

    public void draw(Graphics2D g) {
        g.setColor(color);
        g.fillRect(x, y, WIDTH, HEIGHT);
    }

    public void keyReleased(KeyEvent e) {
        yspeed = 0;
```

라켓을 이동하는 메소드이다.

라켓을 그리는 메소드이다.

```
    }

    public void keyPressed(KeyEvent e) {
        if (e.getKeyCode() == KeyEvent.VK_UP)
            yspeed = -3;
        if (e.getKeyCode() == KeyEvent.VK_DOWN)
            yspeed = 3;
    }

    public Rectangle getBounds() {
        return new Rectangle(x, y, WIDTH, HEIGHT);
    }
}
```

키 이벤트를 처리하는 메소드이다.

GameBoard.java

```
// 소스를 입력하고 Ctrl+Shift+O를 눌러서 필요한 파일을 포함한다.

public class GameBoard extends JPanel implements KeyListener {
    Ball ball;
    Racquet racquet1;
    Racquet racquet2;

    public GameBoard() {
        ball = new Ball(this, Color.red);
        this.setBackground(Color.green);
        racquet1 = new Racquet(this, 10, 150, Color.blue);
        racquet2 = new Racquet(this, 560, 150, Color.yellow);
        setFocusable(true);
        addKeyListener(this);
    }

    @Override
    public void keyTyped(KeyEvent e) {
    }

    @Override
    public void keyReleased(KeyEvent e) {
        racquet1.keyReleased(e);
        racquet2.keyReleased(e);
    }

    @Override
    public void keyPressed(KeyEvent e) {
```

키보드가 눌리면 라켓에 이벤트를 전달한다.

```java
        racquet1.keyPressed(e);
        racquet2.keyPressed(e);
    }

    private void move() {
        ball.move();
        racquet1.move();
        racquet2.move();
    }

    @Override
    public void paint(Graphics g) {
        super.paint(g);
        Graphics2D g2d = (Graphics2D) g;
        ball.draw(g2d);
        racquet1.draw(g2d);
        racquet2.draw(g2d);
    }

    public static void main(String[] args) {

        JFrame frame = new JFrame("Pong 게임");
        frame.setSize(600, 400);
        frame.setVisible(true);
        frame.setDefaultCloseOperation(JFrame.EXIT_ON_CLOSE);

        GameBoard game = new GameBoard();
        frame.add(game);

        while (true) {
            game.move();
            game.repaint();
            try {
                Thread.sleep(10);
            } catch (InterruptedException e) {
                e.printStackTrace();
            }
        }
    }
}
```

공과 라켓을 이동한다.

공, 라켓을 화면에 그린다.

게임메인 루프로서 공과 라켓을 이동하고 화면을 다시 그린다.

지금은 키보드의 화살표키를 누르면 2개의 라켓이 동시에 움직인다. 위의 소스를 사람과 컴퓨터가 대결하는 게임으로 변경하여 보자. 컴퓨터는 어느 정도 미리 공의 위치를 알고 있다고 가정하자.

Introduction to **JAVA PROGRAMMING**

14 CHAPTER

오류 처리하기

학습목표

프로그램 실행 도중에 여러 가지 원인으로 인하여 오류가 발생할 수 있다. 오류가 발생하면 디버깅하여서 오류의 원인을 찾아야 한다. 또 프로그램을 작성할 때는 오류가 발생했을 때 사용자에게 오류를 보고하고 오류를 처리할 수 있어야 한다. 하지만 오류를 처리하다 보면 정상적인 처리보다 오류 처리 부분이 더 복잡해질 수 있다. 자바도 다른 현대적인 언어들처럼 강인한 예외 처리 구조를 가지고 있다. 이번 장에서는 예외라는 개념을 사용하여 오류가 발생하더라도 오류를 우아하게 처리할 수 있는 방법을 학습한다. 또 assert 문장을 사용하여서 프로그램 내부에서 어떤 가정을 표현하는 방법을 학습한다. 마지막으로 로깅 API를 사용하면 다양한 이벤트의 기록을 만들 수 있다.

학습목차

자바에서 오류가 발생하면
프로그래밍하기 힘들어요.
좋은 방법이 있나요?

네, 예외 처리를 사용해
보세요. 우아하게 오류를
처리할 수 있습니다.

01 디버깅

우리가 사는 세상은 완벽하지 않다. 사용자들은 잘못된 데이터를 입력할 수도 있고, 우리가 오픈하고자 하는 파일이 컴퓨터에 존재하지 않을 수도 있으며 인터넷이 다운될 수도 있다. 또 프로그래머에 의하여 많은 버그들이 프로그램에 추가된다. 예를 들어 배열의 인덱스가 한계를 넘을 수도 있다. 지금까지는 이러한 문제들을 전혀 생각하지 않았지만 이번 장부터는 현실을 직시해보자.

오류가 발생하였다면 우리는 무엇을 어떻게 하여야 하는가? 먼저 침착하게 오류의 내용을 살펴보아야 한다. 자바는 상당히 발전된 오류 보고 시스템을 가지고 있어서 소스 파일의 몇 번째 문장에서 오류가 발생하였는지를 우리에게 알려준다. 따라서 해당 문장으로 가서 살펴보아야 할 것이다.

```
Exception in thread "main" java.lang.NumberFormatException: For
        input string: "XYZ"
   at java.lang.NumberFormatException.forInputString(Unknown
        Source)
   at java.lang.Integer.parseInt(Unknown Source)
   at java.lang.Integer.parseInt(Unknown Source)
   at numberformat.ExceptionTest3.main(ExceptionTest3.java:6)
```

하지만 오류 메시지만 보고는 오류의 원인을 알 수 없다면 **디버깅(debugging)**을 시작해야 한다. 프로그래밍에서 디버깅은 필수라고 할 수 있다. 프로그래밍을 상당히 잘하는 사람도 디버거를 전혀 사용하지 않는다면 생산성이 상당히 떨어질 것이다. 이클립스는 훌륭한 디버거를 포함하고 있다. 디버거를 사용하면 프로그램에서 쉽게 오류를 감지하고 진단할 수 있다. 디버거는 중단점을 설정하여서 프로그램의 실행을 제어할 수 있으며 문장 단위로 실행하거나 변수의 값을 살펴볼 수 있다.

참 그리고 우리가 디버깅을 해야 하는 또 하나의 중요한 이유가 있는데 바로 논리적인 오류를 잡기 위해서이다. 즉 오류는 발생하지 않지만 실행 결과가 나의 예상과 다를 때 디버깅을 하여야 한다. 예를 들어서 계산기 프로그램을 작성하는데 1+2가 자꾸 5로 나오면 디버거를 사용하여서 잘못된 부분을 찾아야 하는 것이다.

i를 1부터 10까지 증가시키면서 i의 값을 출력하는 프로그램을 아래와 같이 작성하였다.

Test.java

```java
public class Test {
    public static void main(String[] args) {
        int i =0;
        for (i = 1; i <= 10; i++) ;
        {
            System.out.println("현재 숫자는 " + i);
        }
    }
}
```

우리가 위의 프로그램을 실행해보면 다음과 같은 실행 결과를 얻게 된다. 이것은 분명 우리가 예상하였던 것과는 차이가 있다. 자 이 문제를 디버거로 해결하여 보자.

```
현재 숫자는 11
```

❶ test라는 프로젝트를 생성하고 Test라는 클래스를 추가하여서 Test.java에 위의 코드를 입력하여 보자.

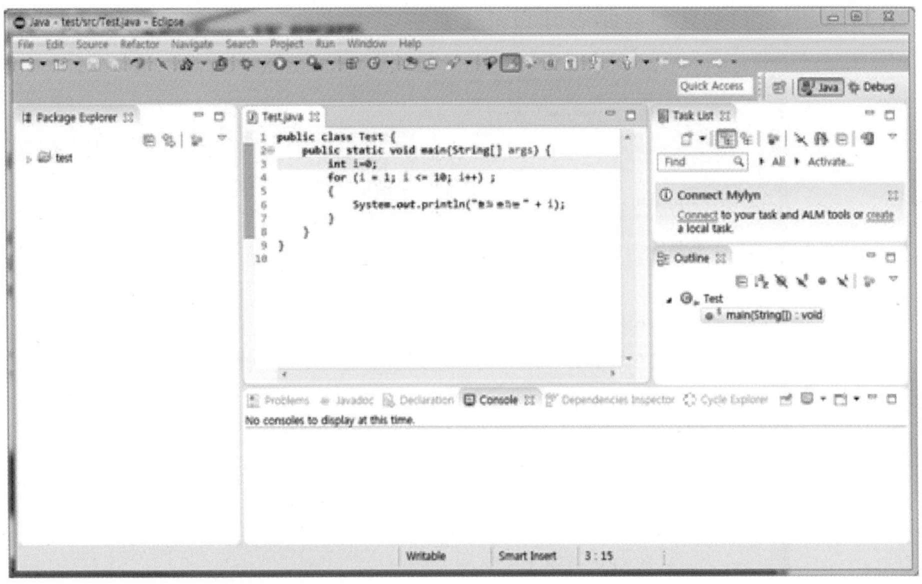

② 가장 기본적인 디버깅 방법은 소스 코드에 **중단점(breakpoint)**을 설정하고 실행하는 것이다. 실행이 시작되어서 중단점까지 오게 되면 자동적으로 실행이 중단되며 이때 변수의 값을 조사할 수 있다.

우리는 4번째 문장에 중단점을 설정하여 보자. 중단점을 만나게 되면 프로그램의 실행이 중단된다. 중단점을 설정하는 가장 쉬운 방법은 원하는 문장 왼쪽의 바를 더블 클릭하는 것이다. 문장 왼쪽 바에서 팝업 메뉴를 오픈하여서 [Toggle Breakpoint]를 선택하여도 된다.

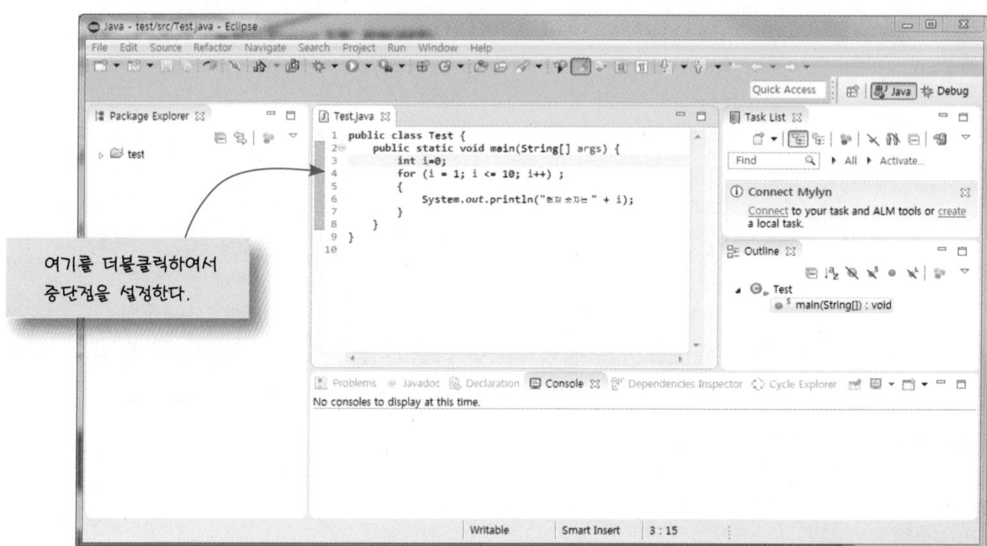

③ 위의 상태에서 프로젝트 test 위에서 마우스 오른쪽 버튼을 누르고 [Debug As] → [Java Application]을 선택한다. 디버그 퍼스펙티브로 바꾸겠느냐는 대화 상자가 나오고 다음과 같이 디버그 모드로 변경된다.

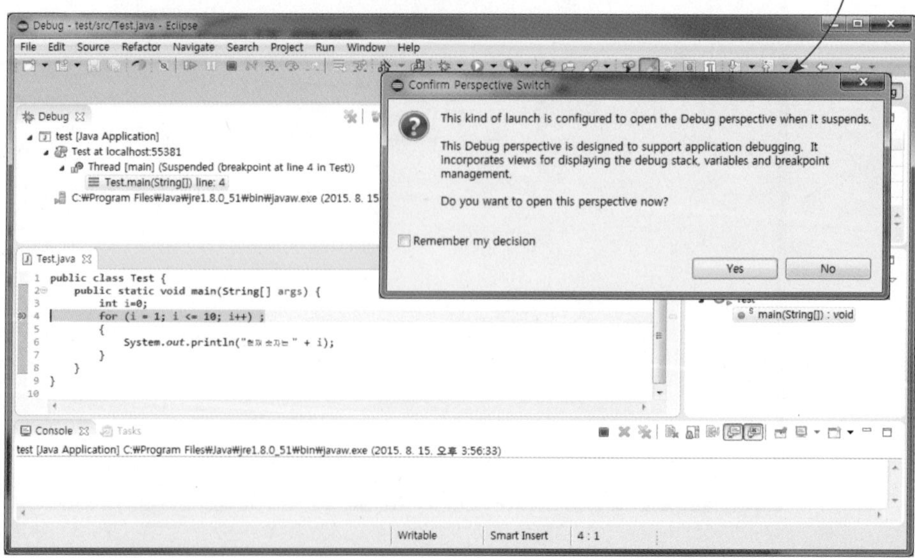

❹ 다음과 같은 화면처럼 중단점에서 실행이 중단되어 있을 것이다. 여기서 변수의 값을 조사하려면 변수 위에 커서를 놓아도 되고 왼쪽 상단의 변수 뷰(variable view)에도 변수 i의 값이 표시되어 있다. 위의 상태에서 [Run] 메뉴의 [Step Over]를 사용하면 한 문장씩 실행된다. 디버깅을 중단하려면 [Run] → [Terminate]를 선택하면 된다.

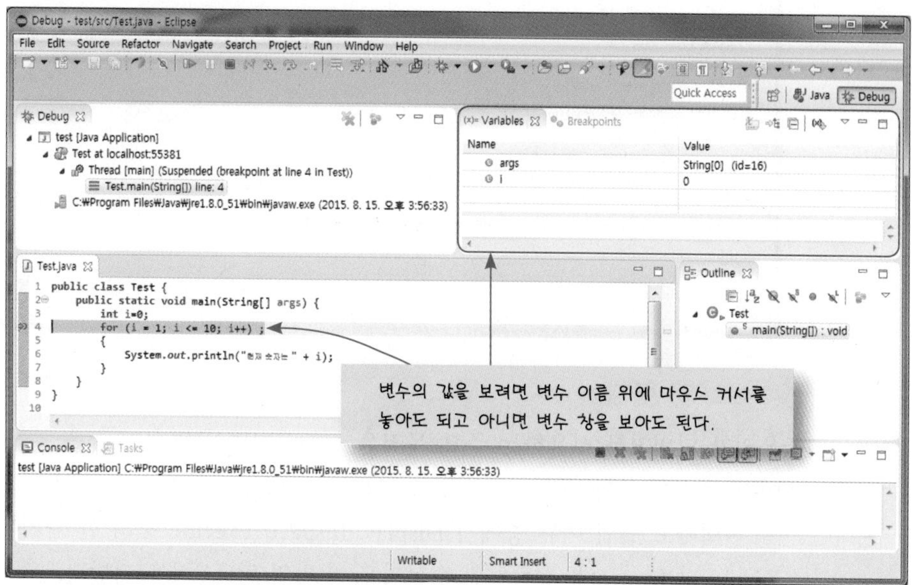

이 상태에서는 문제의 원인을 알 수 없다. 현재의 상태에서 하나의 문장을 더 실행하여 보자. 디버깅 모드에서 실행을 제어하는 명령어들은 다음과 같다.

	설명	방법
Step Into	한 문장씩 실행, 메소드를 만나면 메소드 안으로 진입	F6 또는 아이콘 클릭
Step Over	한 문장씩 실행, 메소드를 만나면 메소드 진입 안함	F5 또는 아이콘 클릭
Run to Line	지정된 문장까지 실행	Run->Run to Line 메뉴 또는 Ctrl+R
Resume	중단된 프로그램 다시 실행	F8 또는 아이콘 클릭
Terminate	프로그램 종료	Run->Terminate

F5를 눌러서 한 문장을 실행시켜보자. 다음과 같은 화면이 나오면서 현재의 위치에서 하나의 문장이 실행된다.

그런데 변수 i의 값이 이미 11이 되어 있는 것을 알 수 있다. 우리는 한 문장만 실행하였을 뿐인데 말이다. 어떻게 이런 일이 발생하였을까? 자세히 살펴보면 for 문장의 끝에 세미콜론(;)이 있어서 빈 문장만 10번 실행되고 for 루프가 종료된 것이다. 이것이 바로 우리가 찾던 논리적인 오류이다.

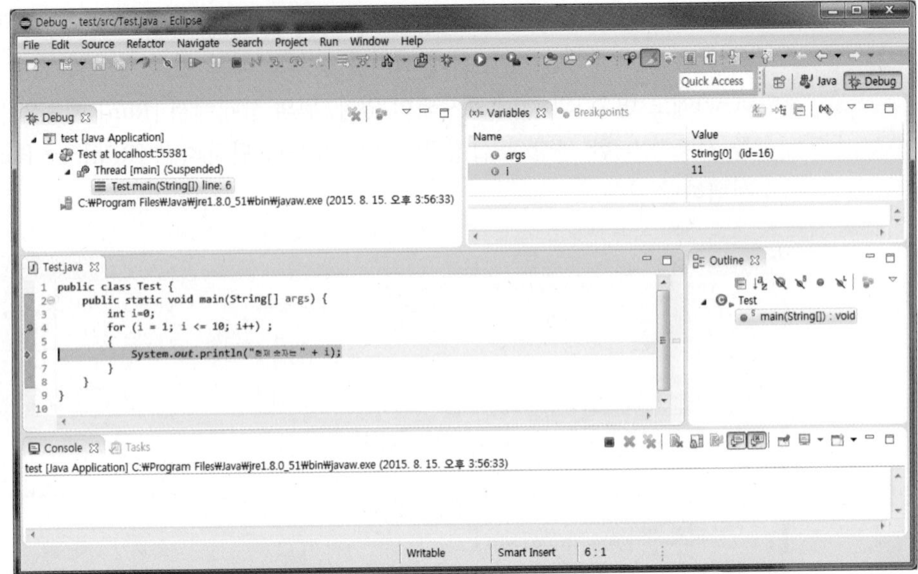

수식의 값 보기

우리가 디버거를 사용하는 주요 목적은 실행시키면서 변수의 값을 분석하기 위해서이다. 변수를 포함하여 수식의 값을 보려면, 소스 뷰에서 마우스를 드래그하여서 수식을 선택하고 팝업 메뉴 중에서 Display, Inspect, Execute 중의 한 가지를 선택한다. Display나 Inspect을 선택하면 수식의 값이 팝업 윈도우에 나타난다.

변수 뷰

변수 뷰는 디버그 뷰에서 선택된 스택 프레임과 관련된 변수들에 대한 정보를 표시한다. 자바 객체들은 확장되어서 필드들을 보여 줄 수 있다.

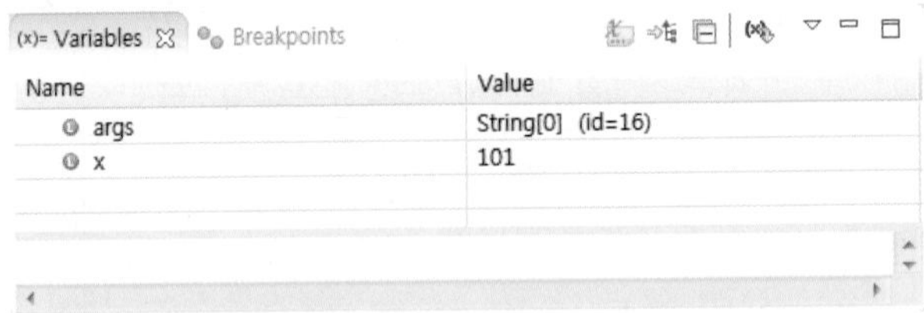

만약 실행 과정에서 관찰하고 싶은 변수가 있다면 변수 위에서 마우스 오른쪽 버튼을 눌러서 [Watch] 메뉴를 선택하면 된다.

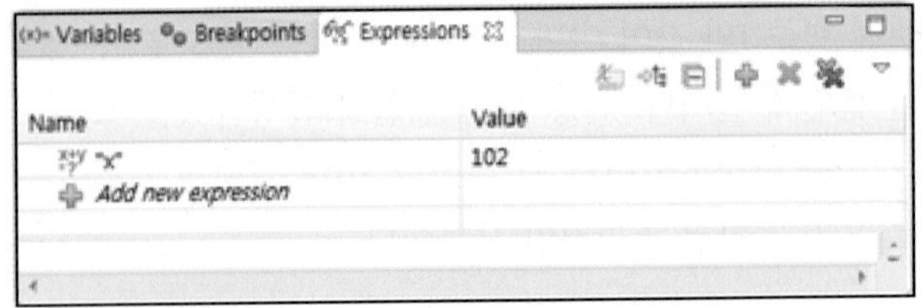

02 예외 처리

만약 우리가 만든 프로그램을 사용하던 사용자가 오류를 만났다고 가정하자. 대개의 경우 오류가 발생하면 프로그램이 종료된다. 오류가 발생하여서 사용자가 이제까지 작업하던 데이터를 모두 잃어버렸다면 사용자는 절망하게 될 것이다. 따라서 우리는 오류가 발생했을 때 오류를 사용자에게 알려주고 모든 데이터를 저장하게 한 후에 사용자가 **우아하게(gracefully)** 프로그램을 종료할 수 있도록 하는 것이 바람직하다. 또 오류를 처리한 후에 계속 실행할 수 있다면 더 나은 프로그램이 될 수 있다. 자바에서는 예외 처리를 통하여 이러한 기능을 제공할 수 있다.

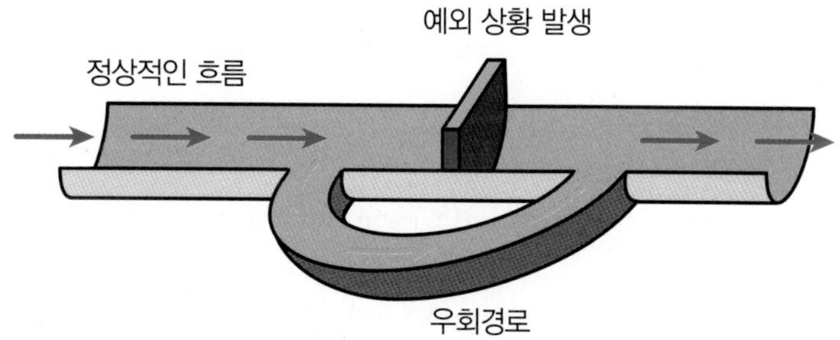

오류의 종류

프로그램에서 나타날 수 있는 문제들은 어떤 것들이 있을까? 일반적으로 다음과 같은 문제들을 생각할 수 있다.

- 사용자 입력 오류: 사용자가 정수를 입력하여야 하는데 실수를 입력할 수 있다.
- 장치 오류: 네트워크가 안 된다거나 하드 디스크 작동이 실패할 수 있다.
- 코드 오류: 잘못된 인덱스를 사용하여서 배열에 접근할 수 있다.

오류를 처리하는 전통적인 방법은 메소드가 오류 코드를 반환하는 것이지만 이 방법은 항상 가능한 것은 아니다. 그리고 상당히 코드가 지저분하게 된다. 자바에서는 try-catch 블록을 사용하여서 오류를 질서정연하게 처리할 수 있다. 오류가 발생하면 프로그램의 정상적인 실행 흐름이 중단되고 오류를 설명하는 **예외(exception)**가 생성되며 이 예외가 오류 처리 코드로 전달된다.

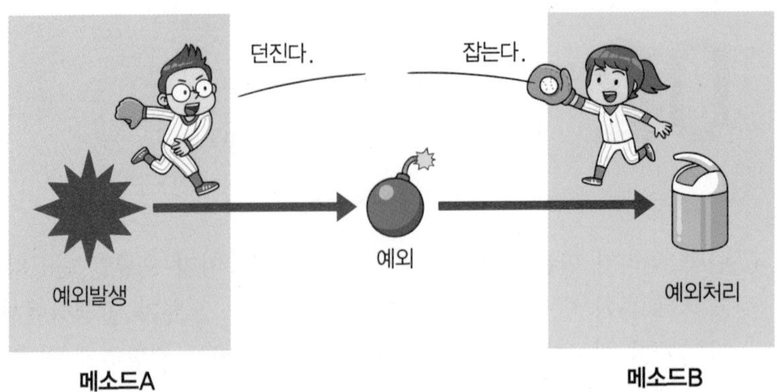

그림 14-10 • 자바에서는 실행 오류가 발생하면 예외가 생성된다.

예제 #1

예외를 실감하기 위하여 고의적으로 배열에서 잘못된 인덱스를 사용하여 강제적으로 예외를 발생시켜 보자.

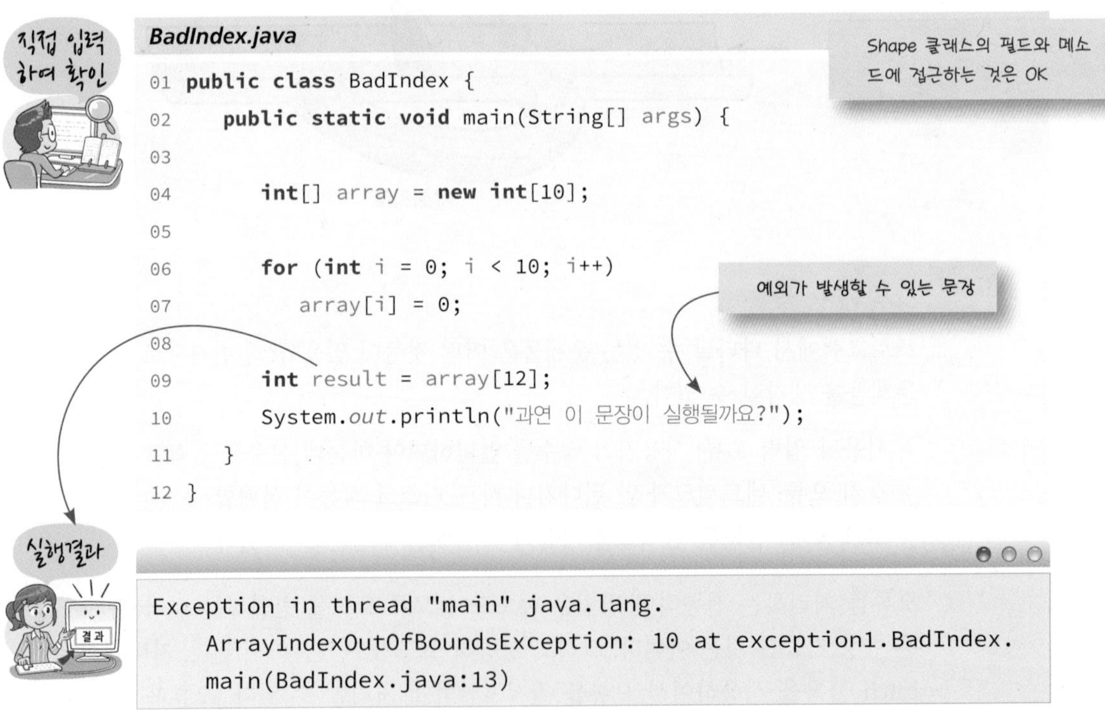

BadIndex.java

```java
public class BadIndex {
   public static void main(String[] args) {

      int[] array = new int[10];

      for (int i = 0; i < 10; i++)
         array[i] = 0;

      int result = array[12];
      System.out.println("과연 이 문장이 실행될까요?");
   }
}
```

```
Exception in thread "main" java.lang.
   ArrayIndexOutOfBoundsException: 10 at exception1.BadIndex.
   main(BadIndex.java:13)
```

위의 예제는 결과에서 보듯이, 크기가 10인 배열에서 인덱스 12를 사용하였기 때문에 ArrayIndexOutOfBoundsException이라는 이름의 예외가 발생하였다. 현재 예외를 처리하고 있지 않기 때문에 예외가 발생하는 즉시 프로그램이 종료되었다. 실행 결과에서 알 수 있듯이 예외가 발생한 지점 이후의 문장들이 실행되지 않았다.

버그와 예외

여기서 한 가지 주의할 점은 버그와 예외는 구별하여야 한다. 실행 도중에 버그로 인해서도 실행 오류가 발생할 수 있지만 이러한 버그는 개발 과정에서 모두 수정되어야 한다. 자바에서는 버그에 의한 실행 오류도 예외로 취급하지만 진정한 의미에서의 예외는 우리가 예상하였던 상황이 아닌 경우를 의미한다. 예를 들면 반드시 존재하여야 하는 파일이 없거나 인터넷 서버가 다운된 경우 등을 진정한 의미에서의 예외라고 할 수 있다.

예외 처리기

그렇다면 자바에서 예외 처리기는 어떻게 작성하여야 하는가? 예외 처리기는 try 블록과 catch 블록으로 이루어진다. 기본적으로 try 블록에서 발생된 예외를 catch 블록에서 처리한다.

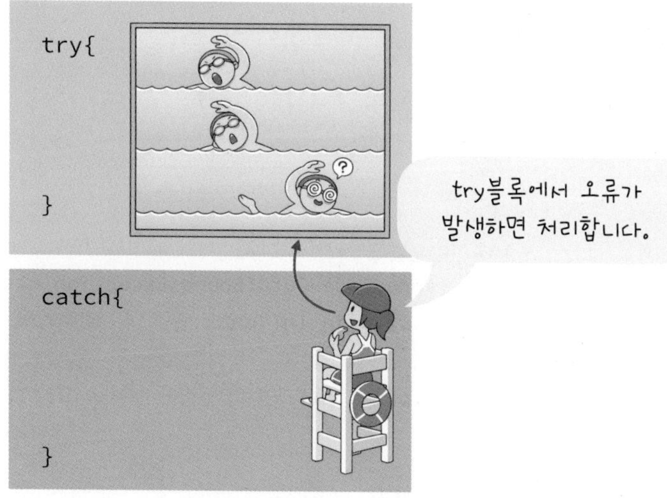

그림 14-13 • try블록은 예외가 발생할 수 있는 위험한 코드이다. catch 블록은 예외를 처리하는 코드이다.

예외 처리기의 기본 형식은 다음과 같다.

형식

```
try {
    // 예외가 발생할 수 있는 코드
} catch (예외종류  참조변수) {
    // 예외를  처리하는  코드
}
finally {
    // 여기 있는 코드는 try 블록이 끝나면 무조건 실행된다.
}
```

생략이 가능하다.

먼저 try 블록에는 예외가 발생할 가능성이 있는 문장이 들어간다. catch 블록에는 자신이 처리할 수 있는 예외의 종류를 지정하고 그 예외를 처리하기 위한 코드가 들어간다.

예제 #2

앞에 등장하였던 배열 인덱스 예외를 발생시키는 프로그램에 예외 처리기를 붙여보자. 먼저 오류가 발생할 가능성이 있는 코드는 try 블록으로 감싸고 처리 과정은 catch 블록에 위치시키면 된다.

BadIndex2.java

```java
public class BadIndex2 {
   public static void main(String[] args) {

      int[] array = new int[10];

      for (int i = 0; i < 10; i++)
         array[i] = 0;

      try {
         int result = array[12];
      } catch (ArrayIndexOutOfBoundsException e) {
         System.out.println("배열의 인덱스가 잘못되었습니다.");
      }
      System.out.println("과연 이 문장이 실행될까요?");
   }
}
```

여기서 오류를 처리한다. 현재는 그냥 콘솔에 오류 메시지를 출력하고 계속 실행한다.

```
배열의 인덱스가 잘못되었습니다.
과연 이 문장이 실행될까요?
```

여기서는 예외가 발생했을 경우, 단순히 경고 메시지를 출력하고 프로그램은 정상적으로 계속된다. 앞에서 보았듯이 만약 예외를 처리하지 않으면 프로그램은 비정상적으로 종료된다.

여기서 catch 블록에 붙어있는 (ArrayIndexOutOfBoundsException e)는 발생된 예외 객체를 가리킨다. e가 바로 예외 객체를 가리키는 객체 참조 변수이다. 여기서 ArrayIndexOutOfBoundsException은 배열의 인덱스가 배열의 크기를 넘었을 때 발생하는 예외를 나타내는 예외 클래스이다.

try/catch 블록에서의 실행 흐름

try/catch 블록에서 예외가 발생하는 경우와 발생하지 않는 경우의 실행 흐름을 비교하여 보자. 먼저 예외가 발생하지 않는 경우에는 catch 블록의 코드는 실행되지 않는다. 반면에 예외가 발생한 경우에는 catch 블록의 코드가 실행된다. finally 블록은 항상 실행된다.

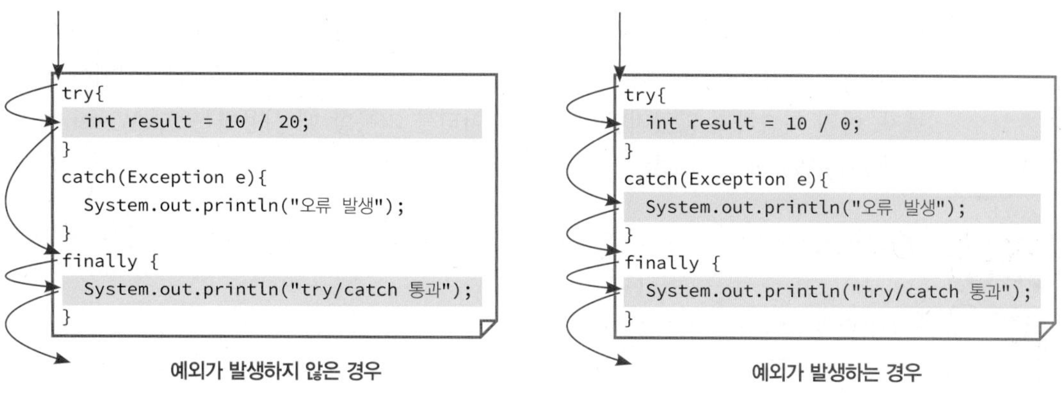
try{
int result = 10 / 20;
}
catch(Exception e){
System.out.println("오류 발생");
}
finally {
System.out.println("try/catch 통과");
}
예외가 발생하지 않은 경우
try{
int result = 10 / 0;
}
catch(Exception e){
System.out.println("오류 발생");
}
finally {
System.out.println("try/catch 통과");
}
예외가 발생하는 경우

그림 14-3 • try/catch 블록에서의 실행 흐름

finally 블록

finally 블록은 try-catch 블록이 종료될 때에 반드시 실행된다. finally 블록은 프로그래머가 실수로 자원 정리를 하지 않고 try-catch 블록을 종료하는 것을 방지한다. 예를 들어서 파일과 같은 자원을 반납하는 코드는 항상 finally 블록에 넣는 것이 좋다.

하나의 예로 아직 학습하지 않았지만 파일에 데이터를 기록할 수 있는 PrintWriter 클래스의 객체를 생성하여 보자. 만약 생성하는 도중에 입출력 오류가 발생할 수 있는데, 오류가 발생하건 안하건 간에 반드시 PrintWriter 객체를 닫아야 한다고 가정하자. 만약 아래 그림의 왼쪽과 같이 try-catch 블록의 다음에 자원을 반납하는 코드를 두면, 예외가 발생하는 경우에는 out.close() 호출이 이루어지지 않을 수도 있다.

```
try {
  out = new PrintWriter(…);
} catch (IOException e) {
  throw new RuntimeException(e);
}
out.close();
```

예외가 발생하면 자원이 반납되지 않을 수 있다.

```
try {
  out = new PrintWriter(…);
} catch (IOException e) {
  throw new RuntimeException(e);
} finally {
  out.close();
}
```

예외가 발생하더라도 확실하게 자원이 반납된다.

하지만 그림의 오른쪽과 같이 finally 블록을 사용한다면 오류가 발생하더라도 항상 finally 블록은 실행되므로 out.close()가 호출되어서 자원이 확실하게 반납된다. finally 블록을 적절하게 사용하면 자원의 누출을 막을 수 있다.

예제 #3

예외의 종류에 따라서 여러 개의 catch 블록이 있을 수 있으며, 이중에서 발생한 예외의 종류와 일치하는 catch 블록만 실행된다. 만약 일치되는 catch 블록이 없으면 발생된 예외는 처리되지 않는다. 하나의 예로 정수 배열을 파일에 기록하는 예제를 살펴보자. 아직 학습하지 않았지만 파일에 데이터를 기록할 때 사용하는 FileWriter 클래스와 PrintWriter 클래스를 사용하여 보자.

FileError.java

```java
// 소스를 입력하고 Ctrl+Shift+O를 눌러서 필요한 파일을 포함한다.
public class FileError {
   private int[] list;
   private static final int SIZE = 10;

   public FileError() {
      list = new int[SIZE];
      for (int i = 0; i < SIZE; i++)
         list[i] = i;
      writeList();
   }

   public void writeList() {
      PrintWriter out = null;
      try {
         out = new PrintWriter(new FileWriter("outfile.txt"));
         for (int i = 0; i < SIZE; i++)
            out.println("배열 원소  " + i + " = " + list[i]);

      } catch (ArrayIndexOutOfBoundsException e) {
         System.err.println("ArrayIndexOutOfBoundsException: ");

      } catch (IOException e) {
         System.err.println("IOException");

      } finally {
         if (out != null)
            out.close();
      }
```

2가지의 오류가 발생할 수 있다.

배열 인덱스 오류가 발생하면 실행된다.

입출력 오류가 발생하면 실행된다.

try 블록이 종료되면 항상 실행되어서 자원을 반납한다.

```
    }

    public static void main(String[] args) {
        new FileError();
    }
}
```

위의 프로그램을 실행하면 하드 디스크에 “outfile.txt” 파일이 생성되고 배열의 원소가 기록된다.

try-with-resources 문장

try-with-resources 문장은 하나 이상의 자원을 선언하는 try 문장이다. 리소스(resource)는 프로그램이 종료되면서 반드시 닫혀져야 한다. try-with-resources 문장은 문장의 끝에서 리소스들이 자동으로 닫혀지게 한다. try-with-resources 문장은 Java SE 7버전부터 추가되었다.

일반적으로는 다음과 같은 형식을 가진다.

형식

```
try (리소스자료형1  변수1 = 초기값1; 리소스자료형2  변수2 = 초기값2; ...) {
    ...
}
```

각 리소스는 AutoCloseable 인터페이스를 구현하는 클래스이어야 한다. 이 인터페이스는 close()만을 정의하고 있다. 정상적으로 try 블록이 종료되거나 예외가 발생되면, 모든 리소스의 close() 메소드가 호출된다.

예를 들어서 다음과 같은 문장은 문자열들을 소문자로 변환하여 파일에 저장한다.

```
ArrayList<String> list = new ArrayList<String>();
list.add("item1");
list.add("item2");
list.add("item3");

try (PrintWriter output = new PrintWriter("myoutput.txt")) {
    for (String s : list) {
        output.println(s.toLowerCase());
    }
}
```

괄호가 있으면 자원으로 취급한다.

위의 예제에서 try-with-resources 문장 안에 선언된 리소스는 PrintWriter이다. try 키워드 바로 다음에 소괄호가 있으면 리소스로 취급한다. PrintWriter 객체가 try-with-resource 문장 안에 선언되었으므로 try 문장이 정상적으로 종료되건 예외가 발생하건 간에 무조건 닫혀진다.

이 기능을 사용하려면 자원 객체가 java.lang.AutoCloseable 인터페이스를 구현하여야 한다. Java SE 7 버전부터는 PrintWriter 클래스가 이 인터페이스를 구현하고 있다.

주의할 점

try와 catch 블록은 별도의 독립된 블록이다. 따라서 try 블록에서 정의된 변수는 catch 블록에서 사용할 수 없다.

예외 발생 차단

try-catch 구문은 유용하고 필요한 도구이다. 하지만 가장 최선의 방법은 역시 예외가 일어나지 않도록 하는 것이다. 물론 이것이 불가능한 경우도 많이 있다. 하지만 미리 데이터를 테스트하여서 예외가 일어나지 않도록 하는 것이 가능한 경우도 있다. 사실 예제 #1은 프로그래밍 버그에 해당한다. 따라서 예외 처리를 할 것이 아니라 버그를 잡아야 한다.

03 예외의 종류

자바에서 모든 예외가 처리되어야 하는 것은 아니다. 예외의 종류에 따라서 처리되지 않아도 되는 예외도 있다. 예외에는 Error, RuntimeException, 기타 예외, 이렇게 3가지의 종류가 있다.

예외의 종류

모든 예외는 Throwable 클래스로부터 상속되어서 Error와 Exception이라고 하는 두개의 클래스로 나누어진다. Exception은 다시 RuntimeException과 그 외로 나누어진다.

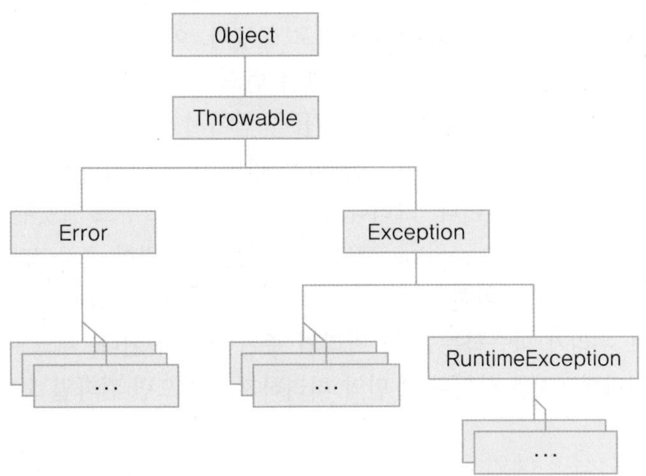

첫 번째 종류는 **Error**이다. Error는 자바 가상 기계 안에서 치명적인 오류가 발생하면 생성된다. 보통 애플리케이션은 이러한 오류를 예측하거나 복구할 수 없다. 예를 들어서 하드웨어의 오류로 인하여 파일을 읽을 수 없는 경우이다. 이런 경우에는 IOError

가 발생한다. 애플리케이션은 이러한 Error를 잡아서 사용자에게 보고할 수는 있지만 더 이상 처리할 수는 없다. 따라서 애플리케이션을 종료시키는 것이 보통이다. 다행히 Error는 자주 발생하지는 않는다. Error는 예외 처리의 대상이 아니다. 따라서 컴파일러가 체크하지 않는다.

두 번째 종류는 **RuntimeException**이다. 이들은 주로 프로그래밍 버그나 논리 오류에서 기인한다. 예를 들면 파일 이름을 FileReader 생성자로 전달하는 과정에서 논리 오류로 항상 null 값을 전달한다면 생성자가 NullPointerException을 발생한다. 애플리케이션은 이러한 예외를 물론 잡아서 처리할 수 있지만 보다 합리적인 방법은 예외를 일으킨 버그를 잡는 것이다. 따라서 **RuntimeException도 예외 처리의 주된 대상이 아니다**. 따라서 컴파일러가 체크하지 않는다. Error와 RuntimeException를 합쳐서 비체크 예외(unchecked exceptions)라고 한다.

분류	예외	설명
RuntimeException	ArithmeticException	어떤 수를 0으로 나눌 때 발생한다.
	NullPointerException	널 객체를 참조할 때 발생한다.
	ClassCastException	적절치 못하게 클래스를 형변환하는 경우
	NegativeArraySizeException	배열의 크기가 음수값인 경우
	OutOfMemoryException	사용 가능한 메모리가 없는 경우
	NoClassDefFoundException	원하는 클래스를 찾지 못하였을 경우
	ArrayIndexOutOfBoundsException	배열을 참조하는 인덱스가 잘못된 경우

세 번째 종류는 Error와 RuntimeException을 제외한 나머지 예외이다. 이들은 **체크 예외(checked exception)**라고 불린다. 이 예외들은 충분히 예견될 수 있고 회복할 수 있는 예외이므로 프로그램은 반드시 처리하여야 한다. 예를 들어서 애플리케이션이 사용자에게 입력 파일 이름을 받아서 파일을 오픈하는 상황을 가정하자. 정상적으로는 사용자가 이미 존재하는 파일 이름을 입력하고 FileReader 객체가 성공적으로 생성될 것이다. 그러나 만약 사용자가 실수로 잘못된 파일 이름을 입력한다면 FileNotFoundException 예외가 발생한다. 노련한 프로그래머라면 이 예외를 잡아서 사용자에게 정확한 파일 이름을 다시 입력하도록 요청할 것이다. 이 체크 예외가 바로 우리가 학습하는 예외 처리의 주된 대상이 된다. 체크 예외는 컴파일러가 예외를 처리했는지를 확인한다. 만약 처리하지 않았으면 컴파일 오류가 발생한다.

다형성과 예외

자바에서는 예외도 객체로 취급된다. 따라서 다형성의 원칙에 따라 상위 클래스의 참조 변수는 하위 클래스의 객체를 참조할 수 있다. 특히 이것은 catch 블록에서 예외를 잡을 때 유용하다. 예를 들어서 다음과 같은 상속 구조를 가정하자.

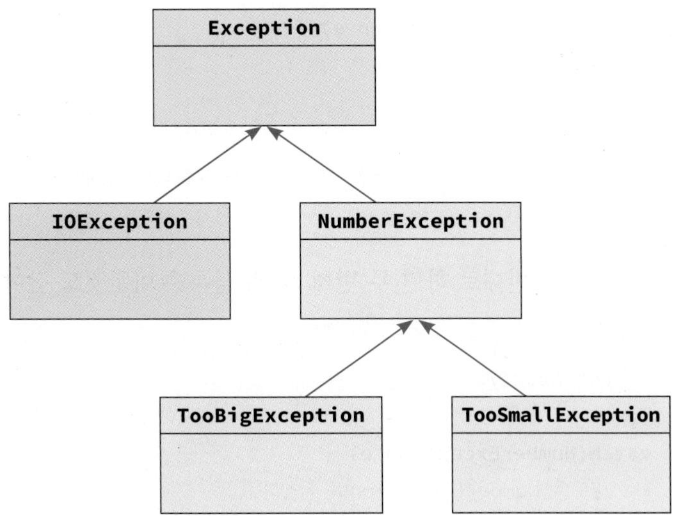

그림 14-4 • 오류 클래스 상속 계층도

예외를 처리할 때에도 상위 클래스를 이용하여 하위 클래스까지 포괄적으로 처리할 수 있다. 예를 들어서 아래와 같이 선언하면 TooBigException이나 TooSmallException도 던질 수 있다.

```
try {
    getInput();         // 예외를 발생하는 메소드
}
catch(NumberException e) {
    // NumberException의 하위 클래스를 모두 잡을 수 있다.
}
```

물론 다음과 같이 더 상위 클래스인 Exception으로 선언하면 모든 예외를 잡을 수 있지만 모든 예외가 다 잡히므로 도대체 어떤 예외가 발생했는지를 분간할 수 없다.

```
try {
    getInput();
}
catch(Exception e) {
    //Exception의 모든 하위 클래스를 잡을 수 있으나 분간할 수 없다!
}
```

또 여러 개의 예외를 잡을 수도 있다. 이런 경우에는 보다 구체적인 예외를 먼저 적어야 한다.

```
try {
    getInput();
}
```

```
catch(TooSmallException e) {
    //TooSmallException만 잡힌다.
}
catch(NumberException e) {
    //TooSmallException을 제외한 나머지 예외들이 잡힌다.
}
```

만약 이것을 반대로 하면 두 번째 catch 블록은 아무것도 잡아내지 못한다.

```
try {
    getInput();
}
catch(NumberException e) {
    //모든 NumberException이 잡힌다.
}
catch(TooSmallException e) {
    //아무 것도 잡히지 않는다!
}
```

따라서 구체적인 클래스 이름을 먼저 쓰고 일반적인 클래스 이름은 나중에 쓰는 것이 좋다. 즉 catch 블록을 사용할 때는 범위가 작은 것에서부터 큰 것 순서로 작성하여야 한다.

04 예외와 메소드

앞에서 간단하게 try-catch 블록을 사용하여서 예외를 처리하는 방법을 살펴보았다. 자바에서 예외를 처리하는 방법에는 다음과 같이 2가지 방법이 있다.

❶ 예외를 잡아서 그 자리에서 처리하는 방법: try-catch 블록을 사용하여서 예외를 잡고 처리한다.

❷ 메소드가 예외를 발생시킨다고 기술하는 방법: throws를 사용하여, 다른 메소드한테 예외 처리를 맡긴다.

첫 번째 방법은 이미 1절에서 살펴보았고 두 번째 방법을 지금부터 살펴보자.

메소드가 예외를 발생시킨다고 기술하는 방법

앞에서는 try-catch 블록을 이용하여서 예외를 잡아서 처리하였다. 하지만 가끔은 메소드가 발생되는 예외를 그 자리에서 처리하지 않고, 자신을 호출한 상위 메소드로 예외를 전달하는 편이 더 적절할 수도 있다. 발생하는 모든 예외를 그 자리에서 처리하는 것은 상당한 양의 코드를 필요로 하고 또 반드시 상위 메소드가 그 예외를 처리하도록 해야 하는 경우도 있다.

만약 발생하는 예외를 바로 처리하지 않으려면 반드시 메소드가 이들 예외를 던진다고 메소드 정의에 표시하여야 한다. 예를 들어서 1절의 예제 FileError.java의 writeList() 메소드 안에서 예외를 처리하지 않으면 컴파일 오류가 발생한다.

```
public void writeList()
{
   PrintWriter = new PrintWriter(new FileWriter("outfile.txt"));
   for (int i = 0; i < SIZE; i++)
      out.println("배열 원소  " + i + " = " + list[i]);
   out.close();
}
```

오류 발생: Unhandled exception tupe IOException

이 컴파일 오류를 해결하려면 다음과 같이, 메소드가 오류를 발생시킨다고 기술하여 주면 된다.

```
public void writeList() throws IOException
{
        ...
}
```

IOException 예외를 던질 수 있는 메소드라는 것을 기술한다.

writeList() 안에서는 ArrayIndexOutOfBoundsException 예외도 발생할 수 있지만 이것은 비체크 예외이므로 상위 메소드로 전달하지 않아도 된다. 물론 다음과 같이 기술할 수도 있다.

```
public void writeList() throws IOException, ArrayIndexOutOfBoundsException
{
        ...
}
```

예외 처리 과정

여기서 자바 런타임 시스템에서 예외를 처리하는 절차에 대하여 자세히 살펴보자. 어떤 메소드 안에서 예외가 발생하면 런타임 시스템은 그 메소드 안에 예외 처리기가 있는 지를 살핀다. 만약 그 자리에 예외 처리기가 없다면 호출 스택(call stack)에 있는 상위 메소드를 조사하게 된다. 예를 들어서 다음과 같은 순서로 메소드가 호출되었다면 호출 스택은 다음과 같다.

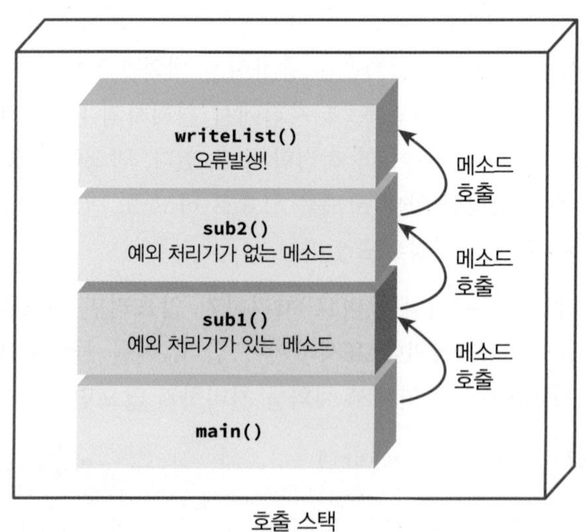

호출 스택

이때, writeList()에서 예외가 발생하였다고 가정하자. 자바 런타임 시스템은 호출 스택에서 예외 처리기를 가지고 있는 메소드를 탐색한다. 탐색은 예외가 발생한 메소드부터 시작하여서 메소드가 호출된 순서의 역순으로 진행된다. 만약 적절한 처리가가 발견되면 런타임 시스템은 예외를 그 처리기에 넘긴다. 적절하다는 것은 예외의 종류와 처리기가 처리하기로 한 예외의 종류가 일치하는 것을 의미한다. 만약 전체 호출 스택을 뒤졌는데도 처리기를 발견하지 못하면 런타임 시스템이 그냥 프로그램을 종료시킨다.

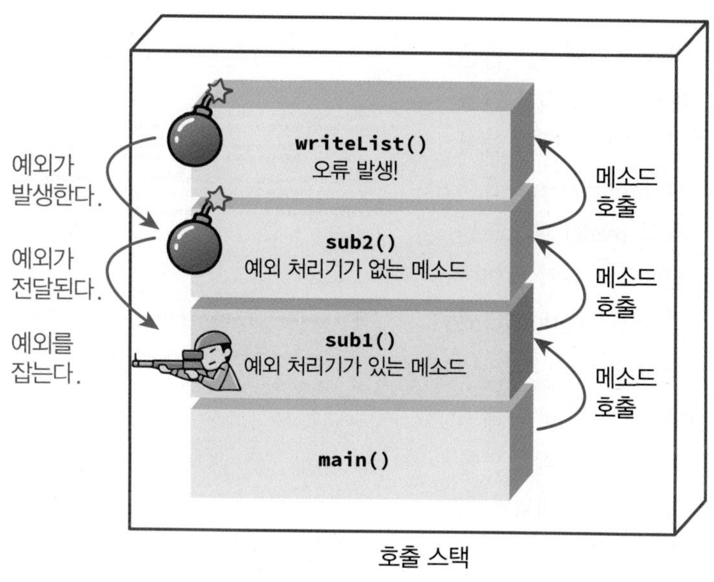

호출 스택

LAB 예외 처리하기

자바 API에서는 많은 메소드가 예외를 발생할 수 있다. 예를 들어서 InputStream 클래스의 read() 메소드는 입출력 오류가 일어나면 IOException을 던질 수 있다.

read

```
public int read(byte[] b)
        throws IOException
```

Reads some number of bytes from the input stream and stores them into the buffer array b. The number of bytes actually read is returned as an integer. This method blocks until input data is available, end of file is detected, or an exception is thrown.

If the length of b is zero, then no bytes are read and 0 is returned; otherwise, there is an attempt to read at least one byte. If no byte is available because the stream is at the end of the file, the value -1 is returned; otherwise, at least one byte is read and stored into b.

The first byte read is stored into element b[0], the next one into b[1], and so on. The number of bytes read is, at most, equal to the length of b. Let *k* be the number of bytes actually read; these bytes will be stored in elements b[0] through b[*k*-1], leaving elements b[*k*] through b[b.length-1] unaffected.

The read(b) method for class InputStream has the same effect as:

```
read(b, 0, b.length)
```

Parameters:

b - the buffer into which the data is read.

Returns:

the total number of bytes read into the buffer, or -1 if there is no more data because the end of the stream has been reached.

Throws:

IOException - If the first byte cannot be read for any reason other than the end of the file, if the input stream has been closed, or if some other I/O error occurs.

NullPointerException - if b is null.

See Also:

read(byte[], int, int)

InputStream 클래스의 read() 메소드를 사용하면서 예외를 처리하지 않으면 어떻게 되는가? 다음과 같은 오류 메시지가 나타난다. 이 예외를 처리하여 보자.

Test.java

```
public class Test {
   public static void main(String[] args) {
      System.out.println(readString());
   }

   public static String readString() {
      byte[] buf = new byte[100];
      System.out.println("문자열을 입력하시오:");
      System.in.read(buf);
      return new String(buf);
   }
}
```

```
Exception in thread "main" java.lang.Error: Unresolved
   compilation problem: Unhandled exception type IOException
   at Test.readString(Test.java:9)
   at Test.main(Test.java:3)
```

Solution

예외 처리하기

위의 메시지를 보면 IOException이라고 하는 예외를 처리하지 않았다고 나와 있다. 그렇다면 이런 경우에는 어떻게 하여야 하는가? 두 가지의 방법이 있다. 하나는 예외를 try/catch 블록을 이용하여 그 자리에서 처리하여 주는 것이다. 또 하나의 방법은 예외를 처리하지 않고 예외를 상위 메소드로 전달하는 것이다. 여기서는 2번째 방법만을 살펴보자.

만약 현장에서 예외를 처리하지 않고 상위 메소드에서 처리하고 싶으면 throws를 사용하여서 상위 메소드로 넘길 수 있다. 앞의 예제에서 readString() 안에서 발생한 예외는 throws 문을 통하여 상위 메소드인 main()으로 전달되고 여기서 처리된다.

Test.java

```
import java.io.IOException;

public class Test {
   public static void main(String[] args) {
      try {
         System.out.println(readString());
      } catch (IOException e) {
         System.out.println(e.getMessage());
         e.printStackTrace();
      }
   }

   public static String readString() throws IOException {
      byte[] buf = new byte[100];
      System.out.println("문자열을 입력하시오:");
      System.in.read(buf);
      return new String(buf);
   }
}
```

여기서 예외가 처리된다.

예외를 상위 메소드로 전달

메소드가 예외를 전달하면 자바 런타임 시스템은 호출 스택 안의 메소드를 순서대로 하나씩 조사하여 적절한 예외 처리기를 가지고 있는 메소드를 찾는다. 만약 찾지 못했다면 자바 런타임 시스템은 프로그램의 실행을 중단한다.

메소드의 호출 순서는 호출 스택(call stack)에 의하여 기억된다. 호출 스택이란 지금까지 호출된 메소드들을 스택에 모아 놓은 것이다. 호출 스택이 있어야만 메소드가 종료되었을 경우, 되돌아갈 메소드를 찾을 수 있다.

05 예외 생성 하기

근본적인 질문을 던져보자. 예외 객체는 누가 생성하는 것일까? 예외는 주로 자바 라이브러리에서 많이 발생하지만 실제로는 어떤 코드라도 예외를 발생시킬 수 있다. 자바에는 예외 객체를 생성하는 키워드가 있다. 바로 throw 키워드이다. throws가 아니고 throw임을 주의하라. 자바에서는 오류가 감지되면 throw 문을 사용하여 예외를 생성한다.

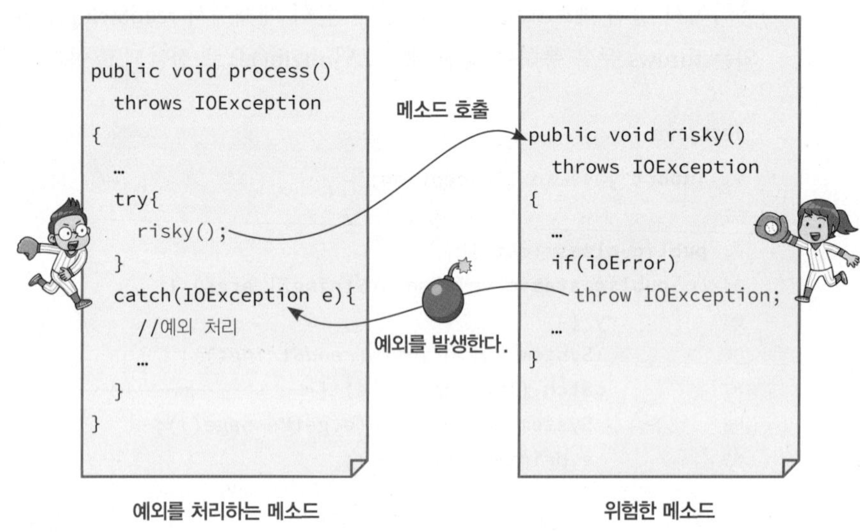

그림 14-5 • 예외를 던지고 받기

throw 문장

어떤 메소드도 throw 문장을 사용하여서 예외를 생성할 수 있다. throw 문장은 하나의 인수만을 요구하는데 바로 Throwable 객체이다. Throwable 객체는 Throwable 클래스를 상속받는 자식 클래스들의 인스턴스이다.

형식

```
throw someThrowableObject;
```

예를 들어 스택(stack) 자료구조에서 하나의 데이터를 꺼내는 pop() 메소드를 작성할 때, 꺼낼 데이터가 없다면 다음과 같은 예외를 발생할 수 있다.

```
public Object pop() {
    Object obj;

    if (size == 0) {
        throw new EmptyStackException();
    }
    ...
    return obj;
}
```

이 문장에 의하여 예외 객체가 생성된다.

물론 EmptyStackException 클래스는 미리 정의되어 있어야 하고 실제로 java.util에 정의되어 있다. 여기서 주의할 점은 pop() 메소드를 정의할 때 throws 절을 사용하지 않았다는 점이다. EmptyStackException 은 비체크 예외이므로 pop() 메소드를 정의할 때, 이것이 발생한다고 반드시 표시할 필요가 없다.

연속적인 예외 발생

어떤 애플리케이션은 예외를 처리하면서 다른 예외를 발생시킨다. 다음 코드를 살펴보자. catch 블록에서 예외를 처리 못하거나 다른 예외 처리기로 작업을 위임할 경우에는 예외를 다시 발생시켜서 전달할 수 있다. 이 경우에는 다음과 같은 형식을 사용한다.

```
try {
    ...
} catch (IOException e) {
    throw new SampleException("다른 예외", e);
}
```

이 문장에 의하여 예외 객체가 생성된다.

위의 예제에서는 IOException이 발생하였을 때, 새로운 SampleException 예외 객체가 생성되는 것을 알 수 있다. 새로운 예외 객체에는 원래의 예외 객체가 첨부된다. 이 예외 객체를 처리할 수 있는 올바른 처리기를 만날 때까지 메소드 호출 체인을 거슬러 올라간다.

사용자 정의 예외

사용자 정의 예외도 가능하다. 다른 예외와 구별하여 처리하려면 사용자 정의 예외 클래스를 생성한다. 이것은 보통 다음과 같이 Exception 클래스의 서브클래스를 생성시켜서 만든다.

```
public class MyException extends Exception {
        ...
}
```

예제: 사용자 정의 예외 작성하기

사용자 정의 예외와 throw 문을 사용하는 프로그램을 간단히 만들어보자. 여기서 printStackTrace()는 현재의 호출 스택의 내용을 화면에 보여주는 유용한 메소드이다.

ExceptionTest1.java

```java
class MyException extends Exception {
    public MyException()
    {
        super( "사용자 정의 예외" );
    }
}
public class ExceptionTest1 {
    public static void main( String args[] )
    {
        try {
            method1();
        }
        catch ( MyException e )
        {
            System.err.println( e.getMessage() + "\n호출 스택 내용:" );
            e.printStackTrace();
        }
    }

    public static void method1() throws MyException
    {
        throw new MyException();
    }
}
```

사용자가 정의한 예외를 발생한다.

```
사용자 정의 예외
호출 스택 내용:
MyException: 사용자 정의 예외
    at ExceptionTest.method1(ExceptionTest.java:17)
    at ExceptionTest.main(ExceptionTest.java:5)
```

06 예외 처리의 장점

지금까지 우리는 자바에서의 예외 처리에 대하여 학습하였다. 여기서 자바에서의 예외 처리 방식의 장점을 잠깐 생각하여 보자. 여기서는 자바 튜토리얼에 등장한 예제를 수정하여 사용하였고 좀 더 자세한 내용은 자바 튜토리얼을 참조하기 바란다.

오류 처리 코드를 정상적인 코드와 분리할 수 있다.

프로그램을 작성하면서 상당히 어려운 부분은 오류가 발생하였을 때의 코드가 중간에 상당히 많은 부분을 차지하여서 코드가 읽기 어렵게 된다는 점이다. 자바의 예외 처리는 프로그램의 주된 처리와 오류 처리가 분리되게 한다. 전통적인 프로그래밍에서는 오류 감지, 보고, 처리 코드로 인하여 스파게티 코드가 되기 쉽다. 예를 들어서 다음과 같은 유사 코드를 생각하여 보자.

```
void readFile()
{
    파일을 오픈한다;
    파일의 크기를 결정한다;
    메모리를 할당한다;
    파일을 메모리로 읽는다;
    파일을 닫는다;
}
```

간단하게 보이지만 파일이 오픈되지 않을 수도 있고 메모리가 부족할 수도 있다. 또 파일 읽기가 실패할 수도 있다. 따라서 이러한 예외적인 상황을 전부 감안하여서 다시 작성하면 다음과 같다.

```
errorCodeType readFile() {
    int errorCode = 0;

    파일을 오픈한다;
    if (theFileIsOpen) {
        파일의 크기를 결정한다;
        if (gotTheFileLength) {
            메모리를 할당한다;
            if (gotEnoughMemory) {
                파일을 메모리로 읽는다;
                if (readFailed) {
                    errorCode = -1;
```

```
            }
        } else {
            errorCode = -2;
        }
    } else {
        errorCode = -3;
    }
    파일을 닫는다.
} else {
    errorCode = -5;
}
return errorCode;
}
```

이것을 자바의 예외 처리를 사용한다면 다음과 같은 모습이 된다.

```
void readFile() {
    try {
        파일을 오픈한다;
        파일의 크기를 결정한다;
        메모리를 할당한다;
        파일을 메모리로 읽는다;
        파일을 닫는다;
    } catch (fileOpenFailed) {
        ...
    } catch (sizeDeterminationFailed) {
        ...
    } catch (memoryAllocationFailed) {
        ...
    } catch (readFailed) {
        ...
    } catch (fileCloseFailed) {
        ...
    }
}
```

어떤 방법이 코드를 더 깔끔하게 만드는가?

LAB

예외 처리하기

다음과 같은 프로그램에서는 NumberFormat 예외가 발생할 수 있다. 이것을 처리하여 보자.

```
public class ExceptionTest3 {
    public static void main(String args[]) {
        int num = Integer.parseInt("ABC");
        System.out.println(num);
    }
}
```

```
Exception in thread "main" java.lang.NumberFormatException:
        For input string: "XYZ"
    at java.lang.NumberFormatException.forInputString(Unknown
        Source)
    at java.lang.Integer.parseInt(Unknown Source)
    at java.lang.Integer.parseInt(Unknown Source)
    at numberformat.ExceptionTest3.main(ExceptionTest3.java:6)
```

try-catch 방법이나 메소드 선언뒤에 throws를 붙여서 해결한다.

예외 처리하기

다음과 같이 try-catch 구조를 사용하여서 예외를 처리할 수 있다.

ExceptionTest.java

```
public class ExceptionTest3 {
    public static void main(String args[]) {
        try {
            int num = Integer.parseInt("ABC");
            System.out.println(num);
        } catch (NumberFormatException e) {
            System.out.println("NumberFormat 예외 발생");
        }
    }
}
```

메소드 뒤에 throws를 붙이는 방법으로 해결해 보자.

07 단언

단언(assertions)은 프로그래머가 현재 시점에서 믿고 있는 내용을 다시 한 번 확인할 때 사용된다. 방어적인 프로그래밍 기법의 일종이다.

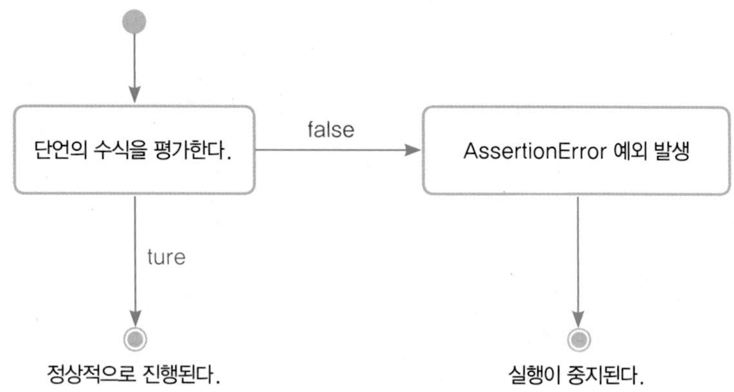

자바에서 단언은 2가지의 형태를 가진다.

형식

```
assert 조건;
assert 조건: 수식;
```

첫 번째 형태는 그냥 조건만을 지정하는 것이다. 시스템이 이 문장을 실행할 때, 조건을 검사한다. 만약 조건이 false이면 AssertionError 예외가 발생한다. 예를 들어서 x가 0 이상임을 확인하는 단언은 다음과 같다. 만약 변수 x의 값이 0 이상이 아니면 예외가 발생한다.

```
assert x >= 0;
```

두 번째 형태는 조건 뒤에 수식이 붙는 것으로 이 수식이 오류 메시지와 함께 출력된다. 예를 들어서 x가 0 이상이 아니면 오류 메시지가 변수 x의 값과 함께 출력되는 단언은 다음과 같다.

```
assert x >= 0: x;
```

예제: 날짜 검증하기

사용자가 입력한 날짜가 1 이상이고 31 이하인지를 검증하는 단언 문장을 넣어보자.

AssertionTest.java

```java
import java.util.Scanner;

public class AssertionTest {

    public static void main(String argv[]) {
        Scanner input = new Scanner(System.in);
        System.out.print("날짜를 입력하시오: ");
        int date = input.nextInt();

        // 날짜가 1 이상이고 31 이하인지를 검증한다.
        assert(date >= 1 && date <= 31) : "잘못된 날짜: " + date;
        System.out.printf("입력된 날짜는 %d입니다.\n", date);
    }
}
```

```
날짜를 입력하시오: 999
Exception in thread "main" java.lang.AssertionError:
        잘못된 날짜: 999
   at AssertionTest.main(AssertionTest.java:11)
```

이클립스에서는 기본적으로 단언 기능이 꺼져 있다. 단언 기능을 켜려면 해당 프로젝트를 선택한 후에 마우스 오른쪽 버튼을 누르고 properties를 눌러 Run/Debug Settings를 선택한다. 여기서 [Edit] 버튼을 누른다.

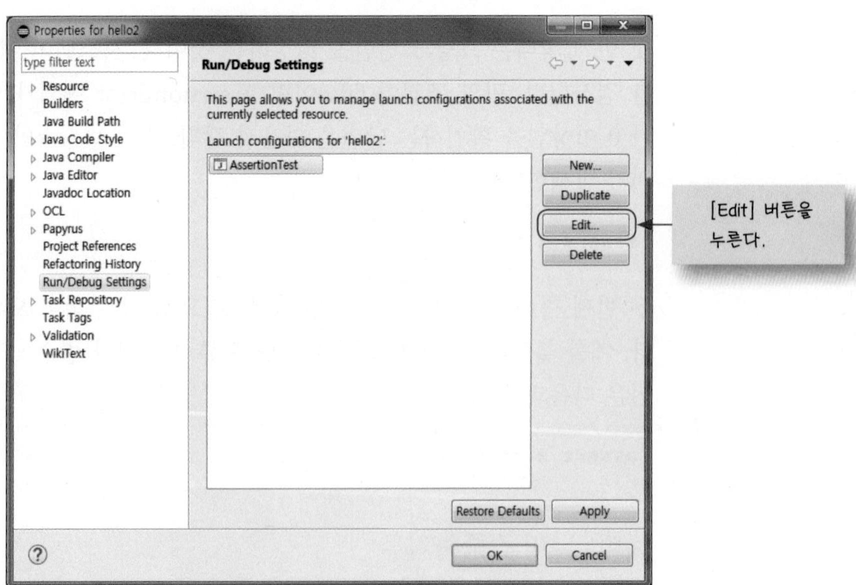

Arguments 탭으로 이동한 후에 VM arguments에 -ea를 입력한다.

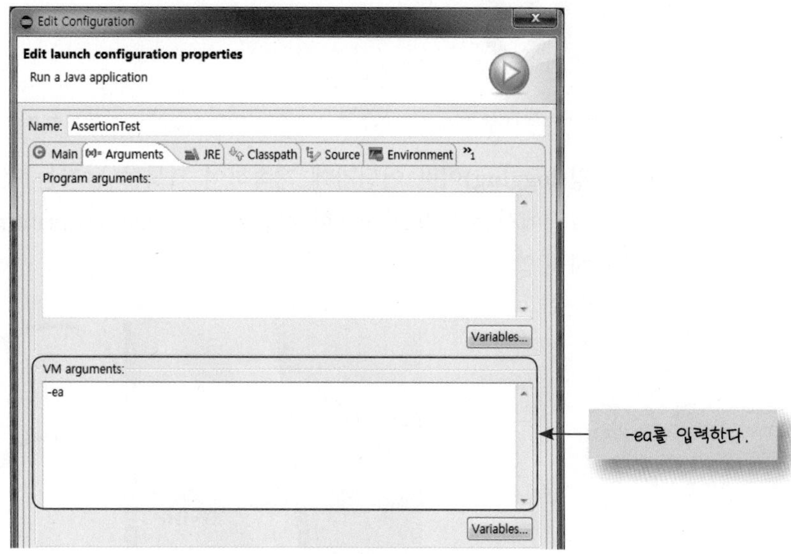

단언의 장점

위의 에제에서 단언을 사용하지 않고 다음과 같이 할 수도 있다.

```
if( date <=0 || date > 31 )
   throw new IllegalStateException(date + "");
```

이 방법의 문제점은 프로그램을 테스트한 후에도 위의 문장이 항상 프로그램에 존재한다는 점이다. 따라서 실행 속도를 저하시킨다. 이에 비하여 단언 문장은 프로그램을 테스트할 때만 존재하게 하고 제품으로 출시될 때는 삭제할 수 있다.

08 로깅

로깅(logging)이란 어딘가에 계속하여 기록을 남기는 것이다. 연속하여 실행되는 프로그램에서는 로깅도 중요한 기법이다. System.err.println()을 사용할 수도 있지만 완전하지 않다.

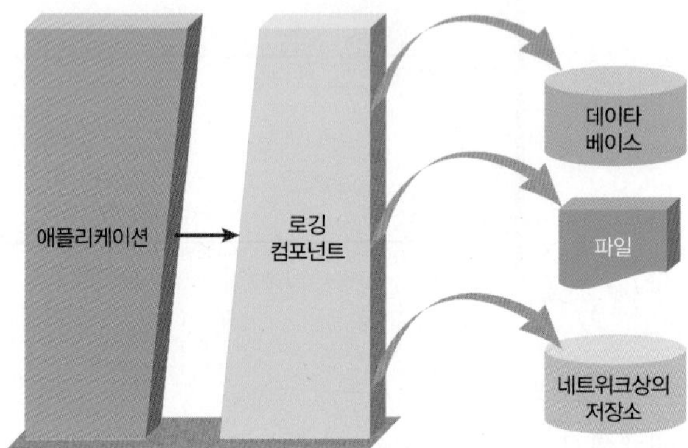

자바 1.4 버전부터 로깅을 위하여 logging API가 제공된다. 가장 기본적인 방법은 Logger.getGlobal()을 호출하여서 디폴트 로거 객체를 얻는 것이다. 이 객체의 info() 메소드를 호출하면 된다. 예를 들어서 다음과 같다.

LoggingTest.java

```
import java.util.logging.Logger;

public class LoggingTest {

   public static void main(String argv[]) {
      String filename = "test.dat";
      Logger.getGlobal().info(filename + " 파일을 오픈하였음 ");

   }
}
```

위의 문장이 실행되면 다음과 같은 출력이 콘솔에 표시된다. 자동적으로 클래스의 이름, 메소드의 이름, 현재 시간이 기록된다.

```
8월 15, 2015 1:48:39 오후 LoggingTest main
정보: test.dat 파일을 오픈하였음
```

자신만의 로거 정의하기

모든 정보를 하나의 전역 로거로 출력하는 것보다 자신만의 로거 객체를 정의하고 싶은 경우도 있을 것이다. 다음과 같은 문장을 사용하면 된다.

```
Logger logger = Logger.getLogger("kr.co.company.app");
```

로깅 레벨도 조정할 수 있다. SEVERE, WARNING, INFO, CONFIG, FINE, FINER, FINEST의 7개의 레벨이 있으며 다음과 같이 레벨을 변경할 수 있다.

```
logger.setLevel(Level.FINE);    // FINE 이상만 기록된다.
```

각 레벨에 해당되는 로깅 메소드가 존재한다. 예를 들면 다음과 같다.

```
logger.warning(message);
logger.fine(message);
```

우리만의 로거를 생성하여서 몇 가지 정보를 출력하는 프로그램을 작성하여 보자.

LoggingTest2.java

```
import java.util.logging.*;

public class LoggingTest2 {
   private static final Logger logger = Logger.getLogger(
         "kr.co.company.app");

   public static void main(String[] args) {
      logger.info("로깅이 시작됩니다...");
      try {
         throw new Exception("고의적으로 예외를 발생시킨다.");
      } catch (Exception e) {
         logger.log(Level.SEVERE, e.getMessage(), e);
      }
      logger.info("완료되었음...");
   }
}
```

위의 문장이 실행되면 다음과 같은 출력이 콘솔에 표시된다. 자동적으로 클래스의 이름, 메소드의 이름, 현재 시간이 기록된다.

```
8월 15, 2015 2:04:41 오후 LoggingTest2 main
정보: 로깅이 시작됩니다...
8월 15, 2015 2:04:41 오후 LoggingTest2 main
심각: 고의적으로 예외를 발생시킨다.
```

```
java.lang.Exception: 고의적으로 예외를 발생시킨다.
    at LoggingTest2.main(LoggingTest2.java:9)

8월 15, 2015 2:04:41 오후 LoggingTest2 main
정보: 완료되었음...
```

로깅 정보 파일에 저장하기

기본적으로 로깅 정보들은 모두 ConsoleHandler로 레코드들을 보낸다. ConsoleHandler는 이 레코드들을 System.err 스트림에 출력한다. 만약 로깅 정보를 파일에 저장하고 싶으면 FileHandler를 사용하여야 한다. 다음과 같은 문장을 사용한다.

```
FileHandler handler = new FileHandler("logging.txt");
logger.addHandler(handler);
```

간단한 예제를 살펴보자.

FileLoggingTest.java

```
import java.io.IOException;
import java.util.logging.*;

public class FileLoggingTest {
   private static final Logger logger = Logger.getLogger(
         FileLoggingTest.class.getName());

   public static void main(String[] args) throws IOException {
      Handler handler = new FileHandler("logging.txt");

      logger.addHandler(handler);
      logger.setLevel(Level.FINEST);
      logger.info("info 레벨 메시지");
      logger.fine("fine 레벨 메시지");
      logger.finest("finest 레벨 메시지");

      handler.flush();
      handler.close();
   }
}
```

현재 클래스의 이름이 입력된다. 패키지까지 포함된다.

로그 파일 이름이다.

핸들러를 통해서 로깅 정보들이 저장된다.

```
8월 15, 2015 2:17:14 오후 FileLoggingTest main
정보: info 레벨 메시지
```

위의 프로그램을 실행하면 프로젝트 폴더에 “logging.txt”라는 이름으로 다음과 같은 파일이 생성된다. 여기에는 XML 형식으로 로깅 정보가 저장된다.

logging.txt

```
<?xml version="1.0" encoding="x-windows-949" standalone="no"?>
<!DOCTYPE log SYSTEM "logger.dtd">
<log>
<record>
   <date>2015-08-15T14:34:54</date>
   <millis>1439616894057</millis>
   <sequence>0</sequence>
   <logger>FileLoggingTest</logger>
   <level>INFO</level>
   <class>FileLoggingTest</class>
   <method>main</method>
   <thread>1</thread>
   <message>info 레벨 메시지</message>
</record>
...
```

15 CHAPTER

제네릭과 컬렉션

학습목표

제네릭은 여러 타입을 처리할 수 있는 코드를 만드는 기술이다. 만약 자신이 자바 라이브러리 개발자라면 이번 장에서 제네릭을 주의 깊게 읽어야 한다. 컬렉션이란 프로그래밍에 필요한 다양한 자료 구조들을 제네릭 형식으로 제공해주는 자바 라이브러리이다. 컬렉션은 어떤 자바 개발자에게도 매우 중요하다. 컬렉션은 프로그래머들의 수고를 덜어주는 자료 구조들을 제공한다.

학습목차

제네릭이면 "일반적"이라는 의미인가요?
네, 하나의 코드로 여러 가지 타입을 동시에 처리하는 기술입니다. 잘 익혀두면 아주 편리하답니다.

01 제네릭 클래스

제네릭 프로그래밍(generic programming)이란 다양한 종류의 데이터를 처리할 수 있는 클래스와 메소드를 작성하는 기법이다. 제네릭은 자바 버전 1.5부터 추가된 기능으로 이것을 사용하면 복잡한 애플리케이션을 개발할 때 발생하는 여러 가지 버그들을 많이 줄일 수 있다. 제네릭은 안드로이드와 같은 애플리케이션을 개발할 때 많이 사용되므로 정확하게 알고 있어야 한다. Object 타입의 변수를 사용하는 것보다 안전하고 사용하기 쉽다. 대표적인 예가 배열보다 사용하기 쉬운 ArrayList 클래스이다. ArrayList<T>는 어떤 종류의 객체도 저장할 수 있는 배열이다. 여기서 T는 배열에 저장되는 타입을 나타내는 매개 변수이다.

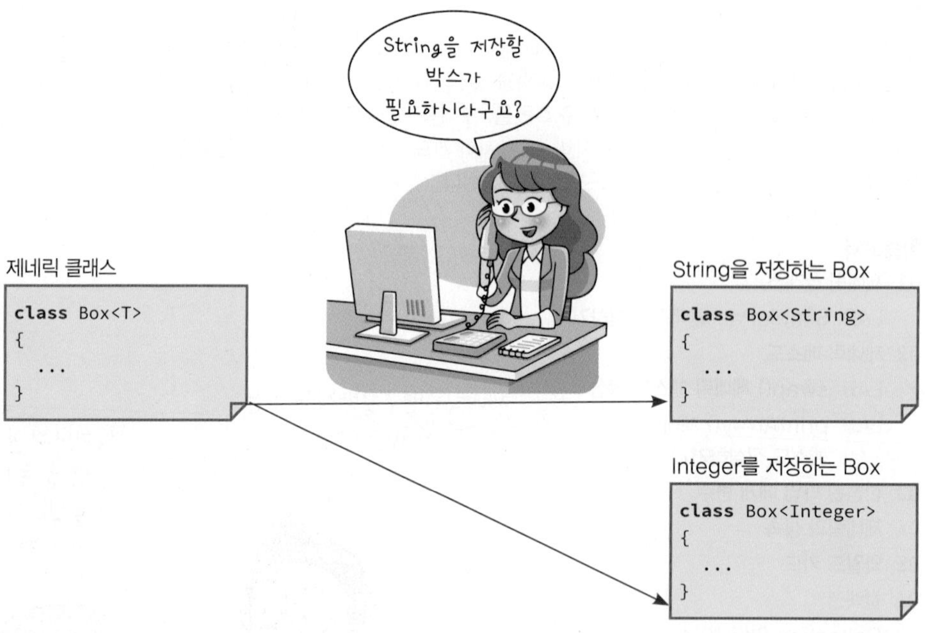

그림 15-1 • 제네릭 프로그래밍의 개념

제네릭을 한마디로 말하자면 클래스를 정의할 때, 클래스 안에서 사용되는 자료형(타입)을 구체적으로 명시하지 않고 T와 같이 기호로 적어놓는 것이다. 객체를 생성할 때, T 자리에 구체적인 자료형을 적어주면 된다. 즉 자료형을 클래스의 매개 변수로 만든 것이다. 위의 그림에서 Box 클래스는 데이터를 저장하는 클래스이다. Box 클래스 안에 저장되는 자료형을 구체적으로 적지 않고 T라고 하는 타입 매개 변수로 표시한다. Box에 저장되는 구체적인 타입은 Box의 객체를 생성할 때 적어주면 된다.

이전의 방법

제네릭 프로그래밍의 개념이 등장하기 전에도 모든 종류의 객체를 받을 수 있는 클래스를 작성할 수 있었다. 어떻게 하였을까? 다형성을 이용하였다. 객체를 Object 타입으로 받아서 처리하는 방법을 사용하면 된다. 간단한 예제를 들어서 설명하여 보자. 하나의 데이터만을 저장할 수 있는 Box라는 간단한 클래스를 작성하여 보자. Box는 어떤 타입의 데이터도 저장할 수 있다. 어떻게 이것이 가능할까? Object 타입의 변수는 어떤 객체도 참조할 수 있으므로 다음과 같이 내부에 Object 타입의 변수를 선언하고 이 변수로 데이터를 가리키면 된다.

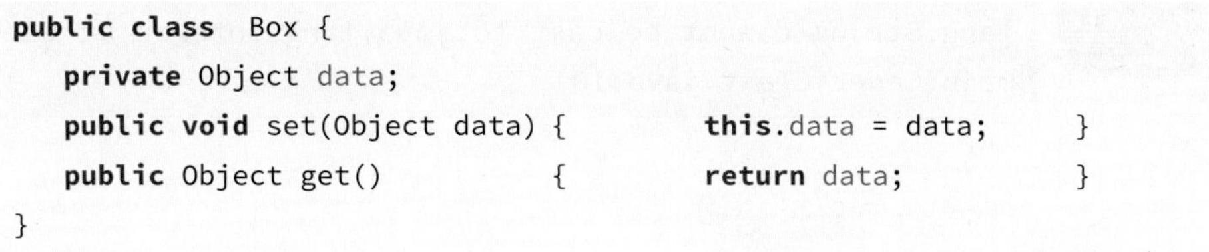

```
public class  Box {
   private Object data;
   public void set(Object data) {        this.data = data;      }
   public Object get()          {        return data;           }
}
```

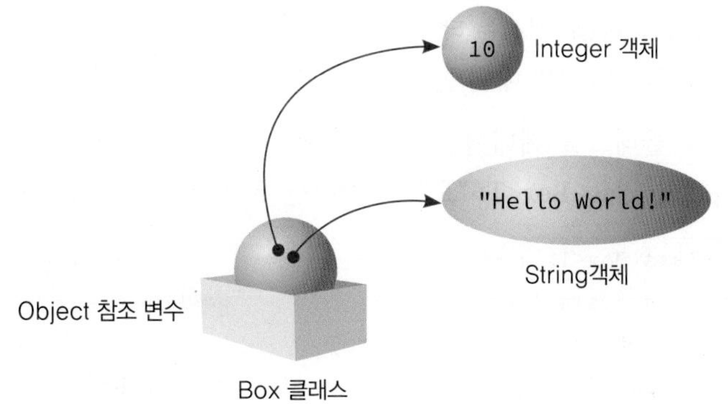

그림 15-2 • Box 클래스는 다양한 타입의 객체를 저장할 수 있는 클래스이다.

실제로 Box 클래스는 여러 가지 다양한 타입의 데이터를 저장할 수 있다.

```
Box b = new Box();

b.set("Hello World!");              // ① 문자열 객체를 저장
String s = (String)b.get();         // ② Object 타입을 String 타입으로 형변환

b.set(new Integer(10));             // ③ 정수 객체를 저장
Integer i = (Integer)b.get( );      // ④ Object 타입을 Integer 타입으로
                                           형변환
```

이렇게 다양한 형태의 데이터를 담을 수 있는 이유는 데이터를 Object 참조 변수로 받아서 저장하기 때문이다. 모든 객체는 궁극적으로 Object의 자손이다. 따라서 다형성에 의하여 Object 참조 변수는 어떤 객체든지 참조할 수 있는 것이다.

이것은 상당히 편리한 기능이지만 몇 가지의 문제가 있다. 먼저 데이터를 꺼낼 때마다 ②, ④와 같이 항상 형변환을 하여야 한다. 더 심각한 문제는 문자열을 저장하고서도 부주의하게 Integer 객체로 형변환을 할 수도 있으며 이것은 실행 도중에 오류를 발생시킨다.

```
b.set("Hello World!");
Integer i = (Integer)b.get( );          // 오류! 문자열을 정수 객체로 형변환
```

```
Exception in thread "main" java.lang.ClassCastException: java.
lang.String cannot be cast to java.lang.Integer at GenericTest.
main(GenericTest.java:10)
```

제네릭을 이용한 방법

제네릭 기법을 이용하게 되면 앞의 문제들을 모두 해결할 수 있다. **제네릭 클래스(generic class)**에서는 타입을 변수로 표시한다. 이것을 **타입 매개 변수(type parameter)**라고 하는데 타입 매개 변수는 객체 생성 시에 프로그래머에 의하여 결정된다.

Box 클래스를 제네릭으로 다시 작성하여 보면 다음과 같다. "public class Box"를 "public class Box<T>"으로 변경하면 된다. 여기서는 T가 타입 매개 변수가 된다.

```
class Box<T> {                          ← T는 타입을 의미한다.
    private T data;
    public void set(T data)  {     this.data = data;     }
    public T get()           {     return data;          }
}
```

앞의 코드와 비교하여 보면 제네릭 클래스에서는 자료형을 표시하는 자리에 Object 대신에 T가 사용되고 있음을 알 수 있다. 일반적으로 대문자를 이용하여 타입 변수를 표시한다.

타입 매개 변수의 값은 객체를 생성할 때 구체적으로 결정된다. 예를 들어서 문자열을 저장하는 Box 클래스의 객체를 생성하려면 T 대신에 String을 사용하면 된다.

```
Box<String> b = new Box<String>();
```

만약 정수를 저장하는 Box 클래스의 객체를 생성하려면 다음과 같이 T 대신에 <Integer>를 사용하면 된다.

```
Box<Integer> b = new Box<Integer>();
```

하지만 int는 사용할 수 없는데, int는 기초 자료형이고 클래스가 아니기 때문이다.

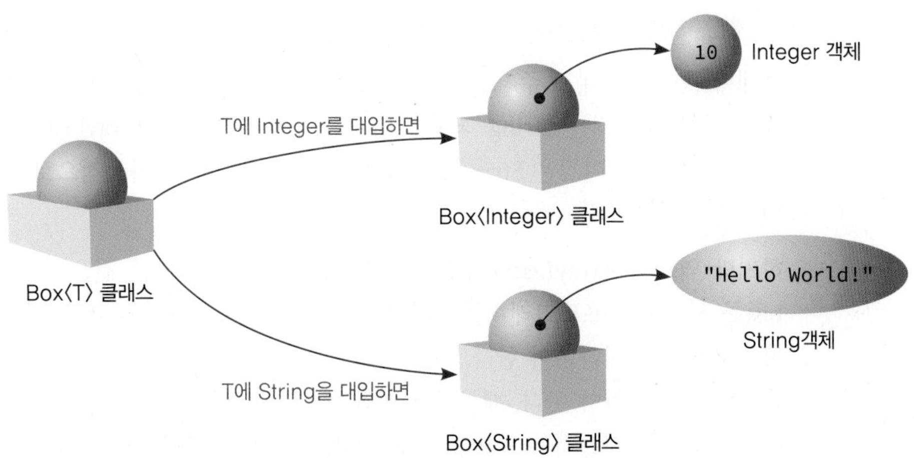

그림 15-3 • Box 클래스에 저장하는 데이터의 타입은 객체 생성 시에 결정된다.

문자열을 저장하는 객체를 생성하여 사용하면 다음과 같다.

```
Box<String> b = new Box<String>();
b.set("Hello World!");                // 문자열 저장
String s = b.get();
```

만약 Box<String>에 정수 타입을 추가하려고 하면 컴파일러가 컴파일 단계에서 오류를 감지할 수 있다. 따라서 더 안전하게 프로그래밍할 수 있다.

```
Box<String> stringBox = new Box<String>();
stringBox.set(new Integer(10));    // 정수 타입을 저장하려고 하면 컴파일 오류!
```

```
The method set(String) in the type Box<String> is not applicable
for the arguments (Integer) at GenericTest.main(GenericTest.
java:27)
```

다이아몬드

자바 SE 7 버전부터는 제네릭 클래스의 생성자를 호출할 때, 타입 인수를 구체적으로 주지 않아도 된다. 컴파일러는 문맥에서 타입을 추측한다. ⟨⟩를 다이아몬드라고 한다. 예를 들어서 다음과 같이 쓸 수 있다.

```
Box<String> Box = new Box<>();
```

생성자 호출시 구체적인 타입을 주지 않아도 된다.

제네릭이 제일 필요한 사람은 누구일까?

제네릭 클래스의 대표 주자는 ArrayList이다. ArrayList는 배열보다 훨씬 편리한 차세대 배열이다. 우리는 String 객체를 저장하는 ArrayList는 ArrayList<String>과 같이 생성할 수 있다. 이것은 String[] 배열보다 엄청 편리하다. 자동적으로 배열의 크기가 변경되기 때문이다.

하지만 역으로 ArrayList와 같은 제네릭 클래스를 작성하는 것은 쉽지 않다. ArrayList를 사용하는 프로그래머들은 어떤 자료형도 ArrayList에 추가할 수 있다. 따라서 모든 경우를 예상하여야 한다. 보통은 라이브러리를 작성하는 프로그래머들이 제네릭을 깊이 연구하여야 한다. 대부분의 일반 프로그래머들은 ArrayList와 같이 주어진 제네릭 클래스를 사용하는 방법만 알면 된다. 하지만 자신만의 제네릭 클래스와 메소드를 작성해보고 싶은 프로그래머들은 이번 장을 꼼꼼히 읽어야 할 것이다.

SimplePair 클래스 작성하기

우리는 앞에서 하나의 데이터를 저장하는 Box 클래스를 작성해보았다. 이번 절에서는 동일한 종류의 2개의 데이터를 저장하는 SimplePair 클래스를 작성해보자. SimplePair 클래스가 작성되었다고 가정하고 SimplePair 클래스를 사용하는 코드는 다음과 같다.

SimplePairTest.java

```
public class SimplePairTest {

   public static void main(String[] args) {
      SimplePair<String> pair = new SimplePair<String>("apple", "tomato");
      System.out.println(pair.getFirst());
      System.out.println(pair.getSecond());
   }
}
```

```
apple
tomato
```

SimplePair 클래스를 UML 클래스 다이어그램으로 그려보면 다음과 같다. 자료형을 타입 매개 변수 T로 표기하면 된다.

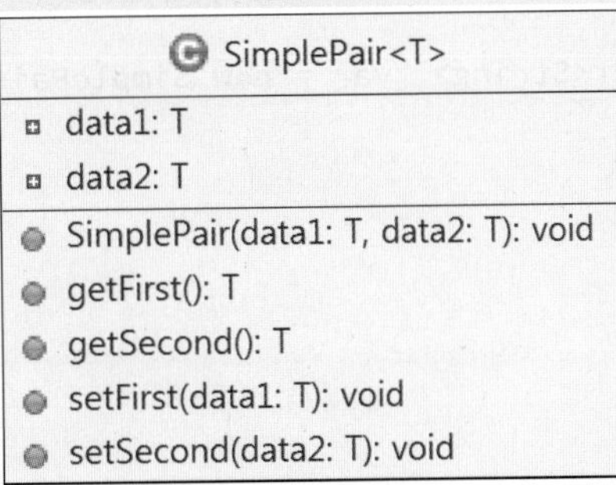

SimplePair 클래스 작성하기

SimplePair.java

```java
public class SimplePair<T> {
   private T data1;
   private T data2;

   public SimplePair(T data1, T data2) {
      this.data1 = data1;
      this.data2 = data2;
   }

   public T getFirst() {      return data1;   }
   public T getSecond() {      return data2;   }

   public void setFirst(T data1) {      this.data1 = data1;   }
   public void setSecond(T data2) {      this.data2 = data2;   }
}
```

Pair 클래스는 타입 매개변수인 T를 사용하고 있다. T는 <>에 둘러싸여 있으며 클래스 이름 뒤에 적으면 된다. 타입 매개변수는 전체 클래스 안에서 자유롭게 사용될 수 있다. 즉 메소드의 반환형이나 필드 또는 지역 변수의 자료형으로 사용될 수 있다.

제네릭 클래스를 가지고 객체를 생성하려면 클래스 이름 뒤의 <> 안에 구체적인 클래스를 적어주면 된다. 즉 다음과 같이 하면 된다.

```java
SimplePair<String>  var = new SimplePair<String>;
```

다중 타입 매개 변수(Multiple Type Parameters)

제네릭 클래스는 다중 타입 매개 변수를 가질 수 있다. 예를 들어서 2개의 데이터를 순서대로 저장하는 클래스를 정의하여 보자.

OrderedPair.java

```
public class OrderedPair<K, V> {
   private K key;
   private V value;

   public OrderedPair(K key, V value) {
     this.key = key;
     this.value = value;
   }

   public K getKey()   { return key;      }
   public V getValue() { return value;    }
}
```

타입 매개 변수가 2개인 클래스를 정의한다.

K는 key의 타입이고, V는 value의 타입이다.

위의 정의를 이용하여서 객체를 생성해보면 다음과 같다.

OrderedPairTest.java

```
public class OrderedPairTest {

   public static void main(String[] args) {
      OrderedPair<String, Integer> p1 = new OrderedPair<String,
            Integer>("mykey", 12345678);
      OrderedPair<String, String> p2 = new OrderedPair<String,
            String>("java", "a programming laguage");
      System.out.println(p1.getKey() + " " + p1.getValue());
      System.out.println(p2.getKey() + " " + p2.getValue());
   }
}
```

```
mykey 12345678
java a programming laguage
```

여기서 p1과 p2는 인터페이스 Pair 참조 변수로 선언되었다. new OrderedPair<String, Integer>은 K를 String으로 실체화하고 V를 Integer로 실체화한다. **오토박싱(autoboxing)**에 의하여 int가 Integer 객체로 자동으로 변환된다. 오토박싱이란 기초 자료형을 대응되는 클래스 객체로 자동으로 변환해주는 기능이다.

타입 매개 변수의 표기

한 가지 주의할 점은 제네릭 클래스는 여러 개의 타입 매개 변수를 가질 수 있으나 타입의 이름은 클래스나 인터페이스 안에서 유일하여야 한다. 관례에 의하여 타입의 이름은 하나의 대문자로 한다. 이것은 변수의 이름과 타입의 이름을 구별할 수 있게 하기 위함이다. 대개 많이 사용되는 이름들은 다음과 같다.

- E-Element(요소: 자바 컬렉션 라이브러리에서 많이 사용된다.)
- K – Key
- N – Number
- T – Type
- V-Value
- S, U, V 등 – 2번째, 3번째, 4번째 타입

타입 매개 변수는 기초 자료형으로는 객체화될 수 없다. 예를 들어서 OrderedPair<String, int>는 잘못되었다. OrderedPair<String, Integer>는 가능하다.

02 제네릭 메소드

지금까지 제네릭 클래스를 정의하는 방법을 학습하였다. 하지만 일반 클래스의 메소드에서도 타입 매개 변수를 사용하여서 제네릭 메소드를 정의할 수 있다. 이 경우에는 타입 매개 변수의 범위가 메소드 내부로 제한된다.

예를 들어서 주어진 배열에서 마지막 배열 원소를 반환하는 제네릭 메소드를 작성하여 보자.

```
public class MyArrayAlg {

    public static <T> T getLast(T[] a) {
        return a[a.length - 1];           ← 제네릭 메소드 정의
    }
}
```

메소드 getLast()는 일반 클래스 안에서 정의되어 있다. 그러나 <T>를 가지고 있으므로 제네릭 메소드이다. 타입 매개 변수는 반드시 메소드의 수식자와 반환형 사이에 위치되어야 한다.

제네릭 메소드를 호출하기 위해서는 실제 타입을 꺾쇠 안에 적어주어도 되지만 그냥 일반 메소드처럼 호출하여도 된다.

```
public class MyArrayAlgTest {

    public static void main(String[] args) {
        String[] language = { "C++", "C#", "JAVA" };
        String last = MyArrayAlg.getLast(language); // last는 "JAVA"
        System.out.println(last);
    }
}
```

```
JAVA
```

만약 개발자가 원한다면 다음과 같이 실제 자료형을 꺾쇠 안에 넣어주어도 된다.

```
String last = MyArrayAlg.<String>getLast(language); // last는 "JAVA"
```

swap() 제네릭 메소드 작성

앞의 예제와 비슷하게 배열 안에서 i번째 요소와 j번째 요소를 교환하는 swap(int i, int j) 메소드를 제네릭 메소드로 작성하여 보자. swap() 메소드는 어떤 종류의 배열에 대해서도 호출될 수 있어야 하며, 정적 메소드로 정의한다. swap() 메소드를 사용하는 예는 다음과 같다.

MyArrayAlgTest.java

```
public class MyArrayAlgTest {

   public static void main(String[] args) {
      String[] language = { "C++", "C#", "JAVA" };
      MyArrayAlg.swap(language, 1, 2);
      for(String value : language)
         System.out.println(value);
   }

}
```

```
C++
JAVA
C#
```

swap() 제네릭 메소드 작성

MyArrayAlg.java

```
public class MyArrayAlg {
    public static <T> void swap(T[] a, int i, int j) {
        T tmp = a[i];
        a[i] = a[j];
        a[j] = tmp;
    }
}
```

제네릭 메소드로 정의한다.

MyArrayAlgTest.java

```
public class MyArrayAlgTest {

    public static void main(String[] args) {
        String[] language = { "C++", "C#", "JAVA" };
        MyArrayAlg.swap(language, 1, 2);
        for(String value : language)
            System.out.println(value);
    }

}
```

```
C++
JAVA
C#
```

printArray() 제네릭 메소드 작성하기

다음 코드와 같이 정수 배열, 실수 배열, 문자 배열을 모두 출력할 수 있는 제네릭 메소드 printArray()를 작성하여 보자.

GenericMethodTest.java

```
// 소스를 입력하고 Ctrl+Shift+O를 눌러서 필요한 파일을 포함한다.
public class GenericMethodTest {
   public static void main(String args[]) {
      Integer[] iArray = { 10, 20, 30, 40, 50 };
      Double[] dArray = { 1.1, 1.2, 1.3, 1.4, 1.5 };
      Character[] cArray = { 'K', 'O', 'R', 'E', 'A' };

      printArray(iArray);
      printArray(dArray);
      printArray(cArray);
   }

}
```

```
10 20 30 40 50
1.1 1.2 1.3 1.4 1.5
K O R E A
```

printArray() 제네릭 메소드 작성하기

GenericMethodTest.java

```
// 소스를 입력하고 Ctrl+Shift+O를 눌러서 필요한 파일을 포함한다.

public class GenericMethodTest {
   public static void main(String args[]) {
      Integer[] iArray = { 10, 20, 30, 40, 50 };
      Double[] dArray = { 1.1, 1.2, 1.3, 1.4, 1.5 };
      Character[] cArray = { 'K', 'O', 'R', 'E', 'A' };

      printArray(iArray);
      printArray(dArray);
      printArray(cArray);
   }
   public static <T> void printArray(T[] array) {
      for (T element : array) {
         System.out.printf("%s ", element);
      }
      System.out.println();
   }
}
```

제네릭 메소드로 정의

03 한정된 타입 매개 변수

때때로 타입 매개 변수로 전달되는 타입의 종류를 제한하고 싶은 경우가 있다. 예를 들어서 특정한 종류의 객체들만을 받게 하고 싶은 경우가 있다. 이런 경우에 사용할 수 있는 것이 **한정된 타입 매개 변수(bounded type parameter)**이다. 이 기능을 사용하기 위해서는 extends라는 키워드를 사용한다.

예를 들어서 배열 원소 중에서 가장 큰 값을 반환하는 제네릭 메소드를 작성하면 다음과 같다.

```
public class MyArrayAlg
{
   public static <T> T getMax(T[] a)
   {
      if (a == null || a.length == 0)
         return null;
      T largest = a[0];
      for (int i = 1; i < a.length; i++)
         if (largest.compareTo(a[i]) < 0)
            largest = a[i];
      return largest;
   }
}
```

여기서는 한 가지 문제가 있다. 만약 T가 compareTo()라고 하는 Comparable 인터페이스를 구현하지 않은 클래스라면 어떻게 되는가? 틀림없이 오류가 발생할 것이다. 따라서 타입 매개 변수 T가 가리킬 수 있는 클래스의 범위를 Comparable 인터페이스를 구현한 클래스로 제한하는 것이 바람직하다. 이것은 다음과 같이 한다.

```
public static <T extends Comparable> T getMax(T[] a)
{
   ...
}
```

여기서 T extends Comparable은 타입 T가 Comparable 인터페이스를 구현한 클래스들(String 클래스 등)에 대해서만 호출될 수 있음을 의미한다. 여기서 주의할 점은 implements라는 키워드를 사용하지 않고 extends라는 키워드를 사용하였다는 점이다.

위의 클래스를 사용하는 예제를 작성하여 보면 다음과 같다.

```
class MyArrayAlg {
    public static <T extends Comparable> T getMax(T[] a) {
        if (a == null || a.length == 0)
            return null;
        T largest = a[0];
        for (int i = 1; i < a.length; i++)
            if (largest.compareTo(a[i]) < 0)
                largest = a[i];
        return largest;
    }
}

public class MyArrayAlg2Test {
    public static void main(String[] args) {
        String[] list = { "xyz", "abc", "def" };
        String max = MyArrayAlg.getMax(list);
        System.out.println(max);
    }
}
```

위의 MyArrayAlg 클래스에서 최대값과 최소값을 모두 반환하도록 변경하여 보자. 앞에서 등장한 SimplePair 클래스를 사용하는 것을 진지하게 고려해보자.

Raw 타입

Raw 타입은 타입 매개 변수가 없는 제네릭 클래스의 이름이다. 예를 들어서 앞의 Box 클래스의 경우, 다음과 같이 객체를 생성하는 것이 원칙이다.

```
Box<Integer> intBox = new Box<>();
```

위의 문장에서 만약에 타입 인수가 생략된다면 이것이 Raw 타입이 된다.

```
Box rawBox = new Box();
```

즉 제네릭 클래스인 Box〈T〉에서 Box라고 적으면 이것이 Raw 타입이 된다. Raw 타입은 JDK 5.0 이전에는 제네릭이 없었기 때문에 이전 코드와 호환성을 유지하기 위하여 등장하였다. Raw 타입의 제네릭 클래스는 가급적 사용하지 않는 것이 좋다. 왜냐하면 항상 사용하기 전에 형변환을 하여야 하기 때문이다. 또 제네릭의 장점들이 모두 사라지게 된다.

04 제네릭과 상속

제네릭과 상속에 대하여 생각해볼 시간이다. 자바 라이브러리에는 Number 클래스를 상속받아서 Integer와 Double 클래스를 정의하고 있다. 우리는 다형성에 의하여 Number 변수로 Integer 객체를 가리키게 할 수 있음을 알고 있다.

```
Number obj = new Integer(10);
```

제네릭도 마찬가지이다. 만약 Number를 타입 매개 변수로 주어서 객체를 생성하였으면 Number의 자식 클래스인 Integer, Double의 객체도 처리할 수 있다.

```
Box<Number> box = new Box<Number>();
box.add(new Integer(10));   // Number 객체 대신에 Integer 객체를 주어도 된다.
box.add(new Double(10.1)); // Number 객체 대신에 Double 객체를 주어도 된다.
```

하지만 다음과 같은 Box<Number> 객체를 통째로 매개 변수로 받는 메소드를 고려해보자. 어떤 타입의 인수를 받을 수 있을까?

```
public void process(Box<Number> box) {    ...    }
```

물론 Box<Number> 타입은 받을 수 있을 것이다. Box<Integer>와 Box<Double>은 받을 수 있을까? 정답은 "no"이다. 왜냐하면 Box<Integer>와 Box<Double>은 Box<Number>의 자식 클래스가 아니기 때문이다.

자바 튜토리얼에 보면 다음과 같은 그림을 사용하여서 설명하고 있다.

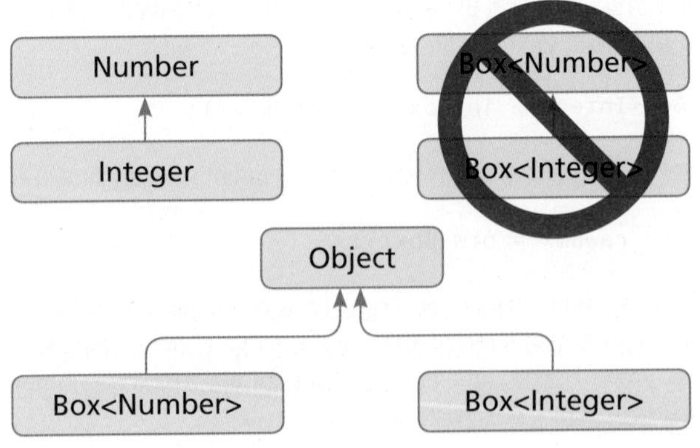

Integer가 Number의 자식이긴 하지만, Box<Integer>는 Box<Number>의 자식은 아니다. 조금 복잡하지만 이해하여야 한다. 이것을 부드럽게 처리하려면 와일드 카드를 사용하여야 한다. 다음 절에서 학습한다.

05 와일드 카드

제네릭을 사용하는 코드에서 물음표(?)는 **와일드 카드(wild card)**라고 불린다. 와일드 카드는 카드 게임에서 조커나 마찬가지의 역할을 한다. 즉 어떤 타입이든지 나타낼 수 있다. 와일드 카드는 다양하게 사용되는데, 매개 변수, 필드, 지역 변수의 타입을 나타내는 데 사용된다.

상한이 있는 와일드 카드

어떤 클래스 A의 **자손 클래스**들을 와일드 카드로 표시하려면 <? extends A>와 같이 표시한다. 이것을 **상한이 있는 와일드 카드(Upper Bounded Wildcard)**라고 한다. 즉 전체 타입을 나타내는 것이 아니고 일정한 상한이 있는 타입을 표시하는데 사용된다. extends 다음에는 상한이 온다. 예를 들어서 List<Integer>, List<Double>, List<Number>에만 작동되는 메소드를 작성한다고 가정하자. Integer나 Double은 모두 Number 클래스를 상속받기 때문에 다음과 같이 매개 변수를 지정하면 된다.

```
public static void process(List<? extends Number> list) {    ...    }
```

List<? extends Number>의 의미는 Number를 상속받은 어떤 클래스도 ? 자리에 올 수 있다는 것이다. 이렇게 표시하면 List<Number>보다는 더 적용 대상을 넓힌 것이다. 왜냐하면 List<Number>는 Number에 대해서만 매치되지만 List<? extends Number>은 Number 뿐만 아니라 Number의 자식 클래스에 대해서도 매치된다.

예를 들어서 리스트의 요소들에 대하여 합계를 구하는 정적 메소드를 작성하여 보면 다음과 같다.

```
public static double sumOfList(List<? extends Number> list) {
   double s = 0.0;
   for (Number n : list)
      s += n.doubleValue();
   return s;
}
```

Number클래스의 모든 자식 클래스에 대하여 매치되는 와일드 카드이다. Number가 와일드카드의 상한이 된다.

위의 메소드는 다음과 같이 호출이 가능하다.

```
List<Integer> li = Arrays.asList(1, 2, 3)
System.out.println("sum = " + sumOfList(li))
```

```
sum = 6.0
```

위의 메소드는 또한 Double 값의 리스트에 대해서도 호출이 가능하다.

```
List<Double> ld = Arrays.asList(1.2, 2.3, 3.5);
System.out.println("sum = " + sumOfList(ld));
```

```
sum = 7.0
```

제한없는 와일드 카드

제한없는 와일드 카드(Unbounded Wildcard)는 단순히 ?으로만 이루어진다. 예를 들면 List<?>와 같다. 이 와일드 카드 ?는 모든 타입에 매치된다. 즉 List<?>는 List<Number>일 수도 있고 List<Integer>일 수도 있다. List<?>는 List<...> 형태의 클래스들의 조상 클래스가 된다. List<?>의 목적은 List<Integer>, List<Number>,...와 같은 클래스를 참조하는 변수를 선언하는 것이다. 아래 그림은 List<?>와 List<Number>, List<Integer> 사이의 상속관계를 보여준다.

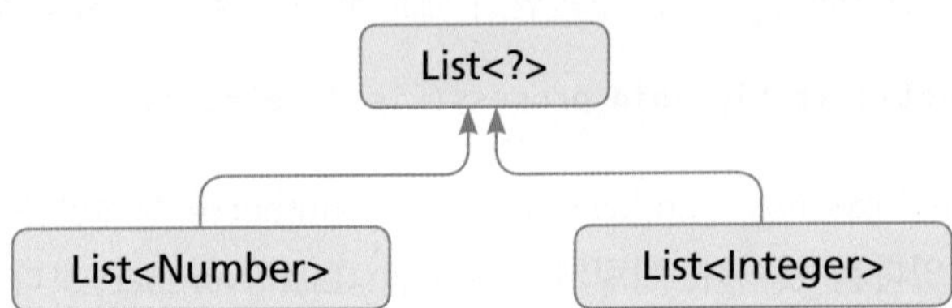

List<Integer>, List<Number>,...와 같은 객체들을 모두 받아서 내용을 출력하는 메소드 printList()를 작성하여 보자.

MyList.java

```
import java.util.List;

public class MyList {
   public static void printList(List<?> list) {
      for (Object elem : list)
         System.out.print(elem + " ");
      System.out.println();
   }
}
```

어떤 타입 A에 대하여 List<A>는 항상 List<?>의 자손 클래스가 되므로 다음과 같이 printList()를 이용하여서 다양한 타입의 리스트들을 출력할 수 있다.

WildCardTest.java

```
import java.util.Arrays;
import java.util.List;

public class WildCardTest {
   public static void main(String[] args) {
      List<Integer> li = Arrays.asList(1, 2, 3);
      List<String> ls = Arrays.asList("one", "two", "three");
      MyList.printList(li);
      MyList.printList(ls);
   }
}
```

```
1 2 3
one two three
```

여기서 Arrays.asList()는 정적 메소드로서 지정된 배열을 리스트로 변환하여서 반환한다.

얼핏 보면 List<?>와 List<Object>는 동일한 효과를 낼 것으로 보인다. 하지만 약간 다르다. 예를 들어서 리스트 안의 모든 요소들을 출력하는 printList() 메소드를 다음과 같이 작성하여 보자.

```
public static void printList(List<Object> list) {
   for (Object elem : list)
      System.out.println(elem + " ");
   System.out.println();
}
```

printList()의 목적은 모든 타입의 리스트를 출력하는 것이다. 그러나 위의 printList()는 Object 객체의 리스트만을 출력할 수 있다. 왜냐하면 List<Integer>, List<String>, List<Double>와 같은 클래스들의 리스트는 출력할 수 없는데, 그 이유는 이들은 모두 List<Object>의 자식이 아니기 때문이다(이해되지 않으면 14.4절의 내용을 참조한다).

하한이 있는 와일드 카드

이번에는 **하한이 있는 와일드 카드(Lower Bounded Wildcard)**를 살펴보자. 어떤 클래스의 **조상 클래스**들을 와일드 카드로 나타내려면 <? super A>와 같은 문법을 사용한다. 예를 들어서 Integer 객체를 리스트에 추가하는 메소드를 작성한다고 가정하자. 유연성을 극대화하기 위하여 Integer 값을 가질 수 있는 리스트인 List<Integer>, List<Number>, List<Object>에 대하여 모두 작동시키려고 한다. 이 경우에는 Integer

클래스의 조상 클래스들에 대하여 작동되어야 하므로 List<? super Integer>와 같이 표기하면 된다.

```
public static void addNumbers(List<? super Integer> list) {
    for (int i = 1; i <= 10; i++) {
        list.add(i);
    }
}
```

Integer 클래스의 조상 클래스들을 나타낸다.

정리

아래 그림은 와일드 카드를 사용한 제네릭 클래스에서 나타날 수 있는 상속관계를 보여준다. 이 그림을 완벽하게 이해할 수 있으면 어느 정도 제네릭 공부는 된 셈이다.

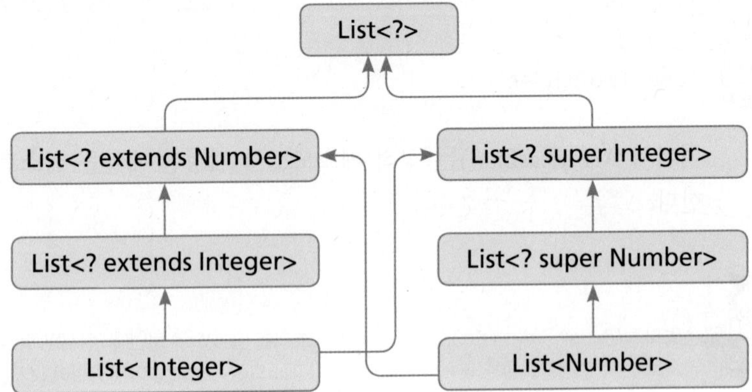

제네릭은 상당히 복잡하다. 와일드 카드에 대하여 흥미가 있어서 보다 완전하게 학습하려면 자바 튜토리얼 사이트(java.sun.com)를 참조하기 바란다. 복잡하지만 잘 정리되어 있다.

06 컬렉션

컬렉션(collection)은 자바에서 자료 구조를 구현한 클래스들을 칭하는 용어이다. **자료 구조(data structure)**는 자료를 저장하기 위한 구조이다. 대부분의 프로그램은 자료를 저장하여야 하고 따라서 어떤 자료 구조를 사용할 것인지를 결정하여야 한다. 예를 들어서 전화 번호부 프로그램은 전화 번호를 저장하여야 하고 메일 프로그램은 수신된 메일을 어딘가에 저장하여야 한다. 많이 사용되는 자료 구조로는 리스트(list), 스택(stack), 큐(queue), 집합(set), 해쉬 테이블(hash table) 등이 있다.

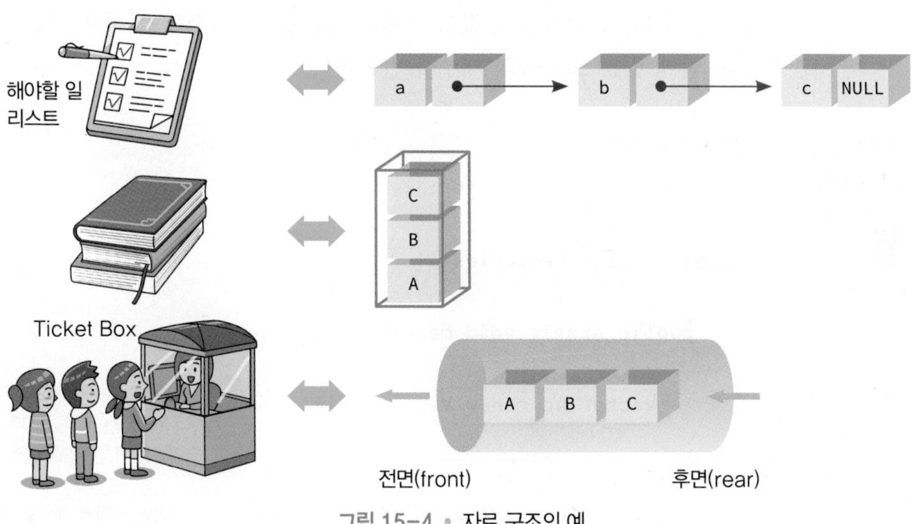

그림 15-4 • 자료 구조의 예

왜 이렇게 다양한 자료 구조들이 제공이 되는 것일까? 자료 구조는 자료를 저장하는 기능만 중요한 것이 아니고 빠르게 검색하거나 정렬할 수 있는 기능도 중요하기 때문이다. 따라서 자신이 구현하고 있는 응용 분야에 맞는 최선의 자료 구조를 선택하여야 한다.

컬렉션의 예: Vector 클래스

컬렉션에 대하여 본격적으로 학습하기 전에 컬렉션이 무엇인지를 Vector 클래스를 통하여 살펴보자. Vector 클래스는 java.util 패키지에 있는 컬렉션의 일종으로 가변 크기의 배열(dynamic array)을 구현하고 있다. 기존의 배열은 크기가 고정되어 있어서 사용하기 불편하다. 하지만 Vector는 요소의 개수가 늘어나면 자동으로 배열의 크기가 늘어난다. 또한 Vector에는 어떤 타입의 객체라도 저장할 수 있다. 또 정수와 같은 기초형 데이터도 오토박싱 기능을 이용하여서 객체로 변환되어 저장된다.

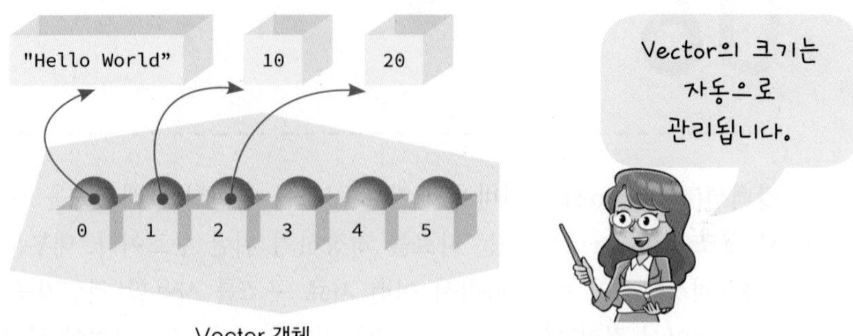

Vector 객체

Vector는 많은 유용한 메소드들을 가지고 있다. Vector에 요소를 추가하려면 add() 메소드를 사용한다. 정해진 위치에 요소를 추가하려면 add(index, object) 메소드를 사용하면 된다. Vector에서 값을 추출하려면 get() 메소드를 사용한다. size()는 현재 Vector 안에 있는 요소들의 개수를 반환한다.

VectorTest.java

```java
import java.util.Vector;

public class VectorTest {

   public static void main(String[] args) {

      Vector vc = new Vector();

      vc.add("Hello World!");
      vc.add(new Integer(10));
      vc.add(20);

      System.out.println("vector size :" + vc.size());

      for (int i = 0; i < vc.size(); i++) {
         System.out.println("vector element " + i + " :" + vc.get(i));
      }
      String s = (String)vc.get(0);
   }
}
```

벡터 객체를 생성할 때, 크기를 안주어도 된다. 물론 크기를 줄 수도 있다.

어떤 타입의 객체도 추가가 가능하다.

get()은 Object 타입으로 반환하므로 형변환하여서 사용한다.

```
vector size :3
vector element 0 :Hello World!
vector element 1 :10
vector element 2 :20
```

Vector 클래스도 제네릭을 지원한다. 따라서 Vector 객체를 생성할 때 new Vector <String>이라고 하면 문자열 객체만을 저장하는 Vector를 생성할 수 있다.

컬렉션의 종류

자바는 컬렉션 인터페이스와 컬렉션 클래스로 나누어서 제공한다. 자바에서는 컬렉션 인터페이스를 구현한 클래스도 함께 제공하므로 이것을 간단하게 사용할 수도 있고 아니면 각자 필요에 맞추어 인터페이스를 자신의 클래스로 구현할 수도 있다. 이들 인터페이스와 클래스들은 모두 java.util 패키지에 포함되어 있다. 또 컬렉션 라이브러리들은 모두 제네릭 기능을 지원한다. 컬렉션 인터페이스에 대한 간단한 설명은 표 14-1와 같다.

표 14.1 • 컬렉션 인터페이스

인터페이스	설명
Collection	모든 자료 구조의 부모 인터페이스로서 객체의 모임을 나타낸다.
Set	집합(중복된 원소를 가지지 않는)을 나타내는 자료 구조
List	순서가 있는 자료 구조로 중복된 원소를 가질 수 있다.
Map	키와 값들이 연관되어 있는 사전과 같은 자료 구조
Queue	극장에서의 대기줄과 같이 들어온 순서대로 나가는 자료구조

여기서 잠깐 자바에서 컬렉션 관련 라이브러리들의 변천사를 살펴보자. 초기 버전에서는 가장 많이 사용되는 자료 구조들을 위한 클래스들만 제공하였다. Vector, Stack, HashTable, Bitset, Enumeration이 그것이다. 버전 1.2부터는 훨씬 풍부하고 완전한 컬렉션 라이브러리가 제공되었다. 이것의 가장 큰 특징은 인터페이스와 구현을 분리하였다는 점이다. 예를 들어서 순서 있는 원소들의 모임인 List의 경우에도 List의 기본적인 동작은 인터페이스 List에 정의되어 있고 이것을 실제로 구현한 ArrayList와 LinkedList 클래스가 같이 제공된다.

07 Collection 인터페이스

Collection은 거의 모든 컬렉션 인터페이스의 부모 인터페이스에 해당한다. 모든 컬렉션 클래스들이 Collection 인터페이스를 구현하고 있기 때문에 Collection에 들어있는 메소드들은 거의 대부분의 컬렉션 클래스에서 사용할 수 있다.

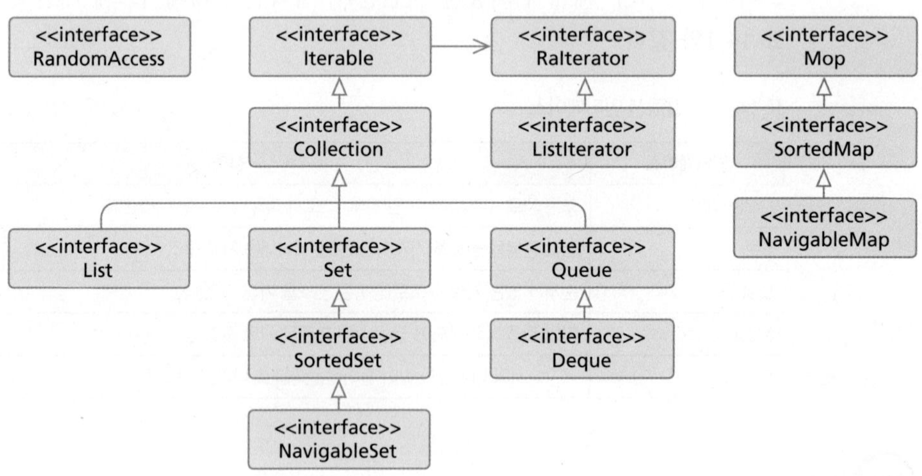

그림 15-5 • 인터페이스들의 계층 구조

표 14-2는 Collection 인터페이스가 제공하는 중요한 메소드를 보여준다.

표 14.2 • Collection 인터페이스의 메소드

메소드	설명

`boolean isEmpty()`
`boolean contains(Object obj)`
`boolean containsAll(Collection<?> c)`
	공백 상태이면 true 반환
	obj를 포함하고 있으면 true 반환

`boolean add(E element)` `boolean addAll(Collection<? extends E> from)`	원소를 추가한다.

`boolean remove(Object obj)`
`boolean removeAll(Collection<?> c)`
`boolean retainAll(Collection<?> c)`
`void clear()`
	원소를 삭제한다.

`Iterator<E> iterator()`
`Stream<E> stream()`
`Stream<E> parallelStream()`
	원소 방문

`int size()`	원소의 개수 반환
`Object[] toArray()` `<T> T[] toArray(T[] a)`	컬렉션을 배열로 변환

08 ArrayList

List 인터페이스

리스트(List)는 순서를 가지는 요소들의 모임으로 중복된 요소를 가질 수 있다. 리스트의 가장 큰 특징은 위치를 사용하여 요소에 접근한다는 점이다. 리스트에 들어 있는 요소들의 인덱스는 0부터 시작한다.

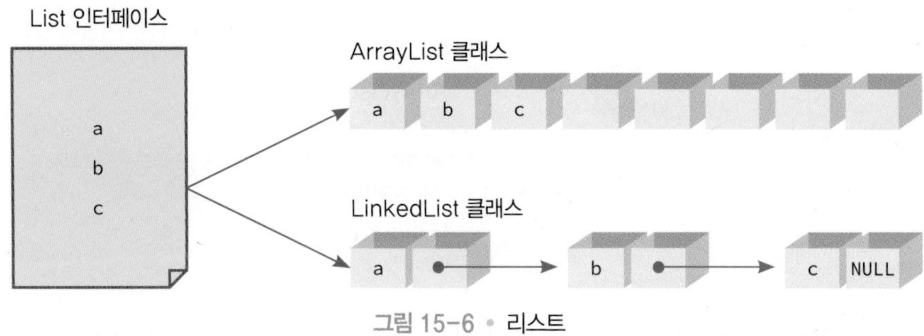

그림 15-6 • 리스트

자바에서 리스트는 인터페이스인 List에 의하여 정의된다. 인터페이스 List는 ArrayList, LinkedList, Vector 등의 클래스에 의하여 구현된다. ArrayList와 Vector는 List를 배열로 구현한 것으로 리스트의 크기가 자동 조정된다. LinkedList는 리스트를 연결 리스트로 구현한 것이다. Vector는 이전 버전에서도 있었던 것으로 멀티 스레드 환경에서도 사용할 수 있도록 동기화되어 있다.

ArrayList

ArrayList에서 요소들을 인덱스로 사용하는 것은 배열과 유사하다. 왜 배열 대신에 ArrayList를 사용할까? 배열의 문제점은 배열을 생성할 때 배열의 크기가 고정된다는 점이다. 만약 데이터의 개수가 배열의 크기보다 많아지게 되면 저장이 불가능하다. 그렇다고 배열의 크기를 무작정 크게 한다면 많은 공간이 낭비될 것이다.

ArrayList는 저장되는 데이터의 개수에 따라 자동적으로 크기가 변경된다. 즉 요소가 가득 차게 되면 ArrayList의 크기를 동적으로 증가시킨다. 반대로 요소가 삭제되면 그만큼 크기를 줄이게 된다. ArrayList를 배열의 향상된 버전 또는 가변 크기의 배열이라고 생각하여도 좋다.

ArrayList의 기본 연산

ArrayList는 타입 매개 변수를 가지는 제네릭 클래스로 제공된다. 따라서 ArrayList를 생성하려면 타입 매개 변수를 지정하여야 한다. 만약 저장하려는 데이터의 타입이 문자열이라면 다음과 같이 생성한다.

```
ArrayList<String> list = new ArrayList<String>();
```

생성된 ArrayList 객체에 데이터를 저장하려면 add() 메소드를 사용한다. add() 메소드는 Collection 인터페이스에 정의된 메소드로서 ArrayList 클래스가 구현한 메소드이다.

```
list.add( "MILK" );
list.add( "BREAD" );
list.add( "BUTTER" );
```

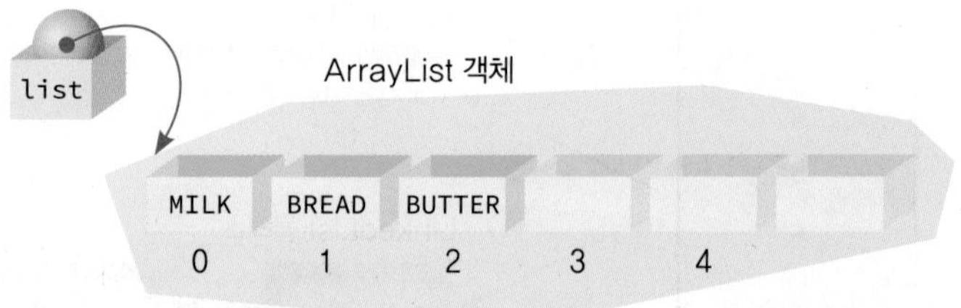

만약에 기존의 데이터가 들어 있는 위치를 지정하여서 add()를 호출하면 새로운 데이터는 중간에 삽입된다.

```
list.add( 1, "APPLE" );          // 인덱스 1에 "APPLE"을 삽입
```

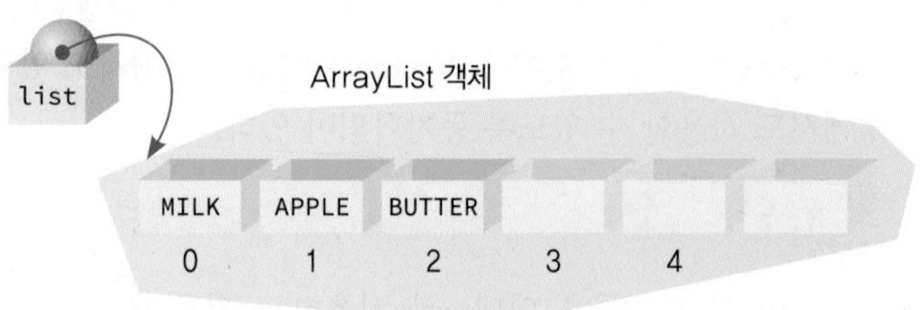

만약 특정한 위치에 있는 원소를 바꾸려면 set() 메소드를 사용한다.

```
list.set( 2, "GRAPE" );          // 인덱스 2의 원소를 "GRAPE"로 대체
```

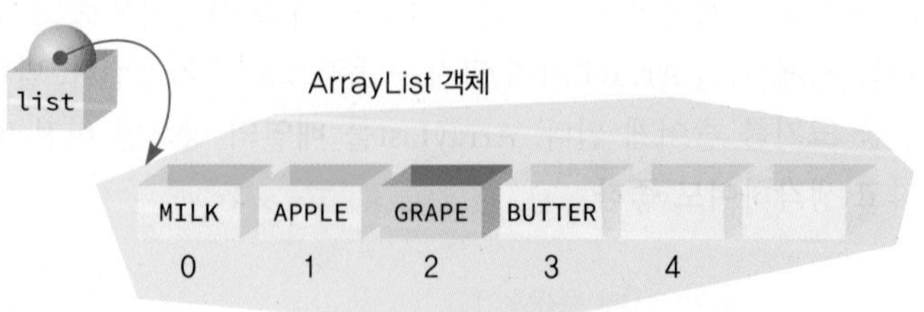

데이터를 삭제하려면 remove() 메소드를 사용한다.

```
list.remove( 3 );           // 인덱스 3의 원소를 삭제한다.
```

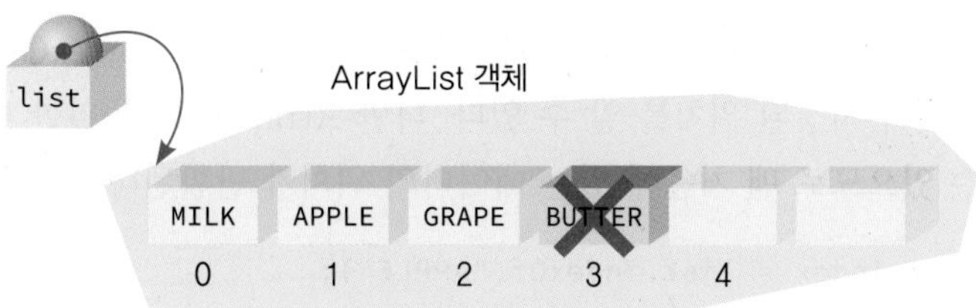

ArrayList 객체에 저장된 객체를 가져오는 메소드는 get()이다. get()은 인덱스를 받아서 그 위치에 저장된 원소를 반환한다. 예를 들어서 list.get(1)이라고 하면 인덱스 1에 저장된 데이터가 반환된다.

```
String s = list.get(1);
```

만약 이때 범위를 벗어나는 인덱스를 사용하면 예외가 발생한다. size() 메소드를 이용하면 현재 저장된 원소의 개수를 알 수 있다.

ArrayListTest.java

```
import java.util.*;

public class ArrayListTest {
    public static void main(String args[]) {
        ArrayList<String> list = new ArrayList<String>();

        list.add("MILK");
        list.add("BREAD");
        list.add("BUTTER");
        list.add(1, "APPLE");       // 인덱스 1에 "APPLE"을 삽입
        list.set(2, "GRAPE");       // 인덱스 2의 원소를 "GRAPE"로 대체
        list.remove(3);             // 인덱스 3의 원소를 삭제한다.

        for (int i = 0; i < list.size(); i++) {
            System.out.println(list.get(i));
        }
    }
}
```

위의 코드에서는 get() 메소드의 사용을 보이기 위하여 표준적인 for 루프를 사용했지만 사실 ArrayList에 들어 있는 데이터를 모두 출력하려면 다음과 같은 향상된 for-each 루프를 사용하는 것이 좋다.

```
for (String s : list)
    System.out.println(s);
```

```
MILK
APPLE
GRAPE
```

ArrayList의 추가 연산

컬렉션 라이브러리가 좋은 점은 다양한 연산을 제공한다는 점이다. 예를 들어서 리스트에 저장된 데이터를 검색하는 메소드도 제공한다. indexOf()를 사용하면 특정한 데이터가 저장된 위치를 알 수 있다. 다만 ArrayList는 동일한 데이터도 여러 번 저장될 수 있으므로 맨 처음에 있는 데이터의 위치가 반환된다.

```
int index = list.indexOf("APPLE");          // 1이 반환된다.
```

검색을 반대 방향으로 하려면 lastIndexOf()를 사용한다.

```
int index = list.lastIndexOf("MILK");       // 0이 반환된다.
```

불행하게도 자바에서는 배열, ArrayList, 문자열 객체의 크기를 알아내는 방법이 약간 다르다.

- 배열: `array.length`
- ArrayList: `arrayList.size()`
- 문자열: `string.length()`

반복자 사용하기

ArrayList에 있는 원소에 접근하는 또 하나의 방법은 **반복자(iterator)**를 사용하는 것이다. 반복자는 특별한 타입의 객체로 컬렉션의 원소들에 접근하는 것이 목적이다. ArrayList 뿐만 아니라 반복자는 모든 컬렉션에 적용할 수 있다.

반복자는 java.util 패키지에 정의되어 있는 Iterator 인터페이스를 구현하는 객체이다. Iterator 인터페이스에는 다음의 3개의 메소드만 정의되어 있다. 이들 3개의 메소드를 이용하여서 컬렉션의 원소들을 하나씩 처리하게 된다.

메소드	설명
hasNext()	아직 방문하지 않은 원소가 있으면 true를 반환
next()	다음 원소를 반환
remove()	최근에 반환된 원소를 삭제한다.

반복자를 사용하기 위해서는 먼저 ArrayList의 iterator() 메소드를 호출하여서 반복자 객체를 얻는다. 다음으로 반복자 객체의 hasNext()와 next() 메소드를 이용하여서 컬렉션의 각 원소들을 접근하게 된다. 다음 코드를 참조하라.

```
ArrayList<String> list = new ArrayList<String>();
list.add("하나");
list.add("둘");
list.add("셋");
```

```
list.add("넷");

String s;
Iterator e = list.iterator();
while(e.hasNext())
{
   s = (String)e.next();          // 반복자는 Object 타입을 반환!
   System.out.println(s);
}
```

반복자 사용을 보다 간편하게 한 것이 버전 1.5부터 도입된 for-each 루프이다. 반복자보다는 for-each 루프가 간편하지만 아직도 반복자는 널리 사용되고 있다. 따라서 그 작동 원리를 알아야 한다.

09 LinkedList

많은 코드에서 배열의 향상된 버전인 ArrayList을 사용한다. 하지만 때에 따라서는 ArrayList는 큰 단점을 가질 수 있다. 빈번하게 ArrayList의 중간에서 데이터의 삽입이나 삭제가 발생하는 경우에는 문제가 된다. 왜냐하면 삽입이나 삭제한 위치의 뒤에 있는 원소들을 이동하여야 하기 때문이다. 이런 경우에는 연결 리스트로 구현된 LinkedList가 성능이 더 낫다.

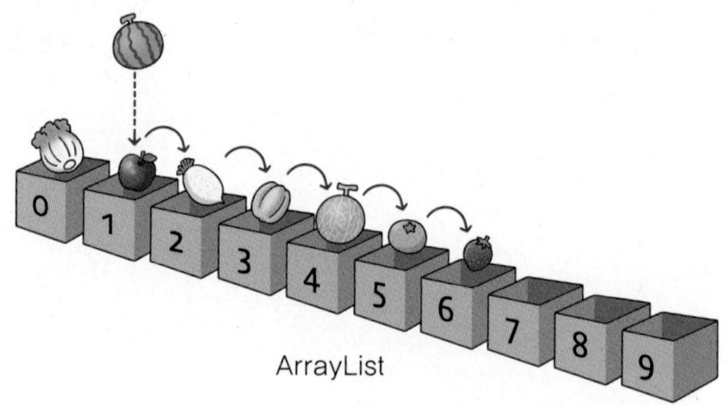

그림 15-7 • 배열의 중간에 삽입하려면 원소들을 이동하여야 한다.

연결 리스트(linked list)는 각 원소를 링크로 연결한다. 각 원소들은 다음 원소를 가리키는 링크를 저장한다. 자바에서는 모든 연결 리스트는 이중 연결 리스트로 구현되어 있다. 즉 각 원소는 이전 원소를 가리키는 링크도 저장한다.

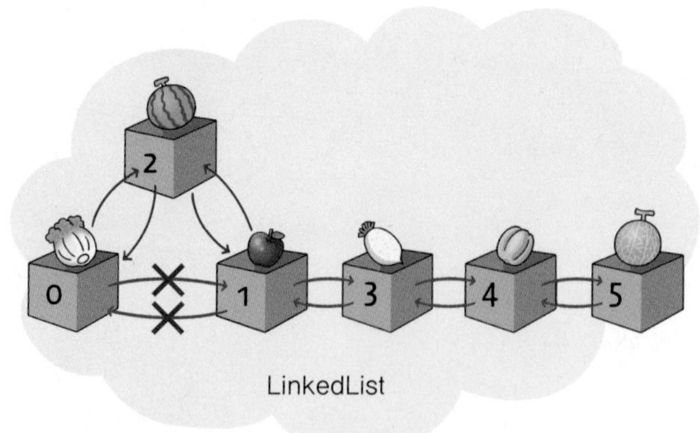

그림 15-8 • 연결 리스트 중간에 삽입하려면 링크만 수정하면 된다.

연결 리스트에서는 중간에 원소를 삽입하거나 삭제하는 것이 어려운 작업이 아니다. 삽입이나 삭제되는 위치의 바로 앞에 있는 원소의 링크값만을 변경하면 된다.

LinkedList가 장점만 있는 것은 아니다. 위치(인덱스)를 가지고 원소를 접근하는 연산은 LinkedList가 ArrayList보다 더 시간이 많이 걸린다. 따라서 위치적인 접근이 많다면 ArrayList가 낫다. LinkedList의 사용 방법은 ArrayList와 완전히 같다.

LinkedListTest.java

```
import java.util.*;

public class LinkedListTest {
   public static void main(String args[]) {
      LinkedList<String> list = new LinkedList<String>();

      list.add("MILK");
      list.add("BREAD");
      list.add("BUTTER");
      list.add(1, "APPLE");          // 인덱스 1에 "APPLE"을 삽입
      list.set(2, "GRAPE");          // 인덱스 2의 원소를 "GRAPE"로 대체
      list.remove(3);                // 인덱스 3의 원소를 삭제한다.

      for (int i = 0; i < list.size(); i++)
         System.out.println(list.get(i));
   }
}
```

```
MILK
APPLE
GRAPE
```

반복자 사용하기

LinkedList도 반복자를 지원한다. 다음과 같은 형식으로 사용하면 된다.

```
Iterator e = list.iterator();
String first = e.next();          // 첫 번째 원소
String second = e.next();         // 두 번째 원소
e.remove();                       // 최근 방문한 원소 삭제
```

ArrayList나 LinkedList와 같은 리스트에서 사용하기가 편리한 반복자는 다음과 같이 정의되는 ListIterator이다.

```
interface ListIterator<E> extends Iterator<E>
{
   void add(E element);
```

```
    E previous();
    boolean hasPrevious();
    ...
}
```

ListIterator는 컬렉션의 Iterator와는 다르게 두 개의 메소드를 더 가지고 있다. 이들 메소드는 리스트를 역순으로 방문하는 경우에 사용된다.

ArrayList vs LinkedList

ArrayList는 인덱스를 가지고 원소에 접근할 경우, 항상 일정한 시간만 소요된다. ArrayList는 리스트의 각각의 원소를 위하여 노드 객체를 할당할 필요가 없다. 또 동시에 많은 원소를 이동하여야 하는 경우에는 System.arraycopy()를 사용할 수 있다.

만약 리스트의 처음에 빈번하게 원소를 추가하거나 내부의 원소 삭제를 반복하는 경우에는 LinkedList를 사용하는 것이 낫다. 이들 연산들은 LinkedList에서는 일정한 시간만 걸리지만 ArrayList에서는 원소의 개수에 비례하는 시간이 소요된다. 그러나 문제는 인덱스를 가지고 접근할 때는 반대가 된다. 따라서 성능에서 손해를 보게 된다. 따라서 LinkedList를 사용하기 전에 응용 프로그램을 LinkedList와 ArrayList를 사용하여 구현한 후에 실제 시간을 측정하여 보는 것이 좋다. 일반적으로는 ArrayList가 빠르다.

ArrayList는 한 가지 튜닝 매개 변수를 가지고 있다. 즉 초기 용량(initial capacity)이 그것으로 확장되기 전에 ArrayList가 저장할 수 있는 원소의 개수를 말한다. LinkedList는 튜닝 매개 변수가 없지만 대신 몇 가지의 메소드를 가지고 있다. addFirst(), getFirst(), removeFirst(), addLast(), getLast(), removeLast() 들이 여기에 해당한다.

배열을 리스트로 변경하기

Arrays.asList() 메소드는 배열을 받아서 리스트 형태로 반환한다. 리스트를 변경하면 배열도 변경된다. 그 역도 성립한다. 리스트의 크기는 배열과 같고 변경이 불가능하다. 만약 리스트의 add()나 remove() 메소드가 호출되면 UnsupportedOperationException이 발생한다.

보통 이것은 배열-기반의 프로그램을 컬렉션-기반의 프로그램으로 변경할 때 다리와 같은 역할을 한다. 이 메소드는 배열을 컬렉션이나 리스트를 받는 메소드에 매개 변수로 넘기는 것을 허용한다. 또한 고정된 크기의 리스트를 원하는 경우에 이 메소드는 어떤 일반적인 리스트 구현보다도 효율적이다.

```
List<String> list = Arrays.asList(new String[size]);
```

10 Set

앞에서 학습한 리스트는 원소간의 순서가 존재한다. 하지만 만약 순서에는 상관없이 원소만 저장하고 싶은 경우도 존재한다. 이때 사용할 수 있는 자료 구조가 집합(Set)이다. 수학적으로 **집합(set)**은 동일한 원소를 중복해서 가질 수 없다. A = { 1, 2, 3, 4, 5 }는 집합이지만 B = { 1, 1, 2, 2, 3 }은 집합이 아니다. Set 인터페이스는 Collection 인터페이스를 제공하는 메소드만을 포함하며 다만 원소의 중복만을 막도록 설계되어 있다.

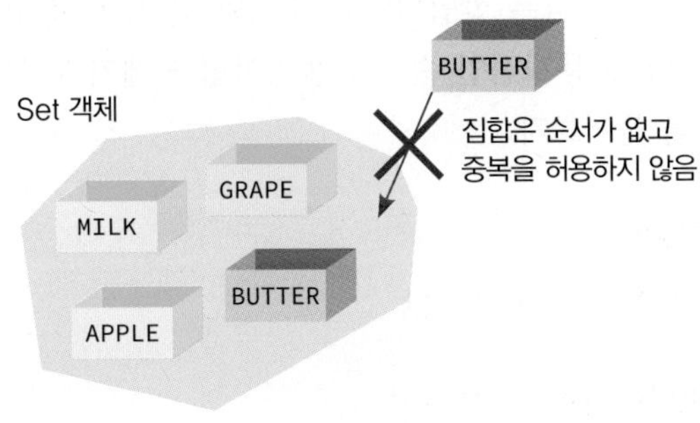

그림 15-9 • 집합

집합을 구현하는 가장 잘 알려진 방법이 해쉬 테이블(hash table)이다. 해쉬 테이블은 각각의 원소에 대하여 해쉬 코드란 정수를 계산한다. 해쉬 코드는 대개 객체의 인스턴스 필드로부터 계산된다. 각 클래스마다 해쉬 코드를 계산하는 메소드인 hashCode()를 가지고 있다. 예를 들어서 "Park" 문자열 객체에 대한 해쉬 코드는 2480138이다. 만약 클래스 작성자라면 반드시 hashCode()도 구현할 책임이 있다. 해쉬 코드 계산은 무척 효율적이어야 한다.

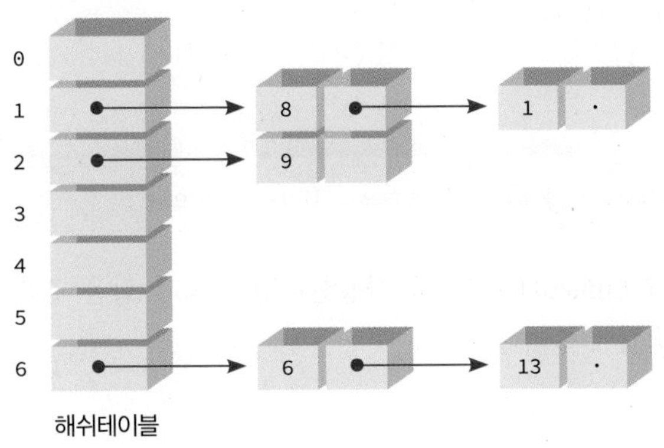

그림 15-10 • 해쉬 테이블

자바에서 해쉬 테이블은 연결 리스트의 배열로 구현된다. 각 리스트는 버킷(bucket)이라고 불리운다. 테이블에서 원하는 객체를 찾기 위해서는 먼저 객체의 해쉬 코드를 계산하고 테이블의 크기에 맞추어 나머지 연산을 수행한 후에 결과로 나오는 숫자를 테이블의 인덱스로 사용하면 된다. 예를 들어서 테이블의 크기가 128이고 "Park" 문자열이 원하는 객체라면 "Park"의 해쉬 코드인 2480138을 128로 나눈 나머지인 (2480123%128) = 10이 버킷의 번호가 된다.

자바에서는 Set 인터페이스에 대하여 HashSet, TreeSet, LinkedHashSet의 3가지의 구현이 제공된다. HashSet은 해쉬 테이블에 원소를 저장하기 때문에 성능면에서 가장 우수하다. 하지만 원소들의 순서가 일정하지 않은 단점이 있다. TreeSet은 레드-블랙 트리(red-black tree)에 원소를 저장한다. 따라서 값에 따라서 순서가 결정되지만 HashSet보다는 느리다. LinkedHashSet은 해쉬 테이블과 연결 리스트를 결합한 것으로 원소들의 순서는 삽입되었던 순서와 같다. LinkedHashSet은 약간의 비용을 들여서 HashSet의 문제점인 순서의 불명확성을 제거한 방법이다. HashSet을 사용하는 간단한 예를 들어보자.

SetTest.java

```java
import java.util.*;

public class SetTest {
   public static void main(String args[]) {
      HashSet<String> set = new HashSet<String>();

      set.add("Milk");
      set.add("Bread");
      set.add("Butter");
      set.add("Cheese");
      set.add("Ham");

      System.out.println(set);
   }
}
```

```
[Bread, Milk, Butter, Ham, Cheese]
```

만약 LinkedHashSet을 사용한다면 다음과 같은 결과가 얻어진다. 입력된 순서대로 출력됨에 주의하라.

```
[Milk, Bread, Butter, Cheese, Ham]
```

만약 TreeSet을 사용한다면 다음과 같은 결과가 얻어진다. 알파벳 순으로 정렬되는 것에 주의하자.

```
[Bread, Butter, Cheese, Ham, Milk]
```

예제

집합은 우리가 잘 알다시피 중복을 허용하지 않는다. 이것을 이용하여서 전체 문장에서 중복된 단어를 검출하는 프로그램을 작성할 수 있다.

FindDupplication.java

```java
import java.util.*;

public class FindDupplication {
    public static void main(String[] args) {
        Set<String> s = new HashSet<String>();
        String[] sample = { "단어", "중복", "구절", "중복" };
        for (String a : sample)
            if (!s.add(a))
                System.out.println("중복된 단어 " + a);

        System.out.println(s.size() + " 중복되지 않은 단어: " + s);
    }
}
```

```
중복된 단어 중복
3 중복되지 않은 단어: [중복, 구절, 단어]
```

대량 연산 메소드

대량 연산 메소드는 특히 집합에는 유용하다. 이것들은 표준 집합 연산을 수행한다. s1과 s2가 Set이라고 하자.

- s1.containsAll(s2) - 만약 s2가 s1의 부분 집합이면 참이다.
- s1.addAll(s2) - s1을 s1과 s2의 합집합으로 만든다.
- s1.retainAll(s2) - s1을 s1과 s2의 교집합으로 만든다.
- s1.removeAll(s2) - s1을 s1과 s2의 차집합으로 만든다.

집합 연산을 할 때 중요한 점은 원집합이 파괴되면 안된다는 것이다. 따라서 집합 연산을 수행하기 전에 복사본을 만들어야 한다. String 타입의 집합 s1과 s2를 합하려고 하면 먼저 s1을 가지고 새로운 집합 union을 생성하고 여기에 s2를 더해야 한다.

```
Set<String> union = new HashSet<String>(s1);
union.addAll(s2);
```

집합 연산을 이용하여서 간단한 예제를 작성하여 보면 다음과 같다.

SetTest1.java

```
import java.util.*;

public class SetTest1 {
   public static void main(String[] args) {
      Set<String> s1 = new HashSet<String>();
      Set<String> s2 = new HashSet<String>();

      s1.add("A");
      s1.add("B");
      s1.add("C");

      s2.add("A");
      s2.add("D");

      Set<String> union = new HashSet<String>(s1);
      union.addAll(s2);   // 합집합을 계산한다.

      Set<String> intersection = new HashSet<String>(s1);
      intersection.retainAll(s2);   // 교집합을 계산한다.

      System.out.println("합집합 " + union);
      System.out.println("교집합 " + intersection);
   }
}
```

```
합집합 [D, A, B, C]
교집합 [A]
```

11 Queue

큐(queue)는 데이터를 처리하기 전에 잠시 저장하고 있는 자료 구조이다. 큐는 후단(tail)에서 원소를 추가하고 전단(head)에서 원소를 삭제한다.

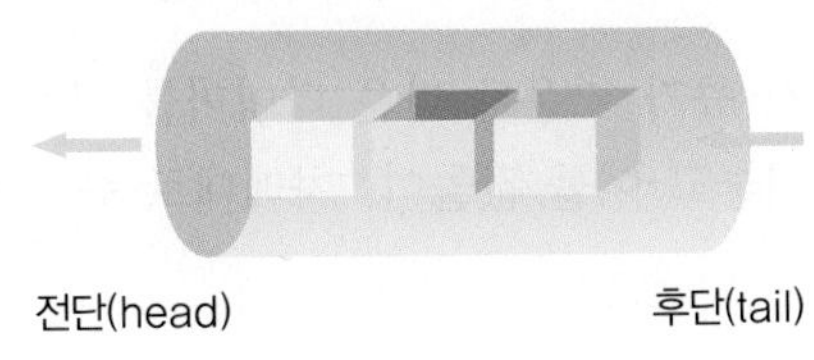

그림 15-11 • 큐

디큐(deque)는 전단과 후단에서 모두 원소를 추가하거나 삭제할 수 있다. 큐에서는 중간에 원소를 추가하는 것은 허용되지 않는다. 디큐는 버전 1.6부터 Deque 인터페이스로 추가되었다. Deque 인터페이스는 ArrayDeque와 LinkedList 클래스들로 구현된다.

Queue 인터페이스

Queue 인터페이스는 기본적인 Collection의 연산 외에 다음과 같은 삽입, 삭제, 검색 연산을 추가로 제공한다.

```
public interface Queue<E> extends Collection<E> {
    E element();
    boolean offer(E e);
    E peek();
    E poll();
    E remove();
}
```

전형적인 큐는 원소들을 FIFO (first-in-first-out) 형식으로 저장한다. FIFO 큐에서는 새로운 원소들이 큐의 끝에 추가된다. 예외적인 큐는 우선 순위 큐(priority queues)이다. 우선 순위 큐는 원소들을 우선순위에 따라서 저장한다. 기본적인 우선 순위는 원소들의 값이다.

add() 메소드는 새로운 원소의 추가가 큐의 용량을 넘어서지 않으면 원소를 추가한다. 만약 용량을 넘어가면 IllegalStateException이 발생한다. offer() 메소드는 원소 추가에 실패하면 false가 반환되는 것만 다르다.

remove()와 poll()은 큐의 처음에 있는 원소를 제거하거나 가져온다. 정확히 어떤 원소가 제거되느냐는 큐의 정렬 정책에 따라 달라진다. 만약 큐에 원소가 없으면 remove()는 NoSuchElementException을 발생하고 poll()은 null을 반환한다.

element()와 peek() 메소드는 큐의 처음에 있는 원소를 삭제하지 않고 가져온다. 만약 큐가 비어 있으면 element()는 NoSuchElementException을 발생하고 peek()는 null을 반환한다.

예제

아래의 예에서 큐가 카운트 다운 타이머를 구현하기 위하여 사용되었다. 미리 큐에 정수들을 넣어놓고 이들 값들이 차례대로 큐에서 삭제되면서 1초에 하나씩 화면에 출력된다.

QueueTest.java

```
import java.util.*;

public class QueueTest {
   public static void main(String[] args) throws InterruptedException {
      int time = 10;
      Queue<Integer> queue = new LinkedList<Integer>();
      for (int i = time; i >= 0; i--)
         queue.add(i);
      while (!queue.isEmpty()) {
         System.out.print(queue.remove()+" ");
         Thread.sleep(1000);               // 현재의 스레드를 1초간 재운다.
      }
   }
}
```

```
10 9 8 7 6 5 4 3 2 1 0
```

우선순위큐

우선 순위큐는 원소들이 무작위로 삽입되었더라도 정렬된 상태로 원소들을 추출한다. 즉 remove()를 호출할 때마다 가장 작은 원소가 추출된다. 그러나 우선 순위큐가 항상 정렬된 상태로 원소들을 저장하고 있는 것은 아니다. 우선 순위큐는 히프(heap)라고 하는 자료 구조를 내부적으로 사용한다. 히프는 이진 트리의 일종으로서 add()와 remove()를 호출하면 가장 작은 원소가 효율적으로 트리의 루트로 이동하게 된다.

우선 순위큐의 가장 대표적인 예는 작업 스케쥴링(job scheduling)이다. 각 작업은 우선 순위를 가지고 있고 가장 높은 우선 순위의 작업이 큐에서 먼저 추출되어서 시작된다.

PriorityQueueTest.java

```
import java.util.*;

public class PriorityQueueTest {
   public static void main(String[] args) {
      PriorityQueue<Integer> pq = new PriorityQueue<Integer>();
      pq.add(30);
      pq.add(80);
      pq.add(20);

      for (Integer o : pq)
         System.out.println(o);
      System.out.println("원소 삭제");
      while (!pq.isEmpty())
         System.out.println(pq.remove());
   }
}
```

우선순위큐를 생성한다.

```
20
80
30
원소 삭제
20
30
80
```

12 Map

Map은 많은 데이터 중에서 원하는 데이터를 빠르게 찾을 수 있는 자료 구조이다. 맵은 사전과 같은 자료 구조이다. 즉 사전처럼 단어가 있고(이것을 키(key)라고 부른다) 단어에 대한 설명(이것을 값(value)라고 부른다)이 있다. Map은 중복된 키를 가질 수 없다. 각 키는 오직 하나의 값에만 매핑될 수 있다. 키가 제시되면 Map은 값을 반환한다. 예를 들어서 학생에 대한 정보를 Map에 저장할 수 있다. 여기서 키는 학번이 될 것이고 값은 학생이 될 것이다.

그림 15-17 • Map의 개념

자바에서는 Map이라는 이름의 인터페이스가 제공되고 이 인터페이스를 구현한 클래스로 HashMap, TreeMap, LinkedHashMap 등의 3가지의 클래스가 제공된다. HashMap은 해싱 테이블에 데이터를 저장하고 TreeMap은 탐색 트리에 데이터를 저장한다.

HashMap과 TreeMap 중에서 어떤 것을 사용하여야 하는가? 만약 키들을 정렬된 순서로 방문할 필요가 없다면 HashMap이 약간 빠르다. 학생 정보를 저장하는 HashMap을 작성하여 보자. Student 클래스는 미리 정의되어 있다고 가정하자. 데이터를 저장하려면 put() 메소드를 사용한다.

```
Map<String, Student> freshman = new HashMap<String, Student>(); // 생성
Student kim = new Student("구준표");
freshman.put("20090001", kim);    // 저장
...
```

객체를 다시 추출하려면 get() 메소드를 사용하면 된다.

```
String s = "20090001";
st = freshman.get(s); // "구준표"를 반환
```

키들은 중복되지 않아야 한다. 동일한 키로 두 개의 값을 저장할 수 없다.

예제 #1

하나의 예로 학생들과 관련된 자료들을 맵에 저장하여 처리하는 코드를 살펴보자.

MapTest.java

```
import java.util.*;

class Student {
    int number;
    String name;

    public Student(int number, String name) {
        this.number = number;
        this.name = name;
    }

    public String toString() {
        return name;
    }
}

public class MapTest {
    public static void main(String[] args) {
        Map<String, Student> st = new HashMap<String, Student>();
        st.put("20090001", new Student(20090001, "구준표"));
        st.put("20090002", new Student(20090002, "금잔디"));
        st.put("20090003", new Student(20090003, "윤지후"));

        // 모든 항목을 출력한다.
        System.out.println(st);

        // 하나의 항목을 삭제한다.
        st.remove("20090002");
        // 하나의 항목을 대치한다.
        st.put("20090003", new Student(20090003, "소이정"));
        // 값을 참조한다.
        System.out.println(st.get("20090003"));
        // 모든 항목을 방문한다.
        for (Map.Entry<String, Student> s : st.entrySet()) {
            String key = s.getKey();
            Student value = s.getValue();
            System.out.println("key=" + key + ", value=" + value);
        }
    }
}
```

학생을 클래스로 모델링 한다.

Map을 생성한다.

Map에 저장된 데이터를 방문할 때는 Map.Entry라는 인터페이스를 사용한다.

```
{20090001=구준표, 20090002=금잔디, 20090003=윤지후}
소이정
key=20090001, value=구준표
key=20090003, value=소이정
```

위의 코드에서 각 요소에 대하여 반복하는 부분을 람다식으로 교체한다면 다음과 같이 간단하게 작성할 수 있다.

```
st.forEach ( (key, value)-> {
   System.out.println("key=" + key + ", value=" + value);
});
```

예제 #2

다음 예제는 Map의 3가지의 기본적인 연산인 put(), get(), containsKey(), containsValue(), size(), isEmpty()를 보여준다.

WordFreq.java

```
import java.util.*;

public class WordFreq {
   public static void main(String[] args) {
      Map<String, Integer> m = new HashMap<String, Integer>();

      String[] sample = { "to", "be", "or", "not", "to", "be", "is",
                          "a", "problem" };
      // 문자열에 포함된 단어의 빈도를 계산한다.
      for (String a : sample) {
         Integer freq = m.get(a);
         m.put(a, (freq == null) ? 1 : freq + 1);
      }

      System.out.println(m.size() + " 단어가 있습니다.");
      System.out.println(m.containsKey("to"));
      System.out.println(m.isEmpty());
      System.out.println(m);
   }
}
```

먼저 String 배열에서 조건 연산자를 사용하여 만약 단어가 한번도 등장한 적이 없으면 1로 설정한다. 만약 한번이라도 등장하였으면 빈도를 나타내는 값을 하나 증가시킨다.

```
7 단어가 있습니다.
true
false
{not=1, to=2, is=1, or=1, a=1, problem=1, be=2}
```

13 Collections 클래스

Collections 클래스는 여러 유용한 알고리즘을 구현한 메소드들을 제공한다. 이 메소드들은 제네릭 기술을 사용하여서 작성되었으며 정적 메소드의 형태로 되어 있다. 메소드의 첫 번째 매개 변수는 알고리즘이 적용되는 컬렉션이 된다. 이중에서 중요한 알고리즘만 살펴보자.

- 정렬(Sorting)
- 섞기(Shuffling)
- 탐색(Searching)

정렬

정렬은 가장 중요한 컴퓨터 알고리즘이라고 하여도 과언이 아니다. 정렬은 데이터를 어떤 기준에 의하여 순서대로 나열하는 것이다. 정렬 알고리즘에는 퀵정렬, 합병 정렬, 히프 정렬 등의 다양한 방법이 존재한다. Collections 클래스의 정렬은 속도가 비교적 빠르고 안정성이 보장되는 합병 정렬을 이용한다. 합병 정렬은 시간 복잡도가 O(nlog(n))이며 특히 거의 정렬된 리스트에 대해서는 상당히 빠르다.

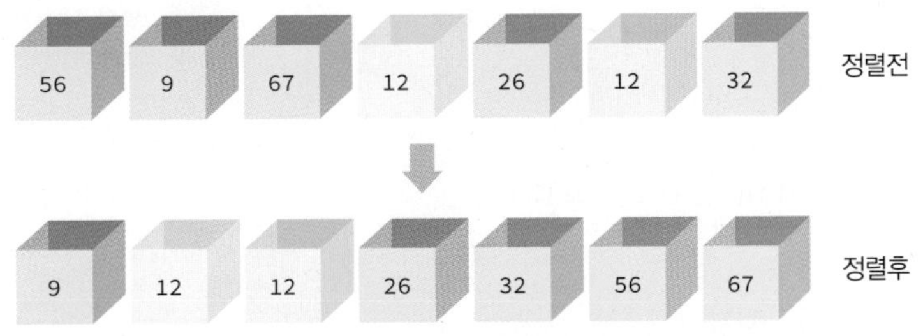

그림 15-13 • 안정된 정렬

안정성이란 동일한 값을 가지는 원소를 다시 정렬하지 않는 것을 의미한다. 그림 15-13에서 12의 값을 가지는 두개의 원소의 순서가 정렬 후에도 변경되지 않았다. 안정성은 같은 리스트를 반복하여 다른 기준에 따라 정렬할 때 중요하다. 만약 상품 주문 리스트를 날짜를 기준으로 먼저 정렬하고 이후에 주문처를 기준으로 정렬한다면 사용자는 같은 주문처가 보낸 주문은 날짜별로 정렬될 것이라고 가정한다. 하지만 이것은 정렬이 안정성있는 정렬인 경우에만 가능하다.

Collections 클래스의 sort() 메소드는 List 인터페이스를 구현하는 컬렉션에 대하여 정렬을 수행한다. 간단한 예를 들어보면 다음과 같다.

```java
List<String> list = new LinkedList<String>();
list.add("김철수");
list.add("김영희");
Collections.sort(list);    // 리스트 안의 문자열이 정렬된다.
```

만약 리스트에 들어 있는 원소가 String 타입이라면 알파벳 순서대로 정렬될 것이다. 만약 Date 원소들이라면 시간적인 순서로 정렬될 것이다. 어떻게 이것이 가능한가? String과 Date는 모두 Comparable 인터페이스를 구현한다. 정렬은 바로 이 Comparable 인터페이스를 이용하여 이루어진다.

정렬의 예제 #1

문자열을 정렬하는 간단한 예를 살펴보자.

Sort.java

```java
import java.util.*;

public class Sort {
   public static void main(String[] args) {
      String[] sample = { "i", "walk", "the", "line" };
      List<String> list = Arrays.asList(sample); // 배열을 리스트로 변경
      Collections.sort(list);
      System.out.println(list);
       }
}
```

정렬 알고리즘을 실행하기 위하여 asList() 메소드를 이용하여 배열을 리스트로 변환한다.

Collections 인터페이스가 가지고 있는 정적 메소드인 sort()를 호출하여서 정렬을 수행한다.

```
[i, line, the, walk]
```

정렬의 예제 #2

만약 사용자가 만든 클래스라면 아마 Comparable 인터페이스가 구현되지 않았을 것이다. 앞장에서 학습한 대로 Comparable 인터페이스는 다음의 메소드만을 가지고 있다.

```java
public interface Comparable<T> {
   public int compareTo(T o);
 }
```

compareTo() 메소드는 매개 변수 객체를 현재의 객체와 비교하여 음수(작으면), 0(같으면), 양수(크면)를 반환한다. 예를 들어서 학생을 나타내는 클래스 StudentEmployee에 학번을 비교하는 compareTo()를 구현하여서 정렬하여 보자.

SortTest.java

```java
import java.util.*;

class Student  implements Comparable<Student> {
      int number;
      String name;

      public Student(int number, String name) {
         this.number = number;
         this.name = name;
   }

      public String toString() {
         return name;
      }
      public int compareTo(Student s) {
         return number - s.number;
      }
}

public class SortTest {
   public static void main(String[] args) {
      Student array[] = {
         new Student(20090001, "김철수"),
         new Student(20090002, "이철수"),
         new Student(20090003, "박철수"),
      };
      List<Student> list = Arrays.asList(array);
      Collections.sort(list);
      System.out.println(list);
   }
}
```

이 메소드를 이용하여 정렬된다.

만약 역순으로 정렬하기를 원한다면 다음과 같이 하면 된다.
Collections.sort(list, Collections.reverseOrder())

```
[김철수, 이철수, 박철수]
```

섞기(Shuffling)

섞기(shuffle) 알고리즘은 정렬의 반대 동작을 한다. 즉 리스트에 존재하는 정렬을 파괴하여서 원소들의 순서를 랜덤하게 만든다. 이 알고리즘은 특히 게임을 구현할 때 유용하다. 예를 들어서 카드 게임에서 카드를 랜덤하게 섞는 경우, 사용할 수 있다. 또 테스트할 때도 필요하다.

Shuffle.java

```
import java.util.*;

public class Shuffle {
   public static void main(String[] args) {
      List<Integer> list = new ArrayList<Integer>();
      for (int i = 1; i <= 10; i++)
         list.add(i);
      Collections.shuffle(list);   // 숫자들을 섞는다.
      System.out.println(list);
   }
}
```

```
[5, 9, 7, 3, 6, 4, 8, 2, 1, 10]
```

탐색(Searching)

탐색이란 리스트 안에서 원하는 원소를 찾는 것이다. 만약 리스트가 정렬되어 있지 않다면 처음부터 모든 원소를 방문할 수밖에 없다(선형 탐색). 하지만 리스트가 정렬되어 있다면 중간에 있는 원소와 먼저 비교하는 것이 좋다(이진 탐색). 만약 중간 원소보다 찾고자 하는 원소가 크면 뒷부분에 있고 반대이면 앞부분에 있다. 이런 식으로 하여서 문제의 크기를 반으로 줄일 수 있다. 예를 들어서 1024개의 원소가 있는 리스트라면 최대 10번만 비교하면 원하는 원소를 찾을 수 있다. 만약 선형 탐색을 하였다면 평균 512번의 비교가 필요하다.

그림 15-14 • 이진 탐색의 개념

Collections 클래스의 binarySearch 알고리즘은 정렬된 리스트에서 지정된 원소를 이진 탐색한다. binarySearch()은 리스트와 탐색할 원소를 받는다. 리스트는 정렬되어 있다고 가정한다.

```
index = Collections.binarySearch(collec, element);
```

만약 반환값이 양수이면 탐색이 성공한 위치이다. collec.get(index)하면 원하는 객체를 얻을 수 있다. 만약 반환값이 음수이면 탐색이 실패한 것이다. 실패하였어도 도움이 되는 정보가 반환되는데 반환값에서 현재의 데이터가 삽입될 수 있는 위치를 알아낼 수 있다. 반환값이 pos이면 (−pos − 1)이 삽입 위치가 된다.

```
int pos = Collections.binarySearch(list, key);
if (pos < 0)
   l.add(-pos-1);
```

Search.java

```
import java.util.*;

public class Search {
   public static void main(String[] args) {
      int key = 50;
      List<Integer> list = new ArrayList<Integer>();
      for (int i = 0; i < 100; i++)
         list.add(i);
      int index = Collections.binarySearch(list,key);   // 이진탐색을 수행한다.
      System.out.println("탐색의 반환값  =" + index);
   }
}
```

```
탐색의 반환값  =50
```

기타 메소드

Collections 클래스들은 몇 가지의 간단하지만 유용한 알고리즘을 제공한다. 예를 들면 다음과 같다.

- min(), max() - 리스트에서 최대값과 최소값을 찾는다.
- reverse() - 리스트의 원소들의 순서를 반대로 한다.
- fill() - 지정된 값으로 리스트를 채운다.
- copy() - 목적 리스트와 소스 리스트를 받아서 소스를 목적지로 복사한다.
- swap() - 리스트의 지정된 위치의 원소들을 서로 바꾼다.
- addAll() - 컬렉션 안의 지정된 모든 원소들을 추가한다.
- frequency() - 지정된 컬렉션에서 지정된 원소가 얼마나 많이 등장하는 지를 반환한다.
- disjoint() - 두 개의 컬렉션이 겹치지 않는지를 검사한다.

영어사전 작성하기

제네릭은 라이브러리를 제작하는 사람들에게는 무척 중요하다. 하지만 일반적인 개발자들은 제네릭 자체보다는 제네릭을 이용하여서 작성된 자바의 컬렉션 라이브러리를 자유자재로 사용할 수 있도록 익히는 것이 더 중요하다. 여기서는 Map을 사용하여서 영어 사전을 구현하여 보자. 사용자가 단어를 입력하면 단어의 설명을 보여준다.

```
영어 단어를 입력하시오:map
단어의 의미는 지도
영어 단어를 입력하시오:school
단어의 의미는 학교
영어 단어를 입력하시오:quit
```

여러 가지 다양한 컬렉션 중에서 사전을 구현할 때는 물론 Map을 사용하는 것이 좋다. Map은 key를 제시하면 value를 찾아서 반환한다. key에는 영어 단어를 넣고 value에는 의미를 넣으면 된다. 그리고 Map이 제네릭으로 구현되었으므로 사용할 때 우리가 필요한 자료형으로 초기화하면 된다.

Solution 영어사전 작성하기

EnglishDic.java

```
import java.util.*;

public class EnglishDic {
    public static void main(String[] args) {
        Map<String, String> st = new HashMap<String, String>();

        st.put("map", "지도");
        st.put("java", "자바");
        st.put("school", "학교");

        Scanner sc = new Scanner(System.in);
        do {
            System.out.print("영어 단어를 입력하시오:");
            String key = sc.next();
            if( key.equals("quit") ) break;
            System.out.println("단어의 의미는 " + st.get(key));
        } while(true);
    }
}
```

❶ 사전에 단어를 추가하거나 검색, 삭제할 수 있는 간단한 메뉴 시스템을 만든다. 사전에 단어를 추가하고, 단어를 삭제하는 기능도 구현하여 보자.

❷ 그래픽 사용자 인터페이스를 사용하여서 사전 프로그램을 다시 작성할 수 있는가? 텍스트 필드를 사용하여서 단어를 입력받고 레이블을 통하여 단어의 설명을 화면으로 출력한다.

❸ 사람들의 이름과 주소, 전화번호가 저장되어 있는 주소록도 비슷한 방법으로 작성해보자. 이 경우에는 Map의 value에 주소록 객체를 저장시켜야 할 것이다. 본문의 예제를 참조하라.

LAB

카드 게임 작성하기

제네릭과 컬렉션을 이용하여서 카드 게임 프로그램을 작성해보자. 먼저 어떤 클래스가 필요할 지를 생각해보자. 카드 게임 세계에서 필요한 것은 "카드", "덱", "경기자"이다. 따라서 이것들은 모두 클래스로 작성된다.

- Card
- Deck
- Player

Deck에 대하여 생각해보자. Card와 Deck은 어떤 관계가 있을까? Card 객체 여러 개가 저장된 것이 Deck 객체라고 할 수 있다. 어디에 저장하면 좋을까? 물론 배열이다. 하지만 자바에는 배열보다 더 좋은 것이 있다 바로 ArrayList이다. 따라서 Deck 클래스 안에 ArrayList를 생성하여서 여기에 52장의 카드를 저장하도록 하자. 그리고 카드 게임에서는 딜러가 카드를 섞어서 경기자들에 나누어 주게 된다. 카드를 섞는 것은 Collection 클래스의 정적 메소드 shuffle()을 이용하여 구현해 보자.

Card
suit: String number: String
Card(suit: String, number: String) toString(): String

Deck
deck: ArrayList<Card> suit: String[] number: String[]
Deck() shuffle(): void deal(): Card

Player
list: ArrayList<Card>
getCard(card: Card): void showCards(): void

CardGame
main(args: String[]): void

카드 게임 작성하기

CardGame.java

```java
// 소스를 입력하고 Ctrl+Shift+O를 눌러서 필요한 파일을 포함한다.

class Card {
   String suit;
   String number;

   public Card(String suit, String number) {
      this.suit = suit;
      this.number = number;
   }

   public String toString() {
      return "(" + suit + " " + number + ")";
   }
}

class Deck {
   ArrayList<Card> deck = new ArrayList<Card>();
   String[] suit = { "CLUB", "DIAMOND", "HEART", "SPADE" };
   String[] number = { "2", "3", "4", "5", "6", "7", "8", "9", "10",
                       "J", "Q", "K", "A" };

   // 카드를 생성하여 덱에 넣는다.
   public Deck() {
      // 52장의 카드를 가지고 있는 텍을 만든다.
      for (int i = 0; i < suit.length; i++)
         for (int j = 0; j < number.length; j++)
            deck.add(new Card(suit[i], number[j]));
   }

   // 카드를 섞는다.
   public void shuffle() {
      Collections.shuffle(deck);

   }

```

```java
    // 덱의 처음에서 카드를 제거하여서 반환한다.
    public Card deal() {
        return deck.remove(0);
    }

}

class Player {
    ArrayList<Card> list = new ArrayList<Card>();

    public void getCard(Card card) {
        list.add(card);
    }

    public void showCards() {
        System.out.println(list);
    }
}

public class CardGame {
    public static void main(String[] args) {
        Deck deck = new Deck();
        deck.shuffle();
        Player p1 = new Player();
        Player p2 = new Player();
        p1.getCard(deck.deal());
        p2.getCard(deck.deal());
        p1.showCards();
        p2.showCards();
    }
}
```

```
[(HEART 8)]
[(SPADE 2)]
```

위의 프로그램을 확장하여서 포커 게임이 되도록 최선을 다해보자.

16 CHAPTER

멀티 스레딩

학습목표

자바에서는 스레드라는 개념을 이용하여서 하나의 프로그램에서 여러 가지 작업을 동시에 할 수 있다. 이번 장에서는 동시에 여러 가지 작업을 실행하는 프로그램을 작성하여 보자.

학습목차

스레드는 "실"이잖아요? 자바하고 어떤 관계가 있나요?
스레드는 CPU가 독립적으로 처리하는 하나의 작업 단위를 일컫는 용어입니다. 스레드를 사용하면 CPU를 효과적으로 사용할 수 있지요!

01 스레드의 개요

스레드란?

멀티 태스킹(muli-tasking)은 여러 개의 애플리케이션을 동시에 실행하여서 컴퓨터 시스템의 성능을 높이기 위한 기법이다. 사람들은 음악을 들으면서 동시에 운동을 할 수 있다. 컴퓨터의 경우에도 파일을 인쇄하면서 동시에 문서를 편집하거나 인터넷에서 파일을 다운로드할 수 있다. 컴퓨터에 CPU가 하나만 있어도 병렬 작업은 가능하다. 운영 체제가 CPU의 시간을 쪼개서 각 작업들에 할당하여서 작업들이 동시에 수행되는 것처럼 보이게 하기 때문이다. 몰론 멀티-코어를 가지고 있는 CPU라면 실제로도 동시에 실행될 것이다.

음악을 들으면서
운동을 할 수 있다.
인쇄를 하면서
문서 편집을 할 수 있다.

그림 16-1 • 병렬 처리의 예

멀티 스레딩(multi-threading)은 이 병렬 작업의 아이디어를 하나의 애플리케이션 안으로 가져온 것이다. 즉 하나의 애플리케이션 안에서도 여러 가지 작업을 동시에 하는 것을 의미한다. 예를 들어서 음악을 재생하는 애플리케이션은 인터넷을 통하여 mp3 파일을 다운로드 받으면서 동시에 압축을 풀어서 음악을 재생한다. 이들 각각의 작업은 **스레드(thread)**라고 불린다. 스레드는 실이라는 의미로, 하나의 실행 흐름(thread of execution)을 의미한다. 자바는 멀티 스레딩을 프로그래머들한테 언어 수준에서 제공한다. 프로그래머들은 하나의 애플리케이션 안에서 동시에 실행되는 여러 스레드를 만들 수 있으며 이 스레드들은 자바 런타임 시스템에 의하여 동시에 실행된다. 이는 C나 C++보다도 진보된 것으로 효율적인 프로그램 작성을 가능케 한다.

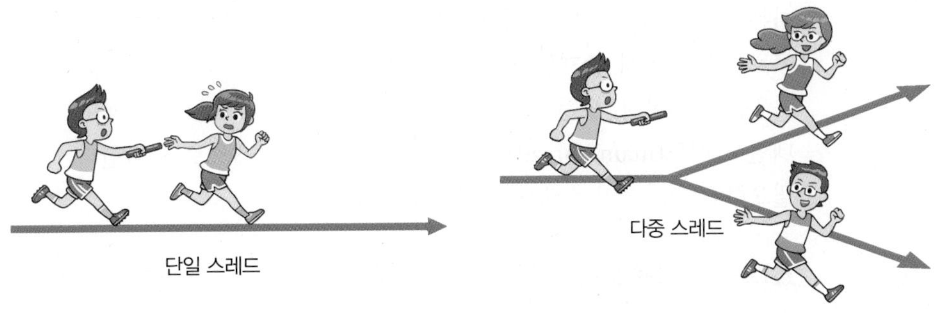

그림 16-2 • 다중 스레드의 개념

프로세스와 스레드

컴퓨터에는 **프로세스(process)**와 **스레드(thread)**라는 2가지의 실행 단위가 있다. 가장 근본적인 차이점은 프로세스는 자신 만의 데이터를 가지는 데 반하여 스레드들은 동일한 데이터를 공유한다. 동시에 수행되는 스레드들이 변수를 공유한다는 것은 상당히 위험할 수도 있을 것이다. 하지만 동시에 변수를 공유함으로 해서 스레드 간의 통신이 상당히 효율적이 된다.

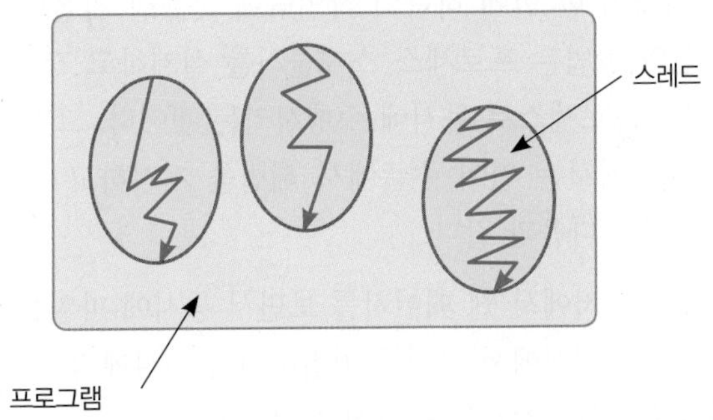

그림 16-3 • 스레드는 하나의 프로세스 안에 존재한다.

프로세스

프로세스는 실행 중인 프로그램이다. 프로세스는 독자적으로 실행이 가능한 환경을 가진다. 프로세스는 흔히 프로그램이나 애플리케이션과 동일한 의미로 사용되지만 하나의 애플리케이션이 여러 개의 프로세스로 이루어질 수도 있다. 프로세스는 자신 만의 자원을 가진다. 특히 프로세스의 메모리 공간은 다른 프로세스와 완전히 분리되어 있다. 대부분의 자바 가상 기계는 하나의 프로세스로 실행된다.

스레드

스레드는 경량 프로세스(lightweight process)라고도 불린다. 왜냐하면 스레드를 생성하는 것은 프로세스를 생성하는 것보다 훨씬 자원이 적게 들기 때문이다. 스레드들은 프로세스 안에서 존재한다. 스레드들은 메모리와 파일을 포함하여 프로세스의 모든 자원을 공유한다. 모든 자바 애플리케이션은 적어도 하나의 스레드를 가지고 있다. 즉 메인 스레드(main thread)라도 부르는 하나의 스레드로 출발한다. 메인 스레드에서 필요하면 추가적인 스레드를 생성할 수 있다.

스레드를 사용하는 이유

왜 스레드를 이용하는 것일까? 좀 더 구체적으로 통신을 통하여 데이터를 받으면서, 동시에 받은 데이터를 가공하여 다른 곳으로 보내는 프로그램을 작성한다고 해보자. 가장 먼저 생각되는 프로그램 형태는 하나의 while 루프 안에 입력 데이터를 수신하는 부분, 데이터를 처리하는 부분, 데이터를 송신하는 부분을 차례대로 구현하는 것이다. 각 부분은 순차적으로 수행된다. 그러나 만약 데이터를 처리하는 부분에서 시간을 많이 소모하였을 경우에는 어떻게 되는가? 입력 데이터를 받는 버퍼가 오버플로우가 되어 입력 데이터를 잃어버릴 수도 있을 것이다. 출력에 대해서도 마찬가지이다. 이 경우에는 수신, 처리, 송신하는 부분을 각각 별도의 스레드로 구현하여서 데이터를 공유하면서 동시에 실행하는 것이 최선이다.

DOS 시대에 한 번에 하나의 작업밖에 못했던 시절의 답답함을 기억하라. 이런 경우에 최선의 방법은 프로세스 스케줄러를 설계하고 각 부분을 프로세스로 만들어 서로 독립적인 프로세스로 동시에 수행시키는 것이다. 그러나 스케줄러를 작성하기는 쉽지 않다. 자바에서는 언어 수준에서 해법을 제시하고 있다. 그것이 **스레드**이다. 스레드 사용의 예는 다음과 같다.

- 웹 브라우저에서 웹 페이지를 보면서 동시에 파일을 다운로드할 수 있도록 한다.
- 워드 프로세서에서 문서를 편집하면서 동시에 인쇄한다.
- 게임 프로그램에서는 응답성을 높이기 위하여 많은 스레드를 사용한다.
- GUI에서는 마우스와 키보드 입력을 다른 스레드를 생성하여 처리한다.

동시 작업의 문제점

동시 작업 프로그램은 단일 작업 프로그램보다 신경써야 할 부분이 많은데 그 이유는 동시에 여러 작업들이 같은 데이터를 공유하게 되면 동기화라고 하는 까다로운 문제가 발생하기 때문이다. 자바에는 이 문제를 해결할 수 있는 도구들이 포함되어 있다.

02 스레드 생성과 실행

자바에서 스레드를 나타내는클래스는 Thread이다. 아주 간단하게는 다음과 같은 문장을 사용하면 하나의 스레드를 생성하고 실행할 수 있다.

```
Thread t = new Thread();    // 스레드 객체를 생성한다.
t.start();                  // 스레드를 시작한다.
```

즉 Thread 클래스의 객체를 생성하고 start()를 호출하면 스레드가 시작된다. 그러나 위의 코드의 문제점은 스레드가 할 작업이 없어서 바로 종료하게 된다. 따라서 스레드의 작업을 기술하여야 한다. 스레드의 작업은 Thread 클래스의 run() 메소드 안에 적어주어야 한다.

자바에서 스레드를 생성하여 작업을 실행하는 방법에는 다음과 같은 두 가지 방법이 있다.

- Thread 클래스를 상속하는 방법: Thread 클래스를 상속받은 후에 run() 메소드를 재정의한다. run() 메소드 안에 작업을 기술한다.
- Runnable 인터페이스를 구현하는 방법: run() 메소드를 가지고 있는 클래스를 작성하고 ,이 클래스의 객체를 Thread 클래스의 생성자를 호출할 때 전달한다.

Thread 클래스를 상속하기

첫 번째 방법은 Thread 클래스를 상속받아 서브 클래스를 만들고 run() 메소드를 재정의하는 방법이다. run() 메소드에는 스레드가 수행하여야 할 작업 내용이 들어간다. 이 서브 클래스의 인스턴스를 생성하고 start() 메소드를 호출하면 스레드가 실행된다.

❶ Thread를 상속받아서 클래스를 작성한다.

❷ run() 메소드를 재정의한다.

```
class MyThread extends Thread {
    public void run() {
    ...
    }
}
```

여기에 수행하여야 하는 작업을 적어준다.

❸ Thread 객체를 생성한다.

```
Thread t = new MyThread();
```

❹ start()를 호출하여서 스레드를 시작한다.

```
t.start();
```

위의 절차를 정리하여서 10부터 0까지 카운트다운하는 스레드를 작성하여 보면 다음과 같다.

MyThreadTest.java

```
class MyThread extends Thread {
    public void run() {
        for (int i = 10; i >= 0; i--)
            System.out.print(i + " ");
    }
}

public class MyThreadTest {
    public static void main(String args{}) {
        Thread t = new MyThread();
        t.start();
    }
}
```

MyThread 클래스는 Thread를 상속받는다. Thread 클래스는 java.lang 패키지에 들어 있어서 따로 import할 필요가 없다. MyThread 클래스는 하나의 메소드 run()만을 가지고 있는데 run()은 이 스레드가 시작되면 자바 런타임 시스템에 의하여 호출된다. 스레드가 실행하는 모든 작업은 이 run() 메소드 안에 있어야 한다. 현재는 단순히 10부터 0까지를 화면에 출력한다.

스레드를 실행시키려면 Thread에서 파생된 클래스 MyThread의 인스턴스를 생성한 후 start()를 호출한다. Thread 타입의 변수 t가 선언되고 MyThread의 객체가 생성하였다. 객체가 생성되었다고 스레드가 바로 시작되는 것은 아니다. start() 메소드를 호출해야만 스레드가 실행된다.

```
10 9 8 7 6 5 4 3 2 1 0
```

Runnable 인터페이스를 구현하는 방법

Thread 클래스를 확장하는 방법은 하나의 큰 단점이 있다. 즉 자바에서는 단일 상속만이 가능하므로 다른 클래스를 이미 상속받은 클래스는 스레드로 만들 수 없다. 이 경우에는 Runnable 인터페이스를 구현하는 방법을 사용하여야 한다. Runnable 인터페이스 안에는 메소드 run()만이 정의되어 있다. 절차를 살펴보자.

❶ Runnable 인터페이스를 구현한 클래스를 작성한다.

❷ run() 메소드를 작성한다.

```
class MyRunnable implements Runnable {
    public void run() {
    ...
    }
}
```

❸ Thread 객체를 생성하고 이때 MyRunnable 객체를 인수로 전달한다.

```
Thread t = new Thread(new MyRunnable());
```

❹ start()를 호출하여서 스레드를 시작한다.

```
t.start();
```

MyRunnableTest.java

```
class MyRunnable implements Runnable {
    public void run() {
        for (int i = 10; i >= 0; i--)
            System.out.print(i + " ");
    }
}

public class MyRunnableTest {
    public static void main(String args{}) {
        Thread t = new Thread(new MyRunnable());
        t.start();
    }
}
```

Runnable을 구현하는 클래스를 작성한다. run() 메소드를 재정의하여 작업에 필요한 코드를 넣는다.

Thread 클래스의 인스턴스를 생성하고, Runnable 객체를 Thread 생성자의 매개 변수로 넘긴다. Thread 객체의 start() 메소드를 호출하여야 한다.

```
10 9 8 7 6 5 4 3 2 1 0
```

Q 그렇다면 스레드를 생성하기 위해서는 어떤 방법을 사용하는 것이 좋은가?

A Runnable 인터페이스를 사용하는 편이 더 일반적이다. Runnable 객체는 Thread가 아닌 다른 클래스를 상속받을 수 있다. Thread 클래스에서 상속받으면 다른 클래스를 상속받을 수 없다. 따라서 Runnable 인터페이스 방법은 유연할 뿐 아니라 고수준의 스레드 관리 API도 사용할 수 있는 장점이 있다.

예제 #1

10부터 0까지 세는 스레드를 두개 만들어보자. 2개의 스레드가 실행되면서 스레드의 출력이 섞이는 것을 알 수 있다.

TestThread.java

```
class MyRunnable implements Runnable {
```

```java
    String myName;
    public MyRunnable(String name) {        myName = name;    }
    public void run() {
        for (int i = 10; i >= 0; i--)
            System.out.print(myName + i + " ");
    }
}
public class TestThread {
    public static void main(String{} args) {
        Thread t1 = new Thread(new MyRunnable("A"));
        Thread t2 = new Thread(new MyRunnable("B"));
        t1.start();
        t2.start();
    }
}
```

스레드를 구분하기 위하여 이름을 설정한다.

이름이 "A"와 "B"인 스레드 2개를 생성하고 시작한다.

```
A10 B10 A9 B9 B8 A8 B7 B6 A7 B5 A6 B4 A5 B3 A4 A3 A2 B2 A1 B1 A0 B0
```

2개의 스레드가 실행되면서 스레드의 출력이 섞이는 것을 알 수 있다.

예제 #2

Thread 클래스가 가지고 있는 정적 메소드 sleep(millisec)은 밀리초 단위의 시간을 받아서, 지정된 시간 동안 현재 스레드의 실행을 중단한다. 예를 들어서 sleep(1000)이라고 호출하면 1초 동안 스레드가 잠자게 된다. 이번에는 스윙 컴포넌트를 사용하여서 1초 단위로 10부터 0까지 카운트다운하는 애플리케이션을 그래픽 모드로 작성하여 보자.

CountDownTest.java

```java
// 소스를 입력하고 Ctrl+Shift+O를 눌러서 필요한 파일을 포함한다.
public class CountDownTest extends JFrame {
    private JLabel label;

    class MyThread extends Thread {
        public void run() {
            for (int i = 10; i >= 0; i--) {
                try {
                    Thread.sleep(1000);
                } catch (InterruptedException e) {
                    e.printStackTrace();
                }
                label.setText(i + " ");
            }
```

스레드를 내부 클래스로 만들면 필드에 접근하기가 쉬워진다.

sleep()은 도중에 예외가 발생할 가능성이 있다.

1초가 지나가면 레이블의 텍스트를 변경한다.

```
        }
    }

    public CountDownTest() {
        setTitle("카운트다운");
        setSize(300, 200);
        setDefaultCloseOperation(JFrame.EXIT_ON_CLOSE);

        label = new JLabel("Start");
        label.setFont(new Font("Serif", Font.BOLD, 100));
        add(label);
        (new MyThread()).start();
        setVisible(true);
    }

    public static void main(String{} args) {
        CountDownTest t = new CountDownTest();
    }
}
```

스레드를 시작한다.

03 람다식을 이용한 스레드 작성

JDK 8의 가장 큰 특징인 람다식은 스레드 프로그래밍에도 많이 활용된다. 앞에서 설명한 방법은 고전적인 방법이었다. 즉 람다식을 이용하지 않는 방법이다. 여기서는 람다식을 이용하면 어떻게 프로그램이 간단하게 작성되는지를 살펴보자.

앞에서 우리는 10부터 0까지 카운트 다운하는 프로그램을 전통적인 방법으로 작성한 바 있다. 이것을 람다식을 이용하여서 다시 작성하면 다음과 같다.

ThreadTest.java

```
public class ThreadTest {
    public static void main(String args{}) {
        Runnable task = () -> {
            for (int i = 10; i >= 0; i--)
                System.out.print(i + " ");
        };

        new Thread(task).start();
    }
}
```

람다식 객체를 생성하여 Runnable 변수에 대입하였다.

```
10 9 8 7 6 5 4 3 2 1 0
```

Executors

새로운 Concurrency API는 ExecutorService라는 개념을 도입하였다. 이것은 개발자가 스레드를 직접 생성하여 실행하는 것이 아니라 시스템이 스레드 관리를 맡도록 하는 것이다. Executor는 스레드 풀(thread pool)에 스레드 여러 개를 모아서 실행할 수 있다. Executor를 사용하는 전형적인 코드는 다음과 같다.

```
Runnable task = () -> { ... };
Executor exec = Executors.newCachedThreadPool();
exec.execute(task);
```

Executors 클래스는 여러 개의 **팩토리 메소드(factory method)**를 가지고 있다. newCachedThreadPool() 메소드도 그중의 하나이다. 팩토리 메소드는 객체를 생성하여 반환해주는 정적 메소드를 가리킨다. 객체를 만드는 공장이라고 생각하면 된다.

10부터 0까지 카운트 다운하는 스레드를 2개 생성하고 이것을 Executors 클래스에 맡겨서 실행시키는 코드는 다음과 같다.

ThreadTest.java

```
import java.util.concurrent.Executor;
import java.util.concurrent.Executors;

public class ThreadTest {
    public static void main(String args{}) {
        Runnable r1 = () -> {
            for (int i = 10; i >=0 ; i--)
                System.out.println("첫 번째 스레드: " + i);
        };
        Runnable r2 = () -> {
            for (int i = 10; i >=0 ; i--)
                System.out.println("두 번째 스레드: " + i);
        };


        Executor executor = Executors.newCachedThreadPool();
        executor.execute(r1);
        executor.execute(r2);
    }
}
```

스레드풀을 이용하여 스레드를 실행한다.

```
첫 번째 스레드: 10
두 번째 스레드: 10
첫 번째 스레드: 9
...
첫 번째 스레드: 2
첫 번째 스레드: 1
첫 번째 스레드: 0
```

LAB 자동차 경주 게임 작성

아주 간단한 자동차 경주 게임을 작성하여 보자. 본격적인 게임은 화면에 자동차를 직접 그려야 하지만 여기서는 컴포넌트의 위치를 변경하는 메소드 setBounds()을 사용하여 자동차를 이동하였다. 3대의 자동차는 이미지를 나타내는 3개의 레이블로 구현된다. 스레드를 사용하여서 0.1초에 한 번씩 난수의 값만큼 자동차의 위치를 변경하였다.

→

자동차를 나타내는 이미지 3개를 준비한다. 이미지들을 이클립스 프로젝트 폴더로 드래그한다. 3개의 스레드를 생성하여서 동시에 시작한다. 이미지의 위치는 난수를 이용하여 설정한다.

자동차 경주 게임 작성

CarGame.java

```
import javax.swing.*;

public class CarGame extends JFrame {

    class MyThread extends Thread {
        private JLabel label;
        private int x, y;

        public MyThread(String fname, int x, int y) {
            this.x = x;
            this.y = y;
            label = new JLabel();
            label.setIcon(new ImageIcon(fname));
            label.setBounds(x, y, 100, 100);
            add(label);
        }

        public void run() {
            for (int i = 0; i < 200; i++) {
                x += 10 * Math.random();
                label.setBounds(x, y, 100, 100);
                repaint();
                try {
                    Thread.sleep(100);
                } catch (InterruptedException e) {
                    e.printStackTrace();
                }
            }
        }
    }

    public CarGame() {
        setTitle("CarRace");
        setSize(600, 200);

```

내부 클래스로 작성되었다.

```
        setDefaultCloseOperation(JFrame.EXIT_ON_CLOSE);
        setLayout(null);

        (new MyThread("car1.gif", 100, 0)).start();
        (new MyThread("car2.gif", 100, 50)).start();
        (new MyThread("car3.gif", 100, 100)).start();
        setVisible(true);
    }

    public static void main(String{} args) {
        CarGame t = new CarGame();
    }
}
```

배치 관리자를 절대 위치 배치 관리자로 한다.

스레드를 생성하고 시작한다.

→

04 스레드 활용

Thread 클래스

Thread 클래스는 스레드를 나타내는 클래스이다. Thread 클래스에는 스레드의 생성 및 제어에 관련된 여러 가지 메소드들이 정의되어 있다.

메소드	설명
Thread()	매개 변수가 없는 기본 생성자
Thread(String *name*)	이름이 name인 Thread 객체를 생성한다
Thread(Runnable *target*, String *name*)	Runnable을 구현하는 객체로부터 스레드를 생성한다.
static int activeCount()	현재 활동중인 스레드의 개수를 반환한다.
String getName()	스레드의 이름을 반환
int getPriority()	스레드의 우선 순위를 반환
void interrupt()	현재의 스레드를 중단한다.
boolean isInterrupted()	현재의 스레드가 중단될 수 있는지를 검사
void setPriority(int *priority*)	스레드의 우선 순위를 지정한다.
void setName(String *name*)	스레드의 이름을 지정한다.
static void sleep(int *milliseconds*)	현재의 스레드를 지정된 시간만큼 재운다.
void run()	스레드가 시작될 때 이 메소드가 호출된다. 스레드가 하여야 하는 작업을 이 메소드 안에 위치시킨다.
void start()	스레드를 시작한다.
static void yield()	현재 스레드를 다른 스레드에 양보하게 만든다.

스레드 스케줄링

보통의 컴퓨터가 하나의 CPU만을 가지고 있는데도 여러 스레드들이 동시에 수행되는 것처럼 보이는 이유는 CPU 스케줄링에 의하여 하나의 CPU를 여러 스레드가 나누어 쓰기 때문이다. 하나의 CPU를 여러 스레드가 나누어 쓰기 위해서는 어떠한 원칙으로, 어떤 순서로 스레드를 수행시킬 것인가를 결정하는 **스케줄링(scheduling)**이 필요하다.

자바 런타임 시스템은 **우선 순위(priority)** 스케줄링을 이용한다. 이는 우선 순위가 높은 스레드가 먼저 실행되는 알고리즘이다. 모든 스레드는 우선순위를 가지고 있다. 스레드는 생성되면 Thread 클래스에 정의된 MIN_PRIORITY와 MAX_PRIORITY 사이의 숫자인 우선순위를 배정 받는다. 스케줄러는 현재 수행 가능한 스레드 중에서 가장 우선 순위가 높은 스레드를 먼저 수행시킨다. 스레드는 생성될 때 자신을 생성한 스레드로부터 우선 순위를 상속받는다. 실행도중에는 다음의 메소드를 이용하여 스레드의 우선 순위를 얻거나 변경하는 것이 가능하다.

- void setPriority(int newPriority) :현재 스레드의 우선순위를 변경한다.
- getPriority(): 현재 스레드의 우선순위를 반환한다.

스케줄링과 관련된 메소드

Thread 클래스에는 스케줄링과 관련하여 여러 가지 메소드들이 존재한다. 다음은 가장 일반적으로 많이 쓰이는 메소드이다. 이중에서 몇 가지만 살펴보자.

- sleep(long millis): 밀리초 단위로 스레드를 쉬게 할 수 있다. 스레드가 수면 상태로 있는 동안 인터럽트되면 InterruptedException이 발생한다. 따라서 이 예외를 처리하여야 한다.
- join(): 해당 스레드가 소멸될 때까지 기다리게 한다.
- yield(): CPU를 다른 스레드에게 양보하는 메소드이다. 동일한 우선순위를 가지고 있는 다른 스레드를 실행시키고자 할 때 사용된다.

sleep()

sleep()은 CPU의 시간을 다른 스레드에게 넘겨주는 효율적인 방법이다. 또한 sleep()는 다른 스레드와 보조를 맞추는 용도로도 사용될 수 있다. sleep()은 2가지 버전으로 제공된다. 하나는 밀리초 단위이고 다른 하나는 나노초 단위로 시간을 지정할 수 있다. 그러나 이런 시간들은 정확하게 지켜진다고 보장할 수는 없다. 또한 언제라도 중간에 중단될 수 있음을 명심하여야 한다. 1초 간격으로 메시지를 출력하는 예제를 살펴보자.

sleep()가 다른 메소드에 의하여 중단되면 발생하는 예외, 여기서 처리하지 않고 상위 메소드로 전달한다. 사실 여기서는 다른 메소드가 sleep()을 방해할 일이 없다.

SleepTest.c

```
public class SleepTest {
   public static void main(String args{}) throws InterruptedException {
      String messages{} = { "Pride will have a fall.",
      "Power is dangerous unless you have humility.",
      "Office changes manners.",
      "Empty vessels make the most sound." };

      for (int i = 0; i < messages.length; i++) {
         Thread.sleep(1000);
         System.out.println(messages{i});
      }
   }
}
```

1000밀리초 동안 실행을 중지한다.

```
Pride will have a fall.
Power is dangerous unless you have humility.
Office changes manners.
Empty vessels make the most sound.
```

인터럽트(interrupt)

인터럽트(interrupt)는 하나의 스레드가 실행하고 있는 작업을 중지하도록 하는 메카니즘이다. 스레드가 인터럽트에 어떻게 반응하느냐는 전적으로 프로그래머의 책임이다. 일반적인 경우에는 스레드가 종료된다. 하나의 스레드가 다른 스레드의 interrupt()를 호출하면 해당 스레드가 중지된다.

그런데 어떻게 실행하고 있는 스레드가 인터럽트에 반응할 수 있을까? 그것은 바로 InterruptedException이라는 예외를 처리해주면 된다. 예를 들어서 이전의 예제에서 인터럽트를 처리하려면 다음과 같이 수정하면 된다.

```
for (int i = 0; i < messages.length; i++) {
   try {
      Thread.sleep(1000);
   } catch (InterruptedException e) {
      // 인터럽트를 받은 것이다. 단순히 리턴한다.
      return;
   }
   System.out.println(messages{i});
}
```

인터럽트 처리는 여기에서 해준다.

그런데 만약 스레드가 실행 중에 한번도 sleep()을 호출하지 않는다면 Interrupted Exception를 받지 못한다. 이런 경우에는 무한 루프 중간에 다음과 같이 인터럽트를 검사해주는 것이 좋다.

```
if (Thread.interrupted()) {
      // 인터럽트를 받은 것이다. 단순히 리턴한다.
      return;
}
```

조인(Joins)

join() 메소드는 하나의 스레드가 다른 스레드의 종료를 기다리게 하는 메소드이다. 예를 들어서 t가 현재 실행 중인 스레드 객체이면 다음 문장은 t가 종료될 때까지 기다린다.

```
t.join();
```

중복 정의된 join()을 사용하면 기다리는 시간을 지정할 수 있다.

예제

interrupt()와 join()의 사용법을 다음의 간단한 예제로 살펴보자.

ThreaControl.java

```
public class ThreaControl {

    static void print(String message) {
        String threadName = Thread.currentThread().getName();
        System.out.format("%s: %s%n", threadName, message);
    }

    private static class MessageLoop implements Runnable {
        public void run() {
            String messages{} = { "Pride will have a fall.",
                  "Power is dangerous unless you have humility.",
                  "Office changes manners.",
                  "Empty vessels make the most sound." };

            try {
                for (int i = 0; i < messages.length; i++) {
                    print(messages{i});
                    Thread.sleep(2000);
                }
            } catch (InterruptedException e) {
                print("아직 끝나지 않았어요!");
            }
        }
    }

    public static void main(String args{}) throws InterruptedException {
        int tries = 0;

        print("추가적인 스레드를 시작합니다.");
        Thread t = new Thread(new MessageLoop());
        t.start();

        print("추가적인 스레드가 끝나기를 기다립니다.");
        while (t.isAlive()) {
            print("아직 기다립니다.");
            t.join(1000);
            tries++;
            if (tries > 2) {
```

메시지를 스레드 이름과 함께 출력한다.

정적 내부 클래스는 외부 클래스 객체가 없어도 사용이 가능하다.

인터럽트되면 메시지를 출력한다.

스레드 t가 종료하기를 1초 동안 기다린다.

```
            print("참을 수 없네요!");
            t.interrupt();
            t.join();
         }
      }
      print("메인 스레드 종료!");
   }
}
```

스레드 t를 강제로 중단시킨다.

스레드 t가 종료하기를 기다린다.

```
main: 추가적인 스레드를 시작합니다.
main: 추가적인 스레드가 끝나기를 기다립니다.
main: 아직 기다립니다.
Thread-0: Pride will have a fall.
main: 아직 기다립니다.
main: 아직 기다립니다.
Thread-0: Power is dangerous unless you have humility.
main: 참을 수 없네요!
Thread-0: 아직 끝나지 않았어요!
main: 메인 스레드 종료!
```

스레드의 상태

스레드는 생성 상태, 실행 가능 상태, 실행 중지 상태, 소멸 상태 등의 상태를 가진다. 다음의 그림은 스레드의 각 상태와 상태 전이를 일으키는 메소드를 나타낸다.

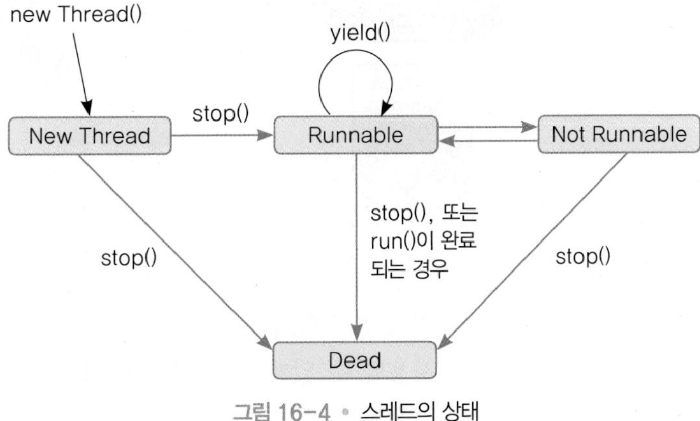

그림 16-4 • 스레드의 상태

05 동기화

스레드들은 동일한 데이터를 공유하기 때문에 매우 효율적으로 작업할 수 있다. 하지만 2가지의 문제가 발생할 수 있다. 하나는 **스레드 간섭(thread interference)**이고 또 하나는 **메모리 일치 오류(memory consistency error)**이다. 스레드 간섭은 다수의 스레드가 공유된 데이터에 접근할 때 발생한다. 예를 들어서 하나의 스레드가 공유 데이터 값을 변경하고 있는 중간에 다른 스레드가 끼어들면 이상한 결과가 나타난다. 메모리 일관성 오류는 공유된 메모리의 불일치가 나타나는 현상이다. 이러한 오류를 막는 도구를 **동기화(synchronization)**라고 한다.

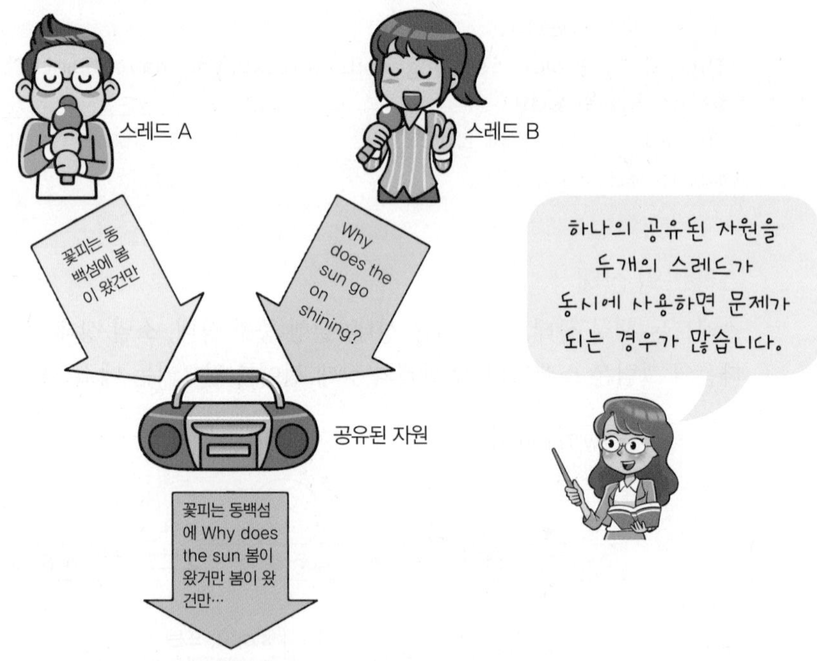

동기화란 쉽게 설명하면 공유된 자원 중에서 동시에 사용하면 안 되는 자원을 보호하는 도구이다. 여러 가지의 방법이 있지만, 밀폐된 방 안에 자원을 놓고 한 번에 하나의 스레드만 방문을 열고 사용할 수 있게 하는 것이다. 하나의 스레드의 작업이 끝나면 다음 스레드가 사용할 수 있도록 한다.

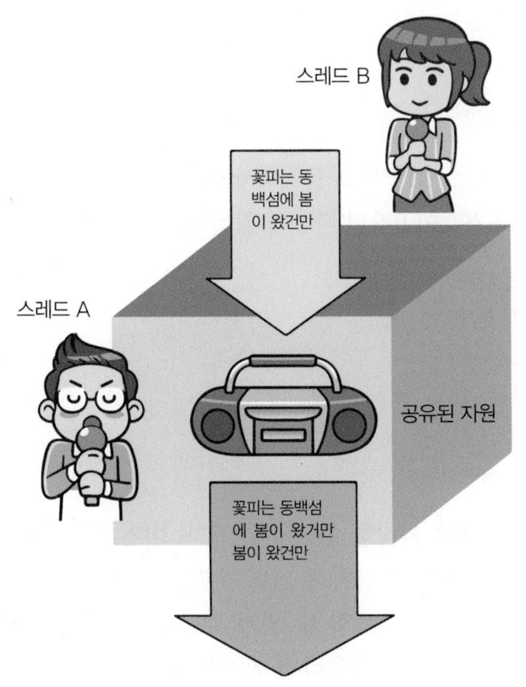

우리의 일상 생활에서도 이러한 예는 많은데, 공중 화장실, 공동 세미나실, 공동 실험실, 공동 강의실과 같은 곳은 모두 하나의 사용자가 사용하고 있으면 다른 사용자는 사용이 끝날 때까지 기다려야 한다. 이러한 부분을 **임계 영역(critical section)**이라고 한다.

스레드 간섭

스레드 간섭(thread interference)이란 서로 다른 스레드에서 실행되는 두 개의 연산이 동일한 데이터에 적용되면서 서로 겹치는 것을 의미한다. 연산들이 겹치게 되면 우리가 예상치 못한 결과가 나타난다. 즉 데이터들이 섞이는 것은 물론이고 데이터 값이 이상하게 변경된다. 일단 다음과 같이 숫자를 카운트하는 간단한 클래스를 가정하자.

```
class Counter {
    private int value = 0;
    public void increment() {   value++;   }
    public void decrement() {   value--;   }
    public void printCounter() {   System.out.println(value);   }
}
```

하나의 Counter 객체를 두 개의 스레드가 공유하면서 카운터 값을 변경한다고 가정하자. Counter 클래스의 메소드들은 모두 하나의 문장으로 되어 있어서 이들 연산이 서로 겹치는 것은 불가능해 보인다. 그러나 아무리 간단한 문장이라고 하더라도 자바 가상 기계에 의하여 여러 개의 마이크로 단계로 번역될 수 있다. 예를 들어서 value++ 문장은 다음과 같은 세 개의 마이크로 단계로 분해될 수 있다.

```
① 변수 value의 현재값을 가져온다.
② 현재값을 1만큼 증가시킨다.
③ 증가된 값을 다시 변수 value에 저장한다.
```

만약 스레드 A가 increment()를 호출하고 동시에 스레드 B가 decrement()를 호출하였다고 가정하자. value의 초기값이 0라면 다음과 같은 순서대로 연산이 겹칠 수 있다.

```
① 스레드 A: 변수 value의 현재값을 가져온다.
② 스레드 B: 변수 value의 현재값을 가져온다.
③ 스레드 A: 가져온 값을 1증가한다. 증가된 값은 1이 된다.
④ 스레드 B: 가져온 값은 1감소한다. 감소된 값은 -1이 된다.
⑤ 스레드 A: value에 값을 저장한다. value는 1이 된다.
⑥ 스레드 B: value에 값을 저장한다. value는 -1이 된다.
```

자 어떻게 되었는가? 스레드 A가 저장한 값은 사라진다. 이것은 하나의 특수한 상황이고 이런 식으로 마이크로 단계들이 겹치게 되면 우리가 상상할 수 없는 결과가 나온다. 이같은 오류의 결과는 우리가 예측할 수 없기 때문에 아주 발견하기 힘든 버그가 된다. 뒤에 소개하는 동기화 방법을 사용하면 이것을 방지할 수 있다.

예제

정말 위와 같이 될까? 하나의 카운터를 4개의 스레드가 조작하는 예제를 가지고 직접 실험하여 보자.

Counter를 정의한다.

CounterTest.c

```
class Counter {
    private int value = 0;
    public void increment() {    value++;    }
    public void decrement() {    value--;    }
    public void printCounter() {    System.out.println(value);    }
```

```java
}

class MyThread extends Thread {
   Counter sharedCounter;

   public MyThread(Counter c) {
      this.sharedCounter = c;
   }

   public void run() {
      int i = 0;
      while (i < 20000) {
         sharedCounter.increment();
         sharedCounter.decrement();
         if (i % 40 == 0)
            sharedCounter.printCounter();
         try {
            sleep((int) (Math.random() * 2));
         } catch (InterruptedException e) {   }
         i++;
      }
   }
}

public class CounterTest {
   public static void main(String{} args) {
      Counter c = new Counter();
      new MyThread(c).start();
      new MyThread(c).start();
      new MyThread(c).start();
      new MyThread(c).start();
   }
}
```

공유된 Counter 객체의 참조값을 저장한다.

증가했다가 감소시키기 때문에 카운터의 값은 변화가 없어야 한다.

가끔 카운터의 값을 출력하여 본다.

난수 시간만큼 스레드를 중지한다.

공유 카운터 객체를 생성한다.

확실하게 잘못된 결과를 내기 위하여 스레드를 4개나 생성하여 실행한다.

실행결과

```
...
-7
-7
-7
-8
-7
-7
...
```

실제 실행 결과는 컴퓨터마다 달라진다. 중요한 것은 잘못된 결과가 나온다는 점이다.

메모리 불일치 오류

메모리 불일치 오류는 서로 다른 스레드가 동일한 데이터의 값을 서로 다르게 볼 때, 발생한다. 메모리 불일치 오류의 원인은 복잡하기 때문에 여기서는 어떻게 하면 이것을 피할 수 있는지만 살펴보자.

간단한 예를 생각하여 보자. 다음과 같은 정수 변수 counter가 스레드 A와 스레드 B 사이에서 공유된다고 가정하자.

```
int counter = 0;
```

스레드 A가 counter를 다음과 같이 증가하였다.

```
counter++;
```

잠시 후에 스레드 B가 counter의 값을 출력한다.

```
System.out.println(counter);
```

만약 이 두 개의 문장이 동일한 스레드 안에서 실행되었다면 아무런 문제가 없다. 즉 "1"이 출력된다. 하지만 두 개의 문장이 서로 다른 스레드에서 실행되었다면 출력되는 결과는 "0"이 될 수 있다. 왜냐하면 스레드 A가 변경한 값이 스레드 B에 보일 것이라는 보장이 없기 때문이다. 뒤에 소개하는 동기화 방법을 사용하면 이것을 방지할 수 있다.

동기화된 메소드

자바에서는 동기화 문제를 위하여 두 가지의 도구를 제공한다. 하나는 **동기화된 메소드(synchronized methods)**이고 또 하나는 **동기화된 문장(synchronized statements)**이다. 우리는 **동기화된 메소드** 만을 살펴보자.

동기화된 메소드를 만들기 위해서는 synchronized 키워드를 메소드 선언에 붙이면 된다. synchronized 키워드를 사용하면 어떤 한 순간에는 하나의 스레드 만이 임계 영역 안에서 실행하는 것이 보장된다. synchronized 키워드가 붙어 있으면 하나의 스레드가 공유 메소드를 실행하는 동안에 다른 스레드는 공유 메소드를 실행할 수 없다. 앞의 카운터 예제에서 문제를 해결하려면 다음과 같이 공유된 데이터를 조작하는 메소드인 increment()와 decrement() 앞에 synchronized를 붙여주면 된다.

```
class Counter {
   private int value = 0;
   public synchronized void increment() {   value++;   }
   public synchronized void deccrement() {   value--;   }
   public synchronized void printCounter()
         {   System.out.println(value);   }
}
```

공유 데이터를 조작하는 메소드 앞에 synchronized를 붙인다.

이들 메소드를 동기화되도록 한 것은 두 가지의 효과를 가진다.

- 먼저 동기화된 메소드는 동시 호출되더라도 마이크로 단계들이 겹치지 않는다. 하나의 스레드가 동기화된 메소드를 실행하고 있으면, 그 스레드가 종료될 때까지 다른 모든 스레드는 중지된다. 이것은 스레드 간섭 문제를 해결한다.
- 동기화된 메소드가 종료되면 자동적으로 이후의 동기화된 메소드 호출은 변경된 상태를 볼 수 있다. 이것은 메모리 불일치 오류 문제를 해결한다.

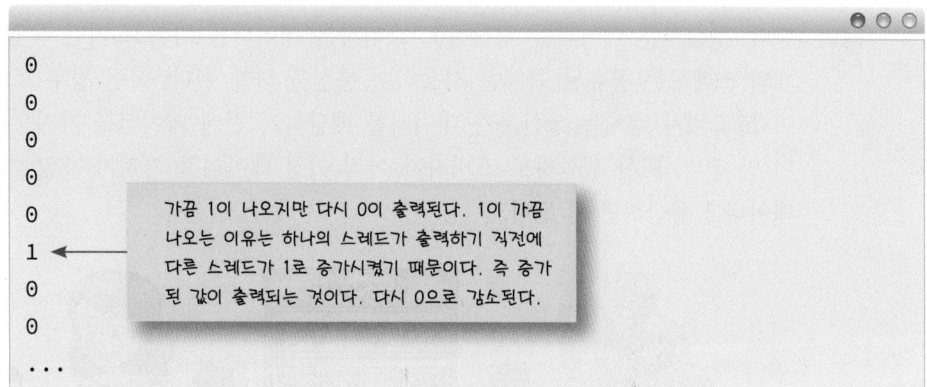

```
0
0
0
0
0
1
0
0
...
```

가끔 1이 나오지만 다시 0이 출력된다. 1이 가끔 나오는 이유는 하나의 스레드가 출력하기 직전에 다른 스레드가 1로 증가시켰기 때문이다. 즉 증가된 값이 출력되는 것이다. 다시 0으로 감소된다.

동기화된 메소드는 스레드 간섭과 메모리 불일치 오류를 막는 간단한 기법이다. 만약 어떤 객체를 두개 이상의 스레드가 사용한다면, 공유된 객체의 변수에 대한 모든 읽기와 쓰기 연산은 동기화된 메소드를 통하여 이루어져야 한다. 이 기법은 효과적이지만 데드락(deadlock)과 아사 문제(starvation)는 해결할 수는 없다. 동기화 문제는 운영 체제에서도 중요하게 다루어진다. 보다 자세한 사항은 자바 튜토리얼 홈페이지를 참고하기 바란다.

중요한 예외는 final 필드이다. final 변수는 객체가 생성된 뒤에는 변경이 불가능하다. 따라서 동기화되지 않은 메소드를 사용해서도 안전하게 읽거나 쓸 수 있다.

06 스레드간의 조정

스레드들은 때로 서로 간에 동작을 조정할 필요가 있다. 대표적인 예가 생산자와 소비자 타입의 예제이다. 이런 종류의 예제는 두 개의 스레드 사이에서 데이터를 공유한다. 생산자는 데이터를 생산하고 소비자는 데이터를 가지고 어떤 작업을 한다. 두 개의 스레드는 공유된 객체를 사용하여 통신을 하게 된다. 이런 경우 조정은 필수적이다. 소비자 객체는 생산자가 데이터를 배달하기 전에 데이터를 가져오려고 시도하면 안 된다. 또한 생산자도 소비자가 아직 이전 데이터를 가져가지 않았는데 새로운 데이터를 생산하면 안 된다.

그림 16-5 • 생산자와 소비자 문제

이런 종류의 코드를 작성할 때 최악의 선택은 스레드로 하여금 다음과 같이 조건을 반복 루프에서 무한정 검사하게 하는 것이다. 이것을 **폴링(polling)**이라고 한다. 이것은 CPU의 시간을 엄청나게 낭비한다.

```
public void badMethod() {
    // CPU 시간을 엄청나게 낭비한다.
    // 절대 해서는 안 된다!
    while(!condition) {   }
    System.out.println("조건이 만족되었습니다!");
}
```

보다 효율적인 방법은 조건이 만족될 때까지 현재의 스레드를 일시 중지시키는 것이다. wait()를 사용하면 다른 스레드가 어떤 이벤트가 발생했다고 알려줄 때까지 스레드가 중지된다.

```
public synchronized goodMethod() {
    while(!condition) {
        try {
```

앞에 synchronized를 붙여야 한다.

```
        wait();
    } catch (InterruptedException e) {}
  }
  System.out.println("조건이 만족되었습니다!");
}
```

이벤트가 발생할 때까지 리턴하지 않는다. 이벤트가 발생하면 깨어나서 다시 조건을 체크한다.

여기서 주의할 점은 wait()에서 리턴한 후에 반드시 조건을 다시 검사하여야 한다는 점이다. 발생된 이벤트가 우리가 원하는 이벤트가 아닐 수도 있다. 또 wait()는 InterruptedException 예외를 발생할 수 있으므로 적절하게 처리해주어야 한다.

좋지 못한 방법(polling)　　좋은 방법(wait & notify)

여기서 왜 goodMethod가 synchronized 키워드로 동기화되어야 할까? 예를 들어서 d가 우리가 wait()를 호출하기 위하여 사용하는 객체라고 가정하자. 하나의 스레드가 d.wait()를 호출하면 그 스레드는 반드시 d에 대하여 락(lock)을 소유하여야 한다. 그렇지 않으면 오류가 발생된다. 동기화된 메소드 안에서 wait()를 호출하면 간단하게 락을 획득할 수 있다.

wait()가 호출되면 스레드는 가지고 있던 락을 해제하고 실행을 일시 중지한다. 차후에 다른 스레드가 동일한 락을 획득하여서 notifyAll()을 호출하면, 이벤트가 발생하기를 기다리면서 일시 중지된 모든 스레드들이 깨어나게 된다.

```
public synchronized notifyCondition() {
    condition = true;
    notifyAll();
}
```

wait()와 notifyAll()

wait() 메소드는 어떤 일이 일어나기를 기다릴 때 사용하는 메소드이다. notifyAll()는 반대로 어떤 일이 일어났을 때 이를 알려주는 메소드이다. 따라서 이를 이용하여 생산자는 생산이 끝나면 이를 소비자에게 알려주고 소비자는 소비가 끝나면 이를 생산자에게 알려준다.

그림 16-6 • wait() notify()

생산자-소비자 예제

이것을 앞에서 설명한 생산자-소비자(Producer-Consumer) 애플리케이션을 작성하는데 적용하여 보자. 이런 종류의 애플리케이션은 두 개의 스레드가 하나의 데이터를 공유한다. 생산자는 데이터를 생산한다. 소비자는 데이터를 소비한다.

생상자-소비자 문제에서 중요한 것은 생산자가 생산하기 전에 소비자가 물건을 가져가면 안된다. 또 반대로 이전 물건을 소비하기 전에 생산하면 안 된다. 여기서는 케익을 적절하게 생산하고 소비하는 문제를 다루어보자. 케익 재고가 항상 1이 되게 하자. 이것을 위하여 우리가 학습한 두 가지의 방법을 동시에 사용하여야 한다.

- 동기화된 메소드를 사용하여 두 개의 스레드가 동시에 버퍼 객체에 접근하는 것을 막는다. 동기화된 메소드는 synchronized 키워드를 메소드 앞에 붙여서 만든다.
- 케익을 생산하고 가져가는 동작을 일치시키기 위하여 두 개의 스레드를 동기화할 수 있는 어떤 방법이 필요하다. 스레드 간의 동작을 일치하기 위하여 사용하는 메소드들이 wait(), notify()이다. 이들 메소드를 이용하여 생산이 되었음을 소비자에게 명시적으로 알리고 또한 소비가 되었음을 명시적으로 생산자에게 알릴 수 있다.

먼저 케익을 임시적으로 보관하는 Buffer 클래스를 작성한다. 이 Buffer 객체를 두 개의 스레드가 공유하게 된다.

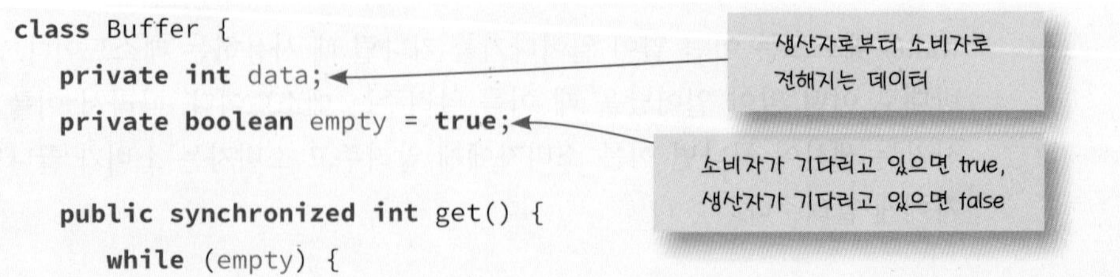

```
class Buffer {
   private int data;
   private boolean empty = true;

   public synchronized int get() {
      while (empty) {
```

```
            try {
                wait();
            } catch (InterruptedException e) {
            }
        }
        empty = true;
        notifyAll();
        return data;
    }

    public synchronized void put(int data) {
        while (!empty) {
            try {
                wait();
            } catch (InterruptedException e) {
            }
        }
        empty = false;
        this.data = data;
        notifyAll();
    }
}
```

케익이 생산될 때까지 기다린다.

상태를 토글한다.

생산자를 깨운다.

케익이 소비될 때까지 기다린다.

소비자를 깨운다.

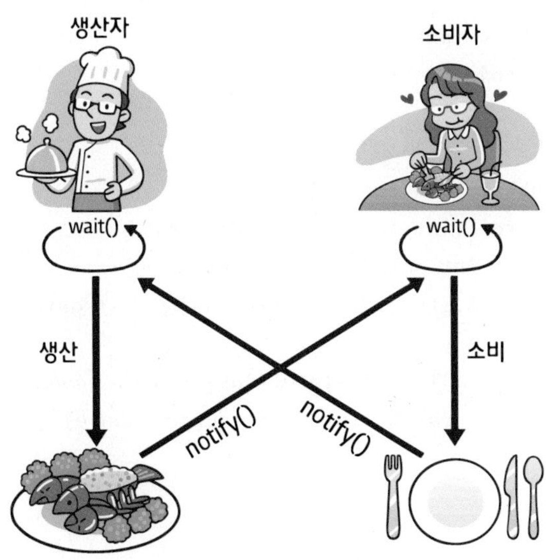

그림 16-7 • 생산자와 소비자 문제

생산자를 코딩하여 보자. 실제 세계를 감안해서 케익을 생산한 후에 난수 시간만큼 휴식을 취한다.

```
class Producer implements Runnable {
   private Buffer buffer;

   public Producer(Buffer buffer) {
      this.buffer= buffer;  ← 버퍼 참조 변수를 저장한다.
   }

   public void run() {
      for (int i = 0; i < 10; i++) {
         buffer.put(i);  ← Counter를 정의한다.
         System.out.println("생산자: " + i + "번 케익을 생산하였습니다.");
         try {
            Thread.sleep((int) (Math.random() * 100));
         } catch (InterruptedException e) {
         }
      }
   }
}
```

이번에는 같은 방식으로 소비자 스레드를 작성한다.

```
class Consumer implements Runnable {
   private Buffer buffer;  ← 버퍼 참조 변수를 저장한다.

   public Consumer(Buffer drop) {
      this.buffer= drop;
   }

   public void run() {
      for (int i = 0; i < 10; i++) {
         int data = buffer.get();  ← 버퍼에서 케익을 가져온다.
         System.out.println("소비자: " + data + "번 케익을 소비하였습니다.");
         try {
            Thread.sleep((int) (Math.random() * 100));
         } catch (InterruptedException e) {
         }
      }
   }
}
```

마지막으로 메인 스레드를 작성하여 준다. 생산자 스레드와 소비자 스레드를 생성하여서 실행한다.

```
public class ProducerConsumerTest {
```

```
    public static void main(String{} args) {
        Buffer buffer = new Buffer();
        (new Thread(new Producer(buffer))).start();
        (new Thread(new Consumer(buffer))).start();
    }
}
```

```
생산자: 0번 케익을 생산하였습니다.
소비자: 0번 케익을 소비하였습니다.
생산자: 1번 케익을 생산하였습니다.
소비자: 1번 케익을 소비하였습니다.
...
생산자: 9번 케익을 생산하였습니다.
소비자: 9번 케익을 소비하였습니다.
```

만약 wait(), notifyAll()을 사용하지 않고 무조건 케익을 가져가고 생산한다면 다음과 같이 잘못된 결과가 나온다.

```
class Buffer {
    private int data;

    public synchronized int get() {
        return data;
    }

    public synchronized void put(int data) {
        this.data = data;
    }
}
```

wait()과 notifyAll()을 사용하지 않으면 잘못된 결과가 나옵니다.

```
생산자: 0번 케익을 생산하였습니다.
소비자: 0번 케익을 소비하였습니다.
소비자: 0번 케익을 소비하였습니다.
소비자: 0번 케익을 소비하였습니다.
생산자: 1번 케익을 생산하였습니다.
소비자: 1번 케익을 소비하였습니다.
...
```

동일한 케익을 여러 번 가져가는 것을 알 수 있다. 또 소비가 되지 않았는데도 케익을 생산하는 것을 알 수 있다.

슈팅 게임 작성하기

스레드와 그래픽을 결합하면 초보적인 게임을 제작할 수 있다. 갤러그와 약간만 비슷한 게임을 작성하여 보자. 3개의 객체가 등장한다. 플레이어, 적, 미사일이다. 플레이어 캐릭터는 화살표 키를 이용하여서 상하좌우로 움직일 수 있다. 적은 가로로 왕복한다. 미사일은 스페이스 키를 누르면 발사된다. 하지만 미사일이 적을 맞추어도 아무런 일도 일어나지 않는다. 일단은 이 3개의 객체를 하나의 스레드로 움직이는 데만 집중하여 보자.

플레이어, 적, 미사일은 모두 공통적인 특징을 공유하고 있다. 즉 그림 파일을 가지고 있으며 움직인다. 또 자기 자신을 화면에 그려야 한다. 따라서 GraphicObject라는 수퍼 클래스를 작성하고 이것을 상속받아서 플레이어, 적, 미사일을 작성한다. 또 2개의 중요한 메소드가 있는데 update()는 자신의 위치를 변경하는데 사용되고 draw()는 자기 자신을 화면에 그리는데 사용된다.

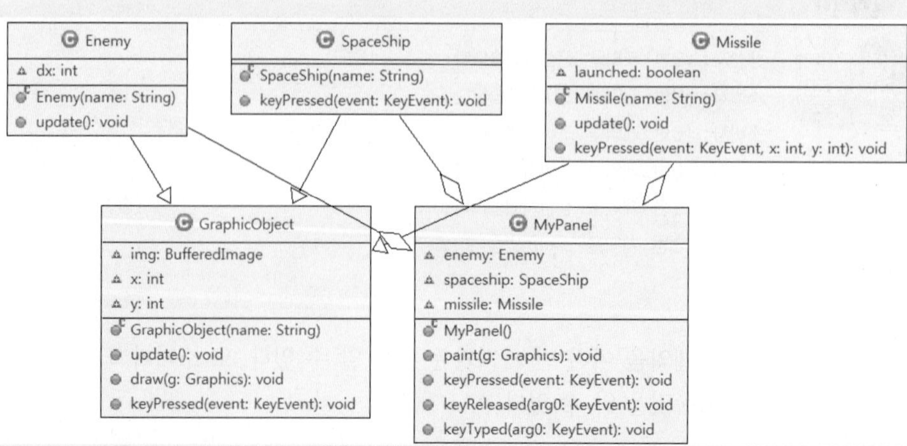

슈팅 게임 작성하기

MyFrame.java

```java
// 소스를 입력하고 Ctrl+Shift+O를 눌러서 필요한 파일을 포함한다.

class GraphicObject {
    BufferedImage img = null;
    int x = 0, y = 0;

    public GraphicObject(String name) {
        try {
            img = ImageIO.read(new File(name));
        } catch (IOException e) {
            System.out.println(e.getMessage());
            System.exit(0);
        }
    }

    public void update() {
    }

    public void draw(Graphics g) {
        g.drawImage(img, x, y, null);
    }

    public void keyPressed(KeyEvent event) {
    }
}

class Missile extends GraphicObject {
    boolean launched = false;

    public Missile(String name) {
        super(name);
        y = -200;
    }
```

생성자에서 이미지를 읽는다.

화면에 이미지를 그린다.

GraphicObject를 상속받아서 미사일을 나타내는 클래스를 정의한다.

```java

  public void update() {

    if (launched)
      y -= 1;
    if (y < -100)
      launched = false;
  }

  public void keyPressed(KeyEvent event, int x, int y) {
    if (event.getKeyCode() == KeyEvent.VK_SPACE) {
      launched = true;
      this.x = x;
      this.y = y;
    }
  }
}

class Enemy extends GraphicObject {
  int dx = -10;

  public Enemy(String name) {
    super(name);
    x = 500;
    y = 0;
  }

  public void update() {
    x += dx;
    if (x < 0)
      dx = +10;
    if (x > 500)
      dx = -10;
  }
}

class SpaceShip extends GraphicObject {
  public SpaceShip(String name) {
    super(name);
    x = 150;
    y = 350;
  }

```

미사일 위치를 변경한다.

스페이스키가 눌려지면 미사일이 발사된다.

GraphicObject를 상속하여 Enemy클래스를 작성한다.

적 캐릭터의 위치를 변경한다.

GraphicObject를 상속한다.

```java
    public void keyPressed(KeyEvent event) {
        if (event.getKeyCode() == KeyEvent.VK_LEFT) {
            x -= 10;
        }
        if (event.getKeyCode() == KeyEvent.VK_RIGHT) {
            x += 10;
        }
        if (event.getKeyCode() == KeyEvent.VK_UP) {
            y -= 10;
        }
        if (event.getKeyCode() == KeyEvent.VK_DOWN) {
            y += 10;
        }
    }
}

class MyPanel extends JPanel implements KeyListener {
    Enemy enemy;
    SpaceShip spaceship;
    Missile missile;

    public MyPanel() {
        super();
        this.addKeyListener(this);
        this.requestFocus();
        setFocusable(true);

        enemy = new Enemy("enemy.png");
        spaceship = new SpaceShip("spaceship.png");
        missile = new Missile("missile.png");
        class MyThread extends Thread {
            public void run() {
                while (true) {
                    enemy.update();
                    spaceship.update();
                    missile.update();
                    repaint();
                    try {
                        Thread.sleep(50);
                    } catch (InterruptedException e) {
                    }
                }
            }
```

화살표키에 따라서 플레이어 캐릭터의 위치를 변경한다.

스레드를 이용하여 게임의 메인루프를 작성한다. 각 객체의 위치를 변경하고 다시 그린다.

```java
        }
        Thread t = new MyThread();
        t.start();
    }

    public void paint(Graphics g) {
        super.paint(g);

        enemy.draw(g);
        spaceship.draw(g);
        missile.draw(g);
    }

    public void keyPressed(KeyEvent event) {
        spaceship.keyPressed(event);
        missile.keyPressed(event, spaceship.x, spaceship.y);
    }

    public void keyReleased(KeyEvent arg0) {
    }

    public void keyTyped(KeyEvent arg0) {
    }
}

public class MyFrame extends JFrame {
    public MyFrame() {
        setTitle("My Game");
        add(new MyPanel());
        setSize(500, 500);
        setVisible(true);
    }

    public static void main(String{} args) {
        new MyFrame();
    }
}
```

키보드 이벤트를 각 객체에 전달한다.

(1) 적 캐릭터가 미사일에 맞으면 소멸되도록 코드를 추가하라.
(2) 난수를 발생하여서 적 캐릭터가 움직이는 경로를 불규칙하게 하라.
(3) ArrayList를 이용하여서 여러 개의 적 캐릭터를 생성하고 관리하라.

LAB

공 움직이기

스레드를 이용하여서 화면에서 공을 움직이는 프로그램을 작성해보자. 스레드의 작업을 지정할 때 람다식을 이용해보자.

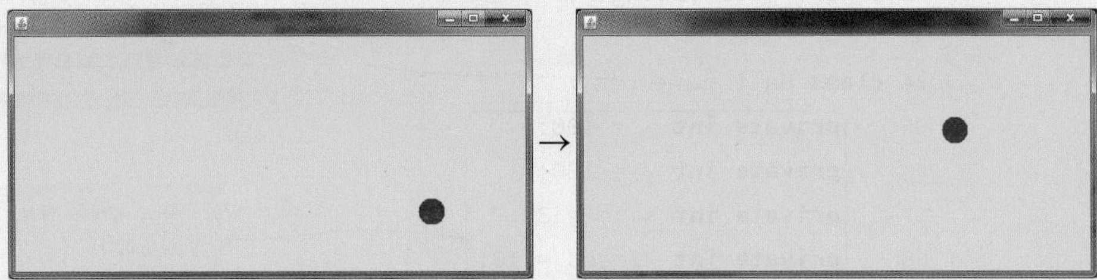

다음과 같은 UML 클래스 다이어그램을 참조한다.

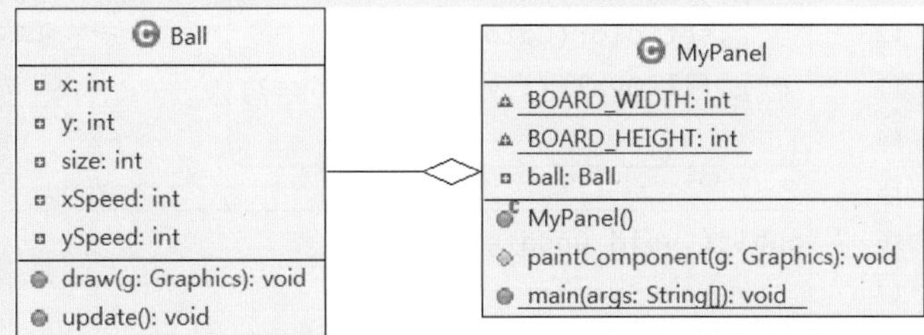

람다식을 이용하여서 Runnable 객체를 생성하는 코드는 다음과 같다.

```
Runnable task = () -> {
   while (true) {
      ball.update();
      repaint();
      try {
         Thread.sleep(50);
      } catch (InterruptedException ignore) {
      }
   }
};
```

공 움직이기

MyPanel.java

```
import java.awt.*;
import javax.swing.*;

class Ball {
   private int x = 100;
   private int y = 100;
   private int size = 30;
   private int xSpeed = 10;
   private int ySpeed = 10;

   public void draw(Graphics g) {
      g.setColor(Color.RED);
      g.fillOval(x, y, size, size);
   }

   public void update() {
      x += xSpeed;
      y += ySpeed;
      if ((x + size) > MyPanel.BOARD_WIDTH - size || x < 0) {
         xSpeed = -xSpeed;
      }
      if ((y + size) > MyPanel.BOARD_HEIGHT - size || y < 0) {
         ySpeed = -ySpeed;
      }
   }
}

public class MyPanel extends JPanel {
   static final int BOARD_WIDTH = 600;
   static final int BOARD_HEIGHT = 300;
   private Ball ball = new Ball();

   public MyPanel() {
      this.setBackground(Color.YELLOW);
```

공을 Ball 클래스로 모델링한다.

공의 속성은 위치, 크기, 속도이다.

공을 화면에 그려주는 메소드이다.

공의 새로운 위치를 계산한다. 공이 벽에 부딪치면 반사되도록 한다.

```
        Runnable task = () -> {
            while (true) {
                ball.update();
                repaint();
                try {
                    Thread.sleep(50);
                } catch (InterruptedException ignore) {
                }
            }
        };
        new Thread(task).start();
    }

    @Override
    protected void paintComponent(Graphics g) {
        super.paintComponent(g);
        ball.draw(g);
    }

    public static void main(String[] args) {
        JFrame frame = new JFrame();
        frame.setSize(MyPanel.BOARD_WIDTH, MyPanel.BOARD_HEIGHT);
        frame.setDefaultCloseOperation(JFrame.EXIT_ON_CLOSE);
        frame.setVisible(true);
        frame.add(new MyPanel());
    }
}
```

람다식을 이용하여서 Runnable 객체를 생성한다. 무한루프를 돌면서 공의 위치를 변경하고 화면에 다시 그린다. 50 밀리초동안 쉰다.

(1) 화면에 공을 여러 만들려면 어떻게 하면 좋을까?

(2) "Start" 버튼과 "Stop" 버튼을 만들어서 "Start" 버튼이 눌려진 경우에만 공이 움직이도록 해보자. 물론 "Stop" 버튼이 눌려지면 공이 정지하여야 한다.

Introduction to **JAVA PROGRAMMING**

17 CHAPTER

파일 입출력

학습목표

이번 장에서는 기본적인 입출력을 위하여 사용되는 클래스들을 살펴보자. 스트림은 강력한 개념으로 입출력 연산을 아주 간단하게 만든다. 또한 직렬화(serialization) 기법에 대해서도 살펴볼 것이다. 직렬화란 프로그램이 전체 객체를 스트림에 출력하고 다시 읽어 들이는 기법을 말한다. 자바는 java.io와 java.nio 패키지를 통하여 입출력을 지원한다.

학습목차

자바에서 작업한 내용을
파일에 기록할 수 있나요?
그럼요. 단순히 파일에 기록하는
것도 할 수 있지만 여러 가지 필터를
통하여 저장할 수도 있어요.

01 파일과 스트림

파일의 필요성

프로그램이 종료되면 메모리에서 지워지고 그동안 작업하였던 데이터는 모두 사라진다. 따라서 프로그램을 실행하는 도중에 어떤 데이터를 저장하고자 한다면 우리는 하드 디스크에 파일 형태로 저장하여야 한다. 구체적으로 어떤 경우에 파일이 필요할까? 예를 들어서 게임에서는 사용자의 점수를 score.txt 파일 안에 저장할 수 있다. 또 게임에서 사용되는 아이템, 색상, 폰트와 같은 사용자의 선택 사항을 파일에 저장할 수도 있다.

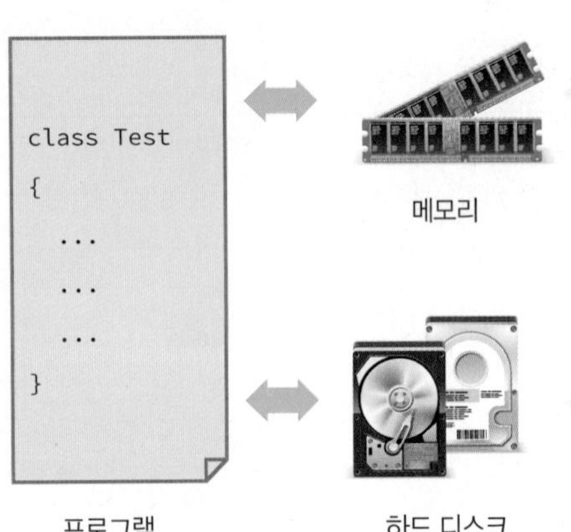

class Test
{
...
...
...
}
프로그램
메모리
하드 디스크
객체는 모두 메모리에 생성되고 이것들은 모두 전원이 꺼지면 사라진다.
하드 디스크에 파일 형태로 저장하면 전원이 꺼지더라도 데이터가 보존된다.
데이터를 영구히 보관하려면 파일에 저장해야 합니다. 이때 스트림을 사용하면 됩니다.

이번 장에서는 데이터를 디스크에 저장하는 방법과 디스크에서 데이터를 읽는 방법을 학습한다. 자바에서는 파일에 연결된 **스트림(stream)**을 열어서 데이터를 기록하거나 읽을 수 있다.

스트림이란?

스트림(stream)은 "물이 흐르는 개울"이다. 자바에서는 "바이트들의 연속적인 흐름"을 스트림이라고 한다. 개울에 바이트들이 연속해서 떠다니는 모습을 상상하면 된다. 우리는 스트림 객체에서 바이트를 읽을 수 있고 스트림 객체에 바이트를 쓸 수 있다. 이들 스트림의 소스와 목적지는 일반적으로 파일이다. 하지만 네트워크나 입출력 장치와도 연결될 수 있다.

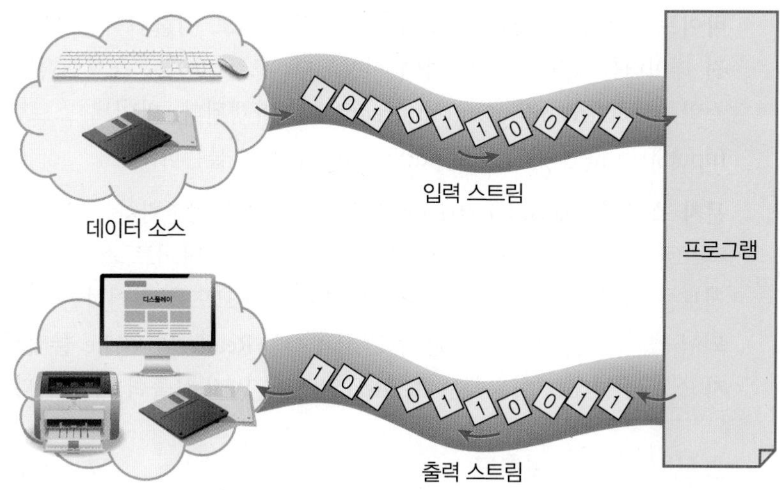

그림 17-1 • 스트림의 개념

자바에서 스트림은 디스크나 프린터와 같은 다양한 입출력 장치와 연결될 수 있다. 자바에서 어떤 장치에 데이터를 쓰려면 장치와 연결된 스트림을 생성한 후에 스트림에 데이터를 쓰면 된다. 동일한 방법으로 어떤 장치에서 데이터를 읽으려면 장치와 연결된 스트림을 생성한 후에 스트림에서 데이터를 읽으면 된다. 만약 스트림이라는 공통적인 입출력 모델이 없다면 프로그래머는 각각의 입출력 장치에서 데이터를 읽는 메소드들을 따로따로 학습해야 할 것이다.

또한 일반적으로 물이 하나의 방향으로 흐르듯이 하나의 스트림은 하나의 방향만 가능하다. 따라서 입력과 출력을 동시에 하려면 입력 스트림과 출력 스트림이 각각 필요하다. 우리가 사용해왔던 System.in과 System.out도 각각 키보드와 모니터를 나타내는 스트림으로 표준 입력 스트림과 표준 출력 스트림으로 불린다. 앞에 붙은 System은 우리가 사용하고 있는 컴퓨터 시스템을 나타낸다.

스트림의 종류

java.io 패키지는 안에 스트림을 지원하는 클래스들이 가득 들어 있는데, 이들 클래스를 몇 가지의 기준에 따라서 분류할 수 있다. 먼저 취급하는 데이터의 종류에 따라 크게 바이트 스트림과 문자 스트림으로 분류할 수 있다.

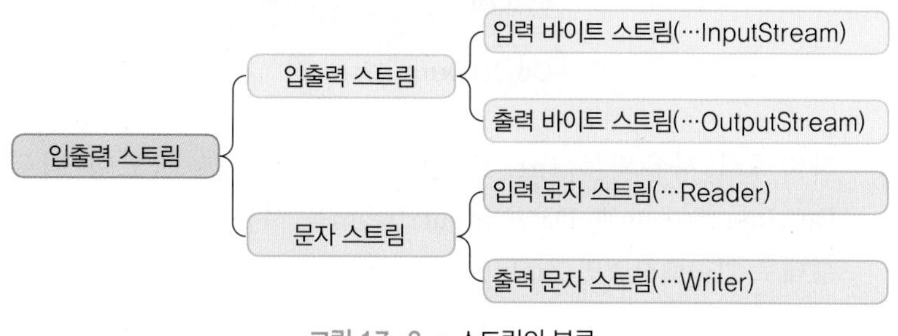

그림 17-2 • 스트림의 분류

바이트 스트림(byte stream)은 바이트 단위로 입출력하는 클래스들이며, 주로 이진 데이터를 읽고 쓰기 위하여 사용된다. 모든 바이트 스트림 클래스들은 추상 클래스인 InputStream와 OutputStream에서 파생된다. 바이트 스트림 클래스 이름에는 InputStream(입력)과 OutputStream(출력)이 붙는다.

문자 스트림(character stream)은 문자 단위로 입출력하는 클래스이다. 자바는 기본적으로 문자를 처리할 때 유니코드를 사용한다. 바이트 스트림은 유니코드로 저장된 정보를 처리할 때는 불편하다. 자바에는 유니코드를 처리하는 클래스들이 따로 준비되어 있다. 이들은 모두 기본 추상 클래스인 Reader와 Write 클래스에서 파생된다. 문자 스트림 클래스 이름에는 Reader(입력)와 Writer(출력)가 붙는다.

스트림 클래스 계층도

자바는 엄청난 개수의 스트림 클래스들을 가지고 있다. 약 60개 이상이라고 한다. 먼저 바이트 스트림에 속하는 클래스들을 살펴보자. 그중에서 많이 사용되는 것을 아래 그림에서 표시하였다.

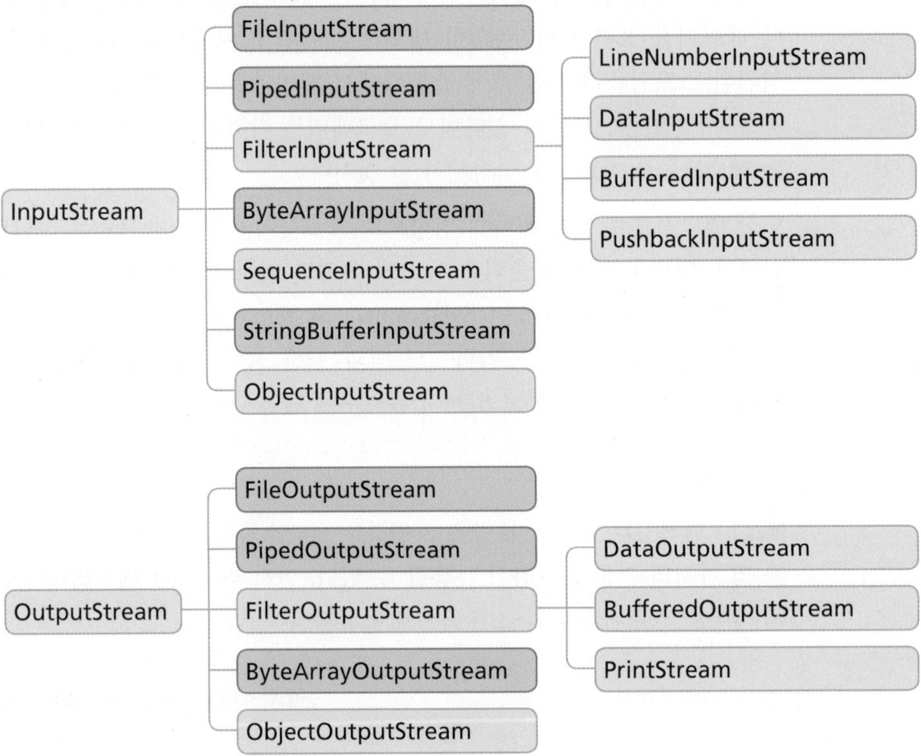

자바에서 사용되는 int, double과 같은 기본 자료형 단위로 읽거나 쓰려면 DataInputStream과 DataOutputStream을 사용하면 된다. 또 압축 파일인 ZIP 파일 형태로 입출력하려면 ZipInputStream과 ZipOutputStream을 사용하면 된다.

문자 스트림에 대하여 살펴보자. 문자 데이터를 읽고 쓰려면 추상 클래스인 Reader와 Writer에서 파생된 클래스를 사용하면 된다. Reader와 Writer 클래스도 InputStream 이나 OutputStream과 유사한 메소드를 가지고 있다.

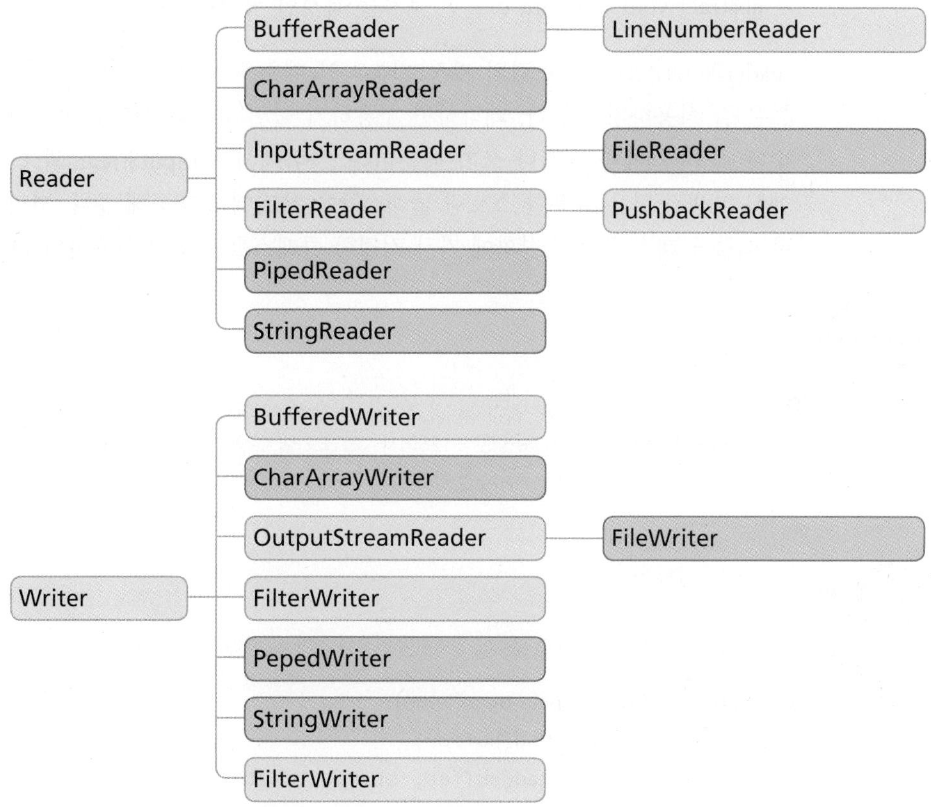

기본적인 메소드

InputStream 클래스는 다음과 같은 추상 메소드를 가진다.

- abstract int read() - 한 바이트를 읽어서 반환한다(0에서 255 사이의 정수). 만약 파일의 끝이면 –1이 반환된다.

InputStream 클래스를 상속받아서 유용한 클래스를 작성하려면 위의 메소드를 재정의하면 된다. 예를 들어서 FileInputStream 클래스에서는 위의 메소드를 파일에서 한 바이트를 읽도록 재정의한다.

비슷하게 OutputStream 클래스도 다음과 같은 추상 메소드를 가진다.

- abstract void write(int b) - 한 바이트를 특정한 장치에 쓴다.

스트림에서 읽거나 쓰는 동작을 종료하였다면 close()를 호출하여서 스트림을 닫아야 한다. 스트림은 운영 체제의 자원을 많이 소모한다. 따라서 사용이 끝나면 반드시 닫아서 자원을 반환하는 것이 바람직하다.

유니코드 데이터를 처리하는 Reader 클래스와 Write 클래스도 다음과 같은 기본적인 메소드를 가지고 있다.

- abstract int read() - 한 문자를 읽어서 반환한다.
- abstract void write(int c) - 한 문자를 특정한 장치에 쓴다.

read()와 write()가 스트림의 가장 기본적인 메소드이지만 애플리케이션 프로그래머들은 잘 사용하지 않는다. 왜냐하면 사용하기 불편하기 때문이다. 프로그래머들은 정수나 실수, 객체를 읽거나 쓰기 때문이다. 자바에서는 InputStream과 OutputStream에서 파생된 많은 유용한 스트림 클래스들을 우리에게 제공해 준다. 따라서 여러분들은 이들 클래스 중에서 상황에 가장 적절한 클래스를 골라서 사용하면 된다.

read()가 byte 형을 반환하는 것이 아니라 int 형을 반환하는 것에 유의하여야 한다. 이것은 파일의 끝인 −1을 검사하기 위한 것이다. byte 형은 −128에서 127을 가질 수 있기 때문에 파일의 끝을 검사할 수가 없다. 우리는 0~255를 반환하고 −1도 반환 받아야 한다. 그래서 int형을 사용한다.

read()로 여러 개의 바이트를 동시에 읽으려면 다음과 같이 하면 된다.

```
byte[] buffer = new byte[1000];
bytesRead = in.read(buffer);
bytesRead = in.read(buffer, start, length);
```

write() 메소드도 마찬가지이다.

02 바이트 스트림

바이트 스트림(Byte Stream)은 8비트의 바이트 단위로 입출력을 수행하는 스트림이다. 모든 바이트 스트림은 InputStream과 OutputStream에서 파생된다. 많은 바이트 스트림 클래스들이 존재한다. 이 많은 클래스들 중에서 어떤 클래스를 사용할 것인가? 먼저 데이터를 입출력하는 것인지 아니면 데이터를 처리하는 것인지를 결정하여야 한다. 그리고 데이터를 입출력한다면 대상이 무엇인지가 결정되면 클래스도 따라서 결정된다. 여기서는 바이트 스트림이 어떻게 동작하는 지를 이해하기 위하여 파일 입출력 바이트 스트림에 초점을 맞춰보자.

파일 입출력 바이트 스트림

가장 대표적인 클래스를 살펴보자. 파일 입출력을 담당하는 바이트 스트림은 FileInputStream 클래스와 FileOutputStream 클래스이다. FileInputStream 클래스는 파일에서 바이트를 읽고 FileOutputStream 클래스는 파일에 바이트를 쓴다.

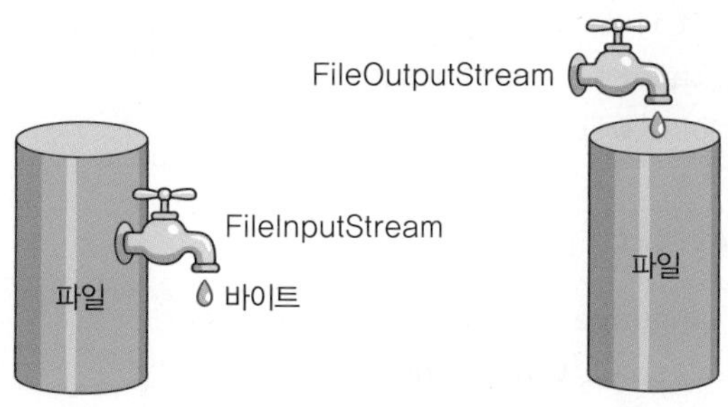

그림 17-3 • 파일 입출력 바이트 스트림

FileInputStream와 FileOutputStream을 이용하여 이미 존재하는 파일을 읽어서 복사하는 프로그램을 작성하여 보자.

CopyFile1.java

```java
// 소스를 입력하고 Ctrl+Shift+O를 눌러서 필요한 파일을 포함한다.
public class CopyFile1 {
   public static void main(String[] args) throws IOException {

      FileInputStream in = null;
      FileOutputStream out = null;

```

```java
        try {
            in = new FileInputStream("input.txt");
            out = new FileOutputStream("output.txt");
            int c;

            while ((c = in.read()) != -1) {
                out.write(c);
            }
        } finally {
            if (in != null)
                in.close();
            if (out != null)
                out.close();
        }
    }
}
```

input.txt 파일에 연결된 파일 입력 스트림을 생성한다.

output.txt 파일에 연결된 파일 출력 스트림을 생성한다.

하나의 바이트를 읽을 때는 read()를 사용하고 하나의 바이트를 쓸 때는 write()를 사용한다.

input.txt

```
The language of truth is simple.
Easier said than done.
First think and speak.
Translators, traitors.
No smoke without fire.
```

output.txt

```
The language of truth is simple.
Easier said than done.
First think and speak.
Translators, traitors.
No smoke without fire.
```

여기서 주의할 점은 read()가 int 값을 반환한다는 점이다. 왜 byte 값을 반환하지 않는가? int 값을 반환형으로 해야만 입력 스트림의 끝을 표시하는데 −1을 사용할 수 있다. byte 값은 −128에서 127을 가질 수 있기 때문에 파일의 끝을 나타내는 −1과 구별되지 않는다.

위의 소스는 아주 낮은 수준의 입출력을 사용한다. 텍스트 파일은 문자들을 포함하고 있기 때문에, 사실 텍스트 파일을 복사하는 가장 좋은 방법은 문자 스트림을 사용하는 것이다. 바이트 스트림은 아주 기초적인 입출력에만 사용되어야 한다. 하지만 바이트 스트림은 모든 다른 스트림의 기초가 되는 중요한 스트림이다.

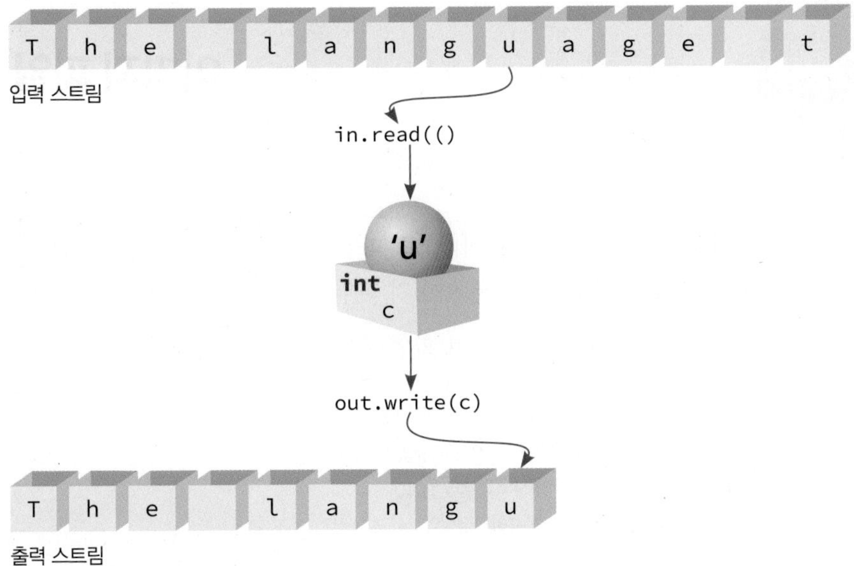

더 이상 사용되지 않는 스트림을 닫는 것은 아주 중요하다. 소스에서도 오류가 발생했을 경우에는 finally 블록을 사용하여 스트림을 닫고 있다. 스트림을 닫지 않으면 심각한 자원 누출이 발생한다. 소스에서 가능한 오류는 파일을 여는데 실패하는 것이다. 이런 경우에는 파일을 가리키는 스트림 변수가 초기값인 null 값을 유지한다.

만약 JDK 7부터 새로 도입된 try-with-resources 문장을 사용한다면 다음과 같이 고쳐 작성할 수 있다.

```
try(FileInputStream in = new FileInputStream("input.txt");
   FileOutputStream out = new FileOutputStream("output.txt"))
{
   ...
}
```

위의 문장을 사용하면 try 블록의 실행이 끝났을 때, 모든 리소스들은 자동적으로 닫혀지게 된다. 즉 finally 블록을 사용하지 않아도 된다.

이미지 파일 복사하기

이미지 파일은 이진 파일이다. 즉 파일에 데이터가 이진수 형식으로 저장되어 있다. 하나의 이미지 파일을 다른 이미지 파일로 복사하는 프로그램을 작성하여 보자.

복사가 끝나면 이미지 뷰어로 확인한다.

```
원본 파일 이름을 입력하시오: a.jpg
복사 파일 이름을 입력하시오: b.jpg
a.jpg를 b.jpg로 복사하였습니다.
```

 → 

이미지 파일은 이진 파일이라 FileInputStream과 FileOutputStream과 같이 바이트 스트림을 처리하는 클래스를 사용하면 된다. 바로 앞 페이지에서 우리는 try-with-resources 문장을 학습하였다. try-with-resources 문장을 사용하면 try 블록의 실행이 끝났을 때, 모든 리소스들은 자동적으로 닫혀지게 된다. 즉 finally 블록을 사용하지 않아도 된다.

```
try(InputStream in = new FileInputStream("a.jpg");
   OutputStream out = new FileOutputStream("b.jpg"))
{
   ...
}
```

try-with-resources 문장을 사용하려면 클래스가 AutoClosable 인터페이스를 구현하여야 하는데, FileInputStream과 FileOutputStream은 오라클에서 제공하는 클래스라 AutoClosable 인터페이스가 이미 구현되어 있다.

이미지 파일 복사하기

ByteStreamsLab.java

```
// 소스를 입력하고 Ctrl+Shift+O를 눌러서 필요한 파일을 포함한다.

public class ByteStreamsLab {
    public static void main(String[] args) throws IOException {
        Scanner scan = new Scanner(System.in);
        System.out.print("원본 파일 이름을 입력하시오: ");
        String inputFileName = scan.next();

        System.out.print("복사 파일 이름을 입력하시오: ");
        String outputFileName = scan.next();

        try (InputStream inputStream = new FileInputStream(inputFileName);
            OutputStream outputStream = new FileOutputStream
            (outputFileName)) {
          int c;

          while ((c = inputStream.read()) != -1) {
            outputStream.write(c);
          }
        }
        System.out.println(inputFileName + "을 " + outputFileName +
        "로 복사하였습니다. ");
    }
}
```

try 블록 안에서 스트림을 선언하고 초기화하면 이것들을 닫을 필요가 없다. 다른 클래스에 대해서도 사용할 수 있으나 Closable 인터페이스를 구현한 클래스이어야 한다.

파일의 끝까지 읽기를 계속한다.

❶ 위의 프로그램의 실행 시간을 주의 깊게 살펴보자. 이미지 파일의 크기가 커지면 상당한 시간이 걸리는 것을 알 수 있다. 파일 복사 시간을 줄이려면 어떻게 하는 것이 좋을까?

❷ main() 메소드는 모든 예외를 외부로 던진다. 이렇게 하지 말고 FileNotFoundException이 발생하면 프로그램 안에서 사용자에게 통보해주도록 변경하여 보자.

03 문자 스트림

문자 스트림(Character Stream)에서는 입출력 단위가 문자이다(바이트가 아니다!). 자바 플랫폼은 유니코드를 사용해서 문자를 저장한다. 문자 스트림은 자동적으로 이 유니코드 문자를 지역 문자 집합으로 변환한다. 예를 들어서 미국 같은 경우에는 유니코드를 8비트 아스키 코드로 변환한다.

문자 스트림을 사용하는 것은 바이트 스트림을 사용하는 것과 아주 유사하다. 문자 스트림은 유니코드를 자동적으로 지역 문자 집합으로 변환해주기 때문에 프로그래머는 국제화된 프로그램을 작성하는데 있어서 상당한 수고를 덜 수 있다.

파일 입출력 문자 스트림

모든 문자 스트림 클래스는 Reader와 Writer 클래스로부터 상속된다. 바이트 스트림과 마찬가지로 파일 입출력에 특화되어 있는 문자 클래스가 있다. FileReader와 FileWriter가 그것이다.

그림 17-4 • 문자 스크림의 개념

앞의 예제와 유사하게 텍스트 파일을 다른 이름으로 복사하는 프로그램을 FileReader와 FileWriter를 사용하여서 작성하여 보자.

CopyFile2.java

```java
// 소스를 입력하고 Ctrl+Shift+O를 눌러서 필요한 파일을 포함한다.
public class CopyFile2 {
   public static void main(String[] args) throws IOException {

      FileReader inputStream = null;
      FileWriter outputStream = null;
```

```java

        try {
            inputStream = new FileReader("input.txt");
            outputStream = new FileWriter("output.txt");

            int c;
            while ((c = inputStream.read()) != -1) {
                outputStream.write(c);
            }
        } finally {
            if (inputStream != null) {
                inputStream.close();
            }
            if (outputStream != null) {
                outputStream.close();
            }
        }
    }
}
```

input.txt 파일에 연결된 파일 입력 스트림을 생성한다.

output.txt 파일에 연결된 파일 출력 스트림을 생성한다.

하나의 문자를 읽을 때는 read()를 사용하고 하나의 문자를 쓸 때는 write()를 사용한다.

FileCopy2는 앞의 FileCopy1과 아주 유사하고 실행 결과도 같다. 차이점은 오직 FileInputStream과 FileOutputStream 대신에 FileReader 와 FileWriter를 사용한다는 점이다. FileCopy1과 FileCopy2는 모두 int 변수를 이용한다는 점에 유의한다. 다만 FileCopy2에서는 문자값을 32비트 중에서 하위 16비트에만 저장하다. FileCopy1에서는 하위 8비트만을 사용한다.

문자 스트림은 흔히 바이트 스트림의 랩퍼 클래스(wrapper class)이다. 문자 스트림은 물리적인 입출력을 수행하기 위하여 내부에서 바이트 스트림을 사용한다. 문자 스트림은 바이트와 문자간의 변환을 처리한다. FileReader는 FileInputStream을 사용하고 FileWriter는 FileOutputStream을 사용한다.

04 스트림 결합하기

앞에서 스트림은 물이 흘러가는 파이프와 같다고 하였다. 아래 그림처럼 파이프들이 서로 결합할 수 있듯이 스트림들도 서로 결합할 수 있다. 이렇게 되면 스트림을 통하여 흘러가는 데이터에 대하여 다양한 가공 처리를 할 수 있다. 예를 들어서 입력 스트림이 문자를 읽으면 여기에 연결된 다른 스트림이 대문자로 바꾸는 작업을 할 수 있다. 출력 스트림은 변환된 문자들을 파일에 쓸 수 있다.

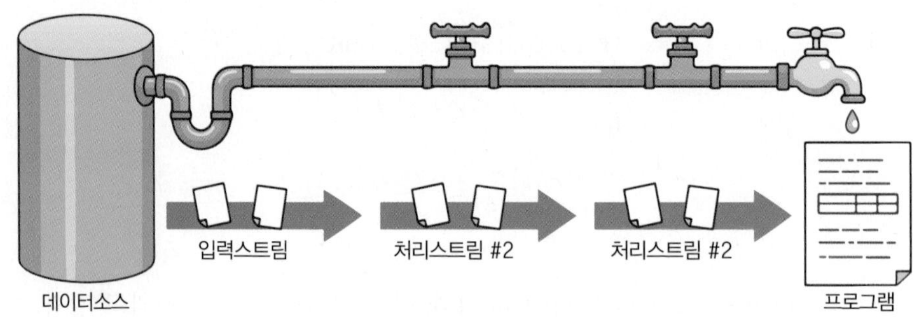

그림 17-5 • 스트림은 연결될 수 있다.

간단한 예를 들어보자. 정수들이 저장된 파일 sample.dat가 있다고 하자. 다음과 같이 이 파일에 FileInputStream을 연결하였다.

```
FileInputStream in = new FileInputStream("sample.dat");
```

이 상태에서 읽으려면 read()를 사용해야 하는데 다음과 같은 문장만 가능하다.

```
byte b = (byte) in.read();
```

파일에 저장된 것은 정수이므로 바이트 4개를 모아서 정수로 변환하여야 한다. 요즘 같은 시기에 이런 불편함이 있다는 것은 말이 안 된다. 가만히 생각해보면 DataInputStream 클래스는 정수 단위로 읽을 수 있는 readInt() 메소드를 가지고 있다. 하지만 DataInputStream 클래스는 파일에서 읽을 수는 없다. 어떻게 하면 좋을까?

자바에서는 2개의 스트림을 결합할 수 있는 기능을 제공한다. 먼저 FileInputStream 객체를 생성하고 이것을 DataInputStream 생성자로 전달하면 된다.

```
FileInputStream fileSt = new FileInputStream("sample.dat");
DataInputStream dataSt = new DataInputStream(fileSt);
int i = dataSt.readInt();
```

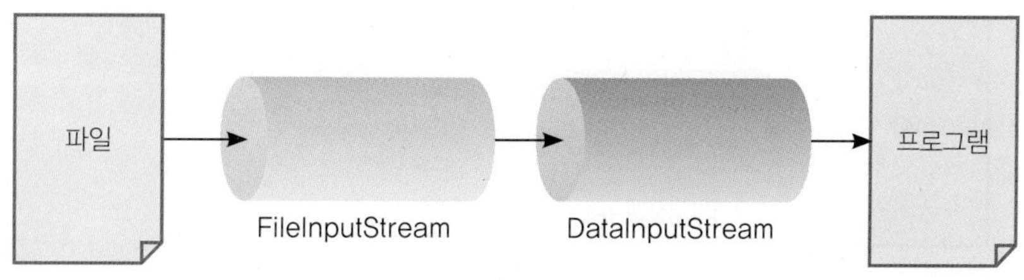
파일
FileInputStream
DataInputStream
프로그램

버퍼 스트림

지금까지의 스트림은 버퍼를 사용하지 않는 입출력(unbuffered I/O)이었다. 각 read나 write 요청은 운영 체제에 의하여 요청되는 즉시 처리된다. 이것은 매우 비효율적인 방법이다. 왜냐하면 입출력 요청은 디스크 접근이나 네트워크 접근과 같은 매우 시간이 많이 걸리는 동작을 요구하기 때문이다.

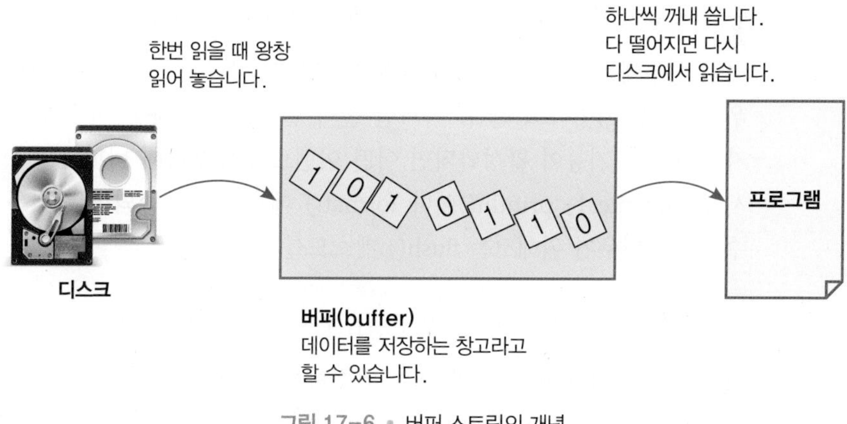
한번 읽을 때 왕창
읽어 놓습니다.
하나씩 꺼내 씁니다.
다 떨어지면 다시
디스크에서 읽습니다.
1 0 1 0 1 1 0
프로그램
디스크
버퍼(buffer)
데이터를 저장하는 창고라고
할 수 있습니다.

그림 17-6 • 버퍼 스트림의 개념

이러한 오버헤드를 줄이기 위하여 자바에서는 버퍼링된 스트림(buffered I/O)을 제공한다. 버퍼 입력 스트림은 버퍼라고 알려진 메모리 영역에서 데이터를 읽는다. 버퍼가 비었을 때만 디스크나 네트워크에서 읽는다. 비슷하게 버퍼 출력 스트림은 데이터를 버퍼에다 쓴다. 버퍼가 가득 찼을 경우에만 디스크나 네트워크에 쓴다.

버퍼가 없는 스트림을 버퍼가 있는 스트림으로 변경하려면 버퍼 스트림 객체를 생성하면서 생성자의 인수로 버퍼가 없는 스트림 객체를 전달하면 된다. 예를 들어서 앞에서 등장하였던 파일 복사 프로그램에서 입출력 스트림 객체를 생성할 때 다음과 같은 문장으로 변경하기만 하면 버퍼가 추가된다.

```
inputStream = new BufferedReader(new FileReader("input.txt"));
outputStream = new BufferedWriter(new FileWriter("output.txt"));
```

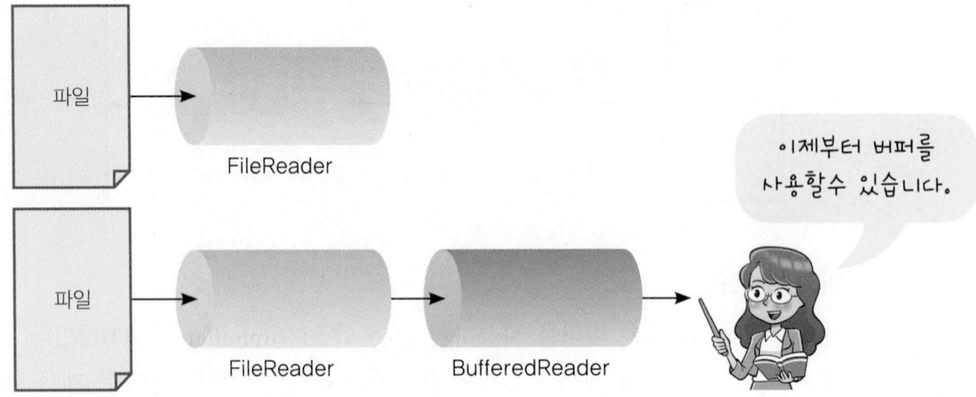

자바에서는 버퍼가 없는 스트림에 버퍼를 추가하기 위하여 4개의 버퍼 스트림이 제공된다. 바이트 스트림을 위하여 BufferedInputStream과 BufferedOutputStream이 제공된다. 문자 스트림을 위해서는 BufferedReader와 BufferedWriter가 제공된다.

어떤 경우에는 버퍼가 다 채워지지 않았어도 버퍼를 쓰는 것이 필요하다. 이것을 비우기(flushing)이라고 한다. 버퍼된 출력 클래스에는 자동 비우기 기능이 있다. 만약 자동 비우기 기능이 활성화되면 어떤 이벤트가 발생할때 버퍼가 비워진다. 예를 들어서 PrintWriter는 println()이나 format() 메소드가 호출되면 버퍼를 비운다. 버퍼를 수동으로 비우기 위해서는 flush() 메소드를 호출한다.

InputStreamReader와 OutputStreamWriter 클래스

바이트 스트림과 문자 스트림을 연결하는 두 개의 범용의 브릿지 스트림이 있다: InputStreamReader와 OutputStreamReader이 바로 그것이다. 만약 사용자의 요구에 맞는 문자 스트림이 없는 경우에는 이들을 이용하여 생성할 수 있다. 이런 경우는 주로 네트워킹에서 발생한다.

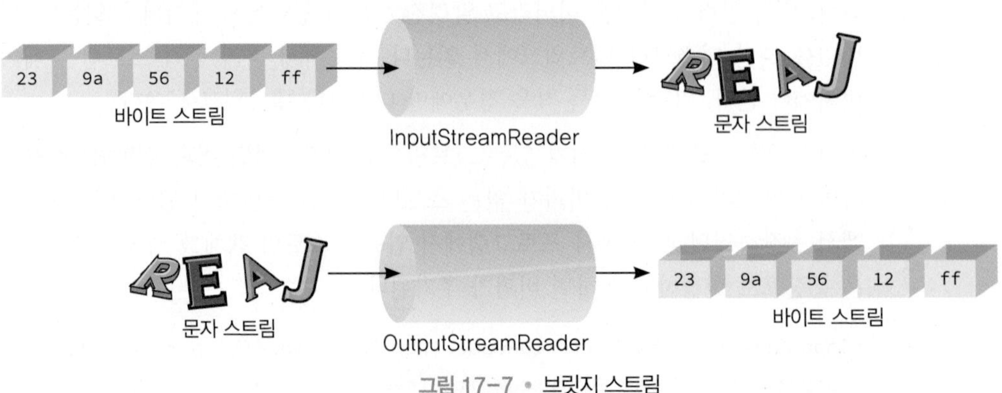

그림 17-7 • 브릿지 스트림

InputStreamReader는 바이트 스트림을 문자 스트림으로 변환한다. 바이트를 읽어서 지정된 문자 집합을 사용하여 문자로 변환한 후 출력한다. 문자집합은 이름으로 지정될 수 있고 또는 플랫폼의 디폴트 문자집합이 사용될 수 있다. 효율성을 위하여 InputStreamReader를 BufferedReader로 감싸는 것이 좋다.

```
BufferedReader in
    = new BufferedReader(new InputStreamReader(System.in));
```

OutputStreamWriter는 문자 스트림을 바이트 스트림으로 변환한다. 문자를 받아서 지정된 문자집합을 사용하여 바이트로 엔코딩한다. 역시 효율성을 위하여 BufferedWriter로 감싸는 것이 좋다.

```
BufferedWriter out
    = new BufferedWriter(new OutputStreamWriter(System.out));
```

이들 클래스들은 다른 나라의 문자 집합을 사용하여서 텍스트 파일을 읽을 때 편리하다. 예를 들어서 한글 윈도우에서 일본어로 작성된 파일을 읽을 경우에 문자 집합을 일본어로 지정하고 InputStreamReader를 사용하면 제대로 읽힐 것이다. 만약 단순히 InputReader로 읽으면 한국어 문자 집합을 사용하기 때문에 원래의 문자를 볼 수 없다. 현재 사용 중인 운영 체제의 문자집합을 알려면 getEncoding()을 사용한다.

줄 단위의 입출력

문자 단위가 아니라 한 줄 단위로 입출력해야 하는 경우도 종종 있다. 이럴 때는 BufferedReader와 PrinterWriter 클래스를 사용하면 된다. 우리의 복사 프로그램을 줄 단위로 복사하도록 변경하여 보자.

CopyLines.java

```
// 소스를 입력하고 Ctrl+Shift+O를 눌러서 필요한 파일을 포함한다.
public class CopyLines {
    public static void main(String[] args) throws IOException {

        BufferedReader inputStream = null;
        PrintWriter outputStream = null;

        try {
            inputStream = new BufferedReader(new FileReader("input.txt"));
            outputStream = new PrintWriter(new FileWriter("output.txt"));

            String l;
            while ((l = inputStream.readLine()) != null) {
                outputStream.println(l);
            }
        } finally {
            if (inputStream != null) {
```

FileReader에 BufferedReader를 연결한다.

FileWriter의 출력이 PrinterWriter의 입력이 된다.

한줄 단위로 입출력할 수 있다.

```
            inputStream.close();
         }
         if (outputStream != null) {
            outputStream.close();
         }
      }
   }
}
```

여기서 스트림을 다른 스트림과 연결하는 경우가 나온다.

```
inputStream = new BufferedReader(new FileReader("input.txt"));
```

위의 문장이 실행되면 FileReader의 출력이 BufferedReader의 입력과 서로 연결된다. 따라서 FileReader가 출력하는 문자들이 BufferedReader로 입력되어서 한 줄 단위로 묶여서 나오게 된다. 한 줄을 읽는 메소드는 readLine()이고 한 줄을 쓰는 메소드는 println()이다. 아마 println()은 우리에게 이미 친숙한 메소드일 것이다. 자세한 설명은 다음 절에서 하도록 하자.

문자 엔코딩

자바에서 문자는 유니코드로 표현된다. 유니코드에서는 기본적으로 각 문자가 21비트의 정수(Unicode code point)로 표현된다. 하지만 이 코드 포인트 값을 바이트들로 포장하는 여러 가지 방법이 있는데 이것을 **문자 엔코딩(character encoding)**이라고 한다.

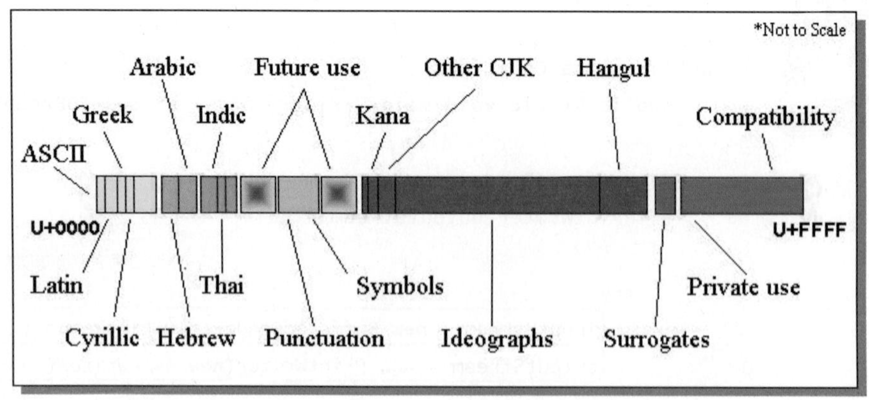

출처: https://msdn.microsoft.com/en-us/goglobal/bb688113.aspx

가장 대표적인 엔코딩 방법이 UTF-8이다. 이것은 21비트의 코드 포인트 값을 1~4 바이트로 엔코드하는 방법이다. UTF-8의 장점은 영문에서 많이 사용되는 아스키 코드를 1 바이트로 표현할 수 있다는 점이다. UTF-16은 유니코드 코드 포인트 값을 1~2개의 16비트로 표현하는 것이다.

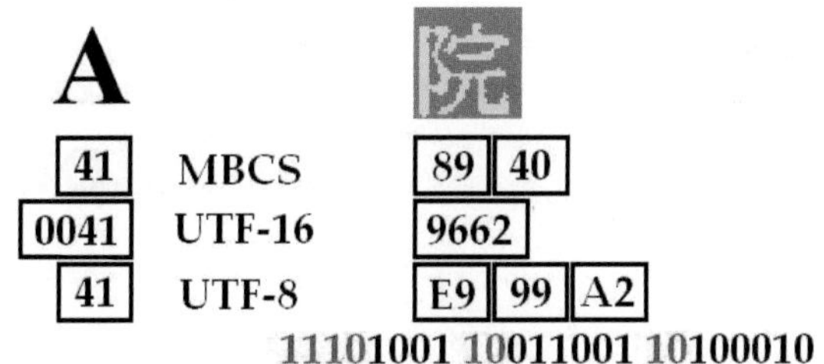

출처: https://msdn.microsoft.com/en-us/goglobal/bb688113.aspx

자바에서는 StandardCharsets 클래스 안에 각 엔코딩 방법이 StandardCharsets.UTF_8, StandardCharsets.UTF_16과 같이 상수로 정의되어 있다. 문자열을 생성할 때, 사용하는 엔코딩 방법을 매개 변수로 전달할 수 있다.

```
String s = new String(100, StandardCharsets.UTF_8);
```

파일에서 UTF-8 데이터를 읽을 때는 어떻게 해야 할까? 이때는 FileReader 클래스를 사용하면 안 된다. FileReader 클래스에는 문자 엔코딩을 변경하는 기능이 없다. 이때는 다음 코드와 같이 InputStreamReader 클래스를 사용하여야 한다.

CharEncodingTest

```
// 소스를 입력하고 Ctrl+Shift+O를 눌러서 필요한 파일을 포함한다.

public class CharEncodingTest {
  public static void main(String[] args) throws IOException {
    File fileDir = new File("input.txt");
    BufferedReader in = new BufferedReader(new InputStreamReader(
      new FileInputStream(fileDir), "UTF8"));

    String str;

    while ((str = in.readLine()) != null) {
      System.out.println(str);
    }
  }
}
```

문자 엔코딩을 UTF-8로 지정한다.

InputStreamReader는 바이트 스트림을 문자 스트림으로 변경해주는 브릿지 스트림이다. BufferedReader는 버퍼 기능을 제공하는 스트림이다. File 클래스는 파일을 나타내는 클래스이다.

05 DataInputStream과 DataOutputStream클래스

DataInputStream과 DataOutputStream클래스는 기초 자료형 단위로 데이터를 읽고 쓸 수 있다. 즉 바이트 단위가 아니라 double 타입으로 읽고 쓸 수 있다. 주의할 점은 각 자료형의 크기가 다르기 때문에 쓸 때와 동일한 순서로 읽어야 한다는 점이다.

DataInputStream 클래스는 readByte(), readInt(), readDouble()과 같은 메소드들을 제공한다. DataOutputStream 클래스는 writeByte(int v), writeInt(int v), writeDouble(double v)와 같은 메소드들을 제공한다.

간단한 예제를 살펴보자. 자료형이 다른 몇 개의 데이터를 파일에 출력하였다가 다시 읽어보자.

DataStreamTest.java

```
// 소스를 입력하고 Ctrl+Shift+O를 눌러서 필요한 파일을 포함한다.

public class DataStreamTest {
   public static void main(String[] args) throws IOException {
      DataInputStream in = null;
      DataOutputStream out = null;
      try {
         int c;

         out = new DataOutputStream(new BufferedOutputStream(
               new FileOutputStream("data.bin")));
         out.writeDouble(3.14);
         out.writeInt(100);
         out.writeUTF("자신의 생각을 바꾸지 못하는 사람은 결코 현실을 바꿀 수 없다.");

         out.flush();
         in = new DataInputStream(new BufferedInputStream(
               new FileInputStream("data.bin")));

         System.out.println(in.readDouble());
         System.out.println(in.readInt());
         System.out.println(in.readUTF());

      } finally {
         if (in != null) {
```

DataOutputStream은 기존의 바이트 스트림 객체의 랩퍼 클래스로만 생성될 수 있기 때문에 먼저 버퍼된 파일 출력 바이트 스트림을 생성하고 이것을 생성자의 매개 변수로 전달한다.

writeUTF() 메소드는 문자열을 UTF-8의 변형된 형식으로 출력한다. UTF-8은 일반적인 영문자를 하나의 바이트로 표현하는 가변 길이 문자 엔코딩이다.

```
                in.close();
            }
            if (out != null) {
                out.close();
            }
        }
    }
}
```

```
3.14
100
자신의 생각을 바꾸지 못하는 사람은 결코 현실을 바꿀 수 없다.
```

UTF-8은 UCS Transformation Format의 약자이며, UCS는 Universal Character Set의 약자이다. UTF-8은 16 비트 유니코드 문자들을 8 비트 문자들로 변환하기 위한 방법이다. UTF-8은 유니코드를 1 바이트에서 4 바이트까지로 변경한다. 예를 들면, '가'라는 글자는 UTF-8로 인코딩되면 3 바이트인 16진수 EAB080으로 바뀐다. UTF-8은 전통적인 아스키 코드를 1 바이트로 표시할 수 있다는 장점이 있다.

06 텍스트 저장하기

텍스트 데이터와 이진 데이터

데이터를 파일에 저장할 때는 항상 이진 데이터 형태와 텍스트 형태 중에서 하나를 선택하여야 한다. 예를 들어서 정수 123456이 파일에 이진 데이터 형태로 저장되면 16진수로 00 01 e2 40이 된다. 하지만 텍스트 형태라면 "123456"이 될 것이다. 이진 데이터 형태를 사용하면 처리 속도는 빨라지지만 사람은 읽기 힘들다. 여기서는 텍스트 형태로 저장하는 방법을 살펴보자.

텍스트 파일: 문자로 구성된 파일

이진 파일: 데이터로 구성된 파일

텍스트 형태로 저장할 때, 신경 써야 하는 문제는 문자 엔코딩이다. 만약 유니코드 규격 중의 하나인 UTF-16 엔코딩을 사용한다면 문자열 "123456"은 16진수로 00 31 00 32 00 33 00 34 00 35 00 36이 된다. 하지만 ISO 8859-1 엔코딩에서는 31 32 33 34 35 36이 된다.

텍스트 데이터를 읽는 가장 기본적인 클래스는 InputStreamReader이다. InputStreamReader 클래스는 기본적으로 유니코드 형태로 읽는다. 하지만 생성자에서 원하는 엔코딩을 표시하면 그 엔코딩을 사용하여서 읽는다.

```
InputStreamReader in = new InputStreamReader(new FileInputStream(
                    "test.dat"), "ISO8859_5");
```

파일에서 텍스트 읽기

그렇다면 파일에 텍스트 형태로 저장된 데이터가 있을 때, 이것을 읽는 가장 좋은 방법은 무엇일까? 정답은 Scanner 클래스이다. 하지만 자바SE 5.0 이전에는 Scanner 클래스가 없었다. 따라서 프로그래머들은 다음과 같이 BufferedReader의 readLine() 메소드를 사용하여야 했다.

```
BufferedReader in = new BufferedReader(new InputStreamReader(
                    new FileInputStream("test.txt"), "UTF-8"));

   while ((line = in.readLine()) != null) {
      // 여기서 한 줄의 텍스트 데이터를 가지고 작업을 한다.
   }
```

하지만 현재는 우리가 알다시피 Scanner 클래스의 많은 메소드를 사용하여서 텍스트 파일에서 int, float, double과 같은 값들을 읽을 수 있다.

Scanner 클래스로 기초 자료형 읽기

모든 토큰은 기본적으로 문자열로 변환된다. 그러나 Scanner는 자바의 기초 자료형으로도 변환할 수 있다. 수치값은 쉼표를 포함할 수 있다. 즉 지역이 미국으로 설정되어 있으면, Scanner는 "32,767" 라는 문자열을 정확히 읽을 수 있다. 다음의 프로그램은 double 값들을 읽어서 그 합을 계산한다.

ScanTest2.java

```
// 소스를 입력하고 Ctrl+Shift+O를 눌러서 필요한 파일을 포함한다.
public class ScanTest2 {
   public static void main(String[] args) throws IOException {
     Scanner s = null;
     double sum = 0;
     PrintWriter out = null;

     out = new PrintWriter(new FileWriter("output.txt"));
     out.println("9.5");
     out.println("567,000");
     out.flush();
     s = new Scanner(new BufferedReader(new FileReader("output.txt")));
     while (s.hasNext()) {
       if (s.hasNextDouble()) {
         sum += s.nextDouble();
       } else {
         s.next();
       }
     }
     if (out != null)
       out.close();
     if (s != null)
       s.close();
     System.out.println(sum);
   }
}
```

파일 리더에 버퍼를 연결하고 버퍼에 스캐너를 연결한다.

실행결과

```
567009.5
```

Scanner 클래스로 입력을 토큰으로 분리하기

Scanner 클래스는 공백 문자를 이용하여 각각의 토큰을 분리한다. 공백 문자는 공백, 탭, 줄바꿈 문자 등을 지칭한다. 다음의 프로그램을 살펴보자.

ScanTest.java

```
// 소스를 입력하고 Ctrl+Shift+O를 눌러서 필요한 파일을 포함한다.
public class ScanTest {
    public static void main(String[] args) throws IOException {

        Scanner s = null;

        try {
            s = new Scanner(new BufferedReader(new FileReader("input.txt")));

            while (s.hasNext()) {
                System.out.println(s.next());
            }
        } finally {
            if (s != null) {
                s.close();
            }
        }
    }
}
```

토큰으로 분리하여 읽으려면 next() 메소드를 사용한다.

```
The
language
of
...
```

여기서 작업이 끝나면 Scanner 객체의 close() 메소드를 호출하는 것을 유의하여야 한다. 비록 Scanner는 스트림은 아니지만 Scanner와 연결된 스트림의 사용을 끝냈다는 것을 알리기 위하여 반드시 Scanner의 close()를 호출하여야 한다. 토큰을 분리하는 다른 분리자를 사용하기 위해서는 useDelimiter()를 호출한다. 예를 들어서 분리자를 ,로 하고 싶으면 다음과 같이 호출한다. 정규식(regular expression)도 사용할 수 있다.

```
s.useDelimiter(",");
```

파일에 텍스트 출력하기

텍스트 출력을 위한 가장 기본적인 클래스는 PrintWriter이다. 이 클래스를 사용하면 문자열이나 각종 수치값을 텍스트 형식으로 출력할 수 있다. 다음과 같은 문장을 작성하면 된다.

```
PrintWriter out = new PrintWriter(new FileWriter("test.txt"));
```

PrintWriter 클래스는 print(), println(), printf()을 제공한다. 이들 메소드는 여러분들이 System.out에서 사용하던 것들이라 친숙할 것이다. 이들 메소드를 사용하여서 int, short, long, float, double, 문자, 문자열, 객체들을 출력할 수 있다.

```
String name = "Harry Porter";
double age = 25;

PrintWriter out = new PrintWriter(new FileWriter("test.txt"));

out.print(name);
out.print(' ');
out.println(age);
```

위의 문장은 파일 test.txt에 텍스트 형태로 Harry Porter 25라고 기록할 것이다.

PrintStream 클래스와 PrintWriter 클래스

형식을 가진 출력을 지원하는 스트림 클래스는 PrintStream과 PrintWriter이다. PrintStream은 바이트 입력을 받아서 텍스트 형태로 출력하는 클래스이고 PrintWriter는 문자 입력을 받아서 텍스트 형태로 출력한다. 우리가 많이 사용하였던 System.out이 바로 PrintStream의 객체이다.

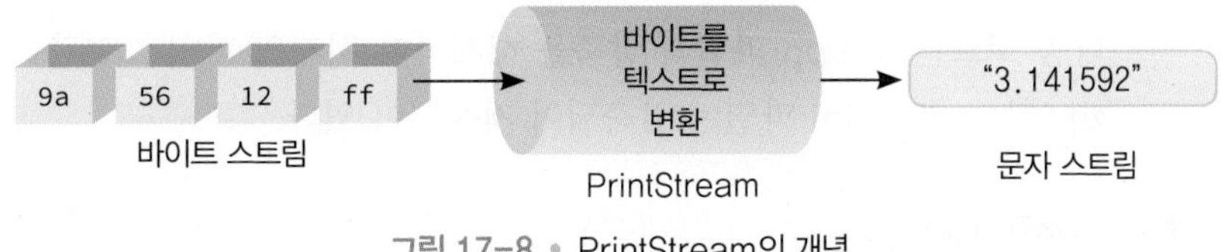

그림 17-8 • PrintStream의 개념

PrintStream과 PrinterWriter는 모든 기초 자료형을 형식화시켜서 출력할 수 있는 메소드들을 제공한다.

- print()와 println() 메소드는 각각의 값을 표준화된 방법으로 형식화한다.
- format()과 printf() 메소드는 형식 제어 문자열에 기반하여 거의 모든 값들을 세밀하게 형식화할 수 있다.

자바 버전 1.5부터는 printf() 메소드가 제공된다. printf()는 C언어부터 사용된 역사가 깊은 메소드로서 데이터의 값을 편리하게 형식을 주어서 출력할 수 있다.

07 압축 파일 풀기

ZIP 파일은 여러 개의 파일을 압축된 포맷으로 저장하고 있다. ZIP 파일은 헤더를 가지고 있는데 여기에는 압축된 파일 이름과 압축 방법이 저장되어 있다. 자바에서는 ZipInputStream을 이용하여 ZIP 파일을 읽을 수 있다. 압축 파일 안에는 ZipEntry 타입의 객체가 여러 개 저장되어 있다. 따라서 getNextEntry()을 호출하여 ZipEntry 타입의 객체를 얻은 후에 read() 메소드를 호출하면 된다. 하나의 엔트리가 처리되면 closeEntry()를 호출하고 다음 엔트리를 처리하면 된다.

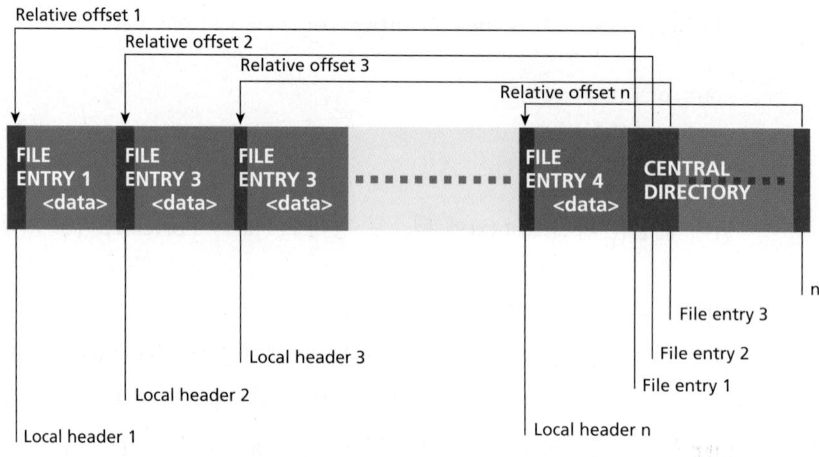

이미지 출처: (cc) https://en.wikipedia.org

다음 코드는 test.zip 파일의 압축을 해제하여 원래의 파일을 추출하는 코드이다. test.zip에는 eclipse.ini 파일이 압축되어 저장되어 있다.

ZipTest.java

```
// 소스를 입력하고 Ctrl+Shift+O를 눌러서 필요한 파일을 포함한다.
public class ZipTest {

   public static void main(String[] args) throws IOException {

      FileInputStream fin = new FileInputStream("test.zip");
      ZipInputStream zin = new ZipInputStream(fin);
      ZipEntry entry = null;
      while ((entry = zin.getNextEntry()) != null) {
         System.out.println("압축 해제: " + entry.getName());
```

```
        FileOutputStream fout = new FileOutputStream(entry.getName());
        for (int c = zin.read(); c != -1; c = zin.read()) {
           fout.write(c);
        }
        zin.closeEntry();
        fout.close();
     }
     zin.close();
  }
}
```

```
압축 해제: eclipse.ini
```

이번에는 반대의 프로그램을 작성하여 보자. 작업 공간에 있는 input.txt 파일을 읽어서 test.zip이라는 이름으로 압축하여 보자.

ZipTest2.java

```
// 소스를 입력하고 Ctrl+Shift+O를 눌러서 필요한 파일을 포함한다.

public class ZipTest2 {

   public static void main(String[] args) throws IOException {
      String outputFile = "test.zip";
      int level = 9;
      FileOutputStream fout = new FileOutputStream(outputFile);
      ZipOutputStream zout = new ZipOutputStream(fout);
      zout.setLevel(level);

      ZipEntry entry = new ZipEntry("input.txt");
      FileInputStream fin = new FileInputStream("input.txt");
      zout.putNextEntry(entry);
      for (int c = fin.read(); c != -1; c = fin.read()) {
         zout.write(c);
      }
      fin.close();
      zout.close();
   }
}
```

위의 프로그램을 실행하면 작업 공간에 test.zip이 생성되고 여기에는 input.txt가 압축된 상태로 저장되어 있다.

08 객체 저장하기

만약 우리가 Student 클래스의 객체를 가지고 있다고 가정하자. 객체 안에는 여러 가지 정보가 저장되어 있다. 예를 들어서 객체 안에는 학번이나 이름, 주소와 같은 정보들이 저장될 것이다. 이 객체를 파일에 저장하려면 어떻게 해야 할까? DataStream 클래스를 사용하여 객체의 필드를 하나하나 파일에 저장하는 방법도 있을 것이다.

하지만 자바는 훨씬 편리한 메카니즘을 가지고 있다. 바로 객체 직렬화라는 개념이다. 객체를 파일에 저장하려면 객체가 가진 데이터들을 순차적인 데이터로 변환하는 절차가 필요하다. 이것을 **직렬화**(serialization)라고 한다. 어떤 클래스가 직렬화를 지원하려면 Serializable라는 인터페이스를 구현하면 된다. 우리가 사용하는 대부분의 표준적인 클래스는 이미 객체의 직렬화를 지원하고 있다. 객체가 직렬화 과정을 통하여 자신의 상태를 파일에 기록해놓으면 필요할 때마다 불러들여서 다시 객체를 복구할 수 있다. 객체가 직렬화된 데이터를 읽어서 자신의 상태를 복구하는 것을 역직렬화(deserialization)라고 한다.

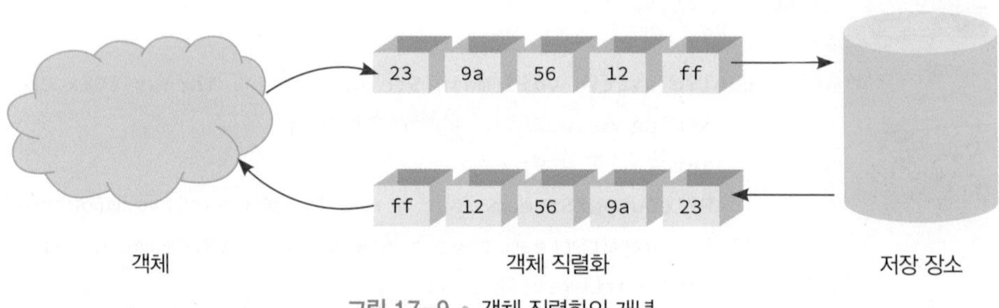

그림 17-9 • 객체 직렬화의 개념

그러다면 객체를 저장한다고 하면 도대체 어떤 것이 저장되는 것인가? 하나의 객체는 인스턴스 변수와 메소드를 가지고 있다. 객체를 저장할 때 객체마다 메소드를 저장할 필요는 없다. 객체마다 달라지는 것은 인스턴스 변수이다. 따라서 인스턴스 변수만 저장하면 객체의 현재 상태를 저장하는 것이 된다.

ObjectStream 클래스는 객체의 입출력을 지원한다. 이 클래스를 이용하면 객체를 파일에 저장할 수 있고 또 반대로 파일에 저장된 객체를 읽어 들일 수 있다. 물론 네트워크를 통하여 다른 곳에 보내거나 받는 것도 가능하다.

예를 들어서 다음과 같이 ObjectOutputStream의 객체를 생성하고 writeObject() 메소드를 사용하면 Date 클래스의 객체를 파일에 저장할 수 있다.

```
out = new ObjectOutputStream(new FileOutputStream("object.dat"));
```

```
out.writeObject(new Date());
```

저장했던 객체를 다시 읽어서 콘솔에 출력하려면 다음과 같이 한다.

```
in = new ObjectInputStream(new FileInputStream("object.dat"));
Date d = (Date) in.readObject();
System.out.println(d);
```

만약 readObject()가 기대했던 객체 타입을 반환하지 않는다면 ClassNotFoundException이 발생한다. 따라서 이 예외를 처리하여 주어야 한다.

자바가 기본적으로 제공하는 Date 클래스를 이용하여 현재 날짜를 나타내는 객체를 저장하였다가 다시 읽어서 콘솔에 표시하는 소스는 다음과 같다.

ObjectStreamTest.java

```
// 소스를 입력하고 Ctrl+Shift+O를 눌러서 필요한 파일을 포함한다.

public class ObjectStreamTest {
    public static void main(String[] args) throws IOException {
        ObjectInputStream in = null;
        ObjectOutputStream out = null;
        try {
            int c;

            out = new ObjectOutputStream(new FileOutputStream("object.dat"));
            out.writeObject(new Date());

            out.flush();
            in = new ObjectInputStream(new FileInputStream("object.dat"));
            Date d = (Date) in.readObject();
            System.out.println(d);

        } catch (ClassNotFoundException e) {
        } finally {
            if (in != null) {
                in.close();
            }
            if (out != null) {
                out.close();
            }
        }
    }
}
```

Date 객체를 파일에 저장한다.

파일에서 Date 객체를 읽는다.

```
Mon Jul 13 13:39:47 KST 2015
```

09 파일 정보를 얻으려면

지금까지 데이터를 읽고 쓰는 간단한 모델인 스트림에만 집중하여 설명하였다. 스트림은 많은 디스크 파일을 비롯한 다양한 데이터 소스와 목적지를 표현할 수 있다. 그러나 스트림은 디스크 파일의 모든 연산을 지원하지는 않는다. 따라서 이번 절에서 우리는 스트림이 지원하지 못하는 파일 입출력의 기능에 대하여 집중하도록 한다.

Path 객체

Path 클래스는 경로를 나타내는 클래스로서 "/home/work"와 같은 경로를 받아서 객체를 반환한다.

```
Path workDirectory = Paths.get("C:\home\work");
```

경로는 절대 경로와 상대 경로로 표시할 수 있다. 경로 파싱이 잘못되면 InvalidPath Exception이 발생한다.

File 객체

File 클래스는 파일을 조작하고 검사하는 코드를 쉽게 작성하게 해주는 클래스이다. File 객체는 파일이 아닌 파일 이름을 나타낸다. 파일 이름에 해당되는 파일은 실제로는 존재하지 않을 수도 있다. 그렇다면 왜 파일 이름을 나타내는 File 객체를 생성하는가? 프로그램은 File 객체를 이용하여 파일 이름을 파싱할 수 있기 때문이다. 또한 파일은 이 File 객체를 FileWriter와 같은 클래스의 생성자에 넘겨서 실제로 파일을 생성할 수도 있다.

만약 File 개체가 나타내는 파일이 존재한다면 프로그램은 파일의 속성을 조사하고 파일에 대한 여러 가지 동작을 수행할 수 있다. 예를 들면 파일의 이름을 변경한다거나 삭제하거나 권한을 변경할 수 있다. 예를 들어서 다음과 같이 File 객체를 생성할 수 있다.

```
File  file = new File("data.txt");
```

표 17-1과 같은 메소드들이 지원된다.

만약 File 객체인 file가 실제 파일을 가리킨다면 여러 가지 동작을 할 수 있다. 예를 들면 객체를 스트림에 넘겨서 파일을 오픈할 수 있다. 또한 delete() 메소드를 사용하면 삭제할 수 있고 deleteOnExit() 메소드를 사용하면 자바 가상 기계가 종료했을 경우에 파일을 삭제할 수 있다. setLastModified() 메소드는 파일 변경 날짜를 설정한다.

다음 문장은 파일을 현재 시간으로 변경한다.

```
new File("data.txt").setLastModified(new Date().getTime());
```

표 17-1 • File 클래스의 메소드

반환형	메소드	설명
boolean	canExecute()	파일을 실행할 수 있는지의 여부
boolean	canRead()	파일을 읽을 수 있는지의 여부
boolean	canWrite()	파일을 변경할 수 있는지의 여부
static File	createTempFile(String prefix, String suffix)	임시 파일을 생성한다.
boolean	delete()	파일을 삭제한다.
void	deleteOnExit()	가상 기계가 종료되면 파일을 삭제한다.
boolean	exists()	파일의 존재 여부
String	getAbsolutePath()	절대 경로를 반환
String	getCanonicalPath()	정규 경로를 반환
String	getName()	파일의 이름을 반환
String	getParent()	부모 경로 이름을 반환
File	getParentFile()	부모 파일을 반환
boolean	isDirectory()	디렉토리이면 참
boolean	isFile()	파일이면 참
long	lastModified()	파일이 변경되었는지 여부
long	length()	파일 길이 반환
String[]	list()	디렉토리 안에 포함된 파일과 디렉토리를 반환
boolean	mkdir()	디렉토리를 생성한다.
boolean	renameTo(File dest)	파일 이름을 변경한다.
boolean	setExecutable(boolean executable)	파일을 실행가능하게 설정
boolean	setLastModified(long time)	파일을 변경된 것으로 설정

예제

특정 디렉토리 안의 각 파일에 대하여 파일의 속성을 표시하여 보자.

FileTest.java

```
// 소스를 입력하고 Ctrl+Shift+O를 눌러서 필요한 파일을 포함한다.

public class FileTest {
    public static void main(String[] args) throws IOException {
```

여기서 만약 File 객체를 생성할 때 파일의 이름만 주면 현재 디렉토리에서 파일을 찾는다. 따라서 현재 디렉토리에 있지 않은 파일은 절대 경로로 이름을 주어야 한다.

```
        String name = "c:/eclipse";
        File dir = new File(name);
        String[] fileNames = dir.list(); // 현재 디렉토리의 전체 파일 리스트
        for (String s : fileNames) {
            File f = new File(name + "/" + s); // 절대 경로로 이름을 주어야 함
            System.out.println("================================");
            System.out.println("이름: " + f.getName());
            System.out.println("경로: " + f.getPath());
            System.out.println("부모: " + f.getParent());
            System.out.println("절대경로: " + f.getAbsolutePath());
            System.out.println("정규경로: " + f.getCanonicalPath());
            System.out.println("디렉토리 여부:" + f.isDirectory());
            System.out.println("파일 여부:" + f.isFile());
            System.out.println("================================");
        }
    }
}
```

```
================================
이름: .eclipseproduct
경로: c:\eclipse\.eclipseproduct
부모: c:\eclipse
절대경로: c:\eclipse\.eclipseproduct
정규경로: C:\eclipse\.eclipseproduct
디렉토리 여부:false
파일 여부:true
================================
...
```

임의 접근 파일

임의 접근 파일은 파일에 비순차적인 접근을 가능하게 한다. 예를 들어서 압축된 파일이 있다고 가정하자. 보통 압축된 파일의 맨 처음이나 끝에 디렉토리를 가지고 있다. 디렉토리는 압축된 파일들이 시작되는 위치를 나타낸다.

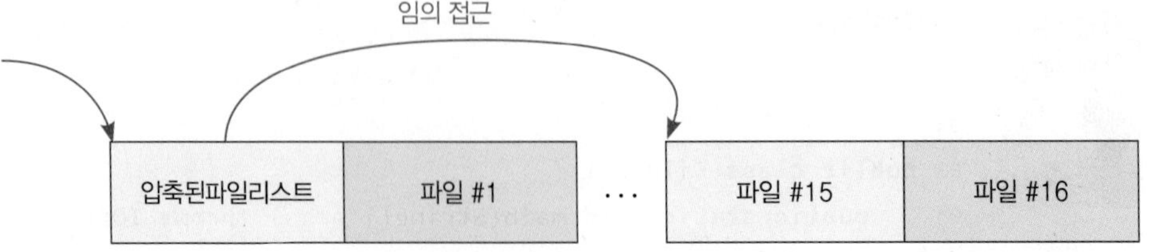

만약 압축된 파일에서 어떤 특정한 파일을 추출하려고 하면 다음과 같은 절차를 밟아야 한다.

❶ 압축된 파일을 오픈한다.

❷ 디렉토리를 찾아서 원하는 파일의 위치를 구한다.

❸ 압축된 파일에서 원하는 위치로 이동한다.

❹ 파일을 추출한다.

❺ 압축된 파일을 닫는다.

파일 안에서 임의의 위치로 가려면 RandomAccessFile 클래스를 사용하여야 한다. RandomAccessFile을 생성할 때는 읽기만 할 것인지, 쓰기까지 가능하게 할 것인지를 지정하여야 한다.

```
new RandomAccessFile("all.zip", "r");
```

파일이 오픈되면 read()나 write()를 사용할 수 있다. RandomAccessFile은 파일 포인터의 개념을 지원한다. 파일 포인터는 파일에서 현재의 위치를 나타낸다. 파일이 처음으로 생성되면 파일 포인터는 0으로 설정된다. 이는 파일의 처음을 나타낸다. read()나 write() 메소드가 호출되면 읽혀지거나 쓰여진 바이트만큼 파일 포인터가 변경된다. 파일 포인터를 이동할 수 있는 다음과 같은 메소드가 지원된다.

메소드	설명
`int skipBytes(int)`	지정된 바이트만큼 파일 포인터를 앞쪽으로 이동한다.
`void seek(long)`	지정된 바이트 위치로 파일 포인터를 설정한다.
`long getFilePointer()`	파일 포인터의 현재 위치를 반환한다.

ZIP 압축 파일 풀기

여기서는 ZIP 방식으로 압축된 파일을 압축 해제하여 원본 파일을 얻는 방법을 살펴 보자.

```
압축 파일 이름을 입력하시오: test.zip
원본 파일 이름을 입력하시오: test.txt
```

자바의 Util 패키지 안에는 zip 압축과 압축해제를 할 수 있는 클래스들이 제공된다. 이 클래스들을 이용하여 보자. 파일 스트림과 압축 해제하는 스트림을 서로 연결하여 주면 된다.

ZIP 압축 파일 풀기

UnzipTest.java

```
// 소스를 입력하고 Ctrl+Shift+O를 눌러서 필요한 파일을 포함한다.

public class UnzipTest {
   public static void main(String[] args) throws Exception {

      Scanner sc = new Scanner(System.in);
      System.out.println("압축 파일 이름을 입력하시오: ");
      String inname = sc.next();
      System.out.println("원본 파일 이름을 입력하시오: ");
      String outname = sc.next();
      ZipInputStream inStream = new ZipInputStream(
                                   new FileInputStream(inname));

      OutputStream outStream = new FileOutputStream(outname);

      byte[] buffer = new byte[1024];
      int read;
      ZipEntry entry;
      if ((entry = inStream.getNextEntry()) != null) {
         while ((read = inStream.read(buffer)) > 0) {
            outStream.write(buffer, 0, read);
         }
      }
      outStream.close();
      inStream.close();
   }
}
```

FileInputStream과 ZipInputStream을 서로 연결한다.

단순히 ZIP 스트림에서 읽어서 출력 스트림에 쓴다.

위의 프로그램에 그래픽 사용자 인터페이스를 추가할 수 있는가? 즉 TextArea와 같은 컴포넌트를 이용하여 압축을 푼 파일의 내용을 화면에 표시하도록 하자. 또 파일 이름도 TextField와 같은 컴포넌트를 통하여 입력받는다.

LAB 시저 암호 프로그램 작성하기

시저 암호를 구현하여 보자. 로마의 유명한 정치가였던 쥴리어스 시저(Julius Caesar, 100-44 B.C.)는 친지들에게 비밀리에 편지를 보내고자 할 때 다른 사람들이 알아보지 못하도록 문자들을 다른 문자들로 치환하였다. 시저 암호의 규칙을 표로 그려 보면 다음과 같다.

평 문	a	b	c	d	e	f	g	h	i	j	k	l	m	n	o	p	q	r	s	t	u	v	w	x	y	z
암호문	d	e	f	g	h	i	j	k	l	m	n	o	p	q	r	s	t	u	v	w	x	y	z	a	b	c

예를 들어 평문 "come to me"은 "frph wr ph"으로 바뀐다. 시저 암호 방식을 이용하여서 파일을 암호화하고 복호화하는 프로그램을 작성하라.

```
Wkh odqjxdjh ri wuxwk lv vlpsoh.
The language of truth is simple.
```

시저 암호 프로그램 작성하기

CaesarCipher.java

```
// 소스를 입력하고 Ctrl+Shift+O를 눌러서 필요한 파일을 포함한다.

public class CaesarCipher {
   public static void main(String[] args) throws IOException {

      FileReader fr = new FileReader("input.txt");
      BufferedReader br = new BufferedReader(fr);
      String plaintext = br.readLine();

      System.out.println(CaesarCipher.encode(plaintext, 3));
      System.out.println(CaesarCipher.decode(
         CaesarCipher.encode(plaintext, 3), 3));
      fr.close();
   }

   // 아래 코드는 http://rosettacode.org/wiki/Caesar_cipher에서
      가져왔습니다.
   public static String decode(String enc, int offset) {
      return encode(enc, 26 - offset);
   }

   public static String encode(String enc, int offset) {
      offset = offset % 26 + 26;
      StringBuilder encoded = new StringBuilder();
      for (char i : enc.toCharArray()) {
         if (Character.isLetter(i)) {
            if (Character.isUpperCase(i)) {
               encoded.append((char) ('A' + (i - 'A' + offset) % 26));
            } else {
               encoded.append((char) ('a' + (i - 'a' + offset) % 26));
            }
         } else {
            encoded.append(i);
         }
      }
      return encoded.toString();
   }
}
```

StringBuilder 클래스는 변경가능한 문자열을 나타낸다.

1. 위의 프로그램에서 입력 파일의 한 줄만을 암호화한다. 전체 파일에 대하여 암호화하도록 소스를 변경하여 보자.
2. 위의 프로그램에서는 암호화된 문자열을 파일에 저장하지 않는다. 파일에 저장하는 부분을 작성하여 추가해보자.

LAB

행맨 게임 작성하기

휠오브포천(wheel of fortune) 또는 행맨(hangman)과 같은 단어 게임을 제작하여 보자. 빈칸으로 구성된 문자열이 주어지고 사용자는 문자열에 들어갈 글자들을 하나씩 추측해서 맞추는 게임이다. 사용자가 문자열에 들어 있는 글자를 말했으면 화면에 그 글자를 출력한다. 일정한 횟수만 시도할 수 있게 하라. 문제에 사용되는 문자열들은 파일 sample.txt에 저장되어 있고 매번 랜덤하게 선택된다고 가정한다.

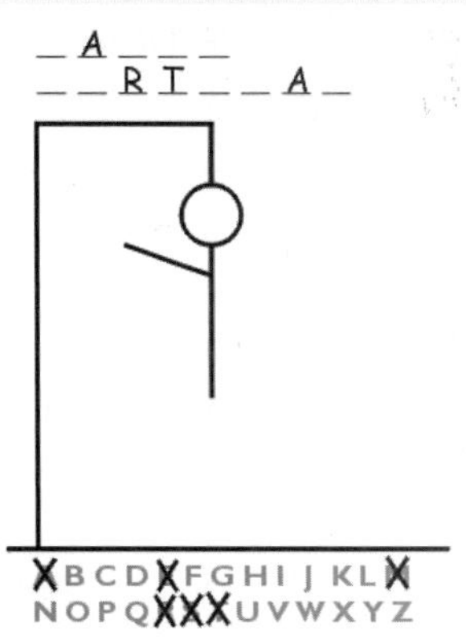

```
현재의 상태: ____
글자를 추측하시오: b
현재의 상태: ____
글자를 추측하시오: m
현재의 상태: __m_
글자를 추측하시오: t
현재의 상태: __m_
글자를 추측하시오: n
현재의 상태: n_m_
글자를 추측하시오: a
현재의 상태: nam_
글자를 추측하시오: e
현재의 상태: name
```

Solution 행맨 게임 작성하기

Test.java

```
// 소스를 입력하고 Ctrl+Shift+O를 눌러서 필요한 파일을 포함한다.

public class Test {
  static String solution;

  static boolean check(String s, StringBuffer a, char ch) {
    int i;

    for (i = 0; i < s.length(); i++) {
      if (s.charAt(i) == ch)
        a.setCharAt(i, ch);
    }
    for (i = 0; i < s.length(); i++)
      if (s.charAt(i) != a.charAt(i))
        return false;
    return true;
  }

  public static void main(String[] args) throws IOException {
    char ch;
    Scanner sc = new Scanner(System.in);
    BufferedReader in = null;
    String[] words = new String[100];
    int count = 0;

    in = new BufferedReader(new FileReader("sample.txt"));
    for (int i = 0; i < 100; i++) {
      String s = in.readLine();
      if (s == null)
        break;
      words[i] = s;
      count++;
    }
    int index = (new Random()).nextInt(count);
    solution = words[index];
```

파일에서 단어를 읽어서 배열에 저장한다.

난수를 발생하여 랜덤하게 하나의 단어를 선택한다.

```
    StringBuffer answer = new StringBuffer(solution.length());
    for (int i = 0; i < solution.length(); i++)
      answer.append(' ');
    for (int i = 0; i < solution.length(); i++) {
      if (solution.charAt(i) != ' ')
        answer.setCharAt(i, '_');
    }

    while (true) {
      // System.out.println("현재의 상태: " + solution);
      System.out.println("현재의 상태: " + answer);
      System.out.printf("글자를 추측하시오: ");
      String c = sc.next();
      if (check(solution, answer, c.charAt(0)) == true)
        break;
    }
    System.out.println("현재의 상태: " + answer);
  }
}
```

LAB 이미지 파일에서 RGB 값 구하기

이미지 파일에서 픽셀 값을 읽어서 그레이스케일 이미지로 변환한 후에 저장하여 보자.

→

이미지 안에는 픽셀이 2차원 배열 형태로 저장되어 있다. 이미지는 컬러이거나 그레이스케일 일 수 있다.

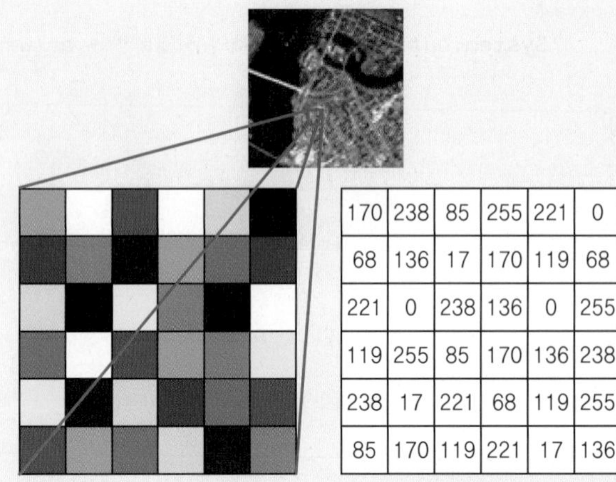

170	238	85	255	221	0
68	136	17	170	119	68
221	0	238	136	0	255
119	255	85	170	136	238
238	17	221	68	119	255
85	170	119	221	17	136

자바에서는 BufferedImage 클래스가 이미지를 처리하는데 사용된다. BufferedImage 클래스의 getRGB() 메소드를 호출하면 픽셀의 RGB 값을 알 수 있다.

구체적으로 픽셀값은 다음과 같은 문장으로 얻을 수 있다.

```
Color c = new Color(image.getRGB(x, y));
```

Color 객체에서 R, G, B 값은 다음과 같은 메소드를 호출하면 얻을 수 있다.

```
c.getRed();
c.getGreen();
c.getBlue();
```

컬러 이미지를 그레이스케일 이미지로 변환하려면 각 픽셀의 RGB 값을 다음 공식에 의하여 변환하면 된다.

$$Y = 0.299R + 0.587G + 0.114B$$

이미지 파일에서 RGB 값 구하기

RGB2Gray.java

```
// 소스를 입력하고 Ctrl+Shift+O를 눌러서 필요한 파일을 포함한다.
public class RGB2Gray {
   BufferedImage myImage;
   int width;
   int height;

   public RGB2Gray() {
      File ifile = new File("test.jpg");
      try {
         myImage = ImageIO.read(ifile);
      } catch (IOException e) {
         e.printStackTrace();
      }
      width = myImage.getWidth();
      height = myImage.getHeight();

      for (int y = 0; y < height; y++) {
         for (int x = 0; x < width; x++) {
            Color c = new Color(myImage.getRGB(x, y));
            int r = (int) (c.getRed() * 0.299);
            int g = (int) (c.getGreen() * 0.587);
            int b = (int) (c.getBlue() * 0.114);
            Color gray = new Color(r + g + b, r + g + b, r + g + b);
            myImage.setRGB(x, y, gray.getRGB());
         }
      }
      File ofile = new File("gray.jpg");
      try {
         ImageIO.write(myImage, "jpg", ofile);
      } catch (IOException e) {
         e.printStackTrace();
      }

   }

   static public void main(String args[]) throws Exception {
      RGB2Gray obj = new RGB2Gray();
   }
}
```

이미지에서 픽셀을 하나씩 읽어서 그레이스케일(흑백) 이미지로 변환한다.

Introduction to **JAVA PROGRAMMING**

18 CHAPTER

네트워크 프로그래밍

학습목표

자바는 인터넷상에서 수행되는 언어로 개발되었으므로 네트워크 기능을 처음부터 포함하고 있었다. 자바는 인터넷과 웹 기반의 애플리케이션을 쉽게 개발할 수 있도록 많은 네트워킹 기능을 제공한다. 네트워크 프로그래밍은 상당히 많은 내용을 포함한다. 애플릿이나 서블릿, JSP도 네트워크 프로그래밍의 일종이라고 할 수 있다. 또한 서버 컴퓨터에 있는 데이터베이스 파일을 접근하는 것도 크게 보면 네트워크 프로그래밍이다. 하지만 이번 장에서는 범위를 자바의 소켓 인터페이스로 한정하도록 하자. 소켓을 사용하여 클라이언트와 서버 간의 입출력 스트림을 설정하고 간단한 서버 프로그램을 제작하여 본다.

학습목차

네트워크 프로그램이라면 채팅 프로그램도 작성할 수 있나요?

간단한 채팅 프로그램을 작성해봅시다. 자바는 강력한 객체 지향 라이브러리를 제공하므로 어떤 언어보다 작성하기 쉽습니다.

01 네트워크 프로그래밍의 기본 개념

서버와 클라이언트

네트워크에는 서버(Server)와 클라이언트(Client)가 존재한다. 서버는 여러 명의 사용자들에게 서비스를 제공하는 컴퓨터이고 클라이언트는 서비스를 요청해서 사용하는 컴퓨터를 의미한다. 이들 클라이언트와 서버 컴퓨터는 미리 정의된 프로토콜을 이용하여 서로 간에 통신을 한다.

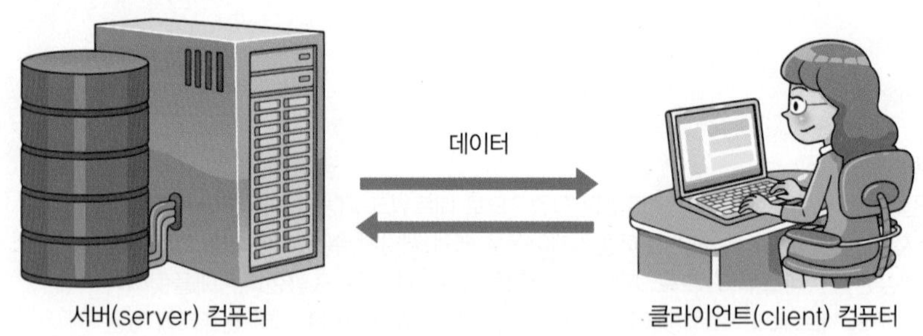

서버와 클라이언트의 예를 몇 가지만 들어보자.

- 월드 와이드 웹에는 서비스를 제공하는 웹 서버가 있다. 월드 와이드 웹에서 클라이언트는 인터넷 익스플로러 같은 웹 브라우저이다. 웹 서버와 브라우저 간의 프로토콜은 HTTP라고 불린다.
- 이메일에도 메일 서버가 있고 클라이언트로 마이크로소프트 아웃룩 같은 이메일 프로그램이 있다. 이메일은 SMTP(Simple Mail Transfer Protocol)을 사용한다.
- www.yahoo.co.kr와 같이 사람에게 친근한 인터넷 주소를 209.218.30.6과 같은 숫자로 된 주소로 변환해주는 서버도 있다. 이 서버는 DNS(Domain Name System)이라는 프로토콜을 사용하고 DNS 서버라고 불린다. 우리가 웹 브라우저에서 www.yahoo.co.kr라고 치면 DNS 서버가 이것을 IP 주소로 변환하여준다.

IP 주소

우리가 어떤 사람에게 전화를 하려면 그 사람의 전화 번호를 알아야 한다. 컴퓨터의 세계에서도 마찬가지이다. 하나의 컴퓨터가 다른 컴퓨터와 통신을 하려면 그 컴퓨터의 주소를 알아야 한다. IP 주소(IP address)는 네트워크에 존재하는 컴퓨터를 유일하게 식별하는 숫자이다. IP 주소는 32 비트의 이진수이며 이론적으로 인터넷에 존재하는 40억 개의 컴퓨터를 식별할 수 있다. IP 주소는 보통 숫자 중간에 점을 찍어서 표시한다. 예를 들면 208.168.119.12와 같다.

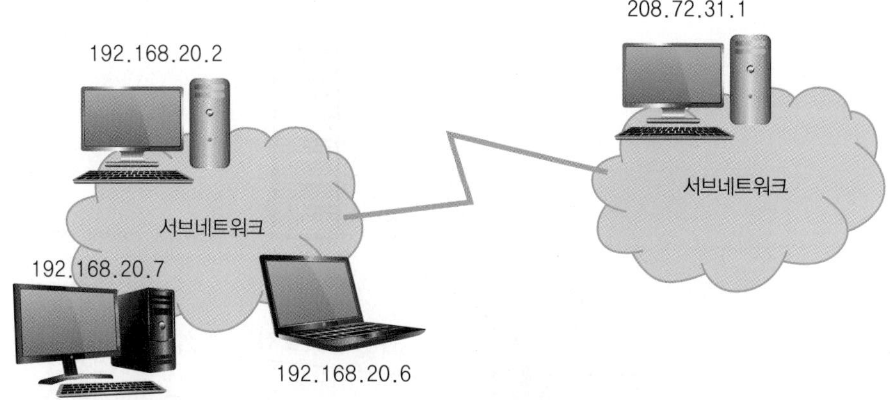

자기 컴퓨터의 IP 주소를 알아보려면 다음과 같이 ipconfig 명령어를 실행시키면 된다.

```
명령 프롬프트

C:\Users\chun>ipconfig

Windows IP 구성

이더넷 어댑터 로컬 영역 연결:

   연결별 DNS 접미사. . . . :
   링크-로컬 IPv6 주소 . . . . : fe80::58b1:cc4:ba20:717d%11
   IPv4 주소 . . . . . . . . . : 192.168.11.2
   서브넷 마스크 . . . . . . . : 255.255.255.0
   기본 게이트웨이 . . . . . . : 192.168.11.1

터널 어댑터 isatap.{F9D416B0-72A1-4CA1-9977-006BB7A67FE2}:

   미디어 상태 . . . . . . . . : 미디어 연결 끊김
   연결별 DNS 접미사. . . . :

터널 어댑터 Teredo Tunneling Pseudo-Interface:

   미디어 상태 . . . . . . . . : 미디어 연결 끊김
   연결별 DNS 접미사. . . . :

C:\Users\chun>_
```

호스트 이름, DNS, URL

호스트 이름은 네트워크 상에서 컴퓨터의 이름이다. 호스트 이름은 이름짓는 표준인 **DNS(Domain Name System)**를 사용해서 생성된다. DNS는 보통 인간에게 친근한 문자열을 사용하여 이름을 짓는다. 예를 들어서 www.naver.com과 같다. 만약 DNS를 사용하지 않는다면 207.181.28.9과 같은 IP 주소를 사용하여야 한다. 그러나 컴퓨터들이 통신을 하려면 이러한 DNS 이름보다는 IP 주소가 필요하다. 따라서 DNS 이름을 IP주소로 변환하여 주는 작업이 필요하다. 이 작업을 수행하는 서버가 DNS 서버이다. 우리가 웹 브라우저에서 www.naver.com이라고 치면 DNS 서버가 이것을 대응되는 IP 주소로 변환하여준다.

모든 컴퓨터는 자기 자신을 가리키는 특별한 호스트 이름과 IP 주소를 가지고 있다. localhost와 127.0.0.1이 그것이다. 이것은 특히 별도의 컴퓨터를 두지 않아도 네트워크 프로그램을 테스트할 수 있게 한다.

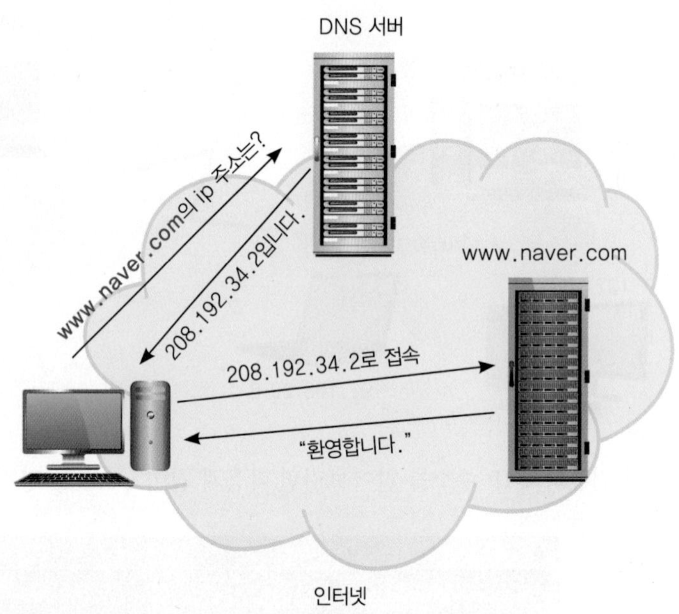

URL

DNS와 연관되어 있는 것이 **URL(Uniform Resource Locator)**이다. URL은 인터넷 상의 파일이나 데이터베이스같은 자원에 대한 주소를 지정하는 방법이다. URL은 인터넷에 있는 자원의 위치를 나타내기 위한 규약이다. 자원이라는 것은 대개 파일을 의미하고 이 경우 인터넷은 거대한 하나의 파일 시스템이라고 할 수 있다. URL은 바로 우리가 인터넷에서 웹페이지를 볼 때 웹브라우저의 주소칸에 적어주는 값이다. URL은 호스트 이름에 파일의 경로를 붙여서 표시한다.

URL은 두 부분으로 되어있는데 첫 번째 부분은 자원에 접근할 때 사용하는 프로토콜(protocol)을, 두 번째 부분은 자원의 이름을 나타낸다. 예를 들어서 http는 하이퍼텍스트 전송 프로토콜을 나타내고 ftp는 파일 전송 프로토콜을 나타낸다.

자원의 이름은 호스트 이름, 파일 이름, 포트 번호, 참조 등의 필드로 구성되어 있다. 이 중에 호스트 이름과 파일의 이름은 반드시 필요하지만 다른 필드는 생략이 가능하다.

호스트 이름 → IP 주소 프로그램

호스트 이름을 받아서 IP 주소를 반환하는 프로그램을 작성해보자. 인터넷 주소는

InetAddress 클래스가 담당한다. **InetAddress 클래스**의 getByName()을 호출하면서 호스트 이름을 전달하면 IP 주소를 저장하고 있는 객체가 반환된다.

host2ip.java

```
// 소스를 입력하고 Ctrl+Shift+O를 눌러서 필요한 파일을 포함한다.

public class host2ip
{
  public static void main ( String[] args ) throws IOException
  {
    String hostname = "www.naver.com";

    try
    {
      InetAddress address = InetAddress.getByName(hostname);
      System.out.println("IP 주소: " + address.getHostAddress());
    }
    catch ( UnknownHostException e )
    {
      System.out.println(hostname + "의 IP 주소를 찾을 수 없습니다. " );
    }
  }
}
```

```
IP 주소: 125.209.222.142
```

위의 프로그램과는 반대로 IP 주소를 가지고 호스트 이름을 알려면 어떻게 하면 될까? 또 자신의 컴퓨터 IP 주소를 출력하는 프로그램을 작성하여 보자. 자신이 사용하는 컴퓨터의 IP 주소를 알려면 getLocalHost() 메소드를 사용하면 된다.

02 웹으로부터 파일 다운로드하기

우리의 첫 번째 과제는 웹에서 파일을 다운로드해보는 것이다. 예를 들어서 www.naver.com에 연결하여 네이버 서버가 보내주는 HTML 파일을 다운로드해보자.

우리는 17장에서 로컬 파일의 데이터를 읽을 수 있었다. 파일에 연결된 스트림을 열어서 데이터를 읽을 수 있었다. 네트워크에서 데이터를 읽는 방법도 파일에서 읽는 방법과 아주 유사하다. 스트림을 네트워크에 연결하여 데이터를 읽으면 된다. 자바에서 네트워크 프로그래밍을 위한 패키지는 java.net이다. 이 패키지에는 네트워크를 지원하는 클래스들이 아주 많이 존재한다. 일단 여기서는 원격 서버와 우리의 컴퓨터 사이에서 HTTP를 사용하여 데이터를 주고 받는 클래스들만 살펴보도록 하자.

많은 클래스 중에서 java.net.URL이 있다. 이 클래스는 우리의 프로그램과 인터넷 상의 원격 컴퓨터를 연결하는 기능을 한다. 그리고 물론 원격 컴퓨터가 가지고 있는 자원에 접근할 수 있다. 물론 원격 컴퓨터가 자원에 접근하는 것을 허락하여야 한다.

URL 클래스를 사용하여 원격 컴퓨터에 접근하려면 다음과 같이 URL 객체를 생성하여야 한다. 생성자를 호출하면서 웹 사이트의 주소를 전달한다. 이러한 URL 생성자들은 URL이 잘못 지정되었을 경우에 MalformedURLException 예외를 발생시키므로 다음과 같이 예외를 처리하여야 한다. URL 객체는 일단 만들어지면 그 내용을 수정할 수가 없다.

형식

```
try {
    URL testURL = new URL("http://www.naver.com/");
    // 여기에 더 많은 코드가 들어간다.

} catch (MalformedURLException e){
    // 예외 처리
}
```

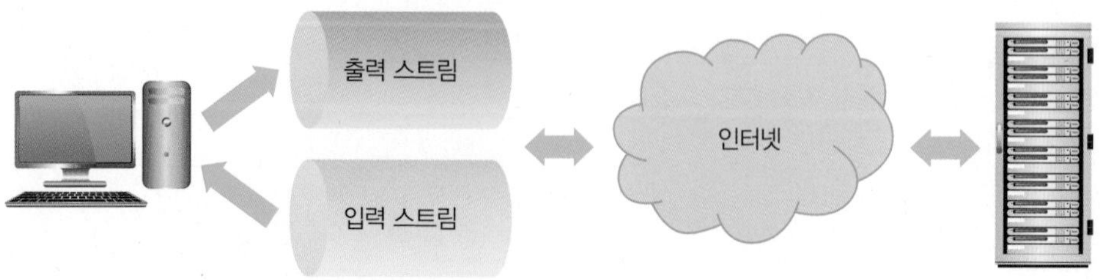

URL 객체를 생성하였다고 해서 바로 원격 컴퓨터와 연결되는 것은 아니다. 만약 원격 파일을 읽을 필요가 있으면 파일에 연결된 스트림을 열어야 한다.

일반적으로 HTTP 연결을 통하여 인터넷에서 파일을 읽으려면 다음과 같은 단계를 거쳐야 한다.

❶ URL 클래스의 객체를 생성한다.

❷ URL 객체를 이용하고 연결하기 위하여 URLConnection 객체를 생성한다.

❸ URLConnection 객체의 getInputStream() 메소드를 호출하여 입력 스트림을 얻는다.

❹ 스트림에서 데이터를 읽는다.

URLConnection 객체를 이용하여 외부 URL에 의하여 표현되는 서버에 접속할 수 있으며 또한 접속에 앞서서 여러 가지 통신 파라미터들을 설정할 수 있다. 네트워크에서는 항상 오류가 발생할 수 있기 때문에 메소드가 예외를 던지든지 아니면 try-catch 구조를 사용하여 예외를 잡아서 처리하여야 한다. www.naver.com에서 데이터를 읽어서 콘솔에 표시하는 프로그램을 작성하면 다음과 같다.

URLConnectionReader.java

```
import java.net.*;
import java.io.*;

public class URLConnectionReader {
    public static void main(String[] args) throws Exception {
        URL site = new URL("http://www.naver.com/");
        URLConnection url = site.openConnection();
        BufferedReader in = new BufferedReader(
                            new InputStreamReader(
                            url.getInputStream()));
        String inLine;

        while ((inLine = in.readLine()) != null)
            System.out.println(inLine);
        in.close();
    }
}
```

예외를 던진다.

❶ URL 클래스의 객체를 생성

❷ 연결 객체를 오픈한다.

❸ 스트림을 연결한다.

```
<!DOCTYPE html PUBLIC "-//W3C//DTD XHTML 1.0 Transitional//EN"
"http://www.w3.org/TR/xhtml1/DTD/xhtml1-transitional.dtd">
```

```
<html xmlns="http://www.w3.org/1999/xhtml" xml:lang="ko" lang="ko">
<head>
<meta http-equiv="Content-Type" content="text/html; charset=euc-kr" />
...
```

HttpURLConnection을 이용하여 웹서버와 대화하기

많은 HTML 페이지들이 폼(forms)을 포함하고 있다. 폼이란 웹 페이지에서 사용자가 데이터를 입력하여 서버로 보내주는 화면을 의미한다. 사용자가 데이터를 입력하고 완료 버튼을 누르면 웹 브라우저는 이 데이터를 네트워크를 통하여 해당 URL로 보낸다. 웹서버는 이 데이터를 받아서 처리하고 다시 사용자에게 HTML 페이지 형식으로 응답을 보낸다.

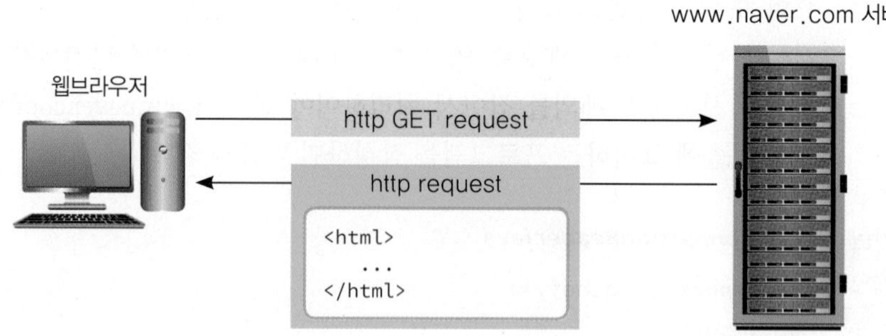

클라이언트 컴퓨터가 웹서버로 데이터를 보내는 방법에는 GET과 POST 방식이 있다. GET 방식은 요청하는 웹 사이트의 주소 끝에 데이터를 붙여서 보내는 방식이고 POST는 요청 헤더에 데이터를 담는 방식이다. 여기서는 간단하게 HttpURLConnection 클래스를 사용하여서 구글 서버에 GET 방식으로 검색 요청을 보내보자. 우리의 검색 키워드는 "java"이다. "http://www.google.com/search?q=java"와 같은 문자열을 작성하여서 구글 서버로 보내주면 검색 결과가 HTML 형식으로 이 프로그램으로 온다. 이것을 웹브라우저로 보면 된다. HttpURLConnection 클래스는 URLConnection 클래스를 상속받아서 Http에 관련된 기능을 더 넣은 것이다.

HttpURLTest.java

```java
// 소스를 입력하고 Ctrl+Shift+O를 눌러서 필요한 파일을 포함한다.

public class HttpURLTest {

   public static void main(String[] args) throws Exception {

      HttpURLTest http = new HttpURLTest();

```

```java
        String site = "http://www.google.com/search?q=java";

        URL url = new URL(site);
        HttpURLConnection conn = (HttpURLConnection) url.openConnection();

        conn.setRequestMethod("GET");
        conn.setRequestProperty("User-Agent", "Mozilla/5.0");

        int resCode = conn.getResponseCode();

        BufferedReader in = new BufferedReader(new InputStreamReader(
            conn.getInputStream()));
        String inputLine;
        StringBuffer output = new StringBuffer();

        while ((inputLine = in.readLine()) != null) {
            output.append(inputLine);
        }
        in.close();

        System.out.println(output);
    }
}
```

Request 방법을 설정한다.

여기서 실제로 웹서버에 데이터가 전송된다.

스트림을 연결한다.

```
<!doctype html><html itemscope="" itemtype="http://schema.org/
SearchResultsPage"
...
```

03 TCP, UDP, 포트, 소켓

URL과 URLConnections 클래스는 인터넷상의 자원을 접근하는데 상대적으로 고수준의 메카니즘이다. 그러나 많은 경우에 **소켓(Socket)**과 같은 저수준의 네트워크 통신 기능이 필요한 경우도 있다. 예를 들면 자바로 클라이언트-서버 응용 프로그램을 만드는 경우이다.

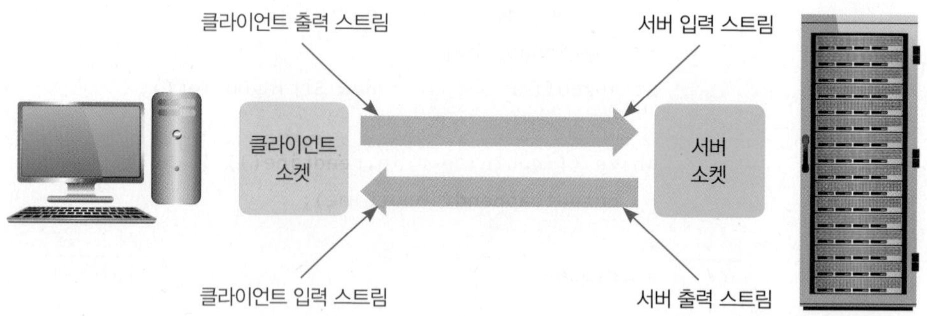

클라이언트-서버 응용 프로그램에서는 서버는 특정한 서비스를 제공한다. 예를 들면 데이터베이스 서버는 데이터베이스 쿼리를 받아서 처리한 후에 결과를 클라이언트로 보낸다. 클라이언트와 서버사이의 통신은 신뢰성이 있어야 한다. 즉 신뢰성이 있다는 것은 데이터의 누락이 없어야 하고 서버에서 보낸 순서대로 클라이언트측에 도착하여야 한나는 것이다. 일단 필요한 개념들을 간략하게 정리하여 보자.

프로토콜

사람들은 동일한 언어를 사용할 때만 다른 사람들과 의사소통을 할 수 있다. 컴퓨터도 마찬가지이다. 컴퓨터 상호 간에 데이터를 주고 받기 위해서는 어떤 규칙이 필요하다. **프로토콜(Protocol)**은 컴퓨터 간에 상호통신을 할 때 데이터를 원할하고 신뢰성있게 주고 받기 위해 필요한 약속을 규정하는 것이다. 프로토콜 본래의 의미는 외교에서 의례 또는 의정서를 나타내는 말이지만, 네트워크 구조에서는 통신을 원하는 두 개체 간에 무엇을, 어떻게, 언제 통신할 것인가를 서로 약속한 규약이다. 프로토콜에는 정보의 교환형식과 송수신 방법 등을 규정하는 규칙이 있다. 같은 프로토콜을 사용하면 컴퓨터의 기종이 달라도 컴퓨터 상호간에 통신할 수 있고, 데이터의 의미를 일치시켜 원하는 동작을 시킬 수 있게 된다.

일상 생활에서의 예를 들어보자. 전화를 걸어서 상대방과 통화를 하는 과정을 살펴보자. 아주 간단한 행동이지만 몇 가지의 절차가 필요하다. 먼저 전화 수화기를 들어야 하고 전화 번호를 돌린 후에 상대방이 전화를 받을 때까지 기다리고 상대방이 수화기를 들면 통화가 시작된다. 또 통화가 끝나면 다시 수화기를 내려 놓는다. 이와 마찬가지로 컴퓨터 사이에 데이터를 주고 받는 경우에도 데이터를 받을 주소를 먼저 알려주어야 하고 상대방이 데이터를 받을 수 있는 지를 검사하는 절차가 필요하다. 이것이 프로토콜이다.

서로 다른 기종의 컴퓨터 간에도 통신이 이루어져야 하기 때문에 프로토콜은 몇 개의 기능적인 계층으로 나누어서 정의하는 것이 보통이다. 통신 프로토콜은 일반적으로 몇 개의 계층(layer)로 구분한다. TCP/IP도 다음의 5개의 계층으로 이루어져 있다.

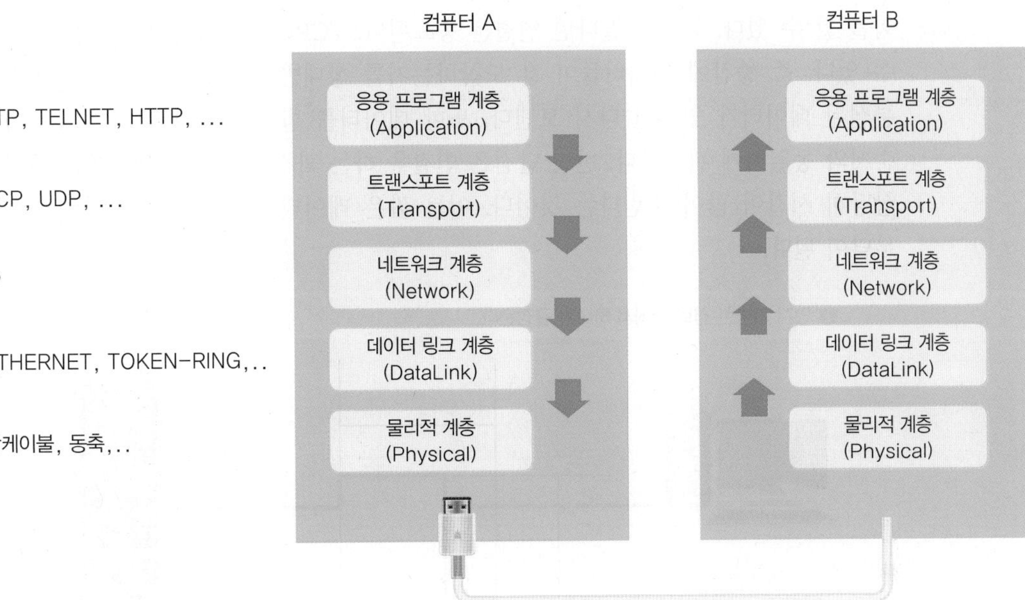

프로토콜을 계층적으로 정의하게 되면 프로토콜의 각 부분들을 독립적으로 설계하고 테스트할 수 있다. 하나의 레이어(layer)의 구현은 아래 레이어가 제공하는 서비스를 이용하여 이루어진다. 예를 들어서 이메일을 보내는 SMTP(Simple Mail Transfer Protocol)을 생각하여 보자. SMTP 클라이언트는 SMTP 규격을 따르는 어떤 SMTP 서버에게도 메시지를 전송할 수 있다. 가정집에서는 유선 인터넷 선을 사용하고 비행기에서는 무선 인터넷 링크를 통하여 이메일을 보낼 수 있다.

- 물리적 계층에서는 비트들이 전기, 빛, 무선 신호 등으로 부호화된다. 예를 들어 RS-232, SONET, WiFi와 같은 프로토콜이 여기에 속한다.
- 데이터 링크 레이어에서는 점대점 프로토콜인 PPP(point-to-point protocol)이 오류를 감지한다.
- 더 높은 프로토콜은 네트워크 기능을 수행한다. IP(Internet protocol)은 주소 기능을 구현한다. 관련된 프로토콜로는 TCP(Transmission control protocol)는 오류 감지와 정정을 구현한다. TCP와 IP는 흔히 묶여서 TCP/IP라고 불린다.
- 응용 프로그램 계층에서는 SMTP처럼 특별한 응용에 관련된 프로토콜을 다룬다.

TCP/IP 통신을 이용하기 전에 결정해야 하는 것이 트랜스포트 계층 중에서 TCP를 사용할 것인가 UDP를 사용할 것인가를 결정하여야 한다. 먼저 TCP와 UDP에 대하여 간단히 살펴보자.

TCP

TCP(Transmission Control Protocol)는 신뢰성 있게 통신하기 위하여 먼저 서로 간에 연결을 설정한 후에 데이터를 보내고 받는 방식이다. TCP는 보통 전화와 비슷하다고 이야기한다. 전화를 하기 위해서는 먼저 전화번호를 돌려서 상대방이 받으면 통화를 할 수 있다. 통화가 끝나면 연결은 종료된다. TCP는 신뢰성있게 데이터를 보낼 수 있다. 즉 중간에 데이터들이 잘 도착하는지를 상대방의 응답을 통하여 확인하고 분실된 데이터가 있으면 다시 보낸다. 또한 데이터를 받는 순서가 데이터를 보내는 순서와 동일하게 관리한다. 반면 단점은 연결을 하는 과정과 연결을 해제하는 과정에 상당히 시간이 많이 걸린다는 것이다. 이는 짧은 데이터를 보내는 경우에는 상당한 부담이 된다.

❶ 먼저 가능한 경로 중에서 하나가 결정된다.

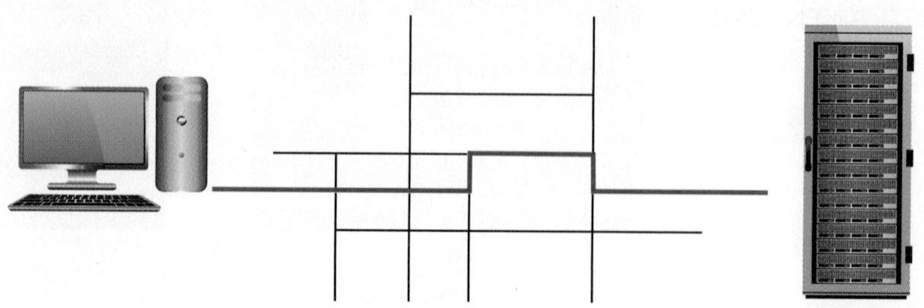

❷ 데이터는 패킷으로 나누어지고 패킷에 주소를 붙여서 전송한다.

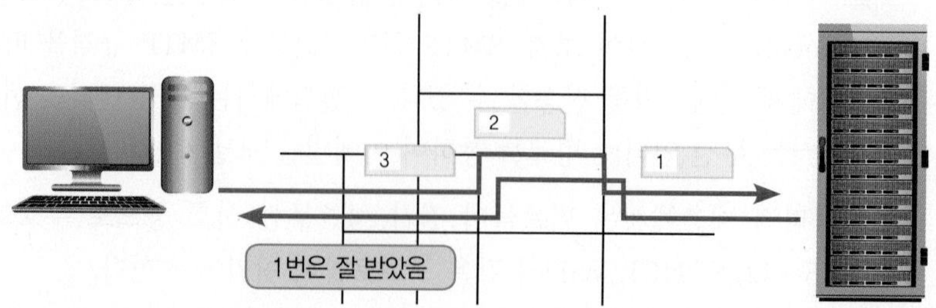

HTTP(Hypertext Transfer Protocol), FTP(File Transfer Protocol), Telnet 등은 모두 TCP를 사용한다. TCP를 사용해야만 데이터의 순서가 보장되기 때문이다. FTP로 파일을 인터넷에서 다운로드 받을 때 파일 데이터가 뒤죽박죽된다면 아무도 이용하지 않을 것이다.

UDP

UDP(User Datagram Protocol)는 TCP와는 달리 연결을 하지 않고 데이터를 몇 개의 고정 길이의 패킷(다이어그램이라고 불린다)으로 분할한 다음, 패킷의 앞에 주소를 붙여서 데이터를 전송한다. UDP는 편지에 비유될 수 있다. 편지는 주소가 붙어있는데 우체국에서는 이 주소를 보고 편지를 배달한다. 편지는 배달 중간에 분실될 수도 있고 배달되는 순서가 바뀔 수도 있다. 따라서 UDP는 높은 신뢰도가 필요하지 않은 통신을 위하여 쓰인다. 송수신측이 서로 데이터를 주고받는 방식이 TCP이고, UDP는 수신측과 접속 절차를 거치지 않고 송신측에서 일방적으로 데이터를 보내는 방식이다.

UDP의 장점은 연결 절차가 필요 없으므로 빠르고 효율적인 통신이 가능하다는 것이다. UCC와 같은 인터넷 상의 동영상 서비스는 일반적으로 UDP로 서비스를 제공한다. 약간의 패킷손실이 있어도 동영상을 보는데 지장이 없기 때문이다. P2P방식의 네트워크 게임에서는 TCP와 UDP를 병행해서 사용한다고 한다. 캐릭터의 이동처럼 비교적 중요하지 않은 부분은 UDP를 사용한다.

❶ 데이터를 패킷으로 나누어서 패킷에 주소를 붙이고 전송한다.

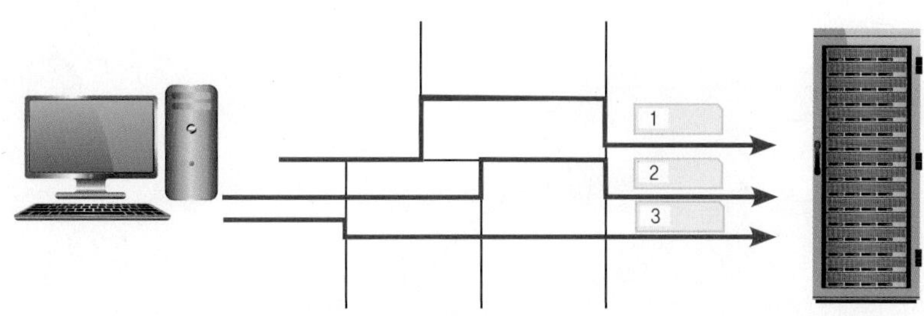

❷ 페킷의 순서가 지켜지지 않으며 패킷이 분실될 수도 있다.

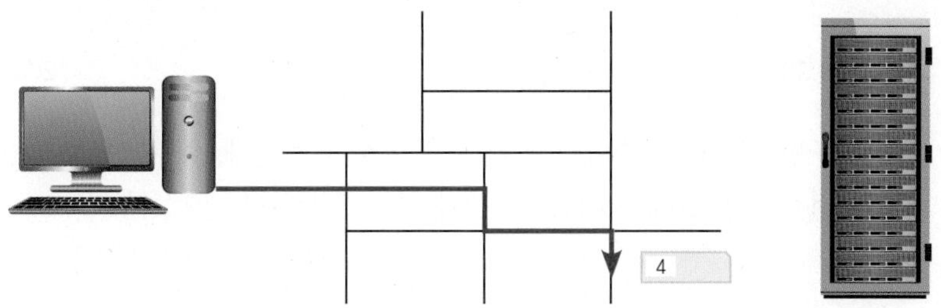

TCP는 신뢰성있는 점대점 통신 채널을 제공한다. 따라서 클라이언트-서버 응용에서 사용될 수 있다. TCP를 이용하여 통신을 하기 위해서는 클라이언트와 서버 프로그램은 서로 간의 연결을 만들어야 한다. 각 프로그램은 소켓을 연결의 양 끝점에 접속한다. 데이터를 주고받기 위해서는 클라이언트와 서버는 연결에 붙어있는 소켓에서 읽고 쓴다.

포트

보통 하나의 컴퓨터에는 하나의 물리적인 통신선을 통하여 외부와 연결되어 있다. 그러나 컴퓨터 안에서는 여러 개의 네트워크 응용 프로그램들이 수행될 수 있다. 따라서 하나의 통신선을 타고 들어오는 데이터를 각각의 응용 프로그램에 차질없이 배달하기 위해서는 각각의 응용 프로그램이 사용하는 가상적인 통신 선로가 필요하다. 이것이 바로 포트(port)이다. 하나의 컴퓨터 안에는 여러 개의 포트가 존재하고 있으며, 인터넷을 통하여 데이터를 보내려면 반드시 어떤 포트를 사용할 것인지를 지정하여야 한다. 따라서 네트워크를 통하여 전달되는 모든 데이터의 주소는 컴퓨터를 가리키는 32비트의 IP주소와 16비트의 포트 번호로 구성된다. 포트 번호는 0에서 65535까지의 정수를 사용하여 표기된다. 0에서 1023까지의 번호는 미리 예약되어 있으며(well-known port) 이 번호들은 대개 FTP와 같이 잘 알려진 서비스에 대해서 미리 할당되어 있다. 따라서 응용 프로그램에서는 1023 이상의 번호를 사용하여야 한다.

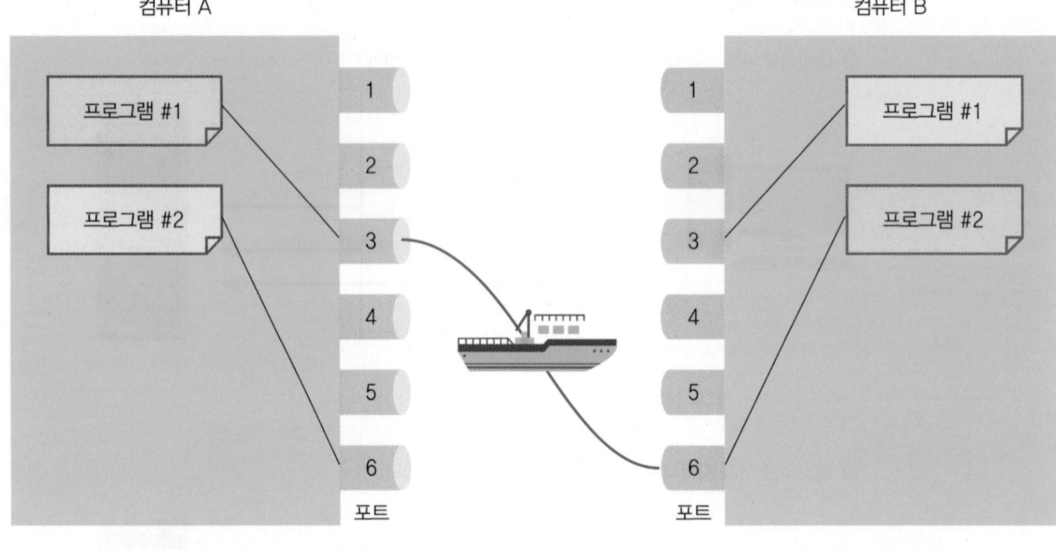

포트 번호는 IP 주소에다 콜론을 붙여서 표시한다. 예를 들어서 208.168.119.12의 포트 번호 80은 208.168.119.12:80과 같이 표시한다.

소켓이란?

소켓은 TCP를 위한 구조이다. TCP를 사용하여 응용 프로그램끼리 통신을 하기 위해서는 먼저 연결을 하여야 하는데 연결을 하기 위해서는 연결 끝점(end point)이 있어야 한다. 이 연결 끝점을 소켓(Socket)이라고 한다. 소켓은 앞에서 설명한 포트를 이용하여 만들어진다. 하나의 포트에 하나의 소켓을 만들어 결합한다. 소켓은 개념적으로 응용 프로그램과 포트 사이에 존재한다고 생각할 수 있다.

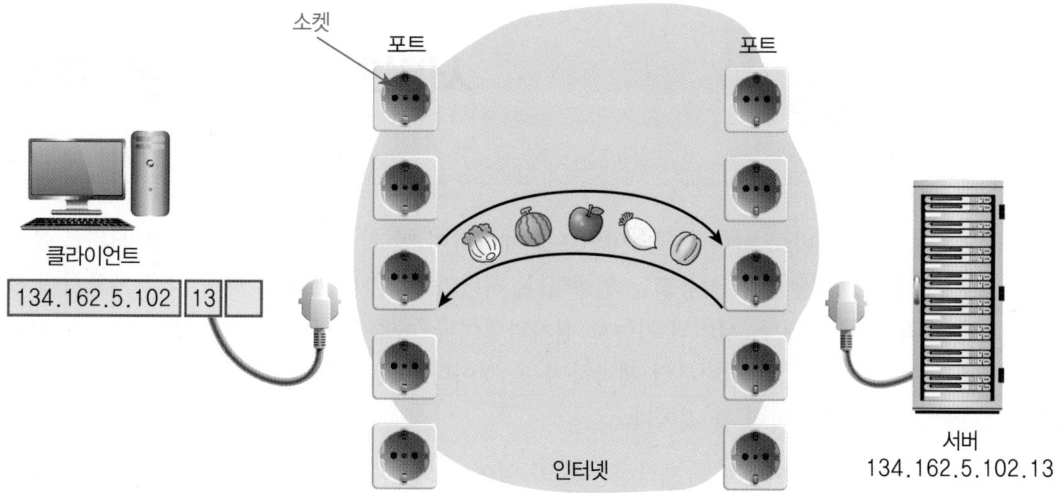

그림 18-1 • 소켓의 개념

Socket 예제

인터넷에 보면 정확한 현재 시각을 알려주는 서버들이 존재한다(원자 시계로 측정된 시각이다). 불행히도 필자는 한국 시각을 알려주는 서버에 접속하지 못하였다. 여기서는 미국 시각을 알려주는 서버(NIST 서버)에 소켓을 이용하여 접속하여 보자. 소켓은 Socket 클래스에 의하여 제공된다. Socket 클래스 생성자의 첫 번째 인수는 사이트 주소이고 두 번째 인수가 바로 포트 번호이다. NIST 서버를 지정하는 소켓을 생성하면 바로 서버와 연결된다. 소켓으로부터 입력 스트림을 얻어서 스트림에 읽으면 현재 시각을 알 수 있다.

SocketTest.java

```
// 소스를 입력하고 Ctrl+Shift+O를 눌러서 필요한 파일을 포함한다.
public class SocketTest {
   public static void main(String[] args) throws IOException {
      try (Socket s = new Socket("time-c.nist.gov", 13)) {
         InputStream inStream = s.getInputStream();
         Scanner in = new Scanner(inStream);

         while (in.hasNextLine()) {
            String line = in.nextLine();
            System.out.println(line);
         }
      }
   }
}
```

NIST 서버를 13번 포트로 연결시도

```
57210 15-07-07 05:17:03 50 0 0 162.2 UTC(NIST) *
```

04 서버와 클라이언트 제작

우리는 자바로 서버와 클라이언트를 제작하여 볼 것이다. 자바는 실제로 서버를 제작하는데 가장 많이 사용되는 언어이다. 서버와 클라이언트라고 해서 너무 거창하게 생각하면 안 된다. 서버의 기능도 천차만별이다. 아주 간단한 서버도 있는 것이다. 우리는 아주 간단한 서버부터 제작하여 볼 것이다. 예를 들어서 현재 시각을 알려주는 서버부터 제작하여 볼 것이다.

서버와 클라이언트를 제작하는데 꼭 알아야 되는 개념이 있다. 다음 그림을 보자. 클라이언트와 서버가 연결되어 있고 소켓을 통하여 서로 데이터를 주고받고 있다.

전혀 문제가 없는 것처럼 보인다. 하지만 문제가 있다! 만약 중간에 다른 클라이언트가 이 서버에 접속을 시도하면 어떻게 될까?

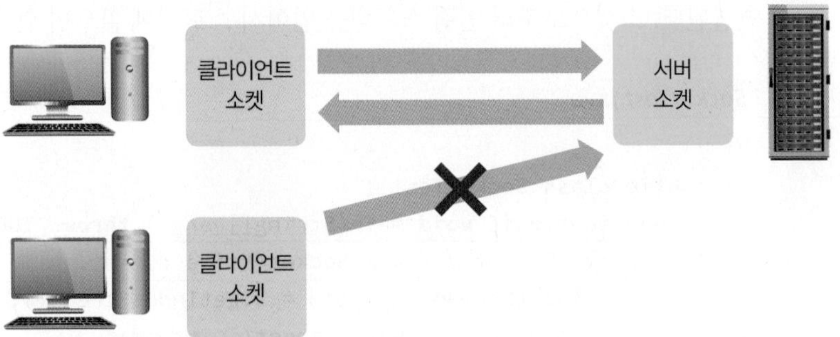

두 번째 클라이언트는 서버에 접속할 수 없다. 왜냐하면 서버의 소켓을 이미 첫 번째 클라이언트가 독점하여 사용하고 있기 때문이다. 하나의 소켓에 동시에 2개의 컴퓨터가 연결될 수는 없다. 데이터가 섞이기 때문이다. 두 번째 클라이언트는 첫 번째가 끝나기를 기다려야 할까? 하지만 서버는 동시에 여러 개의 클라이언트를 상대하여야 한다. 따라서 새로운 접근 방법이 필요하다.

서버는 연결 요청만을 받는 소켓을 따로 가지고 있다. 모든 클라이언트는 이곳으로 연결 요청을 하여야 한다. 연결 요청이 승인되면 서버는 해당 클라이언트를 상대하는 새로운 소켓을 만든다. 클라이언트는 이 새로운 소켓을 사용하여서 데이터를 주고받는다.

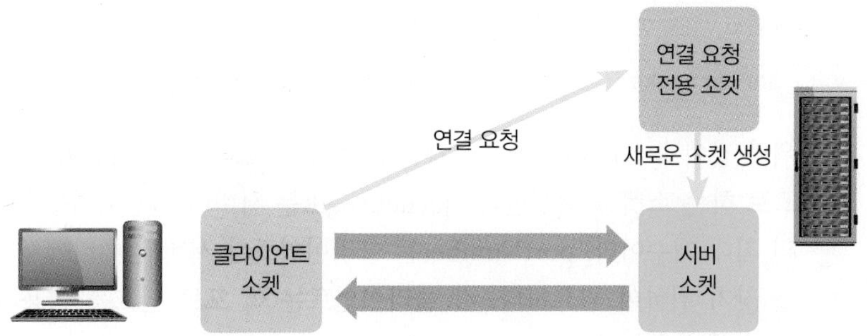

예를 들어 어떤 컴퓨터에서 ftp 서비스를 제공하는 서버가 수행되고 있다고 가정하자. ftp 서버는 서비스 전용 포트 번호(21번으로 고정되어 있다)로 연결 요청이 들어오기를 기다린다. 클라이언트는 서비스 전용 포트 번호로 연결 요청 메시지를 보낸다. 별 문제가 없으면 서버는 연결 요청을 받아들이고 서버는 새로운 포트 번호를 가지는 새로운 소켓을 만든다. 이후부터는 새로 만든 소켓을 이용하여 서버와 클라이언트는 파일을 읽고 쓸 수 있다. 기존의 서비스 전용 포트는 다른 클라이언트를 위하여 그대로 두어야 한다.

Socket과 ServerSocket 클래스

자바에서 Socket 클래스와 ServerSocket 클래스는 클라이언트 측과 서버측을 구현하는데 사용된다. Socket 클래스가 모든 특수한 시스템의 세부 사항을 감추어 주기 때문에, 자바 프로그램은 플랫폼 독립적이 될 수 있다. ServerSocket 클래스는 서버가 클라이언트에 대한 연결을 기다리고 받아들일 수 있는 소켓을 구현한다.

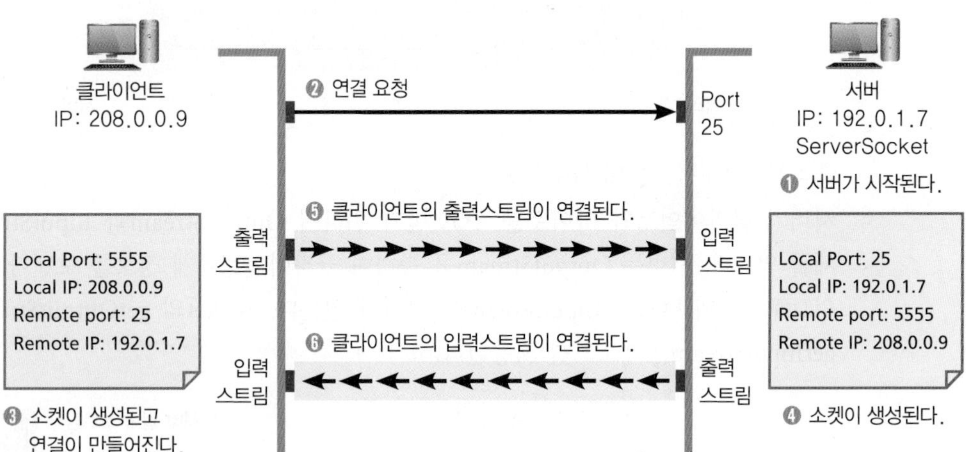

소켓을 이용하여 동시에 실행되는 두 개의 자바 프로그램, 즉 서버와 클라이언트를 작성하고 실제로 동작시켜 보자.

이 절에서는 먼저 소켓을 이용하여 어떻게 서버를 제작할 수 있는지를 살펴보자. 자바에서 서버는 5개의 단계를 거쳐서 작성된다.

① ServerSocket 객체 생성

```
ServerSocket   server = new ServerSocket(portNumber, queueLength);
```

위와 같이 ServerSocket 생성자를 호출하면 포트 번호가 portNumber인 포트를 기반으로 하는 소켓을 생성한다. queueLength는 서버에 연결되기를 기다리는 클라이언트의 최대 개수이다. portNumber는 클라이언트가 서버 컴퓨터에서 서버 애플리케이션을 찾기 위하여 필요하다. 각 클라이언트는 이 포트 번호를 이용하여 서버에게 연결을 요청하여야 한다.

② accept() 메소드 호출

서버는 클라이언트가 연결을 시도하기를 기다린다. 이것은 ServerSocket의 메소드인 accept()를 호출하면 된다.

```
Socket clientSocket = server.accept();
```

accept() 메소드는 클라이언트와 연결이 되면 새로운 Socket 객체를 생성하여 반환한다. 이 새로운 Socket 객체를 이용하여 서버는 클라이언트와 상호 대화할 수 있다. 이전 단계에서의 portNumber에 연결된 소켓은 다른 클라이언트들의 연결을 위하여 그냥 두어야 한다.

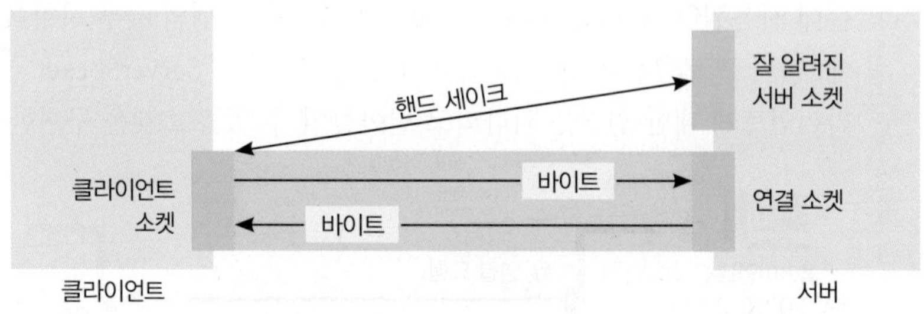

③ 소켓으로부터 스트림 객체를 얻는다.

서버가 클라이언트와 바이트를 주고 받기 위하여 OutputStream과 InputStream 객체를 얻는다. 서버는 OutputStream을 통하여 클라이언트에게 정보를 보낸다. 클라이언트로부터의 정보는 InputStream을 통하여 얻는다. Socket의 getOutputStream()과 getInputStream() 메소드를 사용한다.

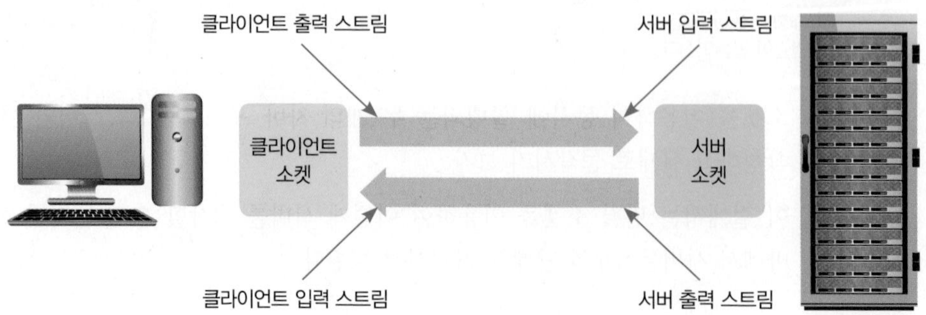

```
InputStream   input =  clientSocket.getInputStream();
OutputStream output =  clientSocket.getOutputStream();
```

write()와 read()를 사용하여 읽고 쓸 수 있다. 필요하다면 이들 스트림을 다른 스트림으로 감쌀 수 있다. 예를 들어서 바이트 대신에 객체 단위로 정보를 주고받으려면 ObjectStream으로 감쌀 수 있다.

④ 상호 대화 단계

서버와 클라이언트는 스트림을 이용하여 상호 대화한다. 서버와 클라이언트 사이에는 미리 약속된 프로토콜이 있어야 한다.

⑤ 종료

서버와 클라이언트 사이에 전송이 끝나면 서버가 close() 메소드를 호출하여 스트림과 소켓을 닫는다.

날짜 서버 제작

접속하는 컴퓨터에게 현재의 날짜를 서비스하는 서버를 제작하여 보자. 서비스를 제공하는 포트 번호를 결정하여야 하는데 9100번으로 하자. 클라이언트가 접속하면 현재의 날짜를 클라이언트로 보낸다. 서버는 무한히 실행된다. 따라서 실습이 끝나면 여러분이 수동으로 날짜 서버를 종료시켜야 한다.

DateServer.java

```
// 소스를 입력하고 Ctrl+Shift+O를 눌러서 필요한 파일을 포함한다.
public class DateServer {

   public static void main(String[] args) throws IOException {
      ServerSocket ss = new ServerSocket(9100);
      try {
         while (true) {
            Socket socket = ss.accept();
            try {
               PrintWriter out = new PrintWriter(
                                    socket.getOutputStream(), true);
               out.println(new Date().toString());
            } finally {
               socket.close();
            }
         }
      } finally {
         ss.close();
      }
   }
}
```

포트 9100번으로 서버 소켓을 만든다.

클라이언트의 연결을 기다린다.

날짜를 클라이언트로 보낸다.

서버를 실행시킨다. 아무런 메시지도 나타나지 않을 것이다. 원한다면 여러분들이 메시지를 출력하도록 위의 소스를 변경시켜본다.

서버 프로그램은 먼저 특정한 포트에서 요청을 기다리기 위해 새로운 ServerSocket을 만듦으로써 시작한다. 서버를 작성할 때는 다른 서비스가 사용하지 않는 포트 번호를 선택하여야 한다. 여기서는 포트 번호 9100을 사용한다.

```
ServerSocket ss = new ServerSocket(9100);
```

ServerSocket은 클라이언트-서버 소켓 연결에서 서버 측의 구현을 제공하는 클래스이다. ServerSocket은 포트에 연결할 수 없으면 예외를 발생한다. 예를 들면 포트가 이미 사용되고 있는 경우에는 예외가 발생한다. 위의 소스에서는 main()이 IOException을 상위 메소드로 전달한다.

만약 서버가 성공적으로 포트에 연결되면 ServerSocket 객체는 생성되고 서버는 클라이언트로부터의 요청을 기다린다.

```
Socket socket = ss.accept();
```

accept() 메소드는 클라이언트가 시작되어 호스트로 서비스를 요청할 때까지 기다린다. 연결이 요청되고 성공적으로 접속되면 accept() 메소드는 새로운 포트와 연결된 Socket 객체를 반환한다. 서버는 클라이언트와 이 새로운 Socket을 통하여 통신할 수 있다. 또한 원래의 ServerSocket을 통하여 계속 클라이언트 연결 요청을 기다릴 수 있다.

서버가 클라이언트와 성공적으로 연결을 설정한 다음에 서버는 클라이언트와 스트림을 이용하여 통신한다. 서버는 현재 날짜를 나타내는 객체를 생성하고 현재 날짜를 문자열로 변화하여 클라이언트에 연결된 스트림에 쓴다.

날짜 클라이언트 제작

일단 소스를 보고 실행시켜본 후에 소스를 설명하도록 하겠다. 서버와 동일한 패키지 아래에 아래와 같은 소스를 입력한다.

DateClient.java

```
// 소스를 입력하고 Ctrl+Shift+O를 눌러서 필요한 파일을 포함한다.
public class DateClient {

    public static void main(String[] args) throws IOException {
        Socket s = new Socket("localhost", 9100);
        BufferedReader input = new BufferedReader(
                    new InputStreamReader(s.getInputStream()));
        String res = input.readLine();
        System.out.println(res);
```

포트 9100번으로 연결을 시도한다.

소켓으로부터 스트림을 얻는다.

```
        System.exit(0);
    }
}
```

```
Sat Jul 11 13:34:50 KST 2015
```

날짜 서버와 클라이언트를 실행하는 방법

DateServer 프로그램을 실행한 상태에서 DateClient 프로그램을 실행한다. 만약 명령어로 실행시킨다면 다음과 같이 될 것이다.

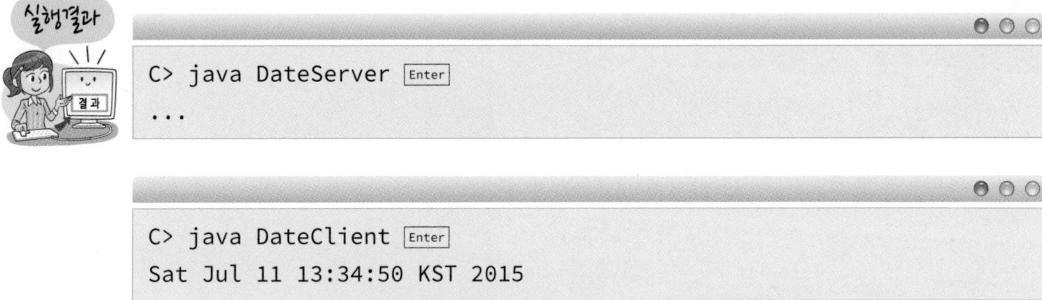

만약 이클립스를 사용한다면 서버 소스를 선택한 상태에서 마우스 오른쪽 버튼을 눌러서 [Run As] → [Java Application]을 실행한 후에 이어서 클라이언트 소스를 선택하고 [Run As] → [Java Application]을 선택하면 된다.

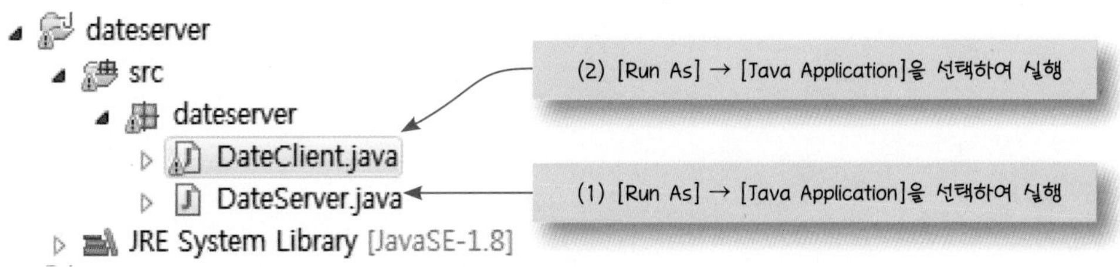

만약 서버와 클라이언트 사이의 연결이 성공적으로 이루어졌으면 다음과 같은 메시지를 볼 것이다.

```
Sat Jul 11 13:34:50 KST 2015
```

클라이언트 프로그램을 시작할 때 서버가 미리 실행되고 있어야 하며 미리 정해진 포트에서 클라이언트의 접속 요청을 기다리고 있어야 한다. 따라서 클라이언트 프로그램이 하는 첫 번째 작업은 호스트 이름과 포트를 가지고 수행되는 서버에 접속하는 것이다.

```
Socket s = new Socket("localhost", 9100);
```

소켓을 만들 때 clientClient는 호스트 이름으로 "localhost"를 사용한다. 이것은 현재 프로그램이 실행되는 로컬 호스트의 이름이다. 만약 네트워크 상의 특정 컴퓨터에서 서버가 실행되고 있다면 특정 컴퓨터의 이름이어도 된다. 포트 번호 9100는 서버 컴퓨터에 있는 포트 번호이다. 바로 DateServer가 접속 요청을 기다리고 있는 포트이다. 이후에 클라이언트는 Socket()이 반환하는 소켓에서 입력 스트림을 추출한 후에, 입력 스트림에서 한 줄의 문자열을 읽어서 화면에 출력하면 된다.

LAB 영어 번역 서버 작성하기

사용자가 네트워크를 통하여 영어 단어를 보내면 한글로 번역하여 보내주는 서버를 구현하여 보자.

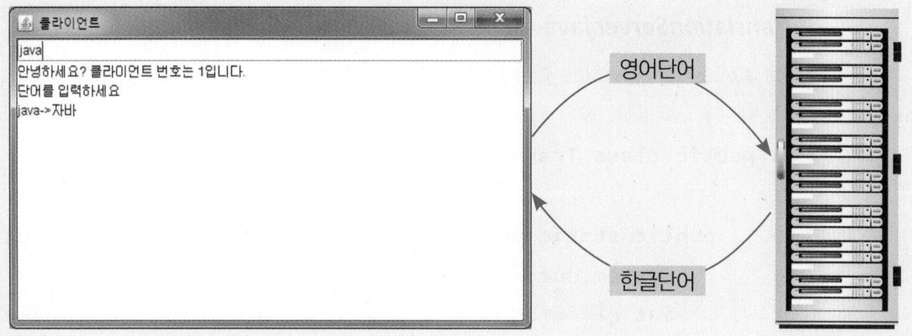

서버가 하나의 클라이언트만 처리하는 것이 아니고 동시에 여러 개의 클라이언트를 처리하기 위해서는 서버의 구조를 조금 변경하여야 한다. 다중 클라이언트를 지원하기 위해서는 각 클라이언트마다 스레드를 하나씩 생성하여 동시에 여러 클라이언트들에게 서비스를 제공하는 서버를 만들 수 있다.

```
while(true){
    연결 요청을 수락한다;
    클라이언트를 대응하는 스레드를 만든다;
}
```

연결 요청이 오면 연결 요청을 수락하고 새로운 스레드 서버 객체를 생성한다. 스레드 객체에게 accept() 메소드가 반환하는 소켓을 전달한 후에 스레드의 수행을 시작한다. 서버는 다시 새로운 다른 요청이 오기를 기다린다. 스레드 객체는 자신에게 전달된 소켓을 통하여 클라이언트와 통신한다.

Solution 영어 번역 서버 작성하기

서버는 다음과 같이 구현할 수 있다. 현재는 "java" 단어만을 처리한다. 여러분들이 사전과 같은 자료형을 이용하여 많은 단어를 지원하도록 변경하여 보자.

TranslationServer.java

```
// 소스를 입력하고 Ctrl+Shift+O를 눌러서 필요한 파일을 포함한다.

public class TranslationServer {

   public static void main(String[] args) throws Exception {
      System.out.println("영어 번역 서버가 실행중입니다.");
      int clientId = 0;
      ServerSocket ss = new ServerSocket(9101);
      try {
         while (true) {
            clientId++;
            Translator t = new Translator(ss.accept(), clientId);
            t.start();
         }
      } finally {
         ss.close();
      }
   }

   private static class Translator extends Thread {
      private Socket socket;
      private int myId;

      public Translator(Socket socket, int clientId) {
         this.socket = socket;
         this.myId = clientId;
      }

      public void run() {
         try {
            BufferedReader in = new BufferedReader(
                  new InputStreamReader(socket.getInputStream()));
```

포트 9101번으로 서버 소켓을 만든다.

새로운 접속이 이루어지면 새로운 스레드를 생성하여 처리한다.

Thread를 상속받는다.

```
            PrintWriter out = new PrintWriter(
                    socket.getOutputStream(), true);

            out.println("안녕하세요? 클라이언트 번호는 " + myId + "입니다.");
            out.println("단어를 입력하세요");

            while (true) {
                String input = in.readLine();
                if (input == null) {
                    break;
                }
                if (input.equals("java") == true)
                    out.println("java->자바");
                else
                    out.println("조금 쉬운 단어를 보내주세요.");
            }
        } catch (IOException e) {
            System.out.println("클라이언트 번호: " + myId + "처리 실패" +
                e);
        } finally {
            try {
                socket.close();
            } catch (IOException e) {
                System.out.println("소켓 종료 오류" + e);
            }
            System.out.println("클라이언트 번호: " + myId +
                "처리 처리 종료");
        }
    }

  }
}
```

클라이언트로부터 영어단어를 받아서 한글단어로 번역한다.

```
영어 번역 서버가 실행중입니다.
```

클라이언트는 다음과 같이 구현할 수 있다.

TranslationClient.java

```
// 소스를 입력하고 Ctrl+Shift+O를 눌러서 필요한 파일을 포함한다.

public class TranslationClient extends JFrame implements
        ActionListener {
```

```
    private BufferedReader in;
    private PrintWriter out;
    private JTextField field;
    private JTextArea area;

    public TranslationClient() throws Exception, IOException {

        setTitle("클라이언트");
        setSize(500, 300);
        setDefaultCloseOperation(JFrame.EXIT_ON_CLOSE);
        setVisible(true);

        field = new JTextField(50);
        field.addActionListener(this);

        area = new JTextArea(10, 50);

        area.setEditable(false);
        add(field, BorderLayout.NORTH);
        add(area, BorderLayout.CENTER);

        Socket socket = new Socket("localhost", 9101);
        in = new BufferedReader(new InputStreamReader(
                socket.getInputStream()));
        out = new PrintWriter(socket.getOutputStream(), true);

        area.append(in.readLine() + "\n");
        area.append(in.readLine() + "\n");
    }

    @Override
    public void actionPerformed(ActionEvent arg0) {
        out.println(field.getText());
        String response = null;
        try {
            response = in.readLine();
        } catch (IOException e) {
            e.printStackTrace();
        }
        area.append(response + "\n");
    }

```

서버에 접속하여 소켓을 생성한다. 소켓에 스트림을 연결한다.

엔터키가 입력되면 서버로 영어단어를 보낸다. 서버로부터 오는 한글단어를 표시한다.

```
    public static void main(String[] args) throws Exception {
        TranslationClient client = new TranslationClient();
    }

}
```

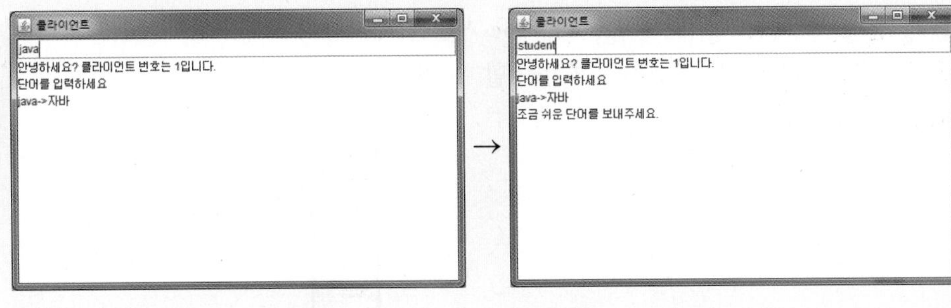

Tic-Tac-Toe 네트워크 게임 만들기

네트워크 기반의 Tic-Tac-Toe 게임을 제작하여 보자. 즉 네트워크로 연결된 2명의 사용자가 Tic-Tac-Toe 게임을 할 수 있다.

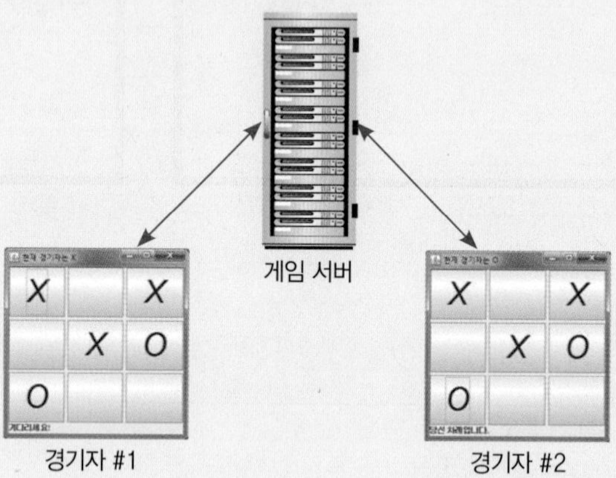

네트워크 기반의 Tic-Tac-Toe 게임은 네트워크를 통하여 경기가 이루어진다. 하지만 경기자들은 직접 연결될 수 없다. 왜냐하면 상대방의 포트 번호를 알 수 없기 때문이다. 따라서 반드시 서버가 필요하다. 서버는 잘 알려진 포트를 경기자들에게 제공하고 여기를 통하여 경기 신청을 받는다. 따라서 서버와 클라이언트 소프트웨어가 필요하다. Tic-Tac-Toe 게임의 네트워크 부분은 http://cs.lmu.edu/~ray/notes/javanetexamples/ 사이트를 참조하였다.

서버 소프트웨어

먼저 서버 소프트웨어를 생각해보자. 여러 명이 접속하여서 게임을 할 수 있으려면 2명의 경기자가 접속할 때마다 새로운 게임 객체과 2명의 경기자 객체를 생성하여야 한다. 그리고 이들 객체를 서로 연결하여야 한다. 다음과 같은 클래스들이 서버에서 필요하다.

- Game 클래스: 현재 보드 상태를 가지고 있다.
- Player 클래스: 경기자를 모델링하는 클래스이다.

서버의 메인 루프는 다음과 같은 모습이 될 것이다.

```
while (true) {
    Game game = new Game();
    Player player1 = new Player(game, ss.accept(), 'X');
    Player player2 = new Player(game, ss.accept(), 'O');
    player1.setOther(player2);
```

```
    player2.setOther(player1);
    player1.start();
    player2.start();
    System.out.println("페어가 만들어 졌습니다. ");
}
```

Player 클래스는 서버 안에서 경기자를 나타내는 클래스이다. 서버 안에 경기자는 여러 명일 수 있으므로 각각의 경기자는 하나의 스레드로 구현된다. 즉 Thread 클래스를 상속받아서 작성된다.

클라이언트 소프트웨어

클라이언트 소프트웨어는 10장의 Lab에서 기술한 Tic-Tac-Toe 클래스를 약간 수정하여 사용한다. 즉 Tic-Tac-Toe 보드는 버튼들의 2차원 배열로 표시한다. 'X'와 'O'는 버튼의 텍스트로 표시된다.

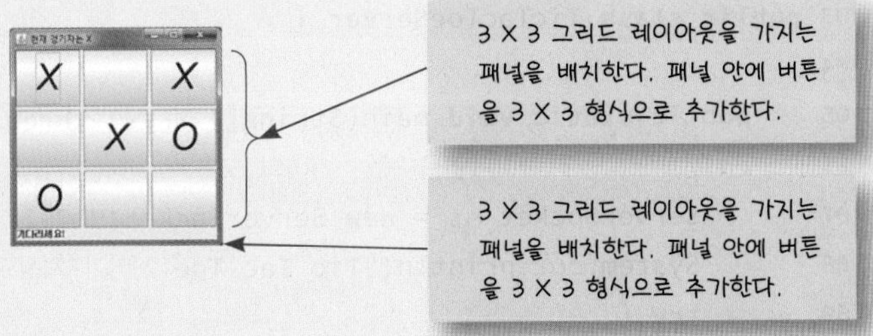

3 X 3 그리드 레이아웃을 가지는 패널을 배치한다. 패널 안에 버튼을 3 X 3 형식으로 추가한다.
3 X 3 그리드 레이아웃을 가지는 패널을 배치한다. 패널 안에 버튼을 3 X 3 형식으로 추가한다.

사용자가 버튼을 클릭하면 버튼의 텍스트를 변경하고 게임 서버로 새로운 수가 두어졌다는 것을 알린다.

서버 <-> 클라이언트

서버와 클라이언드 간에는 정보를 주고 받는 프로토콜이 있어야 한다. 많은 방법이 있다. 새로운 수가 두어질 때마다 전체 보드를 서버로 보낼 수도 있다. 아니면 간단한 텍스트 기반의 프로토콜을 만드는 방법도 있다. 여기서는 다음과 같은 아주 간단한 프로토콜을 가정한다.

● 클라이언트 -> 서버

```
MOVE x, y                    // (x, y) 위치에 새로운 수를 두었음
QUIT                         // 게임을 종료한다
```

● 서버 <-> 클라이언트

```
START 'X' 또는 START 'O'     // 게임을 시작하고 클라이언트의 글자는 'X' 또는 'O'
PRINT <메시지>               // 다음과 같은 메시지를 화면에 출력한다
```

Tic-Tac-Toe 네트워크 게임 만들기

현재는 아주 필수적인 기능만 구현되어 있다. 도전 문제를 풀면서 여기에 코드를 추가하여 보자. 서버 소프트웨어에는 하나의 게임을 나타내는 Game 클래스와 경기자를 나타내는 Player 클래스가 정의되어 있다. 여러 명의 경기자를 지원하기 위하여 Player 클래스는 스레드로 구현되어서 독자적으로 실행된다. 하나의 보드를 2명의 경기자가 공유하게 된다.

TicTacToeServer.java

```java
// 소스를 입력하고 Ctrl+Shift+O를 눌러서 필요한 파일을 포함한다.

public class TicTacToeServer {

    public static void main(String[] args) throws Exception {
        // 포트번호 9001번을 게임 서버의 포트로 사용한다.
        ServerSocket ss = new ServerSocket(9001);
        System.out.println("Tic Tac Toe 서버가 시작되었습니다.");
        try {
            while (true) {
                Game game = new Game(); // 새로운 게임을 생성한다.

                // 경기자를 나타내는 객체를 2개 생성한다.
                Player player1 = new Player(game, ss.accept(), 'X');
                Player player2 = new Player(game, ss.accept(), 'O');

                // 상대방이 누구인지를 알린다.
                player1.setOther(player2);
                player2.setOther(player1);

                // 경기자가 2명 모집되면 게임을 시작한다.
                player1.start();
                player2.start();
                System.out.println("페어가 만들어 졌습니다. ");
            }
        } finally {
            ss.close();
        }
    }
```

경기자가 2명 모이면 새로운 게임이 시작된다. 게임은 얼마든지 많이 생성될 수 있다.

```
}

// 하나의 게임을 나타내는 클래스이다.
class Game {
   char[][] boards = new char[3][3];
   // 2차원 문자 배열을 이용하여서 보드를 나타낸다.

   public void setBoard(int i, int j, char playerMark) {
      boards[i][j] = playerMark;
   }

   public char getBoard(int i, int j) {
      return boards[i][j];
   }

   // 보드의 현재 상태를 콘솔에 출력한다.
   public void printBoard()
      for (int k = 0; k < 3; k++) {
         System.out.println("  " + boards[k][0] + "|  " + boards[k][1]
            + "|  " + boards[k][2]);
         if (k != 2)
            System.out.println("---|---|---");

      }
   }
}

// 하나의 경기자를 나타내는 클래스이다.
class Player extends Thread {
   Game game;        // 경기자가 속한 게임을 가리킨다.
   Socket socket;    // 현재 경기에 연결된 소켓
   BufferedReader input;    // 소켓에서 얻은 입력 스트림
   PrintWriter output;    // 소켓에서 얻은 출력 스트림
   char playerMark;       // 현재 경기자가 'X'인지 'O'인지를 나타낸다.
   Player other;          // 상대방 경기자 객체

   public Player(Game game, Socket socket, char playerMark) {
      this.game = game;
      this.socket = socket;
      this.playerMark = playerMark;
      try {
         input = new BufferedReader(new InputStreamReader
            (socket.getInputStream()));
```

```
            output = new PrintWriter(socket.getOutputStream(), true);
            output.println("START " + playerMark);
            output.println("PRINT 다른 경기자를 기다립니다.");
        } catch (IOException e) {
            System.out.println("연결이 끊어졌습니다. " + e);
        }
    }

    public void setOther(Player other) {
        this.other = other;
    }

    public void run() {
        try {
            output.println("PRINT 모든 경기자가 연결되었습니다. ");

            if (playerMark == 'X') {
                output.println("PRINT 당신 차례입니다.");
            }

            // 클라이언트로부터 명령어를 받아서 처리한다.
            while (true) {
                String command = input.readLine();
                if (command == null)
                    continue;
                if (command.startsWith("MOVE")) {    // MOVE 명령어
                    int i = Integer.parseInt(command.substring(5, 6));
                    int j = Integer.parseInt(command.substring(7, 8));
                    game.setBoard(i, j, playerMark);
                    game.printBoard();
                    other.output.println("OTHER " + i + " " + j);
                    output.println("PRINT 기다리세요!");
                    other.output.println("PRINT 당신 차례입니다.");
                } else if (command.startsWith("QUIT")) {    // QUIT 명령어
                    return;
                }
            }
        } catch (IOException e) {
            System.out.println("연결이 끊어졌습니다. " + e);
        } finally {
            try {
                socket.close();
            } catch (IOException e) {
```

```
            }
        }
    }
}
```

클라이언트 소프트웨어는 10장의 Lab에서 기술한 Tic-Tac-Toe 클래스를 약간 수정하여 사용한다. 각각의 클라이언트는 Thread로 작성된다. run() 메소드 안에서 서버가 보내는 명령어를 처리한다. 가장 중요한 명령어는 OTHER로서 상대방 경기자가 어디에 두었는지를 서버가 알려주는 명령어이다. 이 명령어가 수식되면 현재 보드에 상대방의 수를 표시한다.

만약 사용자가 보드에 수를 두면(즉 버튼을 클릭하여서) 이것을 MOVE 명령어를 사용하여서 게임 서버로 보낸다.

TicTacToeClient.java

```
// 소스를 입력하고 Ctrl+Shift+O를 눌러서 필요한 파일을 포함한다.
public class TicTacToeClient extends Thread {
    private JButton[][] buttons = new JButton[3][3];
        // 버튼들의 배열로 보드를 표현한다.
    private char me, other;    // 나의 문자와 상대방 문자를 여기에 저장한다.
    private JFrame frame;        // 프레임 객체
    private JPanel panel;        // 패널 객체, 여기에 보드가 보여진다.
    private JLabel message;    // 서버로부터 오는 메시지를 보여주는 레이블이다.
    private Socket socket;        // 서버와 연결된 소켓
    private BufferedReader input;    // 입력 스트림
    private PrintWriter output;        // 출력 스트림

    public TicTacToeClient() throws UnknownHostException, IOException {

        socket = new Socket("localhost", 9001);
            // 현재는 로컬 컴퓨터에서만 실행

        // 소켓으로부터 입력 스트림과 출력 스트림을 구한다.
        input = new BufferedReader(new InputStreamReader
                (socket.getInputStream()));
        output = new PrintWriter(socket.getOutputStream(), true);

        // 애플리케이션의 GUI를 생성한다. 9장의 Lab과 동일하다.
        frame = new JFrame();
        panel = new JPanel();
        panel.setLayout(new GridLayout(3, 3, 5, 5));
        Font font = new Font("Dialog", Font.ITALIC, 50);
```

```
        message = new JLabel("여기에 메시지가 표시됩니다.");
        frame.setDefaultCloseOperation(JFrame.EXIT_ON_CLOSE);
        frame.add(panel, BorderLayout.CENTER);
        frame.add(message, BorderLayout.SOUTH);
        frame.setSize(300, 300);
        frame.setVisible(true);

        // 패널에 3☒격자 형식으로 버튼을 추가한다.
        for (int i = 0; i < 3; i++) {
            for (int j = 0; j < 3; j++) {
                final int ii = i;
                final int jj = j;
                buttons[i][j] = new JButton(" ");
                buttons[i][j].setFont(font);
                // 각 버튼에 이벤트 처리기를 붙인다. 람다식을 사용하였다.
                buttons[i][j].addActionListener(e -> {
                    buttons[ii][jj].setText("" + me);
                    output.println("MOVE " + ii + " " + jj);
                });
                panel.add(buttons[i][j]);
            }
        }
        panel.repaint();
    }

    // 스레드 클래스에서 작업을 기술하는 메소드이다.
    public void run() {
        String response;
        try {
            response = input.readLine();  // 서버로부터 첫 번째 명령어를 읽는다.

            if (response.startsWith("START")) {
                    // START 명령어이면 경기를 시작한다.
                me = response.charAt(6);
                other = (me == 'X') ? 'O' : 'X';
                message.setText("경기가 시작됩니다.");
                frame.setTitle("현재 경기자는 " + me);
            }
            // 서버로부터 반복적으로 명령어를 읽어서 처리한다.
            while (true) {
                response = input.readLine();
                if (response.startsWith("OTHER")) {
                            // 상대방의 수를 보드에 표시한다.
```

```
                int i = Integer.parseInt(response.substring(6, 7));
                int j = Integer.parseInt(response.substring(8, 9));
                buttons[i][j].setText("" + other);
                message.setText("상대방이 두었습니다. ");
            } else if (response.startsWith("PRINT")) {
                // 메시지를 화면에 출력한다.
                message.setText(response.substring(6));
            }
            try {
                Thread.sleep(200);
            } catch (InterruptedException e) {
                e.printStackTrace();
            }
        }
    }
    catch (IOException e) {   e.printStackTrace();      }
    finally {
        try {   socket.close();   } catch (IOException e) {
            e.printStackTrace();   }
    }
  }

  public static void main(String[] args) throws UnknownHostException,
            IOException {
    TicTacToeClient client = new TicTacToeClient();
    client.start();
  }
}
```

서버에서 보드의 상태를 보고 어떤 경기자가 승리하였는지를 판단할 수 있는 코드를 추가해보자. 승리 여부를 클라이언트에게 전송한다.

05 UDP를 이용한 통신

TCP 프로토콜을 이용한 방식은 전화와 비슷하다. 통화를 하기 전에 먼저 전화 번호를 다이얼하여 상대방 전화와 연결한다. 연결된 후에는 말을 하지 않더라도 연결은 유지된다.

UDP(User Datagram Protocol) 프로토콜을 이용한 방식은 편지와 비슷하다. 만약 하나의 봉투 안에 다 넣을 수 없으면 여러 개의 봉투를 이용할 수 있다. 똑같은 시간에 발송한 편지라고 하더라도 도착하는 시간은 다를 수 있다. 또한 편지들의 순서가 지켜지지 않는다. 최악의 경우에는 편지가 중간에 분실될 수도 있다.

TCP 프로토콜

❶ 데이터를 패킷으로 나누고 주소를 붙여서 전송

❷ 데이터를 패킷으로 나누고 주소를 붙여서 전송

UDP 프로토콜

UDP는 높은 신뢰도가 필요하지 않는 응용에 쓰인다. 즉 데이터가 중간에 분실될 수 있고 보낸 순서와 도착 순서가 일치하지 않을 수도 있다. 각각의 데이터그램 패킷마다 주소를 가지고 있다. 데이터그램은 UDP 프로토콜을 구현하고 있다. UDP 프로토콜은 신뢰도를 신경쓰지 않으므로 더 빠른 속도를 낼 수 있다. 또한 연결을 설정하지 않아도 되므로 오버헤드가 적다. 자바에서는 UDP를 DatagramPacket과 DatagramSocket 클래스로 지원한다.

DatagramSocket 클래스

DatagramSocket()은 UDP 프로토콜을 사용하는 소켓을 생성한다. TCP 프로토콜 소켓과는 다르게 서버 소켓과 클라이언트 소켓의 구분이 없다. 그리고 DatagramPacket 객체만을 보내고 받을 수 있다. 모든 데이터는 DatagramPacket 객체 안에 포함된다. 목적지 주소와 포트 번호는 모두 DatagramPacket 객체 안에 포함된다. TCP 프로토콜의 경우, 목적지 주소와 포트 번호는 소켓을 생성하면서 결정되었다. 다음과 같은 생성자를 가진다.

DatagramPacket 클래스

DatagramPacket은 UDP 포로토콜을 사용하여 데이터를 보내기 위한 클래스이다. 두 가지 형태의 생성자가 사용된다. 하나는 수신 컴퓨터를 위한 형태로 버퍼만 지정하면 된다. 다른 하나는 송신 컴퓨터를 위한 형태로 상대방 주소와 포트 번호가 추가로 전달된다.

UDP를 사용하여 데이터 보내고 받기

UDP 패킷은 편지를 쓰는 것과 같은 방법으로 데이터를 보낸다. 우리가 편지를 보내려면 먼저 내용물을 봉투에 넣은 후에 봉투의 겉면에 받는 사람의 주소를 적는다. UDP 패킷도 마찬가지이다. 데이터를 가지고 있는 DatagramPacket 객체를 생성하고 여기에 수신 컴퓨터의 주소를 적는다.

```
String s = "우리는 여전히 우리 운명의 주인이다.";
byte[] buf = s.getBytes();

DatagramSocket socket = new DatagramSocket(5000);
// "address"의 "port"에 있는 클라이언트에게 데이터를 보낸다.
InetAddress address = new InetAddress("127.0.0.1");    // 로컬 호스트
DatagramPacket packet = new DatagramPacket(
                        buf, buf.length, address, 5000);
socket.send(packet);
```

데이터를 받을 때는 다음과 같이 한다.

```
byte[] buf = new byte[256];

DatagramSocket socket = new DatagramSocket(5000);    // 포트 번호: 5000
DatagramPacket packet = new DatagramPacket(buf, buf.length);
socket.receive(packet);
```

위의 코드를 사용하여 문자열 1개를 보내고 받는 프로그램을 작성하여 보자.

Sender.java

```
// 소스를 입력하고 Ctrl+Shift+O를 눌러서 필요한 파일을 포함한다.

public class Sender {
   public static void main(String[] args) throws IOException {

      DatagramSocket socket = null;
      socket = new DatagramSocket();
      String s = "우리는 여전히 우리 운명의 주인이다.";
      byte[] buf = s.getBytes();
```

```java

        // "address"의 "port"에 있는 클라이언트에게 데이터를 보낸다.
        InetAddress address = InetAddress.getByName("127.0.0.1");
                                                            // 로컬 호스트
        DatagramPacket packet = new DatagramPacket(
                                buf, buf.length, address, 5000);
        socket.send(packet);
        socket.close();
    }
}
```

Receiver.java

```java
// 소스를 입력하고 Ctrl+Shift+O를 눌러서 필요한 파일을 포함한다.

public class Receiver {
    public static void main(String[] args) throws IOException {

        byte[] buf = new byte[256];

        DatagramSocket socket = new DatagramSocket(5000);
                                                    // 포트 번호: 5000
        DatagramPacket packet = new DatagramPacket(buf, buf.length);
        socket.receive(packet);
        System.out.println(new String(buf));
    }
}
```

먼저 Receiver를 실행시킨다. Receive()는 receive() 메소드에서 패킷이 도착할 때까지 기다리게 된다. 이어서 Sender를 실행시키면 다음과 같은 화면이 Receiver프로그램에서 나타난다.

```
우리는 여전히 우리 운명의 주인이다.
```

06 UDP를 이용한 서버와 클라이언트 작성하기

예제로 UDP 통신을 이용하여 간단한 채팅을 할 수 있는 메신저를 작성하여 보자. 이 메신저는 정해진 상대와 텍스트를 주고 받을 수 있다.

앞에서 학습한 그래픽 사용자 인터페이스를 사용하여 보자. 텍스트 필드를 생성하여 사용자가 메시지를 입력할 수 있게 한다. 텍스트 영역은 상대방 컴퓨터가 보내는 메시지를 표시하는데 사용된다. 여기서는 송신용 포트 번호와 수신용 포트 번호가 고정되어 있다. 각종 멤버 변수들을 쉽게 접근하기 위하여 프레임을 나타내는 클래스는 내부 클래스로 정의되었다.

MessengerA.java

```java
// 소스를 입력하고 Ctrl+Shift+O를 눌러서 필요한 파일을 포함한다.

public class MessengerA {
    protected JTextField textField;
    protected JTextArea textArea;
    DatagramSocket socket;
    DatagramPacket packet;
    InetAddress address = null;
    final int myPort = 5000;          // 수신용 포트 번호
    final int otherPort = 6000;       // 송신용 포트 번호

    public MessengerA() throws IOException {
        MyFrame f=new MyFrame();
        address = InetAddress.getByName("127.0.0.1");
        socket = new DatagramSocket(myPort);
    }

    // 패킷을 받아서 텍스트 영역에 표시한다.
    public void process() {
        while (true) {
            try
            {
                byte[] buf = new byte[256];
                packet = new DatagramPacket(buf, buf.length);
                socket.receive(packet);     // 패킷을 받는다.
                // 받은 패킷을 텍스트 영역에 표시한다.
```

```
            textArea.append("RECEIVED: " + new String(buf) + "\n");
        }
        catch (IOException ioException) {
            ioException.printStackTrace();
        }
    }
}

// 내부 클래스 정의
class MyFrame extends JFrame implements ActionListener {

    public MyFrame() {
        super("MessengerA");
        setDefaultCloseOperation(JFrame.EXIT_ON_CLOSE);

        textField = new JTextField(30);
        textField.addActionListener(this);

        textArea = new JTextArea(10, 30);
        textArea.setEditable(false);

        add(textField, BorderLayout.PAGE_END);
        add(textArea, BorderLayout.CENTER);
        pack();
        setVisible(true);
    }

    public void actionPerformed(ActionEvent evt) {
        String s = textField.getText();
        byte[] buffer = s.getBytes();
        DatagramPacket packet;

        // 패킷을 생성한다.
            packet = new DatagramPacket(buffer, buffer.length, address,
                    otherPort);
        try {
            socket.send(packet);    // 패킷을 보낸다.
        } catch (IOException e) {
            e.printStackTrace();
        }
        textArea.append("SENT: " + s + "\n");
        textField.selectAll();
        textArea.setCaretPosition(textArea.getDocument().getLength());
```

```java
    }
  }

  public static void main(String[] args) throws IOException {
    MessengerA m = new MessengerA();
    m.process();
  }
}
```

직접 입력 하여 확인

MessengerB.java

```java
// 다음의 몇 개의 문장만 제외하고 MessengerA와 동일
....

public class MessengerB {
  ...
  final int myPort = 6000;
  final int otherPort = 5000;

  public MessengerB() throws IOException {
    ...
  }
  public static void main(String[] args) throws IOException {
    MessengerB m = new MessengerB();
    m.process();
  }
}
```

서버 프로그램은 데이터그램 소켓을 이용하여 클라이언트 프로그램이 보낸 데이터그램 패킷을 계속 수신한다.

패킷을 보낸 클라이언트의 인터넷 주소와 포트번호는 패킷에서 얻을 수 있다. 패킷의 내용도 구할 수 있는데 여기서는 사용하지 않는다. 다음 단계는 현재 시각을 담은 버퍼와 주소, 포트 번호를 이용하여 DatagramPacket 객체를 만들어 소켓을 통하여 전송하는 것이다.

위의 코드를 분석해보자. 먼저 main() 메소드에서는 인수가 하나 있는지를 검사한다. 인수는 바로 인터넷 호스트의 이름이다. 다음으로 DatagramSocket 객체를 생성한다. 포트 번호를 인수로 주지 않으면 비어있는 포트를 찾아 DatagramSocket 객체를 만든다. 다음은 서버로 요청 패킷을 만들어 전송하는 부분으로 명령어 인수로 받은 호스트 이름을 InerAddress 클래스를 이용하여 호스트 이름에 대응되는 인터넷 주소를 구한다. 다음에 비어있는 배열을 패킷의 내용으로 하여 데이터그램 패킷을 작성하여 서버로 보낸다. 다음은 서버로부터 전송된 패킷의 내용을 화면에 보이는 부분이다. 서버로부터 응답을 받기 위하여 receive() 메소드를 호출한다. 만약 패킷이 손실되는 것을 알아내기 위하여 타이머를 이용하여 일정시간 이상 응답이 오지 않으면 패킷이 중간에 손실된 것으로 판단하고 서비스 요청 패킷을 다시 보낸다.

LAB 웹에서 이미지 파일 다운로드하기

웹에 있는 특정한 이미지 파일을 한정된 버퍼를 사용하여 다운로드하는 프로그램을 작성하여 보자. 버퍼의 크기는 2048 바이트로 한다.

```
http://www.oracle.com/us/hp07-bg121314-openworld-2x-2280475.jpg
사이트에서 이미지를 다운로드합니다.
2048바이트 만큼 읽었음!
2048바이트 만큼 읽었음!
...
1924바이트 만큼 읽었음!
```

URL 클래스를 사용하여서 웹 상의 특정한 이미지 파일에 연결한다. URL 클래스의 openStream()을 호출하여서 입력 스트림을 얻으면 된다. 한정된 버퍼를 가지고 이미지를 다운로드할 때는 read(buffer) 문장을 사용한다. 이미지 파일은 이진 파일이므로 InputStream과 OutputStream 클래스를 사용한다. read()가 −1을 반환할 때까지 동일한 문장을 반복한다. 다음과 같은 코드를 참조하라.

```
byte[] buffer = new byte[2048];

try (InputStream in = url.openStream();
   OutputStream out = new FileOutputStream("test.jpg");)
{
      int length = 0;
      while ((length = in.read(buffer)) != -1) {
         System.out.println("" + length + "바이트 만큼 읽었음!");
         out.write(buffer, 0, length);
      }
}
```

웹에서 이미지 파일 다운로드하기

DownloadImage.java

```java
// 소스를 입력하고 Ctrl+Shift+O를 눌러서 필요한 파일을 포함한다.
public class DownloadImage {

    public static void main(String[] args) throws Exception

        String website = "http://www.oracle.com/us/hp07-bg121314-
                openworld-2x-2280475.jpg";
        System.out.println("" + website +
                                "사이트에서 이미지를 다운로드합니다.");
        URL url = new URL(website);
        byte[] buffer = new byte[2048];

        try (InputStream in = url.openStream();
            OutputStream out = new FileOutputStream("test.jpg");) {
            int length = 0;

            while ((length = in.read(buffer)) != -1) {
                System.out.println("" + length + "바이트 만큼 읽었음!");
                out.write(buffer, 0, length);
            }

            in.close();
            out.close();

        } catch (Exception e) {
            System.out.println("예외: " + e.getMessage());
        }
    }
}
```

버퍼가 2048 바이트로 한정되어 있으므로 읽기를 되풀이한다.

19

CHAPTER

데이터베이스 프로그래밍

학습목표

상업적인 프로그램을 작성하다보면 항상 부딪치는 문제가 데이터를 어디에 저장하느냐이다. 물론 간단한 프로그램 같으면 파일에 저장하면 되겠지만 업무용 프로그램은 데이터를 데이터베이스에 저장하여야 한다. 이번 장에서는 자바를 이용하여 데이터베이스에 접근하고 데이터를 추가, 수정, 삭제하는 방법을 살펴본다.

학습목차

친구들 주소록도 자바 프로그램으로 데이터베이스에 저장할 수 있나요?
네, 자바에서는 데이터베이스 프로그래밍도 어렵지 않습니다.

01 자바와 데이터베이스

JDBC(Java Database Connectivity)는 기본적으로 제공되는 API 중의 하나로서 자바 프로그램에서 데이터베이스에 연결하여 데이터를 검색할 수 있게 하는 라이브러리이다. 따라서 JDBC를 사용하면 자바 프로그램으로 데이터베이스에 접근하여 여러 가지 작업을 할 수 있게 된다.

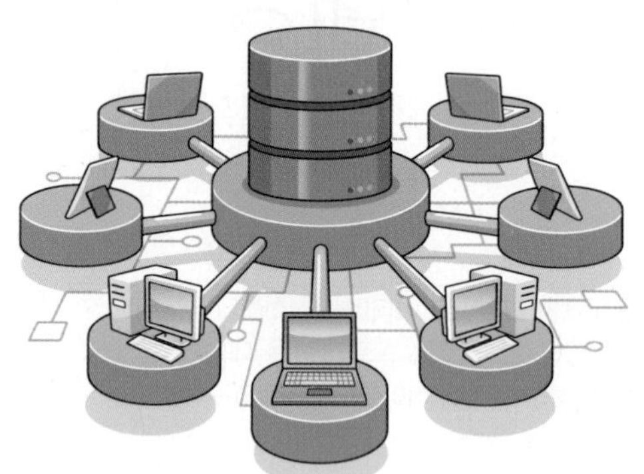

데이터베이스는 네트워
크로 연결된 컴퓨터에 데
이터를 제공합니다.

그림 19-1 • 데이터베이스

자바의 개발진들은 초창기부터 자바로 데이터베이스를 접근할 수 있기를 원했다. 그들은 1995년에 표준 자바 라이브러리를 확장하여 데이터베이스를 접근하려 하였다. 처음 목표는 순수하게 자바만을 사용하여 어떤 데이터베이스라도 접근하게 하는 것이었으나 시장에는 많은 종류의 데이터베이스가 있어서 이것은 처음부터 불가능한 일이었다. 따라서 자바는 애플리케이션 프로그래머를 위해서는 JDBC API를 제공하고 데이터베이스 업체들을 위해서는 JDBC 드라이버 API를 제공하여 많은 데이터베이스 업체들이 그들의 데이터베이스를 위한 드라이버를 개발할 수 있도록 하였다. 업체들은 자신들의 드라이버를 쉽게 드라이버 관리자에 등록할 수 있었다. 즉 애플리케이션은 드라이버 관리자에게 요청을 하고 드라이버 관리자는 드라이버를 통하여 데이터베이스에게 요청을 하게 된다.

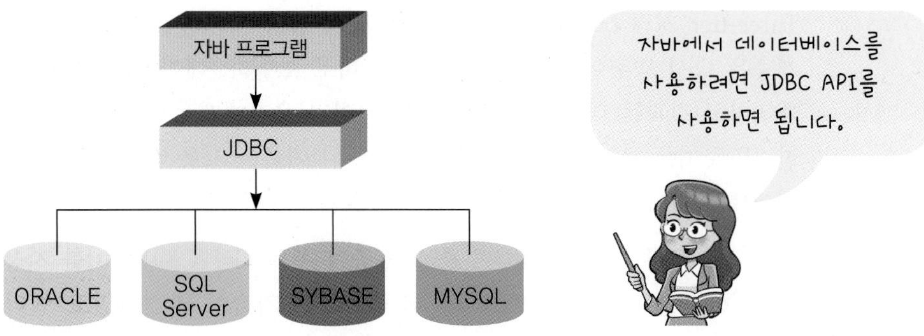

그림 19-2 • 자바와 데이터베이스

Two-tier와 Three-tier 처리 모델

JDBC API는 Two-tier와 Three-tier 처리 모델을 모두 지원한다.

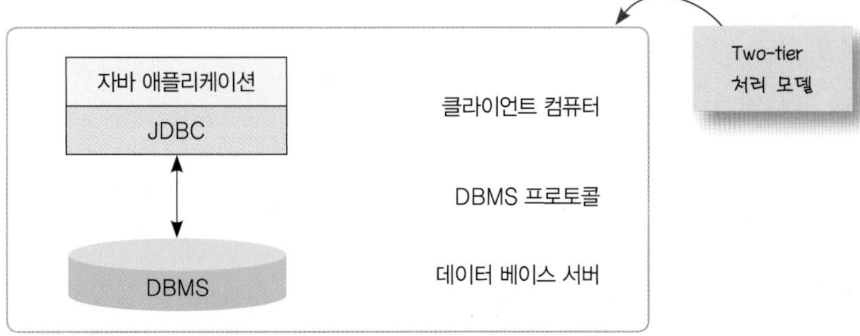

Two-tier 처리 모델에서는 자바 애플리케이션이 직접 데이터베이스 서버와 연결된다. 이 방법에서는 JDBC 드라이버가 데이터 소스와 직접 통신할 수 있어야 한다. 사용자의 SQL 명령어는 데이터베이스로 전달되며 이들 SQL 명령어의 결과가 사용자한테 보내진다. 데이터베이스는 네트워크를 통하여 연결되는 다른 컴퓨터에 있을 수 있다. 이러한 모델은 클라이언트/서버 구성으로 언급된다. 사용자의 컴퓨터가 클라이언트이고 데이터베이스가 있는 컴퓨터가 서버가 된다. 네트워크는 인트라넷이나 아니면 인터넷이 될 수 있다.

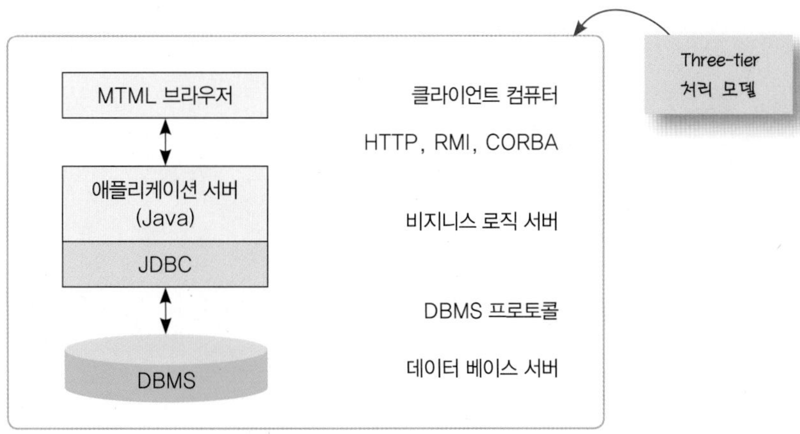

Three-tier 처리 모델에서는 사용자의 SQL 명령어가 중간 계층으로 전송된다. 중간 계층은 다시 명령어를 데이터베이스 서버로 보낸다. 데이터베이스 서버가 명령어를 처리하고 결과는 다시 중간 계층을 통하여 사용자에게로 보내진다. 회사에서는 이러한 Three-tier 처리 모델을 좋아하는데 주된 이유는 사용자의 접근과 회사 데이터 업데이트를 제어할 수 있기 때문이다.

최근까지 빠른 성능을 위하여 중간 계층이 주로 C나 C++ 언어를 사용하여 작성되었다. 하지만 자바 바이트코드를 최적화하는 기술이 발전하였고 엔터프라이즈 자바 빈즈와 같은 기술이 개발되면서 자바 플랫폼은 중간 계층을 위한 표준 플랫폼이 되고 있다. 자바의 견고성, 멀티스레딩, 보안기능 등이 인정받고 있다. 회사들이 서버 코드를 작성하는데 자바 프로그래밍 언어를 점점 많이 사용함에 따라 JDBC API도 중간 계층에서 많이 사용되고 있다. JDBC의 장점이라면 연결 풀 기능(connection pooling), 분산 트랜잭션 기능(distributed transactions)을 들 수 있다.

데이터베이스 프로그램 개발 절차

자바를 이용하여 데이터베이스 응용 프로그램을 개발하려면 몇 가지의 절차를 거쳐야 한다.

❶ DBMS(DataBase Management System)를 설치하여야 한다. 데이터베이스는 간단하게는 마이크로소프트 액세스를 통하여 작성할 수도 있고 MySQL이나 오라클과 같은 전문적인 DBMS를 설치할 수도 있다. 우리는 MySQL을 설치하여 사용하도록 하자.

❷ 자신이 설치한 DBMS에 필요한 JDBC 드라이버를 설치한다. 이 드라이버는 DBMS 회사에서 제공한다. “Connector/J”가 바로 우리에게 필요한 JDBC 드라이버이다. 최근에는 MySQL을 설치하면 “Connector/J”도 함께 설치된다.

❸ JDBC가 제공하는 기능을 이용하여 데이터베이스 응용 프로그램을 개발한다. 자바의 JDBC API가 하는 일은 자바 프로그램에서 SQL 명령어들을 데이터베이스 관리 시스템으로 보낼 수 있도록 자바와 데이터베이스를 연결하는 것이다.

02 데이터베이스의 기초

이번 절에서는 데이터베이스의 기초 지식에 대하여 살펴본다. 만약 데이터베이스를 잘 알고 있는 학습자라면 생략할 수 있다.

데이터베이스란?

데이터베이스는 데이터가 빠르게 추출될 수 있도록 데이터를 조직화하여 저장하는 방법이다. 가장 간단하게는 열과 행으로 이루어진 테이블도 일종의 데이터베이스라고 할 수 있다. **데이터베이스 관리 시스템(DBMS)**은 다수의 사용자를 위하여 데이터가 저장, 접근, 변경되는 기능을 정의한다.

현재 가장 인기 있는 데이터베이스 시스템은 **관계형 데이터베이스(relational data base)**이다. 관계형 데이터베이스에서는 여러 개의 테이블이 존재하고 테이블과 테이블 간에는 공통적인 데이터로 인하여 어떤 관계가 성립될 수 있다. 예를 들어서 고객들의 테이블과 주문서 테이블은 분명히 공통적으로 고객들의 정보를 포함하고 있을 것이다.

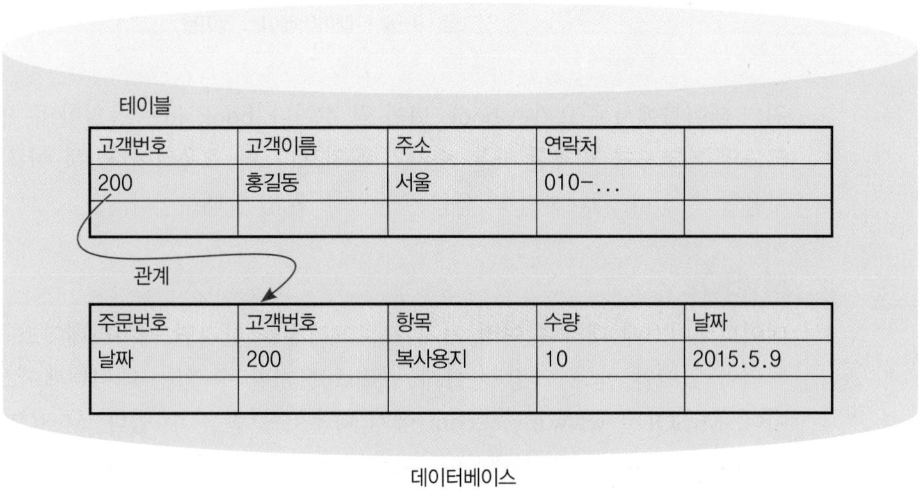

테이블

고객번호	고객이름	주소	연락처	
200	홍길동	서울	010-...	

관계

주문번호	고객번호	항목	수량	날짜
날짜	200	복사용지	10	2015.5.9

데이터베이스

그림 19-3 • 데이터베이스의 개념

가장 많이 사용되는 DBMS로는 오라클, 마이크로소프트의 SQL Server, 사이베이스, MySQL 등을 들 수 있다. 이 중에서 특히 MySQL은 오픈 소스의 일종이라서 누구든지 무료로 사용할 수 있다. 관계형 데이터베이스는 SQL이라고 불리는 언어로 사용할 수 있다. SQL은 데이터베이스를 조작하는 국제적인 표준 언어이다.

테이블

테이블의 하나의 행(row)은 레코드(record)라고 불린다. 이 레코드는 여러 개의 컬럼(column)으로 이루어져 있고, 테이블은 무결성 법칙을 따라서 작성되어야 한다. 대표적인 것이 테이블에서 각 레코드는 중복되지 않아야 한다는 것이다. 중복이 있으면 어떤 레코드가 올바른 것인지를 알기 어렵다. 대부분의 DBMS에서 사용자는 중복된 레코드가 허용되지 않도록 설정할 수 있다.

테이블에서는 하나의 컬럼을 이용하여 레코드와 레코드를 구분할 수 있다. 이러한 특정한 컬럼을 주요키(primary key)라고 한다. 주요키는 null이 되지 않아야 한다.

다음은 예제 테이블로 책에 대한 데이터를 테이블로 정리한 것이다.

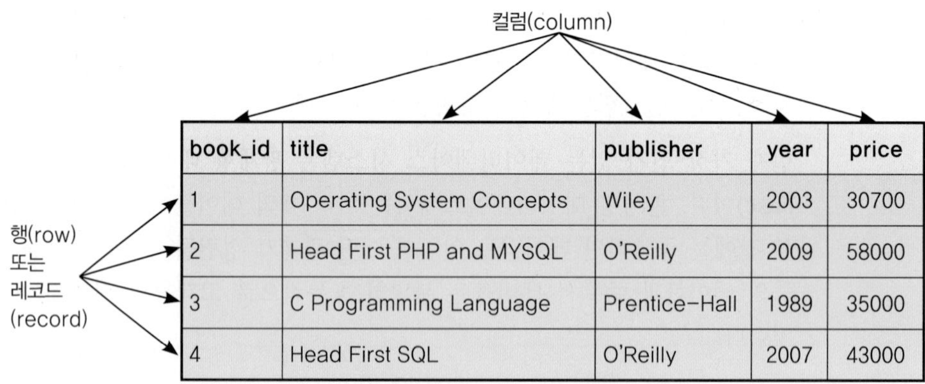

book_id	title	publisher	year	price
1	Operating System Concepts	Wiley	2003	30700
2	Head First PHP and MYSQL	O'Reilly	2009	58000
3	C Programming Language	Prentice-Hall	1989	35000
4	Head First SQL	O'Reilly	2007	43000

그림 19-4 • 데이터베이스 테이블

위의 테이블에서 주요키는 book_id이 될 것이다. book_id는 동일할 수 없다. 또한 레코드와 레코드를 비교할 때는 숫자가 문자보다 더 효율적이다. 책 이름은 주요키로 사용할 수 없다. 왜냐하면 책 이름은 동일할 수 있기 때문이다.

MySQL

데이터베이스에 대하여 여러 가지 프로그래밍을 하려면 데이터베이스 시스템이 설치되어 있어야 한다. 가장 손쉽게 무료로 설치할 수 있는 데이터베이스는 MySQL이다. MySQL은 www.mysql.com 에서 다운로드 받을 수 있다. MySQL 웹사이트에서 [Downloads] 탭을 선택하여 무료 버전인 MySQL Community Edition (GPL)을 다운로드한다. 상용 버전은 아주 큰 글씨로 잘 보이게 적혀있지만 무료 버전인 Community Edition은 화면 맨 아래쪽에 아주 작은 글씨로 쓰여 있으니 잘 찾아야 한다. MySQL Community Server를 선택한다. 이어서 다음 화면에서 “MySQL Installation 5.6 for Windows”를 선택한다. 다음 화면에서 “Windows (x86, 32-bit), MSI Installer”를 선택한다.

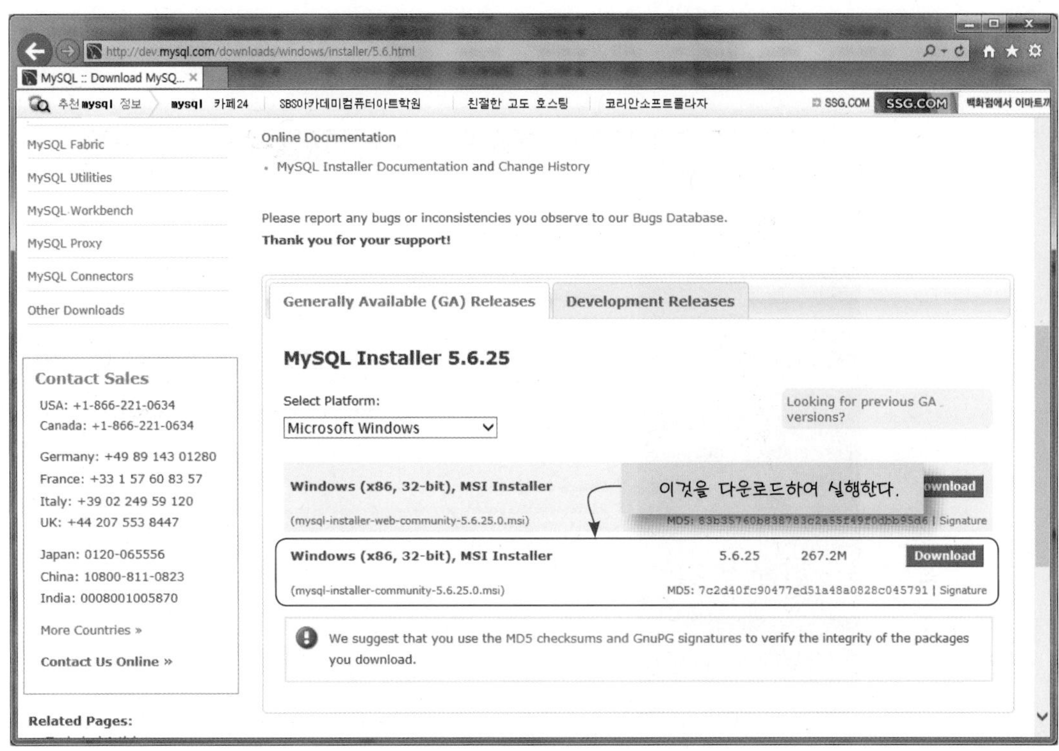

다음 화면에서 오라클 아이디로 로그인하라고 나오는데 화면의 맨 아래쪽에 보면 "No thanks, just start my download."가 있다. 이것을 누르면 로그인을 피해갈 수 있다.

다운로드받은 파일을 실행하면 설치가 시작된다. 설치 시에 물어보는 것은 대부분 기본 옵션을 선택하면 된다. 설치되면서 다음 화면이 등장하는데 이중 하나가 실패로 나오면 다시 설치하여야 한다.

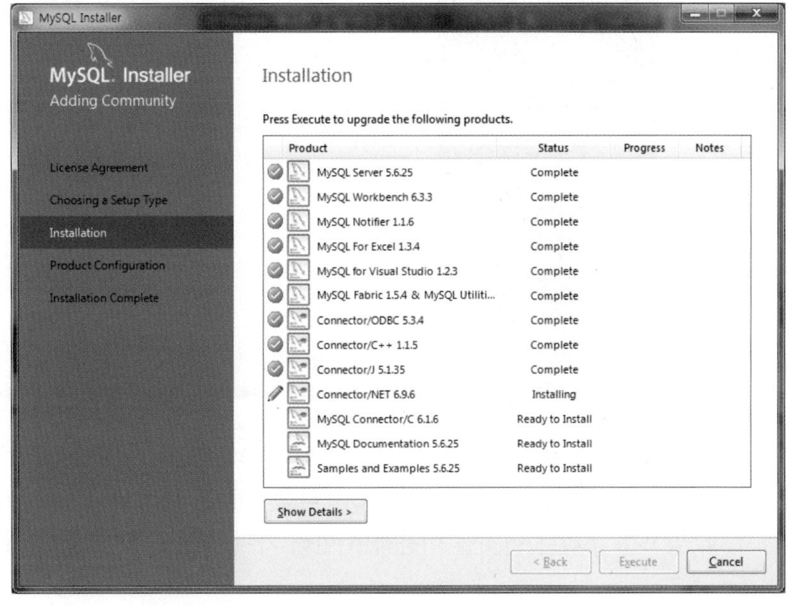

만약 개인 방화벽을 사용하고 있는 경우에 다음과 같이 TCP 포트 3306에 대한 접근을 허용하여야 한다.

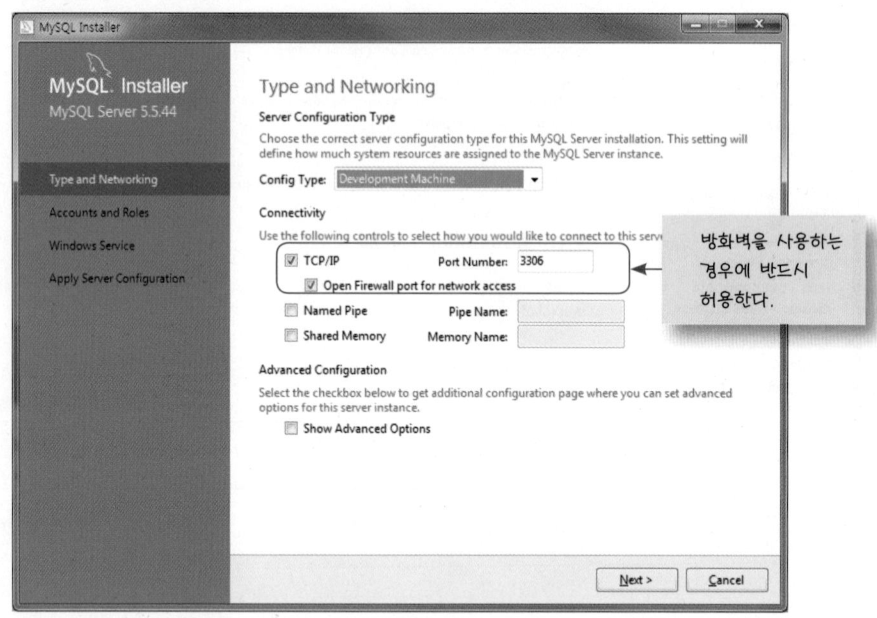

다음 화면에서 MySQL 관리자 패스워드를 설정하여야 한다.

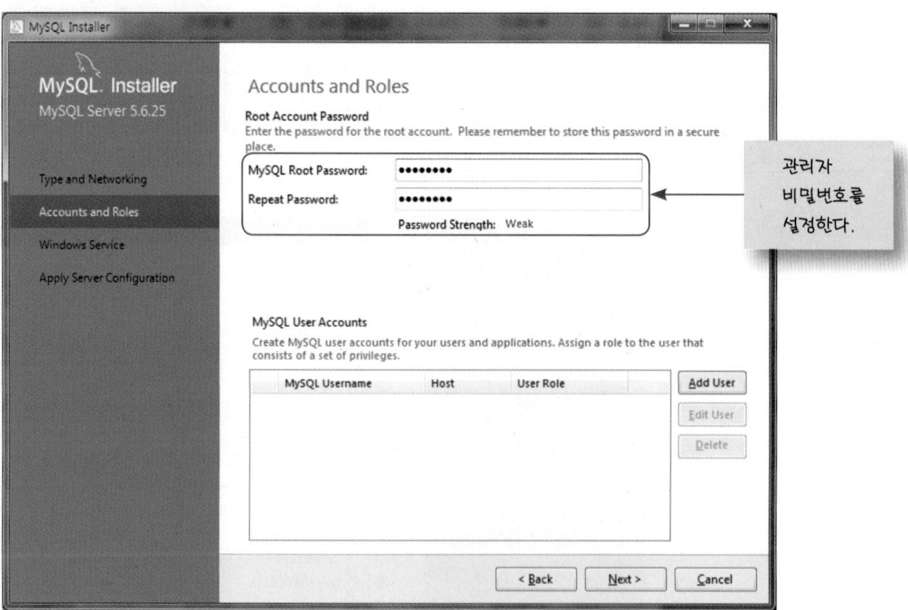

마지막 대화상자에서 [Finish]를 누르면 MySQL 서버가 시작된다. 이제부터는 MySQL을 사용할 수 있다. MySQL은 다음과 같은 명령어 행 클라이언트를 가지고 있다. 앞으로 우리는 이것을 이용하여 여러 가지 작업을 할 것이다. 윈도우의 [시작] 버튼을 누르고 [MySQL 5.6 Command Line Client]를 찾아서 실행하여 보자.

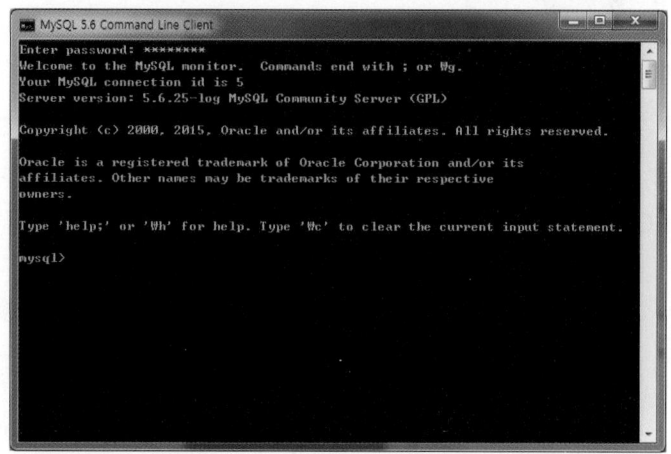

이 상태에서 여러 가지 SQL 명령어를 넣어서 실습할 수 있다.

03 SQL

우리가 데이터베이스 프로그래밍을 작성하기 전에 데이터베이스를 생성하여야 한다. SQL을 사용하여 "book_db"라고 불리는 데이터베이스를 생성하여 보자.

```
+---------------------------+---------------+-------+
| title                     | publisher     | price |
+---------------------------+---------------+-------+
| Operating System Concepts | Wiley         | 30700 |
| Head First PHP and MYSQL  | OReilly       | 58000 |
| C Programming Language    | Prentice-Hall | 35000 |
| Head First SQL            | OReilly       | 43000 |
+---------------------------+---------------+-------+
```

SQL이란?

SQL 관계형 데이터베이스에서 사용하기 위하여 설계된 언어이다. 표준적인 SQL 명령어들이 있으며 이것은 모든 관계형 데이터베이스에 의하여 지원된다. SQL 명령어들은 두 가지의 카테고리로 나누어진다. **데이터 정의 명령어(Data Definition Language)**들은 테이블을 생성하거나 변경한다. **데이터 조작 명령어(Data Manipulation Language)**는 데이터를 추출, 추가, 삭제, 수정한다. 많이 사용되는 SQL 명령어를 요약하면 다음과 같다.

구분	명령어	설명
데이터 정의 명령어 (Data Definition Language)	CREATE	사용자가 제공하는 컬럼 이름을 가지고 테이블을 생성한다. 사용자는 컬럼의 데이터 타입도 지정하여야 한다. 데이터 타입은 데이터베이스에 따라 달라진다. CREATE TABLE은 보통 DML보다 적게 사용된다. 왜냐하면 이미 테이블이 만들어져 있는 경우가 많기 때문이다.
	ALTER	테이블에서 컬럼을 추가하거나 삭제한다.
	DROP	테이블의 모든 레코드를 제거하고 테이블의 정의 자체를 데이터베이스로부터 삭제하는 명령어이다.
	USE	어떤 데이터베이스를 사용하는지를 지정
데이터 조작 명령어 (Data Manipulation Language)	SELECT	데이터베이스로부터 데이터를 쿼리하고 출력한다. SELECT 명령어들은 결과 집합에 포함시킬 컬럼을 지정한다. SQL 명령어 중에서 가장 자주 사용된다.
	INSERT	새로운 레코드를 테이블에 추가한다. INSERT는 새롭게 생성된 테이블을 채우거나 새로운 레코드를 이미 존재하는 테이블에 추가할 때 사용된다.
	DELETE	지정된 레코드를 테이블로부터 삭제한다.
	UPDATE	테이블에서 레코드에 존재하는 값을 변경한다.

데이터베이스 생성하기

데이터베이스에 데이터를 저장하기 전에 당연히 데이터베이스부터 생성하여야 한다. 여기서는 MySQL의 명령어인 CREATE를 사용하여 데이터베이스를 생성해보기로 하자. CRAETE는 다음과 같은 구문을 가진다.

```
CREATE TABLE 테이블이름  (컬럼이름1  자료형1,  컬럼이름2  자료형2, ...);
```

책에 대한 데이터베이스와 테이블을 생성하기 위하여 [MySQL 5.6 Command Line Client]에서 다음과 같은 명령어를 입력하여 실행해보자.

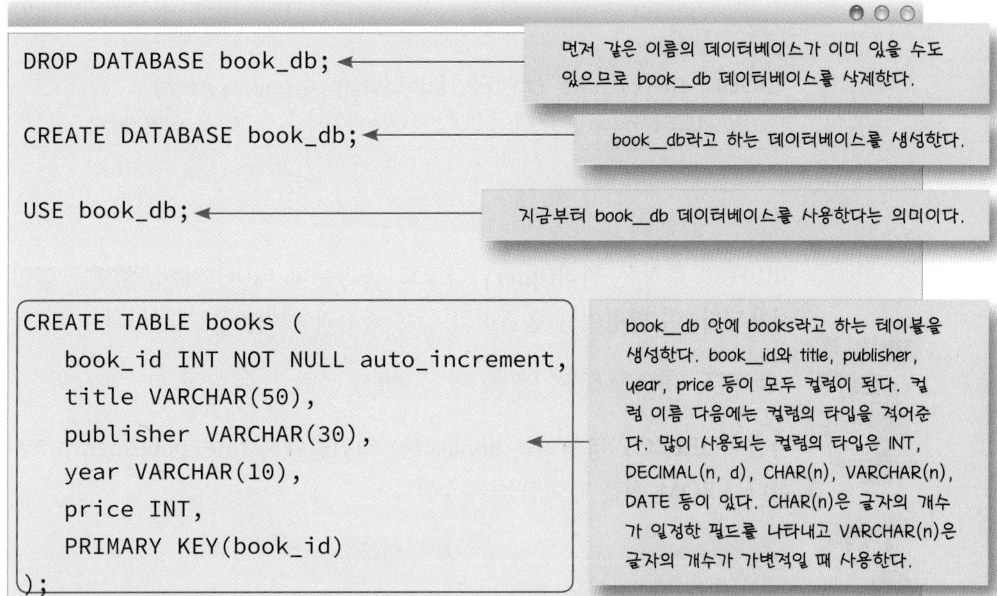

먼저 같은 이름의 데이터베이스가 이미 있을 수도 있으므로 book_db 데이터베이스를 삭제한다.
book_db라고 하는 데이터베이스를 생성한다.
지금부터 book_db 데이터베이스를 사용한다는 의미이다.
book_db 안에 books라고 하는 테이블을 생성한다. book_id와 title, publisher, year, price 등이 모두 컬럼이 된다. 컬럼 이름 다음에는 컬럼의 타입을 적어준다. 많이 사용되는 컬럼의 타입은 INT, DECIMAL(n, d), CHAR(n), VARCHAR(n), DATE 등이 있다. CHAR(n)은 글자의 개수가 일정한 필드를 나타내고 VARCHAR(n)은 글자의 개수가 가변적일 때 사용한다.


```
DROP DATABASE book_db;

CREATE DATABASE book_db;

USE book_db;

CREATE TABLE books (
   book_id INT NOT NULL auto_increment,
   title VARCHAR(50),
   publisher VARCHAR(30),
   year VARCHAR(10),
   price INT,
   PRIMARY KEY(book_id)
);
```

book_id 컬럼의 데이터 타입은 INT이다. 이 컬럼은 NULL이 되면 안 된다. 또 이 컬럼 값은 레코드가 추가될 때마다 자동으로 증가한다. book_id 컬럼이 주요키(primary key)가 된다. 주요키는 테이블에서 각각의 레코드를 구별할 수 있는 유일한 값이다. 모든 테이블은 주요키를 가져야 한다.

레코드 추가하기

데이터베이스를 생성하였으면 다음 작업은 레코드를 추가하는 것이다. 레코드 추가는 INSERT 명령어를 사용한다. INSERT 문장의 형식은 먼저 데이터를 삽입하기를 원하는 컬럼들을 나열하고 실제의 데이터를 뒤이어 나열하면 된다.

```
INSERT INTO 테이블이름  [(컬럼이름1, 컬럼이름2, ...)] VALUES (값1, 값2, ...);
```

다음과 같은 문장들을 입력하여 테이블에 몇 개의 레코드를 추가해본다.

```
mysql> USE book_db;

INSERT INTO books (title, publisher, year, price)
   VALUES('Operating System Concepts', 'Wiley', '2003', 30700);

INSERT INTO books (title, publisher, year, price)
   VALUES('Head First PHP and MYSQL', 'OReilly', '2009', 58000);

INSERT INTO books (title, publisher, year, price)
   VALUES('C Programming Language ', 'Prentice-Hall', '1989', 35000);

INSERT INTO books (title, publisher, year, price)
   VALUES('Head First SQL', 'OReilly', '2007', 43000);
```

레코드 검색하기

SELECT 문장은 **쿼리(query)**라고도 불리는데 테이블에서 정보를 얻어내기 위하여 사용된다. 이 명령어는 출력하고 싶은 컬럼과 테이블을 지정한다.

```
SELECT 컬럼이름 FROM 테이블이름 [ WHERE 조건 ] [ORDER BY 정렬방식]
```

다음의 SELECT 명령어는 books라는 테이블에서 title, publisher, price 컬럼을 출력한다. FROM 절은 테이블을 지정한다.

```
mysql> USE book_db;
mysql> SELECT title, publisher, price FROM books;
+---------------------------+---------------+-------+
| title                     | publisher     | price |
+---------------------------+---------------+-------+
| Operating System Concepts | Wiley         | 30700 |
| Head First PHP and MYSQL  | OReilly       | 58000 |
| C Programming Language    | Prentice-Hall | 35000 |
| Head First SQL            | OReilly       | 43000 |
+---------------------------+---------------+-------+
```

SELECT 명령어의 결과로 나오는 레코드들의 집합을 결과 집합(result set)이라고 한다. 다음의 코드는 테이블 안의 모든 레코드를 포함하는 결과 집합을 생성한다. 왜냐하면 모든 컬럼을 요청하고 있고 조건이 없기 때문이다. 여기서 SELECT * 는 모든 컬럼을 선택함을 의미한다.

```
mysql> SELECT * from books;
+---------+---------------------------+--------------+------+-------+
| book_id | title                     | publisher    | year | price |
+---------+---------------------------+--------------+------+-------+
|       1 | Operating System Concepts | Wiley        | 2003 | 30700 |
|       2 | Head First PHP and MYSQL  | OReilly      | 2009 | 58000 |
|       3 | C Programming Language    | Prentice-Hall| 1989 | 35000 |
|       4 | Head First SQL            | OReilly      | 2007 | 43000 |
+---------+---------------------------+--------------+------+-------+
```

SELECT를 사용할 때 선택을 위한 조건을 명시할 수 있다. 이런 경우에는 결과 집합이 제시된 조건을 만족하는 레코드들이 된다. WHERE 절은 레코드를 선택하는 기준을 제공한다. 예를 들어서 title이 'Head First'로 시작되는 레코드만 선택하려면 다음과 같이 한다.

```
mysql> SELECT * FROM books WHERE title LIKE 'Head First%';
+---------+--------------------------+-----------+------+-------+
| book_id | title                    | publisher | year | price |
+---------+--------------------------+-----------+------+-------+
|       2 | Head First PHP and MYSQL | OReilly   | 2009 | 58000 |
|       4 | Head First SQL           | OReilly   | 2007 | 43000 |
+---------+--------------------------+-----------+------+-------+
```

키워드 LIKE는 문자열을 비교할 때 사용된다. 이것은 와일드 카드(wildcard)를 가지고 있는 패턴을 사용할 수 있다. 'Head First%'에서 퍼센트(%) 기호는 문자열 'Head First'에다 0개 이상의 문자를 더하는 것을 의미한다. 따라서 'Head First PHP' 또는 'Head First SQL'이 매칭된다. 그러나 'Head'는 안 된다. 다른 와일드 카드로는 언더라인 (_)이 있다. 이것은 하나의 글자대신 사용할 수 있다.

WHERE 절에서 등호와 부등호를 사용하게 되면 숫자를 비교할 수 있다. 아래의 문장은 가격이 30000원보다는 높고 50000원보다는 낮은 책을 선택한다.

```
mysql> SELECT * FROM books WHERE price > 30000 and price < 50000;
+---------+---------------------------+--------------+------+-------+
| book_id | title                     | publisher    | year | price |
+---------+---------------------------+--------------+------+-------+
|       1 | Operating System Concepts | Wiley        | 2003 | 30700 |
|       3 | C Programming Language    | Prentice-Hall| 1989 | 35000 |
|       4 | Head First SQL            | OReilly      | 2007 | 43000 |
+---------+---------------------------+--------------+------+-------+
```

레코드들을 정렬하여 출력하려면 ORDER BY를 사용한다. 다음의 문장은 모든 책을 발행연도로 정렬하여 출력한다.

```
mysql> SELECT * FROM books ORDER BY year;
+---------+--------------------------+--------------+------+-------+
| book_id | title                    | publisher    | year | price |
+---------+--------------------------+--------------+------+-------+
|       3 | C Programming Language   | Prentice-Hall | 1989 | 35000 |
|       1 | Operating System Concepts | Wiley        | 2003 | 30700 |
|       4 | Head First SQL           | OReilly      | 2007 | 43000 |
|       2 | Head First PHP and MYSQL | OReilly      | 2009 | 58000 |
+---------+--------------------------+--------------+------+-------+
4 rows in set (0.03 sec)
```

레코드 수정하기

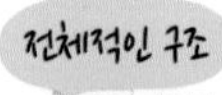

SQL의 UPDATE 명령어를 사용하면 레코드를 변경할 수 있다. UPDATE 명령어는 다음과 같은 구문을 가진다. 만약 조건을 주지 않으면 모든 레코드가 변경된다.

```
UPDATE 테이블이름 SET 컬럼명 = 새로운값, ... [WHERE 조건];
```

아래의 SQL 문장은 만약 출판 연도가 19XX이면 가격을 30000원으로 변경한다.

```
mysql> USE book_db;

mysql> UPDATE books SET price = 30000 WHERE year LIKE '19%';
Query OK, 1 row affected (0.02 sec)
Rows matched: 1  Changed: 1  Warnings: 0

mysql> SELECT * FROM books;
+---------+--------------------------+--------------+------+-------+
| book_id | title                    | publisher    | year | price |
+---------+--------------------------+--------------+------+-------+
|       1 | Operating System Concepts | Wiley        | 2003 | 30700 |
|       2 | Head First PHP and MYSQL | OReilly      | 2009 | 58000 |
|       3 | C Programming Language   | Prentice-Hall | 1989 | 30000 |
|       4 | Head First SQL           | OReilly      | 2007 | 43000 |
+---------+--------------------------+--------------+------+-------+
```

레코드 삭제하기

SQL의 DELETE 명령어를 사용하면 현재의 레코드를 삭제할 수 있다. DELETE 명령어는 다음과 같은 구문을 가진다.

```
DELETE FROM 테이블이름 [WHERE 조건];
```

아래의 SQL 문장은 출판 연도가 19XX인 레코드를 삭제한다.

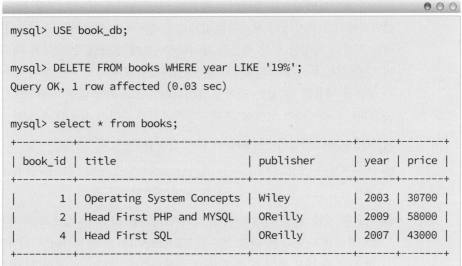

```
mysql> USE book_db;

mysql> DELETE FROM books WHERE year LIKE '19%';
Query OK, 1 row affected (0.03 sec)

mysql> select * from books;
+---------+--------------------------+----------------+------+-------+
| book_id | title                    | publisher      | year | price |
+---------+--------------------------+----------------+------+-------+
|       1 | Operating System Concepts | Wiley          | 2003 | 30700 |
|       2 | Head First PHP and MYSQL | OReilly        | 2009 | 58000 |
|       4 | Head First SQL           | OReilly        | 2007 | 43000 |
+---------+--------------------------+----------------+------+-------+
```

결과 집합(Result Sets)과 커서(Cursors)

쿼리의 조건을 만족하는 레코드들의 집합이 **결과 집합(result set)**이다. 결과 집합에서 사용자는 커서를 사용하여 한 번에 한 레코드씩 데이터에 접근할 수 있다. **커서(cursor)**는 결과 집합의 레코드들을 포함하고 있는 파일에 대한 포인터라고 간주할 수 있다. 이 포인터는 현재 접근되고 있는 레코드들을 가리킨다. 커서는 사용자로 하여금 결과 집합에서 각각의 레코드들을 처리할 수 있도록 도와준다. 커서는 레코드들에 대하여 반복 처리를 할 때에 이용된다. 대부분의 DBMS은 결과 집합이 생성될 때 커서가 자동적으로 만들어 진다. 커서는 정방향이나 역방향으로 움직일 수 있다 따라서 특정한 레코드로 이동할 수 있다.

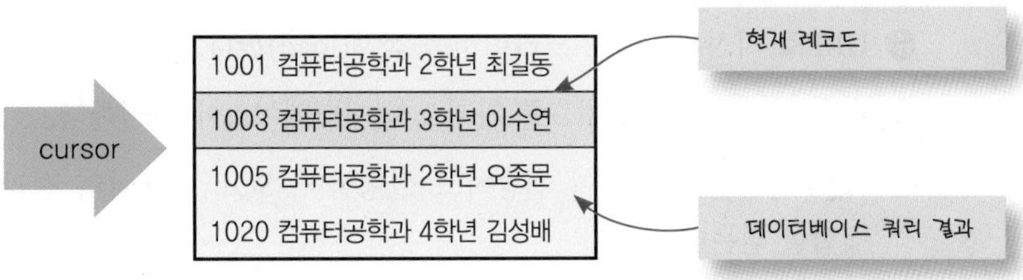

04 JDBC를 이용한 프로그래밍

JDBC 드라이버 설치

자바와 데이터베이스를 연결하는 형태는 여러 가지가 있지만 가장 간단한 것은 해당 데이터베이스 회사에서 제공하는 JDBC 드라이버를 설치하는 것이다. JDBC 드라이버란 자바가 특정한 회사 제품의 데이터베이스에 접근할 수 있도록 해주는 드라이버의 일종이다. 우리가 비디오 카드를 구입하였어도 비디오 카드를 구동하는 드라이버가 없으면 사용할 수 없는 것처럼 데이터베이스도 해당 데이터베이스 회사가 제공하는 JDBC 드라이버가 있어야 그 데이터베이스를 자바가 사용할 수 있다.

MySQL JDBC 드라이버는 다음과 같이 설치할 수 있다.

❶ http://dev.mysql.com/downloads/connector/j/로 가서 "Platform Independent"를 선택하고 ZIP 형식으로 다운로드를 받아서 압축을 푼다.

❷ 다음은 자바 가상 기계가 이 드라이버 파일을 찾을 수 있도록 하여야 한다. 클래스 경로를 나타내는 환경 변수인 CLASSPATH를 변경하여도 되지만 가장 간단한 방법은 JAR 파일을 jre/lib/ext 디렉토리에 복사하는 것이다. 여기서 jre은 자바 런타임 환경이 설치되어 있는 디렉토리를 나타낸다. 예를 들어 운영 체제가 윈도우라면 C:\Program Files\java\jre1.8.0_45가 된다. jre 다음에 붙는 숫자는 버전에 따라 다를 수 있다. mysql-connector-java-5.1.35-bin.jar 파일을 C:\Program Files\java\jre1.8.0_45\lib\ext에 복사한다.

```
C> copy  mysql-connector-java-5.1.35-bin.jar  C:\
                         Program Files\java\jre1.8.0_45\lib\ext
```

JDBC를 이용한 데이터베이스 사용 절차

JDBC를 이용하여 데이터베이스를 사용하는 전형적인 절차는 다음과 같다.

❶ URL로 지정된 JDBC 드라이버를 적재(load)한다.

❷ 사용자 이름과 패스워드를 가지고 데이터베이스에 연결한다.

❸ SQL 문장을 작성하여 전송하고 실행한다. SQL 명령어의 결과로 생성되는 결과 집합을 얻는다.

❹ 결과 집합을 화면에 표시하거나 결과 집합을 처리한다. 사용이 끝나면 연결을 해제한다.

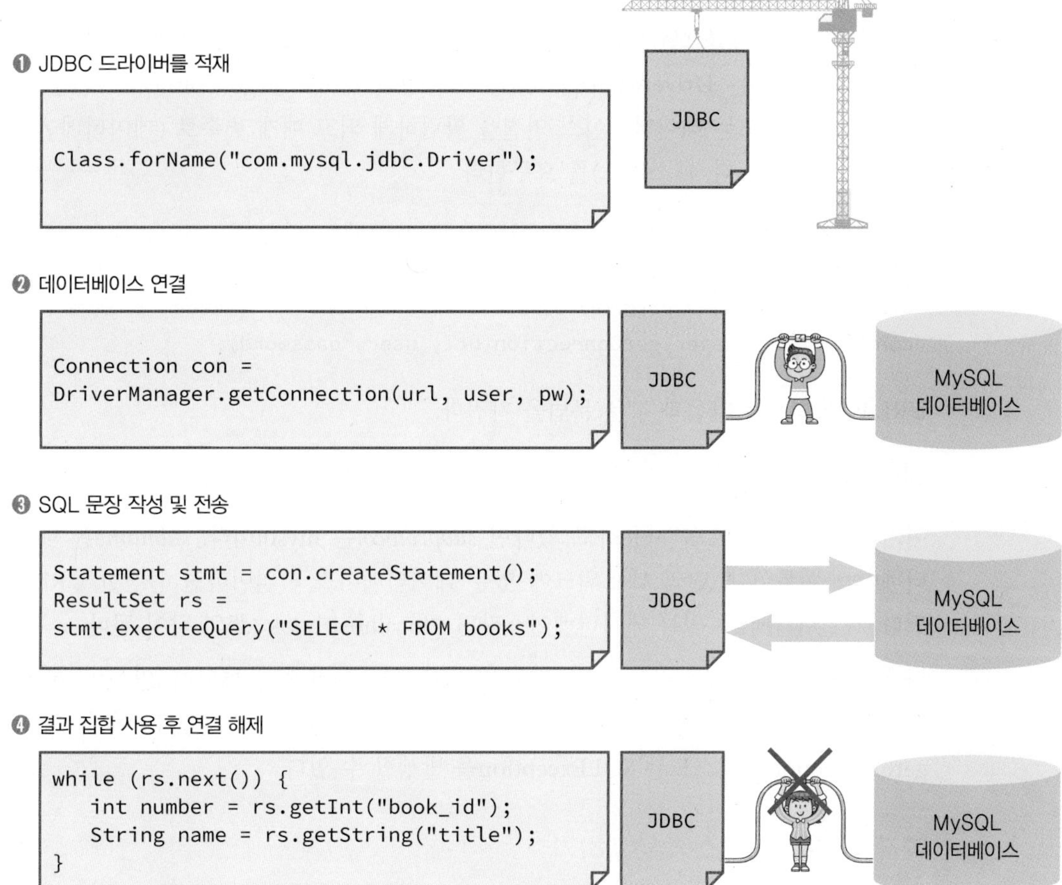
❶ JDBC 드라이버를 적재
Class.forName("com.mysql.jdbc.Driver");
JDBC
❷ 데이터베이스 연결
Connection con =
DriverManager.getConnection(url, user, pw);
JDBC
MySQL
데이터베이스
❸ SQL 문장 작성 및 전송
Statement stmt = con.createStatement();
ResultSet rs =
stmt.executeQuery("SELECT * FROM books");
JDBC
MySQL
데이터베이스
❹ 결과 집합 사용 후 연결 해제
while (rs.next()) {
int number = rs.getInt("book_id");
String name = rs.getString("title");
}
JDBC
MySQL
데이터베이스

그림 19-5 • JDBC를 이용한 데이터베이스 사용 절차

드라이버 클래스 적재

첫 번째 단계는 드라이버 클래스를 등록하여 프로그램 안으로 드라이버 클래스 파일을 적재하여야 한다. Class 클래스의 forName()이라는 메소드를 사용할 수 있다. 예를 들어서 우리가 설치한 MySQL JDBC 드라이버를 등록하려면 다음과 같은 문장을 사용한다.

```
try {
    Class.forName("com.mysql.jdbc.Driver");
}
catch (ClassNotFoundException e) {
    System.out.println("드라이버를 찾을 수 없습니다.");
}
```

forName() 메소드는 ClassNotFoundException을 발생할 수 있기 때문에 반드시 try/catch 블록을 사용하여야 한다.

데이터베이스 연결

드라이버를 적재하였으면 드라이버를 통하여 데이터베이스 시스템과 연결할 수 있다. 연결하기 위해서는 DriverManager 클래스의 정적 메소드인 getConnection()을 호출한다. 이 메소드는 데이터베이스 연결을 확립하게 되고 매개 변수로 (데이터베이스 URL, 사용자 아이디, 패스워드)를 요구한다.

```
String url = "jdbc:mysql://localhost/book_db";
String user = "root";
String password = "password";
con = DriverManager.getConnection(url, user, password);
```

URL 매개 변수는 다음과 같은 문법을 가진다.

```
jdbc:subprotocol:subname
```

여기서 만약 MySQL을 사용하고 있다면 *subprotocol*은 mysql이다. *subname*은 데이터베이스 이름이다. 만약 네트워크에 있는 데이터베이스 파일이라면 완전한 URL이 된다. 로컬 컴퓨터에 있는 데이터베이스라면 //localhost/book_db와 같이 된다.

사용자 아이디와 패스워드는 물론 데이터베이스 서버에 등록되어 있어야 한다. MySQL의 경우에는 설치 시에 아이디와 패스워드를 설정할 수 있다. 여기에서도 getConnection() 메소드는 SQLException을 발생할 수 있다.

예제: 데이터베이스에 연결하기

자 이제는 이 모든 것을 한데 묶어보자. 앞에서 설명한대로 [MySQL 5.6 Command Line Client]를 사용하여 book_db를 미리 생성하여야 오류가 발생하지 않는다.

ConnectDatabase.java

```java
import java.sql.*;

public class ConnectDatabase {
   public static Connection makeConnection() {
      String url = "jdbc:mysql://localhost/book_db";
                                          // book_db가 생성되어 있어야 한다!
      String id = "root";
      String password = "password";
      Connection con = null;
      try {
         Class.forName("com.mysql.jdbc.Driver");
         System.out.println("드라이버 적재 성공");
         con = DriverManager.getConnection(url, id, password);
         System.out.println("데이터베이스 연결 성공");
      } catch (ClassNotFoundException e) {
```

자신이 설정한 패스워드로 변경한다.

```
            System.out.println("드라이버를 찾을 수 없습니다.");
        } catch (SQLException e) {
            System.out.println("연결에 실패하였습니다.");
        }
        return con;
    }

    public static void main(String arg[]) throws SQLException {
        Connection con = makeConnection();
    }
}
```

```
드라이버 적재 성공
데이터베이스 연결 성공
```

만약 "드라이버를 찾을 수 없습니다."라는 오류 메시지가 나오면 "Connector/J"가 제대로 설치되지 않은 것이다. 또 "연결에 실패하였습니다." 메시지가 나오면 MySQL 안에 book_db를 올바르게 생성하였는지 체크한다.

SQL 문장 실행

데이터베이스로 연결한 후에는 SELECT와 같은 SQL 문장들을 실행할 수 있다. 이때 사용되는 것이 Connection, Statement, ResultSet 인터페이스이다.

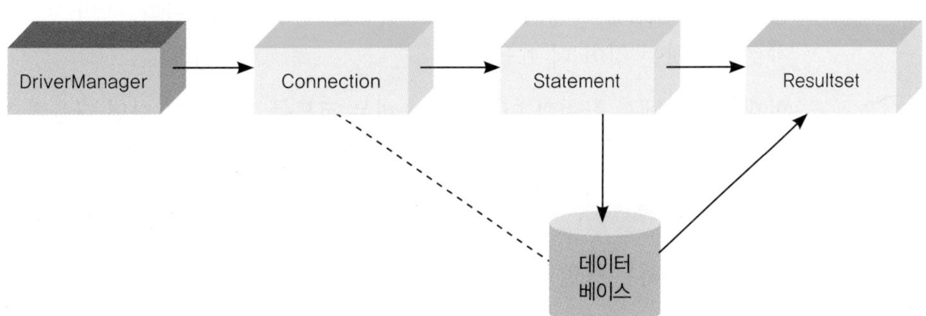

그림 19-6 • Connection, Statem.ent, ResultSet 인터페이스의 역할

예를 들어서 SELECT 문장을 실행시키려면 다음과 같은 문장을 사용한다.

```
Statement s = con.createStatement();                    // 문장 객체 생성
String select = "SELECT * FROM books ORDER BY book_id";
                                                        // SQL 문장 생성
ResultSet rows = s.executeQuery(select);                // SQL 문장 실행
```

여기서 쿼리의 실행으로 생성되는 결과 집합은 rows라는 변수에 저장된다.

결과 집합에서 이동

다음 단계는 결과 집합에서 레코드를 하나씩 접근하여 작업을 하여야 한다. executeQuery 메소드에 의하여 반환된 ResultSet 객체에는 SELECT 문장에 의하여 추출된 모든 레코드가 들어 있다. 하지만 우리는 한 번에 하나의 레코드만 접근할 수 있다.

이것을 위하여 커서(cursor)라는 포인터가 제공되는데, 이 커서를 움직이기 위하여 다양한 메소드가 제공된다. 예를 들어서 결과 집합에서 레코드를 하나씩 처리하는 예는 다음과 같다.

```
while(rows.next())
{
    // 현재 레코드를 처리한다.
    int id = rs.getInt("book_id");
    ...
}
```

커서 객체는 previous(), first(), last(), absolute(), relative(), beforeFirst(), afterLast()와 같은 다양한 이동 메소드들을 가지고 있다.

결과 집합 처리

다음 단계는 레코드에서 컬럼의 값을 추출하는 단계이다. 이것을 위하여 많은 메소드들이 준비되어 있다. 이들 메소드는 두 가지의 카테고리로 나눌 수 있다. 하나는 컬럼을 이름으로 접근하고 다른 하나는 컬럼을 번호로 접근한다. 만약 번호를 안다면 숫자로 접근하는 것이 더 효율적이다.

현재 레코드에서 학번과 이름을 추출하는 코드를 작성하여 보면 다음과 같다.

```
int id = row.getInt("id");
String name = row.getString("name");
```

다음 코드에서는 동일한 작업을 컬럼 번호를 이용하여 수행한다.

```
int id = row.getInt(1);
String name = row.getString(2);
```

자바에서는 인덱스 번호가 0부터 시작하지만 SQL에서는 1부터 시작한다. 레코드에서 컬럼값을 추출하는 메소드는 getXXX()와 같은 형태를 가진다.

예제: 검색결과 출력하기

우리가 작성한 데이터베이스에서 책을 전부 검색하여 콘솔에 출력하는 프로그램을 작성하여 보자.

SQLSelectTest.java

```
import java.sql.*;

public class SQLSelectTest {
    public static Connection makeConnection()
    {
      String url = "jdbc:mysql://localhost/book_db";
                                              // book_db가 생성되어 있어야 한다!
      String id = "root";
      String password = "password";
      Connection con = null;
      try {
         Class.forName("com.mysql.jdbc.Driver");
         System.out.println("드라이버 적재 성공");
         con = DriverManager.getConnection(url, id, password);
         System.out.println("데이터베이스 연결 성공");
      } catch (ClassNotFoundException e) {
         System.out.println("드라이버를 찾을 수 없습니다.");
      } catch (SQLException e) {
         System.out.println("연결에 실패하였습니다.");
      }
      return con;
    }
    public static void main(String arg[]) throws SQLException {
        Connection con = makeConnection();
        Statement stmt = con.createStatement();
        ResultSet rs = stmt.executeQuery("SELECT * FROM books");
        while (rs.next()) {
                int id = rs.getInt("book_id");
                String title = rs.getString("title");
                System.out.println(id + " " + title);
        }
    }
}
```

설치시에 입력한 패스워드로 적절하게 변경할것

쿼리를 실행하고 결과를 출력한다.

```
드라이버 적재 성공
데이터베이스 연결 성공
1 Operating System Concepts
2 Head First PHP and MYSQL
3 C Programming Language
4 Head First SQL
```

레코드 추가, 수정, 삭제

만약 레코드를 추가하거나 수정, 삭제하려면 executeUpdate() 메소드를 사용하여야 한다. executeUpdate() 메소드는 변경된 레코드의 개수를 반환한다. 이 반환값을 이용하여 데이터들이 제대로 추가되었는지를 확인할 수 있다.

예를 들어서 책의 이름, 출판사, 출판연도, 가격을 받아서 테이블에 추가하는 함수를 작성하여 보면 다음과 같다.

SQLInsertTest.java

```java
import java.sql.*;

public class SQLInsertTest {
   public static Connection makeConnection() {
         ...// 전과 동일
      }

   public static void main(String arg[]) {
      addBook("Artificial Intellegence", "Addison Wesley", "2002",
               35000);
   }

   private static void addBook(String title, String publisher,
                     String year, int price) {
      Connection con = makeConnection();
      try {
         Statement stmt = con.createStatement();
         String s = "INSERT INTO books (title, publisher,
                   year, price) VALUES ";
         s += "('" + title + "','" + publisher + "','" + year +
               "','" + price + "')";
         System.out.println(s);
         int i = stmt.executeUpdate(s);
         if (i == 1)
            System.out.println("레코드 추가 성공");
         else
            System.out.println("레코드 추가 실패");
      } catch (SQLException e) {
         System.out.println(e.getMessage());
         System.exit(0);
      }
   }
}
```

SQL 명령어 INSERT를 사용하면 레코드를 추가할 수 있다.

```
드라이버 적재 성공
데이터베이스 연결 성공
INSERT INTO books (title, publisher, year, price) VALUES (
      'Artificial Intellegence','Addison Wesley','2002','35000')
레코드 추가 성공
```

makeConnection()은 이전에 등장하였던 함수와 동일하다. 연결이 성립되고 난 후에 Statement 객체가 생성되고 매개 변수로 전달된 값들을 이용하여 INSERT 문장이 구성된다.

이어서 executeUpdate() 메소드가 호출되어서 INSERT 문장을 실행하게 된다. 만약 반환값이 1이면 올바르게 레코드가 추가된 것이고 그렇지 않으면 추가에 실패한 것이다. UPDATE나 DELETE 문장도 같은 방법으로 실행할 수 있다. SQL 문장을 구성한 후에는 콘솔에 출력해보는 것이 디버깅에 도움이 된다.

05 Prepared Statements 사용하기

Prepared Statements는 많이 사용되는 SQL 문장이 있는 경우에 이것을 미리 SQL 문장으로 만들어두고 필요할 때마다 사용하는 기법이다. 예를 들어서 데이터베이스에 저장된 책 중에서 특정한 출판사의 책만을 찾는 쿼리를 Prepared Statements로 작성해보자.

```
SELECT books.title, books.price
FROM books
WHERE publisher=외부에서 제공
```

이 쿼리를 미리 만들어두고 필요할 때마다 사용해보자. Prepared Statements을 사용하면 성능이 향상된다.

외부에서 제공되는 값은 ?로 표시된다. 위와 같은 SQL 문장은 다음과 같이 Prepared Statements로 만들 수 있다.

```
String query =
    "SELECT books.title, books.price" +
    " FROM books" +
    " WHERE publisher = ?";

PreparedStatement stmt= con.prepareStatement(query);
```

Prepared Statements를 실행하기 전에 ?에 해당하는 값을 주어야 한다.

```
stmt.setString(1, "Wiley");
```

첫 번째 인수는 ? 변수의 번호이다. 두 번째 인수는 ? 변수의 값이다. 이렇게만 해놓으면 언제든지 필요할 때마다 Prepared Statements를 실행할 수 있다.

```
ResultSet rs =  stmt.executeQuery();
```

만약 INSERT, DELETE, UPDATE 문장을 사용하였다면 executeUpdate()를 호출하여야 한다.

예제

Prepared Statements 기능을 사용하여 많이 사용되는 쿼리 문장을 미리 만들어두고 필요할 때마다 사용해보자.

SQLPreparedTest.java

```java
import java.sql.*;

public class SQLPreparedTest {
   public static Connection makeConnection() {
      String url = "jdbc:mysql://localhost/book_db";
                                           // book_db가 생성되어 있어야 한다!
      String id = "root";
      String password = "password";
      Connection con = null;
      try {
         Class.forName("com.mysql.jdbc.Driver");
         System.out.println("드라이버 적재 성공");
         con = DriverManager.getConnection(url, id, password);
         System.out.println("데이터베이스 연결 성공");
      } catch (ClassNotFoundException e) {
         System.out.println("드라이버를 찾을 수 없습니다.");
      } catch (SQLException e) {
         System.out.println("연결에 실패하였습니다.");
      }
      return con;
   }

   public static void main(String arg[]) throws SQLException {
      Connection con = makeConnection();
      String query = "SELECT books.title, books.price" +
            " FROM books" + " WHERE publisher = ?";

      PreparedStatement stmt = con.prepareStatement(query);
      stmt.setString(1, "Wiley");

      ResultSet rs = stmt.executeQuery();
      while (rs.next()) {
         String title = rs.getString("title");
         int price = rs.getInt("price");
         System.out.println(title + " " + price);
      }
   }
}
```

특정한 쿼리 문장을 미리 만들어 둔다.

```
드라이버 적재 성공
데이터베이스 연결 성공
Operating System Concepts 30700
```

LAB 데이터베이스 레코드 뷰어 작성

다음과 같이 그래픽 사용자 인터페이스를 이용하여 데이터베이스 테이블의 내용을 화면에 표시하는 프로그램을 작성하여 보자.

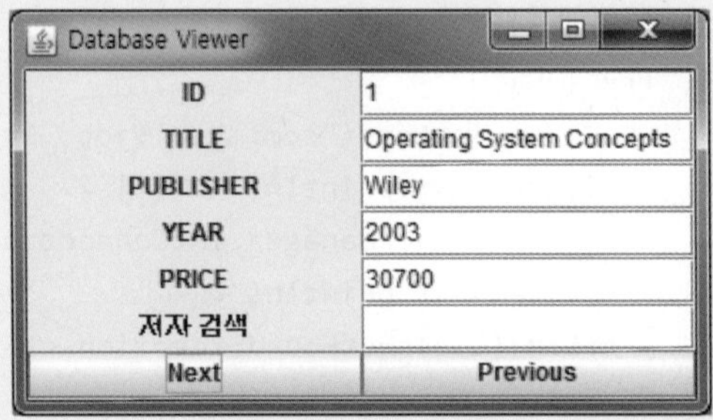

버튼이 눌려질 때마다 결과 집합에서 앞의 레코드로 가거나 뒤 레코드로 가면 된다. previous()와 next() 메소드를 사용한다.

데이터베이스 레코드 뷰어 작성

SQLSelectTest.java

```
// 소스를 입력하고 Ctrl+Shift+O를 눌러서 필요한 파일을 포함한다.

class MyFrame extends JFrame {
   JTextField id, title, p, year, price, author;
   JButton previousButton, nextButton, InsertButton, deleteButton,
         searchButton;
   ResultSet rs;
   Statement stmt;

   public MyFrame() throws SQLException {
      super("Database Viewer");
      Connection con = makeConnection();
      stmt = con.createStatement();
      rs = stmt.executeQuery("SELECT * FROM books");
      setLayout(new GridLayout(0, 2));
      add(new JLabel("ID", JLabel.CENTER));
      add(id = new JTextField());
      add(new JLabel("TITLE", JLabel.CENTER));
      add(title = new JTextField());
      add(new JLabel("PUBLISHER", JLabel.CENTER));
      add(p = new JTextField());
      add(new JLabel("YEAR", JLabel.CENTER));
      add(year = new JTextField());
      add(new JLabel("PRICE", JLabel.CENTER));
      add(price = new JTextField());
      add(new JLabel("저자 검색", JLabel.CENTER));
      add(author = new JTextField());

      previousButton = new JButton("Previous");
      previousButton.addActionListener(new ActionListener() {
         public void actionPerformed(ActionEvent event) {
            try {
               rs.previous();
               id.setText(" " + rs.getInt("book_id"));
               title.setText(" " + rs.getString("title"));
```

Previous 버튼에 이벤트 처리 코드를 붙인다.

```
                    p.setText(" " + rs.getString("publisher"));
                    year.setText(" " + rs.getString("year"));
                    price.setText(" " + rs.getInt("price"));
                } catch (SQLException e) {
                    e.printStackTrace();
                }
            }
        });

        nextButton = new JButton("Next");
        nextButton.addActionListener(new ActionListener() {
            public void actionPerformed(ActionEvent event) {
                try {
                    rs.next();
                    id.setText(" " + rs.getInt("book_id"));
                    title.setText(" " + rs.getString("title"));
                    p.setText(" " + rs.getString("publisher"));
                    year.setText(" " + rs.getString("year"));
                    price.setText(" " + rs.getInt("price"));

                } catch (SQLException e) {
                    e.printStackTrace();
                }
            }
        });
        add(nextButton);
        add(previousButton);
        setDefaultCloseOperation(JFrame.EXIT_ON_CLOSE);
        setSize(350, 200);
        // pack();
        setVisible(true);
    }

    public static Connection makeConnection() {
        String url = "jdbc:mysql://localhost/book_db";
        String id = "root";
        String password = "password";
        Connection con = null;
        try {
            Class.forName("com.mysql.jdbc.Driver");
            System.out.println("드라이버 적재 성공");
            con = DriverManager.getConnection(url, id, password);
            System.out.println("데이터베이스 연결 성공");
```

Next 버튼에 이벤트 처리 코드를 붙인다.

```java
        } catch (ClassNotFoundException e) {
            System.out.println("드라이버를 찾을 수 없습니다.");
        } catch (SQLException e) {
            System.out.println("연결에 실패하였습니다.");
        }
        return con;

    }
}

public class SQLSelectTest {
    public static void main(String[] args) throws SQLException {
        new MyFrame();
    }
}
```

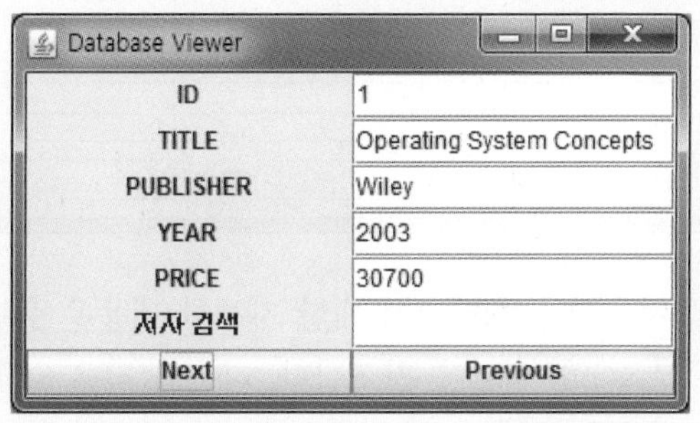

새로운 레코드를 추가하는 버튼을 추가할 수 있는가? 기능도 구현되어야 한다.

데이터베이스로 게임 기록 저장하기

사용자의 게임 점수를 기록하는 데이터베이스 프로그램을 생성하여 보자. 먼저 MySQL 콘솔을 실행하여 다음과 같은 SQL 명령어를 입력한다.

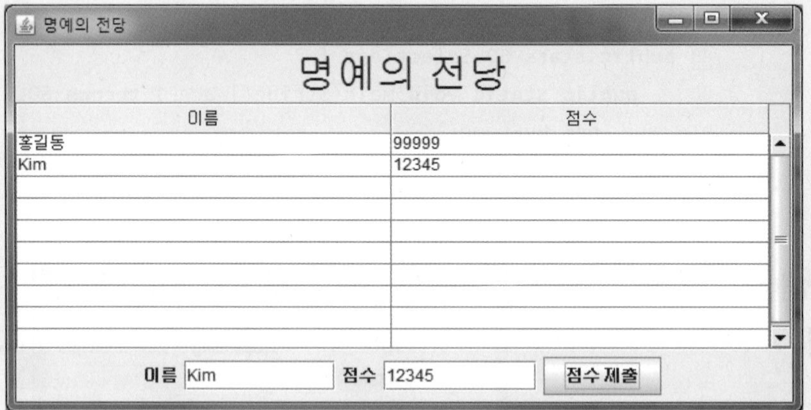

JTable을 사용한다. JTabel에 대한 자세한 내용은 출판사 홈페이지에서 다운로드받을 수 있는 부록 pdf 파일을 참조한다. 다음과 같은 SQL 명령어를 사용하여 gamescore 라고 하는 데이터베이스를 생성한다.

```
mysql> CREATE DATABASE gamescore;
Query OK, 1 row affected (0.00 sec)

mysql> USE gamescore;
Database changed
mysql> CREATE TABLE scores (name TEXT, score INT);
Query OK, 0 rows affected (0.00 sec)

mysql> DESCRIBE scores;
+-------+---------+------+-----+---------+-------+
| Field | Type    | Null | Key | Default | Extra |
+-------+---------+------+-----+---------+-------+
| name  | text    | YES  |     | NULL    |       |
| score | int(11) | YES  |     | NULL    |       |
+-------+---------+------+-----+---------+-------+
2 rows in set (0.02 sec)
```

데이터베이스로 게임 기록 저장하기

GameScoreTest.java

```
// 소스를 입력하고 Ctrl+Shift+O를 눌러서 필요한 파일을 포함한다.

public class GameScoreTest extends JFrame implements ActionListener {
   JTable table;
   JTextField namef;
   JTextField scoref;
   JButton button;

   MyTableModel model;

   public GameScoreTest() {
      super("명예의 전당");
      setSize(600, 300);
      setDefaultCloseOperation(EXIT_ON_CLOSE);

      model = new MyTableModel();
      model.fillTable();
      JLabel label = new JLabel("명예의 전당", JLabel.CENTER);
      label.setFont(new Font("SansSerif", Font.PLAIN, 30));
      add(label, BorderLayout.NORTH);

      table = new JTable(model);

      JScrollPane scrollPane = new JScrollPane(table);
      scrollPane.setPreferredSize(new Dimension(500, 200));
      add(scrollPane, BorderLayout.CENTER);

      JPanel panel = new JPanel();

      panel.add(new JLabel("이름"));
      namef = new JTextField(10);
      panel.add(namef);

      panel.add(new JLabel("점수"));
      scoref = new JTextField(10);
      panel.add(scoref);
```

JTable 객체를 생성한다. 우리의 테이블 모델을 사용한다.

사용자 인터페이스 부분을 만든다.

```java

        button = new JButton("점수 제출");
        button.addActionListener(this);
        panel.add(button);

        add(panel, BorderLayout.SOUTH);
        setVisible(true);
    }

    public void actionPerformed(ActionEvent event) {
        String name = namef.getText();
        String score = scoref.getText();

        try {
            Connection conn = makeConnection();
            Statement stmt = conn.createStatement();
            stmt.executeUpdate("INSERT INTO scores VALUES ('" + name +
                    "'," + score + ")");

            conn.close();
        } catch (SQLException e) {
            System.err.println("Caught Exception: " + e.getMessage());
        }
        model.fillTable();
    }
```

버튼이 눌려지면 필드에서 이름과 점수를 읽어서 데이터베이스에 추가한다. 그리고 테이블을 채우는 메소드를 호출한다.

```java

    public static Connection makeConnection() {
        String url = "jdbc:mysql://localhost/gamescore";
        String id = "root";
        String password = "password";
        Connection con = null;
        try {
            Class.forName("com.mysql.jdbc.Driver");
            System.out.println("드라이버 적재 성공");
            con = DriverManager.getConnection(url, id, password);
            System.out.println("데이터베이스 연결 성공");
        } catch (ClassNotFoundException e) {
            System.out.println("드라이버를 찾을 수 없습니다.");
        } catch (SQLException e) {
            System.out.println("연결에 실패하였습니다.");
        }
        return con;

```

데이터베이스에 연결한다.

```
    }

    public static void main(String[] args) {
        GameScoreTest mainApp = new GameScoreTest();
    }

    public class MyTableModel extends AbstractTableModel {
        private String[] columnNames = { "이름", "점수" };
        private static final int ROWS = 10;
        private static final int COLS = 2;
        Object[][] data = new String[ROWS][COLS];

        public int getColumnCount() {
            return columnNames.length;
        }

        public int getRowCount() {
            return data.length;
        }

        public String getColumnName(int col) {
            return columnNames[col].toString();
        }

        public void fillTable() {
            try {
                Connection conn = makeConnection();
                Statement stmt = conn.createStatement();
                ResultSet rs = stmt
                        .executeQuery("SELECT * FROM scores ORDER BY score
                        DESC LIMIT " + ROWS);

                int row = 0;
                while (rs.next()) {
                    data[row][0] = rs.getString("name");
                    data[row][1] = rs.getString("score");
                    row++;
                }
                conn.close();
            } catch (SQLException e) {
                System.err.println("Caught Exception: " + e.getMessage());
            }
            fireTableDataChanged();
```

테이블의 모든 것을 알려주는 테이블 모델 클래스를 작성한다. 테이블의 크기, 각 셀의 데이터를 반환한다.

데이터베이스에서 데이터를 읽어서 배열을 채운다. 테이블이 변경되었다는 메소드를 호출한다.

```java
    }

    public void setValueAt(Object value, int row, int col) {
        data[row][col] = value;
        fireTableCellUpdated(row, col);
    }

    public Object getValueAt(int row, int col) {
        return data[row][col];
    }

}
}
```

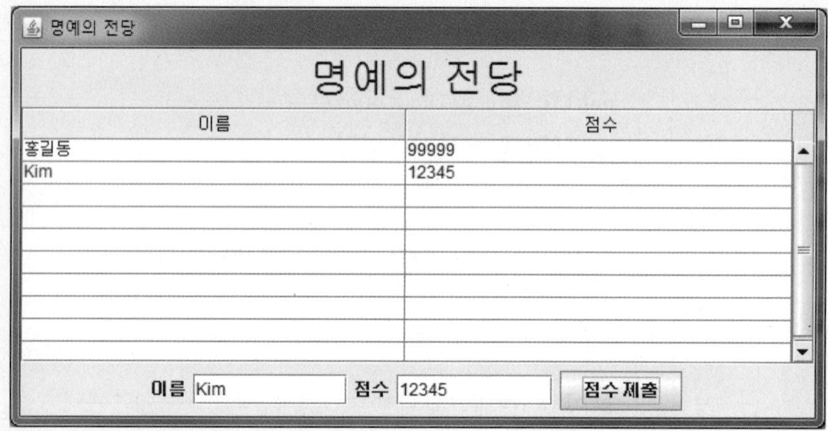

20 CHAPTER

실전 프로젝트 #2: 갤러그 게임 제작하기

학습목표

드디어 우리는 이 책의 마지막 장으로 왔다. 여기서는 새로운 내용은 학습하지 않는다. 이제까지 학습한 내용을 바탕으로 갤러그 게임을 제작해보자. 그리고 이 게임을 jar 형식으로 사용자에게 배포하는 방법도 살펴보자.

학습목차

와 드디어 마지막인가요?
네, 여기서는 이제까지 학습한 내용을 총정리 하여서 간단한 게임을 제작하여 봅시다.

01 "갤러그" 게임

이번 장에서는 "갤러그"와 유사한 게임을 제작하여 보자. 이제까지 우리가 학습한 모든 것을 사용하여 보자.

갤러그는 유명한 아케이드 게임으로 게임사 남코에 의하여 1982년에 처음으로 배포되었으며 사용자는 우주선의 포를 발사하여 외계인들의 침공으로부터 지구를 구하는 게임이다.

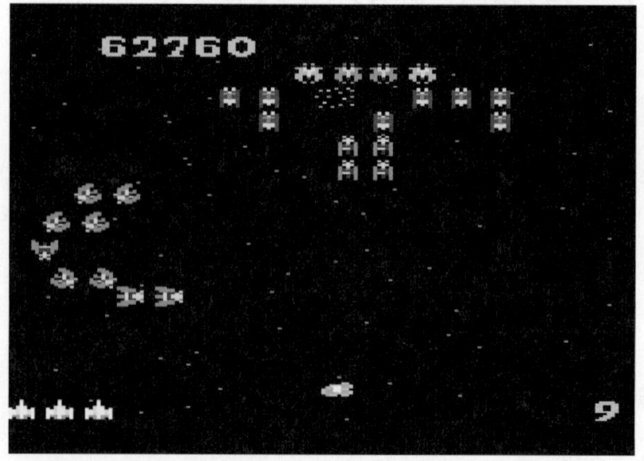

우리는 자바 그래픽을 이용하여 다음과 같은 "갤러그" 유사 게임을 제작할 것이다.

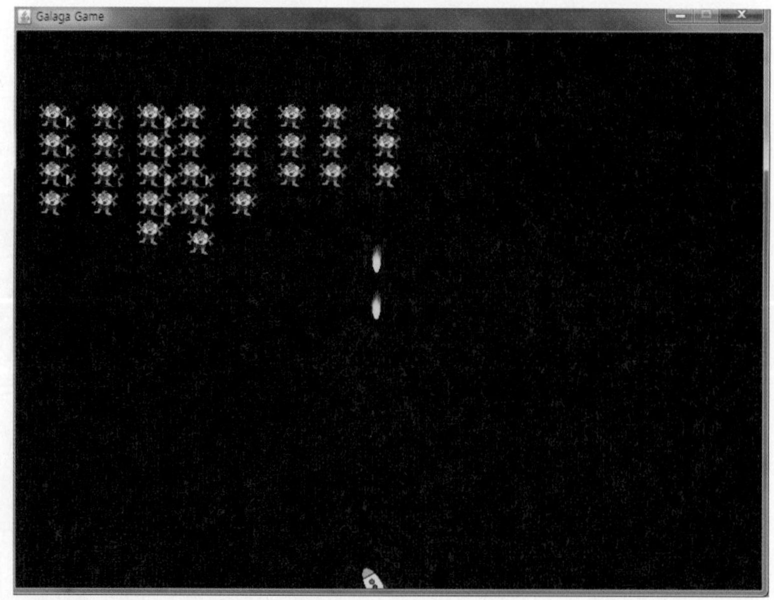

02 어떤 객체들이 필요한가?

객체 지향 프로그램에서는 객체들이 메시지를 주고받으면서 어떤 작업을 한다고 하였다. 객체 지향 프로그램을 작성하는 가장 첫 번째 단계는 어떤 객체들이 필요한가를 분석하는 단계이다. 갤러그 게임에서는 비교적 간단하다. 다음과 같은 객체만 있으면 될 것이다.

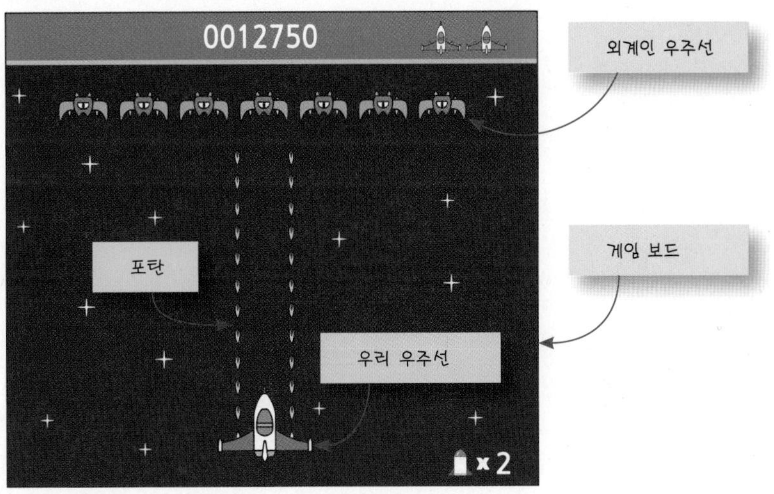

따라서 위의 객체들을 생성할 수 있는 클래스를 작성하면 된다.

- StarShipSprite 클래스 - 주인공 우주선을 모델링한다.
- AlienSprite 클래스 - 외계인 우주선을 모델링한다.
- ShotSprite 클래스 - 포탄을 모델링한다.
- GalagaGame 클래스 - 게임 보드를 모델링한다.

각 클래스들이 가져야 될 속성과 메소드를 생각해보자. 외계인 우주선이나 우리 우주선, 포탄은 모두 움직이고 있다. 따라서 현재 위치를 나타내는 x, y 변수가 필요하다. 또 1초에 움직이는 거리, 즉 x방향의 속도(dx 변수로 나타내자)와 y 방향의 속도(dy 변수로 나타내자)도 필요하다. 또 이들 클래스들은 모두 이미지를 가지고 있어야 할 것이다. 따라서 결론적으로 StarShipSprite 클래스, AlienSprite 클래스, ShotSprite 클래스들은 모두 어떤 공통적인 속성을 가지고 있다는 것이다.

3개의 클래스가 모두 공통적인 속성을 가지고 있다면 이것을 중복해서 정의하는 것보다 더 좋은 방법이 있다! 이미 여러분들도 떠올렸겠지만 상속을 사용하여야 한다. 따라서 Sprite 라는 클래스를 작성하고 여기에 공통적인 속성과 동작들을 정의하도록 하자.

공통적인 동작(메소드)에는 어떤 것들이 있을까? StarShipSprite 클래스, AlienSprite 클래스, ShotSprite 클래스들은 모두 화면에 자신의 이미지를 그리는 메소드 draw()를 가져야 한다. 그리고 1초에 한 번씩 호출되어서 자신의 위치를 변경하는 move() 메소드도 필요하다. move() 메소드는 다른 게임 관련 문헌에서는 update()라고도 한다.

자 그러면 이들 정보를 바탕으로 UML 클래스 다이어그램을 그려보면 아마 다음과 같이 그릴 수 있을 것이다.

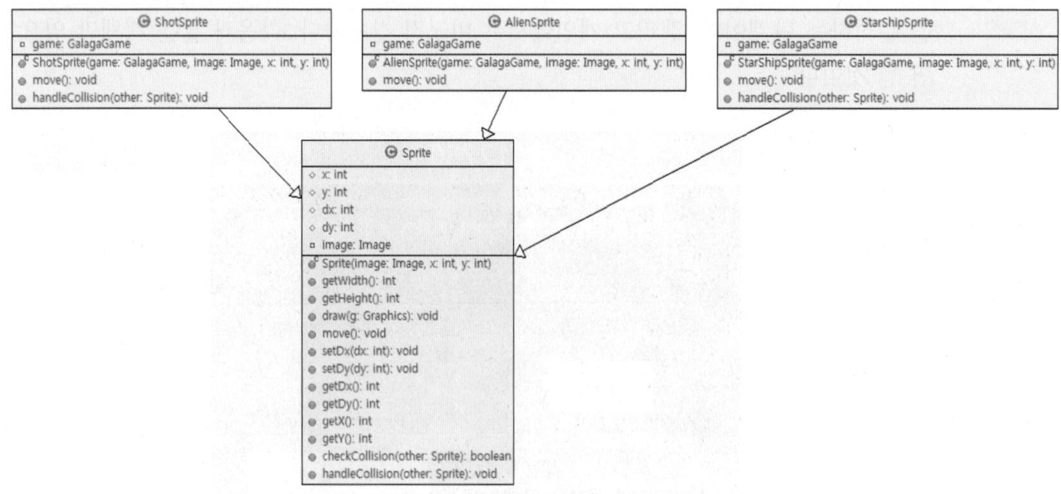

Sprite 클래스

자 그렇다면 먼저 가장 기초가 되는 Sprite 클래스를 작성해보면 다음과 같다. 이클립스에서 패키지 이름 위에서 마우스 오른쪽 버튼을 눌러서 [New] → [Class] 메뉴를 선택하고 Sprite.class를 생성하여 다음과 같이 입력한다.

Sprite.java

```
// 소스를 입력하고 Ctrl+Shift+O를 눌러서 필요한 파일을 포함한다.
public class Sprite {
   protected int x;          // 현재 위치의 x좌표
   protected int y;          // 현재 위치의 y좌표
   protected int dx;         // 단위시간에 움직이는 x방향 거리
   protected int dy;         // 단위시간에 움직이는 y방향 거리
   private Image image;      // 스프라이트가 가지고 있는 이미지

   // 생성자
   public Sprite(Image image, int x, int y) {
      this.image = image;
      this.x = x;
```

```
        this.y = y;
    }

    // 스프라이트의 가로 길이를 반환한다.
    public int getWidth() {
        return image.getWidth(null);
    }

    // 스프라이트의 세로 길이를 반환한다.
    public int getHeight() {
        return image.getHeight(null);
    }

    // 스프라이트를 화면에 그린다.
    public void draw(Graphics g) {
        g.drawImage(image, x, y, null);
    }

    // 스프라이트를 움직인다.
    public void move() {
        x += dx;
        y += dy;
    }

    // dx를 설정한다.
    public void setDx(int dx) {     this.dx = dx;   }

    // dy를 설정한다.
    public void setDy(int dy) {     this.dy = dy;   }

    // dx를 반환한다.
    public int getDx() {   return dx;   }

    // dy를 반환한다.
    public int getDy() {   return dy;   }

    // x를 반환한다.
    public int getX() {     return x;     }

    // y를 반환한다.
    public int getY() {     return y;     }

    // 다른 스프라이트와의 충돌 여부를 계산한다. 충돌이면 true를 반환한다.
```

```
    public boolean checkCollision(Sprite other) {
        Rectangle myRect = new Rectangle();
        Rectangle otherRect = new Rectangle();
        myRect.setBounds(x, y, getWidth(), getHeight());
        otherRect.setBounds(other.getX(), other.getY(), other.
            getWidth(), other.getHeight());

        return myRect.intersects(otherRect);
    }

    // 충돌을 처리한다.
    public void handleCollision(Sprite other) {

    }
}
```

myRect와 otherRect가 겹치는지를 검사하여 반환한다.

스프라이트 간의 충돌은 Rectangle 클래스의 intersects() 메소드를 사용하는 것이 가장 편리하다. 스프라이트의 크기를 넣어서 2개의 Rectangle 객체를 생성한 후에 intersects() 메소드를 호출하여 true가 반환되면 2개의 스프라이트가 충돌한 것이다.

StarShipSprite 클래스

StarShipSprite 클래스는 우리 우주선을 나타낸다. 여기서 GalagaGame 객체의 참조값을 생성자에서 받아서 저장해놓는 것이 좋다. 왜냐하면 GalagaGame 객체의 메소드를 호출할 필요가 있기 때문이다. Sprite 클래스의 move()와 draw()를 자신의 상황에 맞추어서 재정의한다.

StarShipSprite.java

```
// 소스를 입력하고 Ctrl+Shift+O를 눌러서 필요한 파일을 포함한다.

public class StarShipSprite extends Sprite {
    private GalagaGame game;

    public StarShipSprite(GalagaGame game, Image image, int x,
                          int y) {
        super(image, x, y);
        this.game = game;
        dx = 0;
        dy = 0;
    }

```

```java
    @Override
    public void move() {
        if ((dx < 0) && (x < 10)) {
            return;
        }
        if ((dx > 0) && (x > 800)) {
            return;
        }
        super.move();
    }

    @Override
    public void handleCollision(Sprite other) {
        if (other instanceof AlienSprite) {
            game.endGame();
        }
    }
}
```

우리는 우주선을 움직이는 코드이다. 경계선에 닿으면 더 이상 못가게 한다.

handleCollision() 메소드는 현재의 객체와 다른 객체가 충돌하였을 때 호출된다. 충돌한 객체가 만약 외계인 우주선이면 게임을 종료한다.

AlienSprite 클래스

AlienSprite 클래스는 외계인 우주선을 나타낸다. 여기서도 GalagaGame 객체의 참조값을 생성자에서 받아 저장해놓는 것이 좋다. move()와 draw()를 자신의 상황에 맞추어서 재정의한다.

AlienSprite.java

```java
// 소스를 입력하고 Ctrl+Shift+O를 눌러서 필요한 파일을 포함한다.

public class AlienSprite extends Sprite {
    private GalagaGame game;

    public AlienSprite(GalagaGame game, Image image, int x, int y) {
        super(image, x, y);
        this.game = game;
        dx = -3;    // 초기에는 왼쪽으로 이동한다.
    }

    @Override
    public void move() {
        if (((dx < 0) && (x < 10)) || ((dx > 0) && (x > 800))) {
```

외계인 우주선이 경계에 닿으면 방향을 바꾸고 한 칸 밑으로 내려오게 한다.

```
            dx = -dx;
            y += 10;
            if (y > 600) {
                game.endGame();
            }
        }
        super.move();
    }

}
```

한 가지 특이한 점은 move() 메소드에서 y값을 증가시키고 x값을 감소시키면서 진행을 하다가 x의 위치가 10이하가 되면 방향을 반대로 바꾼다. x의 위치가 800을 넘어도 마찬가지이다. 즉 외계인 우주선이 왼쪽으로 움직이면서 내려오게 되는데 게임판의 경계선에 닿으면 방향을 반대로 변경하는 것이다. 만약 y의 값이 600을 넘으면 외계인 우주선이 우리 우주선을 잡은 것이므로 게임을 종료한다.

ShotSprite 클래스

ShotSprite 클래스는 우리 우주선에서 발사하는 포탄을 나타낸다. 이 객체는 아래에서 위쪽으로 움직이면 된다.

ShotSprite.java

```
// 소스를 입력하고 Ctrl+Shift+O를 눌러서 필요한 파일을 포함한다.

public class ShotSprite extends Sprite {
    private GalagaGame game;

    public ShotSprite(GalagaGame game, Image image, int x, int y) {
        super(image, x, y);
        this.game = game;
        dy = -3;
    }

    @Override
    public void move() {
        super.move();
        if (y < -100) {
            game.removeSprite(this);
        }
    }

```

```java
	@Override
	public void handleCollision(Sprite other) {

		if (other instanceof AlienSprite) {
			game.removeSprite(this);
			game.removeSprite(other);
		}
	}
}
```

만약 포탄과 외계인 우주선이 충돌하면 handleCollision()에서 포탄과 외계인 우주선을 모두 소멸시킨다.

GalagaGame 클래스

GalagaGame 클래스는 실제적으로 게임을 진행하는 메인 클래스이다. 생성자에서 모든 이미지를 읽어두고 우리 우주선을 비롯하여 외계인 우주선과 같은 각종 객체들을 생성하게 된다. 그런데 여기서 약간 고민할 사항이 있다. 외계인 우주선은 1대가 아니다. 약 60여대의 우주선 객체를 생성하여야 한다. 어디에 저장할 것인가?

우리가 학습한 사항들을 되돌아보면 배열에 저장하는 것이 좋다. 하지만 자바에서는 오리지날 배열보다는 ArrayList라고 하는 향상된 배열을 사용하는 것이 좋다. ArrayList를 사용할 때도 제네릭으로 사용하는 방법도 있지만 여기서는 제네릭을 사용하지 않고 Raw 모드로 사용해본다. 즉 모든 객체를 Object 형식으로 저장하는 것이다. 이렇게 하면 모든 캐릭터들을 하나의 리스트 안에 저장할 수 있다. 물론 취향에 따라서 캐릭터 별로 나누어서 저장하여도 된다. 각자 스타일대로 하면 된다.

그리고 또 한 가지 사항이 있다. 게임에서는 게임에 나타내는 캐릭터들의 위치를 변경하고 다시 그려주는 작업을 되풀이하여 해야 한다. 이것을 보통 **게임 루프(Game Loop)**라고 한다. 게임 루프의 대략적인 구조는 다음과 같다.

형식

```
while(true)
{
	for( sprite s : list )    // 각 캐릭터들의 위치를 변경한다.
		s.move();
	for( sprite s : list )    // 각 캐릭터들이 다른 캐릭터와 충돌하였는지를 검사
		충돌검사();
	for( sprite s : list )    // 각 캐릭터들을 변경된 위치에 다시 그린다.
		s.draw();
	...
}
```

캐릭터들을 다시 그리는 것은 paint() 메소드가 담당한다. 따라서 게임루프 안에서는 단순히 repaint()를 호출하면 된다.

GalagaGame 클래스와 다른 클래스와의 관계는 ◇(빈 마름모)로 표시되는 집합연관(Aggregation)이다. GalagaGame 클래스와 다른 클래스들과의 관계를 다음 UML 클래스 다이어그램으로 보였다.

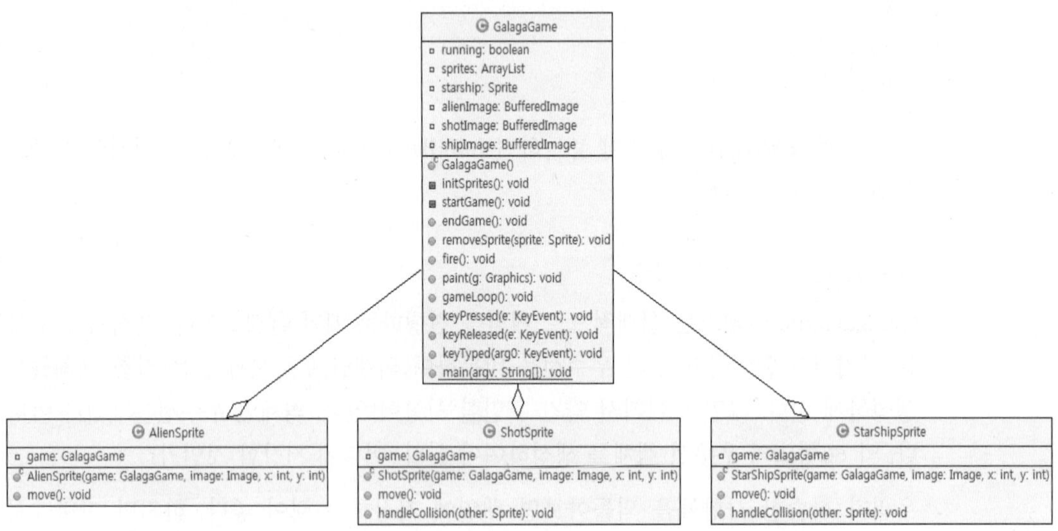

GalagaGame.java

```java
// 소스를 입력하고 Ctrl+Shift+O를 눌러서 필요한 파일을 포함한다.

public class GalagaGame extends JPanel implements KeyListener {

    private boolean running = true;

    private ArrayList sprites = new ArrayList();
    private Sprite starship;

    private BufferedImage alienImage;
    private BufferedImage shotImage;
    private BufferedImage shipImage;

    public GalagaGame() {
        JFrame frame = new JFrame("Galaga Game");

        frame.setSize(800, 600);
        frame.add(this);
        frame.setResizable(false);
        frame.setVisible(true);
        frame.setDefaultCloseOperation(JFrame.EXIT_ON_CLOSE);
```

프레임을 생성한다.

```
        try {
            shotImage = ImageIO.read(new File("fire.png"));
            shipImage = ImageIO.read(new File("starship.png"));
            alienImage = ImageIO.read(new File("alien.png"));

        } catch (IOException e) {
            e.printStackTrace();
        }
        this.requestFocus();
        this.initSprites();
        addKeyListener(this);

    }

    private void initSprites() {
        starship = new StarShipSprite(this, shipImage, 370, 550);
        sprites.add(starship);
        for (int y = 0; y < 5; y++) {
            for (int x = 0; x < 12; x++) {
                Sprite alien = new AlienSprite(this, alienImage,
                        100 + (x * 50), (50) + y * 30);
                sprites.add(alien);
            }
        }
    }

    private void startGame() {
        sprites.clear();
        initSprites();
    }

    public void endGame() {
        // System.exit(0);
    }

    public void removeSprite(Sprite sprite) {
        sprites.remove(sprite);
    }

    public void fire() {
        ShotSprite shot = new ShotSprite(this, shotImage,
                starship.getX() + 10, starship.getY() - 30);
```

이미지를 읽는다.

필요한 객체들을 생성한다. 우리의 우주선과 외계인 우주선을 만든다.

포탄이 발사되면 ArrayList 객체인 Sprites에 추가한다.

```
        sprites.add(shot);
    }

    @Override
    public void paint(Graphics g) {
        super.paint(g);
        g.setColor(Color.black);
        g.fillRect(0, 0, 800, 600);
        for (int i = 0; i < sprites.size(); i++) {
            Sprite sprite = (Sprite) sprites.get(i);
            sprite.draw(g);
        }
    }

    public void gameLoop() {

        while (running) {
            for (int i = 0; i < sprites.size(); i++) {
                Sprite sprite = (Sprite) sprites.get(i);
                sprite.move();
            }

            for (int p = 0; p < sprites.size(); p++) {
                for (int s = p + 1; s < sprites.size(); s++) {
                    Sprite me = (Sprite) sprites.get(p);
                    Sprite other = (Sprite) sprites.get(s);

                    if (me.checkCollision(other)) {
                        me.handleCollision(other);
                        other.handleCollision(me);
                    }
                }
            }

            repaint();
            try {
                Thread.sleep(10);
            } catch (Exception e) {
            }
        }
    }

    @Override
```

모든 객체를 여기서 그린다. Sprites에서 객체를 꺼내서 객체의 draw()를 호출한다.

객체를 움직인다.

충돌을 검사한다.

다시 그린다.

```
    public void keyPressed(KeyEvent e) {
        if (e.getKeyCode() == KeyEvent.VK_LEFT)
            starship.setDx(-3);
        if (e.getKeyCode() == KeyEvent.VK_RIGHT)
            starship.setDx(+3);
        if (e.getKeyCode() == KeyEvent.VK_SPACE)
            fire();
    }

    @Override
    public void keyReleased(KeyEvent e) {
        if (e.getKeyCode() == KeyEvent.VK_LEFT)
            starship.setDx(0);
        if (e.getKeyCode() == KeyEvent.VK_RIGHT)
            starship.setDx(0);
    }

    @Override
    public void keyTyped(KeyEvent arg0) {
    }

    public static void main(String argv[]) {
        GalagaGame g = new GalagaGame();
        g.gameLoop();
    }
}
```

또 게임이 키보드의 화살표키를 이용하여 진행되기 때문에 GalagaGame 클래스는 키 이벤트를 처리한다.

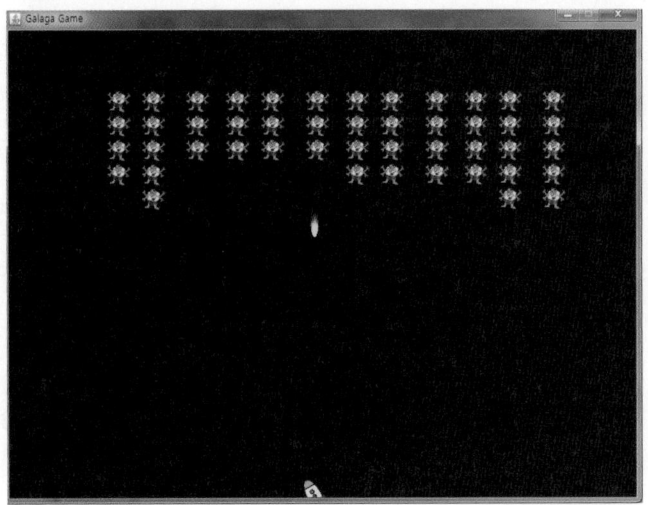

03 JAR 압축 파일

우리가 애플리케이션을 완성한 후에 사용자에게 무엇을 건네줄 것인지를 생각해보자. PC 환경에서는확장자가 .exe로 되어 있는 하나의 실행파일만을 전달하면 된다. 하지만 자바는 무엇을 건네주어야 하는가? 자바에서는 실행 파일이 하나가 아니다. 일반적으로 자바에서는 여러 개의 클래스 파일이 있어야 하나의 프로그램이 실행된다(하나의 클래스 파일이 아니다!). 또 추가적으로 이미지 파일이나 사운드 파일도 있을 수 있다. 그렇다면 자바 애플리케이션은 하나의 파일로 사용자에게 전달할 방법은 없는 것일까?

이럴 때 사용할 수 있는 방법이 바로 **JAR 파일**이다. JAR는 Java Archive의 줄임말로서 자바 파일들을 압축하여 하나의 파일로 만드는데 사용된다.

JAR 파일은 클래스 파일과 이미지와 사운드 파일들을 함께 압축할 수 있으며 잘 알려진 ZIP 압축 규격을 이용한다. JDK 안에 포함된 jar 도구를 이용하여 JAR 파일을 생성할 수 있다. jar 도구는 jdk/bin 폴더에 있다. 다음과 같은 형식을 사용한다.

```
jar cvf JAR파일이름  file1 file2 ...
```

예를 들어서 다음과 같이 사용할 수 있다.

```
jar cvf Game.jar  *.class icon.png
```

만약 실행가능한 JAR 파일을 생성하려면 다음과 같이 e를 추가하여야 한다. 이것은 제일 처음에 실행되는 클래스를 지정하는 것이다.

```
jar cvfe Game.jar  co  m.mycompany.game.Main   *.class icon.png
```

여기서 Main.class가 제일 처음에 실행되는 클래스가 된다. 이때는 Main 클래스 이름 끝에 .class 확장자를 붙이지 않는다.

JAR 파일로 압축된 파일을 실행하려면 어떻게 하면 될까? 예를 들어서 인터넷에서 자바 예제 프로그램을 JAR 파일로 받았다면 어떻게 해야 실행할 수 있을까? 다음과 같이 하면 된다.

```
java -jar Game.jar
```

윈도우 운영체제에서는 사용자가 JAR 파일을 더블클릭하면 자동으로 실행된다. JRE가 설치될 때 JAR 파일의 확장자와 javaw 명령어 도구를 연결하기 때문이다. javaw는 명령어 프롬프트를 생성하지 않는다.

이클립스를 사용하는 경우

앞에서는 JAR 파일을 생성하는데 명령어 도구를 사용하였다. 이클립스에는 그러한 기능이 없는 것일까? 그렇지 않다. 이클립스의 Export 메뉴를 사용하면 현재의 프로젝트를 JAR 파일로 생성할 수 있다. 이클립스의 [File]->[Export]를 실행하면 다음과 같은 대화상자가 나타나고 여기서 [Java]/[Runnable JAR file]을 선택하면 된다.

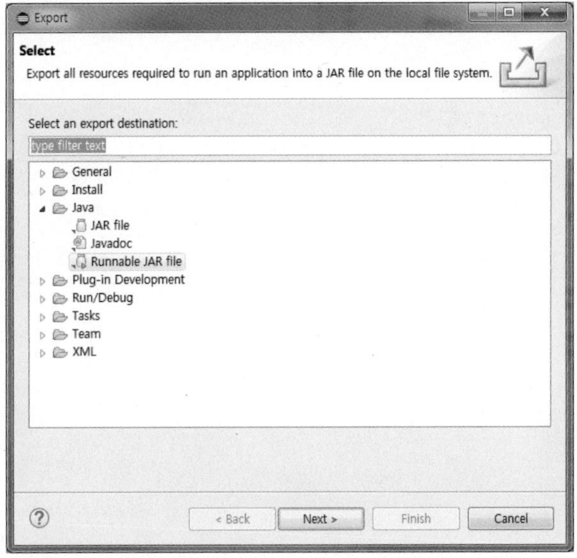

Introduction to **JAVA PROGRAMMING**

찾아보기

ㅅ

ㅇ

ㅈ

ㅊ

ㅋ

ㅌ

ㅍ

ㅎ

A

B

C

D

E

F

G

Introduction to **JAVA PROGRAMMING**

어서와 Java는 처음이지!

인 쇄	2019년 2월 11일 초판 4쇄
발 행	2019년 2월 18일 초판 4쇄
저 자	천인국
발 행 인	채희만
출판기획	안성일
마 케 팅	한석범, 최상도
편 집	이문영
관 리	이승희
북디자인	가인커뮤니케이션(031-943-0525)
발 행 처	**INFINITYBOOKS**
주 소	경기도 고양시 일산동구 하늘마을로 158 대방트리플라온 C동 209호
대표전화	02)302-8441
팩 스	02)6085-0777

도서 문의 및 A/S 지원

Homepage www.infinitybooks.co.kr

E-mail helloworld@infinitybooks.co.kr

ISBN 979-11-85578-21-7

등록번호 제25100-2013-152호

판매정가 **33,000원**